浙江
人力资源和社会保障年鉴

ZHEJIANG RENLI ZIYUAN HE SHEHUI BAOZHANG NIANJIAN

2015

《浙江人力资源和社会保障年鉴》编纂委员会 编

浙江大学出版社

2014年7月30日，省委书记夏宝龙出席全省军队转业干部座谈会并讲话。

　　2014年1月21日，省委副书记、省长李强在省人力资源和社会保障厅调研部门职责清理工作。

2014年1月8日，第三届全省"人民满意的公务员"和"人民满意的公务员集体"表彰大会在杭举行。图为省领导与受表彰代表合影。

2014年7月30日，省委常委、省委组织部部长胡和平主持全省军转干部座谈会。

2014年3月26日，副省长熊建平（右三）在杭州市中医院调研阳光医保监管工作。

2014年6月8日，副省长熊建平（中）出席浙洽会海外高层次人才智力洽谈会并巡视现场。

2014年4月10日，全省劳动关系工作暨"双爱"活动现场会在台州召开。图为省委组织部副部长、省人力资源和社会保障厅厅长吴顺江（左三），台州市委常委、常务副市长尹学群（左四）等在飞跃集团操作车间现场观摩。

2014年8月5日，省委组织部副部长、省人力资源和社会保障厅厅长吴顺江（中）一行为一线职工"送清凉送关爱"。

2014年10月10日，省人力资源和社会保障厅党组副书记、副厅长刘国富（中）在宁波市走访调研。

2014年8月16日，全省人社系统举行医保反欺诈"亮剑"专项行动宣传日活动。图为省人力资源和社会保障厅副厅长蔡国春（右二）在杭州吴山广场宣传活动现场巡视。

2014年10月11日，省人力资源和社会保障厅驻厅纪检组组长郭敏(右三）在丽水市走访调研。

2014年10月15日，省人力资源和社会保障厅副厅长宓小峰（右三）在湖州市走访调研。

　　2014年4月9日，省人力资源和社会保障厅副厅长、省公务员局局长龚和艳（前排中）在青田县调研基层公务员队伍建设情况。

　　2014年10月30日，省人力资源和社会保障厅副厅长仇贻泓（左二）考察嘉兴技师学院工业机器人专业教学项目。

2014年10月11日，省人力资源和社会保障厅副厅长陈中（右三）在台州市走访调研。

2014年1月10日，全省人力资源和社会保障工作电视电话会议在杭州召开。

2014年1月10日，浙江隆重举办全省优秀高技能人才暨企业岗位大练兵、技能大比武活动表彰会。

2014年2月13日，省人力资源和社会保障厅召开厅政风行风监督员座谈会。

2014年4月10日，全省深化高校教师专业技术职务评聘制度改革工作视频会议在杭州召开。

2014年4月16日，省级结对帮扶青田团组工作座谈会在青田召开。

2014年4月29日，浙江省军转干部档案移交会在杭州召开。

2014年4月30日，省农民工工作领导小组办公室成员第一次全体会议在杭州召开。

2014年5月26日，全省人力资源和社会保障系统党风廉政建设工作电视电话会议在杭州召开。

2014年8月15日，省直机关推行日志式管理加强公务员平时考核工作推进会在杭州召开。

在2014年全省就业和失业保险工作座谈会上，省厅领导为浙江省大学生创业示范基地授牌。

2014年4月23日,浙江省"333就业服务月"活动在省人力社保大楼正式启动。

2014年4月29日,省发展家庭服务业促进就业联席会议第四次全会在杭州召开。

衢州市举办首届"电商精英"创业大赛。

长兴县举办首届初创业者创业能力提升训练营。

嵊泗县举办"美丽海岛"创意创业大赛。

2014年12月31日，嘉兴市举行"乐惠民"药品网上调配服务平台启用仪式。

金华市婺城区人力资源和社会保障局举办"走基层、送服务"系列活动。图为白龙桥镇虹路村活动现场。

云和县人力资源和社会保障局推行"领导带班值班制"。

绍兴市人力资源和社会保障局颁发行风监督员聘书。

宁波市江东区开展劳动保障政策法规进社区活动。

2014年2月，杭州市拱墅区人力资源和社会保障局推出"拱墅就业"微信公共账号，大胆实践政务微信。

2014年2月7日—11日，省人力资源和社会保障厅举办首届人力资源余缺调剂系列招聘会。图为招聘现场。

2014年3月30日，我省第六次组团赴港引进高端人才。图为人才招聘会现场。

2014年4月1日，我省举办首届电商人才招聘大会暨"西湖论电"电商开放式论坛。

2014年5月30日，"浙江—北京高层次人才洽谈会"在北京举办。图为洽谈会现场。

2014年6月6日，"浙江—上海高层次人才洽谈会"在上海举办。图为洽谈会现场。

2014年6月8日—12日，浙洽会海外高层次人才智力洽谈会在宁波举办。图为洽谈现场。

2014年6月29日—7月2日，省专家与留学人员服务中心分别在湖州、杭州、舟山、义乌等地举办了四场海外高层次人才项目对接活动。图为对接现场。

2014年台湾大学生来浙暑期实习活动欢迎仪式现场。

2014年"城乡统筹——萧山区、上城区、富阳市"春季人力资源交流会暨高校毕业生洽谈会在富阳举办。

春节过后,舟山群岛新区春风行动首场大型招聘会成功举办。

在"2014年浙江省高校毕业生就业招聘大会"上，特别设立了人才测评服务专区。

2014年8月3日，温岭市举办大型招聘会。

高级职称评审委员会在杭州人才市场现场办公。

2014年浙江省技能人才校企合作洽谈会现场。

2014年"城乡统筹——萧山区、上城区、富阳市"春季人力资源交流会暨高校毕业生洽谈会在富阳举办。

衢州市柯城区不断完善企业技能人才评价机制。图为车工企业自主评价现场。

宁波市邵坚铭技能大师工作室成员在探讨企业搬迁的关键技术问题。

平湖市举办旅游饭店服务技能大赛。

浙江医药新昌制药厂"双爱"《共同约定书》签订仪式现场。

台州市"双爱"宣传进车间。

杭州技师学院被人力资源和社会保障部确定为世界技能大赛中国汽车喷漆项目集训基地。

永嘉县通过举办企业劳动争议调解组织建设工作会议暨劳动争议案件分析会等多种方式推进劳动争议仲裁工作。

浙江省人力资源和社会保障厅领导班子成员

（2014年12月）

吴顺江
省委组织部副部长，
厅党组书记、厅长

刘国富
厅党组副书记、副厅长

蔡国春
厅党组成员、副厅长

郭　敏
厅党组成员、纪检组长、
监察专员

宓小峰
厅党组成员、副厅长

龚和艳
厅党组成员、副厅长

仇赑泓
厅党组成员、副厅长

陈　中
厅党组成员、副厅长

宋云峰
厅党组成员、副厅长

《浙江人力资源和社会保障年鉴》
编纂委员会成员

主　任　吴顺江

副主任　刘国富　蔡国春　郭　敏　宓小峰
　　　　龚和艳　仇贻泓　陈　中　宋云峰

成　员　（以姓氏笔画为序）

丁国胜	于霞芬	王　树	王丁路	王平洋
王如考	毛以民	方　科	厉　进	厉　勇
叶照标	邢金昌	许伟平	许翰信	杜旭平
李　谙	李启再	李国军	肖　义	吴招明
吴善印	沈国通	陈树庆	陈荣华	林雅莲
周永水	郑支跃	郑益群	项　薇	胡瑞平
赵健明	俞　韵	闫小锋	夏春胜	倪建海
徐顺聪	郭禾阳	黄亚萍	黄国梁	彭校生
董建春	程　爽	傅鸿翔	潘育萍	潘伟梁

编 纂 说 明

一、《浙江人力资源和社会保障年鉴》是一部全面反映浙江人力资源社会保障事业发展情况的资料性年刊,由省人力资源和社会保障厅年鉴编纂委员会组织编纂,每年编纂出版。编纂工作具体事务由年鉴编纂委员会设在省人力资源和社会保障科学研究院的编辑部承办。

二、《浙江人力资源和社会保障年鉴2015》(以下简称《2015年鉴》)记载了2014年全省人力资源社会保障工作基本概况和主要成就。记载起止时间为2014年1月1日至12月31日。

三、《2015年鉴》收录了反映2014年全省人力资源社会保障工作重要活动的部分图片资料。全书由特载、机构情况、大事记、全省工作情况、各市工作情况、重要文件选载、省人力资源和社会保障厅发文目录、主要统计资料、各市人力资源市场工资指导价位等部分组成。

特载,收录了2014年中央、省和国家有关部门领导关于人力资源社会保障工作的部分批示和讲话;省人力资源和社会保障厅领导在有关工作会议上的部分讲话。

机构情况,按"单位领导"、"机关处室"、"直属单位"三个层面,分别记录了截至2014年年底省和各市人力资源社会保障部门领导班子和机构设置情况。

大事记,记录了2014年全省人力资源社会保障工作的重要事项和活动。

全省工作情况,按照人力资源社会保障部门各项职能,综合记载了2014年全省人力资源社会保障部门的主要工作,取得的成绩和荣誉。

各市工作情况,按照人力资源社会保障部门各项职能,分别记载了2014年各市人力资源社会保障部门的主要工作,取得的成绩和荣誉。

本年鉴记载的荣誉,是指以党中央、国务院、省委、省政府,国家和省人力资源社会保障部门以及所属机构名义评选表彰,涉及人力资源社会保障部门主要职能和工作业务,冠以"先进"、"优秀"、"突出"等称谓的事项。记载的对象是被表彰的全省人力资源社会保障系统单位、部门、个人,市、县(市、区)、街道(乡镇)、社区(行政村)以及上述地方从事人力资源社会保障相关工作的单位、个人。

重要文件选载,收录了2014年省委、省政府、省级有关部门关于人力资源社会保障工作的部分重要文件。

主要统计资料,收录了2014年全省以及11个市劳动就业、社会保障、收入分配、劳动关系等方面的基本统计资料。

各市人力资源市场工资指导价位,收录了2014年全省11个市不同行业、不同职业(工种)人力资源市场工资指导价位。

四、《2015年鉴》记载的基本情况和收录的统计资料,由省人力资源和社会保障厅以及全省各级人力资源社会保障部门提供。

五、《2015年鉴》的编纂、出版工作得到了各市和义乌市人力资源社会保障部门的大力支持,在此深表谢意。由于我们水平有限,书中难免存在疏漏或不足之处,恳请读者批评指正。

《浙江人力资源和社会保障年鉴》编辑部
2015 年 10 月 16 日

目　录

特　载

1

机构情况

大事记

全省工作情况

各市工作情况

部分专有名词背景简介

重要文件选载

3

浙江省人力资源和社会保障厅发文目录

主要统计资料

一、综合

二、就业和失业

三、技工学校和就业培训

四、监察和仲裁

各市人力资源市场工资指导价位

索　引

特载

一、省、部领导批示

省委书记夏宝龙在浙江省人力资源和社会保障厅《关于赴北京上海召开高层次人才洽谈会情况的报告》上的批示

活动有效果，要多招各类有用人才。

二〇一四年六月二十三日

李强省长在浙江省人力资源和社会保障厅《关于全省防范处置企业拖欠工资工作督查情况的报告》上的批示

四条建议很有针对性，请建平同志牵头研究。

二〇一四年二月七日

3

李强省长在浙江省人力资源和社会保障厅《关于公务员"日志式"管理和医保基金监管工作的情况汇报》上的批示

这两件事很重要、很有意义,省政府要全力支持,扎实推进。请建平、卫宁、光明同志阅。

二〇一四年八月二十九日

省委组织部部长胡和平在《关于实施创新驱动发展战略和企业人才工作专题调研的情况报告》上的批示

这项调研工作开展得很好,很有意义。调研之后能开展的工作也很有针对性,希望能取得好的效果。

二〇一四年九月二十二日

毛光烈副省长在《省人力社保厅集聚人才工作优势支持省级重点企业研究院建设》上的批示

省人力社保厅贯彻省委三次全会精神很认真,服务科技创新工作做得很具体,转变作风服务企业很到位,值得肯定,值得各部门借鉴。

二〇一四年一月六日

熊建平副省长在浙江省人力资源和社会保障厅《关于全省防范处置企业拖欠工资工作督查情况的报告》上的批示

同意晓风同志意见。人力社保厅针对今年春节期间企业拖欠工资的防范处置做了大量工作,取得了明显成效。下一步要毫不松懈,尤其在长效机制和源头治理上下功夫,形成合力,落实责任,切实将这项工作抓好,取得明显成效。

二〇一四年二月十日

熊建平副省长在《搭建供需平台促进转移就业
——我省各地扎实开展春风行动
促进就业》上的批示

人力社保厅这项工作抓得早、抓得及时。就业是民生之本,提高居民收入最重要渠道就是多方面拓展就业渠道。能否多搞(定期)几项有声势、有效果、针对性强、面向重点群体需求服务活动,每期可以突出不同重点。通过搭建这样平台,让更多有意向(就业)的人员就业。

二〇一四年二月十三日

熊建平副省长在浙江省人力资源和社会保障厅
《关于报送医保监管等3项工作具体
安排的报告》上的批示

人力社保厅贯彻落实迅速、责任明确、推进力度大。望按确定的时间节点,圆满完成好。

二〇一四年三月三十一日

人力资源和社会保障部副部长邱小平在
《人间有爱春常在——浙江省"双爱"活动纪实》
上的批示

　　请劳动关系司阅。坚持共建共享是构建和谐劳动关系的重要原则,实现互利共赢是构建和谐劳动关系的根本目的。浙江省在企业推进"双爱"活动,充分体现了这一原则和目标要求,是在理念、内容、载体等方面对和谐劳动关系创建活动的重大创新。请认真总结,结合深化和谐劳动关系创建活动的部署,在全国予以推广。

二〇一四年五月五日

二、省领导讲话

省委书记夏宝龙在全省军队转业干部
座谈会上的讲话(摘要)

(2014 年 7 月 30 日)

当前,中央对做好新形势下的军转安置工作的大政方针已经明确。特别是第六次全国军转表彰大会暨2014年军转安置工作会议,全面部署了军转安置工作改革和发展各项任务。我们要坚决把思想和行动统一到中央对做好军转安置工作、充分发挥军转干部重要作用的决策部署上来,大力弘扬我省军转安置工作的光荣传统,扎实做好我省军转安置各项工作,努力开创军转安置工作新局面。

这些年来,省委、省政府认真贯彻落实党中央关于军转安置工作的方针政策,结合浙江实际积极进行改革探索,千方百计克服困难,尽心尽力把每一位军转干部安置好、使用好。从近五年的数据来看,全省共接收安置军转干部8635名,其中师团职干部2646名。从安置结果来看,安置到行政、事业、企业的比例分别是85.8%、13.6%和0.6%。师职和任职满3年的正团职干部领导职务安排率达到82%左右。

就广大军转干部如何更好地在地方工作,更好地发挥作用,我讲四句话:

增长才干是根本。俗话说,铁打的营盘流水的兵。广大军转干部能否做好"转"字文章,顺利实现"华丽转身",最根本的在于提高适应

地方工作的能力和水平。一方面,我们要进一步加强军转干部的教育培训工作,推动军转干部转心态、提能力、重技能,使军转干部更快地适应地方工作环境,更快地提高适应地方工作的能力。另一方面,军转干部要立足自己的优势,加强学习、增强本领,自觉做到放下身、静下心、坐得稳、学得进,掌握好服务地方经济社会发展的专业技能,切实增强个人事业发展后劲。

千锤百炼能成钢。这些年的实践证明,我们树立引导军转干部到基层一线工作并在一线考察选拔军转干部的导向是完全正确的。很多军转干部在基层一线重点工作和急难险重任务面前表现出了很高的政治觉悟、很好的综合素质和很强的工作能力,被提拔到重要岗位,成为地方经济建设的骨干力量。希望军转干部继续发扬战士那种特别能吃苦、特别能战斗的精神,不要眼睛只盯着杭州、宁波等大城市,而要主动到基层一线去、到艰苦地方去、到复杂环境中去,在应对挑战中不断成长,在攻坚克难中建功立业。

发扬传统勇担当。军转干部从军事战场到经济建设战场,军队的光荣传统和优良作风不能丢,军人的优秀品质不能丢。希望大家退役

不退志、退伍不褪色,把人民军队的优良传统和作风带到地方,在经济社会发展的新"战场"上,始终保持政治坚定、对党忠诚、顽强拼搏、忠于职守、敢于担当、顾全大局等优秀品质,为推动浙江经济社会发展勇立新功。

保持荣誉做榜样。军转战线群英荟萃、英模辈出,我们要充分发挥军转干部中先进典型的示范带动作用,使广大军转干部增强"向我看齐"的信心和决心。广大军转干部要增强党的意识,无论走到什么样的岗位,从事什么样的工作,都要发扬"螺丝钉"精神,"党把我拧到哪里,我就在哪里闪闪发光"。要以自己的模范行动影响和带动周围的干部群众,在新的工作岗位上奋发有为,在本职工作中积极发挥模范骨干作用,在实践中磨炼和培养自己,树立军转干部的良好形象。

李强省长在浙江省第十二届人民代表大会第二次 会议上的政府工作报告（摘要）

（2014 年 1 月 16 日）

根据中央和省委的总体部署，今年工作要突出抓改革、治环境、促转型、惠民生。

加快政府自身改革，切实转变政府职能。全面推行政府权力清单制度。依法取消和严格管理一批不符合全面深化改革要求的行政权力，依法公开权力运行流程。

开展新一轮政府机构改革。精简机构、精减人员，优化政府机构设置、职能配置、工作流程，完善决策权、执行权、监督权相互制约相互协调的行政运行机制，不断提高依法行政水平。建立健全作风建设长效机制。加强调查研究，建设新型智库，完善政府决策咨询制度，加快电子政务建设，推进决策公开、管理公开、服务公开、结果公开、"三公"经费公开。加强高素质公务员队伍建设，严格执行中央和省委关于改进工作作风、密切联系群众的各项规定，健全廉政风险防控机制，着力提高政府公信力和执行力。

实施百家龙头企业、千家品牌企业、万家高新技术企业培育工程，联动推进标准强省、质量强省、品牌强省战略，加快培育经营管理、研发设计、高级技工三支人才队伍。

千方百计增加城乡居民收入。健全政府促进就业责任制度，完善扶持创业的优惠政策，切实做好以高校毕业生为重点的青年就业和农村转移劳动力、城镇困难人员、退役军人就业，适时提高最低工资标准和城乡居民最低生活保障标准。建立更加公平可持续的社会保障制度。推动城乡居民基本养老保险制度、基本医疗保险制度整合，探索建立城乡居民大病保险制度，有序推进机关事业单位养老保险制度改革，建立健全社会保障待遇确定和正常调整机制。

稳步提高低收入群众收入水平和生活水平。四档最低工资标准平均提高 8% 以上；城乡居民最低生活保障标准同比增长 8% 以上；开工建设城镇保障性安居工程住房 15 万套，竣工 11.5 万套。

完善医疗保险和医疗救助制度。积极推进城乡居民大病保险制度建设，年内实现制度全覆盖。完善困难群众大病救助机制，各县（市、区）按户籍人口不低于人均 13 元标准筹集医疗救助资金。

加快养老服务体系建设。新建 4000 个城乡社区居家养老服务照料中心，新增机构养老床位 2 万张。

熊建平副省长在全省人力资源和社会保障工作电视电话会议上的讲话(摘要)

（2014 年 1 月 10 日）

一、全面把握人力资源社会保障工作面临的形势

党的十八届三中全会和省委十三届四次全会，对今后一个时期全面深化改革进行了系统部署，明确了改革的总要求、路线图、时间表。人力社保部门作为宏观调控的重要参与者、市场监督和社会管理的重要执行者、基本公共服务的重要提供者、社会公平正义的重要维护者，在改革中承担的任务很重：一是涉及内容多。中央和省委全会决定提出的健全促进就业创业体制机制、建立更加公平可持续的社会保障制度、形成合理有序的收入分配格局、深化干部人事制度改革、建立集聚人才体制机制、构建和谐劳动关系等改革举措，涵盖了人力社保领域的方方面面。二是改革难度大。人力社保领域的改革都事关人民群众切身利益，政策性强、社会关注度高，牵一发而动全身。譬如事业单位改革、养老保险制度改革、工资制度改革、农民工市民化等，涉及中央与地方、机关事业单位和企业、不同群体之间的利益关系调整，各方面意见不一、分歧不小，改革的难度很大。三是时间要求紧。省委提出，全面深化改革，浙江要有走在前列的目标要求，一批改革的具体项目要在2015 年取得突破性进展。这批改革项目中有不少涉及人力社保部门，时间非常紧迫。对此，我们要有清醒的认识，既要争取主动，积极有为，做到先行一步、走在前列，又要科学谋划，审慎决策，分清轻重缓急，确保平稳有序推进。

推进人力社保领域各项改革，必须要将改革的重点任务与工作中存在的突出问题结合起来，切实找准突破口和着力点。目前来看，有三方面的问题比较突出：

（一）就业压力持续加大问题。就业是民生之本，是劳动者改善生活的基本途径。近些年，我省就业局势保持总体稳定。但也产生了一些新的问题：一是经济增速放缓下的就业总量压力加大。我省经济增速较前几年有所放缓，作为吸纳就业主渠道的中小企业的生产经营遇到了不少困难，对就业的整体拉动能力有所减弱。二是产业结构调整下的就业结构性矛盾凸显。我省正在大力推进的"腾笼换鸟"、"机器换人"等转型升级的举措，既将大批劳动力转移或替换出来，又产生了对掌握先进技能的高素质劳动力的更大需求，导致"就业难"和"招工难"问题交织，结构性矛盾进一步显现。三是重点群体就业难度依然较大。特别是高校毕业生、城镇困难家庭、农村转移劳动力等群体，受就业观念、就业能力等因素影响，稳定就业的难度依然很大。为此，我们要将就业工作摆在更加突出位置，实施更加积极的就业政策，切实做好扩大就业容量和提高就业质量这两方面工作，努力在推动经济转型和产业升级中实现充分就业、体面就业。

（二）社会保障制度碎片化问题。社会保障是和谐之基，是保障群众基本生活的基础性

11

制度安排。我国社会保障制度主要是按照人员身份建立的,企业职工、城乡居民、被征地农民分别纳入不同的社会保险制度,机关事业单位养老保险至今还没有建立。目前迫切需要解决的是三类群体的制度衔接问题:一是被征地农民。被征地农民基本生活保障制度是一项过渡性的制度,随着养老保险制度体系的完善,制度并轨的条件已经比较成熟。目前有 6 个市正在推进被征地农民基本生活保障与职工基本养老保险的衔接整合,并出台了具体政策,422 万被征地农民中有 140 万人已衔接到位。下一步要继续推进,但是考虑到人数较多、资金量较大的实际情况,要根据各方面的承受能力,把握好进度,稳妥推进。二是新农合参保人员。新农合与城镇居民医保这两项制度,资金渠道、待遇水平基本相同,但以两套体系运行,产生人员重复参保、资金重复投入、系统重复建设等问题,造成公共资源浪费,并轨是必然趋势。三是老农保参保人员。随着城乡居民社会养老保险的实施,老农保制度已经停止运行,我们要将原来老农保参保人员尽快衔接到城乡居民社会养老保险中去。目前全省还有 200 万人没有衔接好,一定要尽快衔接到位,切实维护好他们的权益。

(三)收入分配不尽合理问题。收入分配是社会关注的焦点。目前主要存在两方面问题:一是居民增收难度加大。二是不同行业、不同群体间的收入差距较大。我们要紧紧围绕省政府提出的城乡居民增收的硬性指标,主动而为,盯牢不放,完成好全年目标任务。同时,要充分发挥部门职能作用,在提高一线劳动者报酬、调整社会保险待遇、保障困难群众生活、加强国有企业工资"双控"等方面做好文章,努力缩小收入差距。

二、扎实推进 2014 年重点工作

今年是全面深化改革的第一年,也是干好"十三五"、实现"四翻番"的承上启下之年,全省人力社保系统要把思想和行动统一到省委、省政府各项决策部署上来,按照"稳中求进、改中求活、转中求好"的工作要求,以改革创新的精神推动人力社保事业科学发展。

第一,深化行政审批制度改革。行政审批制度改革是转变政府职能的核心,是全面深化改革的突破口。人力社保部门职能多,权力事项不少。去年以来已经做了大量工作,接下来还要继续加大力度。一是要公开权力事项清单。要进一步做好公开透明的文章,全面公开权力事项,自觉接受社会监督。去年全省各级人力社保系统对权力和服务事项进行全面清理,已有 239 个在网上公布,下一步要进一步扩大公开范围。要逐步实行"负面清单"管理模式,清单之外的事项,全部交由社会主体依法自主决定。二是要确保权力放到位、承接好。要按照"能放则放、能减则减、能并则并"的要求,进一步简政放权,该取消的一律取消,能下放的一律下放,切实做到真放权、放实权、放彻底、放到位。各市县要做好权力承接工作,决不能擅自截留。要把承接的权力作为更好服务百姓的抓手,进一步简化流程、压缩时限、提高效率,让老百姓切实感受到政府职能转变带来的成效。三是要创新管理方式。要将简政放权与加强监管同步推进,不能放而不管、一放了之。要及时跟进,加强事中、事后监管,切实做到既放得下、又管得住。要处理好管理与服务的关系,寓管理于服务之中,加强对市县的指导协调和跟踪服务。

第二,大力促进就业创业。重点抓好三个方面:一是抓好重点群体就业。对高校毕业生就业,要做好预判,提前介入,提早拿出针对性措施。要对这几年出台的政策作一系统评估,没有落实到位的,要找出原因,抓好落实;需要调整完善的,要加强研究,尽快调整到位,确保今年促进大学生就业政策力度不减。对城镇困难家庭人员,要进一步完善长效援助机制,加大公益性岗位开发力度,实行全程就业服务,提供"一对一"的就业指导,确保零就业家庭动态归零。对化解产能过剩中的失业人员,要在妥善做好安置工作的基础上,加强转岗培训,推进跨行业转移就业。二是抓好技能培训。加快构建城乡均等、面向全体劳动者的终身职业培训体系,切实提高培训的针对性和有效性。要坚持需求导向,紧紧围绕经济转型升级的需要,加快培养高端装备制造、电子信息、新能源、新材料等行业领域的复合型、应用型高技能人才。要发挥企业主体作用,督促企业尽快建立现代企业职工培训制度,为职工提供岗前培训和在岗技能提升培训,通过岗位练兵、技能比武选拔一大批优秀技能人才。要改进培训模式。指导支持技工院校开展多元办学,大力推进校企合作,并进一步加强与教育部门的协作,共同研究推进专业设置和教学模式的改革。同时,还要抓好农民工培训。中央城镇化工作会议提出,要争取在三年内使每一个农民工特别是80后、90后农民工至少都得到一次免费的基本职业技能培训。对此,人力社保部门要抓紧制定培训计划。三是抓好创业带动就业。1个人创业,可以拉动3.2个就业岗位。下一步,要进一步消除阻碍创业的地区性、行业性、经营性壁垒,凡是法律未禁止的领域都要向创业者开放。要依托我省电子商务发达的优势,大力推进网上创业,进一步落实好网络创业人员贷款贴息和社保补贴各项优惠政策。要发挥好各类创业平台作用,深入开展第二批省级创业型城市创建,加快建设一批创业孵化基地、大学生创业园。要进一步优化创业服务,建立健全政府购买创业服务成果制度,积极发展公益性创业服务,实施创业导师制度,进一步提高创业成功率。今年,国务院还将出台促进创业的政策文件,我们要做好政策储备,根据国家政策精神,研究制订配套措施。

第三,切实提高居民收入。这项工作,要提前谋划,统筹安排,做到有的放矢、确保主动。一是搞好基础测算分析。要对居民增收的各个渠道进行分析研究,测算出工资性收入、转移性收入、财产性收入所占的比重及其对全省居民收入增长的贡献度,做到心中有数。二是分解落实责任。根据测算结果,将居民增收责任进行细化分解,明确政府及各相关部门要做的工作,并发挥好市场、行业、企业各自的作用。三是确保措施到位。要加强统计分析,每个季度都要有统计报告,密切掌握工作进展情况。对进展缓慢的领域,及时督促相关部门拿出切实有效措施。人力社保部门要在居民增收特别是城镇居民增收方面发挥更大的作用,既要做好调整最低工资标准、确定工资指导线、推进工资集体协商、调整养老保险待遇、改革机关事业单位工资和津补贴制度、防范处置拖欠农民工工资等工作,又要会同有关部门,拿出一揽子措施,合力促进居民增收,完成全年目标任务。

第四,推进社会保险制度并轨。重点推进三项制度并轨:一是被征地农民基本生活保障与职工基本养老保险并轨。没有出台衔接政策的5个市,要做好研究论证,尽快出台政策。省人力社保厅要加强工作指导,确保全省政策框架统一、规则一致、面上平衡。到2015年年底,确保全省并轨到位。今后,对新产生的被征地农民,要及时纳入到统一的基本养老保险制度中去。二是新型农村合作医疗与城镇居民基本医疗保险并轨。要加快进度,目前没有完成并轨的台州、衢州两个市要确保年内到位。要统一政策,省里要加快研究制定统一的居民基本医疗保险政策,实现基本制度、管理体制、政策标准、支付结算、信息系统、经办服务的有机统一。要搞好衔接,认真做好制度并轨中信息系统对接等工作,确保参保人员信息不遗失、待遇不降低、服务不中断。三是老农保与城乡居民社会养老保险并轨。各地要抓紧清理老农保数据,妥善处理老农保基金债权债务,通过"并、转、退"等方式,确保在两年内并轨到位。

第五,加强医保体系建设。重点抓好三个方面:一是建立大病保险制度。这是解决因病致贫问题的重要制度安排。去年湖州、绍兴、金华开展了试点,收到了很好的效果。今年要在全省推开,实现全覆盖。要把握好三点:在功能定位上,要突出扶贫助弱,费用报销不能局限于医保目录范围,要确保能解决实际问题;在资金来源上,按照医保基金出大头、财政补一块、个人交一点的方式筹措,要测算好提取比例,以保本微利为原则确定商业机构的盈余水平;在统筹层次上,目前可暂时以市为单位。二是加强医保监管。目前,部分医疗机构过度医疗、医保基金浪费严重问题较为突出,一些机构和个人骗取医保基金的手段每年都在翻新,甚至出现了组织化倾向的职业诈骗案例,加强医保监管是当务之急。要尽快制定诊疗标准体系。组织专家研究制订诊疗规则和支付规范,对检查项目、用药范围、费用区间进行合理设定,确保医疗费用支付有章可循。要加快信息化监控平台建设。按照事前、事中、事后全程监管的要求,设计能自动审核、监控分析、主动报警的信息化监管系统,省里要尽快制订标准,各地要加快建设进度,确保年内所有统筹区都建成基金监管信息平台。要加大执法力度。对欺诈骗保行为进行严厉打击,对管理不当、费用过高的医疗机构进行高位淘汰,始终保持高压态势,形成强大威慑力。三是深化支付方式改革。年内,所有统筹区都要完成总额预付制为核心的支付方式改革,在全省范围内建立起门诊按人头、住院按病种等多种支付相结合的支付体系。同时,进一步加大医保基金支付预算执行力度,对医疗机构行为形成有效约束。

第六,创新人才工作体制机制。重点抓好三个方面:一是继续加大人才引进力度。根据我省先进制造业、战略性新兴产业发展需要,以企业为主体、项目为载体,研究制订引才优惠政策,面向海内外引进一大批高层次、创新型人才。省人力社保厅要按照夏宝龙书记的指示要求,继续加大为舟山新区引进人才力度,确保完成引进200名紧缺急需高层次人才的任务。二是创新人才流动政策。消除制度障碍,完善保障机制,鼓励各类人才更好地为企业和基层服务。探索通过允许机关事业单位人员提前退休去创业创新,对到企业工作的事业单位科研人才保留一段时间事业身份,改革民办医疗、教育机构养老保险制度等措施,促进人才向创新一线集聚,流向经济建设主战场。今年,省人力社保厅要会同有关部门,制订出台关于顺畅人才流动促进创新驱动发展的若干意见。三是改革人才评价制度。今年,要率先在高校开展教师职称制度改革,出台高校教师专业技术职务直接聘任的相关意见,建立起以实绩、贡献、能力为导向的自主评价机制,实现人才评价和使用有机统一。在此基础上,逐步向其他单位推开。

三、厅领导讲话

吴顺江厅长在全省人力资源和社会保障工作电视电话会议上的讲话（摘要）

（2014 年 1 月 10 日）

一、2013 年工作简要回顾

过去一年，全省人力社保部门深入贯彻省委省政府决策部署，坚持为经济转型升级服务、为人民生活幸福服务、为维护公平正义服务，统筹推进年初确定的十方面重点工作，稳中求进、狠抓落实，各项工作取得新进展，迈上新台阶。

（一）就业工作成效显著。预计全年城镇新增就业 94 万，失业人员再就业 41 万，"零就业家庭"发现一户、帮扶一户，城镇登记失业率 3.01%。全力抓好高校毕业生就业工作，出台 1＋7 政策文件，强化对困难家庭毕业生的帮扶，高校毕业生初次就业率 95.77%，得到国务院领导的批示肯定。实施"青年创业圆梦行动"，开展网络创业认定，建立大学生创业园 182 家，创业型城市创建工作持续深化。组织开展公共就业优质服务活动和就业援助月、民营企业招聘周等专项行动，村（社区）公共就业服务平台与村级便民服务中心实现整合发展。推进"就业政策落实年"活动，就业信息化服务体系和统计分析制度更加健全，就业局势监测分析明显增强。完善农民工工作目标管理评估指标体系，发展家庭服务业促就业工作取得新

成效。

（二）社会保障制度不断完善。预计全年新增养老保险参保人数 185 万、医疗保险 115 万、失业保险 73 万、生育保险 75 万、工伤保险 85 万。企业退休人员基本养老金月人均水平超过 2300 元，城乡居民社会养老保险基础养老金最低标准提高至 100 元。启动新一轮基本养老保险省级调剂补助工作。出台支持"个转企"、"小升规"扶持政策；为部分中小微工业企业减征社保费 70 多亿元。50 个统筹区实施医保支付方式改革，9 个市完成城乡医疗保险管理体制整合，大病保险试点工作进展有序。坚持"规范医疗、控费控药"，制定 60 种门诊常见病诊疗规范；组织开展中药饮片专项检查，省直及杭州市直减少医保基金不合理支出 3.6 亿元，"阳光医保"工程取得阶段性成效。开展经办机构内控建设和城乡居保基金专项检查，推行"柜员制"经办模式。增发社会保障卡 1058.5 万张，71 个统筹区和 141 家异地定点单位实现联网结算，探索实行诊间结算模式，方便了广大参保群众。

（三）人才工作扎实有效。新选拔省有突出贡献中青年专家 50 名、省 151 人才工程第三

15

层次培养人员 400 名,新建博士后科研工作站 39 家,完成首批 35 个省级重点技术创新团队考评工作,建立专业技术人才知识更新工程工作协调机制。大力实施"海外工程师"计划,全年引进外国专家 38000 余人次,新入选国家"外专千人计划"10 名。赴港台和欧美开展海外人才交流活动,成功举办北京、上海高层次人才洽谈会,帮助舟山群岛新区引进紧缺高端人才开局良好。出台加强企业技能人才队伍建设实施意见,技能人才自主评价扩大到 2047 家规模以上企业,全年完成技能鉴定 96 万,新增高技能人才 27 万余名。组织 1000 家企业、50 个职业(工种)开展技能大赛,开发青瓷、石雕国家职业标准。新建省级技能大师工作室 59 家,评选表彰钱江技能大奖 10 名、省首席技师 60 名。举办首届人力资源服务业博览会,新建杭州、宁波省级人力资源服务业产业园。

(四)和谐劳动关系深入发展。全面打响"双爱"品牌,统筹推进合同签订、工资清欠、权益维护、人文关怀等工作,得到广大企业和职工的积极响应和广泛参与。优化指标和权重设置,劳动关系和谐指数评价体系更加科学完整。出台拒不支付劳动报酬罪行政司法衔接意见,加大监察执法力度,全省共查处各类拖欠工资案件 2.68 万件,为劳动者追讨工资 12.5 亿元。开展清理整顿人力资源市场秩序、技术工种就业准入等专项行动,企业用工行为得到有效规范。最低工资标准最高档提高到 1470 元,继续居全国前列;累计签订工资集体协议 13.22 万份,覆盖 28.18 万家企业 1420 万职工,职工工资民主共决机制进一步健全。全省共立案受理劳动争议案件 50374 件,结案率为 94%,75% 的案件以调解方式结案。劳动争议预防调解示范工作进展顺利,调解组织在规模以上已建工会企业普遍建立。

(五)人事制度和工资收入分配制度改革持续深化。公务员聘任制和平时考核试点工作稳步推进,评比达标表彰活动进一步规范,公务员培训工作明显加强。全省共录用各类公务员 10188 名,全国第八届、全省第三届人民满意的公务员和集体推荐评选表彰工作圆满完成。在全国率先出台加强事业单位岗位聘期考核管理指导意见,打破了聘任终身制。加强事业单位公开招聘规范管理,对新进人员的学历、年龄等条件作了进一步明确。按照"总量控制、自主分配、优绩优酬、保住底线"的思路,对事业单位绩效工资政策作了完善,建立向突出贡献人才倾斜的分配机制;试点开展基层卫生院完善绩效工资改革工作,制定出台提高护士待遇政策。完善考核赋分和安置办法,1516 名军转安置任务顺利完成,企业军转干部总体稳定。

(六)"阳光政务"建设强力推进。全面深化权力公开,优化办事流程,缩短办理时限,在此基础上,省市县全面建成网上办事大厅并投入运行,省本级首批 127 项权力和服务事项实现网上办理,全系统"阳光政务"访问量累计达到 2300 余万次。人社部专门在浙江召开政务公开座谈会,重点推广我省经验做法。12333 咨询服务网络实现全覆盖,年服务量达到 570 万个。

一年来,全系统依法行政、规划统计、新闻宣传、信访维稳、培训考试、调查研究以及对口支援等工作明显加强,有力地促进了事业发展。按照中央和省委统一部署,厅党组围绕"走在前列"目标,精心组织开展党的群众路线教育实践活动,以高度的政治自觉查摆、解决"四风"方面存在的突出问题,在转作风、正作风上取得明显成效。

同时,也要清醒地看到,在经济增速换挡、结构调整深化、城镇化加速的背景下,我们的工作还面临不少问题和挑战。主要有:促进充分就业、提升就业质量、化解就业结构性矛盾任务艰巨;人才工作服务创新驱动发展成效不够明显;城乡社会保障制度统筹衔接不够,公平性、可持续性面临新考验;机关事业单位人事管理、工资收入分配领域中的难点热点问题亟须解决;构建和谐劳动关系基础依然较为薄弱,等等。我们要牢牢抓住改革这一历史性机遇,积极探索、努力破解。

二、深化人力社保领域改革的总体要求

深化人力社保领域改革,是"五位一体"总体改革布局的重要组成,是治理体系和治理能力现代化的内在要求,寄托着老百姓对更加美好生活和公平正义的向往。我们要准确把握党的十八届三中全会和省委十三届四次全会对人力社保领域改革提出的新任务、新要求,增强进取意识、机遇意识和责任意识,以更大的勇气和智慧,破除体制机制顽障,突破利益固化藩篱,奋力开创人力社保事业发展新局面。

当前和今后一个时期,要着力深化以下六个方面改革:

(一)健全促进就业创业的体制机制。强化政府促进就业责任制度,深入实施就业优先战略,消除影响平等就业的制度障碍和就业歧视,加快形成创业新机制,完善劳动者终身职业培训体系和公共就业服务体系,推动实现充分、公平和高质量就业。

(二)建立更加公平可持续的社会保障制度。整合城乡基本养老、医疗保险制度,统筹推进机关事业单位养老保险制度改革,坚持多缴多得、长缴多得,建立兼顾各类人员的待遇确定机制和正常调整机制,推进社保基金市场化、多元化投资运营,健全管理体制和经办服务体系,编织好保障基本民生的安全网。

(三)完善集聚人才体制机制。发挥市场在人力资源配置中的决定性作用,履行好政府人才工作综合管理部门职责,破除阻碍人才发展的体制壁垒和身份障碍,健全实绩导向的评价激励机制,完善人才流动制度体系,着力打造人才高地。

(四)深化人事制度改革。完善公务员录用、考核、教育培训、监督约束机制,推进公务员分类改革,打造人民满意的执政骨干队伍;坚持政府宏观管理与落实单位自主权相结合,加强岗位管理、考核聘用、职称评聘等制度间的有机衔接,加快形成事业单位自我管理、自我约束和自我发展的运行机制。

(五)推动形成合理有序的收入分配格局。完善机关事业单位工资制度,优化工资结构,健全最低工资保障、工资集体协商制度,探索职工收入与企业利润相挂钩机制,促进劳动者报酬与生产率提高同步,推动形成橄榄型分配结构。

(六)创新劳动关系协调机制。坚持"企业关爱职工、职工热爱企业",畅通职工表达合理诉求的渠道,完善劳动争议调解仲裁机制,强化劳动保障监察执法体制,夯实矛盾纠纷化解基础,促进劳资双方共建共享。

推动上述改革,要做到"四个坚持":坚持合力合拍。省委《决定》明确了全面深化改革的目标和分步推进时间表。我们要紧扣工作实际,不偏航道、把握节奏,设定目标值、绘制路线图,始终与全面深化改革总体设计同心同向,与省委省政府决策部署合力合拍。坚持解放思想。没有思想的大转变大解放,不可能有改革的大突破大发展。我们要以自我革新的勇气和胸襟,切实解决不想解放思想、不敢解放思想、不会解放思想问题,只要有利于事业发展、有利于问题解决、有利于广大民众,就要大胆突破条条框框,放手去试去闯去干。坚持问题导向。改革由问题倒逼产生。当前,人力社保领域既面临大量"发展起来"的问题,又有许多长期积累的历史遗留问题。我们要把问题作为思考的起点,紧紧抓住老百姓关心的民生热点问题、影响事业发展的体制机制问题,倒逼行动、精准发力、推进改革。坚持科学统筹。推进改革胆子要大,但步子要稳,要识水性、谋全局、善统筹。对于马上能改的,要主动改、立即改、彻底改;对于改革方向明确、方案尚需完善的,要抓紧研究论证;对于需要顶层设计的,要超前谋划,做好政策储备。既不能裹足不前、畏首畏尾,又要避免急于求成、仓促上阵,注重各项改革的关联性和耦合性。

三、2014 年主要任务

综合考虑,2014 年重点推进六个方面 16 项改革,力争取得实质性进展:

一是强化政府促进就业责任。完善鼓励创业政策体系,优化创业制度环境;完善职业培训补贴政策,健全政府购买培训服务机制;规范招人用人制度,努力消除各种就业歧视。

二是统筹城乡社保制度。推进被征地农民基本生活保障与职工基本养老保险、城乡居民社会养老保险的衔接;推进"老农保"与城乡居保并轨;完善失海渔民养老保障政策;完成城乡居民基本医疗保险管理体制整合,推动制度并轨。

三是创新人才流动机制。制定出台政产学研之间人才有序流动政策,鼓励各类人才向经济建设主战场集聚;畅通不同类型事业单位之间人才流动渠道,制定公办和民办学校、医院人才双向流动政策;加快县一级人才市场和劳动力市场整合。

四是深化事业单位分类改革。推进行政审批中介机构转制、剥离、脱钩以及有条件的生产经营类事业单位转企改制;推进事业单位养老保险制度改革。

五是推进职称制度改革。逐步下放高评委评审对象资格审查权限,分类规范各系列评价条件和标准;改革高校教师职称制度,由学校在核定的岗位结构比例内自主聘任专业技术职务,研究卫生系列高级职称评审权下放问题;全面实施中小学教师职称制度改革。

六是加大简政放权力度。实施严格的权力清单制度,按照能减则减、能放则放的原则,进一步转移下放取消一批权力事项。

同时,着重做好以下十个方面重点工作:

(一)促进充分就业和高质量就业。就业是民生之本,必须作为重中之重,确保新增城镇就业 80 万、"零就业家庭"动态归零,城镇登记失业率控制在 4% 以内。一是全面开展实名登记,实施离校未就业毕业生就业促进计划,促进高校毕业生充分就业;积极吸引外省大学生来浙就业。二是完善鼓励创业的政策体系,举办网络创业大赛,探索发布创业指数,开展第二批省级创业型城市创建工作;加大失业保险防失业、促就业力度;重视做好产业转型、淘汰落后产能中的企业职工再就业工作;加强本省户籍农村劳动力转移培训,实施劳动力省内余缺调剂工程。三是组织"就业服务年"活动,完善公共就业服务信息网络,推进充分就业社区(村)创建,实现就业服务村村通、户户通、人人通;完善用工监测直报和就业形势分析制度,及时发布人力资源市场供需状况。四是加强流动人口就业管理服务,严格执行就业失业登记制度,推行技术工种持证上岗,提升农民工工作科学化水平;完善发展家庭服务业扶持政策,推进规范化、职业化建设。

(二)突出抓好"两高"人才队伍建设。人才资源是第一资源,要从保障创新驱动、抢占发展制高点的战略高度扎实推进。一是大力培养集聚高层次人才,深入实施 151 人才工程、专业技术人员知识更新工程等人才培养项目;以"外专千人计划"、"海外工程师计划"为重点,推进海外引智工作,帮助重点企业研究院引进海外工程师 150 名;加强留创园建设;继续赴海内外招揽英才,全力支持舟山群岛新区引进高端紧缺急需人才。二是实施技能人才"千万工程",新增高技能人才 20 万以上;建立紧缺高技能人才培训补贴制度,开展企业新型学徒试点,鼓励规模以上企业建立技师工作站;深化企业技能人才自主评价,探索依托行业协会开展自主评价;加强在岗职工技能提升培训和非遗项目传承人才、农村实用技能人才培训,开发一批农村实用型和传统工艺职业标准;新建公共实训基地2—3家、省级技能大师工作室40家,举办40个以上职业(工种)省级技能大赛;推进技工院校一体化课程教学改革和品牌专业建设。三是推广政府购买人才公共服务,加快人力资源服务业产业集聚区建设,构建人力资源服务业行业诚信体系。

(三)提高社会保障事业发展水平。要在加快制度城乡统筹的基础上,推进参保扩面、夯实基础、完善政策等工作,努力提供更加可靠的保障。一是强化参保扩面,全年新增养老保险参保人数80万、医疗保险60万、工伤保险50万、失业保险50万、生育保险50万。二是启动全民参保登记,建立全民参保登记信息管理系统,提高管理精细化水平,年底本省户籍人口参保登记率达到50%。深化经办机构内控建设,"柜员制"经办模式实现市级全覆盖。三是全面建立大病保险制度,完成1000万城乡居民免费健康体检工作;加快推进失业、工伤保险省级统筹;做好减轻企业负担的政策储备,提升社保服务企业功能。四是启动工伤预防三年(2014—2016年)工作计划,年底全省工伤发生率下降1‰。

(四)加大医保基金监管力度。医保基金是老百姓的"救命钱",要以高度负责的精神认真履行监管职责,确保基金支出合理、用当其所。一是加快医保支付方式改革,全面推行总额控制下的按人头、按病种等多种付费方式,落实常见病按临床路径付费。二是强化对医疗费用的全面审核和智能监管,年底前所有统筹区建立标准化的医保监管信息平台;实施医保医师制度,严格控费控药。三是巩固和扩大中药饮片等专项治理成果,建立帖均费用高位淘汰机制,坚决遏制"开大方"等违法违规行为。四是加大第三方专项审计力度,加强"两定"机构监管。

(五)强化机关事业单位人事管理。要以人民满意为目标,以提升能力、激发活力为核心,不断提高管理科学化水平。一是坚持"阳光考录",完善公务员录用制度,取消全日制应届本科生报考户口限制;完善公务员平时考核制度,全面推行"日志式"管理;稳步推进公务员聘任制试点;加强公务员初任、任职、专门业务和在职培训;继续清理规范评比达标表彰活动,研究制定"之江功勋"荣誉称号授予办法。二是强化事业单位岗位设置分类管理,建立岗位动态监管机制,全面推行聘期考核管理;研究制定事业单位分类招聘办法,实施公开招聘进人备案制度。三是保质保量完成军转安置任务,确保企业军转干部总体稳定。

(六)千方百计增加城乡居民收入。让城乡居民的口袋"鼓起来",是实现"四翻番"的内在要求,我们要在提高城乡居民收入水平上更有作为。一是探索建立职工收入与企业利润挂钩机制,适时适度调整最低工资标准,完善工资集体协商、企业工资指导线、劳动力市场工资指导价位制度。二是联动调整企业退休人员基本养老金、工伤待遇、精减退职人员生活等困难补助标准,加快发展企业年金。三是开展公务员工资水平调查比较,探索建立地区附加津贴制度和职务与职级并行、职级与待遇挂钩制度。四是推进基层卫生院绩效工资改革,完善分配激励约束机制。

(七)深入发展以"双爱"为核心的和谐劳动关系。和谐劳动关系是社会和谐的重要基础,要以"双爱"活动为总抓手,推动实现"六有六要"目标。一是实施"双爱"推进计划,强化宣传引导和典型引路,规模以上企业参与率达到100%;开展"双爱"先进企业和先进个人评选活动。二是贯彻实施新修订的劳动合同法,稳妥开展劳务派遣经营行政许可,规范劳务派遣行为;企业劳动合同签订率达到97%以上,已建工会企业集体合同签订率达到92%以上。

三是加强劳动保障监察执法网格化平台建设，强化欠薪问题综合治理，持续开展突出问题专项整治；加大对技术工种就业准入、高温津贴发放等检查力度。四是坚持调解先行、依法仲裁、夯实基础，确保70%以上案件以调解方式解决，年度结案率达到92%，90%以上的仲裁庭达到规范化要求，积极推进企业、行业协会、村（社区）等基础调解组织建设。

（八）加快推进信息化建设。信息化是提升人力社保公共服务水平的必由之路，要适应大数据时代的要求，加快系统整合和信息共享步伐。一是推进社会保障卡发放，增发社保卡500万张，持卡人数达到3500万；加快功能拓展和应用，在省级三级及全省异地就医定点医院全面推行诊间结算，逐步实现"一卡多用、一卡通用"。二是稳步推进省集中，尽快实现"跨业务、跨层级、跨地区、跨部门"的信息共享和业务协同。三是强化技术保障，提升应急能力，加强异地容灾备份系统建设，确保社保信息、系统和运行安全。

（九）深化"阳光政务"建设。这是利民便民实事，也是保证权力公开透明规范运行的制度安排，必须毫不松懈、一抓到底，推动"阳光政务"落实到基层，真正做到好用、管用。一是完善省市县三级网上办事系统，加快业务系统整合，进一步拓展办事项目、强化服务功能，所有行政许可项目实现网上审批，非行政许可项目逐步推行网上办理。二是制定网上办事、电子监察管理办法，健全督查评估和定期通报机制。三是依托有效载体，加大宣传力度，拓展公众参与监督渠道，不断改进完善。

（十）切实加强系统干部队伍自身建设。深化人力社保领域改革，完成全年工作目标，需要我们始终保持昂扬向上的精神状态，以好的作风确保各项任务落到实处。一是要有担当。要以舍我其谁的豪气，守土有责的志气，逢山开路、遇水架桥的勇气，直面矛盾、攻坚克难，争当改革的"战士"、"斗士"。二是要强责任。没有强烈的责任感、事业心，不可能完成艰巨繁重的任务。全系统同志务必把工作当事业，把智慧和本领集中到想干事、干成事上来，心无旁骛、追求卓越。三是要重实干。一打纲领不如一个行动。各地要结合开展群众路线教育实践活动，发扬"钉钉子"精神，一级做给一级看，一级带着一级干，以实干求实效，不达目的绝不收兵。四是要守底线。当前反腐倡廉形势依然严峻，各地要强化党风廉政建设责任制，每位党员干部要加强党性修炼，树立正确的世界观、人生观和价值观，"苟非吾之所有，虽一毫而莫取"，牢牢守住廉洁从政的底线。

刘国富副厅长在全省人力资源社会保障宣传工作座谈会上的讲话（摘要）

（2014 年 9 月 24 日）

一、简要回顾一年来全省人力社保宣传工作进展情况

（一）领导带头，上下联动，进一步弘扬人力社保主旋律。一年来，省厅坚持把打基础、建机制、强队伍作为做好宣传和舆情工作的重要环节，逐步建立起一套行之有效的宣传工作长效机制。厅党组、厅领导高度重视宣传工作，在部署重点工作、召开重要会议、举办重大活动时都同步做好宣传工作。宣传中心积极发挥职能作用，主动加强人力社保宣传的归口管理和统筹协调，把握重点，突出亮点，切实增强宣传工作的主动性、针对性和实效性。年初，宣传中心专门策划约请杭州、宁波、嘉兴、台州、苍南、德清、平湖、柯桥、东阳等 28 个市、县（市、区）人力社保局局长，谈各地新思路、新目标和新举措，为年度工作开好头、起好步起到了积极的推动作用。温州、绍兴、金华、余杭、萧山、桐乡、柯桥、黄岩、衢江等 20 余位市、县（市、区）人力社保局局长更是带头撰文，积极向《浙江人力资源社会保障》杂志投稿，交流探讨各地工作做法和成效。一年来，《浙江人力资源社会保障》杂志共刊登局长的署名文章 50 余篇。以《浙江人力资源社会保障》杂志为载体，加大全省系统开展党的群众路线教育实践活动，加强作风建设，开展争做"三严三实"干部，大力弘扬"五正"风气主题教育实践活动的宣传力度，较好地展示了人力社保干部队伍的良好形象。

（二）突出重点，加强策划，进一步树立人力社保工作好形象。去年以来，我们不断创新思路、加强策划，推出了一系列有深度、有分量的宣传报道，扩大了我省人力社保工作的社会影响力。

一年来，抓住推进"阳光政务"过程中的每个工作节点，通过新闻通报、现场采访、拍摄专题片、发送通稿等形式，提高社会群众对"阳光政务"平台的知晓度和使用率。以 2013 年 11 月人社部在我省召开全国人力社保政务公开工作座谈会为契机，特别邀请中国组织人事报等中央和省、市新闻媒体，对我省系统大力推进阳光政务工作进行集中宣传报道。12 月 2 日，《中国组织人事报》大篇幅刊登题为《让阳光温暖百姓心》的纪实文章，比较全面地介绍了我厅乃至全系统推行"阳光政务"的一系列创新举措。全省系统"阳光政务"还被省委宣传部确定为"走基层·改革浙江行"的重点宣传题材，列为集中采访活动的第一站，邀请了 21 家中央和省级媒体组成的记者团就这一主题进行集中采访。经过记者们的体验和电视、广播、网站、报纸的立体式宣传，在社会上引起了较大反响。

一年来，围绕"'双爱'促和谐、技能助转型"主题宣传活动，《浙江人力资源社会保障》杂志刊登了一系列反映各地开展"企业关爱职工、职工热爱企业"活动的新鲜做法和取得成效的文章。宣传中心还重点采写了一篇反映我

省人力社保系统开展"双爱"活动的长篇通讯——《人间有爱春自来》。4月30日,《中国劳动保障报》头版头条大篇幅刊登了这篇文章,人社部副部长邱小平对此作出重要批示,并明确提出今年下半年要在浙江召开"双爱"活动现场会,向全国人社系统推广浙江的做法和经验。钱江晚报和浙江日报也先后以专版的形式进行大篇幅的宣传报道。近年来全省人力社保部门紧紧抓住技能人才这块人才工作"短板","做大增量"、"提升存量",技能人才队伍实现了跨越式发展。为此,宣传中心专门采写了一篇全面反映我省三年来技能人才队伍建设的纪实文章《浙江"蓝领",在嬗变中阔步前行》,文章已在《浙江人力资源社会保障》杂志上刊发,并将于近期扩大宣传,推广各地在技能队伍建设中的好经验、好做法。

一年来,人力社保宣传坚持典型引路,在《浙江人力资源社会保障》杂志上开辟"公务员管理"、"蓝领风采"、"浙江英才"、"优质服务窗口"等专栏,集中宣传了一批人民满意的公务员(集体)、模范军转干部、优秀高技能人才、优质服务窗口等先进典型,进一步积累和传播正能量,不断扩大人力社保工作的社会影响力和感染力。

(三)强化载体,拓展平台,进一步传递人力社保浙江好声音。宣传载体是开展宣传工作的重要抓手。在省厅原有"一杂志、一选编、一网站、一热线"宣传格局的基础上,8月29日,浙江人力社保宣传的第五大平台——"浙江人社"微博、微信正式上线,进一步壮大了人力社保主流舆论阵地。省厅制定下发了《关于建设"浙江人社"政务微博、微信发布平台的实施方案》,在各市人力社保局以及厅机关各处室、直属单位组建了一支"浙江人社"微博、微信信息员队伍。"浙江人社"政务微博、微信开通后,每个工作日发布一条以上全省人力社保动态信息。平台上线不到一个月,阅读量已经达到20余万。

《浙江人力资源社会保障》杂志作为我省唯一的人力资源社会保障专业刊物,在全省系统的共同努力下,办刊质量不断提高,已成为全省人力社保宣传工作的主阵地;2014年《最新人力资源社会保障政策选编》的发行量继续保持稳中有升,为普及人力社保政策法规,进一步扩大宣传的覆盖面打下了坚实的基础;"浙江人力资源和社会保障网"、"12333"电话咨询热线两个互动交流平台在发布信息、宣传政策、掌握舆情、化解矛盾等方面发挥了明显作用。与此同时,全省各地积极为《中国组织人事报》、《中国劳动保障报》组稿供稿,有力地提升了我省人力社保工作在全国的影响力。截至9月6日,全省已有481篇稿件在"两报"上刊登,其中头版48篇。省厅、杭州、宁波、金华、台州、江干区、萧山区、东阳市被评为报刊宣传先进单位。此外,我们还充分利用主流新闻媒体来宣传人力社保工作,回应社会关切。一年来,围绕社会普遍关注的重点、热点问题,积极协调中央和省内主流新闻媒体进行采访,接受媒体咨询、协调新闻采访、发布新闻通稿等836人次。

二、下阶段做好人力资源社会保障宣传工作的基本要求

2014年是全面深化改革之年,党的十八届三中全会和省委十三届四次全会对人力资源社会保障改革提出了一系列新任务、新要求。面对新形势、新挑战,人力社保部门的任务更重,责任更大,人力社保宣传工作的地位和作用更加凸显。我们要胸怀大局、把握大势、着眼大事,增强主动性、把握话语权,以改革创新的精神推进人力社保宣传工作,唱响人力资源社会保障工作主旋律,开创人力资源社会保障宣传工作新局面。

(一)认清形势,创新理念,在营造和谐鼓劲舆论氛围上有担当

习近平总书记在全国宣传思想工作会议上

指出，"宣传思想工作一定要把围绕中心、服务大局作为基本职责，胸怀大局、把握大势、着眼大事，找准工作切入点和着力点，做到因势而谋、应势而动、顺势而为。"做好宣传工作，胸怀大局是基础，把握大势是重点，着眼大事是关键。胸怀大局才能高屋建瓴，因势而谋；把握大势才能明辨方向，应势而动；着眼大事才能切中要害，顺势而为。人力社保部门是重要的民生部门，老百姓关心的、党委政府关注的就是大局，就是我们人力社保部门努力的方向。党的十八大提出了实现更高质量就业、构建和谐劳动关系、社会保障全覆盖、全面深化人才人事制度改革等新目标、新任务。浙江省委省政府先后作出建设"两富"现代化浙江，"干好一三五、实现四翻番"，实施创新驱动发展战略，全面深化改革，建设"两美"浙江等一系列决策部署。今年年初，吴顺江厅长在全省人力社保工作会议上提出了全系统重点推进的六个方面18项改革内容，这些改革内容寄托了老百姓对更加美好生活和公平正义的向往，也为我们做好下阶段人力社保宣传工作指明了方向。这些都是今后我们谋划、部署、推进宣传工作必须把握的"大势"。人力社保宣传工作不仅是人力社保工作的窗口、喉舌、耳朵和眼睛，也是促进工作、扩大影响、树立导向、维护形象的重要抓手。可以说，人力社保宣传工作不是中心，但服务中心；不是大局，但事关大局；不是主业，但保障主业。从事人力社保宣传工作的同志，要深刻理解宣传工作的重大责任和历史使命，识大势、谋全局、有作为，切实担负起应尽的责任。一定要了解党委、政府的中心工作是什么，一定要了解我们人力社保工作在围绕党委政府中心工作中重点在做哪些"大事"，以此来确定我们宣传工作的重点。思路清则方向明。宣传工作只有摸清党委政府的工作脉搏，着眼厅（局）党组、厅（局）领导的所思所想而展开，才能有效地传播好浙江人力社保"好声音"、讲好浙江人力社保

"好故事"。

（二）突出重点，创新手段，在打造人力社保工作品牌上有担当

人力资源社会保障工作头绪多，涉及面广。但宣传工作不能眉毛胡子一把抓，必须突出重点，分清主次，有的放矢，在宣传方式和宣传手段上求突破。

一是亮点工作要在做响品牌上下功夫。一个好的工作品牌，能够提升一个部门、一个系统的形象和品位。"双爱"活动、"阳光政务"，都是我们人力社保部门近年来重点推进的工作亮点，不仅全国的现场会在浙江召开，浙江经验、浙江实践经由中央媒体的广泛宣传，也逐渐在全国营造了走在前列的舆论氛围。人力社保工作涵盖的范围很广，这就为我们创建工作品牌提供了丰富的资源。推行"日志式"管理加强公务员平时考核，是我厅去年10月率先开始并逐步在全系统推行的一项举措，实施近一年来，取得了较好的成效。日前，我省专门召开动员部署会，2015年1月起将在省直机关1.2万余名公务员中全面推行。8月下旬，中国组织人事报记者专程来浙江采访我省这项工作举措。9月1日，中国组织人事报以一版要闻和四版整版的形式大篇幅予以报道，对公务员平时考核的"浙江答卷"给予了高度的肯定，很多省市纷纷向浙江"取经"。再比如说技能队伍建设，一直以来都被媒体贴上"技工荒"的标签。但实际上，2012年以来，浙江技能人才队伍呈现了飞速发展的势头，短短两年半时间里全省就新增技能人才200余万，新增高技能人才57万。技能工作不仅力度大，"金蓝领"出国培训、企业技能人才自主评价、钱江技能大奖等做法都属全国首创。这样的亮点工作，只有经过精心的宣传策划，才能让社会各界印象深刻。我们从事宣传的同志在做好经常性、常规性宣传的同时，更要注重培养品牌意识，强化策划意识，及时挖掘新亮点，总结新经验，宣传新成就，

积极打造自己的工作品牌,努力使本地区的工作走在全省乃至全国前列,力争涌现出更多在浙江叫得响、在全国有影响的人力社保工作品牌。

二是主题活动要在做大声势上下功夫。省厅去年启动"就业创业主题宣传月"活动,今年开展了"'双爱'促和谐、技能助转型"主题宣传活动。与此同时,还紧密结合人力社保重点工作和重大举措开展专项宣传活动。近年来的实践证明,每一个主题宣传活动的开展都已成了加强人力资源社会保障宣传工作的重要载体和抓手,既宣传了政策,又推动了工作;既服务了群众,又展示了形象。各地要抓住举办"浙洽会"、大中专毕业生公益性招聘会等大型人才智力交流会,组织"春风行动"、"人才宣传月"、"高校毕业生就业服务月"、12333人力社保政策咨询日活动、医保反欺诈"亮剑"专项行动、各类先进评选表彰等契机,精心组织新闻媒体开展有声势、有规模的宣传活动,做到日常宣传不断线、专项宣传有亮点、主题宣传有成效,为人力社保工作扩大社会影响力营造声势,从而增强社会各界对人力社保工作的认同和支持。

三是政策普及要在做深做细上下功夫。随着人力社保改革进入"深水区",人力社保领域立法进程也逐步加快。我们要紧跟新政策新法规出台进程,深入解读人力资源社会保障新法新规出台背景、重大意义、惠民措施,认真及时回应公众关切的热点难点问题,切实把党和政府改善民生服务民生的工作方向与人民群众的迫切期盼联系起来,引导人民群众形成共识,凝聚促进改革发展、维护社会稳定的正能量。我们制定每一项惠民政策,都要坚持开放透明的原则,都要坚持把宣传贯穿始终。在政策制定之始,要广泛听取民意;在政策制定之中,要广泛集聚民智;在政策实施之后,还要广泛验证民心,确保工作到位,宣传到位。要坚持眼睛向下、重心下移,将政策法规宣传普及的触角向基层和人民群众延伸拓展,充分发挥省厅公开出版的《最新人力资源社会保障政策选编》在普及政策法规的主渠道作用,努力扩大政策宣传的覆盖面。深入开展上门送政策活动,通过在企业、街道、社区、农村开设宣传栏、宣传橱窗,印发张贴宣传海报和宣传手册、创作文艺作品、编发短信、播放专题片和公益广告、举办专题竞赛等形式,开展内容丰富、形式多样的宣传活动,做到政策覆盖到哪里,宣传工作延伸到哪里,促进各项政策广泛普及,家喻户晓,深入人心。

四是典型宣传要在做出影响上下功夫。先进典型是时代的先锋、社会的楷模、群众的榜样。全国和全省人民满意的公务员(集体)几年才评选一次,全国军转表彰5年举办一次,钱江技能大奖和浙江省首席技师是我省技术工人的最高荣誉,每两年评选一次。我们要抓住有利时机,主动与当地党委宣传部门联系,宣传一批勤奋工作、执政为民,让人民满意的公务员;宣传一批钻研技术、创新技能,走岗位成才之路,为"浙江制造"做出突出贡献的高技能人才;宣传一批拼搏进取、务实奉献,为地方经济社会建设再立新功的优秀军队转业干部。同时,要深入挖掘并会同主流媒体大力宣传本系统、本领域的先进典型,展现全省人力社保系统干部职工良好的精神风貌。特别是通过宣传全省系统开展窗口单位改进作风专项行动,让老百姓亲身感受到人力社保部门改进作风的深刻变化,树立勤政为民、清正廉洁、务实高效的良好形象。

(三)加强管理,创新机制,在增强人力社保宣传活力上有担当

随着改革开放不断深入、信息传播技术飞速进步,宣传工作面临前所未有的挑战。我们负责宣传的同志,要坚持守土有责、守土负责、守土尽责,紧跟时代节拍、融入时代潮流,在顺势而为中有所作为。

一是加强组织领导。省一级层面,我们已经成立了宣传工作领导小组,制定了宣传工作制度,在全省人力社保系统内建立起一支宣传通讯员队伍。各级人力社保部门要把宣传工作摆在更加重要的位置,坚持一把手负总责,分管领导亲自抓,职能部门具体抓,各个部门共同抓,形成齐抓共管的宣传工作大格局。要把宣传工作与业务工作紧密结合起来,做到同步策划、同步部署、同步开展,用有效的宣传机制促进各项人力社保工作的落实。同时,各地各单位要为开展宣传工作创造必要条件。

二是善用新兴媒体。伴随着全面网络时代、大数据时代的到来,以数字报刊、移动电视、手机媒体、微博微信、博客、播客为代表的新兴媒体正在崛起,大众传播迈入"自媒体时代",人人都是自媒体,人人都是麦克风。新媒体的广泛传播力、社会影响力、舆论渗透力与日俱增,对于我们开展人力社保宣传,既是机遇,也是挑战。以往,人力社保部门习惯于只做不说,多做少说。现代传播环境下,人力社保改革的复杂性、工作对象的广泛性、工作内容的惠民性服务性,都要求做好人力社保工作,不仅要做,

还要说,更要唱好声音,讲好故事。省厅和一些县市区已经开通了政务微博微信平台,这对我们是个全新的战场,面对传播方式的深刻变革,做宣传的同志要迎难而上,增强主动性、掌握主动权、打好主动仗。要适应现代传播格局,树立全媒体的理念,大力加强人力社保自有宣传阵地建设,同时依托广播、报纸、电视等传统媒体,积极抢占新兴媒体。要争当激情干事、勇于担当、善打硬仗的"狮子型"宣传干部,善用"十八般兵器",针对不同载体和不同受众,采取不同的传播策略和表现形式、叙事方法、语言风格,创新传播方式。

三是做好舆情监控和引导。认真落实厅舆情工作办法,定期跟踪收集网络舆情,准确掌握舆情动态。对各种网上舆论要准确研判、深入分析、有效处置。健全重大突发事件应急报道机制,制定应急预案,提高快速反应能力。要及时发声、据理发声和有效发声,强化时效意识、分寸意识和质量意识,抢占时机制高点、道义制高点、表达制高点。对可能引发群体性事件的苗头性、倾向性问题,在第一时间采取果断措施处理,防止事态扩展和蔓延。

蔡国春副厅长在全省全民参保登记工作电视电话会议上的讲话(摘要)

(2014 年 8 月 28 日)

一、充分认识开展全民参保登记工作的重要意义

党的十八大和十八届三中全会确定了"全面建成覆盖城乡居民的社会保障体系"的目标,国家社会保障"十二五"规划要求"建立公民社会保险登记制度,实现登记管理模式从以单位为依托向以社区为依托、以个人为对象的转变"。今年,中央全面深化改革领导小组把"制定并启动实施以养老保险、医疗保险为重点的全民参保登记计划"列为重点改革任务之一。5 月 27 日,人社部印发了《关于实施"全民参保登记计划"的通知》(人社部发〔2014〕40 号),决定于 2014 年至 2017 年在全国范围逐步实施此项工作。7 月 14 日,人社部办公厅又下发了《关于确定浙江等 50 个地区作为全民参保登记计划试点单位的通知》(人社厅发〔2014〕80 号),明确了全民参保登记的指标项。7 月 16 日,人社部召开视频会议,胡晓义副部长对"全民参保登记计划"试点工作作了全面部署。

改革开放以来,在省委、省政府的正确领导下,在各地人力社保部门的共同努力下,我省已初步建成具有浙江特色的社会保障体系。2014 年 6 月底,基本养老、基本医疗、失业、工伤、生育保险参保人数分别达到 3791 万、4281 万、1168 万、1841 万、1194 万人,社会保险扩面工作位居全国前列。但是也要看到,我们离社会保险全覆盖目标还有一定差距,当前比较突出的问题是部分城乡居民仍未依法纳入社会保险覆盖范围,参保资源底数不清,重复参保和中断缴费现象并存等,亟需在完善社会保障体系的进程中抓紧解决。因此,有必要组织实施集中的专项行动,下决心把全民参保登记工作抓紧抓好,摸清本省户籍人口参保的真实情况,为加快实现社会保险全民覆盖和精确管理打好基础。

部发 40 号文件明确"全民参保登记计划"包括全民参保登记、推进参保扩面、优化经办管理、完善政策制度等四大举措,全民参保登记工作是基础,既是一项注重长远的基础性、前瞻性工作,又是一项促进社会保险制度可持续发展的现实工作。做好这项工作,不仅是贯彻党的十八大和十八届三中全会精神的重大改革举措,也是落实省委十三届五次全会精神、加快"建设美丽浙江、创造美好生活"的具体行动。我省在全国率先开展这项工作,有利于加快实现社会保险全覆盖目标,推动加快建立更加公平可持续的社会保障制度;有利于适应我省新型城市化进程和社会流动性特征,更好维护广大参保人员转移接续社会保险关系的合法权益,促进人力资源合理流动;有利于加强基本公共服务,创新社会管理,避免和减少重复参保、重复补贴、重复领取待遇,提高公共资源使用效率,确保我省社会保障工作继续走在全国前列。

二、全面准确把握全民参保登记工作的基本要求

（一）关于目标任务。我省开展全民参保登记工作的总体目标是：通过对法律法规和政策规定范围内个人参加社会保险情况进行登记核查和规范管理，建立浙江省社会保险基础数据库和全民参保登记信息管理系统，制定登记信息数据动态管理机制，实现本省户籍符合参保条件人员应保尽保。参保登记的最终成果是，建立以全省乃至全国统一的社会保障号码为每个人唯一参保标识的、全面覆盖的社会保险基础数据库，并实时更新，可进行全省、全国联网比对，可准确查阅已参保人员和未参保人员的状态，为实现全民参保提供科学决策依据。

作为全国试点省份，我省要先行一步，2014年的任务是，到年底各地本地户籍全民参保登记率达到50%；2015年年底完成调查登记工作；2016年建立登记信息数据动态管理机制，实现覆盖全省的、统一的全民参保登记运行机制。具体任务有4项：

一是按照全省统一的标准，以目前覆盖人数最多的养老保险、医疗保险为基础，整合城乡各项社会保险参保信息，进行筛查比对、数据整理、入户调查工作，确保参保登记（核对）信息的规范和准确。

二是建立全省全民参保登记（核对）指标体系，制定全省统一的登记（核对）指标项和数据技术标准。

三是建立浙江省社会保险基础数据库，开发全省统一的全民参保登记信息管理系统，实现全省各类社会保险已参保和未参保人员信息登记（核对）的动态管理，并适应分级管理需求。

四是做好与发改、经信、公安、民政、财政、卫生计生和法院等相关业务系统的对接，实现部门间信息共享。

（二）关于全民参保登记的对象、内容和指标项。全民参保登记对象为本地户籍人员。主要内容为登记对象的基本信息、就业状况、社会保险参保信息。调查登记共涉及12项指标项，其中人社部确定了姓名、身份证号等8项，我省在此基础上增加了性别等4项，这些项目在系统中主要由单位基础信息、个人基础信息、参保状态信息等三大类信息涵盖，属于系统必备指标项，大多已在现有国家人力社保信息标准体系内体现。因此，全民参保登记数据指标项要以现有国家标准为基础，实现全省统一，大家不要再另起炉灶。

（三）关于全民参保登记的主要方法和具体步骤。全民参保登记工作采取上下结合，先进行数据比对、再进行登记（核对）的递进方法。具体步骤：

1. 确定登记（核对）指标项，制定基础数据标准。根据社会保险业务指标，结合业务数据实际情况，确定全省全民参保登记（核对）指标项，制定基础数据标准。

2. 建立"浙江省社会保险基础数据库"。通过协调公安、经信等部门，采集全省户籍人员基础信息，并按属地核准户籍人员数，为填写《浙江省全民参保登记个人信息登记（核对）表》提供基础信息，逐步建立"浙江省社会保险基础数据库"。

3. 各市按照全省统一的登记（核对）指标项及数据标准对业务数据进行处理。通过与"浙江省社会保险基础数据库"的数据交换取得本市及所辖各统筹区户籍人口数据，与当地社保业务系统进行比对，比对结果由市汇总后上传到省级数据库；省里将各地养老、医疗保险未参保人员信息与其他地区上传的参保信息比对，产生省内异地参保人员信息，并与人社部交换联网数据进行比对产生在省外参保人员信息，一并下发各市，由各市明确未参保人员名册并生成需要入户登记（核对）的人员信息。

4．发放未参保人员信息表，进行入户登记（核对）。各县（市、区）与当地公安部门协商取得登记（核对）所需的户号和详细户口所在地址（村、社区）等信息。将需要入户登记（核对）的人员导出，统一表单发放到基层，由乡镇（街道）、村（社区）编制花名册，按照《浙江省全民参保登记个人信息登记（核对）表》的指标项，入户逐个登记（核对），填写登记（核对）表，并由乡镇（街道）、村（社区）做好调查数据的录入和整理。

5．形成社会保险基础数据库和动态管理机制。乡镇（街道）、村（社区）按照《全民参保登记表》要求，录入调查、登记（核对）信息，社保机构对录入的信息进行审核把关。建立完整的"浙江省社会保险基础数据库"，并通过系统自动更新、人工动态调查录入等手段全面实行动态管理。乡镇（街道）、村（社区）对本辖区登记（核对）信息数据采集后，实行动态维护。登记对象因死亡、户籍迁移或参保情况变化等需变更登记信息的，应按照申报、审核等规定程序及时变更，形成实时动态数据库。

（四）关于省与市的职责分工。我们明确省厅职责是确定全民参保登记（核对）指标项，制定基础数据标准和内容，建设"浙江省社会保险基础数据库"和"全民参保信息登记管理系统"；协助各地将待登记（核对）人员信息与人社部全国数据进行比对，以确定需要入户登记（核对）人员信息；制定参保信息登记管理系统的动态管理机制。各市职责是完成所辖各统筹区业务库数据的整理和比对工作，并以市为单位汇总；完成与"浙江省社会保险基础数据库"的数据交换；发放未参保人员信息表，组织指导所辖各统筹区与当地公安部门协商取得有关信息，开展入户登记（核对），并将信息录入到"全民参保信息登记管理系统"；组织实施全民参保信息的动态管理，做好数据和信息的日常维护工作。

（五）关于时间进度安排。这项工作计划用三年时间（2014年—2016年）完成，分5个实施阶段：（1）制定方案阶段（2014年8月底前），各地成立全民参保登记工作领导小组，制定具体实施方案（包括登记工作具体操作办法）；（2）信息系统建设阶段（2014年9月底前），做好信息系统的招标和建设，对现有参保数据与公安户籍信息进行比对整理；（3）全面推开阶段（2014年12月底前），全面推开登记（核对）工作的信息采集和录入核对工作，登记率达到50%；（4）完成登记任务阶段（2015年底前）；（5）建立登记信息数据动态管理机制阶段（2016年底前）。

三、精心组织，扎实做好全民参保登记工作

全民参保登记工作是一项基础性工作，相当于城市建设的地下工程，很重要但又不被人关注。人社部选择在我省试点，是对我们的信任。当前实施全民参保登记已经具备了较好条件：一是有强有力的政治和社会基础。中央和省委、省政府都明确提出社会保障全覆盖目标，健全社会保障体系作为"中国梦"重要组成部分的社会共识不断增强。二是有牢固的法律和政策基础。《社会保险法》正式实施三年多，配套法规陆续出台，相关政策不断完善，特别是我省社会保障体系的逐步完善，促进了这项工作推开。三是有相对完善的组织和技术工作基础。这几年社会保险经办管理服务的规范化、信息化、专业化水平显著提高，基层服务网点不断延展，社会保障卡迅速普及，全省乃至全国统一的信息交换、核查、比对平台已经初步搭建。四是有成功的实践基础。近年来杭州、舟山等地已开始探索区域内全民参保登记，宁波、天台、洞头等地也做了有益尝试，今年上半年义乌市、余杭区还模拟试运行，并取得初步效果，为全省提供较好的实践经验；五是有较为周密

的计划和良好的氛围。从去年提出设想，到今年年初列入年度省厅主要工作任务，再到今天召开全省视频会议，我们在人社部和部社保中心的指导下，已经做了大量准备工作，工作方案、数据指标标准、系统建设方案、操作规程等业已制定，"三个统一"、"四个要"（全省统一标准内容、统一系统平台、统一组织实施；方案要充分论证、系统要统一整合、数据要真实可信、人财物要给予保障）已经或正在落实中，省公安厅、省财政厅、省经信委、省民政厅和省高院等有关部门给予了大力支持。我们要坚定信心，迎难而上，凝聚全系统的智慧和力量，保质保量完成试点任务。这里，我对下一步组织实施工作再提几点要求。

（一）要加强组织领导。省厅成立"全民参保登记计划"工作领导小组，由吴顺江厅长任组长，刘国富、蔡国春副厅长任副组长，成员由相关业务处室（单位）主要负责人组成，办公室设在省社保中心，由程振开同志兼任办公室主任。各地要相应建立"全民参保登记计划"工作领导小组，办公室原则上设在当地社保经办机构，形成主要领导亲自抓、分管领导具体抓、社保经办机构和业务部门以及信息部门分工负责的工作格局，抓紧制定当地"全民参保登记计划"工作实施方案，做到任务、措施、人员、经费、设备"五到位"。各市、县（市、区）的实施方案请于9月上旬分别报省、市"全民参保登记计划"工作领导小组办公室备案。各地要统筹安排工作力量，加强社保经办机构与信息化管理、就业、劳动关系、劳动监察、农民工工作等机构的协同配合，狠抓落实，确保"全民参保登记计划"工作有序推进并取得预期成效。

（二）要加强部门协调。各级人力社保部门要在当地党委、政府的领导和支持下，加强与有关部门的沟通协调，增进共识，大力保障调查登记工作中所需的人力物力财力，积极推动部门间信息资源共享，为全民参保登记夯实工作基础。

（三）要加强基础建设。全民参保登记工作是一项综合性、持续性工作，从试点开始就要打牢基础。要进一步强化社保经办服务平台建设，不断提升社保信息化水平，确保信息采集和更新的全面准确，信息传递和交换的及时顺畅，信息系统运行的安全可靠，同时要优化业务流程和工作机制，寓参保登记、数据更新于日常业务经办之中，使参保登记和动态清零成为必需程序和工作常态。

（四）要加强业务培训和宣传工作。省里将组织举办全省全民参保登记业务和信息培训班，对各市、县（市、区）相关人员进行业务培训，统一解读全民参保登记范围和对象、调查指标含义、口径和系统建设等内容。各市、县（市、区）要根据省里下发的业务培训资料，对所属乡镇（街道）、村（社区）工作人员进行培训。各级人力社保部门要有针对性地制定宣传计划，通过新闻媒体、组织召开会议、印发宣传手册、深入基层宣讲等形式开展广泛宣传，凝聚社会共识，提升全民参保意识，营造良好氛围。

（五）要加强督促检查。根据全省"全民参保登记计划"工作进度，适时组织开展督查工作，建立工作调度机制，通报各地推进情况。各市要切实负起责任，对所属县（市、区）及时进行督查，确保本地"全民参保登记计划"工作如期开展、按时完成。对完成全民参保登记工作较好的市县，省里在安排新一轮省级调剂金、奖补资金时将给予倾斜，并予以通报表扬。

郭敏纪检组长在全省人力资源社会保障系统年中工作交流会上的讲话（摘要）

（2014 年 7 月 16 日）

一、落实两个责任，切实抓好系统党风廉政建设

党的十八届三中全会明确提出"落实党风廉政建设责任制，党委负主体责任，纪委负监督责任，制定切实可行的责任追究制"，这是中央对反腐败体制机制做出的重大改革。当前，我系统落实好"两个责任"，主要是做好三项工作：

（一）要落实责任，敢于担当。中央纪委王岐山书记强调，党要管党，主体责任是党委；加强反腐败体制机制改革和制度保障，其他措施都不是主要的，要害就在主体责任。省纪委任泽民书记指出，党组（党委）落实好主体责任，是责任所系、职责所在，直接关系到党风廉政建设和反腐败工作成效，必须敢于担当、责无旁贷。在落实两个责任上，厅党组高度重视、态度坚决。3 月 15 日，吴厅长向省纪委常委会报告了厅党组履行主体责任情况，得到省纪委任泽民书记的充分肯定；5 月 26 日，厅党组召开了全省人力社保系统党风廉政建设工作电视电话会议，省、市、县三级人力社保部门中层以上干部参加，吴厅长在会上提出"三个到位"，要求各级人力社保部门党组（党委）要在落实主体责任上，做到思想认识到位、落实责任到位、协作协同到位；6 月 23 日，厅党组制定了《落实党风廉政建设主体责任的实施意见》，从 5 个方面规定了 17 条具体措施，切实做到"五个明确"

（一是明确党组、党组书记及班子成员的责任分工；二是明确党组履行主体责任的六方面主要任务；三是明确党组对纪检组"三转"的支持；四是明确机关党委（纪委）及有关职能处室的责任；五是明确落实完善"一岗双责"和"一案双查"制度）。责任重在落实，厅党组已经带了好头，作了表率，各级人力社保部门党组（党委）也要树立敢于担当、守土有责的意识，按照吴厅长提出"三个到位"的要求，常研究、常部署，抓具体、具体抓，种好自己的"责任田"。

（二）要支持纪检监察机构实行"三转"，强化监督。党的十八大以来，中央纪委着力推动全国纪检监察机关"转职能、转方式、转作风"。转职能，就是要聚焦党风廉政建设和反腐败斗争这个中心工作，突出主业，全面履行监督执纪问责的职责，做到不越位、不错位、不缺位；转方式，就是要顺应新形势和新要求，创新理念思路，改进方式方法，更加科学有效地履行职能、担当责任；转作风，就是要按照"打铁还需自身硬"要求，以身作则、率先垂范，打造一支忠诚可靠、服务人民、刚正不阿、秉公执纪的干部队伍。"三转"中，转职能是核心，转方式是关键，转作风是保障。纪检监察机构开展"三转"，离不开党组（党委）的支持和领导。各级人力社保部门党组（党委）要全力支持纪检组（监察室）落实"三转"，充分发挥纪检组（监察室）在党风廉政建设中监督执纪、参谋助手和组织协调的作用。

（三）要分析形势、把握工作重点。上半年，全省人力社保系统共被各级纪检监察机关立案查处违纪违法案件21件，涉案23人，案件总数和涉案总人数已经超过了去年全年（2013年20件，涉案22人）。这说明我省人力社保系统党风廉政建设和反腐败形势依然严峻。分析案件情况，有两个重点方面要引起我们高度重视。

一是要遏制社保领域案件频发势头。这一领域是近年来我系统腐败问题多发易发的重灾区。去年，发生了9起案件，涉案9人；今年上半年，又8起10人，主要是在社保审批、监管上，或内外勾结，或监守自盗，或玩忽职守，说明社保基金安全形势不容乐观。各地要认真贯彻落实吴厅长在全省社保基金安全工作会议上的讲话精神，全面落实320号文件，把"分段把关、分人负责、相互制衡"的要求真正落实到内控制度建设的全过程，从制度机制上，切实加强社保领域腐败问题的源头治理。

二是要严格执行中央八项规定。中央出台八项规定后，厅党组高度重视、严格要求，出台了改进工作作风实施办法。从执行情况看，我系统总体是好的，但也有一些地方和单位固守老思想、老观念，麻痹大意，没有紧绷廉洁自律这根弦，顶风违规违纪，用公款发福利、组织旅游等，至今年上半年已被通报5起，处理5人，其中2人党内严重警告并予免职处分，3人党内警告。各地各单位要引起重视，并引以为戒。一是要自查自纠，建章立制，加强制度规范；二是严格执行中央八项规定，从严处理顶风违规违纪的行为和人员。

二、深化"阳光政务"工作，健全权力运行监督制约机制

今年，是"阳光政务"深化年，总体要求是：以"规范权力运行、方便群众办事"为目标，逐步实现"一张单清权、一张网服务、一体化经办、一站式监管、一平台认证、一个号咨询"，目前进展顺利。下半年，各地要重点抓好三方面工作：

一是提高承诺事项网上办事率，拓宽网上服务领域。从5月份的统计数据看，全省系统承诺事项的网上办事率为92.5%，有三个市较低，要求是6月份做到100%网上经办，各地要加大工作力度，落实好这一工作要求。同时，要以百姓需求为导向，把与群众关系密切、业务办件量大、网上办事需求度高的业务事项优先纳入阳光政务网上办事大厅，为群众提供便捷高效的网上服务。

二是加快子系统整合，提升阳光政务系统易用性。上半年，厅信息中心出台了阳光政务深化工作信息化建设方案，并开发了智能整合系统。7个省级示范点要加快工作进度，按照省厅要求，在8月底前完成社保子系统整合工作，为全省推进积累经验做法；其他地区要积极跟进，逐步推进业务子系统整合工作。厅信息中心还要在9月底前完成对全省统一软件的升级优化，切实提高阳光政务系统的易用性和稳定性。

三是推进阳光政务服务下延，解决服务最后一公里问题。依托我系统遍及乡镇（街道）、社区（村）的人力社保平台，通过已建的公共就业服务网上平台，将部分服务事项延伸到基层，是深化"阳光政务"、就近服务群众的一项民心实事。目前，这项工作正在义乌和桐庐试点，要在8月底前，完成试点工作；年底前，各地要重点做好就业、城乡居民养老保险和城乡医疗保险等业务向基层平台延伸工作。

三、开展好窗口单位改进作风专项行动

根据人社部统一部署，我们扎实开展专项行动，各地人力社保部门行动有力，都制定了具体的实施方案，并结合第二批教育实践活动，广泛征求群众意见，认真查找问题，切实做到问题

立查立改,不仅做到了部里要求的规定动作,还结合实际,创新了自选动作。如,做实做细工作方案,在贯彻人社部服务规范和纪律要求的基础上,增加了窗口单位通用文明用语,并将专项行动与"阳光政务"深化工作相结合,要求各地窗口单位提升网上办事效率,推广普及阳光政务服务。又如,出台了互观互检工作方案,组织各级窗口单位相互检查,并邀请行风监督员开展明察暗访,有效整合了监督力量,增强了监督效果。从检查情况看,窗口单位总体作风状况明显改善。我们的一些做法得到了部里肯定,目前有4篇窗口单位经验材料在部网站刊出,互观互检工作方案得到部里表扬肯定。

下一步,窗口单位改进作风专项行动要重点抓好三项工作:一是继续做好互观互检工作。要利用互观互检的机会,相互学习借鉴,相互督促提高。二是做好整改总结。根据工作部署,8月底前是自查整改阶段,9—10月中旬是总结评价阶段,各窗口单位要根据各阶段的任务要求,认真抓好落实,特别是对检查发现的问题、群众提出的建议,要严肃对待,及时整改。三是以规范化建设促进窗口单位作风建设长效化。人社部明确要求,这次专项行动结束后,要继续推广先进经验,巩固、延续专项行动成果,到"十二五"期末,总体形成较为系统的各项服务规范、流程、标准和监督评价机制。省厅将总结各地好的做法并结合上级要求,出台规范化建设指导性意见。各地也要在集中整改当前突出作风问题的同时,不断加强窗口单位规范化、标准化建设,建立窗口单位作风建设长效化机制。

宓小峰副厅长在全省深化高校教师专业技术职务评聘制度改革工作会议上的讲话（摘要）

（2014年4月10日）

一、全面理解深化高校职称制度改革的目的和意义

高校教师职称制度实施以来，对提高高校教师的地位和待遇，加强队伍建设，激发教师的积极性、创造性发挥了重要的作用，也促进了我省高等教育事业的快速发展。但是，随着我国社会主义市场经济体制的建立完善，包括高校在内的事业单位人事制度改革的不断深化，现有的职称评价制度与新的形势和发展要求不相适应，存在着不少问题和矛盾，集中表现在两个方面：一是评价和使用"两张皮"问题。近些年来，尽管高校教师职称评价工作在方法手段、条件标准进行了很多改进完善，但由于评审工作主要是采用集中评审方式进行，几天时间内要完成几千上报对象的评审，存在着评价与实绩能力脱节错位问题，一些单位想用的人评不上，评上的人有时又用不了，也造成了基层"重评审、轻聘任"倾向。二是职称评审制度与岗位管理制度、考核聘用等制度相脱节，事业单位人事制度改革推进中的许多重要原则不能落实到位。一些单位岗位设置不够科学清晰，考核制度不能落实；干好干坏一个样，一聘定终身的现象没有改变；职务能上能下、待遇能高能低的激励机制尚未形成。这导致学校和老师、评上和未评上的都对我们的政策制度不满意，也在一定程度上影响了教师积极性的发挥。要求改革的呼声越来越高，因此，改革势在必行。

为深入贯彻落实党的十八届三中全会和省委全会精神，转变职能、简政放权，充分落实高校用人和办学自主权，省教育厅和省人力社保厅根据中央关于进一步深化事业单位人事制度改革的意见和国家中长期教育改革和发展规划纲要等要求，在参考借鉴上海、山东、福建等省市及中科院改革经验的基础上，决定在我省高校中开展教师专业技术职务评聘制度改革工作。

这次改革不是单纯下放职称评审权，首先它是促进高等教育事业发展，落实高校办学自主权，完善学校内部治理体系的一个重要举措，其次要把这次职称改革放到推进完善高校人事管理制度的"改革链"中来认识。这次下放评审权，是建立在岗位管理制度基础上，强调学校在核定的岗位结构比例内自主评聘专业技术职务。因此，要求高校单位要把职称改革与岗位设置、考核聘用、绩效管理等人事制度形成衔接配套，加强改革的协同推进。改革的核心是体现三个自主，即自定标准、自主评聘、自主发证。改革放权的目的，就是要建立形成高校自我管理、自我约束、自我发展的运行机制，促进我省高等教育事业健康发展。

二、着重把握好改革推进过程中的几个主要问题

深化高校教师专业技术职务评聘制度改革

工作,政策性强,工作环节多,任务十分艰巨。在改革过程中,要着重把握好以下五个主要问题。

一是岗位结构比例问题。岗位设置是事业单位人事管理工作的基础,也是这次高校职称制度改革的前提。各高校必须严格在核定的专业技术岗位结构比例内开展教师专业技术职务评聘工作。评一定要与聘结合起来,聘一定要与岗位结合起来。单位要合理统筹岗位使用,要为事业发展留出空间。"双肩挑"的要从严控制。

下一步我们将根据编委部门核定的编制、师资队伍建设规划,区别不同类型、不同层次,充分考虑学校办学水平、队伍建设和功能定位,以及评聘标准等因素,对各高校岗位进行合理调控,建立岗位结构比例动态管理机制。

二是评聘标准问题。这次改革提出淡化资格、强化聘任,落脚点是在聘任上。岗位任职条件是聘任的前提,评聘条件的高低一定程度上反映了一个学校的师资队伍情况和办学水平。有要求就有了水平,有了高要求就会有高水平。因此,制定科学合理的评聘标准是确保这项工作顺利推进的关键。各高校必须根据省里的要求,结合本校特点和教育教学实际,制定不低于省定标准的具体评聘条件。一是要有导向性。要克服原来评审中简单凭论文、课题进行评价的倾向,从有利于高等教育事业发展出发,弱化资历年限,强化业绩导向,加大工作实绩的权重,形成正确的激励评价。二是要有针对性。要针对高校教师职业特点,充分考虑教学的中心地位,同时要注重教学成果的实践应用和成果的转化推广,不断提高广大教师教学、科研和社会服务能力。三是要有前瞻性。既要立足于现实,评聘标准要保持一定时期的稳定,又要考虑今后一段时间学科发展和师资队伍建设要求,把评聘标准与学校的发展战略有机统一起来。

三是评聘程序问题。程序规范是实现教师专业技术职务评聘工作客观公正的重要保证。

要坚持评聘工作的公开公平公正原则。各高校必须严格按照规定的程序开展评聘工作,凡是应该公开的项目都要上网上墙,坚持"三公开"、"两公示",切实做到方案公开、过程公开、结果公开,以及申报材料评前公示,拟聘人选公示,充分接受群众监督,及时妥善处理和解决自主评聘中产生的问题和矛盾。

四是聘期考核问题。聘期考核是科学评价和合理使用教师,打破岗位聘任终身制,激发队伍活力的重要工作环节。各高校要根据《关于加强事业单位岗位聘期考核管理的指导意见》(浙人社发〔2013〕193号),建立健全单位岗位聘期考核制度,加强教师岗位聘期考核,要将考核结果作为岗位聘任的重要依据,逐步形成公平竞争、优胜劣汰、能上能下的用人机制。对能力水平与所聘岗位任职条件不匹配,不能胜任岗位职责,未完全达到考核要求的,应予低聘或转聘;对被确定为不合格等次的,应按聘用制度有关规定处理。

五是监督管理问题。转变职能、简政放权,核心是要解决政府部门管什么、怎么管的问题,放权不是放任,管好不能管死。在推进高校职称制度改革中,我们要把促进单位事业发展活力和调动积极性作为工作方向,坚持政府宏观管理与落实单位自主用人权相结合,坚持分类指导、分级管理,加强工作的宏观管理和指导监督,既不越位揽权,也不替代包办,给权的同时也给责任,理清政府和学校单位的工作"边界"。我们主要是制定政策标准,加强政策调控,指导推动改革,同时,对各高校单位在这项改革实施过程中包括岗位结构比例控制情况、评聘计划、标准、办法、程序和结果,加强事中事后监管,健全完善监督管理机制。

三、几点要求

(一)统一思想、加强领导。深化高校教师专业技术职务评聘制度改革事关高校事业发展,事关广大教师的切身利益,要确保改革顺利平稳推进,必须进一步提高认识,把思想统一到中央三中全会精神上来,统一到省里的决策部署上来。各地各单位要加强领导,认真做好宣传发动,努力形成改革共识。要充分发挥党团组织、工会、教代会等的作用,做好深入细致的思想政治工作和政策宣传解释工作,引导教师等各类人员支持并积极参与改革,营造和谐氛围,确保改革平稳实施。

（二）精心组织,有序推进。各高校要成立相应组织机构,认真学习好高校教师职称制度改革有关文件和这次会议精神,领会改革意图,吃透政策精神,并根据省里的部署,统一开展工作。在省里《实施细则》出台前,要加强调查研究,广泛听取方方面面意见和建议,抓紧方案研究准备,针对重点难点问题制定对策措施,明确工作推进的路线图、时间表。在具体实施中,要突出重点、抓住关键,确保工作有序推进。

（三）严格纪律,积极稳妥。这次深化高校教师专业技术职务评聘制度改革工作,社会关注度高,也十分敏感,尤其要强调组织纪律性,要做到行动统一,步调一致,没有省里的统一规定,各地各单位不得乱开口子,自行其是,凡是违反政策规定的,省里要予以通报批评。同时要加强舆论的正面宣传引导,做好网络舆情的应对处置工作。

同志们,做好深化我省高校教师专业技术职务评聘制度改革工作责任重大,意义深远。各市人力社保部门作为职称和事业单位岗位管理的职能部门,要积极支持配合教育部门,加强对本地区高校职称制度改革工作的指导,及时总结经验,研究和解决工作推进中出现的新情况、新问题,妥善处理好改革、发展和稳定的关系。

龚和艳副厅长在全省人力资源社会保障系统年中工作交流会上的讲话(摘要)

(2014 年 7 月 16 日)

上半年,省公务员局各处室,厅仲裁信访处、省劳动保障监察总队、劳动人事仲裁院和人事考试办 8 个处室单位按照厅党组年初确定的工作目标任务,全年各项重点工作都在有序推进,按照时间表要求上半年完成的各项任务也都已基本完成,总的情况是好的。下面重点就做好下半年各项工作、完成全年目标任务讲三点意见:

(一)围绕改革任务,完成各项重点工作

1. 日志式管理平时考核工作要在省直机关和全省人社系统全面推进。全省人社系统全面推进日志式管理,年初已列为今年厅 18 项改革任务之一,上个月初,浙江省党的建设制度改革专项小组将这项工作列入了 2014 年的改革任务,提出要"完善公务员平时管理考核,推行干部工作日志式管理制度"。夏宝龙书记、李强省长多次对我厅的日志式管理工作予以肯定,李强省长提出要在省级机关全面推行。7 月 2 日,吴顺江厅长专题听取了省级机关全面推行日志式管理、加强平时考核工作方案,并在报经省领导同意后,预定 7 月底召开推进会进行部署,吴厅长还将亲自作动员讲话。我们的体会是,平时考核这项工作的确是一把手工程,没有一把手的强势推进,这块硬骨头是很难啃的。从全系统的情况看,无论是作为重点推进的宁波、台州还是其他地方,总体上工作进展顺利。宁波市"岗位对责、绩效对帐"平时考核工

作 5 月份已在市直机关部门全面推行,10 月份实现全市大覆盖,杭州、舟山也已上线运行,台州、湖州、金华预计 7 月底上线,温州、衢州、丽水计划于 9 月底前上线运行,嘉兴市局也已作出部署,准备近期与市委组织部联合发文。希望还没有作出实质性部署的地方抓紧行动,确保年初目标任务的完成。

2. 聘任制公务员试点工作要稳慎推进。聘任制公务员试点是公务员制度改革的一项举措,在义乌试点的基础上,接下来舟山这项工作也要严格按照程序稳慎推进。在推进中要特别注意加强政策宣传引导,营造良好的舆论氛围。4 月份以来,义乌聘任制试点工作引起了网上热炒,甚至有媒体认为这是公务员普遍要实行高薪的信号等等。对此,我们自己也要深刻反思,因为我们的宣传不够到位,政策解释得不够透彻,才导致了媒体的误解误读。因此,下一步工作的推进一定要引导好舆论。此外,对已经签订合同的聘任制公务员,要加强考核和管理,充分发挥他们的作用,使试点工作能够取得预期成效。在试点推进过程中,公务员局综合处要与省委组织部公务员管理处以及试点地市和单位加强沟通协调,根据聘任制公务员不同于一般公务员的特点,逐步完善聘任制实施中的相关制度,稳步推进试点工作。

3. 公务员考录工作要与时俱进。吴厅长到任后,对"阳光考录"工作提出了新的要求,公务员考录工作的社会公信力应该说达到了比

较高的程度,被称之为"玻璃房里的竞争"。但是,由于我们的命题已形成一个比较固定的思维模式,包括命题的专家也好,命题的方式也好,基本上都相对固定,因此这些年来,社会上的一些培训机构以"公务员培训网"等方式、打着"包过班"的旗号,猜测我们的出题方向、出题重点,与我们斗智斗勇。因此,下一步公务员考录工作也要作些改革,谁来出题、出什么样的题、怎样测评以及考察细则等都要改进,死记硬背的内容要少,要更加突出分类考试,更加注重能力素质,使考试测评更有针对性,进一步提高我省公务员考录工作的科学化水平。前段时间人事考试办和考录处已作了些省内外的调研工作,近期还要与省委组织部公务员管理处一起召开若干座谈会,作些不同层面的调研,听取方方面面的声音。经研究,初步定于8月中旬召开公务员录用考试命题改革研讨会,希望各地在这方面多作些研究和思考,给我们提供一些好的意见和建议。

(二)守住稳定底线,切实维护劳动权益

1. 劳动监察和仲裁部门要紧紧围绕"双爱"活动这一核心,维护好劳动关系和谐与社会稳定。今年重点是落实好省领导的重要批示精神,具体工作概括起来为"一、二、三"。"一"就是出台一个意见:建设领域企业工资支付源头治理实施意见。"二"就是推进两项立法:一是工资支付保障金制度立法工作。下半年,要配合省法制办继续就《浙江省企业工资支付管理办法》修订开展专题调研、征求意见、部门协调等立法修订工作,争取尽快出台;二是《浙江省实施〈劳动争议调解仲裁法〉办法》,要抓紧与法制办就立法前期准备工作做好衔接,争取列入省人大一类立法计划。"三"就是组织好三大专项行动:一是劳动保护与社会保险专项检查,重点做好夏季高温时节的高温津贴等劳动保护专项督查工作;二是劳务派遣企业用工

专项检查,要根据部司要求,配合劳动关系处共同做好;三是年底两节期间农民工工资支付情况的专项检查,要提前谋划、及早部署。

2. 劳动人事仲裁要把握好一个基本原则——"双维护"。一方面要维护好劳动者的合法权益,另一方面也要保护好用人单位特别是企业的正常生产经营秩序,让公平正义的理念贯穿仲裁活动全过程。另外,随着《事业单位人事管理条例》的实施,对事业单位改革可能引发的人事争议案件高发要进行形势研判,并做好相应工作预案。

3. 信访工作要围绕维稳这条主线,做好平安创建、日常接访、矛盾化解等各项工作。今年国务院和省里都开展了《信访条例》实施的督查,国家还召开了全国依法逐级走访工作电视电话会议,核心就是要求大家严格按照信访条例的要求,一级管一级,各负其责,依法逐级处理信访事件,就地化解各类矛盾。

(三)强化依法理念,提升从政能力水平

今年春节上班第一天,浙大朱新力教授在给全厅干部作依法行政讲座时诠释了吴厅长的两句话:行政机关应避免当被告,当了被告也不能输。我理解前一句话讲的是依法行政的理念问题。当我们作出某项行政决定或作出行政处罚时,首先要想一想法律是怎么规定的,我们能不能这样做?后一句话讲的是行政行为的质量(合法性)问题,即我们作出的决定或者处罚是不是符合法律规定的条件和程序?有没有违法的地方?法律和政策有没有向当事人解释到位,取得当事人的理解和支持?比如仲裁办案,调解结案当然没有问题,双方皆大欢喜,而裁决结果总有输赢,我认为,只要我们坚持做到以上两点,一定能够让当事人赢也赢得坦坦荡荡,输也输得心服口服。

党的十八届三中全会对依法行政提出了新的要求,如何提高系统人社干部依法行政的

能力和水平,是今年制定公务员培训计划的重点之一。今年上半年省公务员局首次与省行政学院合作,举办了一期全省人社系统依法行政专题培训班,邀请党校老师、浙大教授还有实务部门的专家给大家授课,各地反映效果很好,要求继续培训的呼声也很高。下半年,我们要继续抓好这项工作,特别是监察、仲裁两支执法队伍的依法行政培训,要在如何优化培训内容、创新培训方式上多作些思考,要把从政职业道德、心理健康与调适、舆情引导与危机处理等一些新的培训内容贯穿其中,以进一步提高培训的针对性和实效性,提升系统干部依法行政的能力和水平,为"两美"浙江建设作出应有的贡献。

仇贻泓副厅长在全省医保反欺诈"亮剑"专项行动电视电话会议上的讲话（摘要）

（2014 年 5 月 21 日）

一、开展医保反欺诈"亮剑"专项行动的重要性和紧迫性

我省基本医保制度已经走过了 15 年。近年来，随着全省医改不断深入，医保事业发展迅速。全民医保得以实现，保障待遇不断提高，群众就医日益便捷。这些进步既改善了民生，也为全省经济社会发展大局做出了贡献。然而我们也看到，近些年来全省各地医保欺诈案件时有发生，比如，有的定点药店或参保人员通过串换药品、倒卖医保药品、伪造虚假处方等方法套取现金，有的医疗机构采用虚假住院或挂床等不法手段骗取医保基金，甚至有的犯罪团伙以医疗机构为活动场所，以参保病人为目标人群，提供制售虚假发票骗保"一条龙服务"。这些行为破坏了医保管理秩序，侵害了医保基金安全，严重影响了社会风气，更是危害了人民群众的切身利益。据统计，2013 年，全省医保基金违规案件 2337 件，查处金额 1944 万元。2014 年一季度，违规案件 491 件，违规金额 388 万元。与此同时，近年来我省医保基金支出也呈现过快增长态势，形势不容乐观。因此，加强医保基金监管，严厉打击骗取医保基金的违法违规行为，已是刻不容缓。而骗保案件主体多样、手法多变、涉及面广，仅靠单个部门的力量难以进行有效治理，亟需建立部门协同机制，采取综合治理的方法，开展专项打击。

省委省政府高度重视医保基金监管工作。

今年 2 月，省委夏宝龙书记在我厅情况专报上作出重要批示，要求对医保欺诈行为严惩不贷。在全省人力社保系统年度工作会议上，熊建平副省长特别强调要"加强医保监管"。4 月 29 日，国家人社部专门召开医保反欺诈工作座谈会，会上通报了全国人大常委会关于《刑法》第二百六十六条的法律解释，明确"以欺诈、伪造证明材料或者其他手段骗取养老、医疗、工伤、失业、生育等社会保险金或者其他社会保障待遇的，属于刑法第二百六十六条规定的诈骗公私财物的行为"，这使医保反欺诈行动有了明确具体的法律依据。这些都是开展"亮剑"行动的有利条件，我们要认真贯彻落实省委省政府领导的重要指示精神，充分认识专项行动的重要意义，认真部署，攻坚克难，确保专项行动取得全面胜利。

二、医保反欺诈"亮剑"专项行动的主要安排

经与省级兄弟部门沟通协调，这次全省医疗保险反欺诈"亮剑"专项行动，由省、市、县二级人力社保部门负责牵头，公安、卫生、财政、工商、药监、物价等部门协同联动形成合力，邀请纪检监察部门全程跟踪。具体的安排，归纳起来主要就是"四个阶段"、"六项内容"。

"四个阶段"分别是：5 月下旬为动员部署阶段；6 月至 7 月为梳理排查阶段；8 月至 9 月为整治处理阶段，对涉嫌违法犯罪的，按规定移送公安机关处理，同时对跨地区重大案件组织

核查;10月至11月为规范总结阶段,研究完善医保基金监管的长效机制。

"六项内容":一是核查大额报销票据,重点是对2013年的大额报销票据进行复查,如发现骗保、大额套保行为可向前追溯;二是检查定点医疗机构,重点检查医务室、乡镇卫生院、社区服务站点等是否存在留存参保人员证(卡),为冒名就诊提供方便,虚假住院或利用社会保障卡非法牟利等行为;三是督查中药饮片使用情况,重点督查各地对中药饮片的监管和落实高位淘汰情况;四是巡查定点零售药店,重点检查进销存管理,特别要关注日用品、副食品、保健品串换行为;五是排查近年来门诊医疗费较高人员;六是核查重复享受医保待遇等其他医保违规欺诈行为。专项行动期间,在各地12333或专门机构必须开设举报电话和邮箱,发现线索立即查办,并对举报有功人员按规定给予奖励。

三、工作要求

这次专项行动是加强基金监管的一项重要举措,也是打造"阳光医保"的一项重要工作。各地各部门要高度重视,将专项活动与党的群众路线教育实践活动结合起来,与本地区本部门中心工作结合起来,与深化医改的各项重点工作结合起来,做到有计划、有重点、有实招、有成效。具体来说,要切实做好以下几个方面:

(一)加强组织协调。省级层面已经成立了专项行动领导小组,办公室设在省医保中心,具体负责全省各地专项行动的组织协调和日常工作。上星期我们专门召开了省级相关部门联席会议,明确了各部门职责分工,建立了专项行动工作沟通协调机制。市、县两级也要成立相应的工作机构,统筹推进本地区"亮剑"行动,精心制定方案,认真组织实施,明确部门分工,落实工作责任。各级人力社保、公安、卫生、财政、药监、物价等部门要相互配合、加强联动,同心合力共同推进专项行动的开展。

(二)创新工作机制。工作机制是专项行动效率和成果的有力保障。除了各部门协调沟通机制,还要形成上下联动机制。各市要定期向省专项行动领导小组办公室报告本地区专项行动开展情况,省领导小组办公室要及时通报各地开展行动情况,总结推广好经验、好做法,适时组织人员进行督查。各级人力社保部门要以专项行动为契机,深入剖析医保基金监管中的突出问题和薄弱环节,进一步探索完善医保监管的长效机制。

(三)严格依法监管。多部门协同推进专项行动,主要目的之一就是确保依法办事。除了宪法和刑法,各部门对不同的违法违规行为都有各自适用的法律规范,大家要密切沟通,积极配合,既要保证查处不留死角,又要确保事事有依据,严格做到依法办事,不越位、不缺位、不错位,注重互相补位,要确保"亮剑"专项行动取得实效。同时,要认真分析典型案例,印制《违法违规案例汇编》,为今后医保反欺诈工作积累经验。

(四)严查大案要案。各地各部门特别是社保部门要进一步提高认识,放下思想顾虑,利用这次专项行动机会,暴露问题,发现问题,分析问题,解决问题。对违法违规行为该查处的严格查处,该移交的必须移交,确保对违法犯罪的行政和刑事责任追究到位。对情节恶劣、数额巨大、严重影响医保基金运行的大案要案要严惩不贷、决不姑息。

(五)重视舆论宣传。各地要按照专项行动的总体要求和工作重点,制定宣传工作方案,把宣传教育贯穿于专项行动的全过程。要充分利用本地主流媒体进行宣传,提高专项行动的社会知晓度;对典型案例进行深入剖析和曝光,形成强大的震慑力。对群众举报反映的问题,要落实责任部门和责任人员,及时进行查处并反馈,确保渠道畅通,方便监督,形成全社会共同关注参与医保基金监管的良好氛围。

陈中副厅长在全省人力资源社会保障系统年中工作交流会上的讲话（摘要）

（2014 年 7 月 16 日）

就业工作是一项很重要的工作。下一步，就业工作要抓好六件事：一是要密切关注经济形势，加强就业数据的监测和分析，及时采取相应的措施，确保全年目标任务的完成。二是省市县三个层面都要全面掌握就业数据，相关数据要说得清、问不倒、有出处，至少有个说法，要分析就业数据与宏观经济、薪酬之间的关系，有分析、有图表、动态化，为宏观决策提供依据。三是要高度重视高校毕业生就业创业工作，要贯彻好省里即将出台的政策文件。四是要用好就业资金，结余基金要保持在合理区间，使用资金要起到"四两拨千斤"的效果，重点要研究如何用于百千万劳动力素质的提升，要研究如何鼓励支持大学生创业。要把资金用在刀刃上。五是要加大省内劳动力余缺调剂的力度，逐步减少对省外普通劳动力的依赖。六是要大力培育发展家政服务业，省厅即将开展调查摸底工作，掌握面上情况、找出存在问题、提出对策建议。调查摸底工作请各市积极配合。

面对新形势新任务，人才工作关键是要围绕创新驱动发展战略，理清思路、找准定位，引导人才向企业、基层一线集聚。要从更宏观的角度、更高的层面去谋划，突出牵头引领、协调指导。

一是要全面掌握面上的情况，做到心中有数。省市县各个层面都要把人才的总量、结构、分布搞清楚；把重点产业重点行业需要什么样的人才、缺什么样的人才、这些人在哪里、怎么样才能引进来搞清楚；把人才投入方向、人才政策绩效搞清楚，并与发达省市进行比较，找出存在的差距和问题，提出对策建议。二是要进一步研究服务创新驱动和浙江发展的具体举措，比如，"五水共治"人才工作做什么；"机器换人"人才工作做什么；"电商换市"人才工作做什么。确保人才工作落到实处。二是要大力培育人力资源服务业。杭州、宁波、嘉兴等地对这项工作比较重视。杭州正在申报国家级产业园区，宁波北仑正在申报省级产业园区，省里会大力支持。人力资源服务产业不仅能为浙江的发展提供人才支撑，这个产业又是现代服务业的重要组成部分，是个朝阳产业，希望各地加以重视。四是要进一步加大引才力度。下半年省厅还将组团赴北京、西安、上海、武汉等地招聘人才，请各市积极参与。

机构情况

浙江省人力资源和社会保障厅

浙江省人力资源和社会保障厅

地址：杭州市省府路8号省府大楼2号楼

厅 领 导

吴顺江	省委组织部副部长，厅党组书记、厅长
刘国富	厅党组副书记、副厅长
蔡国春	厅党组成员、副厅长
郭　敏	厅党组成员、纪检组长、监察专员
宓小峰	厅党组成员、副厅长
龚和艳	厅党组成员、副厅长、省公务员局局长
仇贻泓	厅党组成员、副厅长
陈　中	厅党组成员、副厅长
宋云峰	厅党组成员、副厅长
黄亚萍	巡视员
许伟平	副巡视员
胡长恩	副厅级、省就业局局长
陈诗达	副厅级

机关处室

办公室

政策法规处

规划财务处（综合计划处）

就业促进和失业保险处

人才开发和市场处

军官转业安置处

职业能力建设处

专业技术人员管理处

事业单位人事管理处

农民工工作处

劳动关系处

工资福利处

养老保险处

医疗保险处

工伤生育保险处

农村社会保险处

社会保险基金监督处

仲裁信访处

人事处

离退休干部处

直属机关党委

纪检组（监察室）

浙江省公务员局

综合处

考试录用处

考核与奖励处

培训与监督处

浙江省外国专家局

直属单位

浙江省就业管理服务局

浙江省人才市场管理办公室

浙江省人事考试办公室

浙江省人事培训教育中心（省转业军官培训中

心、省继续教育学院）

浙江省专家与留学人员服务中心

浙江省人力资源和社会保障宣传中心

浙江省公共行政与人才人事科学研究所

浙江省省级单位统发工资办公室

浙江省人才市场

浙江省劳动保障监察总队

浙江省劳动人事争议仲裁院

浙江省社会保险事业管理中心

浙江省省级医疗保险服务中心

浙江省劳动能力鉴定中心

浙江省职业介绍服务指导中心

浙江省职业技能鉴定中心

浙江省劳动和社会保障干部学校（省技工教师
　进修学校）

浙江省职业技能教学研究所

浙江省劳动和社会保障科学研究院

浙江省劳动保障电话咨询服务中心

浙江省人力资源和社会保障资产管理中心

浙江省人力资源和社会保障信息中心

浙江省人力资源和社会保障学会

名 誉 会 长	陈加元
会 　 　 长	乐益民
常务副会长	蔡国春
副 会 长	姚先国　汤　勇　高兴夫
	宋关昶　俞步松　屠红燕
	杨建华　陈惠雄　张　敏
秘 书 长	潘伟梁
副秘书长	陈荣华　厉　勇　郑益群
	程振开　胡长恩　董叶英
	谭永杰

常务理事（按姓氏笔画为序）

　孔祥文　王水福　王国益　王政贵　仇贻泓

厉　勇　乐益民　丛苏林　曲　华　朱绍平

庄小木　汤　勇　李　为　李远明　李俭英

何文炯　张卫华　张明龙　张　敏　杨建华

陆宁章　陈小克　陈合和　陈进达　陈国妹

陈荣华　陈惠雄　陈新华　沈　磊　沈长仁

宋关昶　邵爱琴　周先志　郑金道　郑坤法

郑学筠　郑益群　郭　敏　胡长恩　南存辉

俞步松　俞锦方　宣锡海　姚先国　姚季鑫

袁中伟　倪　力　高兴夫　黄乃忠　黄亚萍

屠红燕　宓小峰　常玉芳　蒋文潮　董叶英

程振开　傅　玮　楼忠福　蔡国春　谭永杰

黎　雯　潘伟梁

杭州市人力资源和社会保障局

杭州市天目山路135号玉泉大厦

局 领 导

郭禾阳	市委组织部副部长,局党委书记、局长
柳胜伟	局党委委员、副局长
张立飞	局党委委员、副局长
章　明	局党委委员、副局长、市社会保险管理 服务局局长
黄菊火	局党委委员、副局长
单黎霞	局党委委员、驻局纪检组组长
方海洋	局党委委员、副局长
赵祖国	局党委委员、副局长
谢道溥	局党委委员、市医疗保险管理服务局 局长
王新龙	局党委委员、市外国专家局局长
张　林	局党委委员、市就业管理服务局局长
刘志勇	巡视员
钱　斌	市人才服务局局长
江汝标	巡视员
王加良	副巡视员

蔡坚力　副巡视员
洪继新　副巡视员
楼峻韵　副巡视员

机关处室

办公室
监察室
组织人事处、机关党委
政策法规处
规划财务与计划处
公务员管理处
培训教育处
就业创业指导处
人才开发和市场处
军官转业安置处
职业能力建设处
专业技术人员管理处
事业单位人事管理处
劳动关系处
工资福利与离退休处
养老保险处
医疗生育保险处
工伤保险处
企业退休人员管理处(基层工作处)
信访处
调解仲裁管理处
行政审批处
机关党委
杭州市外国专家局

直属单位

杭州市人才服务局
杭州市就业管理服务局
杭州市社会保险管理服务局
杭州市医疗保险管理服务局

杭州市人事考试办公室
杭州市劳动保障监察支队
杭州市劳动人事争议仲裁院
杭州市人力资源和社会保障信息中心
杭州市人力资源和社会保障局咨询服务中心
杭州市企业退休人员管理服务中心
杭州市医疗保险事务受理中心
杭州市专家与留学人员服务中心
杭州市职业技能培训指导中心(市公共实训指导中心)
杭州市职业技能鉴定指导中心
杭州市干部培训中心
杭州第一技师学院
杭州市轻工高级技工学校
杭州退休干部大学
杭州人才大厦管理中心
杭州人才市场

宁波市人力资源和社会保障局

宁波市江东区和济街 95 号

局 领 导

林雅莲　市委组织部副部长,局党委书记、局长
王晓光　局党委副书记、副局长
陈利珍　局党委委员、副局长
周永全　局党委委员、副局长
陈文伟　局党委委员、副局长
沃世立　局党委委员、纪检组长
陈水良　局党委委员、副局长
吴国华　局党委委员、副巡视员
陈　敢　局党委委员、组织人事处处长
钱义林　就业管理服务局局长(副局长级)
占建国　巡视员
杨继杰　原局党委委员、原副局长

童晓黎　副巡视员

胡积庆　副巡视员

戚伏堂　副巡视员

机关处室

办公室

组织人事处

政策法规处

规划财务与社保基金监督处（综合计划处）

公务员考录调配处

公务员考核培训处

人才开发和市场处

军官转业安置处（市目标管理考核领导小组办
　公室）

职业能力建设处（人才培训处）

专业技术人员管理处

事业单位人事管理处

劳动关系处

工资福利与离退休处（市机关事业单位退休干
　部管理办公室）

养老保险处

医疗保险处

工伤生育保险处

仲裁处（市劳动人事争议仲裁院）

行政审批处

信访处

外国专家局（市引进国外智力办公室）

机关党委

监察室

直属单位

宁波市就业管理服务局

宁波市人才服务中心

宁波市养老保险管理中心

宁波市人才培训中心

宁波市城镇医疗保险管理中心

宁波市劳动保障监察支队

宁波市人事考试办公室

宁波技工学校

宁波市机关事业社会保险办公室

宁波市老年活动中心

宁波市职业技能鉴定指导中心

宁波市社会保险卡管理服务中心（市人力资源
　和社会保障局信息中心）

宁波市人力资源和社会保障"12333"电话咨询
　服务中心

温州市人力资源和社会保障局

温州市鹿城区学院中路 303 号

局 领 导

陈进达　市委组织部副部长，局党组书记、局长

邹跃新　局党组副书记、副局长

叶朝胜　局党组成员、纪检组组长

徐　群　局党组成员、副局长

陈志刚　局党组成员、副局长

董旭辉　局党组成员、副局长

胡凯生　局党组成员、纪检组组长

胡正长　局党组成员、副局长

杨日东　调研员

张利军　调研员

刘贤奎　调研员

机关处室

办公室

人事处

政策法规处（行政审批服务处）

规划财务处（综合计划处）

就业促进和失业保险处
公务员考录交流处
公务员考核培训处
人才开发和市场处
军官转业安置处
职业能力建设处
专业技术人员管理处
事业单位人事管理处
劳动关系处
工资福利处
养老保险处（农村社会保险处）
医疗保险处
工伤生育保险处
社会保险基金监督处
仲裁信访处
机关党委
纪检监察室

直属单位

温州市就业管理服务局
温州市职业介绍指导服务中心
温州市技术工人交流服务中心
温州市社会保险管理中心
温州市医疗保险管理中心
温州市人力资源和社会保障局经济技术开发区
　社保分局
温州市人才市场管理办公室（市人才市场、市
　人才有限公司）
温州市人事考试办公室
温州市职业技能鉴定指导中心
温州市外国专家局
温州市机关事业单位工资统发办公室
温州市劳动保障监察支队
温州市劳动人事争议仲裁院
温州市人力资源和社会保障信息中心（市市民
　卡管理服务中心）

温州技师学院
温州市就业训练中心
温州市军队转业干部培训中心（市人力资源培
　训学校、市继续教育院）
温州市人力资源和社会保障咨询服务中心
温州市机关事业单位退休活动中心
温州市民卡服务有限公司

湖州市人力资源和社会保障局

湖州市行政中心2号楼（仁皇山路666号）

局　领　导

王　树　市委组织部副部长,局党组书记、局长
沈福群　局党组成员、副局长
周淮中　局党组成员、副局长
金　敏　局党组成员、副局长
吴云芳　局党组成员、纪检组长
丁会强　局党组成员、副局长
罗　芳　局党组成员、副局长、市社会保险管理
　　　　局局长
金平鸽　调研员
徐水培　调研员
孟贤培　副调研员
陈忠民　副调研员

机关处室

办公室
政策法规处（行政审批管理处）
财务和基金监督处
就业促进和失业保险处
公务员管理处
军官转业安置处
专业技术人员管理处

教育培训处
事业单位管理处
工资福利处
养老保险处
医疗工伤生育保险处
仲裁和信访处(劳动关系处)
组织人事处
监察室和机关党委

直属单位

湖州市社会保险管理局(市社会保险服务中心)
湖州市人才资源开发管理办公室(市人才市场管理中心、浙江省南太湖创新发展研究院秘书处)
湖州市外国专家局
湖州市机关事业单位退休职工活动中心
湖州市专业技术职务任职资格评价服务中心
湖州市高层次人才服务中心
湖州市就业管理服务局
湖州市职业技能鉴定中心
湖州市劳动保障监察支队
湖州市人力资源和社会保障信息中心(市社会保障卡管理中心、市人力资源和社会保障咨询服务中心)
湖州市劳动人事争议仲裁院
湖州市人事考试办公室
湖州市人力资源培训中心

嘉兴市人力资源和社会保障局

嘉兴市东升路 1042 号

局 领 导

陈树庆　市委组织部副部长,局党组书记、局长

应志敏　局党组副书记、副局长
王松林　局党组成员、副局长
余柏根　局党组成员、副局长
冯俊华　局党组成员、副局长
倪建强　局党组成员、副局长
吴金华　局党组成员、副局长
施　迪　局党组成员、纪检组长
黄　炜　局党组成员、副调研员

机关处室

办公室
政策法规处(行政审批处)
计划财务处(社会保险基金监督处)
信息化管理处
公务员管理处(军官转业安置处、市公务员局)
人才开发处
职业能力建设处
专业技术人员管理处(市外国专家局)
事业单位人事管理处
工资福利处
劳动关系处(信访处)
养老保险处
医疗工伤生育保险处
就业促进和失业保险处(与市就业管理服务局合署)

直属单位

嘉兴市人才市场管理办公室
嘉兴市人事考试办公室
嘉兴市退休干部管理处
嘉兴市就业管理服务局
嘉兴市劳动保障监察支队
嘉兴市劳动人事争议仲裁院
嘉兴市职业技能鉴定管理中心(市高技能人才

公共实训管理中心）

嘉兴市劳动能力鉴定中心

嘉兴市社会保障事务局

嘉兴市南湖区禾兴南路 334 号

局 领 导

于霞芬　局党组书记、局　长

王銮松　局党组成员、副局长

杨惠清　局党组成员、副局长

李　祥　局党组成员、副局长

杜锦瑛　局党组成员、纪检组长

王保国　局党组成员、副局长

潘建中　副调研员

机关处室

办公室

计划财务处

稽查审计处

城乡居民养老保险处

参保登记管理处［南湖区分局、秀洲区分局、经济技术开发区（国际商务区）分局］

养老保险待遇处

城乡居民（合作）医疗待遇处

工伤生育待遇处（上海人医疗保险代办服务中心）

异地就医结算处

社会救助处

业务审核处

计算机信息管理处（市公共事务信息中心）

驻局监察室

绍兴市人力资源和社会保障局

绍兴市曲屯路 368 号

局 领 导

邵全卯　市委组织部副部长,局党组书记、局长

裘凯音　局党组副书记、副局长

薛婉娟　局党组成员、纪检组长

王福荣　局党组成员、副局长

陈建兴　局党组成员、副局长

黄立枫　局党组成员、副局长

罗继红　局党组成员、副局长

陈朝晖　局党组成员、副局长

陈树荣　调研员

王少钧　调研员

任彩仙　副调研员

机关处室

办公室

政治处

纪检监察室

政策法规处

就业促进和失业保险处

公务员管理处

人才开发和市场处

军官转业安置处

职业能力建设处

专业技术人员管理处

外国专家局

劳动关系处

工资福利处

养老保险处

医疗工伤生育保险处

仲裁处

信访处

直属单位

绍兴市人才市场管理办公室

绍兴市人事考试办公室

绍兴市退休干部管理处

绍兴市职称评审中心

绍兴市就业管理服务局

绍兴市社会保险事业管理局

绍兴市职业技术培训指导中心

绍兴市劳动保障监察支队

绍兴市劳动保障投诉咨询服务中心

绍兴市人力资源和社会保障信息管理中心

绍兴市公共实训基地

金华市人力资源和社会保障局

金华市双龙南街801号（主楼8楼）

局 领 导

王丁路　市委组织部副部长,局党组书记、局长

杨建飞　局党组成员、副局长

陈宽年　局党组成员、副局长

周燕祥　局党组成员、副局长

邱　平　局党组成员、局机关党委书记

杜跃忠　局党组成员

黄根寿　副局级

徐德兴　调研员

虞争鸣　副调研员

机 关 处 室

办公室

监察室

机关党委

仲裁法规处（行政审批处）

就业促进和失业保险处

人才开发和市场处（市外国专家局）

公务员管理处

军官转业安置处（军队转业干部安置工作小组
　办公室）

职业能力建设处

专业技术人员管理处

事业单位人事管理处

工资福利处（退休人员管理处）

社会保险处

基金监督和信息管理处

直属单位

金华市社会保险事业管理局

金华市就业管理服务局

金华市劳动保障监察支队

金华市人才市场管理办公室

金华市人事考试办公室

金华市劳动人事争议仲裁院

金华市人力资源培育教育中心

金华市职业技能鉴定中心

金华市人力资源和社会保障信息管理中心

金华市人力资源和社会保障电话咨询服务中心

衢州市人力资源和社会保障局

衢州市柯城区荷花五路468号

局 领 导

吴招明　市委组织部副部长,局党委书记、局长

姜红生　局党委副书记、副局长

余月明　局党委委员、社保局局长
王国忠　局党委委员、副局长
牛建彪　局党委委员、副局长
占美香　局党委委员、就业局局长
杨雪夏　局党委委员、纪检组长
向　雄　局党委委员、公管处处长
李英武　副调研员
吴春祥　副调研员

机关处室

办公室
监察室
政策法规处
公务员管理处
事业单位人事管理处
专业技术人员管理处
基金监督与财务处就业促进与职业能力建设处
工资福利与离退休处
社会保险处
仲裁与劳动关系处(信访室)
产业集聚区分局(派出机构)
行政审批处(派驻机构)

直属单位

衢州市社会保险事业管理局
衢州市就业管理服务局
衢州市人力资源和社会保障信息中心
衢州市人力资源开发服务中心
衢州市劳动保障监察支队
衢州市人才开发管理办公室
衢州市人事劳动争议仲裁院
衢州市职业技能鉴定中心
衢州市劳动能力鉴定中心
衢州市人事考试办公室
衢州市绿色产业集聚区人力社保所

舟山市人力资源和社会保障局

舟山市新城海天大道681号
市行政中心东一号楼

局领导

沈国通　市委组织部副部长,局党组书记、局长,舟山市社会保险事业管理局局长
张　伟　局党组成员、副局长,舟山市社会保险事业管理局副局长
邬扬全　局党组成员、副局长
陈建庆　局党组成员、纪检组长
陈　翔　局党组成员、副局长
金　涛　局党组成员、副局长
禹克亚　局党组成员、副县处长级干部
阎英群　局党组成员、舟山市就业管理服务局局长
陈敏刚　局党组成员

机关处室

办公室(信息中心)
政策法规处(行政许可服务处)
公务员处(市军队转业干部安置工作小组办公室)
事业单位人事管理处
工资福利处(退休干部管理处)
人才开发和市场处(市外国专家局)
职业能力建设处
专业技术人员管理处
劳动关系处
基金监督和内审处
养老保险处
医疗工伤保险处
监察室(机关党委)

53

直属单位

舟山市社会保险事业管理局

舟山市就业管理服务局(市海员就业服务中心)

舟山市人才市场管理办公室(市人才公共服务
中心)

舟山市人事考试办公室

舟山市劳动监察支队

舟山市劳动人事争议仲裁院

舟山市人力资源和社会保障咨询服务中心

舟山市人力资源培训和技能鉴定中心

舟山市退休干部活动中心

舟山市原转体单位离退休干部服务中心

舟山市劳动能力鉴定中心

舟山市社会保险服务中心

舟山市人力资源市场服务中心(大学生创业服
务中心)

舟山市驻舟海军随军家属就业管理服务处

舟山警备区随军家属就业管理服务处

台州市人力资源和社会保障局

台州市白云山南路 233 号市行政中心 12 楼西

局领导

王如考　市委组织部副部长,局党组书记、局长

李正瑞　局党组副书记、副局长

石　勇　局党组成员、副局长

林云初　局党组成员、副局长

姜　渭　局党组成员、纪检组长

郑志敏　局党组成员、副局长

谢建军　局党组成员

陈　淼　局党组成员、市社会保险事业管理
局局长

金　松　局党组成员、市就业管理服务局局长

机关处室

办公室

政策法规处(行政审批处)

公务员管理处

军队转业干部安置工作办公室

人才开发和市场处

就业促进和职业能力建设处

专业技术人员管理处

事业单位人事管理处

劳动关系处

工资福利处

养老保险处

医疗工伤生育保险处

社会保险基金监督处

仲裁信访处

人事处

监察室

机关党委

直属单位

台州市外国专家局

台州市人才市场管理办公室(市高层次人才服
务中心)

台州市人事考试办公室

台州市劳动人事仲裁院

台州市就业管理服务局

台州市劳动保障监察支队

台州市人力资源和社会保障咨询服务中心

台州市人力资源和社会保障信息中心

台州市人力资源培训中心

台州市职业技能鉴定中心

台州市劳动能力鉴定中心

台州市人才市场

台州市社会保险事业管理局

台州市经济开发区
东环大道 143—145 号人力社保大楼 7 楼

机关科室

办公室
计划财务科
稽查审核科
企业退休人员服务科
社保登记申报科
养老保险审核科
医疗工伤生育保险结算科

丽水市人力资源和社会保障局

丽水市花园路 1 号市行政中心

局 领 导

吴善印　市委组织部副部长,局党组书记、局长
张　健　局党组副书记、副局长
章　旭　局党组成员、副局长
陈晓恒　局党组成员、副局长
李　锋　局党组成员、纪检组长
吴守成　局党组成员、副局长
周建雄　局党组成员、市社会保险事业管理局
　　　　局长
王旭彪　局党组成员、市就业管理服务局局长
李伯华　局党组成员、办公室主任
董友生　副调研员
程巩胜　副调研员
林建军　副调研员

机关处室

办公室
行政审批处(政策法规处、社会保险基金监督处)
公务员管理处(军官转业安置处)
事业单位人事管理处
人才开发管理处(外国专家局)
专业技术人员管理处
职业能力建设处
工资福利处
养老保险处
医疗工伤生育保险处
劳动关系处(仲裁信访处、农民工工作处)

直属单位

丽水市社会保险事业管理局
丽水市就业管理局
丽水市人才管理服务局(市高层次人才服务中心)
丽水市劳动保障监察支队
丽水市人力资源和社会保障信息中心(市人力
　资源和社会保障咨询服务中心、社会保障卡
　管理服务中心)
丽水市职业技能鉴定指导中心
丽水市人事劳动仲裁院
丽水市人力资源市场服务中心(市人力资源和
　社会保障教育培训中心)
丽水市人力资源考试办公室

义乌市人力资源和社会保障局

义乌市香山路 389 号

局 领 导

赵健明　市委组织部副部长,局党委书记、局长

龚小庆　局党委委员、副局长
张永民　局党委委员、副局长
吴高余　局党委委员、副局长
陈贻军　局党委委员、纪工委书记
楼小东　局党委委员、副局长
黄兰英　局党委委员
鲍爱民　调研员
楼关兴　调研员

机关科室

办公室
公务员管理科(军官转业安置科)
工资福利科(退休干部管理科)
社会保险科
行政审批科
就业促进科(职业能力建设科、农民工工作科)
人才开发科(外国专家局、专业技术人员管理科)

劳动关系科(政策法规科、仲裁信访科)
事业单位人事管理科
社会保险基金监督科
市监察局驻市人力资源和社会保障局监察室

直属单位

义乌市社会保险管理处
义乌市劳动监察大队
义乌市医疗社会保险管理处
义乌市就业管理服务局
义乌市人才服务局
义乌市农村社会养老保险管理处
义乌市人力资源和社会保障信息管理中心(市社会保障市民卡管理中心)
义乌市人事考试办公室(市职业技能鉴定中心)
义乌市劳动人事争议仲裁院

大事记

浙江省人力资源和社会保障厅大事记

1 月

1 月 2 日 吴顺江厅长向熊建平副省长汇报厅 2014 年工作思路,傅玮、蔡国春副厅长参加汇报会。

同日 郭敏纪检组长参加 2013 年度党风廉政建设责任制落实情况重点检查考核动员部署会。

1 月 3 日 吴顺江厅长主持召开第 18 次厅党组会,审议《浙江省省级高技能人才公共实训基地建设管理及项目资金竞争性分配暂行办法》,听取 2014 年全省人力资源和社会保障工作电视电话会议筹备情况汇报。

同日 傅玮副厅长参加民进浙江省九届三次全会开幕式。

1 月 6 日 吴顺江厅长、傅玮副厅长参加省人大财经委召开的 2014 年省级预算草案及部门预算草案汇报会。晚上,吴顺江厅长参加县(市、区)委书记工作交流会。

同日 黄亚萍巡视员出席全省春运工作电视电话会议。

同日 蔡国春副厅长参加郑继伟副省长主持召开的分级诊疗体系建设课题研究和政策制定情况汇报会。

1 月 7 日 吴顺江厅长和傅玮、龚和艳副厅长在省联合接待中心接待群众来访。

1 月 8 日 吴顺江厅长主持第三届全省"人民满意的公务员"和"人民满意的公务员集体"表彰大会,熊建平副省长出席会议并讲话,

龚和艳副厅长参加会议。

1 月 9 日 吴顺江厅长随省委书记夏宝龙走访慰问杭州三替集团。

同日 傅玮副厅长参加北京军区全国人大代表来浙江视察座谈会。

同日 龚和艳副厅长向来浙江督查的国家保障农民工工资支付工作联合督查组汇报工作。

同日 许伟平副巡视员参加全省推进统计基层基础建设电视电话会议。

1 月 10 日 全省优秀高技能人才暨企业岗位大练兵技能大比武活动表彰会在省人民大会堂举行,熊建平副省长出席会议并讲话。吴顺江厅长宣读表彰决定,仇贻泓副厅长参加会议。

同日 全省人力资源和社会保障工作电视电话会议在杭州召开,熊建平副省长出席会议并讲话。吴顺江厅长作题为《坚持解放思想全面深化改革奋力开创人力社保改革发展新局面》的工作报告。之后,召开全省人力资源和社会保障局局长座谈会,吴顺江厅长参加座谈会并讲话。

同日 傅玮副厅长参加全省财政地税工作电视电话会议。

1 月 11 日 宓小峰副厅长参加教授级高级工程师评审会议。

1 月 12 日 宓小峰副厅长在舟山参加浙江省博士后联谊会工作座谈会暨博士后人才服务舟山群岛新区工作调研活动。

1 月 13 日 吴顺江厅长参加省委常委会第 75 次会议,下午主持浙江省第七批援疆干部

返浙欢迎会暨对口支援工作新春座谈会。

同日　黄亚萍巡视员参加修改完善流动人口管理服务配套政策协调会。

同日　宓小峰副厅长在宁波参加高级经济师宁波评审组评审会议。

同日　龚和艳副厅长参加省委防范和处理邪教问题领导小组第23次会议。

1月13日至19日　蔡国春副厅长在台湾考察。

1月14日　吴顺江厅长参加省"两会"党员代表、委员会议。

同日　郭敏纪检组长参加全国人力资源社会保障系统窗口单位改进作风专项行动视频会。

同日　宓小峰副厅长参加浙江省侨商会迎春联谊会。

1月15日　吴顺江厅长参加全国安全生产电视电话会议。

同日　丛苏林副巡视员参加第27次全国"扫黄打非"工作电视电话会议。

1月15日至16日　人力资源和社会保障部法规司副司长余明勤一行来杭州、台州调研知青群体人力资源社会保障领域历史遗留问题，仇贻泓副厅长介绍浙江情况。

1月15日至19日　傅玮副厅长参加省政协十一届二次会议。

1月16日　丛苏林副巡视员参加人力资源和社会保障部召开的2014年调整企业退休人员基本养老金工作视频会议。

1月16日至20日　吴顺江厅长、龚和艳副厅长参加省十二届人大二次会议。

1月17日　吴顺江厅长参加2014年省级部门预算专题审查会。

同日　宓小峰副厅长参加2014年院士专家迎春座谈会。

1月18日　许伟平副巡视员参加省人口与计划生育领导小组会议。

1月20日　吴顺江厅长在浙江分会场参加中央党的群众路线教育实践活动第一批总结暨第二批部署会议。

同日　宓小峰副厅长参加2014年"浙洽会"、"海经会"筹备工作会议。

1月21日　李强省长来厅调研清理部门职责、规范权力清单工作情况，吴顺江厅长汇报工作，在家的厅领导参加汇报会。下午，吴顺江厅长主持召开第19次厅党组会，听取第六次全国军转表彰评选推荐工作、2012—2013年度厅民主评议党员工作、浙江人力社保大楼入驻及相关经费等情况汇报，审议《浙江省基本医疗保险协议医师管理暂行办法(送审稿)》，研究近期人事工作。

同日　傅玮副厅长参加预备役步兵师党委全体(扩大)会议。

同日　龚和艳副厅长参加全省政法工作会议，下午参加全省信访局长会议，晚上参加全省公安系统颁奖典礼。

同日　丛苏林副巡视员参加全省住房城乡建设工作电视电话会议。

1月21日至23日　郭敏纪检组长参加省纪委十三届三次全会。

1月22日　吴顺江厅长、龚和艳副厅长参加省纪委十三届三次全会。

同日　傅玮副厅长在望江山疗养院慰问离休干部。

1月23日　吴顺江厅长随省委书记夏宝龙走访慰问副省级以上老同志。

同日　傅玮副厅长参加李强省长主持召开的省政府专题会议。

1月23日至24日　宓小峰副厅长在北京参加全国引进国外智力工作大会。

1月24日　傅玮副厅长列席省委常委会第77次会议。

同日　仇贻泓副厅长参加省农贸市场改造提升工作领导小组和省商品交易市场提升发展

领导小组成员单位工作会,下午参加省对口支援工作领导小组第七次会议。

同日 丛苏林副巡视员参加全省民族宗教工作电视电话会议。

同日 许伟平副巡视员参加全省宣传思想工作会议。

1月24日至25日 吴顺江厅长、龚和艳副厅长在北京参加全国公务员管理工作会议。

1月26日 吴顺江厅长、许伟平副巡视员参加全省党的群众路线教育实践活动第一批总结暨第二批部署会议。

1月27日 吴顺江厅长参加省政府第21次常务会议。

同日 宓小峰副厅长参加毛光烈副省长主持的滨江区创建"新一代网络技术与产业国家自主创新示范区"方案汇报会。

同日 仇贻泓副厅长参加全国特殊教育工作电视电话会议。

1月28日 吴顺江厅长参加2014年春节团拜会。

同日 仇贻泓副厅长参加省协调劳动关系三方第二十六次会议并讲话。

1月29日 吴顺江厅长走访慰问正厅长级离退休老同志。

2月

2月8日 召开全厅干部职工大会,回顾过去一年工作,表彰先进处室、先进单位、先进党支部和年度考核优秀个人、优秀党员,签订党风廉政建设责任书,部署厅年度重点工作任务。吴顺江厅长讲话,宓小峰副厅长宣读表彰决定。

2月10日 吴顺江厅长列席省委常委会第78次会议,下午参加全省推进法治政府建设电视电话会议。

同日 宓小峰副厅长参加省级机关事业单位编外用工有关问题协调会。

2月11日 吴顺江厅长、龚和艳副厅长参加省政府第二次廉政工作会议。下午,吴顺江厅长参加全省扩大有效投资暨重点项目推进大会。

同日 蔡国春副厅长在省联合接待中心接待群众来访。

2月12日 吴顺江厅长、蔡国春副厅长向熊建平副省长汇报全省2014年度企业退休人员养老金等待遇调整方案情况。

同日 召开厅党的群众路线教育实践活动总结大会,吴顺江厅长通报活动开展情况,省委第十三督导组组长鲁善增点评活动情况。还对厅领导班子参加活动情况进行民主评议。

同日 宓小峰副厅长参加省院士专家工作站建设协调小组会议。

同日 仇贻泓副厅长参加浙江省支持浙商创业创新促进浙江发展工作领导小组第三次会议。

2月13日 举行厅政风行风监督员座谈会暨聘任仪式,吴顺江厅长为监督员颁发聘书并参加座谈。厅政风行风监督员、在家的厅领导参加座谈会。

同日 傅玮副厅长参加全省农村工作会议。

同日 蔡国春副厅长参加省政府办公厅副主任傅晓风主持召开的研究协调完善失海渔民养老保障政策专题会。

同日 龚和艳副厅长参加省文联七届四次全委会。

同日 仇贻泓副厅长参加省"个转企"工作领导小组(扩大)会议。

2月17日 宓小峰副厅长参加毛光烈副省长主持召开的汇报会,听取省经信委关于名牌名企融合示范企业试点方案汇报。

2月17日至18日 仇贻泓副厅长参加2014年亚太经合组织人力资源开发工作组

会议。

2月18日 吴顺江厅长、宓小峰副厅长与来浙江考察人才工作的江西省人力资源和社会保障厅厅长刘三秋一行座谈交流。

同日 傅玮副厅长参加全国物联网工作电视电话会议。

同日 蔡国春副厅长参加省政府副秘书长李云林主持召开的省级公立医院综合改革领导小组会议。

同日 郭敏纪检组长参加省科技厅与省人力资源和社会保障厅阳光政务工作交流会。

同日 仇贻泓副厅长参加熊建平副省长主持召开的研究协调发展养老服务业政策专题会议。

2月18日至19日 吴顺江厅长随省委书记夏宝龙在北京会见人力资源和社会保障部副部长、国家外国专家局局长张建国。

2月19日 傅玮副厅长参加省人大内司委召开的省级有关部门联席会议。

2月19日至20日 蔡国春副厅长随熊建平副省长在台州调研社会保险制度并轨、医保监管平台建设、大病保险工作。

2月20日 宓小峰副厅长参加全省统战部长会议。

2月20日至21日 吴顺江厅长带队在湖州调研人才工作。

2月20日至23日 龚和艳副厅长巡视部分中央机关在浙直属机构招录公务员面试情况。

2月21日 傅玮副厅长参加省委对外宣传工作领导小组、省委互联网管理工作领导小组成员会议。之后参加省人大内司委与省级有关部门负责人联系会。

同日 龚和艳副厅长参加省综治委全会暨省委维稳领导小组会议。

2月22日 傅玮、龚和艳副厅长参加省政府第三次全体会议。

2月24日 吴顺江厅长参加全省安全电视电话会议。

同日 蔡国春副厅长参加建立统一的城乡居民养老保险制度暨实施城乡养老保险制度衔接暂行办法视频会议。

2月25日 吴顺江厅长、龚和艳副厅长参加省政府第三次全体会议。下午,吴顺江厅长参加省委人才工作领导小组第19次会议,晚上参加并主持浙江省第八批援疆干部欢送会。

同日 傅玮副厅长参加省人大财经委与省级有关部门负责人联系会。

2月25日至27日 宓小峰副厅长带队在广东、福建调研规范公务员津贴补贴工作。

2月26日 召开全省公务员管理工作会议,吴顺江厅长参加会议并讲话。

同日 仇贻泓副厅长主持召开省级有关部门协调会,根据《2014年熊建平副省长牵头抓改革发展重要工作落实分工方案》要求,研究健全社保基金阳光监管制度落实方案。省财政厅、省地税局、省审计厅相关负责人参加协调会。

同日 丛苏林副巡视员参加全省机关事务管理工作电视电话会议。

2月26日至28日 蔡国春副厅长在成都参加全国社会保险局长会议。

2月27日 吴顺江厅长参加省委向中央第七巡回督导组汇报浙江省第一批党的群众路线教育实践活动整改落实和第二批活动启动进展情况会议。

2月28日 吴顺江厅长召开厅党组(扩大)会议,传达学习有关重要文件精神,听取厅职责清理"二报"意见、海宁市要求支持人力资源要素市场化配置改革试点、阳光政务系统整合及信息系统省级集中建设、2013年全省人力资源社会保障系统违纪违法案件等情况汇报,审议《浙江省人力资源和社会保障厅窗口单位行为规范(试行)》(送审稿)、《2014年全省人力资源和社会保障系统党风廉政建设工作要点》(送审稿),研究近期人事工作。下午参加全省审计工作电视电话会议,之后参加对台工作会议。

3 月

3月2日至13日 吴顺江厅长在北京参加全国"两会"。

3月3日 傅玮副厅长参加全省对台工作会议。

同日 宓小峰副厅长参加城镇居民增收专题协调会。

3月4日 傅玮副厅长参加省委党校春季学期开学典礼。下午带队在台州参加军转工作军地联合调研。

同日 郭敏纪检组长在省联合接待中心接待群众来访。

3月5日 蔡国春副厅长参加省委老干部工作领导小组会议,下午参加健康服务业政策专题研究会。

同日 龚和艳副厅长会见土耳其中东行政学院代表团。

3月5日至6日 傅玮副厅长带队在台州、温州、义乌参加军转工作军地联合调研。

3月6日至7日 龚和艳副厅长带队在宁波、舟山调研公务员管理工作。

3月7日 傅玮副厅长参加全省深化阳光工程建设工作电视电话会议,下午参加全省网上政务大厅建设工作会议,之后在富阳参加军转工作军地联合调研。

同日 蔡国春副厅长带队在余姚调研工伤预防工作。

同日 宓小峰副厅长参加省推进工业设计发展工作联席会议成员第二次会议。

同日 仇贻泓副厅长在宁波参加军队随军家属就业安置工作座谈会。

3月10日 傅玮副厅长参加全省推行权力清单制度电视电话会议。

3月10日至11日 10日上午,龚和艳副厅长参加义务植树活动。10日下午至11日,在金华调研建设领域企业工资支付源头治理责任制和金华市劳动人事争议联合调处机制建设工作。

3月10日至12日 蔡国春副厅长在台州、温州督查医改工作。

3月10日至12日 仇贻泓副厅长带队在山东和江苏调研高技能人才队伍和技工院校建设工作。

3月12日 傅玮副厅长参加全省公务支出公款消费专项审计工作会议。

同日 黄亚萍巡视员参加浙江省2014春季人才交流大会。

3月13日 龚和艳副厅长巡视全省国税系统招录公务员面试情况。

3月14日 吴顺江厅长主持召开第21次厅党组会,下午主持召开第22次厅党组会,研究近期人事工作。

同日 召开全厅干部大会,吴顺江厅长传达全国"两会"精神。

同日 厅党组成员和副厅级以上干部参加省委召开的领导干部会议。

同日 龚和艳副厅长参加全省普法教育领导小组会议。

3月15日 吴顺江厅长向省纪委汇报厅党组履行党风廉政建设主体责任情况,郭敏纪检组长参加汇报会。

3月16日 全省各级机关考试录用公务员笔试开考,在家的厅领导分别巡视全省各考区情况。

3月17日 蔡国春副厅长参加省政府副秘书长李云林主持召开的研究建立分级诊疗制度,推进合理有序就医工作会议。

同日　仇贻泓副厅长参加全省商品交易市场及农贸市场提升发展视频会议。

同日　丛荪林副巡视员参加毛光烈副省长主持召开的省经信委2014年工业设计和创新设计工作安排汇报会。

3月17日至28日　龚和艳副厅长在北京参加全国公务员局局长培训。

3月18日　召开厅离退休干部会议,吴顺江厅长传达全国"两会"精神。

同日　傅玮副厅长参加省"双拥"办主任(扩大)会议。

同日　蔡国春副厅长参加郑继伟副省长主持召开的全省医改重点工作督查情况汇报会。

同日　仇贻泓副厅长向来浙江督查的国家清理整顿人力资源市场秩序专项行动联合调研检查组汇报工作。

3月19日　吴顺江厅长主持召开第23次厅党组会,专题学习传达省纪委对厅党组党风廉政建设主体责任情况汇报的反馈意见。

3月20日　吴顺江厅长参加省长重点课题《促进城乡居民持续普遍增收的对策研究》座谈会。

同日　蔡国春副厅长参加《建立完善养老服务体系,加快发展老年服务产业》重点课题调研动员会。

同日　宓小峰副厅长参加全省科技体制改革与发展工作座谈会。

3月21日　吴顺江厅长参加省政府第24次常务会议。

同日　傅玮副厅长参加省委建设平安浙江领导小组会议。

3月24日　吴顺江厅长参加全省干部教育培训工作座谈会。

同日　黄亚萍巡视员参加2014年一季度就业形势分析座谈会并讲话。

同日　仇贻泓副厅长参加浙江省退役士兵安置工作情况汇报会。

3月25日　吴顺江厅长向熊建平副省长汇报被征地农民基本生活保障与职工基本养老保险衔接、"老农保"与城乡居民基本养老保险并轨、"新农合"与城镇居民医保整合及大病医保工作,蔡国春副厅长参加汇报会。

同日　傅玮副厅长参加2014年省政府咨询委员会全体会议。

3月26日　吴顺江厅长主持召开厅党组(扩大)会议,传达学习习近平总书记在河南省兰考县调研指导党的群众路线教育实践活动时的讲话精神。下午,吴顺江厅长、蔡国春副厅长随熊建平副省长在杭州市中医院调研阳光医保监管平台建设工作。

同日　国务院军转办转业军官培训中心副主任谷静学在众泰汽车杭州基地调研自主择业军转干部情况,傅玮副厅长陪同调研。

3月27日　吴顺江厅长参加省党的建设制度改革专项小组会议。

同日　蔡国春副厅长参加省政府副秘书长李云林主持召开的省级公立医院综合改革动员大会。

同日　宓小峰副厅长参加云服务产业培育发展工作调研座谈会。

同日　仇贻泓副厅长参加省委全面深化改革领导小组社会体制改革专项小组第一次全体会议,下午参加全省流动人口管理服务工作会议。

3月27日至28日　郭敏纪检组长在广州参加全国人力资源社会保障系统党风廉政建设工作座谈会。

3月28日　仇贻泓副厅长参加浙江省退役士兵安置工作督查反馈意见会。

3月30日　吴顺江厅长、黄亚萍巡视员在香港参加2014浙江——香港现代服务业高端人才招聘会。

3月31日　龚和艳副厅长参加全省建设平安浙江会议暨建设平安浙江10周年纪念

大会。

同日 仇贻泓副厅长参加全省春耕生产暨森林消防工作电视电话会议。

4 月

4月1日 吴顺江厅长、龚和艳副厅长参加省委学习贯彻习近平总书记系列重要讲话精神报告会。

同日 黄亚萍巡视员参加浙江省2014春季人才交流大会。

同日 仇贻泓副厅长参加全国劳动关系工作视频会议,下午在省联合接待中心接待群众来访。

4月2日 吴顺江厅长听取关于定向招录(聘)残疾人工作汇报。

同日 傅玮副厅长参加全民科学素质行动计划实施工作会议。

同日 蔡国春副厅长参加郑继伟副省长主持召开的深化医改工作专题会议。

4月3日 吴顺江厅长听取就业工作汇报,下午主持召开厅务虚会。

4月4日 蔡国春副厅长参加熊建平副省长主持召开的贯彻落实国务院社会救助暂行办法和完善困难群众大病救助机制工作情况汇报会,下午参加国务院医改领导小组召开的县级公立医院综合改革电视电话会议。

4月8日 吴顺江厅长主持召开厅民主推荐处级领导干部大会并作动员讲话。

同日 傅玮副厅长参加省人大教科文卫委召开的省级有关部门科技进步法律法规执行情况专题汇报会。

同日 蔡国春副厅长参加省政府办公厅副主任傅晓风主持召开的研究协调被征地农民养老保障政策专题会议。

4月9日 黄亚萍巡视员主持召开厅结对帮扶工作领导小组成员会议,研究部署新一轮结对帮扶工作。

4月10日 吴顺江厅长在台州参加全省劳动关系工作暨"双爱"活动现场会并讲话,龚和艳副厅长参加会议。

同日 黄亚萍巡视员主持召开《完善创业制度环境,促进青年群体创业》课题讨论会。

4月11日 吴顺江厅长参加中央党的群众路线教育实践活动领导小组第七巡回督导组个别谈话。

同日 黄亚萍巡视员与来浙江调研的内蒙古自治区人力资源和社会保障厅副厅长林丛虎一行座谈交流人才工作。

同日 仇贻泓副厅长参加省政府妇女儿童工委全体(扩大)会议、省巾帼建功和"双学双比"活动协调小组会议。

4月14日 吴顺江厅长参加浙江干部教育工作汇报会。

同日 傅玮副厅长列席省委常委会第82次会议。

同日 蔡国春副厅长随省政府副秘书长李云林在嵊州调研全科医生签约服务试点工作。

同日 龚和艳副厅长参加人力资源和社会保障部调解仲裁司在杭州召开的《优化仲裁程序》课题开题座谈会。

4月15日 龚和艳副厅长参加推进实施集体合同制度攻坚计划视频会议。

4月15日至16日 仇贻泓副厅长在郑州参加2014年全国职业能力建设工作座谈会。

4月16日 吴顺江厅长参加省政府经济形势座谈会。

同日 黄亚萍巡视员在青田参加省级结对帮扶青田团组工作座谈会并讲话。

同日 蔡国春副厅长参加中组部调研组在杭州召开的老干部座谈会,下午参加2014年全国工伤保险视频会议。

4月17日 吴顺江厅长、龚和艳副厅长参加全省新型城市化工作会议分组讨论。

同日　傅玮副厅长参加全国"十三五"规划编制工作电视电话会议。

同日　黄亚萍巡视员在长兴参加全省"腾笼换鸟"工作现场交流会。

同日　副厅级以上干部参加全省新型城市化工作会议。

4月17至18日　傅玮副厅长陪同人力资源和社会保障部法规司副司长芮立新一行在温州调研《外国人在中国工作管理条例》立法工作。

4月17至20日　蔡国春副厅长在江西赣州参加中国医保研究会召开的医疗保险医疗评价与监管体系建设研讨会。

4月18日　吴顺江厅长参加省政府第25次常务会议。

同日　黄亚萍巡视员参加2013年度浙江省人民政府质量奖表彰大会。

同日　仇贻泓副厅长参加全省禁毒工作电视电话会议,下午在省军区政治部参加浙江省军人随军家属就业安置实施办法研究会。

4月19日至20日　全省各级机关考试录用公务员面试工作举行,吴顺江厅长、傅玮、宓小峰、龚和艳、仇贻泓副厅长,黄亚萍巡视员、丛苏林副巡视员分别巡视省直考点面试情况。

4月20日　吴顺江厅长参加中央党的群众路线教育实践活动领导小组第七巡回督导组情况交流会。

4月21日　吴顺江厅长列席省委常委会第83次会议。下午,吴顺江厅长、仇贻泓副厅长听取基金阳光监管工作汇报。晚上,吴顺江厅长、龚和艳副厅长参加县(市、区)委书记工作交流会议。

同日　蔡国春副厅长参加完善生育政策与人口长期均衡发展专题调研座谈会。

4月22日　吴顺江厅长主持召开第24次厅党组会,听取全国职业能力建设工作座谈会

精神传达,听取2014年高技能人才"金蓝领"培训计划、浙江省军人随军家属就业安置实施办法、浙江人力社保大楼物业公开招标工作等情况汇报,研究近期人事工作。下午,吴顺江厅长、宓小峰副厅长听取城乡居民增收工作汇报。

同日　蔡国春副厅长参加全国贯彻落实《社会救助暂行办法》电视电话会议。

4月22至23日　黄亚萍巡视员陪同人力资源和社会保障部人力资源市场司司长王克良一行考察杭州人力资源产业园。

4月22日至23日　仇贻泓副厅长接待来浙江调研企业技能人才评价工作的人力资源和社会保障部职业技能鉴定中心刘康主任一行。

4月23日　吴顺江厅长向熊建平副省长汇报《健全社保基金"阳光监管"制度方案》,仇贻泓副厅长参加汇报会。

同日　黄亚萍巡视员参加"333"就业服务月系列活动——2014年浙江省技能人才校企合作洽谈会。

同日　龚和艳副厅长与来浙江考察公务员管理、省级机关公务员工资、事业单位绩效工资工作的天津市滨海新区人力资源和社会保障局局长孟繁萍一行座谈交流。下午,龚和艳副厅长参加省评比达标表彰工作协调小组全体会议。

4月24日　黄亚萍巡视员参加小微企业政策落实情况督查工作座谈会。

同日　宓小峰副厅长参加全省高新区推进装备电子(软件)产业技术创新座谈交流会。

同日　仇贻泓副厅长在桐庐参加全省民族乡(镇)工作座谈会。

同日　厅举行干部论坛,有11人作"践行'三严三实',增强责任担当"主题演讲。

4月24日至25日　傅玮副厅长在太原参加全国人力资源和社会保障信息化工作座谈会。

4月25日　吴顺江厅长参加省委党校女

领导干部班学员座谈会,下午参加省政府常务会议。

同日 黄亚萍巡视员参加国家淘汰落后产能考核工作汇报反馈会。

同日 蔡国春副厅长参加郑继伟副省长主持召开的省深化医药卫生体制改革领导小组会议,之后参加熊建平副省长主持召开的研究调整完善被征地农民养老保障政策有关问题专题会议。

4月26日 宓小峰副厅长参加2014年浙江省海外高层次人才联谊会年度大会。

4月27日 黄亚萍巡视员参加小微企业政策落实情况督查反馈会。

4月28日 吴顺江厅长主持召开厅党组(扩大)会议,传达学习省委书记夏宝龙讲话精神,研究人才支撑创新驱动战略问题,下午列席省委常委会第84次会议。

4月29日 吴顺江厅长、许伟平副巡视员在宁波调研医保基金监管平台建设工作。下午,吴顺江厅长参加全省科学技术奖励大会。

同日 傅玮副厅长参加全省军转干部档案移交会。

同日 黄亚萍巡视员参加浙江省农民工工作领导小组办公室成员第一次全体会议并讲话,之后参加浙江省发展家庭服务业促进就业联席会议第四次全体会议并讲话。

同日 蔡国春副厅长参加全省深化医药卫生体制改革工作会议。

同日 仇贻泓副厅长参加浙江省庆祝"五一"国际劳动节暨劳模先进表彰活动。

4月30日 吴顺江厅长和省委人才办专题研究人才支撑创新驱动发展工作。

同日 傅玮副厅长参加全省推进"两化"深度融合暨工业增长调结构工作电视电话会议。

同日 黄亚萍巡视员参加毛光烈副省长主持召开的服务企业、服务基层专题会。

同日 蔡国春副厅长参加全省加快发展养老服务业电视电话会议。

5月

5月4日 吴顺江厅长列席省委常委会第85次会议,下午向省委组织部部长胡和平专题汇报人才工作。

5月5日 吴顺江厅长参加全省基层服务型党组织建设暨乡镇(街道)干部队伍建设推进会。下午,主持召开第25次厅党组会,听取全国人力资源社会保障信息化工作座谈会精神传达,审议《全省集中开展医疗保险反欺诈"亮剑"专项行动方案(送审稿)》、《厅会议活动管理办法(试行)》,研究近期人事工作。

同日 傅玮副厅长参加省人大内司委召开的社会养老服务体系建设工作审议意见落实情况汇报会。

同日 黄亚萍巡视员参加浙江省"三名"工程建设联席会议第二次全体会议,之后参加浙江省2014年公共就业与人才服务进校园——"就业有位来"大学生就业公益性招聘会。

5月6日 吴顺江厅长在浙江分会场参加中央党的群众路线教育实践活动视频会议。

同日 全国人大常委会副委员长、农工党中央主席陈竺来浙江调研卫生立法推动医药卫生体制改革工作,宓小峰副厅长参加调研座谈会。

同日 龚和艳副厅长在省联合接待中心接待群众来访。

5月7日 吴顺江厅长参加浙江——江西经济社会发展情况交流会。

同日 傅玮副厅长参加省政府法律顾问聘任仪式。

同日 龚和艳副厅长参加熊建平副省长主

持召开的研究《浙江省残疾人就业办法（草案）》专题会议。

5月7日至8日 黄亚萍巡视员在成都参加发展手工编织促进妇女就业工作推进会。

5月7日至8日 蔡国春副厅长带队在衢州、龙游调研人才、社保工作。

5月7日至9日 郭敏纪检组长带队在宁波、余姚、慈溪调研人才工作。

5月7日至9日 宓小峰副厅长带队在绍兴、柯桥、新昌调研人才工作。

5月8日 傅玮副厅长参加全省国防教育工作会议暨国防教育骨干培训会。

同日 仉贻泓副厅长参加全国普通高校招生考试安全工作电视电话会议。

5月8日至9日 仉贻泓副厅长带队在湖州、安吉调研人才工作。

5月8日至10日 人力资源和社会保障部政策研究司副司长李月田来浙江调研社会保险工作，傅玮副厅长参加调研座谈会。

5月9日 傅玮副厅长参加全省网军建设工作推进会，之后参加"浙江发布"网络平台建设工作会议。

同日 广东省政协来浙江考察推进新型城镇化建设工作，黄亚萍巡视员参加调研座谈会。

5月9日至18日 吴顺江厅长带队在欧洲举办引才引智活动。10日至11日，在法国巴黎和英国伦敦参加2014浙江（欧洲）海外高层次人才洽谈会。

5月12日 傅玮副厅长列席省委常委会第86次会议。

5月12日至14日 黄亚萍巡视员带队在金华、义乌、武义调研人才工作。

5月12日至14日 龚和艳副厅长带队在台州、温州调研人才工作和公务员平时考核工作。

5月13日 黄亚萍巡视员在浙江分会场参加全国普通高校毕业生就业创业工作电视电话会议。

同日 中国医疗保险研究会在杭州召开浙江省基本医疗保障体系建设情况评估调研座谈会，蔡国春副厅长参加座谈会。

同日 宓小峰副厅长与来浙江考察人力资源社会保障领域改革工作和阳光政务建设情况的安徽省人力资源和社会保障厅调研组一行座谈交流。

同日 仉贻泓副厅长在嘉兴、海宁调研人才工作。

5月13日至15日 宓小峰副厅长带队在舟山、岱山调研人才工作。

5月14日 仉贻泓副厅长在国航浙江分公司调研"双爱"活动开展情况。

5月14日至15日 龚和艳副厅长在台州参加全省超职数配备干部情况专项检查。

5月14日至16日 傅玮副厅长带队在杭州、滨江、富阳调研人才工作。

5月15日 傅玮副厅长、郭敏纪检组长参加省直派驻（出）机构驻在部门党组（党委）书记及派驻（出）机构主要负责人座谈会。

同日 黄亚萍巡视员与来浙江商议对口支援工作的青海省海西州副州长王敬斋一行座谈交流，之后与来浙江调研的山东省人力资源和社会保障厅巡视员黄麟英一行座谈交流。

同日 蔡国春副厅长参加省政府办公厅副主任傅晓风主持召开的研究完善多层次医疗保障制度体系有关问题专题会议。

5月16日 傅玮副厅长参加省政府第27次常务会议，下午随李强省长会见国防科技大学校长杨学军一行。

同日 黄亚萍巡视员参加"全国助残日"活动。

同日 龚和艳副厅长在省交通厅、省农业厅参加全省超职数配备干部情况专项检查。

5月18日 黄亚萍巡视员参加浙江省第九届"挑战杯"大学生创业计划竞赛决赛闭

幕式。

5月19日 吴顺江厅长参加省委常委扩大会议，下午主持厅民主推荐干部大会并作动员讲话。

同日 黄亚萍巡视员列席省委常委会第87次会议。

同日 宓小峰副厅长参加"大力发展混合所有制经济"专题座谈会。

同日 副厅级以上干部参加"浙江论坛"活动。

5月19日至21日 傅玮副厅长与来浙江考察就业和社会保障工作的新疆阿克苏地区人力资源和社会保障局一行座谈交流。

5月19日至21日 龚和艳副厅长在舟山、宁波参加全省超职数配备干部情况专项检查。

5月20日 傅玮副厅长参加浙江政务服务网部门自建系统接入问题协调会。

同日 宓小峰副厅长参加全省涉外专题工作会议，下午在宁波参加第16届中国浙江投资贸易洽谈会组委会全体会议。

5月21日 宓小峰副厅长参加省委副秘书长张才方主持召开的讨论团省委《关于进一步加强少先队工作的意见》协调会。

同日 龚和艳副厅长参加省委维护稳定工作领导小组全体会议。

同日 仇贻泓副厅长参加省人力资源和社会保障厅、省公安厅、省卫生计生委、省财政厅、省工商局、省食品药品监管局、省物价局等7部门联合召开的全省医疗保险反欺诈"亮剑"专项行动动员部署电视电话会议并讲话，下午在省物产集团公司调研"双爱"活动开展情况。

5月22日至23日 吴顺江厅长、龚和艳厅长参加省委十三届五次（扩大）会议，23日下午参加省委专题学习会。

5月23日 傅玮副厅长参加浙江政务服务网建设推进工作视频会议。

5月23日至24日 宓小峰副厅长参加推进智慧城市示范试点暨启动云工程与服务产业培育工作座谈会。

5月25日至30日 全省人力资源社会保障系统依法行政专题研修班在浙江行政学院举办，龚和艳副厅长参加互动研讨和结业仪式并讲话。

5月26日 召开2014年全省人力资源社会保障系统党风廉政建设工作电视电话会议，省纪委副书记王海超出席会议并讲话，吴顺江厅长作报告。

同日 傅玮副厅长参加省人大常委会第十次会议第一次全体会议，下午参加全省党委（党组）中心组学习贯彻习近平总书记系列重要讲话精神座谈会。

同日 蔡国春副厅长参加徐立之院士来浙江工作有关事项协调会。

同日 龚和艳副厅长在绍兴参加全省超职数配备干部情况专项检查。

5月27日 龚和艳副厅长参加"特警3号"反恐维稳汇报演练。

同日 许伟平副巡视员参加全省文化体制改革工作会议。

5月27日至28日 吴顺江厅长在北京参加第六次全国军转表彰大会暨2014年全国军转安置工作会议。

5月27日至28日 宓小峰副厅长在广西北海参加人力资源和社会保障部、财政部召开的全国部分省份工资工作座谈会。

5月27日至28日 仇贻泓副厅长在贵阳参加全国社保基金社会监督试点工作现场交流会。

5月27日至29日 蔡国春副厅长带队在丽水、龙泉调研人才、社保工作。

5月28日 傅玮副厅长参加省人大常委会第十次会议第二次全体会议。

同日 黄亚萍巡视员参加学习贯彻习近平总书记重要批示精神推动长三角研究院发展专

题协调会。

5月29日 傅玮副厅长参加全省党委秘书长、办公室主任会议。

同日 仇贻泓副厅长参加促进农民增收工作座谈会。

5月30日 吴顺江厅长参加省党的建设制度改革专项小组第二次会议。

同日 傅玮副厅长参加《浙江通志》编纂工作会议。

同日 黄亚萍巡视员在北京参加2014浙江——北京夏季高层次人才洽谈会。

同日 仇贻泓副厅长参加全省技工院校校长培训班并讲话。

6月

6月3日 吴顺江厅长参加省委常委(扩大)会议。

同日 蔡国春副厅长参加省政府副秘书长李云林主持召开的省级公立医院改革领导小组会议。

6月3日至4日 郭敏纪检组长在中央纪委监察部杭州培训中心参加全省纪检监察机关"转职能、转方式、转作风"专题研讨班。

6月4日 吴顺江厅长向熊建平副省长汇报厅贯彻落实国发8号和人社部发17号文件实施意见,蔡国春副厅长参加汇报会。

同日 宓小峰副厅长与来浙江考察人力资源社会保障领域改革工作和阳光政务建设情况的安徽省人力资源和社会保障厅调研组一行座谈交流。

6月5日 宓小峰副厅长参加从事行政审批中介服务省属事业单位转企改制工作座谈会,下午参加第二批党的群众路线教育实践活动征求意见交办会。

6月5日至6日 蔡国春副厅长在苏州参加中国医疗保险研究会2014年年会。

6月6日 吴顺江厅长、黄亚萍巡视员在上海参加2014年浙江——上海高层次人才洽谈会。

同日 宓小峰副厅长参加郑继伟副省长主持召开的省级医院院长会议。

6月7日 黄亚萍巡视员参加2014年浙江省高校毕业生就业招聘大会。

6月8日 吴顺江厅长、宓小峰副厅长随熊建平副省长会见参加第十六届浙洽会海外高层次人才智力洽谈活动的外国专家组织代表。

6月9日 吴顺江厅长、宓小峰副厅长随熊建平副省长巡视第十六届浙洽会海外高层次人才智力洽谈会。

同日 傅玮副厅长参加国务院稳增长促改革调结构惠民生政策措施落实情况督查动员电视电话会议。

同日 龚和艳副厅长参加深化平安浙江建设专题培训班开班仪式。

6月11日 吴顺江厅长主持召开第26次厅党组会,听取省直部门党组书记和纪检组长座谈会、全省纪检监察机关"转职能、转方式、转作风"专题研讨会精神传达,听取评选推荐省直机关先进基层党组织、优秀党员、优秀党务工作者工作和贯彻落实新一轮扶贫结对帮扶工作,以及省人事考试办公室新办公大楼装修工程、厅直属事业单位公务支出公款消费专项审计、省劳动干校部分银行存款活期转定期事项等情况汇报,审议《全省人力资源社会保障系统建立健全惩治和预防腐败体系2014——2017年实施细则(送审稿)》、《厅党组落实党风廉政建设主体责任的措施(送审稿)》、《关于改革完善高级专业技术资格评审管理工作的意见(送审稿)》、《浙江省人力资源和社会保障厅事业单位财务管理办法(送审稿)》,研究近期人事工作。

同日 召开厅民主推荐干部大会,吴顺江厅长作动员讲话。

6月12日 召开全省社保基金安全工作座谈会,吴顺江厅长参加座谈会并讲话。郭敏纪检组长通报全省社保基金安全检查情况,仇贻泓副厅长传达全国社保基金安全会议精神。下午,吴顺江厅长参加全省权力清单制度推进工作视频会议。

6月13日 吴顺江厅长参加省政府第28次常务会议。

同日 黄亚萍巡视员参加全省高校毕业生就业创业工作视频会议。

同日 蔡国春副厅长参加卫生改革与发展研讨会。

同日 宓小峰副厅长参加2014年第二季度"浙江政协·民生论坛"活动。

同日 龚和艳副厅长参加全国依法逐级走访工作电视电话会议。

6月16日 吴顺江厅长列席省委常委会第89次会议。

6月17日 黄亚萍巡视员在宁波参加全省加快"机器换人"和"三新"开发推进工业经济稳定增长工作现场交流会。

6月18日 蔡国春副厅长参加郑继伟副省长主持召开的省级医院院长座谈会。

6月19日 黄亚萍巡视员参加"健全残疾人权益保障制度"专题调研座谈会。

6月19日至20日 吴顺江厅长随李强省长参加湖州市委常委专题民主生活会。

6月20日 黄亚萍巡视员参加浙商回归工作推进会。

同日 国家外国专家局在浙江召开重点引智项目座谈会,宓小峰副厅长参加座谈会。之后,参加省直机关、省部属企事业单位落实党风廉政建设主体责任交流会。

同日 龚和艳副厅长参加浙江省第一次地理国情普查推进工作电视电话会议。

6月23日 吴顺江厅长列席省委常委会第90次会议,之后参加全国职业教育工作电视电话会议。

同日 龚和艳副厅长参加国务院《信访条例》执法检查工作汇报会。

6月23日至25日 仇贻泓副厅长在北京参加全国职业教育工作会议和随军家属就业安置工作座谈会。

6月23日至25日 蔡国春副厅长在济南参加全国医疗保险座谈会。

6月23日至29日 郭敏纪检组长带队在台湾考察公职人员工资分配体系情况。

6月24日 吴顺江厅长参加浙江省信息经济工作座谈会。

同日 黄亚萍巡视员参加浙江省工会女职工委员会六届一次会议。

6月25日 吴顺江厅长参加省经济体制改革工作领导小组会议。下午,吴顺江厅长、龚和艳副厅长参加浙江政务服务网开通仪式。之后,吴顺江厅长参加全省海洋经济发展示范区工作领导小组会议暨舟山群岛新区工作领导小组会议。

同日 宓小峰副厅长参加组织学习贯彻《事业单位人事管理条例》暨深化事业单位人事制度改革电视电话会议。

同日 龚和艳副厅长参加省台胞权益保护工作联席会议第六次全体会议。

6月26日 吴顺江厅长、仇贻泓副厅长参加熊建平副省长主持召开的研究调整全省最低工资标准方案专题会议。

同日 黄亚萍巡视员参加全省上市公司并购重组推进会。

同日 蔡国春副厅长与来浙江调研的贵州省人力资源和社会保障厅副厅长谢丹青一行座谈交流。

6月27日 吴顺江厅长主持召开第27次厅党组会,听取厅领导分工调整情况汇报,研究近期人事问题。

同日 召开全厅干部大会,吴顺江厅长传达李强省长讲话和省政府有关文件精神。下午,吴顺江厅长随省委书记夏宝龙在浙江音乐学院(筹)玉皇山教学区考察调研。

6月29日 陈中副厅长参加2014年清华大学等国内知名高校研究生浙江社会实践活动欢迎仪式。

7 月

7月1日 刘国富副厅长参加省征兵工作领导小组会议和全省征兵工作电视电话会议。

7月1日至2日 吴顺江厅长参加贯彻落实国务院稳增长促改革调结构惠民生政策措施落实情况督查汇报会。

7月2日 龚和艳副厅长参加省政府副秘书长孟刚主持召开的研究设立省政府工业设计领域奖项专题会议。

同日 仉贻泓副厅长参加贵州省副省长慕德贵一行来浙江考察养老服务业发展情况座谈会。

7月3日 蔡国春副厅长随郑继伟副省长赴建德督办丙肝信访事项。

同日 郭敏纪检组长参加省直派驻(出)机构第一协作组专题研讨会。

同日 陈中副厅长参加2014年香港大学生来浙暑期实习活动欢迎仪式。

7月4日 吴顺江厅长、龚和艳副厅长参加省政府学习会。

同日 宓小峰副厅长参加郑继伟副省长主持召开的汇报会,听取省教育厅关于学前教育、特殊教育、重点高校建设计划政策制定情况。下午参加市、县(市、区)党政领导班子和领导干部综合考核评价体系修订工作征求意见座谈会。

同日 仉贻泓副厅长参加浙江渔场修复振兴暨"一打三整治"协调小组第一次会议。

7月7日 陈中副厅长参加2014年台湾大学生来浙暑期实习活动欢迎仪式。

同日 黄亚萍巡视员参加学习贯彻习近平总书记重要批示精神推动长三角研究院发展专题协调会。

7月7日至8日 吴顺江厅长随李强省长在德清指导县委常委班子专题民主生活会。

7月8日 刘国富副厅长在省联合接待中心接待群众来访。

同日 仉贻泓副厅长参加中央领导重要指示批示精神专题传达学习会。

7月10日 吴顺江厅长主持召开第28次厅党组会,听取2014年省级高技能人才公共实训基地建设、省级技能大师工作室建设及项目资金分配、2014年政府特殊津贴等六个人才项目推荐选拔、上半年厅党风廉政建设工作及三季度工作计划、2014年系统年中工作交流会筹备工作等情况汇报,听取浙江人力社保大楼食堂经营管理有关事项汇报,研究近期人事工作。下午,吴顺江厅长、蔡国春副厅长参加熊建平副省长主持召开的研究城乡居民基本医疗保险、大病保险、医疗救助政策专题会议。

同日 黄亚萍巡视员参加全省计划生育工作会议。

7月10日至11日 刘国富副厅长在杭州市及西湖区调研。

7月11日 吴顺江厅长参加企业人才工作专题恳谈会并讲话。

7月14日 吴顺江厅长列席省委常委会第92次会议。

同日 蔡国春副厅长参加做好审计署土地出让金和耕地保护审计准备工作视频会议。

7月15日 黄亚萍巡视员参加农民工自发维权组织问题专题会议。

7月15日至16日 召开系统年中工作交流会,总结上半年推进改革和重点工作,分析形势,部署下半年重点工作。吴顺江厅长作题为《围绕中心,敢于担当,确保完成全年工作目标任务》的讲话。

7月16日 黄亚萍巡视员参加省直机关办事窗口(中心)规范化建设推进会。

7月17日 副厅级以上干部参加"浙江论坛"报告会。

7月17日至18日 蔡国春副厅长在富阳、永康参加县级公立医院综合改革评估活动。

7月18日 吴顺江厅长参加省政府第30次常务会议。

同日 刘国富副厅长在萧山调研。

7月19日 吴顺江厅长、陈中副厅长参加"同根同源情系江南"——2014中国大陆地区、中国港澳地区、中国台湾地区大学生暑期实习交流联谊活动。晚上,吴顺江厅长,宓小峰、陈中副厅长会见剑桥大学萨诺斯·米彻连斯博士等五位外国专家。

7月21日 吴顺江厅长列席省委常委会第93次会议。下午,吴顺江厅长、宓小峰副厅长参加省政协第111号重点提案《关于采取"单考单招"方式录用基层农技人员缓解农技人才"青黄不接"问题的建议》办理协商座谈会。晚上,吴顺江厅长、龚和艳副厅长参加县(市、区)委书记工作交流会。

7月22日至23日 刘国富副厅长在丽水、云和、龙泉调研。

7月23日 蔡国春副厅长与前来调研医保工作的农工党浙江省委副主委、浙江大学副校长罗建红一行座谈交流。

同日 龚和艳副厅长与来浙江考察调解仲裁效能建设工作的宁夏回族自治区人力资源和社会保障厅一行座谈交流。

7月23日至25日 吴顺江厅长在北京参加人力资源和社会保障部2014年中务虚会。

7月24日 宓小峰副厅长参加省"151"人才选拔和期满考核评审会。

同日 龚和艳副厅长参加干部监督工作联席会议。

7月24日至25日 黄亚萍巡视员在新昌参加全省重点企业研究院建设现场会。

7月25日 刘国富副厅长向熊建平副省长汇报全省近五年来军转安置工作情况。下午,刘国富、龚和艳副厅长参加省政府第四次全体会议。

同日 蔡国春副厅长在宁波调研医保监管平台建设试点工作。

同日 宓小峰副厅长随省领导会见"海外华侨华人专业协会会长浙江行"代表。

同日 仇贻泓副厅长在省政协与提案委、民宗委协调沟通省政协第1号重点提案《关于培养造就一流的浙江产业技术工人的建议》和第302号重点提案《推广"双元制"培养体制打造"中国式"技工人才》答复工作。

7月28日 吴顺江厅长参加全国经济责任审计工作电视电话会议。

同日 陈中副厅长在杭州市调研家庭服务业工作。

7月28日至29日 仇贻泓副厅长在诸暨参加全省半年度经信工作暨工业强县(市、区)建设座谈会。

7月29日 吴顺江厅长参加中央第五巡视组巡视浙江工作动员会,下午向熊建平副省长汇报工作。

同日 刘国富副厅长在阿里巴巴集团调研。

同日 龚和艳副厅长参加保密教育培训工作协调会。

同日 陈中副厅长在诸暨调研家庭服务业工作。

7月29日至30日 郭敏纪检组长带督查组在台州、天台开展社保经办机构内控机制运行及基金管理检查工作。

7月30日 吴顺江厅长参加信息化和工业化深度融合专题研讨班开班仪式。下午,吴顺江厅长、刘国富副厅长参加全省军队转业干部座谈会。

同日　刘国富副厅长参加2014年浙江省庆祝建军87周年军乐会。

同日　仇贻泓副厅长在省民盟沟通协调省政协第1号和302号重点提案答复工作。

同日　陈中副厅长在湖州参加浙江省湖州市生态文明先行示范区建设动员大会。

7月31日　吴顺江厅长、陈中副厅长在金华调研家庭服务业工作。

同日　刘国富副厅长参加浙江省纪念建军87周年暨"双拥"模范城（县、区）命名表彰大会。下午在杭州部分家庭服务企业和高新技术企业调研。

同日　仇贻泓副厅长参加省委副秘书长张才方主持召开的"健全劳动关系协调机制"进展情况汇报会。

8 月

8月1日　吴顺江厅长、陈中副厅长带队在金华调研家庭服务业工作。

同日　刘国富副厅长在杭州部分家庭服务企业和高新技术企业调研。

同日　宓小峰副厅长参加省教育体制改革领导小组第三次全体会议。

同日　仇贻泓副厅长在杭州技师学院参加第43届世界技能大赛全国选拔赛汽车喷漆专业比赛开幕式。

8月2日　人力资源和社会保障部职业能力建设司副司长刘丹在青田调研青田石雕标准开发情况，仇贻泓副厅长陪同调研。

8月4日　吴顺江厅长代表省军转安置工作领导小组向省委常委会作《关于第六次全国军转表彰大会精神及2014年全省军转干部安置情况的汇报》，刘国富副厅长参加汇报会。

同日　蔡国春副厅长、黄亚萍巡视员在省联合接待中心接待群众来访。

8月5日　吴顺江厅长参加全省市委组织部长工作交流会。之后，吴顺江厅长、仇贻泓副厅长在省建工集团浙江音乐学院工程现场、浙江申达机器制造股份有限公司参加"送清凉送关爱"慰问活动。

同日　宓小峰副厅长参加省特级专家评选工作小组第一次会议。

同日　龚和艳副厅长参加第四届全国非公有制经济人士优秀中国特色社会主义事业建设者浙江省评选委员会工作会议。

同日　陈中副厅长带省第三考评组在绍兴考核评价党政领导科技进步与人才工作。

8月5日至6日　刘国富副厅长在舟山、岱山调研，并走访东海舰队某驱逐舰支队。

8月6日　吴顺江厅长在阿里巴巴集团对接工作。

同日　举办以"践行'三严三实'、模范履职尽责"为主题的厅《处长论坛》活动。

同日　蔡国春副厅长参加全省城乡养老统筹及制度衔接政策业务培训班开班式并讲话。

同日　仇贻泓副厅长在余姚参加全省部分院士专家、高技能人才座谈会。

8月7日　吴顺江厅长主持召开第29次厅党组会，听取《关于建设"浙江人社"政务微博、微信发布平台的实施方案（草案）》、《浙江省政府办公厅关于深化改革加快推进技能人才队伍建设的若干意见（代拟稿）》起草，全省大病保险制度建设、"全民参保登记计划"、"全民参保登记"等三个项目资金，以及赞成宾馆要求减免房租等情况汇报，审议《浙江省技能人才自主评价办法（送审稿）》，研究近期人事工作。之后，吴顺江厅长参加中央巡视组听取选人用人工作情况汇报会。

同日　刘国富副厅长参加浙江省统计工作联席会议第一次全体会议。

同日 郭敏纪检组长在义乌调研阳光政务工作。

8月7日至8日 吴顺江厅长、龚和艳副厅长参加浙江省公务员录用考试命题工作研讨会。

8月8日 刘国富副厅长参加全省电子商务工作领导小组第三次全体成员会议。

同日 仇赟泓副厅长参加省安委会全体成员会议暨全省安全生产"打非治违"专项行动电视电话会议。

同日 陈中副厅长带队在宁波调研家庭服务业工作。

8月11日 蔡国春副厅长参加熊建平副省长主持的大病保险、医疗救助工作汇报会。

8月12日至13日 郭敏纪检组长带队在舟山、嵊泗督查社会保险经办机构内控机制运行及基金管理检查工作，以及阳光政务工作和窗口改进作风专项行动开展情况。

8月13日 黄亚萍巡视员参加省政府参事、省文史研究馆馆员聘任仪式。

同日 副厅级以上干部参加"浙江论坛"报告会。

8月13日至14日 刘国富副厅长在宁波调研，并看望全国模范军转干部周丕谦，走访东海舰队某潜艇支队。

8月13日至15日 《中国组织人事报》记者来浙江采访浙江推行"日志式"管理，加强公务员平时考核工作情况，吴顺江厅长接受采访。

8月14日 龚和艳副厅长参加省委副书记王辉忠召集的"三位一体"农民合作经济组织联合会试点工作座谈会。

8月15日 吴顺江厅长参加省委组织部、省直机关工委、省人力资源和社会保障厅、省公务员局联合召开的省直机关推行"日志式"管理公务员平时考核推进会并作动员报告，龚和艳副厅长参加会议。下午，吴顺江厅长参加省政府第32次常务会议。

同日 刘国富副厅长向省军区政委王新海汇报军转安置工作。

同日 仇赟泓副厅长参加国务院稳增长促改革调结构惠民生政策措施落实中需要整改的问题研究部署会。

同日 黄亚萍巡视员参加云工程与云服务产业重点企业研究院建设会议。

8月18日 吴顺江厅长、蔡国春副厅长参加熊建平副省长主持的大病保险、医疗救助工作汇报会。晚上，吴顺江厅长参加全省"三改一拆"工作推进会。

同日 龚和艳副厅长与来浙江调研的中国政法大学调研组座谈交流。

8月18日至19日 仇赟泓副厅长在建德参加全省放心农贸市场建设和"个转企"工作推进会。

8月19日 宓小峰副厅长参加省级单位控编减编工作和政府部门责任清单工作部署会议。

同日 陈中副厅长参加朱从玖副省长领办的省政协第25号重点提案《建立先进制造标准体系打造"浙江制造"品牌》办理工作座谈会。

8月19日至20日 仇赟泓副厅长带队在衢州督查社会保险经办机构内控机制运行及基金管理检查工作，以及阳光政务工作和窗口改进作风专项行动开展情况。

8月20日 吴顺江厅长主持召开厅民主推荐干部大会并作动员讲话。

8月20日至22日 吴顺江厅长在绍兴参加2014年在浙全国人大代表第二小组专题调研。

8月20日至22日 陈中副厅长在宁波参加全省扩大失业保险基金支出范围试点工作座谈会。

8月21日 蔡国春副厅长随省政府副秘书长李云林在浙一医院调研省级公立医院改革工作。

同日　宓小峰副厅长参加 2013 年度浙江省农业科技成果转化推广奖评审会。

同日　龚和艳副厅长参加省综治委 2014 年第二次全体会议。

同日　仇贻泓副厅长在浙江省军区商讨随军家属就业安置相关工作。

8 月 21 日至 22 日　郭敏纪检组长与来浙江考察信息化建设工作的江西省人力资源和社会保障厅副厅长刘滇鸣一行座谈交流。

8 月 21 日至 27 日　刘国富副厅长随省委副书记王辉忠率团赴新疆阿克苏地区、青海海西州考察。

8 月 22 日　蔡国春副厅长参加熊建平副省长领办的省政协第 10 号重点提案《关于扩大困难群众医疗救助病种范围和药品目录的建议》办理工作座谈会。

同日　郭敏纪检组长在嵊州调研窗口单位作风建设工作。

同日　龚和艳副厅长参加全省发展信息经济暨"两化"深度融合推进工作视频会议。

8 月 24 日　陈中副厅长参加国家实地核查组首次会议。

8 月 25 日　吴顺江厅长列席省委常委会第 97 次会议。

同日　宓小峰副厅长参加省委十三届三次全会精神贯彻落实情况总结部署视频会议。

同日　陈中副厅长参加援藏工作视频会议。

8 月 26 日至 27 日　丛苏林副巡视员在宁波参加全省"三改一拆"行动第五次现场会暨"无违建"创建推进会。

8 月 27 日　吴顺江厅长,宓小峰、龚和艳副厅长参加全省干部监督工作会议。

同日　宓小峰副厅长参加全省优秀年轻干部培养选拔工作座谈会。

8 月 28 日　蔡国春副厅长参加浙江省全民参保登记工作电视电话会议并讲话。

8 月 29 日　蔡国春副厅长参加浙江省省级医保协议医师管理工作推进会并讲话。

同日　郭敏纪检组长在义乌检查窗口单位改进作风专项行动落实情况。

8 月 29 日至 30 日　吴顺江厅长参加省委理论学习中心组专题学习会。

9 月

9 月 1 日　吴顺江厅长列席省委常委会第 98 次会议。下午,吴顺江厅长、刘国富副厅长参加省委党校秋季学期开学典礼。

同日　刘国富副厅长参加部分科研院所退休人员上访事项部署会议。

同日　郭敏纪检组长在省联合接待中心接待群众来访。

同日　仇贻泓副厅长参加加快推进高技能人才队伍建设专题会议。

9 月 1 日至 3 日　宓小峰副厅长在嘉兴、湖州调研创新驱动发展和企业人才工作。

9 月 1 日至 4 日　人力资源和社会保障部督查组一行在宁波、慈溪、义乌督查窗口单位改进作风专项行动工作,郭敏纪检组长陪同督查。

9 月 1 日至 4 日　陈中副厅长在台州、温州调研创新驱动发展和企业人才工作。

9 月 2 日　吴顺江厅长参加长广集团深化改革工作专题会议。

同日　黄亚萍巡视员参加 2014 年全省质量月活动启动仪式。

同日　许伟平副巡视员参加郑继伟副省长领办的省政协"教育"专题重点提案办理工作座谈会。

9 月 2 日至 3 日　吴顺江厅长在绍兴调研创新驱动发展和企业人才工作。

9 月 3 日　仇贻泓副厅长参加村(社区)"三多"事项清理整改工作协商会。

同日 黄亚萍巡视员参加深化医药卫生体制改革专题会议。下午参加毛光烈副省长主持召开的省经信委工业设计文件起草及会议筹备情况汇报会。

9月4日 吴顺江厅长参加第十五期领导干部管理研究班学员座谈会。

同日 黄亚萍巡视员参加全国国家级经济技术开发区工作电视电话会议。

9月4日至5日 仇贻泓副厅长在萧山高级技工学校、桐乡高级技工学校参加教师节慰问活动并调研技能人才队伍建设工作。

9月10日 吴顺江厅长参加浙江省庆祝第30个教师节暨省优秀教师表彰大会,下午参加推进全省医疗设备产业发展工作座谈会。

同日 刘国富副厅长参加厅机关离退休干部党支部活动。

9月11日 吴顺江厅长参加浙江省暨杭州市纪念人民代表大会成立60周年大会。

9月11日至12日 刘国富副厅长在金华、义乌调研。

9月12日 刘国富副厅长参加全省旅游发展大会。

同日 宓小峰副厅长参加第四届中国(宁波)智慧城市技术与应用博览会。

同日 龚和艳副厅长参加全省优秀村党组织书记座谈会。

同日 陈中副厅长参加农民工自发维权组织问题专题会议。

9月15日 吴顺江厅长随熊建平副省长在宁波调研"阳光医保"监管工作。

同日 宓小峰副厅长参加省政府副秘书长陈龙主持召开的研究农科院种业改制问题专题会议。

9月15日至17日 仇贻泓副厅长在北京参加湖笔国家标准开发座谈会,并向人力资源和社会保障部汇报浙江开展世界技能大赛选拔赛工作情况。

9月16日 黄亚萍巡视员在舟山参加全省涉渔"三无"船舶处置和"一打三整治"推进现场会。

9月16日至18日 刘国富副厅长在温州、乐清、瑞安调研。

9月17日 吴顺江厅长随李强省长在德清检查指导群众路线教育实践和下访活动。下午主持召开厅党的群众路线教育实践活动群众测评会并讲话。

同日 陈中副厅长参加省政协十一届八次常委会议。

9月17日至18日 宓小峰副厅长在台州黄岩参加全省推进工业设计发展工作现场会。

9月18日 吴顺江厅长、蔡国春副厅长向熊建平副省长汇报全民参保登记工作情况。之后,吴顺江厅长、仇贻泓副厅长向熊建平副省长汇报《健全社保基金"阳光监管"制度》课题情况。下午,吴顺江厅长参加省政府第33次常务会议。

同日 黄亚萍巡视员参加全省基础教育工作电视电话会议。

9月19日 吴顺江厅长、宓小峰副厅长在嘉兴参加贯彻落实习近平总书记重要讲话精神推动浙江清华长三角研究院加快发展座谈会。

同日 举办以"践行'工作十法'"为主题的厅"干部论坛"活动,龚和艳、陈中副厅长和六位处长上台演讲,吴顺江厅长作总结讲话。

同日 蔡国春副厅长在淳安参加《中国医疗保险》2014年编委会暨"健全重特大疾病保障机制论坛"活动。

同日 郭敏纪检组长带队在嵊州督查社保经办机构内控机制运行及基金管理检查工作。

同日 宓小峰副厅长参加浙江清华长三角研究院第三届理事会第三次会议。

同日 龚和艳副厅长接受浙江电视台公共·新农村频道《党建好声音》栏目采访。

同日 黄亚萍巡视员参加省政协第55号

重点提案《完善企业"走出去"服务体系变"产能过剩"为"产业优势"》办理工作座谈会。

9月19日至20日 陈中副厅长参加"2014中国浙江·宁波人才科技周"活动。

9月20日 浙江省公安和司法行政系统2014年招录人民警察（司法助理员）学员笔试工作举行,龚和艳副厅长巡视省直考点。

9月21日 宓小峰副厅长参加中组部"十三五"人才规划编制调研组座谈会。

9月21日至22日 吴顺江厅长、陈中副厅长参加与清华大学合作赴美、法干部培训开班仪式。

9月21日至22日 陈中副厅长在人力资源和社会保障部汇报浙江人才工作情况。

9月21日至23日 宓小峰副厅长在北京参加第五届全国杰出专业技术人才表彰大会暨专业技术人才工作会议。

9月22日 刘国富副厅长参加省统计工作联席会议专题会议,下午列席省委常委会第99次会议。

同日 蔡国春副厅长参加第四次省级公立医院综合改革领导小组会议。

同日 仇贻泓副厅长参加省十二届人大常委会第十三次会议第一次全体会议。

9月23日 吴顺江厅长、陈中副厅长接见2014年青田县仁庄镇对口帮扶培训班学员。

同日 刘国富副厅长在杭州市余杭区调研。

同日 陈中副厅长在嘉兴主持召开部分人力资源服务企业负责人座谈会。

同日 黄亚萍巡视员参加浙江省暨杭州市庆祝人民政协成立65周年大会。

9月23日至24日 蔡国春副厅长在上海参加人力资源和社会保障部召开的机关事业单位养老保险制度改革和工资调整工作座谈会。

9月24日 吴顺江厅长参加省十二届人大常委会第十三次会议第二次全体会议,晚上

参加创新引领转型促进经济发展工作会议。

同日 召开全省人力资源社会保障宣传工作座谈会,回顾总结上一年度工作情况,研究部署下一阶段工作,通报表扬先进单位和先进个人,刘国富副厅长参加会议并讲话。

同日 刘国富副厅长参加省十二届人大常委会第十三次会议关于规范执法公正司法工作情况专题质询会。

9月24日至25日 陈中副厅长与来浙江调研高层次人才引进服务工作的贵州省人力资源和社会保障厅一行座谈交流。

9月25日 吴顺江厅长主持召开第33次厅党组会,听取第五届全国杰出专业技术人才表彰暨专业技术人才工作会议精神传达,听取拟纳入国家和省"十三五"规划基本思路重点内容、2015年电子政务项目申报、2014年度省"151"人才工程培养人员选拔工作和建立企业人才工作联系制度等情况汇报,研究近期人事工作。下午,吴顺江厅长随省委书记夏宝龙会见西藏那曲地区党政代表团。

同日 刘国富副厅长在海宁调研。

同日 宓小峰副厅长参加2014年浙江省"千人计划"评审动员会。

同日 陈中副厅长参加国家统计局经济形势座谈会。

9月25日至26日 黄亚萍巡视员在海盐参加全省深化农村改革推进会。

9月26日 在宁波召开全省"阳光医保"监管平台建设现场会,总结前一阶段试点工作,交流、推广宁波试点经验,部署下一阶段工作。吴顺江厅长参加会议并讲话。

同日 刘国富副厅长参加省十二届人大常委会第十三次会议第三次全体会议。

同日 蔡国春副厅长参加毛光烈副省长主持召开的推进医疗设备产业发展精准对接精准服务座谈会。

同日 龚和艳副厅长在人力资源和社会保

障部汇报浙江公务员管理工作情况。

同日　仇贻泓副厅长参加浙江省第四届残疾人职业技能竞赛颁奖活动,下午参加省政协第1号重点提案《关于培养造就一流的浙江产业技术工人的建议》和第302号重点提案《推广"双元制"培养体制打造"中国式"技工人才》办理工作座谈会。

9月28日　吴顺江厅长参加浙江省发展混合所有制经济专题研讨班开班仪式。

同日　宓小峰副厅长参加2014年浙江省"千人计划"评审委员会会议,下午参加全国整治事业单位公开招聘突出问题专项行动电视电话会议。

同日　陈中副厅长参加全省"三名"培养工程建设推进会。

同日　黄亚萍巡视员参加浙江——达通启动签约仪式。

9月29日　黄亚萍巡视员参加全省村(社区)"三多"事项清理整改工作会议。

9月30日　吴顺江厅长参加浙江省老干部庆祝新中国成立65周年活动。

同口　刘国富副厅长参加全省"十三五"规划"三个重大"谋划工作电视电话会议。

10月

10月8日　吴顺江厅长在浙江分会场参加中央党的群众路线教育实践活动总结大会,之后参加中央民族工作会议精神传达会,下午列席省委常委会第100次会议暨省委教育实践活动领导小组会议。

同日　龚和艳副厅长参加省委秘书长赵一德主持召开的中央巡视组转送信访件调研部署会。

同日　陈中副厅长参加研究支持杭州市自主创新示范区建设专题会议。

10月8日至10日　郭敏纪检组长在中央纪委监察部杭州培训中心参加全省推进纪律检查体制改革座谈会暨培训班。

10月8日至11日　刘国富副厅长带队在宁波对接落实企业人才工作联系制度。

10月9日　吴顺江厅长在绍兴对接落实企业人才工作联系制度。下午,吴顺江厅长、刘国富副厅长向熊建平副省长汇报全省企业军转干部解困稳定工作情况。

同日　仇贻泓副厅长参加省人大2015年立法项目听取意见座谈会,下午在省联合接待中心接待群众来访。

同日　黄亚萍巡视员参加浙商回归项目问题专题协调会。

10月9日至10日　蔡国春副厅长带队在金华对接落实企业人才工作联系制度。

10月9日至10日　宓小峰副厅长在合肥参加全国部分省、市人力资源社会保障系统窗口单位改进作风专项行动座谈会。

10月9日至12日　陈中副厅长带队在舟山、台州对接落实企业人才工作联系制度。

10月10日　吴顺江厅长参加全省党的群众路线教育实践活动总结大会,下午在杭州对接落实企业人才工作联系制度。

同日　仇贻泓副厅长参加省安委会全体成员会议。

10月10日至12日　郭敏纪检组长带队在丽水对接落实企业人才工作联系制度。

10月11日　吴顺江厅长参加省委书记夏宝龙主持召开的学习贯彻习近平总书记关于人才工作重要讲话精神座谈会。

10月12日　财政部副部长王保安一行来浙江调研机关事业单位养老保险制度改革工作,蔡国春副厅长参加调研座谈会。下午,蔡国春副厅长参加省发改委召开的社会资本办医政策落实情况专项核查工作汇报会。

10月13日　吴顺江厅长列席省委常委会

第101次会议,下午主持召开全厅干部大会,传达学习中央和省党的群众路线教育实践活动总结大会精神。

同日 刘国富副厅长参加首届中国(浙江)县域电子商务峰会。

10月13日至17日 郭敏纪检组长在中央纪委监察部杭州培训中心参加全国人力资源社会保障系统纪检监察干部业务培训班。

10月14日 吴顺江厅长主持召开第34次厅党组会暨厅党组务虚会,审议《浙江省人力资源和社会保障厅"三重一大"事项决策办法(送审稿)》,交流前三季度工作情况及四季度重点工作安排。

同日 刘国富副厅长参加嘉善县域科学发展示范点建设工作协调小组成员第二次会议。

同日 副厅级以上干部参加"浙江论坛"报告会。

10月14日至16日 宓小峰副厅长带队在嘉兴、湖州对接落实企业人才工作联系制度。

10月15日 蔡国春副厅长参加全省分级诊疗试点工作电视电话会议。

10月15日至16日 龚和艳副厅长带队在衢州对接落实企业人才工作联系制度。

10月15日至17日 刘国富副厅长在宁波调研。

10月15日至17日 仇贻泓副厅长带队在温州对接落实企业人才工作联系制度。

10月16日 吴顺江厅长参加省委书记夏宝龙主持召开的网络信息技术应用及产业发展调研座谈会。

同日 陈中副厅长参加县(市、区)委书记工作交流会。

10月17日 吴顺江厅长参加省政府第34次常务会议,之后参加浙江省与北京大学战略合作协议签署仪式。晚上,吴顺江厅长、郭敏纪检组长接待中纪委驻人力资源和社会保障部纪检组组长袁彦鹏一行。

同日 龚和艳副厅长在浙江行政学院参加第43期省级机关处级公务员任职培训班结业典礼并讲话。

10月17至20日 宓小峰副厅长在萧山参加第四批浙江省特级专家分组评审和评选大会。

10月20日 召开厅民主推荐干部大会,推荐2名副厅级干部,吴顺江厅长作动员讲话。

10月21日 宓小峰副厅长参加第六批省级名中医命名会议。

10月21日至23日 蔡国春副厅长在江西参加人力资源和社会保障部国际劳动保障研究所召开的"重大疾病医疗保险制度研究"研讨会。

10月22日 陈中副厅长在北京参加2014年秋季浙江——北京高层次人才洽谈会新闻发布会。

10月22日至23日 宓小峰副厅长在西安参加全国事业单位公开招聘工作座谈会。

10月23日 刘国富副厅长参加全省党委系统秘书长、办公室(厅)主任会议。

同日 仇贻泓副厅长在滨江区参加人力资源和社会保障部工资研究所企业薪酬调查发布制度研讨会。

10月24日 吴顺江厅长参加省政府第35次常务会议。

同日 刘国富副厅长参加2014中国(浙江)人力资源服务博览会。

同日 龚和艳副厅长参加人力资源和社会保障部、国家公务员局召开的中央机关及其直属机构2015年度考试录用公务员考务工作部署电视电话会议。

同日 黄亚萍巡视员参加全国冬春农田水利基本建设电视电话会议。

同日 厅党组成员、副厅级以上干部参加省委常委扩大会议。

10月25日 吴顺江厅长、陈中副厅长在北京参加 2014 年秋季浙江——北京高层次人才洽谈会。

10 月 26 日 吴顺江厅长、陈中副厅长参加 2014 年秋季浙江——西安高层次人才洽谈会。

10 月 27 日 召开全厅干部大会,宓小峰副厅长传达学习党的十八届四中全会精神。下午,宓小峰副厅长参加省海外交流协会理事换届大会。

10 月 28 日 吴顺江厅长主持召开第 35 次厅党组会,学习贯彻党的十八届四中全会精神。下午,吴顺江厅长、陈中副厅长参加全国贯彻落实《国务院关于进一步做好为农民工服务工作的意见》电视电话会议。全国会议结束后召开浙江贯彻会议,熊建平副省长就贯彻落实全国会议精神进行部署。

同日 宓小峰副厅长参加第十八届浙江旅外乡贤聚会大会。

10 月 29 日 宓小峰副厅长在台州参加全国化工与环保博士后学术论坛暨台州医药化工产业博士后人才项目洽谈会。

10 月 29 日至 30 日 陈中副厅长在余姚参加全省人才工作推进会。

10 月 30 日 蔡国春副厅长在舟山参加全省渔民养老保障工作交流会并讲话。

同日 仇贻泓副厅长在嘉兴调研。

同日 陈中副厅长参加省社会救助联席会议第一次全体会议。

10 月 30 日至 31 日 刘国富副厅长在海南参加全国部分省、市军转安置制度改革研讨会和 2014 年度企业军转干部解困稳定工作区域协调会。

10 月 31 日 宓小峰副厅长参加省委组织部部长胡和平主持召开的"汇聚院士专家力量"专题重点提案办理工作座谈会。

同日 仇贻泓副厅长参加省人大召开的《浙江省军人军属权益保护条例(草案)》征求意见座谈会。

同日 陈中副厅长参加国务院政策措施落实中存在问题整改进展情况汇报会。

11 月

11 月 1 日 刘国富副厅长在海南参加全国部分省、市军转安置制度改革研讨会和解困稳定工作区域协调会。

11 月 3 日 刘国富副厅长主持召开厅推进浙江政务服务网与阳光政务工作第 1 次例会,郭敏纪检组长参加会议。

同日 蔡国春副厅长参加研究《土地审计报告征求意见书》意见反馈有关工作专题会议。

同日 仇贻泓副厅长列席省委常委会有关禁毒工作议题。

11 月 4 日 吴顺江厅长参加中央第五巡视组巡视浙江情况反馈会,下午向熊建平副省长汇报家政服务业从业人员队伍建设工作。

同日 仇贻泓副厅长带队在湖州调研。

11 月 4 日至 5 日 宓小峰副厅长参加 2014 浙江·杭州国际人才交流与项目合作大会开幕式并致辞,并参加"梦想天堂"海外人才创业沙龙。

11 月 4 日至 6 日 黄亚萍巡视员在丽水、景宁、松阳等地开展厅重点课题《完善创业制度环境促进青年群体创业》调研工作。

11 月 5 日 吴顺江厅长在浙江之声直播室参加《阳光行动·正风肃纪进行时》厅长在线直播访谈节目,就厅阳光政务、公务员"日志式"管理、"阳光医保"监管平台建设、医保反欺诈"亮剑"行动等工作,与主持人和听众互动交流。

11 月 6 日 刘国富副厅长在浙江分会场参加国务院深化国有企业负责人薪酬制度改革电视电话会议。

同日 龚和艳副厅长参加人力资源和社会保障部信访工作视频会议。

同日 黄亚萍巡视员参加浙江省传统戏剧之乡授牌仪式暨展演晚会。

11月6日至9日 吴顺江厅长、陈中副厅长在武汉参加2014浙江——武汉高层次人才洽谈会。

11月6日至15日 省委组织部、省人力资源和社会保障厅、省外侨办在美国纽约、硅谷和澳大利亚悉尼举办2014浙江海外高层次人才引进活动。仉贻泓副厅长参加2014浙江海外高层次人才对接活动,并参加留学人员组织负责人恳谈会。

11月7日 刘国富副厅长参加省政府第36次常务会议。

11月10日 刘国富副厅长参加省人大常委会王永昌副主任主持召开的《浙江省社会养老服务促进条例》立法座谈会,下午参加厅机关离退休干部党支部活动。

同日 宓小峰副厅长参加省直机关党员干部大会。

11月11日 副厅级以上干部参加"浙江论坛"报告会,学习党的十八届四中全会精神。

11月11日至12日 刘国富副厅长带队在宁波调研,听取宁波市、县两级人力资源社会保障部门联系企业人才工作情况汇报。

11月11日至12日 蔡国春副厅长带队在金华调研。

11月11日至12日 郭敏纪检组长带队在丽水调研,走访多家企业,联系企业人才工作。

11月11日至12日 龚和艳副厅长带队在绍兴、诸暨调研。

11月12日至13日 吴顺江厅长带队在杭州、淳安调研。

11月13日 吴顺江厅长主持召开第36次厅党组会,听取全国2015年出国(境)培训计划工作会议、全国人力资源社会保障信访工作

视频会议及下一步贯彻意见精神传达,听取厅2015年部门经费预算、浙江人力社保大楼食堂委托管理和增设早餐、厅无房干部职工承租厅周转房等情况汇报,研究近期人事工作。

同日 郭敏纪检组长在衢州巨化集团联系企业人才工作。

同日 黄亚萍巡视员参加创新药品集中采购与定价机制试点工作会议。

11月14日 吴顺江厅长、宓小峰副厅长参加浙江省外国专家"西湖友谊奖"颁奖大会。下午,吴顺江厅长参加省政府学习会。

同日 陈中副厅长参加全省养老机构公建民营暨养老服务人才供需对接签字仪式。

11月16日 吴顺江厅长参加2014年度市委书记抓基层党建工作述职评议会。

11月17日 刘国富副厅长参加2014年度省部属单位军转干部培训班开班式并讲话。

同日 陈中副厅长参加全国进一步推进户籍制度改革工作电视电话会议。

11月18日 吴顺江厅长、龚和艳副厅长参加省委落实中央巡视组反馈意见整改工作动员会。

同日 刘国富副厅长在浙江财通证券有限公司调研企业人才工作。

同日 陈中副厅长参加宁波"就业创业论坛"活动。

11月18日至20日 宓小峰副厅长带队在温州、洞头、瑞安调研,并在瑞安召开人力资源社会保障工作片会。

11月18日至27日 龚和艳副厅长带队在欧洲举办留学人员慰问招揽活动。22日至23日,在英国伦敦和德国柏林参加2014浙江省人才政策环境推介和项目对接活动。

11月19日 吴顺江厅长参加浙江省党的建设制度改革专项小组会议。

同日 刘国富副厅长在嘉兴乌镇参加"首届世界互联网大会""透过浙江看中国——信

息经济分论坛"。

同日 蔡国春副厅长参加全省大病保险视频会议,之后参加浙江省大病保险工作新闻通报会。

同日 郭敏纪检组长与来浙江考察阳光政务平台建设工作的江西省人力资源和社会保障厅一行座谈交流。

11月19日至20日 宓小峰副厅长在浙江师范大学调研高校专业技术人员职务评聘制度改革工作。

11月20日 吴顺江厅长在舟山参加舟山市召开的县(区)委书记抓基层党建工作述职评议会。

同日 刘国富副厅长走访61191部队、73021部队及所属硬骨头六连。

同日 蔡国春副厅长在杭州参加全国大中城市工伤保险工作经验交流会开幕式并致辞,下午参加大病保险特殊用药工作领导小组第一次会议。

11月21日 吴顺江厅长、仇贻泓副厅长向熊建平、朱从玖副省长汇报全省深化国有企业负责人薪酬制度改革情况。

同日 刘国富副厅长参加国民经济和社会发展规划指标商议会议。

同日 全省人力资源社会保障系统阳光政务系统整合及服务延伸试点工作推进会在杭州市余杭区召开,郭敏纪检组长参加会议并讲话。

11月24日至25日 吴顺江厅长、宋云峰副厅长参加中组部干部一局和国家公务员局在杭州召开的全国公务员平时考核工作座谈会。

11月24日至27日 蔡国春副厅长随郑继伟副省长在海南、深圳考察促进健康产业发展及推动公立医院改革工作。

11月25日 刘国富副厅长参加省十二届人大常委会第十四次会议第一次全体会议。

同日 宓小峰副厅长参加袁家军常务副省

长主持召开的贯彻落实中央巡视组反馈意见十大整改行动方案专题部署会议。

同日 陈中副厅长参加2014年浙江省领军型创新创业团队评审委员会会议。

11月26日 召开厅民主推荐干部大会,推荐处级领导干部,吴顺江厅长作动员讲话。

同日 陈中副厅长参加2014浙江——上海高层次人才洽谈会新闻发布会。

11月27日 刘国富副厅长参加省十二届人大常委会第十四次会议第二次全体会议。

11月28日 吴顺江厅长、陈中副厅长参加全省引才工作座谈会。

同日 刘国富副厅长参加省十二届人大常委会第十四次会议第三次全体会议,下午参加第四届全省司法行政系统十大最具影响力人物和百名优秀人物座谈暨先进事迹报告会。

同日 蔡国春副厅长参加2014年全国异地协助认证总结推广会,下午参加李强省长听取价格体制改革情况汇报会。

同日 宓小峰副厅长参加全国人力资源社会保障系统窗口单位改进作风专项行动总结视频会。

11月29日至30日 吴顺江厅长、陈中副厅长参加2014浙江——上海高层次人才洽谈会。

11月29至30日 2015年中央国家机关及直属机构考试录用公务员笔试浙江考区分别在杭州、宁波、温州、金华举行,吴顺江、蔡国春、郭敏、宓小峰、龚和艳、宋云峰、黄亚萍等厅领导分别巡视考点。

12月

12月1日 吴顺江厅长列席第106次省委常委会。

同日 陈中副厅长在省联合接待中心接待

群众来访。

12月2日 召开厅民主推荐干部大会,推荐处级领导干部。吴顺江厅长作动员讲话。

同日 吴顺江厅长主持召开第39次厅党组会,听取全国人力资源社会保障系统窗口单位改进作风专项行动总结视频会议精神传达,审议《省人力资源和社会保障厅关于落实〈中共浙江省委落实中央巡视组反馈意见十大整改行动方案〉的实施意见》,听取赞成宾馆互换用房、报废厅部分固定资产等情况汇报,研究近期人事工作。

同日 刘国富副厅长在杭州市下城区调研。

同日 仇贻泓副厅长在平阳参加全省渔场修复振兴暨"一打三整治"现场推进会。

12月2日至4日 黄亚萍巡视员参加人力资源和社会保障部在杭州召开的完善社保要情报告制度座谈会。

12月3日 刘国富副厅长主持召开厅推进浙江政务服务网与阳光政务工作第2次例会。

12月3日至4日 吴顺江厅长、龚和艳副厅长参加省委十三届六次全体(扩大)会议。

12月4日 黄亚萍巡视员参加浙江省纪念"国家宪法日"暨全国法制宣传日座谈会。

12月4日至5日 吴顺江厅长参加省委人大工作会议。

12月5日 蔡国春副厅长参加全省企业年金工作座谈会并讲话。

同日 省法制办副主任杨必明来厅调研立法工作,龚和艳副厅长参加调研座谈会并介绍厅立法工作情况。

同日 宓小峰副厅长参加省政府副秘书长李云林主持召开的社会力量办学办医督查情况汇报会。

12月9日 仇贻泓副厅长参加全省欠薪形势座谈会并讲话。

12月9日至10日 蔡国春副厅长参加人力资源和社会保障部在杭州召开的全国社会保险风险管理工作座谈会。

12月9日至12日 国家发改委副秘书长范恒山带全国第八次农民工工作督察第一督察组来浙江督察农民工工作,陈中副厅长陪同在嘉兴、宁波两市督察。

12月10日 吴顺江厅长向全国第八次农民工工作督察第一督察组汇报浙江农民工工作情况,陈中副厅长参加汇报会。

同日 黄亚萍巡视员参加省委保密委主任保密专题讲座。

12月11日 龚和艳副厅长参加贯彻落实《关于我省全民健身活动开展情况报告的审议意见》情况汇报会。

同日 宋云峰副厅长参加省委组织部召开的省直单位干部人事档案专项审核工作部署会。

12月12日 龚和艳副厅长参加省直单位基层党建工作调研座谈会。

同日 陈中副厅长参加省民宗委关于进一步加强浙江省新疆籍人员服务管理工作座谈会。

同日 宋云峰副厅长参加解放军总后勤部全国人大代表来浙江视察情况汇报会。

同日 黄亚萍巡视员参加义务教育发展基本均衡县国家督导检查反馈会。

同日 副厅级以上干部列席省委常委扩大会议。

12月13日 吴顺江厅长、陈中副厅长参加2014年浙江省知名企业高层次人才封闭式洽谈会。

同日 陈中副厅长参加在杭州梅苑宾馆举行的企业人才工作联系制度新闻发布会。

12月14日 仇贻泓副厅长在2014年杭州市大学生网上创业大赛总决赛现场巡视。

12月15日至16日 龚和艳副厅长在温州

参加全省基层社会治理信息化建设现场会。

12月16日 吴顺江厅长参加浙江政协·民生论坛——优质医疗资源"双下沉"工作开展情况汇报会。

同日 刘国富副厅长参加省政府"为民办实事项目"工作部署会议。

同日 宓小峰副厅长参加省政府省级重点企业研究院创建筛选工作专题会议。

同日 仇贻泓副厅长参加省直机关及所属单位房屋土地统一管理工作协调小组第一次全体会议。

12月17日 吴顺江厅长参加省委财经领导小组2014年第5次会议,下午赴浙江理工大学联系慰问专家,并在浙江工商大学参加高等教育工作座谈会。

同日 宓小峰副厅长参加省属事业单位改革领导小组办公室召开的从事行政审批中介服务省属事业单位转企改制工作座谈会,下午参加全省基本侨情调查工作总结会议。

12月18日 吴顺江厅长参加省政府务虚会。

同日 陈中副厅长参加全国融资性担保行业发展与监管经验交流电视电话会议。

同日 宋云峰副厅长在2014年度省部属单位军转干部培训班巡视,与军转干部代表座谈。

12月18日至19日 蔡国春副厅长在深圳参加中国医疗保险研究会第二届二次常务理事会和中国医疗保险发展宏观分析项目研究报告讨论会。

12月19日 吴顺江厅长主持召开第40次厅党组会,听取人工耳蜗纳入医保支付范围、参公管理、2014年度厅党组民主生活会方案等情况汇报,研究近期人事工作。之后,吴顺江厅长、宓小峰副厅长参加全国机关事业单位"吃空饷"问题治理工作电视电话会议。下午,吴顺江厅长、龚和艳副厅长参加省政府第38次常务会议。

12月22日 吴顺江厅长列席第108次省委常委会。

同日 蔡国春副厅长参加社会保险信息披露工作视频会议。

同日 龚和艳副厅长参加全省人力资源社会保障系统信访维稳工作座谈会并讲话。

同日 仇贻泓副厅长参加全省企业技能人才自主评价工作培训班并讲话。

同日 宋云峰副厅长参加全省医疗设备与工业信息工程重点企业研究院建设暨余杭生物医药高新园区启动会议。

12月22日至23日 宓小峰副厅长参加中国留学人员回国服务联盟业务工作创新研讨会。

12月22日至24日 黄亚萍巡视员在德清参加全省美丽县城建设暨新型建筑工业化现场会。

12月23日 吴顺江厅长参加省十二届人大常委会第十五次会议第一次全体会议。

同日 刘国富副厅长参加民进浙江省委九届四次全会开幕式。

同日 仇贻泓副厅长参加省政府购买服务工作联席会议第一次全体会议。

12月24日 刘国富副厅长参加省十二届人大常委会第十五次会议第二次全体会议。

同日 宋云峰副厅长在北京参加公务员平时考核工作座谈会。

12月24日至26日 吴顺江厅长在北京参加全国人力资源和社会保障工作会议。

12月25日 刘国富、龚和艳副厅长参加省委经济工作会议。

同日 龚和艳副厅长受邀在省委党校信访工作法治化建设培训班讲课。

同日 副厅级以上干部列席省委经济工作会议。

12月26日 刘国富副厅长参加省政府第

39 次常务会议。

同日　宓小峰副厅长参加省"千人计划"评审委员会会议。

同日　仇贻泓副厅长参加新疆籍人员服务管理工作站组建工作协调会。

同日　黄亚萍巡视员参加全省第九次党史工作会议。

12 月 27 日　吴顺江厅长、宓小峰副厅长参加 2014 年度高级经济师资格评审会议。

同日　陈中副厅长参加"梦圆宁波"巡回招聘杭州站活动暨闭幕仪式并致辞。

12 月 28 日　蔡国春副厅长参加浙江大学公共管理蓝皮书系列"公立医院改制理论与政策"首发仪式。

同日　陈中副厅长参加 2014 年宁波市"技能之星"职业技能电视大赛颁奖典礼。

12 月 28 日至 29 日　仇贻泓副厅长在北京参加全国高技能人才表彰大会。

12 月 29 日　吴顺江厅长列席第 109 次省委常委会。

同日　蔡国春副厅长参加全国异地就医结算和医疗服务监管工作视频会议。

同日　宓小峰副厅长参加 2014 年度高级经济师资格评审高评委会议。

同日　龚和艳副厅长参加省政府与省总工会联席会议。

同日　宋云峰副厅长参加省政府副秘书长李云林主持召开的研究中小学教师待遇问题会议。

12 月 30 日　召开全厅干部大会,吴顺江厅长传达全国人力资源和社会保障工作会议精神,刘国富副厅长传达省委经济工作会议精神。下午,吴顺江厅长参加全省高等教育工作会议。

同日　刘国富副厅长参加全省发展和改革工作电视电话会议。

同日　宓小峰副厅长参加省机械设备成套局体制机制改革工作协调会。

同日　陈中副厅长参加全省就业工作培训会并讲话。

12 月 31 日　吴顺江厅长参加省政府与省总工会联席会议,下午主持召开听取有关处室(单位)主要负责人意见建议座谈会。

同日　宓小峰副厅长召开省委组织部、省编委办、省财政厅、省审计厅相关处室主要负责人参加的"吃空饷"问题治理工作座谈会。

全省工作情况

全省工作情况

城乡就业

【概况】 2014年,全省城镇新增就业107.43万人,比上年增加3.09万人;城镇失业人员再就业41.82万人,比上年减少2.63万人;其中就业困难人员实现就业13.83万人,比上年减少2.25万人。城镇登记失业率2.96%。

【实施积极的就业政策】 1月,省人力资源和社会保障厅、省公安厅等6部门下发《关于进一步加强流动人口就业管理服务工作的通知》(浙人社发〔2014〕26号),提出加强流动人口用工管理、完善落实就业准入制度、规范流动人口参加社会保险、加强高技能人才培养和引进力度、加大劳动力省内余缺调剂力度、加强管理服务和执法检查等意见。

2月,省人力资源和社会保障厅、省教育厅、省财政厅下发《关于做好2014年高校毕业生求职补贴工作的通知》(浙人社发〔2013〕138号),全省高校毕业生获一次性求职补贴发放1447人。

7月,省财政厅、省国税局、省人力资源和社会保障厅转发财政部、国家税务总局、人力资源和社会保障部《关于继续实施支持和促进重点群体创业就业有关税收政策的通知》(浙财税政〔2014〕10号),并要求各地对于重点群体创业就业,按最高上浮幅度确定相应限额、定额标准,即对重点群体人员从事个体经营的,每户每年限额由8000元上浮20%至9600元,依次扣减营业税、城市维护建设税、教育费附加、地方教育附加和个人所得税;对企业新接收重点群体人员,按实际招用人数予以每人每年定额由4000元上浮30%至5200元,依次扣减营业税、城市维护建设税、教育费附加、地方教育附加和企业所得税。

12月,省人力资源和社会保障厅转发人力资源和社会保障部《关于国有企业招聘应届高校毕业生信息公开的意见》(浙人社发〔2014〕161号),并要求各地按照公平就业原则,健全完善国有企业招聘应届高校毕业生信息公开制度。

省人力资源和社会保障厅开展全省就业专项资金管理使用情况专项调查,督促各级政府落实促进就业责任。全省就业专项资金支出40.76亿元。

【高校毕业生就业】 9月,省政府办公厅印发《关于进一步促进普通高等学校毕业生就业创业的意见》(浙政办发〔2014〕107号),提出拓宽就业渠道、扶持创业、加强就业服务和就业援助、促进公平就业、完善就业工作机制等要求。8月,省人力资源和社会保障厅办公室下发《关于实施2014离校未就业高校毕业生就业促进计划的通知》(浙人社办发〔2014〕78号),要求各地构建"政策引导、实名登记、跟踪服务、培训托底"一体化工作格局。全省实名登记2014届离校未就业高校毕业生1.77万人,获各项就业帮扶7271人。

5月13日,全国普通高等学校毕业生就业创业工作电视电话会议召开之后,省政府随即召开全省电视电话会议,部署贯彻落实全国会议精神工作。6月,省人力资源和社会保障厅认定第二批"省级高校毕业生就业见习示范基地"24家。全省高校毕业生参加见习4.75万人,在见习单位实现就业2.09万人。全省认定大学生创业园95家,入园企业7099家,带动就业8.77万人。创业导师库师资2000余人。

清华大学95名大学生,台湾33所知名大学100名大学生,香港7所知名大学44名大学生相继在浙江参加暑期实习交流和社会实践活动,内容涉及新能源技术、微电子、热能等新兴产业,以及经济管理、公共管理、环境保护等人文和社会科学项目。

全省分别开展2014年全国高校毕业生网络招聘联盟春、夏、秋、冬四级联合招聘周活动,以及"就业服务月"、"就业服务周"网络招聘活动,组织招聘单位382家,发布岗位信息3978条。

省人才市场举办高校毕业生公益性专场招聘会19场,组织招聘单位2780家,提供就业岗位3.8万个,参加应聘洽谈2.26万人,达成就业意向4840人。12月,在浙江中医药大学举办"2015届毕业生冬季招聘会",组织卫生系统招聘单位80家,参加应聘洽谈学生1000余人。

省职业介绍服务指导中心联合浙江财经大学、浙江经贸职业技术学院等高校举办大学生就业能力提升培训讲座17期,参训2621人。5月,举办校企合作促进就业工作研讨会,探讨新形势下强化校企合作,提升就业质量,服务转型升级思路和措施。6月,举办校企合作服务企业转型升级研讨会,探讨加强院校、企业、政府三方协调互动,提升省级部门服务校企合作能力思路和措施。10月至12月,在浙江经济职业技术学院等12所职业技术院校举办2014年浙江省技能人才岗位进校园系列招聘会,组织招聘单位2989家,提供就业岗位7万个,发放《岗位进校园》信息册2.4万份,达成就业意向1.62万人。

【城乡统筹就业】 9月,省委组织部、省残疾人联合会等7部门印发《关于促进残疾人按比例就业的实施意见》(浙残联教就〔2014〕38号),提出推动党政机关、事业单位及国有企业带头安排残疾人就业;严肃执法,加大对用人单位的补贴、奖励和惩处力度;加强对用人单位按比例安排残疾人的就业服务;齐抓共管,协力促进残疾人按比例就业等意见。

1月,省就业管理服务局召开省内劳动力余缺调剂工作座谈会,协调有关部门结合全省产业转型升级要求和农村劳动力特点,组织开展余缺调剂技能培训、转移就业等工作。首批11家培训机构推出余缺调剂示范培训工种22个。全省举办余缺调剂岗前培训班110期,参加培训5658人,实现就业人员4250人;举办余缺调剂系列招聘会81场,达成转移就业意向2.24万人。

【公共就业服务活动】 根据2014年全国公共就业服务专项活动安排,全省开展"333就业服务月"、"就业援助月"、"春风行动"、"民营企业招聘周"、"高校毕业生就业服务月"等专项活动。

1月,以"就业帮扶、真情相助"为主题,以各类就业困难人员为对象,举办"就业援助月"活动。全省走访就业困难人员和零就业家庭3万人(户),登记认定就业困难人员1.9万人,就业困难人员实现就业2.4万人,享受扶持政策1.1万人。

1月至3月,以"搭建供需平台,促进转移就业"为主题,举办"春风行动"系列活动。全省举办专场招聘会819场,为求职者提供免费服务130万人,提供创业服务4.1万人,提供维权和法律援助8.6万人,组织职业技能培训3.2万人,本地企业吸纳农村劳动力52.4万人。

4月至5月,以省、市、县三级联动方式,以高校毕业生、城镇就业困难人员、农村转移劳动力三类群体为对象,以送岗位、送服务、送政策为内容,举办"333就业服务月"活动。全省举办专场招聘会384场,组织招聘单位2.3万家次,提供就业岗位33.3万个,提供免费服务24.2万人次,实现就业3.6万人。

5月,以"帮人才就业,促民企发展"为主题,举办"民营企业招聘周"活动,全省组织民营企业招聘单位4000家,提供岗位信息7.9万条,达成就业意向2.1万人。

（叶永波　刘渊慧　刘真真）

养老保险

【概况】　2014年,全省企业职工基本养老保险参保人数2442.6万人,比上年增加170.1万人;享受待遇人数440.2万人,比上年增加68.8万人;基金收入1557亿元,支出1166.7亿元,累计结余2631.6亿元,基金支付能力28个月。

全省机关事业单位养老保险社会统筹参保人数125.8万人;基金收入141.3亿元,支出129.7亿元,累计结余78亿元。

【养老保险待遇】　3月,省人力资源和社会保障厅、省财政厅下发《关于企业退休高工基本养老金待遇有关问题的通知》（浙人社发〔2014〕46号）,按照"老人待遇封顶、中人限额补足、新人逐年到位"的办法确定待遇水平。6月,转发人力资源和社会保障部、财政部《关于印发〈城乡养老保险制度衔接暂行办法〉的通知》（浙人社发〔2014〕93号）,进一步明确职工基本养老保险和城乡居民基本养老保险两种制度衔接政策。7月,省人力资源和社会保障厅下发《关于2014年企业退休人员基本养老金计发办法有关问题的通知》（浙人社发〔2014〕98号）,明确当年企业退休人员基本养老金计发

办法,衔接新老退休人员基本养老金水平。

全省按人均240元标准提高企业退休人员基本养老金。精减退职人员生活困难补助费提高到1090元,计划外长期临时工生活困难补助费提高到790元,国有企业职工遗属生活困难补助费提高到770元（农业人口为640元）。

【养老保险省级统筹】　1月,省人力资源和社会保障厅、省财政厅、中国人民银行杭州中心支行、省地税局下发《关于实施新一轮基本养老保险省级调剂工作有关问题的通知》（浙人社发〔2014〕5号）,1月1日起,各地基本养老保险省级调剂金上缴比例统一调整为当期基本养老保险个人账户记账额以外缴费部分的5%,纳入新一轮省级调剂金补助范围市、县的基金当年收支缺口由省与市、县按6:4比例分担,形成目标考核、预算控制、激励奖补"三位一体"的补助机制。5月,省人力资源和社会保障厅、省财政厅、省地税局印发《浙江省基本养老保险工作目标考核办法（试行）》（浙人社发〔2014〕83号）,确定以政策执行情况和目标完成情况为考核重点,实行定性与定量相结合的考核办法。9月,根据新一轮省级调剂金补助政策,向22个市、县拨付2013年度省级调剂补助金和2014年度预拨资金共计25.6亿元。

【养老保险试点工作】　积极做好全国"事业单位养老保险制度改革"试点工作。按照人力资源社会保障部的部署要求,认真做好数据测算和政策分析工作,研究提出我省机关事业单位养老保险制度改革准备工作方案。8月,省人力资源和社会保障厅下发《转发人力资源和社会保障部办公厅〈关于进一步做好企业年金方案备案工作的意见〉的通知》（浙人社发〔2014〕117号）,规范企业年金备案政策,并指导海宁市推进中小企业各类人才集合年金试点工作,为加快发展中小企业年金积累经验。

【养老保险企业减负】 6月,全省集中减征"小升规"企业基本养老保险费,涉及企业3843家,减征保险费6659万元。11月,省人力资源和社会保障厅、省财政厅、省地方税务局下发《关于2014年对部分工业企业临时性下浮社会保险费缴费比例的通知》(浙人社发〔2014〕146号),对符合条件的企业连续2个月临时性下浮社会保险费缴费比例,相当于减征单位缴费部分2个月额度。全省涉及相关企业25.8万家,减征保险费42.4亿元。

(毛江萍)

医疗生育保险

【概况】 2014年,全省城镇职工基本医疗保险参保人数1900万人,比上年增加108.91万人;基金收入608.12亿元,支出448.61亿元,累计结余876.03亿元。城镇居民(含城乡统筹)基本医疗保险参保人数3251万人,比上年增加737万人;基金收入205.63亿元,支出209.01亿元,累计结余45.43亿元。

全省生育保险参保职工1249万人,比上年增加76万人;基金收入31.45亿元,支出26.69亿元,累计结余31.33亿元;享受生育保险待遇职工24.12万人。

【基本医疗保险待遇】 全省城镇职工基本医疗保险政策范围内住院医疗费报销比例83.5%。城镇居民(含城乡统筹)医疗保险政策范围内住院医疗费报销比例70%以上。

【基本医疗保险城乡统筹】 全省所有统筹地区新型农村合作医疗归口人力资源社会保障部门统一管理,市、县管理职能整合任务全面完成,管理参保人数5081万人。

【基本医疗保险异地结算】 全省累计发放社会保障卡3906.2万张,基本覆盖城镇职工和城镇居民基本医疗保险参保人群。全省确定异地就医定点医疗机构170家,异地就医278.87万人次,实时结算异地就医医疗费30.17亿元。

【大病保险制度】 10月,省政府办公厅下发《关于加快建立和完善大病保险制度有关问题的通知》(浙政办发〔2014〕122号),全省5000多万城镇职工和城镇居民医疗保险参保人员全部纳入大病保险范围。大病保险基金按人均25元标准筹集,其中政府或单位承担70%,个人缴纳30%,于年初一次性从医疗保险基金中整体划拨。大病保险起付标准按各统筹地区上一年度城乡居民人均收入设定,最高支付限额为起付标准的10—15倍,约30—45万元,报销比例不低于50%。2月,省人力资源和社会保障厅、省财政厅、中国保险监督管理委员会浙江监管局印发《浙江省大病保险招投标管理指引(暂行)》(浙人社函〔2015〕30号),规范商业保险公司大病保险经办行为。

截至年底,全省62个统筹地区开始支付大病医疗费,累计报销4亿元。

(陈李杰 马 野)

失业保险

【概况】 2014年,全省失业保险参保人数1210.13万人,比上年增加65.60万人,其中农民工参保人数592.92万人,占参保总人数的49%;领取失业保险金人数20.61万人,比上年增加7700人;领取农民合同制工人一次性生活补助人数26.73万人,比上年增加3.65万人;基金收入109.52亿元,支出50.20亿元,累计结余343.15亿元。

【失业保险待遇】 全省失业保险金平均水平为1086.15元,比上年增加50.21元。领取失业保险金人员享受医疗费补助 19.95 万人，支付医疗补助金 2 亿元，比上年增加 3200 万元。

【失业动态监测】 省人力资源和社会保障厅整合全国和本省企业用工监测两个层面工作，调整优化监测样本，扩大监测范围，将电子商务、旅游服务、劳务派遣等三类企业纳入监测范围，监测样本企业扩大到 1 万家。升级完善全省监测服务系统，新增政策咨询、招聘发布、就业登记等功能，全省纳入监测范围的企业数据统一经由省监测服务系统直接报送。

【失业保险基金扩大支出范围试点工作】 全省失业保险基金促进就业经费支出 28.73 亿元，占基金总支出 57.23%，同比增长 14.19%。其中，社会保险补贴支出 19.60 亿元，占促进就业经费支出 68.22%。职业培训补贴支出同比增长 94.19%，职业技能鉴定补贴支出同比增长 27.93%，小额担保贷款贴息支出同比增长 318.34%。用于预防失业的中小微企业稳定就业补贴支出 1 亿元，同比增长 8.09%。下拨省级调剂金和就业专项资金 5.88 亿元。

8 月，人力资源和社会保障部失业保险司召集东部七省、市在宁波召开失业保险基金扩大支出范围试点工作座谈会。

（斯　燕）

工伤保险

【概况】 2014 年，全省工伤保险参保单位 78.99 万家，比上年增加 6.59 万家；参保职工 1899.41 万人，比上年增加 73.35 万人，其中农民工 883.53 万人，事业单位职工参保 146.59 万人；基金收入 48.6 亿元，支出 41 亿元，累计结余 64.7 亿元。

全省受理工伤认定申请 17.83 万件，认定工伤 17.74 万人；享受工伤保险待遇职工 22.6 万人，享受工亡待遇 6594 人；领取生活护理费 1420 人，配置康复辅助器具 441 人，工伤康复治疗 813 人次。

【工伤保险待遇】 3 月，省人力资源和社会保障厅、省财政厅下发《关于调整企业职工死亡后遗属生活困难补助费等标准的通知》（浙人社发〔2014〕53 号），1 月 1 日起，符合条件的因工死亡职工供养亲属抚恤金每人每月增加 110 元；伤残津贴随养老金同步调整，增加额不低于当地基本养老金平均水平；生活护理费自社会平均工资公布次月起自动调整，调整后人均增加 129 元，增幅 11%。

【工伤预防工作】 1 月，浙江省人力资源和社会保障厅、浙江省卫生和计划生育委员会、浙江省安全生产监督管理局、浙江省总工会联合印发《关于加强工伤预防工作的意见》，提出指导思想、主要目标、基本原则、具体措施等工伤预防工作要求。全省工伤发生率 9.34‰，同比下降 2.58‰。4 月，根据人力资源和社会保障部统一部署，全省开展各种形式的工伤预防工作宣传活动，各地人力资源社会保障部门门户网站设立专题页面，全省参加全国工伤保险网上知识问答活动近 6000 人。

【劳动能力鉴定】 全省受理劳动能力鉴定申请 7.99 万件，评定伤残等级 7.44 万人，评定生活障碍程度 4624 人。省劳动能力鉴定中心组织医疗专家在宁波、湖州、衢州等地上门鉴定重症工伤职工 35 人。10 月，在衢州市柯城区人民医院尝试开展工伤和劳动能力远程网络鉴定工作，为工伤职工异地鉴定提供方便。

（王　黎　陈高翔）

城乡居民社会养老保险

【概况】 2014 年，全省城乡居民社会养老保险参保人数1342万人,比上年减少13.83万人,其中城镇居民参保人数99万人,农村居民参保人数1243万人,领取养老金人数580万人;基金收入135亿元,支出127亿元,累计结余137亿元。

【城乡居民社会养老保险待遇】 1月1日起,全省城乡居民社会养老保险基础养老金最低标准从80元提高到100元。人均月养老金水平175元。

【城乡居民社会养老保险政策】 7月,根据国务院关于建立统一的城乡居民基本养老保险制度文件精神,省政府印发《关于进一步完善城乡居民基本养老保险制度的意见》(浙政发〔2014〕28号),提出在原有政策框架基础上,对制度名称、个人缴费档次、政府缴费补贴、待遇领取条件,以及制度内和制度间转移衔接等方面与国家政策对接的意见。

6月,省人力资源和社会保障厅、省财政厅转发人力资源和社会保障部、财政部制定的《城乡养老保险制度衔接暂行办法》(浙人社发〔2014〕93号),明确城乡居民基本养老保险与城镇职工基本养老保险制度衔接政策。

2014年度全省城乡居民社会养老保险个人账户记账利率3.26%。

【被征地农民社会保障】 4月,省政府下发《关于调整完善征地补偿安置政策的通知》(浙政发〔2014〕19号),要求各地进一步完善征地制度,调整区片综合价,提高被征地农民补偿安置标准,完善被征地农民基本生活保障与相关养老保险制度衔接政策。7月1日起,经核定属于被征地农民基本生活保障范围的新增被征地农民和已纳入被征地农民基本生活保障的被征地农民,可按相关养老保险制度规定,自行选择参加城镇职工基本养老保险或城乡居民基本养老保险。

全省累计纳入被征地农民社会保障制度覆盖范围466万人,其中纳入基本生活保障257万人,参加城镇职工基本养老保险209万人。被征地农民基本生活保障基金累计结余440亿元。领取基本生活保障金133万人,人均待遇水平420元左右。

(沈中明)

社会保险基金监督

【基金监督制度】 2月,省人力资源和社会保障厅牵头开展社会保险基金"阳光监管"制度改革工作,按照"公开透明、相互制衡"原则,以实现基金征收、管理、使用全过程"阳光监管"为目标,破除部门壁垒,强化信息共享,形成各方合力,建立阳光、透明、公开的管理、服务、监督体系。3月,协调省级财政、地税、审计等部门,提出建立基金阳光征收、账户阳光管理、基金阳光支付三项机制,制定基金监管办法、建立基金监管平台两项保障措施等年度改革任务和时间表。9月,形成研究报告。

【基金监督检查】 2月至5月,根据人力资源和社会保障部统一部署,省人力资源和社会保障厅组织各地开展社会保险财政补助资金专项检查工作,要求各地整改地方财政补助资金未到账、财务补助资金分配管理不规范等问题。6月至10月,组织各地开展经办机构内控制度建设和基金管理情况检查工作。

4月,省人力资源和社会保障厅启动社会保险基金第三方审计工作。7月至8月,委托会计师事务所对宁波市本级及宁海县、温州市本级及永嘉县、绍兴市本级及上虞区、衢州市本级及柯城区进行审计。

【企业年金监管】 8月,省人力资源和社会保障厅转发人力资源社会保障部办公厅《关于进一步做好企业年金方案备案工作的意见的通知》（浙人社发〔2014〕117号）。全省累计建立年金制度企业3048家，比上年增加514家；净资产184.49亿元，比上年增加32.23亿元。

（商卓群）

社会保险经办管理

【省本级社会保险概况】 2014年，省本级养老保险参保单位328家，参保人数43.15万人，比上年增加1.37万人；基金收入115.91亿元，支出75.05亿元，累计结余305.42亿元。医疗保险参保单位1352家，参保人数24.3万人，比上年增加9000人；基金收入30.3亿元，支出20.47亿元，累计结余37.74亿元。工伤保险参保单位859家，参保人数37.91万人，比上年增加1.28万人；基金收入1.68亿元，支出1.8亿元，累计结余2.17亿元。生育保险参保单位227家，参保人数27.22万人，比上年增加4500人；基金收入1.97亿元，支出1.1亿元，累计结余6.23亿元。

【省本级社会保险待遇调整】 调整提高省部属企业退休人员基本养老金，涉及10.38万人。增加2014年前企业退休高级工程师和高级技师基本养老金。调整提高职工遗属生活困难补助费标准，涉及4123人。调整提高精简退职人员生活困难补助费标准，涉及1162人。调整提高工伤人员伤残津贴标准，涉及87人；生活护理费标准，涉及329人。调整提高企业退休军队转业干部补贴费标准，涉及3105人。调整提高离退休劳动模范荣誉津贴标准，涉及148人。调整企业退休人员因病或非因工死亡抚恤金标准，补发省属"事改企"单位退休人员丧葬费和抚恤金。

【省部属企业退休人员社会化管理】 省部属企业退休人员接收地新增绍兴市。省社会保险事业管理中心向各接收地移交1958人，累计移交1.15万人。

【社会保险关系转移接续】 省本级养老保险关系跨省转移接续897人次，转移基金3647万元，其中转出639人次，转移基金2112万元，转入258人次，转移基金1535万元；省内异地转移接续7014人次，转移基金9997万元，其中转出2604人次，转移基金6230万元，转入4410人次，转移基金3767万元。

全省医疗保险关系转移接续26.06万人次，转移基金2.83亿元，其中跨省转移接续4.49万人次，转移基金4900万元，省内转移接续21.57万人次，转移基金2.34亿元。

【阳光医保工程】 2月，省人力资源和社会保障厅在宁波开展"阳光医保"监管平台建设试点工作，探索创新监管手段，强化事前、事中、事后全程监管措施。按照"规范医疗，控费控药"总体目标，研究制定医疗费用智能审核、按病种付费、医疗保险医师管理、就诊信息事前提示、定点机构第三方审计等五大模块技术标准，采取处方实时监控、抗生素分级管控、剩余药量即时提示、重复用药前段限制等一系列监管手段，将日常监管延伸至医生的每项医疗行为，实现标准化、智能化、精细化监管。

【社会保险稽核】 全省稽核医疗保险参保单位3532户，追回医疗保险基金693万元；稽核定点医疗机构、定点零售药店2.71万家，相关个人580万人次，追回医疗保险基金1470万元。省本级查处医疗保险违规案件17起，追回基金590万元。

【定点医疗机构、定点零售药店管理】 5月起，全省开展为期六个月的跨部门,省、市、县三级联动医保反欺诈"亮剑"专项行动,实地检查定点医疗机构、定点零售药店7417家,安排第三方审计623家,抽查覆盖面60%。梳理各类大额发票4.35万张,省内外协查票据2.2万张,排查高额医疗费用相关人员111万人,发现违规行为2991起,违规金额超亿元。全省查处案件2657起,追回医疗保险基金3027万元,拒付违规费用1191万元。查处违规定点医疗机构、定点零售药店1143家,取消定点资格单位20家,终止定点协议单位23家,暂停执行协议单位309家,通报批评责令限期整改单位326家,暂停定点医疗机构医师医疗保险处方权87人;查处违规参保人员1248人,暂停医疗保险待遇92人,改变结算方式74人;移交公安部门案件108起,刑事处罚61人。

省本级开展2014年1月1日前确定的定点医疗机构、定点零售药店医疗保险服务协议执行情况评价工作,评定A级单位48家,B级单位171家,C级单位25家,D级单位5家。按照协议约定,扣减D级单位5%年度预留费用3.2万元。截至年底,省本级定点医疗机构191家,其中三级定点医疗机构34家,二级定点医疗机构14家,一级及以下定点医疗机构143家;定点零售药店144家。

【医疗保险医师协议管理】 2月,省人力资源和社会保障厅、省卫生和计划生育委员会印发《浙江省基本医疗保险协议医师管理暂行办法》(浙人社发〔2014〕43号),全省建立医疗保险医师管理制度,将医疗保险服务监管从定点医疗机构延伸到医师个人。5月,省人力资源和社会保障厅印发《浙江省医保医师协议管理实施细则》(浙人社发〔2014〕79号),统一规范全省医疗保险医师服务编码、服务协议、积分管理,实行信息档案库、诚信档案库管理并建立定点医疗机构信息库。省级医疗保险服务中心与

省本级定点医疗机构近2万名医师签订医疗保险医师服务协议。

(陈李杰 马 野 董传雄)

人才开发和市场管理

【规划、指导、督查】 2月和4月,省人力资源和社会保障厅分别向全系统通报金华市特色招才机制和人才政策情况,安吉县建立统一的公共就业和人才服务机构经验。6月,在绍兴市柯桥区和新昌县开展"五帮一化"专项服务行动。9月,在新昌县召开部分市、县(市、区)人力资源社会保障部门负责人座谈会,交流人才工作服务创新驱动发展战略情况。8月,会同省委组织部、省科技厅等部门在绍兴开展2013年市、县党政领导科技进步和人才工作目标责任制考核工作。

【高层次人才引进和科技项目洽谈】 省人力资源和社会保障厅组织开展各类国际、省际高层次人才招聘活动,引进海外留学人才7000余人,引进外国专家4.1万人次。

3月,连续第6年组织企业在香港举办现代服务业高端人才招聘会,达成初步意向148人。

5月,组织35家企业、16家高校科研院所、8个高新技术园区代表,携海外高层次人才岗位需求1300个,科技项目合作需求45个,在法国巴黎举办海外高层次人才洽谈会。参会洽谈人数850余人,达成人才和科技项目引进意向390多个,签订人才引进协议17项。

6月,组织杭州、湖州两市海外高层次留学人员创业园和舟山、义乌56家主导产业企业、龙头企业、投资机构,与来自美国、澳大利亚、德国、荷兰、瑞典等国家的海外高层次人才开展科技项目对接洽谈,涉及生物医药、电子信息、现代物流、新能源新材料等领域30个项目。

7月,组织杭州、宁波、湖州、舟山等市企业和高校,与来自英国剑桥大学生物医药领域的专家教授开展科技项目对接洽谈。浙江海帆股权投资管理有限公司与对方签订项目合作协议,签约金额1000万美元。

11月,组织72家企业、16所高校科研院所、18家省级重点企业研究院,携海外高层次人才岗位需求1193个,科技项目合作需求177个,外国专家需求28个,在美国纽约、硅谷和澳大利亚悉尼举办海外高层次人才对接活动。参加洽谈人数1331人次,达成初步合作意向595个,达成人才引进意向43人,签订科技项目合作协议65个。分别在英国伦敦、德国柏林举办浙江省人才政策环境推介和项目对接活动,推出高层次人才岗位需求136个。举办2014浙江·杭州国际人才交流与项目合作大会,来自23个国家和地区的509名留学人员携676个创业项目参会交流,10个海外专业协会携32个科技项目参会交流。签约项目168个,签约金额16.5亿元。省人才市场举办高层次人才封闭式洽谈会6场,组织省内外知名企业134家,推出高级管理和技术研发岗位1312个。举办小型见面会60场,服务单位102家,运作中高级岗位795个。

【人才管理与服务】 省人力资源和社会保障厅建立企业人才工作联系制度,开展“百名干部联千企、服务企业助创新”活动。全厅108名厅、处级领导干部分片包干,对口联系全省1055家骨干企业。全系统上下联动,每季度走进企业1次以上,了解人才需求,听取意见建议,协调解决引才引智难题。截至年底,收集企业高层次人才需求信息5000余条,外国专家需求信息200余条,各类问题和建议1600余条,为企业引进高层次人才100余人,引进外国专家4人,解决问题700余个。

省人才市场新接收人事代理单位241家,流动人员人事档案2.25万份,集体户口挂靠2.74万人,评定职称5231人。省人才市场人事代理人员党委下设基层党委2个、党总支2个、党支部309个,管理党员1.01万人。办理组织关系转入、转出手续1140人,预备党员转正244人,发展新党员11人。举办新进党员培训班30期,参加培训900人次。

【重点企业技术创新团队】 全省开展第二批35个省级重点技术创新团队三年建设情况考核评估工作。

【省级重点企业研究院】 全省149家省级重点企业研究院引进急需海外工程师226人,其中获海外工程师资助项目35个。省级有关部门向省级重点企业研究院派驻青年科学家106人。

【支持浙商创业工作】 省人力资源和社会保障厅配合省科技厅、省政府经济合作交流办公室开展“引导浙商人才科技资源回归”课题调研,提出回归形式、引导路径、扶持举措等政策建议。

【大学生志愿服务和“三支一扶”工作】 全省继续实施大学生志愿服务国家西部计划和本省欠发达地区计划,即“三支一扶”工作。全省在岗志愿者277人,其中服务国家西部计划148人,服务本省欠发达地区计划129人。

【人力资源服务业】 11月,省十二届人大常委会第十四次会议表决通过,废止《浙江省人才市场管理条例》、《浙江省劳动力市场管理条例》等8件地方性法规。省人力资源和社会保障厅委托地级市人力资源社会保障部门行使冠以“浙江”之名的人才中介服务机构审批职能。安吉县原分属人事、劳动保障两大部门的“劳动力市场"和"人才市场"机构,整合为统一的公共就业和人才服务机构。

3月,省人力资源和社会保障厅组织全市8家人力资源服务业骨干企业考察苏州国家级人力资源产业园区建设情况。9月,在嘉兴举办全省人力资源服务业行业领军人才培训研讨班,参加培训70余人。

10月25日,第二届中国(浙江)人力资源服务业博览会在杭州举办,省内外近百家优秀人力资源服务企业参会,展示人才招聘、人才测评、服务外包、薪酬体系、咨询管理等服务产品,初步达成采购意向1351项。杭州市江干区、宁波市北仑区各新设省级人力资源产业园区1家。

(崔 巍 童 欢 刘渊慧)

专业技术和留学人员管理

【**省专业技术人才知识更新工程**】 5月,省人力资源和社会保障厅印发《浙江省省级专业技术人员继续教育基地建设管理办法(试行)》(浙人社发〔2014〕76号),推进继续教育载体建设。全省建立国家级专业技术人员继续教育基地2家,省级专业技术人员继续教育基地24家。省人力资源和社会保障厅围绕"五水共治"、"四换三名"、"信息经济"等重点产业升级方向,牵头实施"专业技术人才知识更新工程",通过高级研修班、规范化培训、会议研讨、出国进修、网络学习等多种形式,培训高层次、紧缺急需人才4万人次,开展岗位培训205万人次。

【**专家选拔和服务**】 全省入选国家"千人计划"16人,入选省"千人计划"159人,选拔省"有突出贡献中青年专家"50人。选拔省"151人才工程"重点资助培养人员20人,第一层次培养人员88人,第二层次培养人员203人。首次定向选拔省"青年科学家培养计划"第三层次培养人员30人。

【**博士后科研工作站**】 8月,省人力资源和社会保障厅、省科学技术厅印发《关于鼓励高校青年博士教师到企业从事博士后研究工作的意见》(浙人社发〔2014〕112号)。完成了博士后科研项目需求信息征集工作,建设了博士后招收信息集中发布平台。在浙江大学、浙江工业大学、浙江财经大学、浙江师范大学、浙江农林大学等高校新建7家博士后科研流动站。

【**留学人员创业和科技项目资助**】 12月,省人力资源和社会保障厅批准湖州市南浔区留学人员创业园为"浙江省留学人员创业园南浔园区"。

全省省级以上留学人员创业园20家,其中国家级创业园4家,入园留学人员9636人,累计创办企业2599家,涉及电子信息、生物医药、软件开发、新能源新材料、光机电一体化、生态环境等高新技术产业,技工贸总收入496亿元。获国家留学人员科技活动项目择优资助9人,省留学人员科技活动项目择优小额资助80人。

【**专家和留学人员科研服务活动**】 省人力资源和社会保障厅先后20次组织农业、医疗等领域100名专家在各地开展专家服务基层工作示范活动。省专家与留学人员服务中心组织60名医疗专家在山区、海岛开展送医下乡活动。

4月,浙一医院、浙二医院等6家医院11位医疗专家在丽水、松阳参加送医下乡活动,义务诊疗患者500余人。省中医院、浙二医院等7家医院13位医疗专家在泰顺、龙泉参加送医下乡活动,义务诊疗患者800余人。

6月,浙江大学、浙江工业大学、浙江工商大学4位专家在青田县仁庄镇参加"百名专家入基层进企业"服务活动。

7月,浙江大学、浙江工业大学、浙江工商大学等6所高校科研院所12位专家分别与衢州、舟山、鄞州、奉化基层拔尖人才建立结对帮带关系,为民营企业解决科技难题。

9月,浙江大学12位专家在建德参加科技专家服务企业活动,与当地博士后工作站建立联系。

10月,浙江大学、浙江工业大学、宁波大学、宁波理工大学等7所高校18位专家在宁波参加"百名专家入基层进企业服务活动"。

11月,浙江大学、浙江工业大学、省农科院等6所高校科研院所7位专家,分别在嘉善、永康、乐清参加"百名专家入基层进企业服务活动",为民营企业解决科技难题。有关专家在乐清进行自动化电器相关项目评审。

12月,浙江中医药大学、浙江大学、省农科院11位专家在台州开展"百名专家入基层进企业服务活动",与当地医药和农产品企业建立结对帮带关系,为民营企业解决科技难题。

【职称制度改革】 1月,省人力资源和社会保障厅、省住房和城乡建设厅下发《关于在二级建造师资格考试中试行考后资格审查的通知》(浙人社发〔2014〕25号),完善专业技术人员资格考试工作,提高资格审查效率。

3月,省教育厅、省人力资源和社会保障厅印发《关于深化高校教师专业技术职务评聘制度改革的意见》(浙教高科〔2014〕28号),明确总体思路、基本原则、范围对象、主要内容、实施步骤,提出建立和完善监督管理机制等要求。7月,下发《关于高校教师专业技术职务评聘制度改革有关问题的通知》(浙教高科〔2014〕84号),明确各高校在核定岗位结构比例内,自定标准、自主评聘、自主发证等要求。

8月,省人力资源和社会保障厅印发《关于进一步改革完善高级专业技术资格评审管理工作的意见》(浙人社发〔2014〕113号),要求从下放高评委评审权、分类完善评价标准、改进评审管理办法、健全监督约束机制等4个方面,改革完善高级专业技术资格评审管理工作,做好高评委相关权限下放后各项事中、事后监管工作。

省人力资源和社会保障厅会同有关部门开展全省116个高级专业技术资格评审委员会评审工作,全省获高级专业技术资格2万人。组织实施专业技术人员资格考试67项,参加考试约65万人次,获各类专业技术资格19万人次。

【海外学历学位认证】 全省受理海外学历学位、中外合作办学学位认证申请5670人次,办理留学人员其他相关证明64人。

(陈 彬 童 欢)

人事考试管理

【概况】 2014年,全省开展国家和省各类人事考试56项,参考人数92.6万人。其中:2015年度中央和国家机关公务员录用考试5.2万人,全省各级机关公务员录用考试22.68万人,职业资格考试57.04万人,省部属和部分市、县公开招聘人员等考试7.94万人。制发各类资格证书和职称证书26.46万本。

【考试制度和考试安全】 9月,省人力资源和社会保障厅下发《关于将人事考试中不诚信(违纪)行为的考生信息纳入人事考试信用体系的通知》(浙人社发〔2014〕140号),明确纳入范围和处理程序。10月起,浙江信用网公布2014年执业药师、造价工程师、经济专业技术资格等5项考试82人的违纪违规信息。全省查处各类人事考试违纪违规考生1331人,对其中严重违纪违规的460人给予停考处理,取消26人的全部科目成绩,取消845人的单科成绩。

【考试管理机构建设】 11月,省人力资源和社会保障厅拟定厅"十三五"重点工程建设项目《浙江省人事考试基地建设项目建设书》。省人事考试办公室连续11年被人力资源和社会保障部人事考试中心评为全国人力资源社会保障系统先进集体。

(姜海峰)

职业能力建设

【高技能人才培养】 1月,全省优秀高技能人才暨企业岗位大练兵技能大比武活动表彰会在省人民大会堂举行,共有375名优秀高技能人才和33家先进单位获得表彰。

8月,24名高技能人才代表参加在余姚市的浙江省院士专家疗休养活动。期间,省委常委、组织部长胡和平,省委常委、宁波市委书记刘奇专程看望了参加活动的人员。

8月,杭州第一技师学院等3个单位获批为国家级高技能人才培训基地,浙江万马电缆股份有限公司叶金龙技能大师工作室等4个工作室获批为国家级技能大师工作室。全省已有12个国家级高技能人才培训基地、11个国家级技能大师工作室。

9月,杭州市萧山区高级技工学校等9家单位获批为浙江省省级高技能人才公共实训基地;孙亚青技能大师工作室等40家工作室获批为第四批浙江省技能大师工作室。全省已建成24个省级高技能人才公共实训基地、159个省级技能大师工作室。

12月,下发《人力资源社会保障部关于表彰第十二届中华技能大奖和全国技术能手的决定》(人社部发〔2014〕89号),杭州钢铁集团公司电焊工高级技师范里洪等6名优秀高技能人才获得全国技术能手称号,浙江第一高级技工学校被评为国家技能人才培育工作做出突出贡献的单位,杭州市轻工高级技工学校杨国强被

评为国家技能人才培育工作做出突出贡献的个人。

12月,确定杭州杭氧股份有限公司等13家单位为2014年度浙江省引进高技能人才资助对象,并给予每家单位20万元引才资助。

全省新增高技能人才27.3万人,高技能人才总量达到194.1万人,高技能人才占技能劳动者的比例达到22%。

【职业技能培训】 全省参加职业技能培训人数达到95.2万人。会同省公安厅、省民政厅、省商务厅分别下发《关于加强保安队伍职业化建设的通知》(浙公通字〔2014〕49号)、《关于加强养老护理人员教育培训的实施意见》(浙民福〔2014〕48号)、《关于加强浙江省电子商务专业人才培训和评价工作的实施意见》(浙商务联发〔2014〕20号),加强急需紧缺职业(工种)技能人才培训。开展"金蓝领"培训活动,组织80名优秀高技能人才分别赴德国、新加坡、中国台湾等地,参加汽车钣金、数控机床装调维修和电气自动化等3个培训班;从德国、意大利、新加坡、日本等地邀请行业专家来浙传授技能,开设现代物流、电子商务、汽车喷漆、调酒师等7个培训班,培训高技能人才200人。开展西湖绸伞、王星记扇子、瓯绣工艺、灯彩工艺等12个传统非遗技能培训班,培训学员670人。开展电子商务、养老服务等45个紧缺职业(工种)高技能人才培训班65个,培训学员2092人。组织未就业大学生技能培训班5个,培训学员1000人。

【职业技能大赛】 在第43届世界技能大赛全国选拔赛中,全省42名选手参加23个项目的比赛。其中杭州技师学院蒋应成、杨金龙分别获得汽车喷漆项目冠亚军,杭州技师学院黄涛、王鑫杉分别获得钣金技术项目冠亚军,杭州第一技师学院金立立获得餐厅服务项目冠军,浙

江省建筑安装高级技工学校李杭铖、嘉兴技师学院潘海敏分别获得瓷砖贴面、信息网络布线2个项目全国第二名,还有汽车技术、数控铣2个项目获得全国第三名。全省共有14个项目22名选手入围国家集训队,入围人数位列全国第三。

在第六届全国数控技能大赛中,浙江工业职业技术学院马宇峰、杨志伟获得加工中心(五轴)项目第二名、葛如栋获得数车(高职组)第三名,新昌职业技术学校朱树栋获得数铣(中职组)第一名,浙江机电职业技术学院闫明明获得加工中心(四轴)高职组第二名、王坚毅获得数铣(高职组)第二名,杭州余杭区技工学校吴佳峰获得加工中心(四轴)中职组第三名;在第四届全国印刷行业职业技能大赛中,浙江日报报业集团印务有限公司林兵、郭云飞,分别获得职工组平版印刷工项目一等奖;在全国残疾人岗位精英职业技能竞赛中,浙江代表队获竞赛团体第一名,东阳市宪峰工艺品有限公司叶晓芳、东阳市陆光正创作室蒋丰,分别获得木雕项目第一名和第三名,遂昌县九龙工艺厂王猛军获得陶艺项目第二名;在第十五届全国焙烤职业技能竞赛中,浙江红泰食品有限公司范慧珍获得月饼制作项目第一名。在第38届亚洲发型化妆大赛中,宁波市欧艺职业培训学校王润清获得美甲项目梦幻整体造型冠军。

全省组织开展62个职业(工种)省级职业技能竞赛,产生148名浙江省技术能手。

2月和12月,国家人力资源社会保障部分别发文,确定杭州技师学院为第43届世界技能大赛汽车喷漆项目、钣金技术项目中国集训基地。

【职业技能鉴定概况】 全省共组织职业技能鉴定97.25万人次,获职业资格证书81.96万人,其中获初级工证书32.67万人、中级工证书26.72万人、高级工证书19.22万人、技师证书

2.88万人、高级技师证书4712人。

【职业技能鉴定队伍】 加强职业技能鉴定考评人员、管理人员、专家委员会成员、和督导员队伍建设,全年有3772人通过培训考试取得考评员资格证书。着力推进企业技能人才自主评价工作,全省培训企业技能人才标准化体系建设管理人员达2000余人。

【职业技能鉴定模式】 8月,省人力资源和社会保障厅下发《关于印发浙江省技能人才自主评价办法(试行)的通知》(浙人社发〔2014〕131号),对技能人才自主评价工作资格申报、评价标准、评价程序等方面作了全面的规范。开展技能人才自主评价"321"行动,计划到2016年底,全省开展技能人才自主评价工作的企业达到30000家以上,开发200个新职业(工种、专项能力)标准及题库,100个职业培训包(简称"321"行动)。截至2014年底,已在全省8005家企业和部分行业实施了技能人才自主评价工作,评价企业技能人才198415人,其中高技能人才79025人。

【职业技能鉴定质量】 全省继续开展国家职业技能鉴定所(站)质量管理体系建设与认证工作,温州市鉴定中心顺利通过人社部鉴定机构质量管理体系认证。组织专家开发调整32个职业(工种)题库。

通过考前实行"阳光考务",对考生考试过程实行全程监控,改进考试评价方式等方式,确保鉴定工作公正、公平,鉴定管理不断完善规范。

【技工院校发展概况】 8月,下发《浙江省人民政府关于设立诸暨技师学院的批复》(浙政函〔2014〕84号),同意设立诸暨技师学院;下发《浙江省人民政府关于筹建湖州工程技师学

院等6所技师学院的批复》(浙政函〔2014〕85号),同意筹建湖州工程技师学院、湖州交通技师学院、舟山技师学院、慈溪技师学院、海宁技师学院、桐乡技师学院,筹建期不超过3年。10月,下发《浙江省人民政府关于筹建新昌技师学院的批复》(浙政函〔2014〕105号),同意筹建新昌技师学院,筹建期不超过3年。

8月,省人力资源和社会保障厅下发《关于印发浙江省技工院校学生学籍管理规定(试行)等规定的通知》(浙人社发〔2014〕127号),出台《浙江省技工院校学生学籍管理规定(试行)》、《浙江省技工院校品牌专业评选管理办法》,加强技工院校学生管理,提升技工院校办学能力。10月,省人力资源和社会保障厅下发《关于印发浙江省技工院校省级专业(学科)带头人评选管理办法(试行)等规定的通知》(浙人社发〔2014〕142号),出台《浙江省技工院校省级专业(学科)带头人评选管理办法(试行)》和《浙江省技工院校省级督导员评选管理办法(试行)》,加强全省技工院校专业(学科)带头人、督导员队伍建设,推进技工院校改革和内涵发展;下发《浙江省技工院校教师继续教育管理办法》(浙人社发〔2014〕144号),提升技工院校教师队伍素质。

全省共有技工院校71所,其中技师学院17所,高级技工学校7所;招生人数39893人,在校学生数121196人,毕业生人数33376人,毕业生就业率为98.1%;开展社会培训279065人,其中获得国家职业资格证书120245人。

【技工院校教学管理】 印发"浙江省技工院校数控车工、数控铣工、模具制造工和维修电工等4个机电类专业五年制高级工实训大纲"。3月,确定全省27所技工院校新设专业85个。4月,下达全省技工院校技师班、高级工班和跨市招生计划2.8万人。10月,确定浙江公路技师学院现代物流等26个专业为省技工院校品牌

专业建设项目。

【技工院校教研教改】 1月,下达2014年全省技工院校各中心教研组重点教研活动计划,全省技工院校教学业务调研重点课题立项25个,一般课题立项42个。11月,组织开展第四届浙江省技工院校"教研之星"评选活动,评出"教研之星"20人。

【技工院校教材建设】 普及推广一体化课程教学改革,推动编写了《技工院校一体化课程与教学改革技术指导手册》。对《玩转电子商务》、《现代农业与农民创业指导》等7个项目进行立项开发。5月,配合部教材办在台州地区组织开展教材巡展活动。

【技工院校师资队伍】 新组建全省技工院校技能竞赛、财经商贸、建筑与艺术应用3个中心教研组,全省中心教研组达到15个,基本涵盖各学科和专业。5月,举办全省技工院校校长培训班,80余人参加培训。组织开展了一体化课程基础理论、会计、数学、餐旅服务专业教师教学能力提升等培训活动,培训教师320余人。11月,在清华大学举办浙江省技工教育管理能力提升高级研修班,来自全省各市人力社保局分管领导、职业能力建设处负责人和各技工院校校长共62人参加了研修班。全省技工院校教师获正高级职称11人,副高级职称176人。11月,组织开展技工院校第二批省级专业(学科)带头人评选工作,评选出73人为全省技工院校第二批省级专业(学科)带头人。

外国专家和智力引进项目管理

【概况】 2014年,全省聘请各类国(境)外专家4.1万人次,其中高层次外国专家7000人次;各级财政资助实施引智项目789个,其中国

家财政资助 103 个,省级财政资助 80 个,各市财政资助或聘用单位自筹经费 606 个;审核执行各类出国(境)培训项目 106 个,选派各类人员赴国(境)外培训 2076 人次。

【外国专家引进】 全省入选国家"外专千人计划"的外国专家 9 人,入选国家"高端外国专家项目"的外国专家 44 人,入选省"外专千人计划"的外国专家 17 人;新建国家级引智示范推广基地和引智示范单位 6 家。继续实施"百村引智示范"项目,选定 20 项引智成果在全省 20 个行政村推广。

【引智公共服务体系建设】 中国·浙江国际人才市场信息平台新增外国专家信息 3120 条,发布需求信息企业 270 家,发布需求信息 350 条,对接成功 21 人。

【出国(境)培训项目】 全省继续选派高端现代服务业人才、"金蓝领"高技能人才、企业管理人才、"新世纪 151 人才工程"培养人员赴国(境)外培训。省外国专家局组织省管干部赴国外培训班 4 期。

【外国专家管理】 全省外国专家获中国政府"友谊奖"5 人,获省政府"西湖友谊奖"35 人。省外国专家局签发"外国专家来华工作许可"申请 1733 份,核发外国专家证 3419 本,核准聘请外国专家单位资格 90 份。外国文教专家聘请单位年检 623 家。

【国际交流与合作】 6 月,第十五届浙洽会海外高层次人才智力合作洽谈会在宁波举办,推出引智项目 425 个。来自德国、法国、俄罗斯、日本、以色列等 17 个国家 20 个专家组织的 29 位代表参会,初步达成项目合作意向 305 个。10 月,全省 48 家企业参加 2014 年浙江—北京

高层次人才洽谈会期间举办的外籍人才招聘会,推出外籍人才岗位 275 个。来自 35 个国家和地区的 376 名外籍人才参会应聘,初步达成聘用意向 173 人。省人力资源和社会保障厅先后接待土耳其中东行政学院、德国 SES 专家组织等 12 批 40 余人次的国外访问团来浙江交流访问。

(朱 丹)

公务员管理

【公务员队伍建设】 配合做好全省清理机关事业单位"吃空饷"工作;按照省委的要求,会同省委组织部对省级机关单位人员混岗使用、借用下属单位人员以及机关工作人员在事业单位兼职、任职等情况开展统计摸底。

【公务员分类管理】 根据国家公务员管理配套法规制度建设进度,开展专业技术类和行政执法类公务员管理调研,为逐步推进公务员分类招录、分类管理、分类培训做好政策储备;指导完善公安机关、司法行政系统人民警察警员职务套改的管理工作,对涉及警员职务晋升等问题做了进一步政策研究。

会同省委组织部在义乌市开展公务员聘任制试点工作。经过严格筛选和考察,5 名聘任制公务员人选与聘任机关签订了聘任合同,正式开始履职。

【公务员考试录用】 根据各级机关补员需要,开展全省四级联考、紧缺职位公务员招考工作,共计划录用公务员 8995 名,网上报名人数 27.72 万人,通过初审的人数为 26.08 万人,缴费确认人数 22.69 万人,参加笔试 18.22 万余人,实际录用公务员 8588 名;开展义乌、桐乡、柯桥 3 地公安特警招考,报名并通过资格 449 人,缴费确认 385 人,实际录用 35 名;首次面向

我省武警总队反恐分队拟退役士兵开展公安机关特警招录工作，计划招录 11 人，报名人数 36 名，实际录用 7 名；组织实施浙江省政法干警招录培养体制改革试点工作，计划招录人民警察学员、司法助理员学员 262 人，通过资格初审 3330 人，缴费确认的人数为 2821 人，实际录用 240 名；继续开展浙江警官职业学院招录省属监狱系统人民警察学员工作，计划招录学员 200 人，通过资格初审 2722 人，缴费确认人数 2073 人，实际录取学员 178 名。

为保障面试公平，最大限度地减少人为因素影响，在坚持往年有效做法基础上，2014 年专门开发了考生、考官计算机抽签系统，随机确定考生、考官分组抽签结果。省级机关考点首次邀请省人力社保厅政风行风监督员、考生家长等人员，在旁听室通过"视频直播"的方式监督观摩面试工作。

开展《浙江省公务员录用考察工作细则（试行）》的修改完善工作，10 月，省委组织部、省人力资源和社会保障厅、省公务员局下发《关于修订〈浙江省公务员录用考察工作细则（试行）〉有关条款的通知》（浙人社发〔2014〕149 号）。

【公务员培训监督】 2014 年全省公务员参加初任培训、任职培训、专业培训、在职培训等"四类培训"1.2 万余人，参加其他各类培训共计 31 万余人次。抓好省级机关处级公务员、人力社保系统公务员法治专题培训，举办"人力社保系统依法行政"、"人力社保系统法治政府建设"和"省级机关公务员社会治理与创新"、"省级机关公务员公共服务与阳光政务"等专题培训班。

整合浙江省公务员网络学堂和省直机关处级干部网络学院网络培训资源，建立"浙江领导干部网络学院省直机关分院"（以下简称省直机关分院），成为省直机关处级以下公务员网络学习培训的指定平台。出台《进一步加强省直机关公务员网络学习培训的通知》，就加强省直机关公务员网络培训工作，从学习平台、参学对象、平台管理、考核安排和其他五方面提出了明确要求；研究提出《省直机关分院考核管理办法（试行）》，从考核对象、考核方式、考核标准、考核管理等进行细化和规定。

省公务员局组织开展公务员东西部对口培训工作。5 月，举办浙江·广西"旅游产业开发"培训班，培训 44 名广西处级公务员；10 月，举办浙江·云南"人力资源开发"培训班，培训 45 名云南处级公务员。7 月、8 月，组织 44 名省级机关处级公务员分两期参加为期 21 天的"社会治理与创新"和"公共服务与阳光政务"新加坡培训班。

对全省市、县二级政府及其公务员管理部门申诉公正委员会组建情况进行调研，了解公正委员会组建及运行中存在的主要问题和困难及意见和建议，敦促有关市、县抓紧组建公务员申诉公正委员会，做好公务员申诉管理基础性工作。

【公务员考核奖励】 公务员平时考核工作有效推进。按照"日（周）记录、月点评、季考核、年运用"的思路，建立实施"日志式"管理制度，积极破解公务员平时考核难题。8 月，省委组织部、省直属机关工作委员会、省人力资源和社会保障厅、省公务员局联合印发《关于省直机关推行日志式管理加强公务员平时考核工作的通知》（浙人社发〔2014〕114 号）。77 家省直单位上线运行"日志式"管理公务员平时考核系统。全省人力社保系统全部上线运行"日志式"管理平时考核系统。宁波市实现公务员平时考核工作全覆盖，全市近 4 万名公务员参加考核。杭州、台州、嘉兴等地加快推进公务员平时考核工作。

全省评定优秀等次公务员 35795 人，基本称职 473 人,不称职 69 人。连续三年年度考核优秀公务员记三等功 5533 人。

【政府行政奖励】 经省政府第 26 次常务会议审议同意,7 月,省政府印发了《浙江省行政奖励暂行办法》(浙政发〔2014〕27 号)。

【政府评选表彰】 3 月,省委办公厅、省政府办公厅印发了《关于各地评比达标表彰活动专题调研核查情况的通报》。5 月,省委、省政府向党中央、国务院提出申报,要求变更和新设立省级评比达标表彰项目。11 月起,根据《中共浙江省委落实中央巡视组反馈意见十大整改行动方案》(浙委办〔2014〕75 号),从严执行中央关于评比达标表彰项目审批权在中央和省两级的规定和"三个"不批(中央和省委、省政府没有明文规定的不批、对推动全省工作没有实际意义的不批、不属于党委政府职能范围内的不批),从紧从严控制临时性表彰项目的审批,全面清理评比达标表彰活动,对各单位自行保留的子项目全部予以清理。经审核并报省委、省政府审批同意,同意开展"三改一拆"、"五水共治"等临时性表彰项目 11 项。配合省委废止省直部门涉及村(社区)58 项创建达标事项,有效地推动了涉及村(社区)"三多"问题的解决。

1 月,第三届全省人民满意的公务员和公务员集体表彰大会在杭州召开,21 名公务员和 19 个公务员集体受到表彰。全省开展全国、全省先进集体和先进工作者评选表彰活动。推荐全国先进集体 80 个、全国先进工作者 122 人。表彰全省先进集体 258 个、全省先进工作者 433 人。省政府授予 5 名个人见义勇为勇士,给予 14 名个人见义勇为先进分子记一等功。省委、省政府授予舟山边防检查站"服务海洋经济发展模范边防检查站"荣誉称号。

(高飞跃 陈 伟 程开成 周 奕)

事业单位人事管理

【贯彻《事业单位人事管理条例》】 6 月,省委组织部、省人力资源和社会保障厅召开学习贯彻《事业单位人事管理条例》暨深化事业单位人事制度改革电视电话会议,并下发《关于学习贯彻〈事业单位人事管理条例〉的通知》(浙组〔2014〕23 号),部署学习贯彻工作。

【事业单位岗位管理】 12 月,省人力资源和社会保障厅、省教育厅印发《关于加强中小学校专业技术岗位结构比例管理和调控的通知》(浙人社发〔2014〕154 号),提出分类指导、分级管理,统筹兼顾、资源均衡、保证重点、有保有压、强化监管等要求。省人力资源和社会保障厅核准全省第三批专业技术二级岗位拟聘人选 115 人,批复 49 家省属事业单位岗位设置及变更,核准备案省属事业单位岗位聘任变动 3100 人,办理省属事业单位管理岗位五、六级职员等级晋升 239 人。

省人力资源和社会保障厅开发省直事业单位人事工资管理信息系统,建立岗位聘用变动备案与工资统发审核联动监管机制,改事后审批为事前控制。

【事业单位招聘管理】 3 月,省人力资源和社会保障厅、省委组织部印发《关于开展事业单位公开招聘进人备案制试点工作的通知》(浙人社发〔2014〕59 号),改事前审批为事后监管,确定首批省属试点单位 53 家。6 月,海宁市开展事业单位分类招聘试点工作,根据事业单位所属行业和特点,探索单位自主、分业组织、分类考试等灵活多样的公开招聘方式。10 月,省人力资源和社会保障厅开展事业单位公开招聘突出问题整治专项行动,处理信访投诉和争议,约谈工作薄弱地区的部门和单位。

省人力资源和社会保障厅审核省属事业单位公开招聘方案 251 批次,发布招聘信息 279 条,核准 245 家单位公开招聘 1647 人,备案 43 家单位公开招聘 1254 人。

【事业单位分类改革】 2 月,省属事业单位改革领导小组办公室印发《2014 年浙江省分类推进事业单位改革工作要点》(浙事改办〔2014〕1 号),明确各成员单位责任。4 月,省政府办公厅转发省人力资源和社会保障厅《关于扎实推进从事行政审批中介服务省属事业单位机构改革工作的实施意见》(浙政办函〔2014〕33 号)。6 月,省人力资源和社会保障厅、省机构编制委员会办公室、省财政厅、省监察厅召开会议,部署和推进转企改制、剥离、脱钩工作。

(陈 曦)

工资福利

【事业单位绩效工资】 4 月,省人力资源和社会保障厅、省财政厅、省卫生和计划生育委员会印发《关于进一步完善基层医疗卫生事业单位绩效工资的指导意见》(浙人社发〔2014〕71 号),明确指导思想和基本原则,要求配合医药卫生体制改革,进一步完善基层医疗卫生事业单位绩效工资办法。12 月,省人力资源和社会保障厅、省财政厅、省审计厅、省监察厅印发《省直事业单位绩效工资发放情况专项检查制度》(浙人社发〔2014〕163 号),建立单位自查、主管部门核查、第三方机构抽查、职能部门重点核查等常态化监督检查机制。

【特殊教育和特岗教师津贴】 8 月,省政府办公厅转发省人力资源和社会保障厅、省教育厅等 7 部门制定的《浙江省特殊教育提升计划(2014—2016 年)》(浙政办发〔2014〕103 号),实施特殊教育津贴制度。特殊教育教师享有本

人基本工资 15% 的特殊教育津贴;从事特殊教育满 10 年的,发给荣誉证书并加发本人基本工资 15% 的特殊教育津贴;从事特殊教育满 15 年并在特殊教育岗位退休的,所享受的特殊教育津贴计入退休金等政策,鼓励教师终身从事特殊教育事业。9 月,省人力资源和社会保障厅、省财政厅、省教育厅下发《关于建立农村特岗教师津贴的通知》(浙人社发〔2014〕136 号),向条件比较艰苦,地理位置偏远的农村中、小学校和幼儿园在编在岗专任教师发放农村特岗教师津贴,鼓励教师安心从事农村教育事业。

【公务员工资和津贴补贴】 省人力资源和社会保障厅调整完善省直机关未休年休假工资报酬发放政策,实行制度化、常态化管理。根据省司法体制改革领导小组统一部署,会同省财政厅、省高院、省检察院等部门,开展法官、检察官、司法辅助人员、司法行政人员薪酬制度改革研究,提出初步意见。

【离退休人员补贴】 3 月,省委组织部、省人力资源和社会保障厅、省委老干部局、省财政厅下发《关于调整我省离休干部护理补贴费标准的通知》(浙组〔2014〕7 号),进一步扩大离休干部护理费发放范围,调整提高发放标准。12 月,省人力资源和社会保障厅、省财政厅下发《关于调整退休干部职工管理服务工作活动经费标准的通知》(浙人社发〔2014〕160 号),调整提高全省机关事业单位退休干部职工管理服务经费标准。

【生活困难补助】 3 月,省人力资源和社会保障厅下发《关于调整机关事业单位工作人员死亡后遗属生活困难补助费标准的通知》(浙人社发〔2014〕57 号)、《关于调整精减退职人员生活困难补助费标准的通知》(浙人社发

〔2014〕58号),继续提高上述人员相关补助费标准,幅度在10%—15%之间。6月,省人力资源和社会保障厅、省财政厅下发《关于省直机关工作人员特殊困难补助有关问题的通知》(浙人社发〔2014〕86号),调整规范特殊困难人员补助条件、标准、办法。

(顾　凯)

省级单位统发工资管理

【概况】　2014年,省级统发工资单位188家,统发工资人数1.24万人,应发工资10.97亿元,其中基本工资2.12亿元,津贴补贴8.85亿元,代扣工资1.66亿元,实发工资9.35亿元。参照"统发工资"模式管理,未纳入会计集中核算的参公单位7家,统发工资人数319人,应发工资2752.88万元,其中基本工资551.98万元,津贴补贴2200.90万元,代扣工资429.56万元,实发工资2330.52万元。

【省级机关统发工资管理】　省级单位统发工资办公室全年审核办理五年晋级1947人,两年晋档10985人。

【省属事业单位工资管理】　省属事业单位实行绩效工资制度单位401家,职工人数5.08万人。其中,执行一类基础性绩效工资标准单位95家,执行二类基础性绩效工资标准单位216家,执行三类基础性绩效工资标准单位88家,自主分配单位2家;财政适当补助单位313家,经费自理单位86家,企业化管理单位2家;管理人员6649人,专业技术人员3.94万人,工勤人员3255人,见习人员1515人。应发工资45.67亿元,其中基本工资8.26亿元,绩效工资37.32亿元。

(钱　蕾)

军队转业干部安置

【概况】　2014年,中央下达浙江省当年军队转业干部安置任务1535人,实际接收1510人。其中各级行政机关(含参照《公务员法》管理事业单位)(以下简称参公单位)安置1324人,事业单位安置143人,企业安置5人,自主择业38人。安置随调家属103人,随迁295人。

【军队转业干部安置重点】　根据军队转业干部安置重点,全省计划安置的师团职干部505人中,各级机关(含参公单位)安置率95.8%。其中,正师职干部4人全部安排担任省直机关副厅级领导职务,副师职干部29人全部安排担任相应领导职务;任职满最低年限的正团职干部161人中,平职或低一职安排担任领导职务101人,平职安排担任调研员34人。荣立二等功以上和长期在边远艰苦地区、特殊岗位工作的175名军队转业干部机关(含参公单位)安置率94.3%。

7月,省委省政府召开全省军队转业干部座谈会,省委书记夏宝龙出席会议并讲话。全省获"全国模范军队转业干部"称号6人,获"全国军队转业干部安置工作先进单位"称号5家,获"全国先进军转工作者"称号3人。

【军队转业干部自主择业】　9月,省人力资源和社会保障厅会同省财政厅完成2001年以来全省自主择业军队转业干部退役金发放情况自查工作。全省享受自主择业军队转业干部退役金718人,人均退役金水平5535元。

【军队转业干部教育培训】　5月,省人力资源和社会保障厅会同驻浙各部队干部转业办公室组织开展杭州市区安置军队转业干部前移培训,参加培训300余人。12月,召开省直机关军队转业干部培训工作座谈会,研究讨论加强和改进教育培训工作。

【企业军队转业干部解困】 1月1日起,全省企业退休军队转业干部生活补贴标准再次提高200元,人均补贴水平近1300元。

(包栗榛)

劳动关系

【"双爱"活动】 2月,省构建和谐劳动关系工作领导小组印发《浙江省"双爱"活动推进计划(2014—2017年)》(浙构建发〔2014〕1号)。4月10日,省人力资源和社会保障厅在台州飞跃集团召开全省劳动关系工作暨"双爱"活动现场会,飞跃集团、宝石新集团、浙江金刚汽车有限公司分别介绍各自企业开展"双爱"活动情况,台州市常务副市长尹学群介绍台州市构建和谐劳动关系经验。全省规模以上企业"双爱"活动参与率100%。7月,省人力资源和社会保障厅发布2013年度各市劳动关系和谐指数及和谐程度排名。

【劳动合同制度】 全省开展农民工劳动合同签订"春暖行动",全省企业劳动合同签订率97%。推进"集体合同制度实施攻坚计划",集体合同签订率92%,覆盖企业37.8万家,覆盖职工1756万人。全省获准经营劳务派遣业务企业887家,用工单位1.96万家,被派遣职工63.48万人。

【企业职工工资】 8月1日起,全省最低工资标准调整为1650元、1470元、1350元、1220元四档,非全日制工作最低小时工资标准调整为13.5元、12元、10.9元、9.8元四档,平均增长12.5%。

(蔡 杰)

农民工管理服务

【政策制度和检查考核】 2月,省政府办公厅下发《关于调整省级议事协调机构及其主要负责人的通知》(浙政办发〔2014〕29号),原"省农民工工作联席会议"列入省政府予以保留的省级议事协调机构并更名为"省农民工工作领导小组"。

4月,省农民工工作领导小组召开办公室成员第一次全体会议,审议领导小组工作规则、办文规则和办公室工作职责,审议2013年度各市农民工工作综合评估等次。杭州、宁波、湖州、嘉兴、绍兴、金华等6个市评估等次优秀,温州、衢州、舟山、台州、丽水等5个市评估等次良好。

12月9日至12日,国家发展和改革委员会副秘书长范恒山带全国第八次农民工工作督察第一督察组来浙江,先后在嘉兴市南湖区建设街道便民服务中心、宁波海曙区丽园社区流动人口服务中心、浙江良友进出口有限公司、宁波狮丹努集团实地了解情况。

【关爱帮扶农民工活动】 省人力资源和社会保障厅组织全系统开展"送清凉送关爱"活动,向农民工等一线职工发放饮料、药品、毛巾等防暑降温物品。要求企业及时发放高温津贴,建立健全防暑降温工作制度,减轻职工高温工作环境下的劳动强度。

【发展家庭服务业】 4月,省政府印发《关于加快发展养老服务业的实施意见》(浙政发〔2014〕13号),明确总体要求、主要任务、政策措施、组织领导等要求。省人力资源和社会保障厅等10部门印发《关于进一步鼓励和支持家政服务业发展的若干意见》(浙人社发〔2014〕64号),提出加强统筹规划、着力培育家政服务示范企业、加快品牌创建和标准化建设、进一步规范劳动关系、用足用好税收政策、完善投融资政策、鼓励城乡劳动者从事家政服务业、强化职业技能培训、加大专业人才培养力度、创新保险扶持政策等意见。7月，继杭州、宁波、温州、金华后，嘉兴、舟山两市又被纳入全国家庭服务体系建设联系点城市。

省农民工工作领导小组按照人力资源和社会保障部统一部署，向全省家庭服务工作机构、行业协会、"千户百强"企业和家庭服务网点免费发放"中国家庭服务"宣传画6000套。杭州、宁波继续开展行业标准制定工作，先后制定《家政服务基本规范》和《家政企业等级评价体系》。

新成立的杭州师范大学三替家政学院首批面向全国招生，专门培养家政行业高端经营管理人才和各类专业技术人才。全省人力资源社会保障系统依托有关职业技术院校，培训家政从业人员4万人次。商务部门会同财政部门支持全省21家培训机构培训家政从业人员1.25万人次。各级妇联组织培训保姆、月嫂、护工等近4万人次。

（韩朝利）

劳动保障监察

【概况】　2014年，全省各级劳动保障监察机构主动监察用人单位17.55万家（次），受理劳动者举报投诉3.12万起，立案2.61万起，办结案件2.62万起（含上年结转）；清退用人单位违法收取的抵押金35.84万元，纠正自定违法规定2600余项，责令补签劳动合同7.43万份；实施行政处罚1561次，罚款1559万元；追回欠薪和赔偿金17.85亿元，涉及劳动者20.8万人。

【劳动保障监察维权维稳】　全省妥善处置因劳资纠纷引起的各类突发事件1913起，向司法机关移送涉嫌拒不支付劳动报酬犯罪案件398起。公开曝光严重违反劳动保障法规企业70家，建议否决"浙江省著名商标"申报和延续申请企业7家。元旦、春节期间，强化预警监控，实行欠薪情况"零报告"制度和全天候执勤响应制度，无特别重大恶性欠薪事件。

【劳动保障监察专项行动】　元旦、春节期间，全省开展农民工工资支付情况检查"春雨"行动，检查用人单位8.68万家，查处欠薪案件3999起，涉案金额4.6亿元，涉及劳动者11.36万人。

2月至3月，全省开展清理整顿人力资源市场秩序"春雷"行动，检查用人单位和职业介绍机构1.76万家次，查处违法案件238起，责令退还违法收取的求职费15.98万元，实施行政处罚51次，罚款3.52万元，移送公安机关立案侦查2人。

4月至5月，全省开展整治非法使用童工打击违法犯罪专项行动，检查用人单位4.72万家，查处违法案件203起，清退童工238人，实施行政处罚185次，罚款131.4万元。

7月至8月，全省开展用人单位遵守劳动用工和社会保险法律法规情况专项检查，检查用人单位5.46万家，查处违法案件3905起；责令补签劳动合同5.13万份，责令支付劳动者工资和赔偿金2814万元；督促892家用人单位办理社会保险登记，督促397家用人单位缴纳社会保险费，补缴社会保险费530万元，追回被骗取社会保险基金12.2万元；实施行政处罚171次，罚款170万元，移送司法机关案件14起。检查技术工种就业准入情况，涉及特殊工种90多个，涉及用人单位1.51万家，涉及从业人员6.15万人，发现违规上岗9200人；责令582家用人单位限期改正，实施行政处罚5起，罚款3000元。检查夏季防暑降温措施落实情况，涉及用人单位1.83万家，其中建筑施工企业

4400户;下达责令改正指令书514份,责令支付劳动者被扣、被降工资和高温津贴119万元。

【"两卡一金"欠薪保障机制】 全省累计筹集企业工资支付保证金47.44亿元,当年支付欠薪3954.55万元。各地政府累计筹集欠薪应急周转金9.07亿元,当年垫付欠薪1亿元。全省累计发放农民工记工考勤卡72.3万张。

【劳动保障监察"两网化"建设】 省劳动保障监察总队在全省劳动保障监察信息系统二期运行基础上,在宁波市开展信息系统网格使用改进试点工作。省劳动保障监察总队网上书面审查省属用人单位近1700家,宁波、温州、嘉兴、绍兴等市首次开展网上书面审查工作。

【劳动保障行政司法联动】 10月,省人力资源和社会保障厅、省公安厅、省高级人民法院、省人民检察院、中国人民银行杭州中心支行召开第一次拒不支付劳动报酬案件办理联席会议,建立省级联席会议、案件通报、疑难案件定期会商三项制度。全省各级人力资源社会保障部门向公安机关移送案件398起,法院判决104起,入刑110人。

(林　琳)

劳动人事争议调解仲裁

【劳动人事争议调解】 全省各级劳动人事争议仲裁机构和基层调解组织受理争议6.59万起,涉及劳动者10.6万人。其中集体争议1135起,涉及劳动者2.9万人,平均每起涉及25人。调解处理争议6.18万起,办结率93.7%,涉及金额18.9亿元。

【劳动人事争议仲裁】 4月,省高级人民法院民事审判第一庭、省劳动人事争议仲裁院印发

《关于审理劳动争议案件若干问题的解答(二)》(浙高法民一〔2014〕7号),明确劳动关系认定和解除、二倍工资和经济补偿金支付、劳务派遣用工关系、高温补贴发放等劳动争议热点、难点问题处理原则。

全省各级仲裁机构立案受理劳动人事争议案件4.7万起,上年结转3198起,案件总数5.02万起,涉及劳动者8.5万人。其中集体争议案件890起,涉及劳动者3.5万人,平均每案涉及39人。办结案件4.67万起,结案率93.03%,涉案金额16亿元。以案外调解方式结案3.5万起,占结案总数74.95%。

【调解组织和仲裁机构建设】 全省1373个乡镇(街道)基层调解组织配备兼职调解员2647人。规模以上企业建立基层调解组织3.51万家,覆盖率93.8%,配备专职调解员9415人,兼职调解员5.96万人。全省107家劳动人事争议仲裁院配备专职仲裁员534人,兼职仲裁员1006人。建筑面积60平方米以上,配备监控、投影、质证等设备的规范化仲裁庭100个,调解室109个。

【法律援助工作】 全省各级仲裁机构法律援助工作站为农民工等符合条件的案件当事人免费提供法律援助,涉及案件2600多起,涉及经济标的近1亿元。

(潘　琦)

政策法规

【法制建设】 根据省人大、省政府关于年度立法项目起草工作总体安排,省人力资源和社会保障厅组织开展立法项目起草、论证、协调、建议申报工作。《浙江省劳动人事争议处理条例》列入省人大2015年一类法规项目,《浙江省企业工资支付管理办法(修订)》、《浙江省女

职工劳动保护办法（修订）》列入省政府2015年一类规章项目。省人力资源和社会保障厅被评为2014年度浙江省法治政府建设（依法行政）先进单位。

【法制宣传和普法活动】 全省人力资源社会保障系统开展"劳动者权益保护宣传周"、"浙江法制宣传月"、"国家宪法日"、"法律六进"等宣传活动。6月，省人力资源和社会保障厅发布服务企业优惠政策29条。12月，发布服务群众优惠政策29条。全省各地相继发布市、县优惠政策。

【行政权力清单和责任清单】 6月和10月，省政府分别在"浙江政务服务网"统一发布省级部门权力清单和责任清单。省人力资源和社会保障厅"省级保留"的行政权力84项，"市、县（市、区）属地管理"的行政权力19项，"共性权力"8项；主要职责14项，具体工作158项，事中事后监管制度9类，公共服务10项。

【行政审批制度改革】 省人力资源和社会保障厅经5轮权力下放，厅直接经办的行政审批事项由原来36项缩减为6项。全省网上办理行政审批事项9249件，其中省本级办理784件。

【依法规范行政执法行为】 9月，省人力资源和社会保障厅参加省政府法制办公室组织的行政执法案卷评查工作。11月，举办全省人力资源社会保障行政执法专业法律知识培训班1期。12月，组织开展厅行政执法人员学习培训工作。

【行政争议和行政复议诉讼】 省人力资源和社会保障厅办理行政复议申请33件。被行政复议案件2起，经解释相关政策后均由申请人自行撤回复议申请，应诉行政诉讼案件3起均胜诉。

【规范性文件管理】 省人力资源和社会保障厅审查厅行政规范性文件合法性39件，其中《浙江省人力资源和社会保障厅对〈浙江省技能人才自主评价办法〉的合法性审查意见》被省政府法制办公室评为2014年度全省优秀行政规范性文件合法性审查意见书。审查省政府和省政府办公厅代拟稿合法性6件。提出1949年10月1日至1978年前制定的省委党内法规和规范性文件清理意见10件。

【政策调研】 3月，省人力资源和社会保障厅印发《2014年重点调研课题和专项调研计划》（浙人社发〔2014〕50号），指导全系统调研工作。5月，通报表彰2013年度全省人力资源社会保障系统优秀调研成果，全系统评出优秀调研报告60篇，其中获一等奖8篇，二等奖18篇，三等奖34篇。11月，厅领导带队在各地开展2015年工作思路调研活动。

（钱 颖）

规划财务和综合统计

【工作规划】 3月，省人力资源和社会保障厅下发《关于下达2014年全省人力资源社会保障工作目标任务和通报2013年目标任务完成情况的通知》（浙人社发〔2014〕51号），向各市分解下达2014年全省人力资源社会保障工作目标任务。10月，启动浙江省人力资源和社会保障事业发展"十三五"规划工作，研究拟纳入国家、省"十三五"规划基本思路重点内容。

【综合统计】 3月，省人力资源和社会保障厅向人力资源社会保障部报送浙江省人力资源和社会保障各项统计数据。5月，编印2014年度全省人才资源、工资、劳动保障等各类资料汇编手册。

【计划管理】 1月,省人力资源和社会保障厅制定2014年全省人力资源和社会保障事业发展计划。审核下达2014年全省各级机关考试录用公务员计划、省级机关164家事业单位公开招聘人员计划。

【财务管理】 1月,省人力资源和社会保障厅、省财政厅首次向省人大报送2014年全省社会保险基金预算。2014年省人力资源和社会保障厅部门预算上省人代会审议。2月,省财政厅、省人力资源和社会保障厅、省卫计委、省地税局下发《关于编报社会保险基金收支预算执行月报的通知》(浙财预执〔2014〕7号),全省建立社会保险基金收支预算执行月报制度。12月,省人力资源和社会保障厅、省财政厅制定《浙江省人力社保和就业专项资金使用管理办法》。

3月,根据省委办公厅、省政府办公厅部署,省人力资源和社会保障厅开展公务支出公款消费专项审计工作。

(石孟华)

12333 电话咨询服务

【概况】 2014年,全省12333电话咨询服务专线来电总数871.56万个,其中提供专业咨询服务727.23万个,接通率83.44%;省本级专线来电总数19.59万个,其中提供专业咨询服务18.03万个,接通率92.02%。

省劳动保障电话咨询服务中心办理省人力资源和社会保障厅门户网站《部门信箱》来信173件,办理《网上咨询》来信1117件;办理"浙江政务服务网"咨询类、投诉类来信119件,受理网上值班平台在线咨询202人次。

【电话咨询服务平台建设】 2月,省劳动保障电话咨询服务中心印发《2014年全省人力资源社会保障电话咨询服务工作要点》。3月,组织开展以"走进农民工"为主题的"12333全国统一咨询日"活动,现场服务群众6000余人,发放宣传资料2万余份。4月,组织开展12333咨询服务机构改进作风专项行动。5月,组织开展"我是12333人"征文活动,征文250篇。桐庐县被确定为全省人力资源社会保障电话咨询服务工作示范单位,海盐县、永嘉县、东阳县被列为全省人力资源社会保障电话咨询服务示范县(市、区)建设地区。

全省12333电话咨询服务机构78个,其中独立机构32个,实体化机构26个,非实体化机构20个。现有咨询服务人员622人,其中一线咨询人员478人,咨询服务座席508个。

(许小见)

信息化建设

【信息化建设规划】 省人力资源和社会保障厅以"省级物理集中"为目标,以整合资源、统一建设为核心,研究全省人力资源社会保障信息化省级集中方案。8月,完成全省人力资源社会保障信息化建设"十二五"规划实施情况调查工作。9月,根据人力资源和社会保障部"金保工程"二期建设整体立项的统一要求,调整全省"金保工程"二期建设整体方案和投资预算。

【人力资源社会保障电子档案管理服务平台】 7月,省人力资源和社会保障厅办公室印发《浙江省人力资源和社会保障电子档案管理服务平台建设方案》(浙人社办发〔2014〕63号)。9月,完成升级项目招标与合同签订工作。

【公共就业服务信息系统】 省人力资源和社

会保障厅以信息双向互动、人岗快速匹配、政策及时入户、服务延伸到人为目标,实施就业服务信息村村通、户户通、人人通,即"三通"工程。搭建以全省公共就业资源库为数据来源的信息平台,设立"村村通"终端显示信息平台、"户户通"数字电视信息平台、"人人通"移动信息平台,嘉善、桐庐两县先行试点。嘉善县完成试点村就业信息系统与社会保险信息系统实时联接,建立数字电视信息平台。桐庐县整合就业、社会保险、劳动监察等信息系统,建立覆盖城乡的服务网络,通过数字电视平台集中、同步发布就业信息,实现"一点登陆,全部经办"。

全省28个市、县推广实用全省统一的公共就业服务信息系统软件,有51个数据上传点完成前置机部署和数据上传工作。全省外国人和台港澳人员就业管理信息系统、企业用工监测服务信息系统、高校毕业生就业服务信息系统修改升级。

"浙江省人力资源网"与"温州职介网"实现信息对接共享,与浙江经贸职业技术学院等5所职业技术院校校园网实现链接交换。"浙江省人力资源网"微信平台升级。

【全民参保登记信息系统】 10月,省人力资源和社会保障厅办公室印发《浙江省全民参保登记信息系统建设技术标准规范(试行)》(浙人社办发〔2014〕95号),参保登记信息数据库、参保登记数据管理系统软件和参保登记调查系统开发完成。11月,省、市两级部署运行参保登记信息数据库和参保登记数据管理系统软件。

【"阳光医保"智能审核系统】 5月,省人力资源和社会保障厅办公室印发《浙江省阳光医保监管平台建设信息技术方案》(浙人社办发〔2014〕57号)。9月,完成省"阳光医保"智能审核系统软件开发工作。10月,完成省级医疗保险信息系统升级改造项目招标与合同签订工作。

【人才服务和人事档案管理信息系统】 "浙江人才网"调整个人求职系统,简化简历输入流程,升级网站搜索引擎。开发现场展位预订、财务收银管理、应聘投档查询、应届生岗位审核等功能,开辟"厅百名干部联千企"招聘专区,总访问量1390万人次,新增人才简历9万份,上网招聘单位7000家,提供就业岗位67万个。

省人才市场引进人事档案管理系统,"人事代理频道"改版升级,提供实时查询、调阅服务、培训申报等功能。

【职业能力建设信息系统】 12月,全省职业能力建设信息系统开发完成,具备职业技能鉴定考务管理和技工教育管理等功能。

【公务员考录信息系统】 2月,全省公务员考录信息系统完成"2014年度大学生村官四级联考"、"公务员紧缺岗位召考"等新增模块测试工作。

【劳动保障监察信息系统】 省劳动保障监察信息系统和宁波市劳动保障监察信息系统实现对接,7月1日起同步运行。

【劳动人事争议调解仲裁信息系统】 1月,全省劳动人事争议调解仲裁信息系统(一期)正式上线运行,具备日常办案、统计分析等功能。6月,启动二期工程,开发数字仲裁庭、第三方业务接口、调解仲裁网站等辅助功能。10月,完成项目招标,投入建设。

【电子政务信息系统】 5月,省人力资源和社会保障厅办公室印发《浙江省人力资源社会保障"阳光政务"深化工作信息化建设方案》(浙人社办发〔2014〕56号），"阳光政务"系统政策库完成功能开发工作，电子监察、身份认证等功能完成优化改造工作。省人力资源和社会保障厅与"浙江政务服务网"行政权力事项库和公共服务事项库等实现对接。宁波等7个"阳光政务"省级示范点和省本级社会保险、医疗保险、仲裁监察、军转安置、用工备案、用工监测、高校毕业生就业等业务子系统完成整合。全省90家省直单位和11个市本级及90个县（市、区）人力资源社会保障部门"日志式考核"系统投入运行。

【12333咨询服务信息系统】 全省12333咨询服务信息系统升级，拓展服务功能，完善信息资源库，解决旧版软件运行中存在的问题，提高安全稳定性。

【省级数据中心业务平台】 4月，省人力资源和社会保障信息中心完成省级数据中心网络线路梳理和系统迁移工作，初步形成由滨江核心机房、金祝同城容灾机房、其他网络交换机房构成的省级数据中心机房布局。9月，完成与省公安厅数据中心联网和前置机部署工作。11月，完成浙江省专业技术人员继续教育网省政府政务云平台接入部署工作。

【数据异地容灾备份中心】 2月，省人力资源和社会保障厅印发《2014年全省数据异地容灾备份接入工作计划》（浙人社办发〔2014〕16号）。4月，印发《浙江省人力资源和社会保障数据异地容灾备份技术标准规范（试行）》（浙人社办发〔2014〕32号）。11月，省本级医疗保险、省级异地就医系统异地容灾数据库通过测试，实现"分钟级"异地同步。截至年底，丽水、建德、平湖、柯桥等地接入全省数据异地容灾备份中心。

（王　津　叶永波　刘真真　童　欢
林　琳　潘　琦）

宣传　培训　教育

【宣传工作重点】 2月，省人力资源和社会保障厅办公室转发《人力资源和社会保障部办公厅关于印发2014年人力资源和社会保障宣传工作要点的通知》（浙人社办发〔2014〕10号）。3月至4月，《浙江人力资源社会保障》编辑部约请28个市、县（市、区）人力资源社会保障部门主要领导，以"坚持解放思想，全面深化改革，奋力开创人力社保改革发展新局面"为主题，畅谈各地年度工作的新思路、新目标和新举措。

省人力资源和社会保障宣传中心围绕"阳光政务"、公务员"日志式"管理、高校教师职称评审权力下放、"阳光医保"监管平台建设等人力社保工作中社会普遍关注的重点、热点问题，积极协调新闻媒体采访，及时主动发布新闻通稿。全年共接受媒体咨询、协调新闻采访、发布新闻通稿等1128人次。

【宣传工作队伍和平台建设】 9月，省人力资源和社会保障厅在杭州召开全省人力资源社会保障宣传工作座谈会，总结上年工作，部署2015年工作，表彰2014年度全省人力资源社会保障宣传工作先进单位和先进个人。

8月，"浙江人社"政务微博、微信正式上线。省厅制定下发了《关于建设"浙江人社"政务微博、微信发布平台的实施方案》，在各市人力社保局以及厅机关各处室、直属单位组建了一支"浙江人社"微博、微信信息员队伍，并举办一期"浙江人社"微博、微信和政务信息员培训班。

【《中国组织人事报》、《中国劳动保障报》驻浙记者站】 全省有500余篇稿件在"两报"上刊登，其中头版49篇。省人力资源和社会保障厅以及杭州、宁波、金华、台州、杭州市江干区、杭州市萧山区、东阳市被人社部评为全国人力资源社会保障系统报刊宣传先进单位。

【"'双爱'促和谐、技能助转型"主题宣传活动】 围绕"'双爱'促和谐、技能助转型"主题宣传,依托《浙江人力资源社会保障》杂志,刊登了一系列文章。在深入调研的基础上,宣传中心撰写完成并在《浙江人力资源社会保障》杂志刊登了一篇反映我省人力社保系统开展"双爱"活动的。4月30日,《中国劳动保障报》头版头条刊登长篇通讯《人间有爱春自来》,反映浙江各地开展"企业关爱职工、职工热爱企业"活动的新鲜做法和取得的成效。人社部副部长邱小平对此作出重要批示,并要求在全国推广浙江和谐劳动关系创建经验。4月28日和5月6日,钱江晚报和浙江日报也分别以专版形式进行大篇幅的宣传报道。

9月26日,《浙江日报》头版转二版,以"三百六十行,行行出状元"为题,宣传我省大力推进技能人才队伍建设的工作和成效。浙江采取"走出去"、"请进来"的方式开展"金蓝领"培训加强职业能力建设的做法,被新华社以内参形式刊发。11月19日,《中国劳动保障报》头版头条转二版以"为中国制造培养更多'金蓝领'"为题对全省技能人才工作予以报道。10月17日、10月22日、10月24日、10月31日,中国劳动保障报又连续对我省杭州市、台州市、衢州市、宁波市技能人才队伍培养工作进行系列报道。12月3日,《中国劳动保障报》以"技能人才评价由企业当家"为题,对我省企业技能人才自主评价进行报道。12月24日,中国组织人事报头版头条刊登了题为"浙江全面推进企业技能人才自主评价,激活企业和人才'两池春水'"的稿件。12月31日,中国组织人事报又以整版篇幅刊发了题为《奔跑吧!蓝领——浙江"四轮"驱动提速技能人才队伍建设》的文章,全面反映近年来浙江技能人才队伍建设取得的成就。

【人才培训活动】 完成省级专业技术人员高级研修班项目的申报审核和组织实施工作。全年组织举办省级专业技术人员高级研修班46期,共培训学员3680余人。完成国家级高级研修班的预报名和对接工作,共计对接176期国家级高研班,推荐学员495人。举办省属事业单位负责人培训班1期和新聘用人员培训班2期,培训学员297人。举办欠发达地区农村实用人才培训班11期,培训学员800余人。

会同省有关部门组织开展现代服务业高端人才出国培训,举办文化服务、服务外包、影视产业、旅行社等赴美国、新加坡培训班4期,参加培训82人。举办现代服务业高级研修班25期,培训学员1829人。会同省人力资源和社会保障厅相关处室举办全省人力资源服务业领军人才培训研讨班1期,行政执法专业法律知识培训班1期,组织举办天竺筷制作技艺、西湖绸伞制作技艺、泥金彩漆技艺、瓯绣工艺技艺、传统砖瓦制作技艺等项目非物质文化遗产传承人才培训班5期,参加培训628余人。会同浙江工商大学、浙江树人大学举办大学生网络创业就业培训班2期,参训学员600余人。会同省地震局举办二级地震安全性评价工程师培训班1期,参训学员共58人。会同省人力资源和社会保障厅专技处、省人力资源和社会保障信息中心开展专业技术人员继续教育网络平台建设。

会同省人力资源和社会保障厅军转处,举办2014年度省军队转业干部前移培训班1期,参训学员300余人。举办2014年度省部属单位军队转业干部培训班1期,参训学员91人。完成省部属单位安置营级以下(含营级)军队转业干部考试1次,参考人员共80名。

开展全省外语水平等级考核工作,参加考

核 1.83 万人。举办中国国际化人才外语考试（BFT）3 次,参加考试 338 人。开展电子政务培训考核工作,参加考核 55 人。开展"奥鹏远程学历教育"工作,全年省人力资源社会保障系统共招生 808 人。

浙江省继续教育院自办"浙江继续教育网",做好网站安全运行和改版工作。配合省公务员局做好省公务员网络学堂和省直机关处级干部网络学院的合并及维护服务工作。完成省公务员培训公共课程《心理调适与健康人生》网络课件拍摄制作等工作。全年为省直 95 家单位 10524 名学员提供各类咨询服务工作。网络学院平均每天在线人数已达到 600 余人。

（孙　凌　朱　逸）

科学研究

【重点科研项目立项】 6 月,省人力资源和社会保障厅公布 2014 年浙江省人力资源和社会保障科学研究课题立项名单（浙人社发〔2014〕92 号）,确定劳动就业和社会保障类课题项目 67 个,其中一般项目 61 个,资助项目 6 个;确定公共行政与人才人事类课题项目 98 个,其中一般项目 86 个,资助项目 12 个。

【人才人事科学研究】 省公共行政与人才人事科学研究所参与省人力资源和社会保障厅课题"青年群体创业"、"人事考试机构内控制度研究"等工作。参与中国人事科学研究院与地方合作重点课题《智慧城市人才开发机制研究——基于浙江的实证分析》获中国人事科学研究院 2014 年科研年会二等奖。受杭州市人力资源和社会保障局委托,完成《杭州市人力资源服务产业园区规划》研究,撰写《浙苏沪人力资源服务产业园区比较研究》、《杭州市人力资源服务发展需求预测》二个子报告。承担《浙江省人力资源服务业规范（试行）》研究制

定工作,编辑出版《人力资源服务业理论与实践》一书。

【劳动保障科学研究】 省劳动和社会保障科学研究院完成省人力资源和社会保障厅领导牵头课题《浙江省养老保障领域历史遗留问题政策实施评估》和中国劳动保障科学研究院年度重点课题《浙江省工伤预防与维权机制研究》工作。完成《浙江省就业政策实施效果评估》、《企业年金的发展困境与出路研究》、《医疗保险费用总额预付制现状及发展前瞻》等课题工作。院优秀科研成果《老龄化背景下浙江省居家养老服务就业问题研究》编入中国劳动保障科学研究院送人力资源和社会保障部领导参阅件《成果摘编》。参与中国劳动保障科学研究院"社会保险缴费费率及全民参保登记"、"国有企业收入分配"、"事业单位编外用人管理",以及省人力资源和社会保障厅"家政服务业从业人员队伍建设"、"网络创业就业人员社会保险"、"青年群体就业"等课题工作。

（秦　一　余　斌）

学会工作

【理论研究与学术交流】 省人力资源和社会保障学会根据 2014 年人力资源社会保障科学研究计划,组织广大会员、各地学会、科研机构申报课题。6 月,承办中国劳动学会在杭州举办的企业多元化用工发展趋势座谈会,人力资源和社会保障部有关司局领导应邀作新《劳动合同法》背景下劳动关系运行和劳务派遣规制等专题发言。8 月,组织广大会员和各地学会参加"完善企业年金职业年金制度"征文活动。10 月,根据省社科联"浙江省 2014 社会科学普及周"活动安排,举办"人力资源和社会保障政策知识"讲座。省人力资源和社会保障厅有关处室和省人力资源和社会保障学会负责人分别

结合案例,讲解劳动保障理念与规则、工伤保险若干政策问题。11月,组织广大会员和各地学会参加"浙江省企业年金十年发展"论坛活动。清华大学公共管理学院杨燕绥教授应邀作《企业年金标杆作用及发展趋势》报告,省人力资源和社会保障厅有关处室负责人作《浙江企业年金十年发展回顾》发言,泰康养老保险公司介绍企业年金委托管理和投资运营情况。

【学会建设】 1月,省人力资源和社会保障学会以通讯形式向理事会汇报2013年工作情况和2014年工作安排。4月,召开学会系统秘书长会议,总结交流各地学会工作经验,研究讨论重新定位学会功能、创新学会工作方式、完善学会工作机制等问题。

（余　斌）

对口支援和结对帮扶

【对口支援新疆阿克苏地区】 9月,省人力资源和社会保障厅与阿克苏地区、新疆生产建设兵团第一师阿拉尔市签订对口支援协议,深入推进就业援疆、培训援疆、智力援疆工作,重点开展就业培训和人才培训工作。通过五年努力,推动阿克苏地区人力资源社会保障事业全面发展。

根据"阿克苏地区劳动力素质能力提升计划",浙江有关院校完成阿克苏地区产业工人技术培训和劳动力就业培训任务,培训1400余人。1月,阿克苏地区第二批高校毕业生1187人结束在浙江实习返回新疆。11月,阿克苏地区15名"创业之星"来浙江参加创业培训。

【对口支援西藏自治区】 3月,浙江公务员管理部门决定提供10个浙江公务员岗位供西藏籍全日制普通高校毕业生报考,同意符合条件的西藏籍高校毕业生报考浙江事业单位。11月,省人力资源和社会保障厅、省对口支援办公室、省国有资产监督管理委员会会同西藏人力资源社会保障部门在"浙江人才网"举办2014就业援藏网络专场招聘会,组织浙江招聘企业27家,其中国有企业6家,提供就业岗位430个,西藏籍高校毕业生200多人上网应聘。

【浙江青海劳务合作】 4月和11月,设在义乌市的青海"海西城乡青年创业基地"各举办1期海西州城乡青年电子商务培训班,培训202人。

【省内结对帮扶】 省人力资源和社会保障厅牵头的省结对帮扶青田团组帮助青田县仁庄镇建设"稻鱼共生"示范基地,发展"田鱼经济",再次引进的"稻鳖共生"项目,被列入2014年度浙江省"百村引智示范项目"。6月,组织十多名专家组成医疗卫生义诊服务组和美丽乡村建设指导组在仁庄镇开展"百名专家入基层进企业"服务活动,义务接诊200余人,并指导仁庄镇的美丽乡村建设。9月,在杭州举办以"侨商回归"为主题的2014年青田县仁庄镇对口帮扶培训班,仁庄镇30名侨商和22位新农村建设带头人参加培训。

（叶永波　刘真真）

各市工作情况

各市工作情况

杭 州 市

【城乡就业】 出台《杭州市人民政府办公厅关于进一步促进普通高校毕业生就业创业的实施意见》(杭政办函〔2014〕168 号),《杭州市大学生创业企业扶优资助实施办法》(杭人社发〔2014〕503 号)和《杭州市主城区高校毕业生城乡登记失业人员社会保险补贴实施办法》(杭人社发〔2014〕278 号),优化小额担保贷款政策,实施大学生创业三年行动计划(2014—2016 年)、杰出创业人才培育计划和就业创业师友计划,成立并运作"涌泉基金"。举办第二届大学生网上创业大赛"跨境电商专场",启动第四届中国杭州大学生创业大赛和"大家说创业"大学生创业系列讲座。全年新增大学生创业企业 1581 家,带动就业 6271 人,分别同比增长 14.5%、8.3%,创近三年新高。新增市级大学生创业园 2 家,累计达 15 家,提供大学生免费经营场地 29 万平方米。组织大学生实训和见习训练 6.08 万人。实名登记 2014 届离校未就业高校毕业 2617 名,帮扶目标完成率和就业率均为 100%。

落实鼓励单位吸纳就业、灵活就业、公益性岗位安置等帮扶举措,全年帮扶城镇就业困难人员实现就业 5.86 万人,完成年度目标的 183%。动态消除零就业家庭 14 户,帮扶就业 21 人。充分发挥失业保险基金促就业、防失业的作用,对 764 家稳定就业单位发放社保补贴 4503.07 万元,惠及职工 10.01 万人。加大农村公益性岗位兜底帮扶力度,全市 1902 个行政村已开发公益性岗位,农村公益性岗位进村达标率为 92.24%,安置农村就业困难人员就业 3632 人。开展农村劳动力求职登记工作,主城区发放《农村劳动力求职登记证》4720 本,认定农村就业困难人员 3489 人。

开展就业援助月、就业援助春风行动、333 就业服务月、民营企业招聘周、春季人才交流大会、西博会人才交流大会、随军家属暨退役士兵专场招聘会等活动,全年共举办各类招聘会 1430 场,提供岗位 89.3 万个,达成就业意向 14.81 万人次。举办杭州市首届职业指导人员技能竞赛,组织 500 名职业指导人员参加职业资格证书的全国统考。编印《杭州市公共就业服务业务规程》,推进公共就业服务标准化。

全年城镇新增就业 24.82 万人,城镇失业人员再就业 13.50 万人,接收高校毕业生 70159 人,分别完成年度目标的 105.60%、117.83% 和 100.23%。城镇登记失业率控制在 1.84% 水平。

【社会保险参保情况】 全市职工基本养老保险、基本医疗保险、工伤保险、生育保险、失业保险参保人数分别达到 481.79 万人、840.21 万人、406.65 万人、309.23 万人、331.83 万人,分别新增参保 22.30 万人、17.93 万人、11.83 万人、17.21 万人和 15.47 万人,分别完成全年目标任务的 175.56%、298.81%、147.90%、245.91% 和 147.33%。杭州市全民参保登记信息入库率居浙江省地市第一,全市基本养老和医疗保险参保率分别达 97.07% 和 98.94%,基本实现"人人享有社会保障",并提前完成杭州市劳动保障"十二五"规划中的参保率目标。全市持社会保障卡人数达785万。

【社会保险政策】 从1月1日起,实施《杭州市基本养老保障办法主城区实施细则》、《杭州市基本医疗保障办法实施细则》。修订《杭州市基本医疗保险定点医疗机构管理办法》、《杭州市基本医疗保险定点零售药店管理办法》,出台在杭大学生门诊医疗统筹政策,从9月1日起启动大学生医保门诊统筹待遇,并将在杭高校的内设医疗机构纳入医保定点范围,方便大学生就医。调整并提高参保人员在三级医院住院医疗费用统筹基金支付比例,制定出台《杭州市医养护一体化签约服务实施方案(试行)》、《杭州市主城区基本医疗保险医疗康复护理费用结算管理办法(试行)》,推进医养护一体化建设,落实医养护一体化签约服务的医保支持政策,门诊起付标准减免300元。落实省、市政府支持个体工商户转型升级为企业文件精神,制定"个转企"社保缴费优惠和财政补助方案,积极引导个体工商户转型升级为企业,主城区共1055家"个转企"企业办理了社会保险参保登记或变更登记。制定出台《杭州市工伤保险市级风险调剂基金管理实施办法》、《关于基层人力社保平台试点办理部分社会保险业务的通知》、《关于全面推进全民参保登记工作的意见》。

城乡居民养老保险基础养老金标准,主城区和萧山、余杭区由每月110元调整到150元,富阳市、桐庐县、淳安县、建德市、临安市调整到130元/月。全市98.59万名企业退休人员人均每月提高基本养老金250.99元。

【社会保险经办管理】 市区社保一体化改革实现破冰,开通市域范围内医保"一卡通"定点医疗机构162家,开通省域范围内医保"一卡通"定点医疗机构137家;开展萧山、余杭两区

和主城区社保一体化改革调研测算,统一三地的职工基本养老保险缴费比例和城乡居民社会养老保险基础养老金标准,制定经办一体化规定,扩大医保定点范围,公布911家三地互认互通的医疗机构名单,并完成相关信息化改造。

加强社保基金日常运行分析,做好信息比对工作,及时清理重复待遇享受人员。加大基金收支审核力度,对纳税未参保单位实施专项稽核,2014年共稽核用人单位193家,622名参保人员进行补缴整改,补收社会保险基金417.72万元,其中养老保险基金268.83万元,医疗保险基金135.90万元,失业保险基金12.99万元,立案率、查处率100%。做好养老待遇领取资格认证工作,依托部中心统一认证平台,开展异地居住人员领取养老待遇资格认证,组织街道、社区劳动保障站(室)对主城区1.9万余享受城乡居保待遇人员进行年度领取资格认证工作,认证率达99.99%。

推进医保阳光工程,实施医保费用智能审核。2014年,主城区审核剔除不符合基本医疗保险规定的医疗费5671万元,其中基金拒付4693.51万元;网上稽查8841人次,外出稽查103家,约谈134人次,改变结算方式5人次,追回违规发生医疗费106.34万元,暂停服务协议18家。

开展医疗保险反欺诈"亮剑"专项行动,全市共解除医保两定机构服务协议11家,暂停服务协议167家,通报批评、责令自查整改107家,追回医保基金264.93万元。

【人才引进与开发】 出台《杭州市高层次人才住房保障实施意见》,编制《杭州市高层次人才分类目录》,制定《杭州市高层次人才、创新创业人才及团队引进培养工作的若干意见》政策操作细则。市政府出台《关于加快发展人力资源服务业的实施意见》,编制《杭州市人力资源服务产业园发展规划》。12月,人力资源和社

会保障部正式批文同意在杭建立"中国杭州人力资源服务产业园",这是全国第5家、浙江省内首家国家级人力资源服务产业园。承办2014中国(浙江)人力资源服务博览会,举办杭州市人力资源服务企业高级管理人员研修班,全市80余家人力资源服务企业、100多名高级管理人员参加了培训。

【专业技术和留学人员管理】 实施"131"中青年人才培养计划,补充选拔重点资助人选15名、第三层次资助人选49名;选派22名培养人选参加出国中长期培训;组织40名培养人选参加英语(BFT)培训;补选"131"人才计划导师18名,结对指导28位培养人选。加强专业技术人员继续教育,"专业技术人员学习新干线"平台向全市所有组织的专业技术人员开放,实名注册学员近13万人,共享100万册藏书和1000余种期刊,2014年更新课程3000余门。完善杭州市职称管理系统和高层次人才管理系统,实现职称和专业技术人才工作全流程网上办理,核准初级职称5899人,初定中级职称1873人。组织开展各类专业技术资格职称与职业(执业)资格考试,全年完成职称(执业)资格考试19万余人次。

组织留学人员在杭创新创业项目资助工作,对73个创新创业项目给予资助2074万元。以"助推海归创业,共圆人生梦想"为主题,推出留学人员创业企业专场招聘会、法律与税务培训、投融资对接会等服务留学人员系列活动。

【职业能力建设】 实施高技能人才"815"培训倍增工程,全年培养高技能人才40067人,全市高技能人才总量已达32万人,高技能人才占技能人才的比例为26%左右。深化技能大师工作室建设,新建国家级技能大师工作室1家、省级技能大师工作室5家、杭州市技能大师工作室10家。实施高技能人才培训基地项目建设,新建国家级高技能人才培训基地1家、省级高技能人才培训基地3家。选拔享受市政府特殊津贴人员50名,新遴选钱江特聘专家30名,推荐22人申报浙江省特级专家。做好博士后工作站建设工作,积极培育博士后工作站备选单位,全年共引进博士后研究人员56名。

开展"技能让我更精彩"——杭州市职业技能竞赛深化年活动。指导定点培训机构、高校、企业等开展职业技能培训,开展职业技能培训品牌机构和品牌项目评选活动,新评选职业技能培训品牌培训机构3家,首次评选产生3个品牌培训项目,发挥品牌引领示范作用。指导服务行业协会培训联盟,加强职业技能定点培训机构管理,新认定职业技能培训定点机构20家。公共实训基地全年实训鉴定5425人,其中高级工1372人、技师231人。

【国外智力引进】 实施"115"引进国外智力计划,全年实施国家、省、市级引智项目265项,引进外国专家760人,1名外国专家获中国政府"友谊奖",4名外国专家获省政府"西湖友谊奖",5人入选浙江省"外专十人计划"。举办2014浙江·杭州国际人才交流与项目合作大会,500余名海外留学人员、25个海外社团组织,携带676个项目参会,杭州市现场签约项目168个,签约金额16.5亿元,项目签约数和签约金额均比上届大会增加了20%。

实施杭州市全球引才"521"计划,组织开展第四批遴选工作,共有29名个人和6个团队入选"521"计划。组织杭州市部分企业、留学人员创业园、海外高层次人才创新创业基地,携近千个海外人才和项目需求,赴欧洲、美洲、澳洲开展四次引才活动,达成人才、项目引进意向200多个,现场签约项目52个,签约金额3.45亿元。全年引进博士后研究人员56名,选聘"钱江特聘专家"30名。

【公务员管理】 联合市委组织部出台《关于进一步加强公务员平时考核的实施意见（试行）》，组织研发"杭州市公务员平时管理系统"信息化平台，并在杭州市人力社保系统推开"日志式"平时考核管理。

制定出台公务员考试录用"7＋2"制度体系，即杭州市招考公告和招考方案"2个文件"以及专业资格审查办法、面试方案、考官手册、考务工作手册、体检工作手册、考察工作手册、录用工作手册等"7个手册"，首次取消招考单位面试考官，引入行风监督员。首次在面试考官选派中实施"7＋0"模式，即7位面试考官均由市里从考官库中随机抽取，增加面试公平性。全市各级机关共录取1177名。

开展公务员培训教育，225名新录用公务员、市直机关186名新任处级领导干部、193名军转干部分别参加了培训。举办处级公务员能力建设培训班2期，90名优秀处级领导干部赴复旦大学参加培训。

【事业单位人事管理】 实施《关于事业单位岗位管理制度实施后有关问题的处理意见》和《杭州市事业单位工勤技能一、二级岗位管理办法（试行）》，开展专业技术二级、三级岗拟聘人选的申报和备案工作。制定《事业单位公开招聘操作程序（暂行）》，对户籍、年龄、学历、专业等条件设置和试卷命题、面试考官等事项作出详细规定。在全省率先修订《事业单位工作人员聘用合同（范本）》，完善不同行业事业单位实行聘用制度的具体办法，规范聘用合同订立、变更、续订、解除等重要环节。全市推行聘用制度的事业单位和签订聘用合同的工作人员比例均已达到95%以上。

【工资福利】 落实杭州市本级事业单位绩效工资专项奖励办法，督促教育、卫生等行政主管部门研究专项奖励的具体分配方案，向高层次人才倾斜，向一线和有突出贡献的人员倾斜。制定《杭州市本级事业单位创收激励意见》，选定杭州市质量技术监督检测院等4家科研单位开展创收激励试点。出台《关于市本级事业单位绩效工资水平调控的补充意见》，完善自收自支、企业化管理事业单位绩效工资政策。逐步提高护士、农村教师、参公事业单位部分工作人员等不同群体的待遇。

【军队转业干部安置】 全年共接收军转干部318名，其中师职干部10人，团职干部82人，营以下干部214人，自主择业12人。制定《杭州市随军家属就业安置实施细则》，安置随调家属14名。杭州市军转办被评为"全国军转安置工作先进单位"。

【劳动关系】 制定《杭州市企业工资集体协商条例》《杭州市企业社会责任评价规范》工作方案，出台《杭州市企业社会责任建设暨发展和谐劳动关系工作先进荣誉管理办法》、《杭州市进一步规范劳务派遣工作的若干意见》、《杭州警备区政治部关于杭州市军人随军家属就业安置实施细则（试行）》，完善劳动关系工作机制。2014年全市审批劳务派遣单位318家，涉及派遣劳动者27.4万人，涉及用工单位6741家。加强用工管理，集体合同签订率达94.52%，工资集体协议签订率达95.06%，小微企业劳动合同签订率达到95%以上。制定出台《杭州市"双爱"活动实施计划（2014—2017年）》，召开杭州市"双爱"活动暨工资集体协商工作交流推进会，部署推进新一轮"双爱"活动。全市规模以上企业"双爱"活动参与率达100%。在全市企业开展"工资集体协商集中要约行动"，累计签订工资专项集体合同19824份，涵盖企业79655家，覆盖职工255万余人。发布和编印《2014年杭州市劳动力市场工资指导价位》，为各地企业开展工资集体协商、合理确定职工工资收入、构建和谐劳动关系发挥重要作用。调整全市最低工资标准，从2014年8月1日起，将市区最低月工资标准调整为1650元，非全日制工作的最低小时工资标准调整为13.5元。杭州市劳动关系和谐指数连续第四年位居全省首位。

【农民工管理服务】 全市共培训含农民工在内的进城务工劳动者4.43万人，补助经费1097.6万元，补贴涉及农民工9387人。截至2014年底，全市农村户籍参加养老、医疗、工伤、生育、失业五项社会保险人数分别为：188.52、180.28、217.05、162.93、97.88万人；农民合同制职工领取失业补助的70682人，总额1.68亿元；市本级受理并办结养老保险关系转移19623人次，转出9629人次，转出金额1.22亿元，转入9994人次，转入金额1.35亿元。

【劳动保障监察】 全市各级劳动保障监察机构全年共监察检查用人单位11万余家，立案查处劳动者举报投诉等案件4974件，行政处罚257件，处罚款1174.71万元。先后组织实施农民工工资支付、清理整顿人力资源市场、打击非法使用童工、残疾人就业、劳动用工和社会保险等专项检查6次。严厉打击拖欠工资行为，全年共为1.23万名劳动者追回拖欠工资7253.1万元。充分发挥"110"社会应急联动的整体效能，及时处置欠薪等110报警求助2746起。

【调解仲裁】 制定出台《关于进一步落实我市劳动人事争议调解组织规范化建设的通知》、《杭州市劳动人事争议仲裁委员会关于印发〈杭州市乡镇（街道）劳动争议调解委员会工作台账的通知〉》、《关于贯彻落实劳动人事争议处理效能建设的意见》等文件，推进劳动争议调解规范化建设。2014年，全市劳动争议调解

组织共受理劳动争议案件9259件；各级仲裁机构共立案受理劳动争议案件6964件，比上年下降0.88%，结案率94%，杭州市劳动争议仲裁案件受理七年来呈现首降。

【12333电话咨询服务】 12333注重以电话为主体，综合运用在线解答、电子邮件、短信传真等形式为民服务，全市12333年度来电418.8万个，接通率达81.9%，为275万人次提供服务，中心先后获20余项部省市以上荣誉称号

【信息化建设】 "杭州人力社保一体化"信息系统历经两年的开发设计，于2014年上线并通过验收。系统覆盖了492个社保业务项目，服务对象涵盖了市、区、街道、社区四级经办机构和6万参保单位、300余万参保人员，实现实时结算从医院端计算变为中心端计算，医保费用审核模式由抽样审核变为系统全面审核等业务转变，实现医保的智慧服务、智慧监管、智慧保障。

开发失业预警信息系统，在国内首创"社会失业率"概念，制定失业调控和预防措施，构建杭州特色的失业预警体系，杭州市被人力资源社会保障部列为十大失业预警试点城市之一，失业预警信息系统获国家版权局颁发的著作权证书。杭州市失业预警工作入选2014年全国地方就业十件创新事件。

【对口支援和结对帮扶】 组织了农业、教育、卫生等领域16位专家与黔东南州相关专家进行对接交流。承办了两期80余人黔东南州人力社保干部研修班。9月6日，三替家政学院全日制学历教育班正式开学，首期招收黔东南地区高中段毕业生64名。开展两地人才资源信息共享。

【获省级以上荣誉】

荣誉集体

1. 2014 年度中国劳动保障报宣传工作先进
   单位
   杭州市人力资源和社会保障局
2. 2014 年度全国社会保险宣传工作先进单位
   杭州市人力资源和社会保障局
3. 2014 年度全国人力资源市场专项行动先进
   单位
   杭州市人力资源和社会保障局
4. 2014 年度全国人力资源诚信服务机构
   杭州市人才市场
5. 2014 年度人力资源和社会保障部基层新闻
   宣传工作先进单位
   杭州市萧山区人力资源和社会保障局
6. 2014 年度"两刊""两网"引智工作先进单位
   (国家外国专家局评选)
   杭州市外国专家局
7. 获国家版权局颁发的失业预警计算机软件
   著作权证书,2014 年度地方就业十大创新
   事件
   杭州市人力资源和社会保障局失业预警系统
8. 获人力资源和社会保障部"12333"电话咨询
   服务课题研究报告一等奖
   杭州市人力资源和社会保障局咨询服务
   中心
9. 2014 年度全省劳动争议案件处理工作优秀
   单位
   杭州市劳动人事争议仲裁委员会
   杭州市西湖区劳动人事争议仲裁委员会
   杭州市拱墅区劳动人事争议仲裁委员会
   杭州市萧山区劳动人事争议仲裁委员会
   杭州市余杭区劳动人事争议仲裁委员会
   富阳市劳动人事争议仲裁委员会
10. 2014 年度全省人力资源社会保障宣传先
    进单位

杭州市人力资源和社会保障局
杭州市下城区人力资源和社会保障局
杭州市江干区人力资源和社会保障局
杭州市西湖区人力资源和社会保障局
杭州市萧山区人力资源和社会保障局
杭州市余杭区人力资源和社会保障局
杭州市富阳区人力资源和社会保障局
临安市人力资源和社会保障局

11. 2014 年度全省劳动保障监察工作目标管理
    成绩突出单位
    杭州市人力资源和社会保障局
    杭州市下城区人力资源和社会保障局
    杭州市余杭区人力资源和社会保障局
    富阳市人力资源和社会保障局
12. 2014 年度全省人力资源社会保障电话咨询
    服务示范单位
    桐庐县人力资源和社会保障局

荣誉个人

1. 2014 年度全省劳动争议案件处理工作优秀
   个人名单
   杭州市劳动人事争议仲裁委员会　　朱佳男
   杭州市江干区劳动人事争议仲裁委员会

   　　　　　　　　　　　　　　　　田间清
   桐庐县劳动人事争议仲裁委员会　　叶世明
   建德市劳动人事争议仲裁委员会　　范燕平
   临安市劳动人事争议仲裁委员会　　金水祥
2. 2014 年度全省人力资源社会保障宣传工作
   先进个人
   杭州市人力资源和社会保障局　　　童铁江
   杭州市上城区人力资源和社会保障局

   　　　　　　　　　　　　　　　　陈仁忠
   杭州市下城区人力资源和社会保障局

   　　　　　　　　　　　　　　　　谢莹华
   杭州市江干区人力资源和社会保障局

   　　　　　　　　　　　　　　　　姜伟永

杭州市拱墅区人力资源和社会保障局
陈玮婷
杭州市西湖区人力资源和社会保障局
徐丽君
杭州高新技术产业开发区（滨江）人力资源
和社会保障局　　　　　胡晓辉
杭州市萧山区人力资源和社会保障局
魏多成
杭州市余杭区人力资源和社会保障局
吴文星
建德市人力资源和社会保障局　吴凯文
富阳市人力资源和社会保障局　王小军
临安市人力资源和社会保障局　马　啸
桐庐县人力资源和社会保障局　宋华沼
杭州市西湖风景名胜区管理委员会人力资
源和社会保障局　　　　　陆晓俊
（周　曦）

宁波市

【城乡就业】　市政府办公厅下发《关于印发宁波市就业创业工作联席会议制度的通知》（甬政办发〔2014〕223号），建立政府履行促进就业鼓励创业职责协调机制。制定《宁波市人民政府办公厅关于进一步促进普通高等学校毕业生就业创业的意见》（甬政办发〔2014〕228号），鼓励优秀毕业生来宁波就业创业。

创新举办大学生创业大赛，323个项目参赛，获得8561万元意向投资，超募比高达113.5%。开展离校未就业高校毕业生帮扶，帮助3507名未就业毕业生就业；加大就业创业平台建设，全市新建高校毕业生实践基地144家，新增市大学生创业园3家、市大学生就业实践基地16家、市大学生就业实践示范基地10家，镇海大学生创业园被评为国家级大学生创业孵化示范基地；举办大中专毕业生洽谈会、实习见习对接会、创业服务绿色行等活动，助推毕业生

充分就业成功创业。高校毕业生就业率达到98.5%、创业率达到4.2%。接受国务院高校毕业生就业创业政策落实和农民工服务工作情况督查，获得国务院督查组"政策力度大、服务平台广、工作抓手实、帮扶举措全"的较好评价。

强化公共就业服务。全年全市各级人力资源市场服务企业10.15万家次，提供各类岗位168.69万个次，求职登记92万人次。加大小额担保贷款政策实施力度，全市全年共发放小额担保贷款5.34亿元，新增创业实体11.01万家，创业带动就业53.54万人。

全年全市新增就业岗位17.46万个，失业人员再就业7.25万人、城镇困难人员再就业1.84万人。公益性岗位进村率83.7%；为28.73万名劳动者提供免费职业介绍，"零就业家庭"动态归零。全市11个县（市）区均实现"充分就业县（市）区"创建目标。2014年，全市城镇登记失业率为1.95%，同比2013年下降0.21个百分点。

【社会保险参保情况】　全市职工基本养老保险参保人数542.2万人，比上年净增33.29万人；城乡居民社会养老保险参保人数124.8万人；被征地人员养老保障参保人数44.8万人，比上年末减少6.37万人；城镇职工基本医疗保险参保人数368.5万人，比上年末净增22.26万人；城镇居民基本医疗保险参保人数110.2万人；新型农村合作医疗保险参保人数246.1万人。失业保险参保人数243.4万人，比上年末净增11.65万人；工伤保险参保人数291.1万人，比上年末净增7.71万人；生育保险参保人数252.3万人，比上年末净增6.71万人。

【社会保险政策】　市人力资源和社会保障局与市财政局联合印发《关于调整城乡居民社会养老保险待遇的通知》（甬人社发〔2014〕56号），城乡居民社会养老保险基础养老金标准

从每人每月170元调整为每人每月190元。对年未满60周岁的原城镇老居民养老保障和新型农村养老保险待遇享受人员,按每人每月50元标准增加。与市财政局联合下发《关于调整被征地人员养老保障待遇和缴费标准的通知》(甬人社发〔2014〕59号),待遇标准:1档从每人每月650元调整为每人每月700元,2档从每人每月600元调整为每人每月650元,3档从每人每月550元调整为每人每月600元。男60周岁、女55周岁以下参保缴费标准:1档65460元,2档48460元,3档31460元。联合市住房和城乡建设委员会、市财政局、市地方税务局下发《宁波市建筑施工企业从业人员参加工伤保险暂行办法》(甬人社发〔2014〕170号),将建筑施工企业从业人员纳入工伤保险,分散建筑施工企业工伤风险,保障建筑施工企业从业人员的合法权益。

市人力资源和社会保障局下发《宁波市基本医疗保险付费管理办法》(甬人社发〔2014〕92号),提高医疗保险基金使用效率,建立控制医疗费用不合理增长的长效机制,确保基本医疗保险制度的可持续发展。下发《宁波市"全民参保登记计划"工作实施方案》(甬人社发〔2014〕172号),为实现全民参保提供科学决策依据。

【社会保险经办管理】 启动全民参保登记计划。启动新农合人员社保卡试发工作,全市新增发行社保卡115.1万张,至2014年底,全市累计社保卡持卡人数达到446.7万。其中市本级2014新增发行10.1万张,累计发行35.5万张。启用社保卡五险信息查询、业务信息互通功能,加快推进数据"市集中"。

认真做好被征地人员养老保障、低标准养老保险与基本养老保险制度转换衔接工作,全市约16.14万人实现转换衔接,占原总数的28.6%。

实施城乡居民大病保险制度,为7310人次补助5560.53万元。推动新农合职能有序调整,8个统筹地区新农合职能顺利移交。开展阳光医保监管平台建设试点工作,有效遏制医保欺诈骗保行为的发生。

【人才引进与开发】 贯彻落实《宁波市引进重点高层次人才配偶就业子女就学暂行办法》(甬政发〔2014〕84号),出台《宁波市关于引进人才及家属落户实施意见》(甬政办发〔2014〕117号)等政策,开展高层次人才认定发证,共发放重点高层次人才优惠证306张,其中面向企业人才发放超过50%,同时切实帮助高层次人才协调解决了家属就业、子女入学等问题。引进博士教授40人,投入资金600万元,东航浙江分公司引进机长落实相关政策15人,投入资金225万元。贯彻落实《关于允许高层次科技人才保留事业单位人事关系到企业创新创业的实施办法》(甬人社发〔2013〕459号),完成市医学科学研究院、海洋与渔业研究院等单位5名相关科技人才流动的审核工作。

举办"百千万"工程合作高校校地合作交流活动,与吉林大学等23所高校签署校地人才智力合作框架协议,各县(市)区人社局、产业园、全市近百家企业与高校进行广泛对接。与68家国内知名高校签署人才智力项目合作协议,在全市企业建立700余家大学生实习基地。组织开展年度宁波市十佳大学生创业新秀评选活动和大学生就业创业服务系列活动。

大力推动人力资源服务产业集聚区建设,建成两家省级人力资源服务产业园区。同时启动省、市、区共建宁波保税区跨境电子商务专业服务园区工作。启动高端人力资源服务机构孵化基地建设。

组织实施2014宁波高层次人才智力引进洽谈会。举办高学历人才开放式洽谈会、高端创新人才封闭式洽谈会、网上高学历人才招聘会、知名高校博士宁波行等多项活动;发布宁波市第八轮人才紧缺指数和第二轮紧缺人才培训导向目录;配合省外专局牵头筹备并组织实施第十六届"浙洽会"海外高层次人才智力合作洽谈会;精心组织甬港经济合作论坛甬港人力资源服务网站创新发展研讨会。

全市新增人才资源19.5万人,人才总量达到168万人,其中博士、博士后人才442人,增长12.19%;硕士学位人才5195人,增长17.25%;新增高技能人才2.6万人,增长8.3%。

【专业技术与留学人员管理】 启动《宁波市博士后工作管理办法》修改调整工作,制定出台新的政策,进一步明确政策的绩效导向、企业导向和成果导向,引导设站单位招收更多人才、鼓励中介机构等参与博士后人员招收。组织召开全市博士后工作座谈会。全市新招收博士后研究人员95人,出站52人,留甬工作32人,目前在站192人。

组织开展4项部、省部署的人才选拔推荐工作。其中:以市农科院马荣荣院长为带头人的宁波市水稻育种团队荣获全国专业技术人才先进集体荣誉称号;马荣荣等10位专业技术人员获准成为享受2014年度涨幅特殊津贴人员;入选省"151人才工程"重点资助人选2名,第一层次培养人员9名,第二层次培养人员12名,第三层次培养人员4名;推荐2014年国家"百千万人才工程"国家级人选5名。

组织做好国家千人计划、省千人计划和市3315计划人才申报工作:上报人社部国家千人计划创业类25人,经部初评进入面试21人;受理省千人计划申报84人。受理3315计划团队申报562个,进入复审333个,其中创业团队299个,创新团队34个;3315计划个人申报68个,其中创新个人22个,创业个人46个。

组织开展"宁波市专家服务企业服务基地活动月",安排了高层次专家进企业服务活动、

专家产业服务基地专家企业对接交流活动、关爱民生送医下乡活动、农技专家服务三农活动。

至2014年年底,海外留学人才总数达到5500人,增长25%。做好海外留学人员科技项目择优资助工作,获得国家人社部专项择优资助11项、资助金额55万元,获得创业启动资助2项、资助金额40万元。

组织举办人才科技周海外留学人才创业行活动,来自20个国家的352名海外留学人才携带300个技术项目,与宁波市近600家企业、园区和高校院所洽谈对接,当场达成落户意向26个,达成初步合作意向120项。完成4项重大高层次留学人才招聘活动。全市共引进海外留学人才1100名,总数达5500名,年增25%;新增留学人员企业76家,总数达626家。

【职业能力建设】 完成城乡劳动者和企业职工技能提升培训190765人;培养高技能人才25431人;创业培训4025人;开展职业技能鉴定99285人。进一步推进金蓝领工程,开展高技能人才培训25869人;评选表彰14名优秀高技能人才。

做好市级技能大师工作室、高技能人才公共实训基地申报工作,新建高技能人才公共实训基地3个、市级技能大师工作室16家,1家工作室被评为国家级技能大师工作室,5家工作室被评为省级技能大师工作室,推荐邵坚铭、徐斌2人为享受国务院特殊津贴技能人才候选人,确定宁波第二技师学院、宁波市交通技工学校、宁海县技工学校等3家市级高技能人才实训中心。

推进企业优秀青工、紧缺高技能人才及技师研修三大培训计划,培养高技能人才3.2万人。推进技工院校一体化课程教学改革,深化校企合作技能人才培养,新设及提升全日制高技能人才专业11个,招收新生4695名,同比提高3%。规范职业技能鉴定工作,完成技能鉴

定 11.9 万人次。组织开展全市"技能之星"职业技能电视大赛,评选表彰市级优秀高技能人才 14 名,推荐 21 名高技能人才赴境内(外)院校进行培训。承办第 43 届世界技能大赛浙江省选拔赛。

【外国专家和智力引进项目管理】 配合市委组织部实施海外高层次人才"3315"计划,新增市"3315"人选 23 名、市"3315"高端团队 27 个。加快推进"千名海外工程师计划",引进各类外国专家 1456 人次,引进海外工程师 218 名,执行海外专家项目 96 项。其中,高端外国专家项目 3 个,市县(区)共建 3 个,引进"海外工程师"218 人,引进各类外国专家 1456 人次。2 名外国专家获得年度中国政府"友谊奖",4 名外国专家获得省西湖"友谊奖",8 位外国专家获得宁波市政府"茶花奖",22 位获得"茶花纪念奖",4 名外国专家入选"省外专千人计划"。启动建设江北老外滩国际人才社区,积极洽谈引进意大利产学研综合体(CSMT)中国中心。批准出国(境)培训项目 25 项,培训人员 448 人次。办理聘请外国专家单位资格年检 84 家(包括新增聘请外专单位资格 6 家),办理外国专家来华工作许可 404 份,新办外国专家证 421 人次,其中文教类 313 人次,经济技术类 108 人次。办理外国专家证延期 588 人次,其中经济技术类 155 人次,文教类 423 人次。

【公务员管理】 积极推进"双对"考核办法的实施,建设统一考核信息平台,切实加强督导落实。市本级 89 家机关按照考核系统,约 9600 名公务员(含参公人员)通过信息平台进行考核,并同步向市管领导干部延伸。完善公务员学习培训学分制管理办法,市本级共组织 40 期培训班,培训公务员 8120 人次,"宁波党员干部学习网"增挂"宁波公务员学习网"牌子,全市选送 821 名优秀中青年人才报考各类紧缺急需专业硕士、博士研究生。

完善公务员申诉受理程序,建设公务员奖励和惩戒信息库。认真做好全国、全省先进集体和先进个人(先进工作者)推荐工作,共推荐全省先进个人(先进工作者)50 名,先进集体 34 个,推荐全国先进个人(先进工作者)19 名,先进集体 14 个。

完善公务员考录面试监督制度,严格执行考官回避规定,扩大面试考官异地交流范围,县(市)区考点实现面试旁听制度全覆盖和全过程录音,取消全日制应届本科生报考户籍限制,完成 2014 年度 907 名公务员考录任务,完成公安、司法行政系统 36 名人民警察(司法助理员)学员的招录工作。会同相关部门出台《宁波市公务员转任规定(试行)》,建立阳光公示和负面清理两项机制。

【事业单位人事管理】 做好《事业单位人事管理条例》及其配套政策的宣讲培训和贯彻实施。完善事业单位公开招聘制度,制订《宁波市事业单位公开招聘实务参考》,为全市事业单位开展公开招聘工作提供流程参考和政策支持。

对 244 家次市属、市直部门所属和省部署事业单位的公开招聘公告函及公开招聘计划进行了审核备案和网上公告,同意招聘 1744 人;对 179 家次的市属、市直部门所属和省部署事业单位公开招聘拟聘人员公示函进行了审核备案和网上公示,公示拟聘用人员 1402 人;审核了 2119 名拟聘用人员的档案并为其办理了录用手续,其中录用博士学历人才 105 人,录用硕士学历人才 431 人,录用具有正高专业技术职称人才 16 人,录用具有副高专业技术职称人才 18 人,录用具有高级技能证书人才 3 人。对市属 380 家次事业单位、4600 余人次进行了岗位变动认定,26 人被聘任为专业技术二级岗位,全市专业技术二级岗聘任总数达 76 人(其中省属事业单位 24 人），市本级保持连续 22 个月"零"投诉。

【工资福利】 研究制定《关于市级事业单位实施绩效工资有关问题的通知》《关于对突出贡献人才实行单列奖励的指导意见》《关于机关工作人员各类假期待遇的通知》《关于提高护士待遇的通知》《关于调整机关事业单位工作人员死亡后遗属生活困难补助标准的通知》《关于调整精减退职人员生活困难补助费标准的通知》和《关于建立农村特岗教师津贴的通知》。

【军队转业干部安置】 完成 332 名军转干部安置任务，本市连续第四次被评为全国军转安置先进单位，2 人被评为全国模范军转干部。会同宁波军分区研究出台《宁波市军人随军家属就业安置实施办法》（甬政发〔2014〕115 号）。完善发展成果考核评价体系，统一实行考核百分制，加强考核结果反馈，提高考核效益。

【劳动关系】 全市企业合同签订率达到 98%，已建工会企业集体合同签订率达到 94%，已建工会企业工资集体协商制度建制率达到 94%，规模以上企业"双爱"活动参与率达到 100%。

调整宁波市最低工资标准，确定职工最低工资为 1650 元、1470 元、1350 元三档，非全日制工作的最低小时工资标准 13.5 元、12.0 元、10.9 元三档，其中市 6 区最低工资 1650 元、最低小时工资 13.5 元。全市发生群体性欠薪企业 397 家，同比上升 27.1%；涉及职工 2.08 万人，同比上升 26.2%；金额 1.85 亿万元，同比上升 43.4%。目前全部清欠。劳动关系和谐指数保持全省领先水平。

【劳动保障监察】 制定出台《关于进一步做好

拒不支付劳动报酬案件查处移送工作实施意见的通知》（甬人社发〔2014〕123 号）。全年共组织开展 6 次专项监察活动，主动监察用人单位 72463 户，涉及职工 238.02 万人；完成劳动保障书面审查 129509 户；及时受理和处理投诉举报案件 2185 件；处置群体性突发事件 529 件；立案查处劳动违法案件 4583 件。责令补签劳动合同 3.506 万份；补办社会保险登记 1760 户、补缴社会保险费 6.16 万人，为 2.75 万名劳动者追回被拖欠工资 2.83 亿元，清退童工 57 名；行政处罚 277 户（人均处罚 2.25 件）。

全市共完成了对 129509 户用人单位用工信息的采集、录入和劳动保障诚信等级评定工作，比 2013 年度增加 21.9%。

【劳动人事争议调解仲裁】 全市劳动人事争议案件受理总量为 31257 件，涉及劳动者 50197 人。其中全大市劳动人事仲裁机构共受理劳动人事争议案件 11061 件，涉及劳动者人数 22122 人；处理 10927 件（含上年结转的 809 件未结案件），结案案件涉案金额约为 3.4 亿元，年度结案率为 92.05%，调解率为 71.9%。

全市 10 人以上集体劳动人事争议受理总量为 484 件，涉及劳动者 16824 人，其中全大市劳动人事仲裁机构共受理 10 人以上集体争议案件 264 件，涉及劳动者 10597 人。

市本级共受理案件 993 件（含人事争议 3 件）。处理 983 件（含上年结转的 63 件未结案件），年度结案率为 93.1%，调解率为 70.2%，为劳动者追回劳动报酬、经济补偿金、社会保险等共计 2764 万元。

【12333 电话咨询服务】 完成 12333 咨询服务系统升级，全市来电总量 160.8 万人次，同比增长 50.6%，群众满意度 98.7%；市本级共办理网上咨询 4962 件，"一号通"市长电话 1301 件，宁波 12333 微信被评为年度全市十佳微信

平台。坚持重大政策(项目)风险评估制度。全系统共接待群众来访 24862 人次,同比增长 30%;处理来信 1855 封,同比增长 21.4%。

【信息化建设】 启动实施信息一体化建设,编制完成人社系统信息一体化总体规划。7 月 1日,五险统征新系统顺利上线。劳动监察系统升级改造如期完成,阳光医保监管系统试点工作成功开展,医保系统二期获批立项启动。完成 12333 咨询服务系统升级。

市人力资源和社会保障局下发《关于统一使用公务员考核信息系统开展考核工作的通知》(甬人社发〔2014〕27 号),贯彻落实《宁波市公务员"岗位对责、绩效对账"考核办法(试行)》(甬党办〔2013〕92 号),进一步规范公务员考核工作,加强公务员管理,建设统一的考核信息平台,使我市在全省率先实现公务员考核信息化,使考核工作有"事"可查、有"量"可查、有"绩"可评,增强平时考核的准确性、实效性和可操作性。

【对口支援和结对帮扶】 组织 5 名卫生专家和 1 名农技专家于 10 月份赴贵州黔西南州开展为期一个月的专家实地帮扶指导工作。协调教育、卫生、农业、文化等部门,认真做好宁波库车百名专家人才结对活动首批人选结对帮扶活动,为新疆库车县的 37 名专技人才落实宁波结对专家 34 名,并于 10 月下旬组织 20 余名专家赴库车开展面对面交流活动。

【获省级以上荣誉】

荣誉集体

1. 2014 年度全国清理整顿人力资源市场秩序专项行动取得突出成绩单位
   宁波市劳动保障监察大队

2. 2014 年度全国青年创业示范园区

宁波市鄞州区人力资源和社会保障局

3. 2014 年度全省劳动争议案件处理工作优秀单位
   宁波市劳动人事争议仲裁委员会
   宁波市海曙区劳动人事争议仲裁委员会
   宁波市江东区劳动人事争议仲裁委员会
   宁波市鄞州区劳动人事争议仲裁委员会
   宁波市北仑区劳动人事争议仲裁委员会
   慈溪市劳动人事争议仲裁委员会
   象山县劳动人事争议仲裁委员会

4. 2014 年度全省人力资源社会保障宣传工作先进单位
   宁波市人力资源和社会保障局
   宁波市海曙区人力资源和社会保障局
   宁波市镇海区人力资源和社会保障局
   宁波市江东区人力资源和社会保障局
   宁波市鄞州区人力资源和社会保障局
   余姚市人力资源和社会保障局
   象山县人力资源和社会保障局
   奉化市人力资源和社会保障局
   慈溪市人力资源和社会保障局

5. 2014 年度劳动保障监察工作目标管理成绩突出单位
   宁波市劳动保障监察支队
   宁波市鄞州区劳动保障监察大队
   宁波市北仑区劳动保障监察大队
   象山县劳动保障监察大队
   奉化市劳动保障监察大队

6. 2014 年度"浙江省巾帼文明岗"
   宁波市人力资源和社会保障局 12333 电话咨询服务中心

7. 全省第三批青年(大学生)创业园
   宁波市鄞州区人力资源和社会保障局

荣誉个人

1. 2014 年度浙江省劳动争议案件处理工作优秀个人

宁波市劳动人事争议仲裁委员会　　童志雄
宁海县劳动人事争议仲裁委员会　　倪　萍
宁波市高新区劳动人事争议仲裁委员会
　　　　　　　　　　　　　　　　徐　斌
余姚市劳动人事争议仲裁委员会　　韩范霞

2. 2014年度全省人力资源社会保障宣传工作先进个人

宁波市人力资源和社会保障局　　陈潮杰
宁波市海曙区人力资源和社会保障局
　　　　　　　　　　　　　　　　冯汝洁
宁波市江东区人力资源和社会保障局
　　　　　　　　　　　　　　　　郭官洲
宁波市镇海区人力资源和社会保障局
　　　　　　　　　　　　　　　　王燕娜
宁波市鄞州区人力资源和社会保障局
　　　　　　　　　　　　　　　　周子健
余姚市人力资源和社会保障局　　杨建胜
慈溪市人力资源和社会保障局　　马佳露
象山县人力资源和社会保障局　　郑科技
奉化市人力资源和社会保障局　　胡蓉萍
宁波市保税区人力资源和社会保障局
　　　　　　　　　　　　　　　　冯于坐

3. 省电话咨询中心"我是12333人"征文三等奖

象山县人力资源和社会保障局　　应丹清
　　　　　　　　　　　　　　　　（吴小玲）

温 州 市

【城乡就业】　温州市高校毕业生就业工作领导小组印发《关于分解落实〈浙江省人民政府办公厅关于进一步促进普通高等学校毕业生就业创业的意见〉工作任务的通知》（温毕组〔2014〕1号），明确了各部门任务职责，对高校毕业生就业工作作出全面部署。全年全市规范和新建高校毕业生就业见习基地187家，高校毕业生初次就业率为87.7%。

全市城镇新增就业12.18万人，城镇失业人员再就业1.93万人，其中就业困难人员实现就业6950人，城镇登记失业率为1.91%。临时性下浮社会保险费缴费比例，集中减征部分工业企业社会保险费7.87亿元，惠及企业近4万多家。发放中小微企业稳定就业社会保险补贴2626万元，惠及企业1490家。发放公益性岗位补贴2542万元、就业困难人员社保补贴1358万元、小微企业新招高校毕业生社保补贴87.87万元、岗位补贴404万元。

【社会保险参保情况】　全市企业职工基本养老保险参保人数261.61万人，比上年增加24.65万人；城乡居民基本养老保险参保人数220.44万人，比上年增加1.88万人；职工基本医疗保险参保人数158.27万人，比上年增加4.85万人；城乡居民基本医疗保险参保人数595.41万人，比上年增加5.83万人；失业保险参保人数108.09万人，比上年增加6.09万人；工伤保险参保人数237.05万人，比上年增加9.29万人；生育保险参保人数97.48万人，比上年增加9.42万人；被征地农民基本生活保障人数46.19万人，比上年增加0.18万人。

【社会保险政策】　联合市卫生局、市安监局、市总工会印发《温州市关于实施工伤预防三年行动计划的通知》（温人社发〔2014〕147号）。建立工伤预防联席会议制度，成立了由市人力资源和社会保障局、市安全生产监督管理局、市卫生局、市总工会、市城乡住房和建设委员会、市公安局交通警察支队组成的工伤预防联席会议。

稳步提升养老保障待遇，市区企业退休人员（含退职人员）基本养老金月平均水平达到2485元，市区城乡居民社会养老保险基础养老金标准从每人每月100元提高至130元。市政府印发《温州市人民政府关于调整市区被征地

133

农民基本生活保障待遇有关事项的通知》（温政发〔2014〕6号），市区被征地农民基本生活保障缴费标准从一档51000元、二档45000元、三档39000元，调整为一档75000元、二档66000元、三档51000元，待遇享受标准也相应从一档340元/月、二档300元/月、三档260元/月，调整为一档500元/月、二档440元/月、三档340元/月，被征地农民生活补助金享受标准从75元/月调整为110元/月。

【社会保险经办管理】 市医疗保险管理中心印发《关于做好温州市阳光医保监管平台建设工作的通知》（温医险中心〔2014〕13号），推进阳光医保监管平台建设。印发《关于全市定点医疗机构统一应用新版疾病分类与代码的通知》，逐步统一全市经办规程。

市医保中心开通医保个人账户信息网上查询功能。取消省内异地定点机构转诊备案制度，实现持市民卡省内无障碍就医实时刷卡结算。除异地安置外，取消所有社区证明事项。

联合公安、财政、市场监管、卫生、物价等部门在全市范围内集中开展医保反欺诈"亮剑"专项行动，巡查两定单位425家，查处97家医保违规两定单位，取消定点资格3家，追回违规费用107万元。

【人才引进与开发】 全市举办本地各类人才招聘会302场次，提供就业岗位25.9万个（含市本级举办人才招聘会199场次，提供就业岗位16.3万个）；组织19个批次356家企事业单位携9450个岗位，赴北京、上海、厦门、杭州、哈尔滨等全国高校或人才聚集城市，以举办温州专场招聘会形式开展外出招才活动，接收简历9739份。

组织开展温州市第二批企业重点技术创新团队遴选工作，在申报的45家企业重点技术创新团队中，遴选产生15家温州市第二批企业重点技术创新团队。

出台《关于加快发展人力资源服务业的实施办法》和《关于明确市级人力资源服务业奖励（补贴）政策办理程序的通知》。举办温州市首届"HR经理"论坛，提升人力资源管理的创新理念和实战经验。

11月7日，中国·温州民营企业高层次人才洽谈会开幕，海外高层次人才131人携科技项目100多个，与460家温州民营企业和科研机构开展对接洽谈，达成合作意向50个，签约项目29个。

【专业技术和留学人员管理】 全市入选国家"百千万人才工程"培养人员1人，享受国务院政府特殊津贴3人，省"151人才工程"重点资助和第一、二层次培养人员22人。选拔2014年度市"551人才工程"培养人员335人。重点资助高层次人才创新技术项目14个，资助市"551人才工程"培养人员"扶工扶农"活动和面向欠发达地区科研项目38个。选派市"551"人才在国内外高校、科研院所进修30人，聘请国内外知名专家担任市"551人才工程"培养人员导师21人。组织专家开展各类"扶工扶农"活动33次，参加活动240人次。评定地方特色行业专业技术人才4086人，培养社会工作专业人才1879人。

【职业能力建设】 市人力资源和社会保障局、市财政局下发《关于公布2014年温州市区职业培训补助项目和标准的通知》（温人社发〔2014〕137号），《关于在服装、皮鞋行业试行放开部分等级职业技能鉴定申报条件限制的通知》（温人社发〔2014〕154号）。

全市建成省级技能大师工作室15家，市级技能大师工作室75家，市高技能人才公共实训基地10家。组织约200名突出高技能人才赴上海复旦大学、重庆交通大学等名校参加相关技能培训。开展全市企业岗位大练兵技能大比武,举办涉及25个行业(系统)共42项技能大赛。举办"名师名家牵手创业学子活动",引导优秀技能人才回馈社会,服务民生。

全市开展农村劳动力转移培训2.51万人,进城务工人员培训6.8万人。参加职业技能鉴定11.71万人,培养高技能人才2.64万人。

温州技师学院滨海新校园于3月26日开工建设,2014年A区教学楼、实训楼主体建筑已结顶。

【国外智力引进】 全市申报引进国外智力项目150项,执行119项,引进经技类外国专家130人。新增外国文教专家聘请资格单位7家,省"千人计划"21人,获省政府"西湖友谊奖"5人,市政府"雁荡友谊奖"17人。入选市"580海外精英"引进计划22人。开展"海外工程师"引进需求申报工作,资助企业引进"海外工程师"25人,财政资助资金435万元。

【公务员管理】 顺利完成了2014年全市公务员招录、全市政法干警招考培养体制改革试点、中央机关及其直属机构2015年度考试录用公务员温州考区笔试等三次大规模公务员招考任务,全市共录用公务员1223名。首次启动选调生"村官"招录计划,面向应届优秀高校毕业生招考选调生"村官"35名。开展市直机关面向县(市、区)公开选调公务员工作,公开选调32名公务员。

联合市纪委、市委组织部、市委宣传部、市教育局、市公安局、市交通运输局、市卫生局、市城市管理与行政执法局、温州市市场监督管理局、温州市保密局、温州市无线电管理局、温州电力局共同制定了温州市公务员录用考试联席会议制度。

组织开展各类公务员培训29040人次,圆满完成全年培训工作任务。采用"大市集中"

的方式,按时实现了全市人力社保系统"日志式"平时考核管理试运行。

【事业单位人事管理】 全市公开招聘(包括人才引进)并录取聘用5047人,其中市本级1192人,各县(市、区)3855人。上述人员中,博士37人,硕士388人,本科3191人,专科1431人。市本级全年共核准认定(含重新核准)69家事业单位的岗位设置,及时为3178人调整岗位。启动事业单位的聘期考核工作,完成52家市属事业单位的聘期考核和新一轮竞聘上岗。完成365家市属事业单位的2013年度考核工作。

【工资福利】 2月,市人力资源和社会保障局、市财政局联合下发《关于市直机关工作人员各类假期待遇的通知》(温人社发〔2014〕88号);市人力资源和社会保障局、市财政局、市卫生局下发了《转发省人力资源和社会保障厅、省财政厅、省卫生厅关于提高护士待遇有关问题的通知》(温人社发〔2014〕89号)。11月,市人力资源和社会保障局、市财政局、市卫生局《关于转发省人力资源和社会保障厅、省财政厅、省卫生和计划生育委员会进一步完善基层医疗卫生事业单位绩效工资分配指导意见的通知》(温人社发〔2014〕374号)。

全年机关事业单位纳入工资统发202家,统发人员16004人,统一发放工资9.96亿元,代扣公积金1.71亿元;新增统发人员497人,取消统发人员637人,工资数据变动处理45000人次,统发完成考核合格晋升薪级工资16000多人次,人均增资29元。工龄更改28人次,重建引进人才档案3人,事业单位职员任职资格考试考核1053人。

【军队转业干部安置】 全市共接收军转干部99名,因身体原因不符合安置条件做退档处理1

名、不服从安置做退档处理 2 名,实际接收军转干部 96 名,其中计划安置 94 名,自主择业 2 名。计划安置的军转干部中,安置到公务员(含参照单位)岗位 86 名,占安置总数的 89.6%,安置到事业岗位 10 名,占安置总数的 10.4%。随调家属 6 名。

全市企业退休军队转业干部长效慰问金调整为年人均 6800 元,为市直 26 名企业退休军队转业干部发放生活特困补助费 5.6 万元。

温州市政府、温州军分区批转《市人力社保局、温州军分区政治部〈温州市军人随军家属就业安置实施办法〉的通知》(温政发〔2014〕77 号),明确全市各级机关、企事业单位都有接收安置随军家属的义务,同时对安置原则、安置对象、安置办法都做了明确的规定。

【劳动关系】 全市企业劳动合同签订率达到 97.71%,已建工会企业集体合同签订率达到 100%,农民工和小微企业劳动合同签订率 92% 以上。全市已取得行政许可劳务派遣企业 61 家,涉及劳务派遣人员 2.47 万人;取得行政许可劳务派遣企业的劳务派遣人员劳动合同签订率达到 100%,社会保险参保率达到 100%。市区职工最低工资标准调整为 1650 元,非全日制工作最低小时工资标准调整为 13.5 元。所辖县(市)职工最低工资标准调整为 1470 元、1350 元二档,非全日制工作最低小时工资标准调整为 12 元、10.9 元二档。

【劳动保障监察】 全市各级劳动保障监察机构主动监查用人单位 1.74 万家,受理劳动者举报投诉 8457 起,追回欠薪 4.11 亿元,涉及劳动者 4.01 万人。处置突发群体性事件 690 起,涉案金额 2.52 亿元。处置企业欠薪逃匿案件 36 起,涉案金额 966.1 万元,向公安机关移送涉嫌拒不支付劳动报酬案件 91 件。

【劳动人事争议调解仲裁】 推进"法律援助进仲裁"活动,协调市法律援助中心和总工会法律援助中心,定期指派律师到仲裁院开展法律咨询服务,加大对劳动者的法律援助力度。推行周末仲裁制度,对于因各种原因无法在正常工作日参加庭审的当事人,安排在周末开庭,缓解劳动争议案多人少的矛盾。

全市共受理劳动人事争议案件 5303 件,结案率、调解率分别达到 92.76%、71.29%。

【12333 电话咨询服务】 市 12333 电话咨询服务专线来电总数 51.98 万个,接通率达 85%。市 12333 人力资源社会保障咨询服务系统覆盖全市,提供人工接听、自助查询、自动留言、传真索取等服务。

【信息化建设】 全年新增发放市民卡 164.4 万张,累计发放 599 万张;新增市民卡充值、商业消费网点 439 个。向县域拓展市民卡公交车和公共自行车应用,开通市区公路客运售票应用以及便利店刷卡应用。市区首批 9 家医院 HIS 系统全部实现市民卡诊间结算。

完成全民参保登记系统建设、医院诊间自助结算项目、付费方式改革、医保医师库建设、"日志式"公务员考核管理系统、省异地容灾备份系统建设、阳光政务系统联网等省市重点工作相关系统开发建设。

【获省级以上荣誉】

荣誉集体

1. 2014 年度全省劳动争议案件处理工作优秀单位
温州市劳动人事争议仲裁委员会
温州市龙湾区劳动人事争议仲裁委员会
永嘉县劳动人事争议仲裁委员会
苍南县劳动人事争议仲裁委员会

2. 2014 年度全省人力资源社会保障宣传工作
先进单位

温州市人力资源和社会保障局

温州市龙湾区人力资源和社会保障局

乐清市人力资源和社会保障局

瑞安市人力资源和社会保障局

永嘉县人力资源和社会保障局

平阳县人力资源和社会保障局

苍南县人力资源和社会保障局

3. 2014 年度全省劳动保障监察工作目标管理
成绩突出单位

温州市劳动保障监察支队

荣誉个人

1. 2014 年度全省劳动争议案件处理工作优秀
个人

温州市瓯海区劳动人事争议仲裁委员会
周赢赢

瑞安市劳动人事争议仲裁委员会　　柯步相

平阳县劳动人事争议仲裁委员会　　林元昆

2. 2014 年度全省人力资源社会保障宣传工作
先进个人

温州市人力资源和社会保障局　　叶慧妩

温州市鹿城区人力资源和社会保障局
邹银华

温州市龙湾区人力资源和社会保障局
李东平

乐清市人力资源和社会保障局　　谷倩倩

瑞安市人力资源和社会保障局　　黄希轻

永嘉县人力资源和社会保障局　　董海冰

洞头县人力资源和社会保障局　　李小明

平阳县人力资源和社会保障局　　周　群

苍南县人力资源和社会保障局　　潘钦锋

文成县人力资源和社会保障局　　吴春燕

温州经济技术开发区社保分局　　褚雅婷

（项　博）

湖 州 市

【城乡就业】　制定出台《湖州市人民政府办公室关于进一步做好普通高等学校毕业生就业创业工作的实施意见》（湖政办发〔2014〕112号）、《湖州市高校毕业生（青年）创业示范园认定和管理办法》（湖人社发〔2014〕119号）。

广泛开展"创业服务高校行"活动，为有创业意愿的大学生提供点对点、面对面的创业指导。开展"百校百企人才对接工程"，分别与北京建筑大学、武汉大学等高校签订校地人才合作框架协议，定期组织大学生来湖实践。组织暑期"千人实习计划"等活动，推进见习基地建设，开发大学生就业见习岗位 989 个。开展"高校毕业生就业创业主题宣传月"，为高校毕业生提供政策咨询、档案查询等"一站式"免费服务。组织"离校未就业高校毕业生就业服务月"活动，为未就业大学生提供跟踪式就业服务。全市共有高校毕业生 1.43 万人，实现就业1.37 万人，就业率 95.45%。

组织开展"就业服务年"活动，实施"帮扶解困助转型、政企同心促发展"百日专项行动"1234 计划"，努力为企业解决用工难等问题。开展"春风行动"、"节后人力资源交流系列活动"、"技能岗位对接活动"、"秋季人力资源交流大会"等 12 项公共就业服务专项活动，全市共举办大型招聘会 153 场，累计提供岗位13.68 万个，达成就业意向 3.6 万人。组织召开市六大特色产业技能人才校企合作洽谈会，现场签订协议、达成意向 167 项，培养输送技能人才近 2000 人次。组织开展再就业培训、创业培训和职业技能培训，努力提升劳动者素质，共培训 3 万余人次，其中参加创业培训人数 2620人，完成全年目标任务的 174.67%。

建立就业援助实名制管理模式，抓好就业困难人员实名制登记、援助和就业，实施"一人一策"有效帮扶,切实推动就业困难人员、农村转移劳动力和高校毕业生等重点群体实现就业。加大社区就业服务组织培育力度,全面推进公益性岗位进村就业援助工作,开发社区岗位 2447 个,公益性岗位进村达标率 94.67%。严格落实就业困难帮扶政策,落实全市 13785 名就业困难人员灵活就业社保补贴 3746.02 万元、4373 名企业吸纳就业困难人员社保补贴和公益性岗位补贴 886.62 万元。协助办理小额担保贷款 251 笔共计 5817 万元,发放贴息 73 笔共计 141.57 万元。

扎实推进国家级失业预警试点工作,健全用工监测直报和就业形势分析制度。完善公共就业服务信息网络,加强"三通"工程建设,推进就业公共信息实现村村通、户户通和重点群体人人通。整合相关部门创业优惠政策和服务资源,打造集政策服务公开、创业导师工作室、网络在线交流"三位一体"创业服务综合平台,为创业者提供个性化服务。

全市城镇新增就业 6.26 万人、失业人员再就业 2.34 万人、困难人员再就业 4523 人,城镇登记失业率 2.98%。

【社会保险参保情况】 全市职工基本养老保险参保人数达到 119.15 万人,城乡居民基本养老保险参保人数达到 64.9 万人,合计新增 11.11 万人;城镇职工和居民基本医疗保险参保人数达到 133.82 万人,新增 10.37 万人;失业保险参保人数达到 61.62 万人,新增 3.86 万人;工伤保险参保人数达到 75.53 万人,新增 2.9 万人;生育保险参保人数达到 60.28 万,新增 3.94 万人。

【社会保险政策】 制定出台《湖州市人民政府关于印发湖州市城乡居民基本养老保险实施办法的通知》(湖政发〔2014〕29 号)、《湖州市人民政府办公室关于调整湖州市区新型农村合作医疗暂行办法部分内容的通知》(湖政办发〔2014〕50 号)、《湖州市人民政府办公室关于印发湖州市区城乡居民基本医疗保险暂行办法的通知》(湖政办发〔2014〕120 号)。

全市企业退休人员人均养老金从 1818 元/月提高至 2157 元/月。城乡居民基本养老保险基础养老金从 90 元/月提高至 115 元/月。企业老精减退职人员生活困难补助费待遇标准提高至 1090 元/月。市区城镇居民医保、新农合人均筹资成年人标准达 705 元/人·年(财政补助提高至 475 元/人·年)。城镇职工医保和城乡居民医保政策范围内住院费用医保基金支付比例分别达 82% 和 72%。市区和三县失业保险金标准分别提高至 1103 元/月和 1013 元/月。大病保险实现全市覆盖,累计赔付金额 4860.91 万元,受益人群 5716 人次,最高报销金额达到 21.95 万元。

【社会保险经办管理服务】 强化"五费合征",不断夯实社保基金征缴率。启动全民参保登记,有序开展社保信息比对、入户调查等,全市户籍人口参保登记率已达到 69%。"柜员制"经办模式实现市级全覆盖。全市办理社保转移接续 1.07 万人次,发生异地就医 60.4 万人次,结算医疗费用 8.8 亿元。

【人才引进与开发】 制定出台《湖州市人力资源和社会保障局关于印发 2014 年湖州市南太湖紧缺急需人才引进计划实施意见的通知》(湖人社发〔2014〕251 号)、《湖州市人力资源和社会保障局关于印发 2014 年度湖州市重点产业紧缺急需人才引进目录的通知》(湖人社发〔2014〕252 号)、《湖州市人力资源和社会保障局关于印发湖州市专业技术人才知识更新工程(2014—2020)方案的通知》(湖人社发〔2014〕117 号)。

制定 2014 年度《湖州市重点产业紧缺急需

人才引进目录》,分别与浙江大学、北京建筑大学、武汉大学等高校签订校地人才合作协议,实施"菜单式"引才,全市共引进各类人才2.01万名,其中高层次人才1315名、紧缺急需人才1045名。实施新一轮"南太湖精英计划",新引进"南太湖精英计划"创业创新领军人才和项目96个。成功组团赴欧洲、北美、澳洲等地招才引智,对接洽谈海外高层次人才514人次,签订人才项目合作协议52项,新聘海外院士专家8人、海外"引才大使"3人,与12家境外人才协会组织建立合作关系。加大柔性引才力度,引进"南太湖特聘专家"48名。积极推行"湖州绿卡"制度,累计发卡87张。建立市、县(区)、重点园区三级联动的高层次人才"一站式"服务平台,实现资源共享。

【专业技术和留学人员管理】 实施"南太湖精英计划"企业成长助推行动,全市新增专业技术人才1.36万名,入选国家"千人计划"人才7名、省"千人计划"人才19名;入选省"151"人才工程重点资助培养人员1名,第一、二层次培养人员10名;选拔市"1112人才工程"学术技术带头人培养和后备人选101名。创新企业人才评价机制,全市有242名专业技术人员顺利晋升为工程师。南浔科创园成功创建为省级留学人员创业园,推荐入选"留学人员科技活动项目择优资助"2项。

【职业能力建设】 制定下发《湖州市人力资源和社会保障局关于公布湖州市社会化职业技能培训鉴定职业(工种)指导目录的通知》(湖人社发〔2013〕63号)、《湖州市人力资源和社会保障局关于开展2014年度企业技能人才自主评价试点企业考核评估工作的通知》(湖人社发〔2014〕217号)。

组织开展第三届"有突出贡献的南太湖新技师暨湖州市首席技师"选拔工作,评选市首席技师10名。组织近3万名职工参加电焊工、汽车修理工等通用性较强的职业技能比武200余场次。实施"金蓝领"高技能人才培训工程,入选"金蓝领"电子商务、现代物流等高技能人才培训班11人。扎实开展企业技能人才自主评价工作,全市新增自主评价试点企业433家,完成职业技能培训鉴定5.8万人,新增高技能人才1.62万人。认真抓好紫砂、湖笔等非遗传承人职业技能直接认定工作,直接认定陶瓷工艺师、湖笔制作工等职业技师(工)42名。积极推进木地板制作工、网络营销师(电子商务)两大新职业(工种)国家标准开发。

新建省级技能大师工作室3家、市级11家,新建高技能人才培训基地6家、公共实训基地1家。推动浙江信息工程学校、湖州交通学校申报技师学院,并经省政府批准筹办。

【国外智力引进】 全市共引进外国专家203人,为企业解决技术难题103项,产生经济效益11.89亿元。入选省"外专千人计划"的外国专家1人,入选"外专国家千人计划"重点和普通推荐名单各1人。实施重点引智项目62项,涉及生物医药、先进装备、新能源、金属新材料、绿色家居和特色纺织等重点行业领域,获国家级项目8项、省级项目10项,发明专利62项。

【公务员管理】 推进公务员考录面试考官全面异地交流制度,阳光考录公务员387名。健全公务员基层遴选机制,面向基层遴选公务员22人。制定出台《湖州市人力资源和社会保障局关于市级机关新录用公务员到基层实践锻炼的实施意见》(湖人社发〔2014〕177号),建立公务员实践基地4个,68名新录用公务员接受基层实践锻炼。开展公务员网络学堂,提升公务员队伍理论水平和行政能力。

【事业单位人事管理】 制定出台《湖州市人力

资源和社会保障局关于进一步统一和规范市属事业单位高层次人才引进工作的通知》(湖人社发〔2014〕9号),招录高层次人才183人,市属事业阳光招聘单位工作人员646人。贯彻落实《事业单位人事管理条例》,加强事业单位聘用合同管理,做好事业单位岗位设置和岗位聘任调整,指导事业单位建立健全公平竞争、能上能下的用人机制。

【人事考试管理】 推进人事考试规范化管理,全市组织实施各级各类考试16个品种25场,参考人数达到6万人次,比上年增长10%。

【工资福利】 推进事业单位绩效工资工作,核定市属222家事业单位的绩效工资水平和总量,完成市属事业单位绩效工资执行情况结算。指导事业单位进一步搞活绩效工资分配,切实发挥绩效工资激励导向作用。落实提高护士待遇政策,对702名一线护士实行临床护理津贴;对206名护龄满30年退休护士按原基本工资100%计发退休费。

【军队转业干部安置】 全市接收安置军队转业干部86人,其中计划分配83人,自主择业3人;另有随调家属5人。计划分配的军队转业干部中,团职干部19人,营职及以下和专业技术干部64人。从安置结果看,83名计划分配军转干部,有77名军转干部安置到党政机关(含19名安置到参照公务员法管理事业单位),占安置总数的92.8%,有6名军转干部安置到事业单位,占安置总数的7.2%。同时,5名随调家属都按规定进行妥善安置。组织举办军队转业干部教育培训班,55名军队转业干部参加全市统一组织的岗前培训。

制定出台《湖州市人民政府关于驻湖部队随军家属就业安置实施细则的通知》(湖政发〔2014〕31号),切实加大驻地部队随军家属就业安置力度。

【劳动关系】 全市深入推进"双爱"活动开展,制订并实施"双爱"活动四年计划,召开"双爱"活动现场推进会、"送清凉送关爱"等活动,规上企业参与率达100%。完善劳动关系和谐指数测评体系,各区、县劳动关系和谐指数测评均超过82分。开展农民工签订劳动合同春暖行动和小企业签订劳动合同专项行动,小微企业劳动合同签订率达95%。健全劳动关系三方四家协调机制,推进集体合同签订、工资集体协商、企业民主管理建设等工作。

加强企业职工工资分配宏观调控,发布全市人力资源市场工资指导价位。调整我市最低工资标准,市区职工最低工资标准调整为1470元/月,最低小时工资调整为12元;所辖三县职工最低工资标准调整为1350元/月,最低小时工资调整为10.9元。

【劳动保障监察】 深入开展"春雨"、"春雷"、整治非法使用童工打击违法犯罪、用人单位遵守劳动用工和社会保险等专项检查行动,建立涉嫌拒不支付工资报酬犯罪案件查处移送机制。全市共检查用人单位1.02万家,涉及职工26.5万人,书面审查用人单位2.05万家,涉及职工53.3万人。全市共受理群众投诉举报案件3950件,立案、结案1427件,结案率达100%。处置欠薪案件2722件,为1.8万名劳动者追偿工资2.38亿元。

【调解仲裁】 积极抓好非公企业及商会(协会)调解组织建设示范工作,推进仲裁派出庭建设,全面形成企业、各级人民调解组织、乡镇(街道)、工会、劳动仲裁、法律援助调解的工作新格局。加强仲裁员队伍建设,不断提高防范化解矛盾纠纷能力,全市仲裁机构立案受理案件2577件,涉及劳动者7158人,涉案申诉标的

2.18 亿元;结案 2405 件,结案率 93.33%;调解结案 2072 件,调解率 86.15%;妥善处置集体争议案件 61 件,涉及劳动者 4604 人。

【12333 电话咨询服务】 承办 12345 政府阳光热线 709 件,满意率达 88.88%。受理 12333 咨询服务热线 38.23 万个,满意率达到 99.7%。

【信息化建设】 制定出台《湖州市人力资源和社会保障局关于印发湖州市社会保障卡综合应用试点示范工作实施方案的通知》(湖人社发〔2014〕269 号),启动实施社保卡综合应用示范国家级试点工作。推进市区"新农合"并轨和全市城乡居民医保"一卡通"建设,累计发放社会保障卡 170.53 万张。实施市本级社保综合管理信息系统升级改造工程,推进市人力社保数据异地容灾备份系统建设,提升信息系统整体支撑服务能力。推出"湖州人社"微博、微信服务平台,打造"信息惠民"服务品牌。

【获省级以上荣誉】

荣誉集体

1. 2014 年度全国清理整顿人力资源市场秩序专项行动取得突出成绩单位
   湖州市劳动保障监察支队
2. 2014 年度全省人事考试工作优秀单位
   湖州市人事考试办公室
3. 2014 年度全省劳动争议案件处理工作优秀单位
   湖州市劳动人事争议仲裁委员会
   湖州市吴兴区劳动人事争议仲裁委员会
   湖州市南浔区劳动人事争议仲裁委员会
   长兴县劳动人事争议仲裁委员会
4. 2014 年度全省人力资源社会保障宣传工作先进单位
   德清县人力资源和社会保障局

   长兴县人力资源和社会保障局
5. 2014 年度全省劳动保障监察工作目标管理成绩突出单位
   湖州市南浔区劳动保障监察大队
   长兴县劳动保障监察大队
   安吉县劳动保障监察大队

荣誉个人

1. 2014 年度全国先进军转工作者
   湖州市人力资源和社会保障局　　沈建新
2. 2014 年度全省劳动争议案件处理工作优秀个人
   湖州市劳动人事争议仲裁委员会　　蔡水蓓
   德清县劳动人事争议仲裁院　　黄振豪
   安吉县人力资源和社会保障局　　皇甫夏明
3. 2014 年度全省人力资源社会保障宣传工作先进个人
   湖州市吴兴区人力资源和社会保障局

   　　王其伟
   德清县人力资源和社会保障局　　何昱鸿
   长兴县人力资源和社会保障局　　王俊荆
   　　　　　　　　　　　(俞　强)

嘉兴市

【城乡就业】 出台《嘉兴市创建国家级创业型城市工作领导小组成员单位职责》(嘉创业办〔2014〕1 号),调整相关单位职责分工。深入推进创业型镇(街道)、创业基地和创业典型评选活动,新命名嘉兴市充分就业镇(街道)39 家;认定第二批创业型镇(街道)17 家、创业基地 34 家和创业典型 50 人;复审首批创业基地 58 家,其中 57 家通过验收。落实各项创业补贴共计 31.2 万元,其中创业基地补助 11 万元、创业型镇(街道)补助 10 万元、创业典型补助 10.2 万元。完善小额创业贷款政策,与人民银行嘉兴支行、市财政局联合出台《嘉兴市本级小额创业贷款管理办法》(嘉银发〔2014〕169号),调整提高贷款额度,加大贷款贴息力度,在帮助创业者解决融资难方面取得了实效。出台《嘉兴市本级创业扶持政策申报操作办法》(嘉人社〔2014〕128号),对市本级创业扶持政策进行了规范。全市联动开展"创业季"系列活动,会同团市委、市商务局举办青年电子商务大赛,与广电集团联合推出《就业之声》栏目,营造了良好的创业氛围。

组织开展"春风行动"等10项公共就业服务活动,创新开展"333就业服务月"活动,全市共举办552场招聘会,共有36089家企业进场,累计提供810824个岗位,吸引622038名求职者进场求职,其中达成意向254173人。办理外国人就业许可证493人、台港澳人员就业证43人,办理外国人就业证延期1198人、台港澳人员就业证延期25人。调整增加企业用工检测样本,对全市938家企业实行企业生产经营和用工情况监测,对463家企业实行块状经济监测。加强技能人才工作交流,组织参加"2014浙江省技能人才校企合作洽谈会",与省内外技工(职业)院校达成合作意向85项,与市内外企业达成合作意向65项,与各职业(技工)学校签订技能人才校企合作协议书360份。编制家庭服务业发展中期规划,推进家庭服务体系建设,嘉兴市被列为浙江省中心城市家庭服务体系建设联系城市。实施就业困难人员就业援助,推行就业困难人员实名制管理,走访就业困难人员和零就业家庭468户,登记认定的未就业困难人员722人,帮助401名就业困难人员实现就业。支持示范性农村劳务合作社发展,开展示范性农村劳务合作社评估考核认定工作,推动劳务合作社提升经营管理和服务水平。做好生猪养殖退养人员就业和社会保障工作,实现生猪退养人员转移就业41106人,转移就业率达77.36%,完成培训5772人。做好淘汰落后产能企业职工安置,全部关停32家企业,多途径、多渠道安置涉企职工,实现转岗再就业809人,其他单位就业1812人,自谋职业自主创业194人,退休59人,外地人员不在嘉兴就业108人。

全市城镇新增就业10.72万人,帮助城镇失业人员再就业4.37万人,就业困难人员再就业1.45万人,城镇登记失业率2.92%,社会就业率90%,农村公益性岗位进村达标率100%。

【社会保险参保情况】 全市职工基本养老、基本医疗、失业、工伤、生育保险参保总人数分别达到219.2万、193万、110.4万、159.8万和134.9万人,比上年分别净增9.8万、10.1万、6.3万、5.3万和6.4万人,全市社会养老保险、社会医疗保险覆盖率均达98%以上。

【社会保险政策】 出台《嘉兴市人民政府关于印发嘉兴市职工基本医疗保险暂行办法》(嘉政发〔2014〕87号),进一步健全和完善职工基本医疗保险制度。出台《关于调整市本级城乡居民基本医疗保险有关规定的通知》(嘉政办发〔2014〕101号),进一步完善我市城乡居民基本医疗保险制度。出台《关于调整公务员、企事业单位医疗补助有关规定的通知》(嘉政办发〔2014〕117号),对公务员医疗补助、企事业单位医疗补助办法做进一步完善。

连续第12年上调本市职工基本养老金,2014年全市企业退休人员基本养老金人均增加249元/月,城乡居民社会养老保险人均基础养老金比2013年增加25元/月。被征地居民基本生活保障水平不断提高,2014年待遇标准达到920元/月·人(含综合补贴70元),比上年增加65元/月。一次性补缴职工基本养老保险费的被征地居民的基本养老保险待遇提高到1143元/月,比上年增加100元/月。2014年,市本级共安置被征地居民693人,置换社会保障接收农村"两新"工程中参照被征地居民置换社会保障 1056 人。

【社会保险经办管理】 制定全民参保登记三年行动计划,全市启动市民社保参保信息与公安户籍人口数据库比对工作并上传省厅进行数据校验,核准户籍人口社保参保信息 70%。实施省内社保关系转移接续新政,全市办理省内外转移接续 4.5 万人次。职工医保异地就医工作运行平稳,市本级实现离休干部省内异地就医联网结算,全市省内异地就医 30.1 万人次,市域异地就医 101.1 万人次,结算医疗费分别为 2.95 亿元和 5.13 亿元。落实工业企业社保费减征政策,配合地税部门减征社保费 8.95 亿元,惠及企业 3.78 万家,其中市本级 9435 家、2.2 亿元。社保"上网下乡"拓展迅速,全市开通网上申报参保企业已超过 3 万家,市本级和桐乡市企业网上办理的人员增减业务已超过总量的 80%。市本级在 22 个镇(街道)启动新一轮社保"全业务"下沉,将基层服务事项从 21 项增加到 80 项,同时下派业务骨干实行驻点指导。

市本级率先完成居民医保与职工医保经办职能整合工作,居民医保和职工医保信息系统于 1 月 4 日整合上线运行,实现了居民医保和职工医保操作平台、数据库、业务规则"三统一"。39 万居民医保参保人员社会保障市民卡全部发放到位,实现了居民医保参保人员持卡实时刷卡就医,全年实时刷卡率达 99.4%。市本级采用社会保障市民卡绑定银行卡、业务办理短信触发等措施,从 10 月 1 日起全面实行社保待遇支付"零现金"制度,同时对 2015 年度居民医保费实行银行批扣征缴。建立社保待遇分级审核和大额支付会审制度,医保、工伤、生育等社保待遇审核结算机制进一步健全。落实嘉兴市政府关于加强社会保险基金管理的有关措施,加大对职工基本养老保险缴费基数的稽核审查力度,对未申报基数的 8300 余家企业、

8.4 万参保人员统一按上月缴费额的 110% 征收社保费,全年实现增收五千多万元。

【人才引进与开发】 全市共举办各类招聘活动 516 场次,提供岗位 543579 个(次),嘉兴人事人才网注册会员单位 41093 家,登记简历 47 万余份,发布职位信息 12 万余条,日均点击率维持在 9 万人次左右。全市引进各类人才 45266 人,其中高层次人才 3975 人,比上年分别增长 10.95% 和 13.93%。在"创新嘉兴·精英引领计划"的带动下,全市共引育国家"千人计划"专家 86 名、省"千人计划"专家 88 名,实现县(市、区)国家"千人计划"专家全覆盖。

全面推进"创新嘉兴·精英引领计划"。开通美国·硅谷嘉兴人才项目远程视频系统,形成嘉兴海外引才新模式。在原有美国、加拿大、法国、澳大利亚、日本等"1 站 8 点"的海外人才工作站点布局下,扩充德国、瑞典等站(点),形成"2 站 11 点"的分布。遴选出 2014 年度领军人才及项目 134 个(其中创业类 122 个、创新类 11 个、高层次外国专家 1 个)。截至 2014 年底,已有 363 个项目完成工商注册,注册资本 34.25 亿元,已完成工商注册和明确意向落户地的项目占总数的 91%,比上年同期上升了 2 个百分点。据不完全统计,截至 2014 年底,销售收入达到或超过亿元企业已达 9 家,超千万元企业 52 家,超百万元企业 125 家。全市已向嘉兴创业创新的领军人才拨付项目启动资金 4.184 亿元。

【专业技术和留学人员管理】 出台《嘉兴市创业创新人才职称认定管理办法》(嘉人社〔2014〕225 号)和《嘉兴市技能职业资格与工程专业技术资格互评认定管理办法(试行)》(嘉人社〔2014〕246 号)。全年共推荐政府特殊津贴人选 5 人、国家百千万人才工程人选 4 人;推荐省"151 人才工程"培养人员 31 人,1

人入选一层次,3 人入选二层次;评选第三批"南湖百杰"专业技术带头人人选 10 人。核准公布各类专业技术资格 21699 人、执业(职业)资格 1280 人。2 位在站博士后获得省博士后科研项目择优资助,获经费 6 万元。11 位高层次海外归国人员申报的课题入选"留学回国人员科研活动择优资助项目",获经费 11 万元。1 位海外优秀留学人才获得省"钱江人才计划"D 类项目择优资助,获经费 5 万元。

【职业能力建设】 出台《关于印发〈嘉兴市本级职业培训补贴实施办法(试行)〉的通知》(嘉人社〔2014〕144 号)。组织 14 个职业工种的技师(含高级技师)培训考核 1898 人,12 个职业工种的全国(省)统考 4944 人。推进企业技能人才评价标准化体系建设,完成评价认定企业306 家。会同市总工会等部门举办 18 个职业工种的职业技能竞赛活动,参加人数达 2.5 万人。建设技能大师工作室,2 家入选省级技能大师工作室,认定市技能大师工作室 10 家。向省厅推荐申报享受政府特殊津贴的高技能人才人选 1 名,选派省"金蓝领"国外培训 4 人,涉及汽车维修等专业。姚红飞等 10 名高技能人才被评选为"南湖百杰"高技能人才。海宁、桐乡高级技工学校成功申报筹建技师学院。嘉兴技师学院成功申报省级高技能人才公共实训基地扩建项目。全市完成高技能人才培训 24293人,均创历史新高。

【国外智力引进】 全市完成国家级和省级引进国外技术、管理人才项目 39 项,获得资助129 万元。1 位外国专家获得国家友谊奖,2 位外国专家获得省"西湖友谊奖"。

【公务员管理】 全市各级机关计划招录公务员 677 名,实际开考 660 名,最终录用 647 名,另有 6 名考生因怀孕暂缓录用,首次实现了全市所有面试考官异地交流,全过程保持"零差错"、"零投诉"。组织招录人民警察学员 15名、特警 10 名。

组织公务员初任培训班及基层锻炼、科(局)级干部培训班、军转干部上岗培训班、公务员面试考官培训班、人事干部实务培训班、知识更新网络培训等各类培训班,参与人数达4000 多人次。出台《嘉兴市部分市级机关开展公务员"日志式"管理平时考核试点工作指导意见(试行)》(嘉人社〔2014〕198 号),在 10 个部门中开展平时考核试点。做好评比达标表彰活动清理工作,共取消各类评比达标表彰活动211 项,占清理总数的 93%。对全市 15639 名科级以下领导职务和处级以下非领导职务公务员进行年度考核,确定优秀等次 2979 人,授予三等功 477 人。

办理公务员转任 76 人、调任 1 人。核准科级非领导职务职数和任职资格 27 家单位、160人。办理公务员录用审批 3 批次、524 人。办理公务员登记 5 批次、711 人。完成全市公务员信息采集、校核、录入和汇总建库工作。完成2013 年公务员统计工作。代市政府草拟提名文件,完成推荐、任免文件 18 件、任免干部 52人次。

【事业单位人事管理】 转发省委组织部、省人力资源和社会保障厅《关于加强事业单位岗位聘期考核管理的指导意见的通知》(嘉人社〔2013〕213 号),下发《关于开展嘉兴市属事业单位第二轮岗位聘用工作的通知》(嘉人社〔2014〕124 号)。市属 158 家事业单位办理第二轮岗位聘任,其中晋升 1335 人,转岗 16 人,降低聘任岗位 3 人。开展专业技术二级岗位聘任人选申报和工勤技能一级岗位核准工作,聘任专业技术二级岗位 5 人,聘任工勤技能一级岗位 6 人。新核准单位数 8 个,核准岗位总数增加 360 个,专业技术正高岗位增加 20 个,副高岗位增加 70 个,中级岗位增加 93 个。

【工资福利】 下发《关于嘉兴市机关事业单位工作人员各类假期待遇的通知》(嘉人社〔2014〕196 号),首次对机关事业单位工作人员在病假、探亲假、事假、婚假、丧假和女职工产假等假期期间的工资待遇(事业单位绩效工资)计发问题进行明确。为鼓励和吸引人才从事护理工作,稳定一线临床护理队伍,对从事一线临床护理工作的护士,按照本人从事一线临床工作的年限,分别为每人每月发放 200—350 元的临床护理津贴;对医疗卫生事业单位中,直接从事护理工作累计满 30 年的护理人员,退休后按原基本工资 100% 计发退休费。

【军队转业干部安置】 出台《嘉兴市军人随军家属就业安置实施细则》(嘉政发〔2014〕85 号)。2014 年,全市共接收安置军转干部 79 名,其中团职 29 名、营职 23 名、连排职 10 名、技术干部 15 名、自主择业 2 名,另有随调家属 6 名。其中安置在各级机关及参公事业单位 73 名,比例达到 94.8%,为历年来最高;安置在事业单位 4 名,基本实现军转干部、接收单位和部队组织"三满意"的目标。

【劳动关系】 出台《嘉兴市深入开展"双爱"活动计划(2014—2017 年)》,启动十二项重点工作。7 月 17 日,在海盐召开全市"双爱"活动现场推进会,推动我市"双爱"活动持续深入开展。全市共建立"双爱"活动企业联系点 400 余个,全市规模以上企业"双爱"活动参与率达 100%,劳动合同签订率达 98% 以上,已建工会企业集体合同签订率达 94.5%。广泛宣传报道"双爱"活动,市、县两级共选树了 100 多家"双爱"活动示范企业,表彰了市级"双爱"活动优秀示范企业 20 家及优秀企业家 30 名,优秀职工 48 名,表彰了第四批全市创建和谐劳动关

系先进企业 53 家、先进工业园区 4 个和先进个人 32 名。规范劳务派遣和特殊工时制度,作出劳务派遣行政许可 4 家,特殊工时审批 36 家。

【农民工管理服务】 市人力资源和社会保障局等 6 部门下发《关于进一步加强新居民就业管理服务工作的通知》(嘉人社〔2014〕226 号),进一步加强新居民就业管理服务工作,改善新居民就业结构,优化人力资源配置,促进经济结构调整和产业转型升级。

【劳动保障监察】 全市主动监察用人单位 15697 家,开展劳动保障书面审查 5.4 万家,受理群众举报投诉案件 3883 件,为 2.14 万名劳动者追回被拖欠工资和赔偿金 2.26 亿元;处置欠薪群体性事件 130 件。全年移送公安机关涉嫌拒不支付劳动报酬案件 44 件,公安机关立案 33 件,法院判决 12 件;行政处罚案件 154 件;全市共收取各类工资保证金 4.9 亿元,建立应急周转金 6100 万元,发放农民工记工考勤卡 6.2 万张。

【调解仲裁】 全市各级劳动人事仲裁机构全年立案受理案件 2248 件,涉及劳动者 7431 人,结案率达 97.2%,总调撤率达 76.7%,结案经济标的 14914.25 万元。全年基层劳动争议调解机构受理劳动争议 6721 件,调解率达 93.1%,争议源头化解成效显著。市劳动人事仲裁委员会探索建立兼职仲裁员小案制度,聘任兼职仲裁员 9 名,进一步提升效能水平。

【12333 电话咨询服务】 建立政策信息库,规范服务规程,加强制度建设,积极培育 12333 县级示范点建设。全年全市共接到电话咨询总量 307031 个,其中市区 162011 个。

【信息化建设】 完成"日志式"管理平时考核

系统在市人力资源和社会保障局的安装、调试，于四季度开始试运行。

全市社会保障市民卡服务"四统一"格局（即统一系统、统一制发卡、统一运行机制、统一服务规范）全面形成，累计制发卡 229 万张，社会保障市民卡合作银行达到 10 家、银行代理服务网点 352 家。以社会保障市民卡为载体，建成"乐惠民"药品网上调配服务平台，在全国首创了慢性病处方类药品登记备案、线上订购、线下配送、一卡结算的服务模式。桐乡在全市率先实行社会保障市民卡诊间结算；海宁、桐乡、平湖（港区）先后开通了公共自行车租借功能；海宁实现公交乘车、城市停车刷卡服务；海盐持卡图书借阅已全县覆盖；嘉兴市委党校实现市民卡校园"一卡通"；南湖区将社会保障市民卡应用于志愿者的服务记录。

【获省级以上荣誉】

荣誉集体

1. 2014 年度全国清理整顿人力资源市场秩序专项行动取得突出成绩单位
   嘉兴市劳动保障监察支队
2. 2014 年度全省人才工作目标责任制考核优秀单位
   嘉兴市人力资源和社会保障局
3. 2014 年度全省爱国拥军模范单位
   嘉兴市人力资源和社会保障局
4. 2014 年度全省社会管理综合治理先进集体
   海盐县人力资源和社会保障局
5. 2014 年度全省劳动争议案件处理工作优秀单位
   平湖市劳动人事争议仲裁委员会
   海宁市劳动人事争议仲裁委员会
6. 2014 年度全省人力资源社会保障宣传工作先进单位
   嘉兴市人力资源和社会保障局

嘉兴市南湖区人力资源和社会保障局
嘉兴市秀洲区人力资源和社会保障局
平湖市人力资源和社会保障局
海盐县人力资源和社会保障局
海宁市人力资源和社会保障局
桐乡市人力资源和社会保障局
嘉善县人力资源和社会保障局

7. 2014 年度全省劳动保障监察工作目标管理成绩突出单位
   嘉兴市劳动保障监察支队
   平湖市劳动保障监察大队
   桐乡市劳动保障监察大队

荣誉个人

1. 首届世界互联网大会——乌镇峰会志愿者服务工作先进个人
   桐乡市人力资源和社会保障局　　　申险峰
2. 2014 年度全省劳动争议案件处理工作优秀个人名单
   嘉兴市劳动人事争议仲裁委员会　　章天丽
   嘉兴市秀洲区劳动人事争议仲裁委员会
   　　　　　　　　　　　　　　　　叶超群
   嘉善县劳动人事争议仲裁委员会　　姚荣华
3. 2014 年度全省人力资源社会保障宣传工作先进个人
   嘉兴市人力资源和社会保障局　　　吕　臻
   嘉兴市南湖区人力资源和社会保障局
   　　　　　　　　　　　　　　　　倪竹韵
   嘉兴市秀洲区人力资源和社会保障局
   　　　　　　　　　　　　　　　　李广强
   平湖市人力资源和社会保障局　　　陈广平
   海盐县人力资源和社会保障局　　　沈　峰
   海宁市人力资源和社会保障局　　　夏　悦
   桐乡市人力资源和社会保障局　　　沈秀芬
   嘉善县人力资源和社会保障局　　　刘体哲

（吕　臻　金天国）

绍兴市

【城乡就业】 12月,市人力资源和社会保障局、市发展和改革委员会等10部门联合印发《关于进一步鼓励和支持家政服务业发展的实施意见》(绍市人社发〔2014〕93号),从加强统筹规划、培育示范企业、创建品牌与标准化建设、规范劳动关系、税收优惠、加大有效信贷投入、鼓励城乡劳动者从事家政服务业、强化职业技能培训、创新保险扶持等九个方面促进我市家政服务业快速健康发展。

9月,组织全市42家规模以上企业赴湖南株洲市举办"绍兴市第七届校企合作技能人才供需洽谈会",645名当地毕业生与绍兴企业达成初步就业意向,这是我市在校企合作过程中,首次以就业部门直接对接形式,与外省城市建立校企对接合作关系。4月、10月、11月分别以小分队形式组织企业到安徽淮北、江西南昌、浙江金华等地高职院校开展"校园招聘"活动,帮助企业引进所需的技能型人才。全市共组织开展"就业大篷车"进乡镇送岗位活动17场,分别在越城区稽山街道、新昌县儒岙镇、嵊州市下王镇等地开展专场招聘会,共有533家企业送上10080个岗位,其中2717名城镇失业人员和农村务工人员通过"就业大篷车"活动实现就业。

绍兴人才网共新增注册会员单位820家,新增招聘岗位10300余个,新增网络求职人员34800余人次;"绍兴人才市场"微信平台关注人群达10500余人次,借助微信平台"高校毕业生推荐园"向用人单位推荐各类人才3400余人次。全市新增就业见习基地85家,就业见习人员1194人,浙江漓渚铁矿集团有限公司成功升级为省级就业见习示范基地。全市摸底登记离校未就业毕业生1470人次,有就业意愿者100%已实现帮扶就业。举办"第五届绍兴市大学生创业大赛",10个优秀创业项目获奖。成功征集高校创业导师和创业成功学生导师各100名,以此建立创业导师库、创业学生库,为创业学生进行全方位引导。

全市为82620名就业困难人员发放灵活就业社保补贴23469.54万元;为7859名农村4555人员发放灵活就业社保补贴739.91万元。开展公益性服务岗位开发工作的行政村2036个,达标率为87.9%,安置就业困难人员3470人,发放公益性岗位补贴1087.53万元。

全市城镇新增就业11.48万人,城镇失业人员再就业4.04万人,其中就业困难人员再就业1.13万人,城镇登记失业率为2.76%。

【社会保险参保情况】 全市职工基本养老保险参保人数226.40万人,比上年增加14.61万人;城乡居民社会养老保险参保人数118.69万人,比上年减少3.30万人;职工基本医疗保险参保人数185.66万人,比上年增加12.59万人;城乡居民基本医疗保险参保人数297.52万人,比上年减少3.06万人;失业保险参保人数116.54万人,比上年增加7.67万人;工伤保险参保人数197.82万人,比上年增加11.81万人;生育保险参保人数133.20万人,比上年增加8.20万人;被征地农民基本生活保障人数31.01万人,比上年减少2.37万人。

【社会保险政策】 11月,市政府印发《关于进一步完善城乡居民基本医疗保险实施细则的意见》(绍政办发〔2014〕137号),成年人筹资标准由原来的每人每年800元提高到每人每年1000元,未成年人(学生)筹资标准不变。对基层医疗机构普通门诊发生的政策范围内费用报销比例统一提高到50%,累计净报销限额由450元提高到500元,对基层医疗机构住院的起付标准由400元降为200元。制度于2015年1月1日起正式实施。

12月,市政府印发《关于进一步完善城乡居民基本养老保险政策的实施意见》(绍政发〔2014〕44号),绍兴市"城乡居民社会养老保险"更名为"城乡居民基本养老保险",缴费档次、政府缴费补贴、待遇领取条件、丧葬补助金等方面与国家和省政策进行了衔接。制度于2015年1月1日起正式实施。

9月,市人力资源和社会保障局印发《关于做好接收省部属企业退休人员移交社区管理服务工作的通知》,首批移交我市属地管理的杭州铁路部门退休人员共1489人,其中市本级接收547人。

【社会保险经办管理】 9月,全市启动全民参保登记工作,截至年底,完成对全市323.8万参保人员的信息核对,并全部接入省级全民参保登记信息库,入库率达73.11%。

10月底,在全省地市级城市中率先实现城乡居民医保"省市一卡通",惠及全市近300万城乡居民医保参保人员,在开通两个月内,全市有2538人次的城乡居民医保患者通过刷卡结报医疗费用2550万元。

医保反欺诈"亮剑"行动强势推进,全市共核查单张票据在5万元以上的住院病人信息3218人次,检查定点医院和药店310家,追回违规金额20.32万元,并暂停14名违规医务人员3个月医保服务资格,对2家药店取消医保定点资格。市本级171家定点医院和药店已全部纳入"阳光医保"智能监管平台,对医保就医、诊疗和配药行为等实施全面监管。

市本级依托自主开发的退管信息系统,采取集约化认证模式,首次实现对19万各类养老待遇领取人员的全员资格认证,97%的退休人员通过信息系统自动完成认证。

【人才引进与开发】 入选省151人才培养工程第一层次2人、第二层次6人,3名专业技术

人才、1名技能人才享受政府特殊津贴。

【专业技术和留学人员管理】 7月,印发《关于加强专业技术资格评审管理工作的意见》(绍市人社职〔2014〕24号),全市各系列中评委对事业单位申报人员的通过(推荐)率基本上都控制在60%以内。

11月,召开全市企业博士后工作会议,共有120多人与会,浙江医药新昌制药厂博士后工作站等8家博士后工作站被评为优秀博士后工作站,浙江新中天控股集团有限公司田伟等12人被评为优秀博士后。

市委人才办、市财政局、市人力社保局印发《绍兴市博士后管理工作实施细则》,进一步明确了我市博士后的管理机构和职责,建站、博士后进出站具体程序和管理办法,市级资助经费使用标准、范围和申领程序。

11月,在2014浙江·杭州国际人才交流和项目合作大会期间,同期组织开展2014年海内外博士绍兴行活动,我市企业共与17名海外博士、20余个项目达成初步合作意向,部分博士将陆续来绍实地考察。

【职业能力建设】 全市培养高技能人才2.5万人,总量达到26.8万人,高技能人才占技能人才的比重上升到25.4%。参与技能人才企业自主评价的企业已达1053家,人数全年达到16942人次。组织开展了十个市级一类竞赛,数十个行业技能竞赛活动,产生绍兴技术能手40名。被认定为省级技能大师工作室3家,获"第十二届全国技术能手"1人,获浙江省技术能手11人。

7月,市人力社保局、市财政局、市科技局、市国资委联合制订了《关于加强企业技能人才队伍建设的实施意见》,并由市政府转发。

1月3日,市政府常务会议原则同意绍兴市公共实训基地二期建设方案;7月成立了由

姚远副市长牵头的绍兴市公共实训基地二期建设领导小组。截至12月,浙江工业职业技术学院已投入建设资金1060万元,新建、扩建了虚拟仿真设计实训室、数控高精加工技术实训室、多轴联动虚拟加工实训室、工业控制创新实训(验)室和现代焊接技术实训室。全年基地共为企业开展技能人才培训11476人次,培养高技能人才993人;绍兴第一期中外合作的国际焊工培训班在基地顺利开班。

8月25日,省政府批准设立"诸暨技师学院"。10月13日,省政府同意在新昌县技工学校基础上筹建新昌技师学院。

【国外智力引进】 全市共执行各类引智项目61项,其中国家级引智项目20项,省级引智项目41项。6月,组织举办2014外国专家组织和机构绍兴·诸暨行活动,来自17个国家的20个专家组织的31名代表参加,达成初步合作协议30余个。正式成立绍兴驻澳大利亚外国专家联络站。外国专家入选2014年度浙江省外专千人计划1人,获省政府"西湖友谊奖"1人。

【公务员管理】 全市公开招考录用公务员686人,24970人报名考试,平均竞争比例36.40∶1。9月,市委组织部、市卫生局、市人力社保局印发了《关于指定绍兴市各级机关(单位)录用公务员体检医院的通知》(绍市人社发〔2014〕81号),市卫生局、市人力社保局印发了《关于公布绍兴市机关事业单位招考(聘)体检医学专家组名单的通知》(绍市卫发〔2014〕139号),进一步规范我市各级机关(单位)公务员(含参照公务员法管理事业单位工作人员)录用体检工作。10月,市委组织部、市人力社保局印发了《关于建设绍兴市公务员考试录用面试考官库的通知》(绍市人社发〔2014〕88号),建立市、县两级面试考官库,进一步细化公务员面试考官职责,加强对面试考官

队伍管理。

2014年起,实行公务员更新知识培训考核结果与非领导职务晋升挂钩。6月,举办了两期市直机关基层公务员知识更新培训班,446名学员参加培训。10月,组织实施初任公务员培训班4期,288人参加培训。

9月,市县两级人力社保系统推行省厅公务员"日志式"管理考核系统。

【事业单位人事管理】 11月,印发《绍兴市直事业单位工作人员招聘调配工作实施意见》(绍市人社发〔2014〕95号),明确市直事业单位招聘和调配的对象、程序和要求。

市直组织完成2批次事业单位公开招考,47个部门所属的88个单位共招录160名工作人员。市直共办理调配手续1105人次,其中调动317人次,公开招聘592人次,硕士研究生以上引进196人次。

【工资福利】 1月起,提高市直事业单位退休人员退休补贴水平,原则上按照事业单位在职人员绩效工资同职级水平的80%确定,人均月增资998元,市直183家事业单位3975名退休人员受益。

5月,出台了关于提高市直护士待遇的实施方案,出台了临床一线护士每人每月在200—350元之间分档设置临床护理津贴;护龄满30年退休人员按原基本工资100%计发退休费2项具体实施细则。

9月底,举办2期人事管理工作业务培训班,市直和高新区、袍江开发区、滨海新城开发区近350名人事干部参加。

【军队转业干部安置】 全市安置军队转业干部85名,其中计划安置84名,自主择业1名。计划安置军队转业干部中,副师职干部1名、正团职干部7名、副团职干部17名、营职以下干

部 59 名。59 名营职以下军队转业干部，各级党政机关（含参照《公务员法》管理事业单位）安置 58 人，事业单位安置 1 人。安置随调家属 18 名。

【劳动关系】 全市规模以上企业"双爱"活动参与率达到 100%，已建工会企业的工资集体协商、集体合同签订率达到 92% 以上，小微企业劳动合同签订率巩固在 92% 以上。

3 月，成立构建和谐劳动关系领导小组。5 月，市构建办出台《关于加强企业人力资源管理人员队伍建设的意见》，计划到"十二五"期末，对全市企业人力资源管理人员进行一次轮训，建立较为完备的培训、鉴定、管理制度，基本实现持证上岗，全年共开设培训班五 5 期，培训企业人力资源管理人员 503 人。

继续对各区、县（市）开展劳动关系和谐指数评测，测评的劳动关系综合指数分别为越城区 78.768、柯桥区 82.877、上虞区 80.558、诸暨市 81.64、嵊州市 89.382、新昌县 75.644。

8 月 1 日起，全市最低工资标准调整为每人每月 1470 元，非全日制工作的最低小时工资标准调整为 12 元。

【劳动保障监察】 1 月，市中级人民法院、市检察院、市公安局、市人力社保局联合出台了《绍兴市移送和办理拒不支付劳动报酬案件实施办法（试行）》（绍市人社发〔2014〕2 号）。12 月，市人力社保局出台了《绍兴市处置突发群体性劳资纠纷事件指导规程（试行）》（绍市人社发〔2014〕100 号）

全市各级劳动保障监察机构主动检查用人单位 9680 家，办结举报投诉 3570 件，为 15105 名劳动者追发工资 9835.98 万元，办结行政处罚（处理）案件 236 起，向公安机关移送拒不支付劳动报酬案件 35 起。完成企业书面审查 4.1 万家，市本级全面实施网上书审，参与企业占书审总数的 88.69%。

【调解仲裁】 5 月，印发《绍兴市劳动人事争议仲裁委员会议事规则》（绍市劳人仲 2 号）和《绍兴市劳动人事争议仲裁委员会关于实施劳动人事兼职仲裁员的通知》（绍市劳人仲 1 号）。

全市各级仲裁机构共办结劳动人事争议案件 6796 件，涉及经济标的 2.2 亿元，其中市本级为 957 件，1904 万元。乡镇（街道）基本实现劳动争议调解组织全覆盖，95% 以上的规模企业建立了企业调解组织，并将调解组织向小微企业延伸。

【12333 电话咨询服务】 全市 12333 电话咨询服务专线来电总数 54.8 万个，同比减少 1.97%。其中，市本级来电总数 25.1 万个，同比增加 10.1%。受理市长公开电话交办单 502 件，同比减少 6.9%。

12333 咨询服务热线开通人力社保政策咨询、社保信息查询、办事指南、投诉举报及常见办事项目微信自助查询、地址短信推送、办事资料电子邮件发送等便民服务功能。

【信息化建设】 7 月，市政府印发了《绍兴市社会保障市民卡项目建设实施意见》（绍政办发〔2014〕87 号），计划于 2015 年 7 月起正式启用社会保障市民卡，逐步实现全省就医"一卡通"；全市公交、出租车乘坐，自行车租赁，试点医院诊间结算"一卡通"等功能。自项目启动以来，已成立绍兴市社会保障市民卡管理中心，并新组建了绍兴市社会保障市民卡服务有限公司，完成了系统软硬件招标。

对省统版本的公共就业服务信息系统进行本地化开发，9 月，绍兴市公共就业服务信息系统正式启用。

【获省级以上荣誉】

荣誉集体

1. 全国清理整顿人力资源市场秩序专项行动取得突出成绩单位
   绍兴市劳动保障监察支队
2. 全国就业宣传工作先进集体
   绍兴市就业管理服务局
3. 第三届全省"人民满意的公务员集体"
   新昌县劳动保障监察大队
4. 全省劳动争议案件处理工作优秀单位
   绍兴县柯桥区劳动人事争议仲裁委员会
   诸暨市劳动人事争议仲裁委员会
   嵊州市劳动人事争议仲裁委员会
5. 全省人力资源社会保障宣传工作先进单位
   绍兴市人力资源和社会保障局
   绍兴市越城区人力资源和社会保障局
   绍兴市柯桥区人力资源和社会保障局
   绍兴市上虞区人力资源和社会保障局
   诸暨市人力资源和社会保障局
   嵊州市人力资源和社会保障局

荣誉个人

1. 2014年度全省劳动争议案件处理工作优秀个人名单
   绍兴市劳动人事争议仲裁委员会　吕越红
   绍兴市越城区劳动人事争议仲裁委员会
   　周伟群
   绍兴市上虞区劳动人事争议仲裁委员会
   　陈生荣
   新昌县劳动人事争议仲裁委员会　潘黎超
2. 2014年度全省人力资源社会保障宣传工作先进个人
   绍兴市人力资源和社会保障局　李坚
   绍兴市柯桥区人力资源和社会保障局
   　钟啸寅

绍兴市上虞区人力资源和社会保障局
　陈琳
诸暨市人力资源和社会保障局　周文霞
嵊州市人力资源和社会保障局　李伟萍
（李　坚）

金华市

【城乡就业】　市政府办公室印发《金华市人民政府办公室关于进一步促进普通高等学校毕业生就业创业工作的补充意见》（金政办发〔2014〕42号）。市人力资源和社会保障局印发《金华市人力资源和社会保障局关于加快推进县级人力资源市场整合的指导意见》（金人社发〔2014〕99号）。

全市接收应届毕业生2.78万人，举办高校毕业生专场招聘会20余场，开发各类就业岗位15万个。开展各类高校毕业生创业指导及服务3.8万人次，组织大学生创业培训8500余人次，帮扶3000余名大学生实现创业，带动就业2.8万余人。

全市各级人力资源社会保障部门通过举办招聘会、校企对接会、外省劳务洽谈等措施，为企业解决用工10万人。

全市城镇新增就业7.61万人，失业人员再就业3.11万人，其中就业困难人员实现就业8532人，城镇登记失业率为2.80%。

【社会保险参保情况】　全市职工基本养老保险参保人数165.31万人，比上年增加13.75万人；城乡居民养老保险参保人数152.11万人，比上年减少13.26万人；城镇职工基本医疗保险参保人数133.57万人，比上年增加8.14万人；城乡居民（含城乡统筹）医疗保险参保人数347.36万人，比上年减少9.22万人；失业保险参保人数73.49万人，比上年增加2.89万人；工伤保险参保人数154.44万人，比上年增加

5.5 万人;生育保险参保人数 80.05 万人,比上年增加 9.49 万人;被征地农民基本生活保障参保人数 28.37 万人,比上年减少 2.52 万人。

【社会保险政策】 市政府印发《金华市人民政府关于进一步完善金华市区城乡居民基本养老保险制度的实施意见》(金政发〔2014〕53 号),个人缴费档次从原有 7 档增加至 12 档,同时提高财政补助标准。市政府办公室印发《金华市人民政府办公室关于调整市区基本医疗保险有关政策的通知》(金政办发〔2014〕40 号),市区基本医保个人缴费标准每人每年提高 200 元,标准一和标准二分别增至 500 元和 300 元,财政补助从原来的 320 元分别提高到 1200 元和 700 元。所有县(市、区)均建立城乡居民大病保险制度。市区医保年度共 103.8 万人参保,保费总额达 3653.7 万元,其中享受报销 5639 人,报销医疗费用 3257 万元。

全市企业退休人员人均每月提高 235 元,养老金每月达到 1958 元。

【社会保险经办管理】 完成市社会保险办事大厅搬迁。新社保大厅面积达到 3500 平方米,比原来扩大 500 多平方米。引入了社保卡中心、地税服务窗口及 7 家银行服务窗口,实现"一站式"参保服务。建立全民参保登记数据库,全民参保登记率达到 73.91%。全市发放社会保障卡总量达 439.7 万张。

全年市区创建"社保家园"达标单位 83 个,企退人员社会化管理服务经费从每人每年 120 元提高到 200 元,企退人员社会化管理服务 9.25 万人次,登记率达 96% 以上。

组织开展医疗保险反欺诈"亮剑"专项行动,查处违规金额近 100 万元。实施市区第二轮慢性病定点药店和普通定点药店招投标工作,共增加 2 家医疗保险慢性病定点药店、16 家普通定点药店。

【人才引进与开发】 市委办公室印发《关于进一步加强金华市区人才住房保障工作的若干意见》(金委办发〔2014〕79 号)。市政府办公室印发《关于加快网络经济人才发展的若干意见(试行)的通知》(金政办〔2014〕50 号)。

全市通过开展"百企万岗进校园"、"百家名企进名校"、"浙中硅谷"等大型人才招聘会等活动,为企业引进人才 2.99 万人,其中新引进高层次人才 1658 名。

【专业技术和留学人员管理】 全市国家"千人计划"入围人选 6 人,省级"千人计划"入围人选 15 人,累计"千人计划"53 名。全市新增国务院特殊津贴 2 人,省 151 第一、二层次培养人员 3 人。

全市共建博士后科研工作站 17 家、国家级留学人员创业园 1 家,引进留学人员创业项目 5 项,创业项目总量达 64 项,年度技工贸总收入 3.1 亿元。

推荐高级专业技术职称 1671 人,评审中级专业技术资格 3103 人,组织专业技术人员参加继续教育 1.62 万人次,组织一级建造师、执业药师、计算机等各项职(执)业资格考试 2.88 万人次。

【职业能力建设】 市人力资源和社会保障局印发《金华市技师综合评审办法》(金人社发〔2014〕39 号)。全市新增技师 2281 人,获"金华市首席技师"称号 10 名,认定技能大师工作室 51 个、名师工作室 33 个、技能人才培训基地 35 个,选送 6 人参加境内外培训。

全市开展创业培训 2774 人,开展各类职业技能考核鉴定 8.51 万人,培养高技能人才 2.15 万人。开展进城务工农村劳动者技能培训 2.61 万人,失业人员技能培训 1.72 万人。开展职业技能竞赛 20 余项,带动岗位技能练兵 30 万人。全市参加技能人才自主评价的规模以上企业达到 72 家,共培养技能人才 1.3 万人,其中高级工及以上的高技能人才 3731 人。

【国外智力引进】 全市入选国家和省级引智项目 30 个,获国家和省项目资金 63.6 万元,市财政配套资金 32.1 万元。举办"美国旧金山·金华高层次人才暨海外学子座谈会"专场活动,签订人才引进、合作项目 23 个,达成初步意向 60 余个。组织"海外清华学子金华行"活动,邀请 67 名海外高层次人才来金考察洽谈,其中 10 名专家与 7 家企业达成技术攻关合作意向,4 名专家企业注册落户金华。

全市引进外国专家 58 人。国家"外专千人计划"入围人选 1 人,省级"外专千人计划"入围人选 2 人。

【公务员管理】 全市公开招录公务员 938 名,招录人民警察(司法助理员)学员 22 名,选聘到村任职高校毕业生 200 名。举办初任公务员培训 5 期,参加培训人员 558 人。举办参照《公务员法》管理事业单位过渡培训班 6 期,参加培训 811 人。

【事业单位人事管理】 市委组织部、市人力资源和社会保障局印发《金华市市直事业单位公开招聘人员工作细则(试行)》(金人社发〔2014〕73 号)。市人力资源和社会保障局印发《关于市直属事业单位岗位管理制度实施后有关问题的处理意见(试行)》(金人社发〔2014〕101 号)。

全市公开招聘事业单位职工 3788 人,其中市直事业单位招聘 582 人。认定聘用事业单位工勤技能一级岗位 5 人,推荐专业技术二级岗位拟聘人选 14 人,聘用专业技术三级岗位 14 人。

【工资福利】 继续推进基层医疗卫生事业单位绩效工资改革试点,基层医疗机构业务量、业务收入同比均增长 15% 以上,基层医疗服务群众满意率达到 93.6%。调整了公务员津补贴基数,开展其他事业单位绩效工资上浮、加强绩效考核等工作。

【军队转业干部安置】 市政府、金华军分区印发《金华市随军家属就业安置实施意见》(金政发〔2014〕52 号)。全市安置军队转业干部 165 名,其中团职干部 41 人,营以下干部 124 人。安置到公务员岗位(含参照公务员法管理事业单位)的 132 人,安置到事业单位的 27 人,自主择业的 6 人。对 16 名随军家属落实了接收单位或进行了货币化安置。组织军转干部上岗前培训 93 名。

【劳动关系】 市构建和谐劳动关系工作领导小组印发《金华市"双爱"活动推进计划(2014—2017 年)》。开展"和谐劳动·美丽金华"系列宣传活动,发放各类宣传资料 5000 余份,市县构建和谐劳动关系三方四家联系了 3276 家规模以上企业。

全市企业劳动合同签订率达 97.4%,已建工会企业集体合同签订率达 96.4%。公布了 2013 年金华市区在岗职工年平均工资和市区 2014 年部分职业(工种)人力资源市场工资指导价位。集中梳理发布了 27 项人力社保惠企政策和 31 项惠民政策。

金华市区、义乌市、永康市、东阳市最低工资标准调整为 1470 元,非全日制最低小时工资标准调整为 12 元。其他县最低工资标准调整为 1350 元、1220 元二档,非全日制最低小时工资标准调整为 10.9 元、9.8 元。

【农民工管理服务】 全市农民工稳定就业 6.7 万人,开展农民工职业技能培训 4.3 万人,实现农村劳动力转移就业 5.5 万人,农村劳动者自主创业 1.25 万人。

【劳动保障监察】 全市各级劳动保障监察机构主动检查用人单位 2.38 万家,书面审查用人单位 5.02 万家,涉及劳动者 118 万人。办结各类劳动保障举报投诉案件 7623 件,工资类案件 6762 件,处理涉薪群体性突发事件 655 件,追回欠薪 3.4 亿元,涉及劳动者 3.86 万人。向公安机关移送涉嫌拒不支付劳动报酬罪案件 75 起,涉及金额 2346 万元。累计筹集企业工资支付保证金 5.05 亿元,各级政府筹集欠薪应急周转金 7657 万元。

【调解仲裁】 全市各级调解组织办结劳动争议纠纷 9360 件,结案率 96%,调解涉及人数 12316 人,涉及金额 2.11 亿元;市县仲裁机构立案办结劳动人事争议仲裁案件 4987 件,涉及劳动者 8283 人,涉及金额 1.71 亿元,结案率 92.85%。

【12333 电话咨询服务】 全市 12333 电话咨询服务专线来电总数 19.98 万个,其中服务总量 13.11 万个,接通率 86.52%。

【信息化建设】 建成市区社保自助经办系统,购置 20 台自助终端机,50 家企业实现社保业务网上申报。新建市区医疗保险费用智能化审核平台,审核不合规医疗费用 1000 余万元。建成金华市人力社保系统阳光政务网上办事大厅,网上公开全市首批 1125 个行政服务事项,其中可直接办理事项 268 个。

【获省级以上荣誉】

荣誉集体

1. 2014 年度中国劳动保障报宣传工作做得好的单位

金华市人力资源和社会保障局
东阳市人力资源和社会保障局

2. 2014 年度全省劳动争议案件处理工作优秀单位

兰溪市劳动人事争议仲裁委员会
东阳市劳动人事争议仲裁委员会
永康市劳动人事争议仲裁委员会

3. 2014 年度全省人力资源社会保障宣传工作先进单位

金华市人力资源和社会保障局
金华市婺城区人力资源和社会保障局
金华市金东区人力资源和社会保障局
兰溪市人力资源和社会保障局
东阳市人力资源和社会保障局
永康市人力资源和社会保障局
浦江县人力资源和社会保障局
磐安县人力资源和社会保障局

4. 2014 年度全省劳动保障监察工作目标管理成绩突出单位

金华市劳动监察支队
永康市劳动监察大队
浦江县劳动监察大队

荣誉个人

1. 2014 年度全省劳动争议案件处理工作优秀个人

金华市劳动人事争议仲裁委员会　　王冬雅
金华市婺城区劳动人事争议仲裁委员会
　　　　　　　　　　　　　　　　黄立忠
武义县劳动人事争议仲裁委员会　　王　燕

2. 2014 年度全省人力资源社会保障宣传工作先进个人

金华市人力资源和社会保障局　　胡银梁
金华市婺城区人力资源和社会保障局
　　　　　　　　　　　　　　　　李冬姣
金华市金东区人力资源和社会保障局
　　　　　　　　　　　　　　　　汤旭华

兰溪市人力资源和社会保障局　潘志彬
东阳市人力资源和社会保障局　张跃军
永康市人力资源和社会保障局　方　钦
浦江县人力资源和社会保障局　陈元生
磐安县人力资源和社会保障局　郑晓芳

（钱建迅）

衢 州 市

【城乡就业】　市人力资源和社会保障局、市财政局印发《关于开展市本级2013年度中小微企业稳定就业社会保险补贴申报工作的通知》（衢市人社就〔2014〕223号）、《衢州市区小额担保贷款实施办法》、《关于做好电子商务创业培训工作的通知》。

全市建立119个高校毕业生就业见习基地，2014年新推出见习岗位189个，安排见习391人。全市2014届回原籍应届高校毕业生实行实名制管理，就业率达97.5%。举办春季人力资源交流会、劳务集市（夜市）、"民营企业招聘周"、高校毕业生专场招聘会、园区专场招聘会等活动166场。"衢州就业网"、"衢州人才网"发布招聘信息300万条（次）。启动衢州市人力资源服务产业园和大学生创业园建设项目。市本级发放稳定就业社会保险补贴847万元，惠及企业160家。

全市城镇新增就业3.57万人，城镇失业人员再就业1.38万人，其中就业困难人员实现就业0.35万人，城镇登记失业率为3.08%。

【社会保险参保情况】　全市职工基本养老保险参保人数64.71万人，比上年增加6.05万人；城乡居民基本养老保险参保人数106.78万人，比上年减少2.07万人；职工基本医疗保险参保人数56.53万人，比上年增加3.56万人；城乡居民基本医疗保险参保人数186.09万人，比上年增加22.54万人；失业保险参保人数

24.68万人，比上年增加1.44万人；工伤保险参保人数36.74万人，比上年增加0.96万人；生育保险参保人数26.93万人，比上年增加1.78万人；被征地农民基本生活保障人数13.43万人，比上年增加2.96万人。

【社会保险政策】　各县（市、区）相继出台了被征地农民基本生活保障制度和职工基本养老保险制度之间的衔接办法，实现全市范围政策全覆盖。被征地农民参加职工基本养老保险10.14万人。企业退休人员基本养老金人均增加245元，城乡居民基本养老保险基础养老金人均水平为100元。被征地农民基本生活保障标准从480元提高到540元，补助金标准从349元提高到391元。

调整全市城乡居民基本养老保险政策，增加缴费档次和政府补贴，提高80周岁以上人员享受高龄补贴标准。落实"个转企"、"小升规"社保扶持政策，对部分工业企业临时性下浮缴费比例，全市减轻企业负担1.78亿元。市县两级全面完成原城镇居民基本医疗保险和新型农村合作医疗的管理职能的整合。

【社会保险经办管理】　全市发放社会保障卡220余万张，医疗保险参保人员省内异地就医15万人次，即时结算医疗费2.01亿元，市内异地就医210万人次，即时结算医疗费5.06亿元。

全面推行柜员制经办。完善基层平台，推进业务下沉，规范工作人员配备，稳定专职经办队伍，统一业务操作培训，分阶段将社保经办业务向基层平台延伸，将参保个人查询功能、政策清晰且操作简单的业务先行向街道（社区）及具备条件的村（社区）延伸。

联合市公安局、市卫生局、市财政局等部门集中开展医疗保险反欺诈"亮剑"专项行动，全面复查大额报销票据和费用，扣减并追回相关

违规费用共 410 余万元。核查死亡未申报 4711 人。市本级查处异地居住退休人员重复领取养老待遇 8 人,追回养老金等 19.02 万元。稽核参保单位 153 家,参保人员 2.4 万人,社会保险费月缴费基数增加 495 万元。对全市 663 名仍在违规参保缴费的判刑人员按规定停保并追回待遇。

【人才引进与开发】 全市组团赴北京、上海、西安、武汉、宁波等地招聘人才,组织招聘企事业单位 140 余家,引进高层次人才 77 人,其中博士 12 人,硕士 64 人。

【专业技术和留学人员管理】 全市入选国家"千人计划"2 人,省"千人计划"5 人,认定市专家工作站 28 家。获政府特殊津贴 2 人,入选省"151"人才工程二层次 3 人,发放高层次人才津贴 1531.4577 万元。获各类专业技术资格 11980 人,其中正高级资格 65 人,副高级资格 745 人。

【职业能力建设】 全市启动"112 高技能人才工程",实施技能人才大培训、大竞赛、大评价、大平台、大激励"五大行动"计划。被评为全国技术能手 1 名,国家级技能大师工作室 1 家,省级高技能人才公共实训基地 1 家,省级技能大师工作室 2 家,市级重点技能大师工作室 10 家,"衢州市首席技师"20 人。培养高技能人才 11092 人。

成功举办 2014 年衢州市职业技能大赛,竞赛项目 8 个,参赛选手 190 人,综合成绩第一名(理论成绩和实践成绩均合格)选手获"衢州市首席技师"称号。全市发放高技能人才津贴 199 万元。

【国外智力引进】 全市申报国家、省引智项目 45 项,实施 26 项,其中国家高端引智项目 1 个,省"百村引智示范项目"3 个。引进外国专家 36 人,外国专家获省政府"西湖友谊奖"1 人。实施出国(境)培训项目 2 个。

【公务员管理】 全市公开招考录用公务员 374 人,核准参照《公务员法》管理事业单位 7 家,审核纳入公务员管理人员 30 人。

【事业单位人事管理】 市本级开展岗位聘任管理,共办理晋入、新进等入岗 790 人次。向省厅推荐符合专业技术二级岗位条件人选 2 名,经审批聘任 1 名。全市事业单位公开招聘工作人员 1897 人(赴外招聘 484 人),其中市本级 369 人(赴外招聘 80 人)。

【工资福利】 会同市财政局完成对市本级 178 家事业单位绩效工资总量的核定工作,共核定绩效工资总量 3.61 亿元。完成审核公务员五年晋升一级级别工资 864 人次,两年晋升一个级别工资档次 3797 人次;完成审核事业单位正常晋升一级薪级工资 6830 人次。

会同市卫生局印发《关于提高护士待遇有关问题的通知》(衢市人社薪〔2014〕147 号),落实护士待遇,按规定发放临床护理津贴,对护龄满 30 年的退休人员按原基本工资 100% 计发退休费。调整提高精减退职人员、计划外长期临时工和机关事业单位遗属等三类人员的生活困难补助费标准,人均月增资 70—290 元。

【军队转业干部安置】 全市实际接收安置军队转业干部 66 人,其中计划安置 64 人,自主择业 2 人。计划安置军转干部中,团职干部 17 人,营职及以下干部 47 人。安置在各级党政机关(含参照《公务员法》管理事业单位)60 人,占比 93.8%;安置在事业单位 4 人,占比 6.2%。

【**劳动关系**】 全市开展"企业关爱职工、职工热爱企业"活动,各级领导干部下基层走访企业400余人次,赠送劳动保障法律法规书籍1.5万余册。评选"双爱"活动示范企业20家。企业合同签订率为93.7%,集体合同签订率为96.2%。

全市最低工资标准调整为1350元,非全日制工作最低小时工资标准调整为10.9元。

【**劳动保障监察**】 全市各级劳动保障监察机构在农民工工资专项检查期间主动监察用人单位1083家,涉及劳动者7.47万人,查处欠薪单位283家,追回欠薪5906.47万元。全年共受理劳动者举报投诉859起,涉案金额7757.24万元,结案率为98.3%。累计筹集建筑施工企业工资保障金1.1亿元,各级政府筹集欠薪应急周转金3820万元,建筑施工企业在建施工项目建立记工考勤卡制度。

【**调解仲裁**】 全市各级仲裁机构立案受理劳动人事争议案件1206起,其中集体争议18起,涉及劳动者1512人,结案涉及经济标的5068.92万元,结案率为100%,为劳动者挽回损失4520.22万元,支持劳动者获工伤赔偿2165.94万元。其中以案外调解方式结案418起,调解结案率为78%。

【**12333电话咨询服务**】 全市12333电话咨询服务专线来电9.55万个,自动语音服务电话3.90万个,人工服务电话5.54万个。不断拓展服务方式,即时办结"12345"政府服务热线三方通话在线咨询80人次,办结"12345"政府服务热线工单123件,办理浙江政府服务网来信5件,"通衢问政"来信173件。

【**信息化建设**】 12月底,在全省范围内率先完成阳光政务大厅与浙江政务服务网对接工作,完成城乡居民医保与城镇职工居民医疗保险并网项目建设,将各统筹区居民医保参保网点纳入金保网络,实现居民医保参保经办机构能访问"多险合一"系统。

【**获省级以上荣誉**】

荣誉集体

1. 2014年度全省劳动争议案件处理工作先进单位
   衢州市柯城区劳动人事争议仲裁委员会
   开化县劳动人事争议仲裁委员会

2. 2014年度全省人力资源社会保障宣传工作先进单位
   衢州市人力资源和社会保障局
   江山市人力资源和社会保障局

3. 2014年度全省劳动保障监察工作目标管理成绩突出单位
   衢州市柯城区劳动保障监察大队
   江山市劳动保障监察大队
   开化县劳动保障监察大队

4. 2014年度全国科普口活动优秀组织单位
   衢州市柯城区人力资源和社会保障局

5. 第一批新疆阿克苏地区普通高校毕业生来浙培养计划实习工作先进集体
   衢州市人力资源和社会保障局

6. 2014年度浙江省文明单位
   衢州市柯城区人力资源和社会保障局
   龙游县就业管理服务局

7. 2014年度浙江省青年文明号
   衢州市柯城区社会保险事业管理局

8. 2014年度浙江省一级档案管理工作单位
   衢州市柯城区社会保险事业管理局
   衢州市衢江区社会保险事业管理局
   常山县社会保险事业管理局

9. 2014年度浙江省"示范数字档案室"
   衢州市柯城区社会保险事业管理局

10. 2014 年度省级"巾帼文明岗"

　　衢州市人力资源和社会保障信息中心

　　衢州市衢江区社会保险事业管理局

11. 2014 年上半年省级基层党组织"闪光言行之星"

　　龙游县社会保险事业管理局党支部

12. 2014 年度浙江省服务满意窗口单位

　　衢州市人力资源和社会保障信息中心

荣誉个人

1. 2014 年度全省劳动争议案件处理工作优秀个人名单

　　江山市劳动人事争议仲裁委员会　　夏哨荣

　　龙游县劳动人事争议仲裁委员会　　杜　珊

2. 2014 年度全省人力资源社会保障宣传工作先进个人

　　衢州市人力资源和社会保障局　　林　兴

　　衢州市柯城区人力资源和社会保障局

　　　　　　　　　　　　　　　　　叶　君

　　衢州市衢江区人力资源和社会保障局

　　　　　　　　　　　　　　　　　余志勇

　　江山市人力资源和社会保障局　　楼英俊

　　常山县人力资源和社会保障局　　毛俊杰

2. 省电话咨询中心"我是 12333 人"征文一等奖

　　衢州市人力资源和社会保障信息中心

　　　　　　　　　　　　　　　　　吴　珏

3. 省电话咨询中心"我是 12333 人"征文三等奖

　　衢州市人力资源和社会保障信息中心

　　　　　　　　　　　　　　　　　范春燕

4. 第一批新疆阿克苏地区普通高校毕业生来浙培养计划实习工作优秀个人

　　衢州市柯城区人力资源和社会保障局

　　　　　　　　　　　　　　　　　张建明

　　　　　　　　　　　　　　　（郑　欢）

舟 山 市

【城乡就业】　市人力资源和社会保障局、市财政局下发《关于开展高校毕业生网络创业认定工作的通知》(舟人社发〔2014〕180 号)。全市发放"创业小额担保贷款"1015 万元、"中小微企业稳定就业失业保险补贴"1303 万元、各类培训补贴 1100 余万元;失业金标准由 1048 元/月提高到 1176 元/月,涨幅 12%,全年累计发放失业金 3200 万元。

　　全市举办人力资源招聘会 140 场,共有 5984 家单位设摊,推出就业岗位 84798 个,累计入场 6 万人次。全市公共职介共提供就业岗位 62207 个,接受求职人员登记 41015 人,介绍成功 11894 人。在舟山广播电视报、就业服务频道发布"每周热点"46 期、发布求职人员信息 1241 个;通过《新居民》专栏、微信平台等发布就业信息 29 期,提供就业岗位 2600 余个。

　　全年新增城镇就业人员 11762 人,引导和帮助 4005 名城镇失业人员实现再就业,其中就业困难人员再就业 1826 人,组织创业培训 557 人,全市城镇登记失业率 2.71%,零就业家庭实现动态归零。

【社会保险参保情况】　全市职工基本养老保险参保人数 40.41 万人,比上年新增 1.56 万人;城乡居民社会养老保险参保人数 31.17 万人,比上年减少 0.77 万人;城镇职工基本医疗保险参保人数 36.48 万人,比上年新增 0.67 万人;城镇居民(含城乡统筹)基本医疗保险参保人数 58.42 万人,比上年减少 0.09 万人;失业保险参保人数 21.09 万人,比上年新增 0.81 万人;工伤保险参保人数 29.35 万人,比上年新增 1.04 万人;生育保险参保人数 19.7 万人,比上年新增 0.71 万人;被征地农民基本生活保障人数 13.7 万人,比上年减少 0.75 万人。

【社会保险政策】 市人力资源和社会保障局、市财政局转发《浙江省人力资源和社会保障厅浙江省财政厅转发〈人力资源社会保障部 财政部关于印发城乡养老保险衔接暂行办法的通知〉的通知》(舟人社发〔2014〕158号),下发《关于调整城乡居民社会养老保险基础养老金标准和增设缴费档次的通知》(舟人社发〔2014〕106号),下发《关于调整职工基本医疗保险部分门诊报销待遇的通知》(舟人社发〔2014〕135号),下发《关于做好2014年度全市城乡居民基本医疗保险工作的通知》(舟人社发〔2014〕136号),市人力资源和社会保障局、市财政局、市国土资源局印发《关于舟山市被征地农民参加职工基本养老保险或城乡居民基本养老保险实施细则的通知》(舟人社发〔2014〕211号),市人力资源和社会保障局、市海洋与渔业局、市财政局下发《关于原集体捕捞及相关作业渔民发放生活补贴的指导意见》(舟人社发〔2014〕259号),市人力资源和社会保障局、市卫生和计划生育局、市财政局下发《关于在全市未实行公立医院改革的定点医疗机构实施付费方式改革工作(试行)的通知》(舟人社发〔2014〕89号)。

继续实行下调用人单位的基本养老保险缴费比例,减收职工基本养老保险费2.24亿元。对"小升规"企业和全市部分工业企业临时性下浮社会保险费缴费比例,减征社会保险费8071万。全市企业退休人员人均基本养老金水平为2394元。

【社会保险经办管理】 市人力资源和社会保障局、市公安局、市卫生和计划生育局、市财政局、市市场监督管理局、市发展和改革委员会印发《关于开展医疗保险反欺诈"亮剑"专项行动方案的通知》(舟人社发〔2014〕126号),重点对大额报销票据、定点医疗机构及中药饮片等6项内容加大排查力度,先后查处了舟山芝林大药房、舟山明光眼科医院等两定机构违规操作套取医保基金等多起重大案件,涉案金额484.13万元,挽回医保基金损失359.7万元。

率先在全国组织开展全民参保登记工作,至12月底完成全民登记94.9万人,参保登记率达到97.73%。推进电子社保工程建设,通过网上服务大厅、自助终端与舟山社保、舟山医保手机APP及舟山社保微信平台等多种形式实现在线服务,实现养老、医疗、工伤、生育等险种的"一票结算、一站支付"。开展"社保综合服务窗口改进作风专项行动",修订完善了《办事窗口工作人员行为守则》《窗口工作人员文明用语》等30项制度(规范)。

【人才引进与开发】 浙江舟山群岛新区紧缺高端人才引进计划首批23名引进人才完成商谈、入职。第二批紧缺高端人才引进公告于11月10日发布,推出机关事业国企岗位29个和民企岗位24个。至年底,已有26人到岗,7人初步达成入职意向。自新区紧缺高端人才引进计划启动以来,共推出岗位83个,引进紧缺高端人才49名(企业22名),主要集中在区域规划、金融物流、电子商务、涉海经济等急需行业。

组织用人单位赴杭州、上海、北京、宁波、武汉、西安等地开展人才招聘活动,引进各类紧缺人才1660名,其中博士99人,硕士344人,本科749人。举办人才交流会140场次,参会单位累计5984家,提供岗位84798个,应聘登记4万余人次,达成初步就业意向1.4万余人。

【专业技术和留学人员管理】 全市入选享受国务院特殊津贴人员1名。入选省151人才工程第一层次培养人员1名,第二层次培养人员2名。入选舟山市新世纪111人才工程第二层次培养人员36名,第二层次培养人员76名。全市取得各类专业技术资格4348人,其中初级2065人、中级1927人、高级356人。

【职业能力建设】 舟山技师学院（筹）获省人民政府批复建设。全市新认定首批五星级乡镇（街道）成校3所，四星级成校4所，截至目前全市累计有五星级成校3所、四星级成校16所。承办海洋电子信息和船舶机械行业、港口物流行业、交通行业、餐饮行业、渔农村实用人才等5大行业18个工种市级一类比武，直接参与人数450余人。全市实施职业技能培训23892人次，实施职业技能鉴定20514人次，培养高技能人才5392人次。至年底，全市高技能人才总量达22211人。

【国外智力引进】 全市共实施国外引智项目64个，其中国家级项目5个、省级重点引智项目3个、省级常规引智项目55个、百村引智项目1个，引进外国专家67人次。外国专家入选国家第四批"外专千人计划"1人，获省政府"西湖友谊奖"1人。

【公务员管理】 市委组织部、市人力资源和社会保障局印发《浙江舟山群岛新区公务员培训学分制管理办法（试行）》（舟人社发〔2014〕174号），浙江舟山群岛新区公务员网络学院开通并试运行。全市公开招考录用公务员240人，招录人民警察（司法助理员）学员13人，对全市符合公务员（参照）登记条件的403人进行公务员（参照）登记。开展新区首次公务员公开遴选工作。参加新录用公务员初任培训240人。6月份成立舟山市公务员主管部门公务员申诉公正委员会。

【事业单位人事管理】 市委组织部、市人力资源和社会保障局下发《关于事业单位岗位管理制度实施后有关问题的意见》（舟人社发〔2014〕108号）。市委组织部、市机构编制委员会办公室、监察局、市财政局、市人力资源和社会保障局、市审计局下发《关于清理整顿市级机关事业单位编外用工的通知》（舟人社发〔2014〕149号）。市本级事业单位公开招聘职工376人。完成岗位设置方案制定或变更179家，涉及岗位1094个。

【工资福利】 市人力资源和社会保障局、市财政局、市卫生和计划生育局下发《关于进一步完善基层卫生事业单位绩效工资的指导意见》（舟人社发〔2014〕179号），下发《关于转发省人力社保厅等3部门关于提高护士待遇有关问题的通知》（舟人社发〔2014〕173号）。全市机关工作人员晋升级别工资7950人，事业单位职工增加薪级工资23507人。调整机关事业单位精减退职、遗属、计划外长期临时工生活困难补贴标准。

【军队转业干部安置】 全市安置军队转业干部59人，其中各级党政机关（含参照《公务员法》管理事业单位）安置46人，事业单位安置13人，自主择业6人。军队转业干部参加上岗前培训58人。

【劳动关系】 市构建和谐劳动关系工作领导小组下发《舟山市"双爱"活动推进计划（2014—2017年）》（舟构建发〔2014〕1号），全市"双爱"活动企业参与率达到80%以上，全市企业劳动合同签订率为96.6%。舟山市列全省各市劳动关系和谐指数测评排名第五。

全市最低工资标准调整为1470元，非全日制工作最低小时工资标准调整为12元。

【劳动保障监察】 市人力资源和社会保障局印发《舟山市用人单位劳动用工不良行为记录公示办法》（舟人社发〔2014〕94号），于8月下旬对首批六家存在不良用工行为的企业进行通报曝光，这六家企业将在信贷、担保、审批立项、招投标等方面受到严格限制。

全市各级劳动保障监察机构主动检查用人单位 2033 家,书面审查用人单位 3706 家。立案处理劳动者举报投诉案件 618 起,追回欠薪 5143.67 万元,涉及劳动者 5109 人,其中群体性欠薪案件 63 起,涉及劳动者 2314 人,涉及金额 4063.35 万元。全市劳动保障监察"两网化"管理配备专(兼)职劳动保障监察员、协管员 98 人。累计筹集企业工资支付保证金 8732 万元,各级政府筹集欠薪应急周转金 3370 万元。

【调解仲裁】 全市各级仲裁机构立案受理劳动人事争议案件 1410 起,涉及劳动者 1593 人,涉及经济标的 11487.33 万元。现已审理结案 1399 件,结案标的 2296.61 万元,结案率 99.22%。

【12333 电话咨询服务】 市 12333 电话咨询服务专线来电总数 23548 个,座席接听 19577 个。提供政策咨询 13642 个,办事指南 2820 个,信息查询 3106 个。办理网上在线业务信件 124 件,办结率达到 100%。回复舟山市网络问政平台人力资源和社会保障相关问题 18 个,权威发布帖子 2 个。

【信息化建设】 市人力资源和社会保障局公务员"日志式"管理考核系统全面推行,启动人事管理综合信息系统建设。完成阳光医保智能审核系统开发并投入使用,推出舟山社保 APP 和医保 APP、就业社保官方微信服务平台,直接服务群众 4 万余人次。

【获省级以上荣誉】

荣誉集体

1. 2014 年度全国军队转业干部安置工作先进单位

舟山市人力资源和社会保障局

2. 2014 年度浙江省双拥工作先进单位

舟山市就业管理服务局

3. 2014 年度全省劳动争议案件处理工作优秀单位

舟山市普陀区劳动人事争议仲裁委员会

4. 2014 年度全省劳动保障监察工作目标管理成绩突出单位

舟山市定海区劳动监察大队

舟山市普陀区劳动监察大队

荣誉个人

1. 2014 年度全省劳动争议案件处理工作优秀个人

舟山市定海区劳动人事争议仲裁委员会

刘 艳

舟山市岱山县劳动人事争议仲裁委员会

於国君

2. 2014 年度人力资源社会保障宣传工作先进个人

舟山市定海区人力资源和社会保障局

吴 娜

岱山县人力资源和社会保障局　李坤波

嵊泗县人力资源和社会保障局　汤爱娜

(安佳媚)

台州市

【城乡就业】 出台《台州市人民政府办公室关于做好高校毕业生就业创业工作的实施意见》(台政办发〔2014〕83 号)。全市新增就业人数 9.42 万人,净增失业保险参保人数 6.42 万人,参加创业培训 3872 人,开发大学生就业见习岗位 2813 个,农村公益性岗位进村达标率 96.64%,城镇登记失业率 2.21%。全年帮助 2.7 万名城镇失业人员实现再就业,其中困难人员 0.69 万人。加强基层工作平台建设,全市共有 169 个社区、4672 个村建立了工作平台,建成率达 99.3%，其中 4441 个平台实现与村级便民服务中心对接。建立失业动态重点监测制度，筛选确定 714 家企业作为动态监测单位。筹建台州大学生创业园，新建天台、三门大学生电子商务创业园，新设立市创业服务协会、青年创业俱乐部、台州留学生联合会等创业互助组织，"抱团创业"氛围浓厚。帮助创业者解决融资难问题，全年小额担保贷款直通车项目放贷突破 1 亿元。

【社会保险参保情况】 全市职工基本养老保险参保 175.22 万人，较去年增长 20.05 万人。城乡居民社会养老保险参保 246.05 万人，较去年增长 14.38 万人。职工基本医疗保险参保 136.21 万人，较去年增长 13.89 万人。城乡医疗保险参保 481 万人（含新农保），失业保险参保 95.95 万人，较去年增长 6.42 万人。工伤保险参保 228.63 万，较去年增长 9.48 万人，生育保险参保 85.70 万人，较去年增长 8.76 万人。启动全民参保登记工作，至 2014 年底，全市完成数据比对入库率 66.46%；启动被征地农民基本生活保障与职工养老保险并轨工作，市本级截至 12 月底受理衔接申请 7016 份，办理职工养老保险计发 3112 人。

【社会保险政策】 出台《台州市人民政府关于完善台州市区被征地农民基本生活保障与职工基本养老保险衔接办法的通知》（台政发〔2014〕42 号），已参加生活保障的被征地农民根据自愿原则在补缴一定费用后可转接到职工养老保险，新增被征地农民，可直接参加职工基本养老保险。出台《台州市区城乡居民基本养老保险实施办法》（台政发〔2014〕50 号），将原"城乡居民社会养老保险"更名为"城乡居民基本养老保险"，增加 2500 元的缴费档次，对各档次缴费的财政补助标准进行调整、提高。

【社会保险经办管理】 在启用新大厅的基础上，进一步抓软硬件建设和内部管理制度管理。增设叫号系统、自助查询打印系统、满意度评价系统，免费提供复印、开水。优化经办规程，使办事流程更加规范、便捷。邀请知名礼仪培训师为全局职工进行礼仪培训，引进金融企业的服务标准，窗口工作人员提前 10 分钟到岗，提前 5 分钟办理业务。实行无休日值班制度。落实晨会制度，按照"每天一总结、每天一反省、每天一进步"的要求，每周一召开晨会。实行"五制"、"四公开"，即首问负责制、全程代理制、一次性告知制、限时办结制和责任追究制，办事程序公开、办事依据公开、办事时限公开、办事结果公开。实行"领导值班"制度，人力社保局领导轮流在服务大厅值守，负责大厅巡回检查、抽查，科室部门负责人同步在服务大厅现场办公。

【人才引进与开发】 全市人力资源总量达 127 万，每万人口人才资源数位居全省第 6，同比增幅 14.4%，增幅居全省第一。全年新引进认定"500 精英计划"创业创新人才 160 名，新创领办科技型企业 40 家，注册资本超 4 亿元。其中，华谱新创股份有限公司获批全省首个国家级"检验检测平台"发展项目，非常新能源有限公司与北京大学建立北大—台州金属空气燃料电池研究中心。新扶持建设企业重点技术创新团队 8 家，资助优秀人才培训进修、学术交流等培养项目 30 个，培训规上企业人力资源管理者 700 余人才。举办第二届中国台州高层次人力智力合作（南京）洽谈会，引进科研成果 1652 项，建立江苏南京专家库，入库专家信息 500 条。启动全市首个人力资源服务产业园建设。

【高层次人才服务】 召开部分重点企业人力资源经理座谈会，邀请 17 家知名企业的人力资源经理进行座谈。创建台州人才工作网（高层次人才服务网),12月上线试运行。全年拨付各类人才奖励扶持资金1380余万元,涉及高层次人才、"千人计划"、"500精英计划"等各类人才工程、项目31个。

【专业技术和留学人员管理】 全年新增初、中、高级职称共1.47万人,成功举办全国博士后论坛暨台州医化产业博士后人才项目洽谈会。

【职业能力建设】 新培养高技能人才3.57万人,完成职业技能鉴定10.14万人,全市新建技能大师工作室10家,获评省级技能大师工作室2家,评定台州市技术能手58人,3人入选省高技能人才引进计划,1人获国务院特殊津贴。

【国外智力引进】 组织申报国家和省引进国外智力项目50项,获批29项;组织引进评选首批海外工程师30名。

【公务员管理】 认真组织实施公务员录用考试,21950人参加考试,考录公务员852名。出台《台州市人力资源和社会保障部门工作人员平时考核办法(试行)》,在全市人力社保部门全面推行平时考核制度。组建台州市公务员主管部门公务员申诉公正委员会,并开始负责办理行政机关公务员提出的申诉、再申诉案件。

【事业单位人事管理】 全年市属事业单位面向社会公开招聘工作人员449人,全年招聘工作"零投诉"。积极推进事业单位改革,市电影发行放映公司和市人民影剧院两家单位完成改制。事业单位岗位管理和聘用制度进一步完善,市属事业单位首轮岗位聘用基本完成,新一轮岗位聘用工作全面展开。

【工资福利】 探索、研究事业单位绩效工资管理新模式,设计、编写事业单位绩效工资管理手册,对市直事业单位绩效工资实行手册化管理,有效完善市直事业单位绩效工资相关制度。会同市财政局下发《关于机关事业单位工作人员各类假期待遇的通知》(台人社发〔2014〕127号),对病假、产假、哺乳假、事假、探亲假等假期待遇作了明确规定,规范机关事业单位工作人员各类假期待遇的发放。

【军队转业干部安置】 认真做好军转安置工作,组织开展军转干部培训,企业军转干部维稳和解困工作平稳有序。

【劳动关系】 高度重视"双爱"活动(即"企业关爱职工,职工热爱企业"活动),积极推进"双爱"活动十大行动计划,全省"双爱"活动现场会在飞跃集团召开。出台台州市随军家属就业安置工作实施细则。

【农民工管理服务】 开展防范和处置企业拖欠工资专项检查,深化"春雨、春雷、春苗"专项行动,加强企业劳资关系日常预警管理。打造"无欠薪台州"品牌,全市受理欠薪案件2418件,涉及金额1.03亿元、涉及人数11905人,其中立案810件、调解1608件,最后完成结案805件,结案率99.4%。

【劳动保障监察】 不断完善劳动合同制度,规模以上企业劳动合同签订率达到99%,已建工会企业集体合同签订率达到92%以上。市经济开发区、玉环、天台、路桥等四地实行两节期间处置重大欠薪事件"联合办公"制度。建立商品促销员工资支付保证金制度(试行),破解促销员劳资问题"无人管理、无法解决"难题。联合司法局创建《农民工维权岗制度》,推行律师派驻劳动保障监察制度,免费为农民工提供解答法律咨询、代拟法律文书、参与诉讼等法律援助服务。

【调解仲裁】 全市 90% 以上仲裁庭达到省厅规范化要求,建立 38 个仲裁派出庭。2014 年全市受理劳动争议案件 4039 件,上期余案 242 件,涉及劳动者人数 5424 人,处理结案 4011 件,涉案标的达 1.6 亿元,结案率为 93.7%,调解结案数为 3297 件,调解率为 82.2%。

【12333 电话咨询服务】 开展全市在岗咨询员业务轮训,加强咨询员队伍建设。开通短信服务平台、转外就医登记等服务。全年受理来电量达 381054 个,人工受理 192818 个,接通率在 90% 以上,群众满意率达 99%。

【信息化建设】 全市社保卡累计发行 260 万张,完成阳光政务网上办事大厅和社保、就业等信息平台的整合,在全省率先启动运行整合后的社保企业网上申报信息系统,实现统一登录、全程监控。

【对口支援和结对帮扶】 市人力资源和社会保障咨询服务中心主任李国进赴新疆生产建设兵团第一师阿拉尔市对口支援,任兵团第一师阿拉尔市人力资源和社会保障局局长助理。结对帮扶三门县张司岙村,在班子建设、人才选用等方面派出骨干力量给予专业指导,并给予 2 万元现金补助。

【获省级以上荣誉】

荣誉集体

1. 2014 年度全省劳动争议案件处理工作优秀单位

台州市劳动人事争议仲裁委员会
台州市黄岩区劳动人事争议仲裁委员会
温岭市劳动人事争议仲裁委员会

玉环县劳动人事争议仲裁委员会

2. 2014 年度全省人力资源社会保障宣传工作先进单位

台州市椒江区人力资源和社会保障局
台州市黄岩区人力资源和社会保障局
台州市路桥区人力资源和社会保障局
临海市人力资源和社会保障局
温岭市人力资源和社会保障局
玉环县人力资源和社会保障局
天台县人力资源和社会保障局
仙居县人力资源和社会保障局

3. 2014 年度全省军转干部教育培训工作良好单位

台州市军转办

4. 浙江省青年文明号

台州市人力资源和社会保障咨询服务中心

荣誉个人

1. 2014 年度全省劳动争议案件处理工作优秀个人

台州市椒江区劳动人事争议仲裁委员会
　　　　　　　　　　　　　　　　闫林峰
临海市劳动人事争议仲裁委员会　金卫东
天台县劳动人事争议仲裁委员会　潘哲锋
三门县劳动人事争议仲裁委员会　任文晖

2. 2014 年度全省人力资源社会保障宣传工作先进个人

台州市人力资源和社会保障局　　赵兴
台州市椒江区人力资源和社会保障局
　　　　　　　　　　　　　　　　叶金伟
台州市黄岩区人力资源和社会保障局
　　　　　　　　　　　　　　　　黄丹
台州市路桥区人力资源和社会保障局
　　　　　　　　　　　　　　　　黄梦晓
临海市人力资源和社会保障局　　汪瑞芬
温岭市人力资源和社会保障局　　叶朝艳
玉环县人力资源和社会保障局　　冯红芳

天台县人力资源和社会保障局　　　葛爱萍
仙居县人力资源和社会保障局　　　张杨勇
三门县人力资源和社会保障局　　　章婷婷
　　　　　　　　　　　　　　　（钱献松）

丽 水 市

【城乡就业】　市人力资源和社会保障局、市财政局、市地税局下发《关于对市本级稳定就业困难中小企业实施三项补贴政策的通知》（丽人社〔2014〕0197号），共为15家符合社保补贴政策的企业补贴金额382万元，惠及2122名企业职工。市人力资源和社会保障局下发《关于印发〈丽水市招聘到村（社区）专职从事就业和社会保障工作人员管理办法〉的通知》，新招一批156名基层保障员。丽水市财政局、丽水市人力资源和社会保障局出台《关于加强市本级职业培训补贴资金使用管理的通知》（丽财社〔2014〕115号），全面加强培训资金管理。

推进重点人群就业创业，全市新增高校毕业生就业见习基地73家，推出见习岗位700个。与残联、财政等部门开发市区残疾人专职委员公益性岗位，安排15名残疾人到岗工作。农村公益性岗位进村率达95.9%。为全市465名离校未就业高校毕业生提供就业服务，帮扶率和就业率均达100%。积极实施大学生创业引领计划，引领大学生创业235人，完成创业培训328人。大力实施职业培训"百千万"工程，重点开展超市经营创业人才等30余个培训项目，全市共举办了327个职业培训班，参训25427人，投入培训资金1042万元。全市推荐首批创业导师72名，征集创业项目58个。组织"就业援助月"、"春风行动"、"333就业服务月"、高校毕业生就业洽谈会等公共就业服务专项活动。全市共开展专场招聘活动65次，4000多家单位参加，提供岗位8万余个。建立完善丽水市就业创业工作联席会议制度，建设

完善丽水就业创业门户网、"丽水就业"公众微信平台、"丽水就业"微博。

全市城镇新增就业27303人，城镇失业人员再就业7969人，其中就业困难人员实现就业3397人，城镇登记失业率为2.93%，零就业家庭动态归零。

【社会保险参保情况】　全市职工基本养老保险参保人数55.10万人，比上年新增4.15万人；城乡居民社会养老保险参保人数100.62万人，比上年减少0.32万人；城镇职工基本医疗保险参保人数36.97万人，比上年增加1.72万人；城乡居民基本医疗保险参保人数208.20万人，比上年增加0.69万人；失业保险参保人数20万人，比上年增加1.15万人；工伤保险参保人数42.63万人，比上年增加4.41万人；生育保险参保人数22.12万人，比上年增加2.7万人；被征地农民基本生活保障人数10.2万人，比上年减少0.97万人。

【社会保险政策】　市政府出台《关于进一步完善城乡居民基本养老保险制度的实施意见》（丽政发〔2014〕77号），对城乡居民基本养老保险制度进行完善；出台《关于进一步完善市区被征地农民基本生活保障制度的若干意见》（丽政办发〔2014〕93号），明确被征地农民基本生活保障范围的新增被征地农民，可申请参加职工基本养老保险，已参加市区被征地农民基本生活保障的被征地农民，可转保职工基本养老保险。市人力资源和社会保障局下发《关于印发〈丽水市基本医疗保险特殊病种门诊就医管理办法〉的通知》（丽人社〔2014〕111号），统一全市基本医疗保险特殊病种的范围、诊治标准及办理流程。市人力资源和社会保障局、市财政局下发《关于实施基本医疗保险付费按床日结算管理的通知》（丽人社〔2014〕252号），对主要接诊群体为精神疾病、老年病及慢

性病参保人员的定点医疗机构开展按床日付费管理。调整企业退休(职)人员基本养老金,人均月增 248 元,惠及全市企业退休(退职)人员 7.55 万人。城乡居民社会养老保险基础养老金标准由每人每月 80 元调整为 100 元。市区被征地农民基本生活保障待遇标准、企业职工死亡后遗属生活困难补助费和计划外长期临时工晚年生活补助费标准相应提高。提高城乡居民基本医疗保险基层医疗卫生机构普通门诊医疗费用报销比例,800 元以下部分即时结报 30%,800 元及以上部分即时结报 45%。落实解决养老保障历史遗留问题政策,办理参保补缴手续 42924 人,审核确认 222 号文件对象(包括类似人员)24045 人,审批领取生活困难补助费的部分精减退职人员 7697 人。推进工伤预防国家级试点工作,全市工伤发生率从上年度的 2.16% 降低至 1.55%。

【社会保险经办管理服务】 推进"社会养老保险、医疗保险、新农合、最低生活保障和社会救助'五保合一'的大社保体系,社保基金征收、管理、使用'三位一体'的新机制"建设,基层大社保平台实现社会保险与其他救助经办的有机整合。推进"柜员制"经办模式,实现社会保险业务经办"一门受理,一站服务,一柜办结"。完善城乡居民医疗保险经办流程,进一步明确业务口径。劳动能力鉴定统一集中到市本级,并推出系列便民举措,鉴定频率从之前 1—3 个月一次缩短为 10—15 天一次。组成工作组为失地农民转保职工养老保险提供上门服务,办理正式转保人员 9177 人。开展"数据质量整理深化年"活动,累计合并一人多账户约 15 万户,涉及人员 8 万余人。建立了定点单位巡查制度和约谈制度,对定点单位实施动态化管理,组织开展 2013 年度医保定点单位信用等级评定工作。加强医保基金管理,将医疗费用控制管理成效纳入公立医院绩效考核内容,医保基金支

出增长在强化管理下首次得到收窄。组织实施医保"亮剑"专项行动,查处违规案件 40 起,追回医保基金 49.78 万元。城乡居民医保"一卡通"正式上线。

【人才引进与开发】 市委人才工作领导小组下发《关于印发〈丽水市"首席专家"选聘与管理办法(试行)〉的通知》(丽委人〔2014〕11 号),明确"首席专家"的选聘对象、聘期待遇和管理制度等相关内容。市人力资源和社会保障局印发《关于发布〈2014 年度丽水市紧缺人才开发导向目录〉的通知》(丽人社〔2014〕253 号),共收录 173 个紧缺岗位。开展第二批丽水市重点企业创新团队评选工作,确定市重点企业创新团队 10 家。举办"2014 年丽水市—武汉高层次、高技能人才招聘会",参加浙江省海外高层次人才洽谈活动、第十六届浙江投资贸易洽谈会海外高层次人才智力洽谈活动、北京高层次人才洽谈会和外籍人才洽谈会等活动,引进紧缺急需人才 1764 名。纪建松、张绍斌等 2 人入选享受政府特殊津贴专家,发放人才金卡 600 余张、人才银卡 6000 多张。组建了高级人才联合会及其教育、卫生等八个专家委员会,推出"一刊一网一论坛",为高层次人才搭建了沟通、交流和展现才华的舞台。连续三年推动"人才金桥计划",与山东大学等 10 所重点高校以及杰艾人力等 5 家国内外知名人才中介服务机构,签订了人才合作框架协议。

【专业技术和留学人员管理】 市人力资源和社会保障局、市 138 人才工程实施办公室下发《关于开展 2014 年"丽水三宝"新苗人才专项选拔工作的通知》(丽人社〔2014〕293 号),在全市从事青瓷、宝剑、石雕等"丽水三宝"设计、创作、科研、生产制作及相关工作的专业技术人才和技能人才中选拔 20 名,重点培养为进入市138 人才工程第三层次以上培养对象。2 人入

选省 151 第一层次培养人员、5 人入选省 151 第二层次培养人员。批准列入市 138 人才工程第一层次培养人员 19 人、第二层次培养人员 9 人。批准设立市博士后工作站 12 家。为 3100 名享受政府岗位津贴对象审核发放政府岗位津贴 2189.15 万元。

改革中小学教师职称评审办法,委托县(市、区)组建中小学教师中级职称评审委员会,负责评审中小学教师中初级职称(含中专教师、幼儿园教师、教育管理人员、实验人员)、推荐高级职称。指导丽水学院等 3 所高校首次自主评聘工作。在浙江中广电器有限公司等 5 家企业,开展工程技术人员中级、初级专业技术资格自主评价试点,5 家企业共评审通过工程师资格 43 人、助理工程师资格 77 人、技术员 7 人。

【职业能力建设】 市委人才工作领导小组下发《关于印发〈丽水市"五养"技能大师评选管理办法〉的通知》(丽委人〔2014〕6 号),全市每年在六大行业共选拔 60 名"五养"技能大师。市人力资源和社会保障局下发《关于开展丽水市"传统工艺学科带头人"评选活动的通知》(丽人社〔2014〕0281 号),培养一批既有绝技绝活又有学术研究水平和推广能力的学术型能工巧匠。入选省级技能大师工作室 2 家、省级高技能人才培养示范基地 2 家,评选市级高技能人才培养示范基地 10 家、市级首席技师 10 个、市级技能大师工作室 10 家、传统工艺学科带头人 10 名。新成立技工院校 2 个。举办第四届丽水市防雷检测技能竞赛、丽水市第三届残疾人职业技能竞赛、公路养护劳动竞赛、全市动物防疫职业技能竞赛、第十二届丽水市中等职业学校师生技能大赛等职业技能大赛。217 家企业开展技能人才自主评价。全年开展职业技能鉴定 35831 人,培养高技能人才 5880 人。《摄影师》国家题库开发通过专家审定。设计

编印全市高技能人才风采录,为 60 名高技能人才发放了 2013 年度政府岗位津贴。

【外国专家和智力引进项目管理】 市委人才工作领导小组下发《关于印发〈丽水市引进国外智力项目资助实施办法(试行)〉的通知》(丽委人〔2014〕8 号),对批准列入国家或省引智计划的项目,市财政给予配套资助。全市引进外国专家共计 40 人次,浙江金马逊机械有限公司的法国专家帕特里克·路易斯·雅克·赛维尼尔获浙江省"西湖友谊奖"。申报引智项目共计 49 项,国家级获批 4 项、省级项目获批 9 项、百村引智示范项目获批 4 项,获批总数 17 项,获资助经费总计 60 万元。3 家单位入选省级引进国外智力成果示范推广基地。

【公务员管理】 市委组织部、市人力资源和社会保障局下发了《关于印发〈丽水市公务员录用面试考官管理办法(试行)〉的通知》(丽人社〔2014〕107 号),从考官的"进、管、出"等各个流程加强管理。全市公开招考录用公务员 646 名人。招录人民警察(司法助理员)学员 17 人,招聘大学生"村官"167 人。按照"阳光考录"要求,市直和县(市、区)互派面试考官。启动全市人力社保系统平时考核"日志式"管理工作试点。加大了面向县(市、区)公务员的集中公开遴选工作,共推出 12 家市直单位 19 个遴选职位,计划遴选公务员 28 名,全市共有 193 名基层公务员参加了遴选。启动市直国资营运机构岗位设置管理工作。加强评优评先工作的规范化管理。

【事业单位人事管理】 市委组织部、市人力资源和社会保障局出台《关于市直事业单位岗位管理制度实施后有关问题的处理意见》(丽人社〔2015〕3 号),对事业单位普通管理岗位人员晋升、事业单位领导干部选拔条件和程序、不

同岗位人员转岗等有关问题做出了明确规定。全年招（选）聘事业单位工作人员498人，其中引进专业技术人才131人，紧缺人才44人，面向社会公开招聘320人，面向事业单位公开选聘3人。核准丽水市中心医院等11家单位职业员工使用计划共计120名，丽水市中心医院等8家单位已完成招聘工作，共计招聘职业员工72名。开展优秀大学生"村官"考核招聘的方式聘用为乡镇事业单位工作人员工作。丽水市人事人才管理系统正式开通运行。

【工资福利】 市人力资源和社会保障局、市财政局下发《关于机关单位工作人员各类假期待遇的通知》（丽人社〔2014〕137号），进一步明确市直机关单位工作人员假期工资待遇。市人力资源和社会保障局、市财政局、市卫生局出台《关于进一步完善基层医疗卫生事业单位绩效工资的实施意见》（丽人社〔2014〕248号），对基层医疗卫生事业单位绩效工资政策进行了完善和补充。

【军队转业干部安置】 市政府、丽水军分区下发《关于批转市人力社保局、丽水军分区政治部〈丽水市军人随军家属就业安置实施细则〉的通知》（丽政发〔2014〕87号），为随军家属安置提供政策依据。全市各级党政机关（含参照《公务员法》管理事业单位）安置军队转业干部19人，其中团职干部11名、营职8名。解决9名随军家属安置问题。调整发放全市274名退休企业军转干部生活补贴，提高全市退休企业军转干部"春节"、"八一"慰问金标准。

【劳动关系】 市构建和谐劳动关系工作领导小组下发了《关于印发〈丽水市"双爱"活动推进计划（2014—2017）〉的通知》（丽构建发〔2014〕1号），深入推进"企业关爱职工、职工热爱企业"活动。建立三方四家规上企业联络机制，全市共选择400家规上企业作为三方四家长期联系单位，规上企业"双爱"活动参与率达到100%。调整发布2013年市区职工社平工资和2014年最低工资标准。开展企业薪酬和岗位工资调查，发布劳动力市场工资指导价位。加强农民工保证金专户管理，市本级共214家企业缴纳农民工工资保证金16502.1万元。

【劳动保障监察】 全市各级劳动监察机构主动监察各类用人6855户，补签劳动合同1780份。劳动保障书面审查企业共20789家。共办结各类投诉举报案件894件，其中办结欠薪案件782件，追发工资待遇、经济补偿金等7208万元，涉及职工7225人；处罚案件113起，处罚金额94.08万元；全市参与处理因欠薪引发的重大事件96件，涉及人数3300人，涉及金额3911.52万元。建立企业失信惩戒机制，依托市局网站平台打造劳动保障违法行为曝光台，每季度定期予以公布。与人行、工商、建设等部门推进诚信建设，对发生欠薪逃匿或拒不改正的企业，予以公开曝光，当年内不得推荐为各类先进集体和个人，并在人行企业征信系统予以披露，限制其履约担保、融资贷款。完善欠薪预防预警和应急处置机制，实行"110"应急联动30分钟出警。

【调解仲裁】 全市各级仲裁机构共立案受理劳动人事争议仲裁案件2350件，涉案金额7217.01万元，涉及劳动者人数2612人，调解率达79.27%，结案率94.65%。法援工作站共受理劳动争议269件，涉及269人，涉案1026.3余万元。建立农民工劳动仲裁绿色通道，对农民工欠薪案件实行全程优先。建成莲都区总工会派出庭和碧湖工业区派出庭。

【**12333 电话咨询服务**】 制定咨询专线服务规范,加大对全市 12333 咨询服务专线运行质量的监控力度,提升整体服务能力和水平。2014年全市咨询服务电话量达到 98402 个,比上年增长 30%,其中县(市)咨询服务电话量达到43946 个,比上年增长 96%。

【**信息化建设**】 医保联网结算平台改造升级,城乡居民异地就医"先垫付再报销"成为历史。全市医保联网结算平台刷卡达到 639.69 万人次,比 2013 年增长 33%,医疗费交易金额达到19.75 亿元,增长 44%。建成城乡居民社会保障管理信息系统、数据中心虚拟化平台、被征地农民基本生活保障管理信息系统、公共服务平台网上办事大厅、全民参保登记信息系统、数据异地容灾备份系统和应用级容灾中心、金保工程综合运行维护系统、人力社保工作人员日志式考核系统、12333 集中短信平台等信息系统。年底全市社会保障卡申领人数达到 239.87 万,占全市户籍人数的 85.67%,持卡人数达到154.51 万。

【**获省级以上荣誉**】

荣誉集体

1. 2014 年度全省劳动争议案件处理工作优秀单位
   丽水市劳动人事争议仲裁委员会
   丽水市莲都区劳动人事争议委员会
   青田县劳动人事争议仲裁委员会
   云和县劳动人事争议仲裁委员会
2. 2014 年度全省人力资源社会保障宣传工作先进单位
   丽水市人力资源和社会保障局
   青田县人力资源和社会保障局
   缙云县人力资源和社会保障局
   遂昌县人力资源和社会保障局

松阳县人力资源和社会保障局
云和县人力资源和社会保障局

3. 2014 年度全省劳动保障监察工作目标管理成绩突出单位
   丽水市莲都区劳动保障监察大队
   青田县劳动保障监察大队
   缙云县劳动保障监察大队
   景宁县劳动保障监察大队

荣誉个人

1. 2014 年度全省劳动争议处理工作优秀个人
   丽水市劳动人事争议仲裁委员会　黄力莎
   松阳县劳动人事争议仲裁委员会　李万君
   景宁县劳动人事争议仲裁委员会　杨玉山
2. 2014 年度人力资源社会保障宣传工作先进个人
   丽水市人力资源和社会保障局　李鑫飚
   丽水市莲都区人力资源和社会保障局
   　　　　　　　　　　　　　王　抒
   龙泉市人力资源和社会保障局　张兆军
   青田县人力资源和社会保障局　周贤华
   庆元县人力资源和社会保障局　杨永超
   缙云县人力资源和社会保障局　吴见平
   遂昌县人力资源和社会保障局　雷春琴
   松阳县人力资源和社会保障局　赖春香
   景宁畲族自治县人力资源和社会保障局
   　　　　　　　　　　　　　刘德灵
   云和县人力资源和社会保障局　黄信芳
   　　　　　　　　　　　　（周　广）

义 乌 市

【**城乡就业**】 4 月,在义乌工商学院举行浙江省技能人才校企合作洽谈会(义乌分会场)暨义乌市首届电子商务人才校企合作洽谈会,省内外近 100 家职业、技工院校、部分电子商务技术院校以及 150 余家企业参会,95% 的参会院校和企业达成初步合作意向,累计签订合作意向书1000余份。5月,组织54家企业参加在江西宜春学院举行的"义乌市电商企业校企合作专场招聘会",提供岗位1000余个,达成初步就业意向300余人,发放招工简章和宣传资料1500余份,宜春学院外语专业76名大学生在义乌就业创业。

通过校企合作洽谈会等,全年为义乌电商企业引进相关电商大学生500多名;为19名困难家庭高校毕业生发放补贴1.9万元,10名高校毕业生获得每人5000元的省级财政补助。

全年新建见习基地10家,1家见习基地(三鼎控股集团有限公司)获省级高校毕业生示范基地。全年帮助高校毕业生等青年群体创业835名。

开展公共就业服务向基层延伸,建成示范型村(社区)公共就业服务平台50个。开展公益性岗位进村活动,助推就业困难人员就业,公益性岗位进村达标率为83%。举办农村劳动力转移就业推介会13场,吸引1700余家企业参加,推出岗位近4万个,参会3万余人次,当场达成就业意向6000余人,接受现场咨询7000余人次,发放宣传资料4万余份。组织开展"就业援助月"活动,走访就业困难人员家庭243户,登记认定未就业困难人员54人(其中残疾人就业困难人员5人),帮助189名就业困难人员实现就业(其中残疾人就业困难人员3人)。开展为期2个月的"春风行动",组织专场招聘会25场,发放"春风"行动卡及宣传资料63850份,免费提供服务人数48625人次,本地企业吸纳农村劳动力21320人次。

健全培训制度,全年共培训3万多人次,其中育婴员和家政服务员培训251人,职工岗位技能提升培训2935人,失业人员职业指导培训4644人,创业培训27期850人,电子商务培训21283人。

开展企业用工监测网上直报工作,监测企业数为442家,其中块状经济197家(商贸服务业111家、饰品业45家、服装袜业41家),新增旅游类、电子商务类及劳务派遣类企业22家。12月从业人数为90189人,比年初减少3722人;块状企业从业人数为42953人,比年初减少5699人。

截至2014年,实有外国人在义乌就业人数3438人。全年共受理来自96个国家和地区5012人次外国人在浙就业许可相关业务,共发放《外国人就业许可证书》755份,《外国人就业证》首次985份,延期3194份。

全年新增就业人数12170人,失业人员实现再就业5380人,其中就业困难人员实现再就业3405人,城镇登记失业率控制在2.93%。

【社会保险参保情况】 全市职工基本养老保险、职工基本医疗保险、工伤保险、生育保险、失业保险参保人数分别为39.29万人、36.33万人、41.4万人、19.06万人、16.38万人,分别比上年度新增4.3万人、3.61万人、1.55万人、5.06万人、1.01万人。城乡居民基本养老保险参保人数为20.17万人,参保率为98%;城乡居民基本医疗保险参保人数为43.88万人,参保率为98%。被征地农村居民养老保险和土地流转农民养老保险参保人数分别为11.39万人、2.08万人。

职工基本养老保险退休(职)人数共计51658人,人均养老金1848元/月。城乡居民基本养老保险待遇享受人数共计81307人,人均养老金155.31元/月。城乡居民基本医疗保险政策范围内平均住院报销比例为76.33%(含大病)。

6月,对全市132家"小升规"企业的职工基本养老保险、职工基本医疗保险单位缴纳部分实行临时性下浮,减征金额总计128万。11、12月对全市符合条件的中小微企业实行职工基本养老保险费临时性减征,减征企业4583

家,减征金额逾 5925 万元。

【社会保险政策】 1 月 1 日起,城乡居民基本养老保险基础养老金标准由 100 元/月·人调整为 120 元/月·人。

6 月,出台《义乌市基本医疗保险实施办法》(义政发〔2014〕31 号);7 月,出台《义乌市基本医疗保险实施办法细则》(义人社〔2014〕137 号)。新政策对原有的义乌市医疗保险政策进行了整合完善。职工医疗保险、城乡居民大额医疗保险、城乡居民小额医疗保险医疗年度内累计最高支付限额分别从 55 万元、40 万元、20 万元提高到 71 万元、60 万元、37 万元。

7 月,出台《关于印发加强工伤预防工作若干意见的通知》(义政办发〔2014〕105 号),建立工伤预防工作联席会议制度,全年工伤事故发生率控制在 0.6%;出台《义乌市城乡新社区集聚建设居民职工基本养老保险若干意见》(义政办发〔2014〕106 号)。

9 月,市人力资源和社会保障局、市财政局、市卫生局、市教育局联合下发《关于做好非营利性民营医院、民办学校社会保险工作的通知》(义人社〔2014〕170 号),为民办教育医疗机构人才培养提供保障。

9 月,出台《关于完善被征地农民养老保障制度的若干意见》(义政发〔2014〕54 号),建立被征地农民基本生活保障待遇正常调整机制及被征地农民养老保险与职工基本养老保险、城乡居民基本养老保险的衔接并轨机制。

【社会保险经办管理】 义乌市被列为全省首个全民参保登记模拟试运行地区,2 月,正式启动"全民参保登记计划"。截至 12 月底,全市 75.91 万户籍人口中 75.3 万人按标准完成登记,登记率为 99.18%;本市户籍人口养老保险参保人数比上年底新增 4.1 万人,参保率达 98%。

启用社会保险个人网上查询系统,继续推广社会保险网上申报系统,截至 12 月底,新增社会保险网上申报系统单位 2316 家,累计开通 3429 家,实现网上业务申报 39.09 万笔。

实施被征地农民参加职工养老保险补缴工作,截至 12 月底,完成 3.72 万人的参保补缴登记工作,累计征缴金额 30.39 亿元,其中职工养老保险 26.93 亿元,职工医疗保险 3.46 亿元。

启用工伤认定信息管理系统,全年共受理工伤认定 1970 起,受理劳动能力鉴定申请 710 人,对其中 693 人做出劳动能力鉴定结论。

开展医疗保险反欺诈"亮剑"专项行动,合计扣款 48.57 万元,医保医师扣分处理 35 人次,暂停定点药店服务资格 9 家,取消定点药店资格 3 家,暂停参保人员医保待遇 4 人次,向公安部门移送医保骗保案件 4 起。

【人才引进与开发】 4 月,出台《关于进一步落实人才子女入学工作的实施意见(试行)》,为 104 名高层次人才子女解决入学问题。5 月,发布《2014 年义乌市紧缺人才开发导向目录及人才薪酬指导价》,涉及 17 个行业 113 个紧缺岗位需求、专业要求及学历和能力要求。7 月,出台《关于加强人才住房保障工作的意见》(义政发〔2014〕40 号)、《〈义乌市加强人才住房保障工作的实施意见〉等政策兑现工作方案》(义政办发〔2014〕112 号)、《2014 年义乌市基础人才、企业实用人才住房保障实施意见(试行)》(义政办发〔2014〕113 号)三个人才住房保障政策;8 月,发布《义乌市人才住房保障操作细则》(义人社〔2014〕166 号),22 日启动人才住房保障申报工作,共接受申报材料 1217 人,经 6 部门联审,966 人通过审核,959 人公示无异议进入购房补助流程。12 月,修订出台《关于大力实施人才强市战略构筑义乌人才高地的若干意见(试行)》(义委〔2014〕38 号),新修订政策侧重增加企业引进海外工程师、"985

工程"、"211 工程"高校毕业生的吸引政策。

新入选浙江省 151 人才工程第二层次 3 人,选拔推荐 2014 年度义乌市"133 创新人才工程"第三层次培养对象 52 名。

全年组织各类招聘活动 158 场次,为全市 10200 余家次企事业单位提供人才招聘服务,引进各类人才 16300 余人次。

【专业技术和留学人员管理】 完成全市 20 个中评委的评审工作,新增专业技术人才 4043 人。

义乌经济技术开发区博士科研工作站增设"义乌华鼎锦纶股份有限公司"分站和"浙江正电新能源有限公司"分站。全年新引进博士后研究人员 1 人,兑现财政资金补助 38 万元。

【职业能力建设】 全市技能鉴定 10025 人,其中:初级工 6153 人、中级工 2834 人、高级工及以上 1038 人。完成技能人才培养 23707 人,其中高技能人才 3591 人(高级技师 17 人、技师 500 人、高级工 2898 人、高级专项 176 人)。

开展职业技能评价职能向社会组织转移。制定出台《义乌市职业技能评价职能向社会转移改革工作实施方案》和《义乌市政府购买技能人才社会化评价服务试行办法》,开展印刷行业技能人才评价职能转移至社会组织试点工作。

承担省人力社保厅新职业标准开发任务,开展国际电子商务营销师、纺织设备检修工、饰品设计师三个职业(工种)开发工作,填补我省该三个职业(工种)的标准空白。

首次开展高级技师、技师直接认定。开展木雕工高级技师、技师直接认定工作,共 10 人获得木雕工技师职业资格,3 人获得木雕工高级技师职业资格。

【国外智力引进】 全年引进外国专家 28 名,其中经技类外国专家 8 名,文教类外国专家

20 名。

新出台海外工程师计划。对引入年薪 30 万元人民币以上海外工程师的企业实行年薪资助和不超过 3 万元的一次性国际旅费资助。年薪资助金额按企业支付给"海外工程师"年薪 20% 的标准,每年年底一次性资助给企业,每人每年最高资助金额不超过 20 万元。

新批中等以下教育机构聘请外国专家单位资格认可 5 项,办理来华工作许可 39 项,新办外国专家证 28 项,延期 29 项,注销 20 项。入选浙江省外国专家"西湖友谊奖" 1 人。

【公务员管理】 开展聘任制公务员管理试点,首批面向全国招聘 4 名聘任制公务员。全年共录用公务员 159 人。

【事业单位人事管理】 全年共招聘事业编制工作人员 788 名,其中教育系统组织招聘 333 名、卫生系统组织招聘 302 名、其他单位组织招聘 153 名。

【工资福利】 4 月,出台《关于进一步完善基层医疗卫生事业单位绩效工资分配的实施办法》(义人社〔2014〕87 号),建立绩效工资总量增长机制和绩效考核奖,构建规范统筹与搞活激励并举的绩效工资新机制;印发实施《关于提高护士待遇有关问题的通知》(义人社〔2014〕77 号),实施护士临床护理津贴及护龄满 30 年按原基本工资 100% 计发退休费政策,共提高兑现 21 家医院 1127 名在职护士和 110 名退休护士待遇。

2014 年,共落实解决部分精简退职人员生活困难补助 215 人。

【军队转业干部安置】 全年共安置军转干部 36 名,其中团职 11 人,营以下和技术干部 25 人。安置行政(镇街)机关 24 人,事业单位 12

人。安置随调家属5人。

走访慰问义乌市退休、失业、退养和企业在职军转干部,并发放慰问金和报刊费158.65万元,对生活困难的失业军转干部发放生活补助10.58万元。

【劳动关系】 3月,下发《关于2013年度各镇(街道、工业园区)劳动关系和谐指数情况的通报》(义人社〔2014〕49号),通报2013年度各镇(街道、工业园区)劳动关系和谐指数情况,其中城西街道、佛堂镇、上溪镇分别列前三。5月,修订印发《义乌市劳动关系和谐指数评价体系(试行)的通知》。

8月1日起,全市最低月工资标准调整为1470元,非全日制工作最低小时标准调整为12元。

落实劳动关系三方四家季度例会制度。分别于2月、7月、10月召开全市协调劳动关系三方会议第四、五、六次会议,会议分别由三方会议成员单位市工商联、人力资源和社会保障局、总工会轮值筹办,及时对涉及劳动关系方面的重大问题进行沟通协商。

【劳动保障监察】 5月,与水务局联合下发《关于加强水利建设工程农民工工资支付保障工作的通知》(义水务〔2014〕63号),规定我市辖区内水利建设工程的施工企业均需以工资支付保函的形式实施工资支付保障制度。6月,下发《关于进一步做好租用场地经营企业工资支付保障方式的解除止付、迁移和撤销工作的通知》(义人社〔2014〕133号),强化实施租用场地经营企业工资支付保障制度,实现制度实施覆盖面达85.2%。11月,会同人民银行义乌支行下发《关于在企业征信系统中披露欠薪企业信息有关问题的通知》(义人社〔2014〕214号),建立欠薪企业信用信息披露制度,明确披露内容、处置措施,建立披露联络人制度。

全市共处理劳动纠纷4551起,为13014名劳动者追回工资、押金等7924.97万元;参与处理突发事件376件,涉及劳动者5545人。其中,市劳动监察大队直接处理劳动纠纷1635起,为7278名劳动者追回工资、押金等4987.6万元;处理突发事件338起,涉及劳动者5424人。向公安局移送涉嫌拒不支付劳动报酬案件39起,10名企业主被判刑,涉及劳动者339人,追回工资金额200.09万元。

【调解仲裁】 全年受理劳动人事争议案件2225件(含人事争议2件),涉案金额2715万元,其中10人以上群体性案件21起,涉及劳动者1003人。当年结案2055件,结案率92.36%,其中以裁决方式结案498件,以调解方式结案1557件,调解率75.77%。

14个镇(街道)劳动争议调解委员会年度受理处理劳动争议2505件,涉及劳动者5160人,涉案金额3019余万元。

法律援助仲裁工作站年度累计接待来访1994余人次,受理援助申请193件,代拟法律文书150件,为劳动者追回工资、工伤待遇等600余万元。

【信息化建设】 市人力资源和社会保障局门户网站改版升级,新版门户网站于6月13日正式上线运行。10月,出台《关于义乌市社会保障市民卡项目建设的实施意见》(义政办发〔2014〕156号),正式启动社会保障市民卡项目建设。2014年度先后成立社会保障市民卡管理中心和社会保障市民卡服务公司。

工伤认定系统和联网结算系统分别于4月1日、11月10日上线运行,实现工伤发生人员事故的申报、认定、结算全程互联网办理。11月,公共就业服务系统正式启用,及时为劳动者和用人单位提供更为翔实的职位招聘信息、就业信息等各类信息资源。12月,在电视台"资讯"频道,正式开通医保、养老、就业培训、职工维权、人事人才等相关政策的查询及社保卡挂失、就业培训报名等业务。整合阳光政务系统。将11个业务子系统整合到阳光政务平台,实现人力社保各项网上经办业务一个平台进入、经办和办结。

【获省级以上荣誉】

荣誉集体

1. 2012—2014年度全国人力资源诚信服务示范机构
   义乌市人才服务局
2. 2014年全国清理整顿人力资源市场秩序专项行动突出成绩单位
   义乌市劳动监察大队
3. 2014年度全省劳动争议案件处理工作优秀单位
   义乌市劳动人事争议仲裁委员会
4. 2014年度人力资源社会保障宣传工作先进单位
   义乌市人力资源和社会保障局
5. 2014年度劳动保障监察工作目标管理成绩突出单位
   义乌市劳动监察大队

荣誉个人

1. 2014年度全省劳动争议案件处理工作优秀个人
   义乌市劳动人事争议仲裁委员会　　傅莹莹
2. 2014年度全省人力资源社会保障宣传工作先进个人
   义乌市人力资源和社会保障局　　冯倩

（杨　英）

部分专有名词背景简介

部分专有名词背景简介

● **村级（社区）便民服务中心** 2011年，省委、省政府总结各地创新社会管理的经验，提出形成完整的省、市、县、乡、村五级公共服务体系的要求。4月，省纪委、省监察厅、省民政厅、省人力资源和社会保障厅、省国土资源厅、省住房和城乡建设厅、省农业厅、省卫生厅、省人口和计划生育委员会印发《关于进一步加强村级便民服务中心建设的实施意见》（浙纪发〔2011〕12号），提出年底前实现村级便民服务全覆盖目标。

村级（社区）便民服务中心，是设在行政村（社区），集中受理与群众生产生活关系密切的劳动就业、社会保险、社会救助、社会福利、计划生育、涉农补贴、农用地审批、新型农村合作医疗等业务事项，提供一站式公共服务的综合性窗口，是党委、政府和基层党员干部服务群众、联系群众的综合性平台。

● **阳光医保工程** 2012年，省人力资源和社会保障厅印发《浙江省阳光医保实施方案》（浙人社函〔2012〕391号），实施以"规范医疗，控费控药"为目的的"阳光医保工程"，建立医疗保险智能审核监管系统，强化医疗行为全程监管，控制医疗保险基金支出的不合理增长，解决医疗保险领域存在的过度医疗、诱导消费、重复检查、重复治疗，浪费甚至欺诈医疗保险基金等违纪、违法问题。

● **企业技术创新团队** 2008年，省委办公厅、省政府办公厅印发《关于加强我省创新团队建设的意见》（浙委办〔2008〕50号）。2009年，印发《关于在推进经济转型升级中充分发挥人才保障和支撑作用的意见》（浙委办〔2009〕14号），提出到2012年，全省实施企业技术创新团队建设"121"工程。计划用3年左右时间，通过省、市、县三级联动，在全省打造一批拥有自主品牌，能与国内外同行在不同技术或产品领域竞争的企业技术创新团队，即100个省命名的重点企业技术创新团队；200个市命名的企业技术创新团队；1000个县（市）命名的企业技术创新团队，推进企业技术创新活动全面开展，促进全省企业转型升级。4月，省委组织部、省委宣传部、省科技厅、省人事厅印发《关于开展浙江省重点创新团队遴选工作的通知》（浙组〔2009〕13号），明确省级重点创新团队遴选条件、遴选程序、组织评审、公布命名、组织领导等规定。重点企业技术创新团队由省委、省政府命名为"浙江省重点创新团队"，与省人力资源和社会保障厅签订《创新团队任务书》，团队管理周期为3年。

● **"三支一扶"工作** 2006年，中共中央组织部、人事部、教育部、财政部、农业部、卫生部、国务院扶贫开发领导小组办公室、共青团中央下发《关于组织开展高校毕业生到农村基层从事支教、支农、支医和扶贫工作的通知》（国人部发〔2006〕16号）。浙江结合实际，把"三支一扶"工作与"大学生志愿服务国家西部计划"和"大学生志愿服务本省欠发达地区计划"相结合，引导和鼓励高校毕业生到基层就业创业，重点到全省25个欠发达县和5个海岛县开展"三支一扶"工作。各级财政给予参加"三支一扶"

工作的志愿者每月1000元生活补助和1000元交通补助。

2008年,省委组织部、省人事厅印发《浙江省选聘到村和社区工作高校毕业生管理办法(试行)》(浙组〔2008〕58号),把"三支一扶"计划纳入"一村(社区)一名大学生计划",参加"三支一扶"计划活动期满的本省生源毕业生,本人自愿且具备选聘条件的,可选择报考生源地或本省服务地一个岗位,简化选聘程序,直接通过考核方式予以聘用。聘用后,志愿服务期视作在农村(社区)工作年限。

● **国家"百千万人才工程"** 1995年,人事部等国家有关部门组织实施了培养造就年轻学术技术带头人的专项计划——"百千万人才工程"。2002年,人事部、科技部、教育部、财政部、国家发展计划委员会、国家自然科学基金委员会、中国科学技术协会印发《新世纪百千万人才工程实施方案》(人发〔2002〕55号),提出到2010年,培养造就数百名具有世界科技前沿水平的杰出科学家、工程技术专家和理论家;数千名具有国内领先水平,在各学科、各技术领域有较高学术技术造诣的带头人;数万名在各学科领域成绩显著,起骨干作用,具有发展潜能的优秀年轻人才。

● **专业技术人才知识更新工程** 2005年,人事部印发《专业技术人才知识更新工程("653工程")实施方案》(国人部发〔2005〕73号),规划从2005年起,用6年时间,在现代农业、现代制造、信息技术、能源技术、现代管理等5个领域开展继续教育活动,重点培训紧跟科技发展前沿、创新能力强的中高级专业技术人才300万人,简称"653工程"。

● **"千人计划"** 2008年12月25日,中共中央组织部在北京召开的全国会议上提出,从2008年起,用5—10年时间,引进能够突破关键技术,发展高新产业,带动新兴学科的战略科学家和科技创新创业领军人才2000人左右,全称为"海外高层次人才引进计划"。

2009年,浙江启动实施省"千人计划",围绕浙江经济社会发展战略目标,计划用5—10年时间,引进并重点支持学科带头人、科技领军人才、高层次创业人才1000人,争取其中入选国家"千人计划"300人左右。

● **国务院政府特殊津贴专家** 1990年,中央决定向有突出贡献的专家、学者、技术人员发放政府特殊津贴。2001年,中共中央下发《关于对做出突出贡献的专家、学者、技术人员继续实行政府特殊津贴制度的通知》(中发〔2001〕10号),明确选拔范围、数量、条件、程序、待遇。特殊津贴专家每两年选拔一次,政府向每位入选专家发放一次性特殊津贴。发放标准多次调整,2004年以后调整为2万元。各省按照下达的控制指标推荐,国务院授权人力资源和社会保障部向有关专家颁发政府特殊津贴证书。

● **浙江省"151人才工程"** 1996年,省委办公厅、省政府办公厅转发省委组织部、省人事厅、省科委、省教委、省财政厅制定的《浙江省跨世纪学术和技术带头人培养规划(1996—2010年)》(省委办发〔1996〕29号),与国家"百千万人才工程"相配套,启动浙江省"151人才工程"。规划分两个阶段:第一阶段,到2000年,全省培养在国内具有一定知名度的第一层次学术技术带头人100人(50岁左右),培养代表浙江学科优势和水平的第二层次学术技术带头人500人(40岁左右),培养年轻优秀的第三层次学术技术带头人后备人选1000人(30岁左右);第二阶段,到2010年,建立一支由3200人左右的学术技术带头人及后备人选组成的高层次人才队伍。

2001年,省委组织部、省人事厅、省科技厅、省教育厅、省财政厅、省发展计划委员会、省经济贸易委员会、省科学技术协会印发《浙江省"新世纪151人才工程"实施意见(2001—2010年)》(浙组〔2001〕70号),提出到2010年,每五年一轮,每轮分别培养第一、二、三层次学术技术带头人及后备人选100人、500人、1000人。

2011年,省委办公厅、省政府办公厅转发省委组织部等单位《关于浙江省151人才工程(2011—2020年)实施意见》(浙委办〔2011〕15号),提出到2020年,每五年一轮,每轮培养能跟踪国际科技前沿,引领本学科和产业发展,进入"百千万人才工程"国家级人选序列的第一层次领军人才100人左右;具有较高学术技术造诣,能支撑全省学科建设、产业发展和科技创新,在省内外同行中拥有较高知名度的第二层次学术技术带头人500人左右;在各学科、产业领域发挥骨干作用,得到省内外同行认可,富有发展潜力的学术技术带头人后备人选1000人左右。省财政对省"151人才工程"重点资助及第一、二层次培养人员,分别给予一次性12万元和8万元、4万元经费资助。第三层次培养人员资助人数控制在培养人员总数的20%,由省财政一次性给予每人3万元经费资助。要求健全政府投入为导向,用人单位投入为主体,多渠道、多元化的经费投入体系,培养人员所在地区要加大人才投入,给予适当的经费支持,所在用人单位要给予不低于1:1的经费配套。

● **浙江省特级专家** 2004年,省委办公厅、省政府办公厅印发《实行浙江省特级专家制度暂行规定》(浙政办〔2004〕75号),设立"浙江省特级专家"这一全省最高学术技术称号,总人数控制在100名以内。评选对象为在浙江工作两年以上,具有研究员、教授、教授级高级工程

师或同等专业技术职务任职资格的专家、学者,年龄不超过65周岁。

● **浙江省有突出贡献中青年专家** 1989年,省委办公厅、省政府办公厅印发《浙江省有突出贡献的中青年科技人员的选拔管理试行办法》(省委办〔1989〕19号),选拔一批在科学研究、工程技术等领域做出突出贡献的中青年科技人员并予以表彰奖励。2005年,省委办公厅、省政府办公厅印发《浙江省有突出贡献中青年专家选拔管理办法》(浙委办〔2005〕78号),明确省"有突出贡献中青年专家"每两年选拔一次,每次选拔名额一般不超过50人,待遇由原来奖励晋升一级工资,改为由省政府一次性奖励每人2万元。

● **博士后科研流动站、工作站** 1985年,博士后制度经国务院批准实行。同年,浙江省第一个博士后科研流动站在浙江大学设立。2001年,浙江成为全国博士后管理体制改革试点省份,先后出台《关于加快我省博士后事业发展的若干意见》、《浙江省博士后工作管理暂行办法》、《浙江省博士后工作专项经费使用管理办法》、《浙江省优秀博士后奖励实施办法》等一系列政策,成立"浙江省博士后工作办公室",设立浙江省博士后专项工作经费,给予博士后生活、安家补助和科研项目择优资助,开展优秀博士后表彰奖励、设站单位博士后工作评估等工作。

● **钱江人才计划** 2006年,省人事厅、省科技厅组织实施"钱江人才计划",优化留学人才创新创业环境。省财政先期投入资金700万元,资助近三年来浙的高层次留学人才和团队,解决制约海外留学人才创新创业过程中的资金、环境等瓶颈问题。

● **钱江技能大奖** 2011 年,省政府办公厅下发《关于开展钱江技能大奖评选活动的通知》,印发《钱江技能大奖评选办法》(浙政办发〔2011〕9号),决定从 2011 年起在全省开展"钱江技能大奖"评选活动。评选活动每两年一次,每次评选名额不超过 10 名。"钱江技能大奖"是省政府为对浙江经济社会发展做出特殊贡献的高技能人才设定的最高奖项,省政府向"钱江技能大奖"获得者颁发荣誉证书,给予一次性奖励 10 万元。

● **技能大师工作室** 2011 年,人力资源和社会保障部为落实《国家中长期人才发展规划纲要(2010—2020 年)》,根据全国人才工作会议精神,加强技能人才培养力度,提出建立"技能大师工作室"制度。2013 年,人力资源社会保障部办公厅印发《国家级技能大师工作室建设项目实施管理办法(试行)》(人社厅发〔2013〕51号),中央财政给予每个"国家级技能大师工作室"一次性资金补助 10 万元,用于培训设施设备购置和技能交流推广。2011 年 7 月,省人力资源和社会保障厅、省财政厅下发《关于建立浙江省技能大师工作室的通知》(浙人社发〔2011〕206 号),明确申报条件、认定程序、支持措施。省人力资源和社会保障厅发文公布并授予"浙江省技能大师工作室"牌匾。

技能大师工作室以高精机械加工、传统技艺传承、高新技术产业为重点,在科技和技能含量较高的产业、行业、职业,由具备绝技绝活的高技能人才和技能带头人依托大中型企事业单位、行业研发中心、技工院校(职业院校)、高技能人才培养示范基地等载体领办或创办,设在班组、工段、实训(研发)中心等场所。主要功能是发挥高技能领军人才在带徒传技、技能攻关、技艺传承、技能推广等方面的重要作用,面向企业、行业职工和相关人员开展培训、研修、攻关、交流等活动,推广技术革新成果。

● **浙江省首席技师** 2010 年,省人力资源和社会保障厅、省经济和信息化委员会、省财政厅、省政府国有资产监督管理委员会、省总工会下发《关于开展浙江省首席技师评选活动的通知》(浙人社发〔2010〕346 号),决定从 2011 年起,在全省技能人才队伍中开展"浙江省首席技师"评选活动。评选活动每两年一次,每次评选名额不超过 50 名。省评选工作领导小组成员单位向"浙江省首席技师"称号获得者颁发荣誉证书,给予一次性奖励 5 万元。

● **国家"外专千人计划"** 2011 年,人力资源和社会保障部提出利用 10 年左右时间,引进高层次外国专家 500—1000 人(特指非华裔外国专家),每年引进 50—100 人的计划(简称"外专千人计划")。重点引进一批能够突破关键技术、发展高新产业、带动新兴学科的战略科学家、科技领军人才和国际化创新团队。国家给予"外专千人计划"专家在出入境、居留、医疗、保险、住房、税收、薪酬等方面特定政策和待遇。中央财政给予"外专千人计划"长期项目专家每人一次性人民币 100 万元补助,并根据工作需要,经用人单位向从事科研工作,特别是从事基础研究的外国专家提供总计 300 万元—500万元的科研经费补助。国家外国专家局根据"外专千人计划"专家在华工作年限给予医疗、养老保障的适当补助。

● **国家高端外国专家项目** 2011 年,国家外国专家局为配合"外专千人计划"的实施,设立高层次外国专家引进平台,重点支持每年在华工作 2 个月以上的非华裔高端外国专家。

● **"百村引智"示范项目** 2007 年,国家外国专家局提出"十一五"期间,在全国 1000 个左右的行政村,推广应用成功引进的农业引智成果,包括农业新品种、种植养殖新技术、农产品深加工技术、农业环保、农村规划、农业生产管理技术项目(简称"千村引智示范"项目)。2008年起,省外国专家局在全省组织实施"百村引智示范项目",推广农业引智成果。

● **中国政府"友谊奖"** 1991年,国家恢复于20世纪50年代为表彰来华工作的苏联和东欧等国专家而设立的"友谊奖",以表彰外国专家在我国经济、技术、教育、文化等建设事业和人才培养中做出的突出贡献和奉献精神,是中国政府授予来华工作外国专家的最高奖项。"友谊奖"每年国庆节前夕组织评选,每次获奖名额约50人。

● **省政府"西湖友谊奖"** 1997年,省政府为表彰外国专家在浙江经济建设和社会发展中做出的突出贡献和奉献精神,专门设立"西湖友谊奖",是省政府授予来浙江工作外国专家的最高奖项。"西湖友谊奖"每年评选一次。

● **劳动关系和谐指数** 2011年,省人力资源和社会保障厅首次开展全省各市劳动关系和谐指数调查,发布年度各市劳动关系和谐指数,反映区域性劳动关系和谐程度。劳动关系和谐,是劳动者和用人单位处于相互合作、互惠互利、共同发展的一种良好状态。劳动关系和谐指数,是通过建立科学合理的数学模型和指数化指标体系,进行不同方式的统计调查和统计分析,衡量劳动关系和谐程度的主客观指标数值。

● **参照《公务员法》管理事业单位(简称参公单位)** 2005年5月,《中华人民共和国公务员法》颁布。《公务员法》第一百零六条规定:法律、法规授权的具有公共事务管理职能的事业单位中除工勤人员以外的工作人员,经批准参照本法进行管理。2006年4月,中共中央、国务院印发《〈中华人民共和国公务员法〉实施方案》(中发〔2006〕9号),明确规定参公单位审批办法。8月,中央组织部、原人事部印发《关于事业单位参照公务员法管理工作有关问题的意见》(组通字〔2006〕27号),详细规定参公单位条件和审批权限、程序等。上述法律和规章构成了有关事业单位参照《公务员法》管理的基本制度。

参公单位人员编制仍属于事业单位序列,但参照《公务员法》和相关配套政策法规管理。纳入参公管理的人员,需要履行人员登记、确定职务与级别、套改工资等程序。参公单位不实行事业单位专业技术职务、工资、奖金等人事管理制度。

● **统发工资** 统发工资是指用财政性资金安排的工资资金,由财政部门委托代发工资银行直接拨付到个人工资账户的管理方式。统发工资实行编制部门核准编制,人事部门核定人员和工资,财政部门核拨经费,银行代发到人,及时足额到位的管理原则,是深化财政体制改革,建立公共财政管理体系的需要,是财政实施国库集中支付的主要内容之一。

2000年8月起,浙江省省级单位实行统发工资制度,范围包括省级党委、人大、政府、政协、法院、检察院、民主党派和人民团体机关,以及由财政核拨经费,参照《公务员法》管理的省直事业单位所有在编在职人员。

● **"金蓝领"国(境)外培训计划** "金蓝领"是人们沿袭"蓝领"、"白领"、"金领"等称谓,对企业技术工人中经验丰富、技艺精湛,具有某一技术领域独到专长的精英群体又一新的职业称谓。这一群体大都具有职业技师以上技术等级,备受企业和社会青睐,是国家建设不可缺少的高技能人才。随着国家一系列高技能人才政策的实施,这一群体的社会地位大幅提高,收入也往往超过一般白领而介于"白领"和"金领"

之间,因此被称为"金蓝领"。

2011年9月,省人力资源和社会保障厅、省财政厅下发《关于开展浙江省"金蓝领"国(境)外培训工作的通知(浙人社发〔2011〕289号),根据《浙江省中长期人才发展规划纲要(2010—2020年)》和《浙江省高技能人才三年行动计划(2011—2013年)》,决定通过政府补贴形式,在全省选派紧缺型职业(工种),具有较高技能水平、富有创新潜力和行业国际视野,以及跨语言交流能力的企业一线优秀技术工人和技工院校优秀教师,到国外知名企业、知名职业培训机构培训和研修,学习借鉴国外先进制造工艺技术、先进职业教育理念和方法,提高浙江高技能人才技能水平和创新理念。2011年至2013年,每年选派100人,每个培训项目时间不超过3个月。2014年至今,每年继续组织实施此项计划。

● **"千户百强"家庭服务企业**   2010年9月,国务院办公厅印发《关于发展家庭服务业的指导意见》(国办发〔2010〕43号)。2011年11月,省政府办公厅印发《关于加快发展家庭服务业的实施意见》(浙政办发〔2011〕132号)。同年5月,人力资源和社会保障部办公厅印发《关于开展千户百强家庭服务企业创建活动的通知》(人社厅发〔2011〕49号),决定从当年起在全国组织开展"千户百强"家庭服务企业(单位)创建活动,推动1000家中小企业做专做精,扶持100家有实力的企业做大做强,培育一批市场开拓能力强、辐射带动作用大、管理服务水平高的企业(单位)。10月,在济南召开全国发展家庭服务业暨创建"千户百强"家庭服务企业(单位)活动经验交流会,确定全国首批"千户百强"家庭服务企业。杭州三替集团公司等53家浙江企业获"全国千户百强家庭服务企业(单位)"称号。此项活动开展至今,全国不定期组织评选。

● **"五帮一化"服务企业长效机制**   2014年5月,省政府办公厅转发省科技厅、省发改委、省经信委《关于进一步转变作风建立"五帮一化"服务企业长效机制实施意见的通知》(浙政办发明电〔2014〕80号),提出帮助企业落实新政策;帮助企业招商引资、招才引技;帮助企业推广技术、机器换人、节能减排等;帮助企业创新创业,开拓市场;帮助企业村企结对,区企对接,营造良好发展环境;建立经常化服务企业机制,即"五帮一化"要求。

● **浙江省青年科学家培养计划**   2012年10月,省委组织部、省教育厅、省科学技术厅、省人力资源和社会保障厅印发《浙江省青年科学家培养计划实施方案》(浙组通〔2012〕59号),决定自2013年至2015年,根据企业产业技术创新的需要,从高校、科研院所安排100名有培养前途的青年科技人才,到全省电动汽车、智能纺织印染装备、现代医化装备、新能源装备、现代新材料、节能环保装备、海洋装备、网络通信设备等产业中的重点企业研究院工作,并与省、市、县(市、区)产业技术创新重大专项经费资助稳定支持相结合,开展一批技术难题攻关;并借此设立青年科学家培养技术,通过实践和实绩评价,培养一批青年科学家和未来科研团队带头人。

重要文件选载

浙江省人力资源和社会保障厅 浙江省卫生和计划生育委员会 浙江省安全生产监督管理局 浙江省总工会关于加强工伤预防工作的意见

浙人社发〔2014〕4 号

各市、县(市、区)人力社保局、卫生局、安监局、总工会,嘉兴市社会保障事务局:

《工伤保险条例》实施以来,我省工伤保险工作取得了阶段性成效,制度覆盖全部职业人群,职工工伤待遇得到及时保障,企业风险进一步化解。但是,我省工伤事故多发的现象仍没有得到有效遏制。为进一步完善工伤保险制度,加强工伤预防工作,根据《人力资源和社会保障部关于进一步做好工伤预防试点工作的通知》(人社部发〔2013〕32 号)要求,提出如下意见:

一、指导思想

贯彻落实党的十八届三中全会精神,牢固树立安全发展理念,始终把人民群众生命安全放在第一位。立足当前、着眼长远,完善政策措施,加强政府监管,落实用人单位主体责任,降低工伤发生率,减少职工伤亡,促进经济社会持续健康发展。

二、主要目标

到 2016 年,基本建立覆盖所有用人单位、政府部门齐抓共管、单位主体职工参与、管理监督机制健全的工伤预防工作体系,减少因工作遭受事故伤害和患职业病的职工人数,全省平均工伤发生率降到 1% 以内,使我省工伤保险制度逐步形成覆盖范围广泛、工伤发生率和工伤保险费率较低的良好运行态势。

三、基本原则

(一)坚持预防优先。把减少事故伤害和职业病危害作为工伤预防的根本出发点和落脚点,着力隐患排查,从源头上控制工伤事故发生,切实保障职工生命安全和身体健康。

(二)坚持单位主体。强化用人单位工伤预防主体责任。用人单位要严格贯彻执行国家职业安全卫生法律法规,把工伤预防措施落实到生产经营活动的全过程。

(三)坚持因地制宜。要结合当地产业结构特点,针对工伤事故多发行业、企业、人群、工种、岗位,对症下药,力求实效;着力长效机制建设,推动工作持续深入发展。

四、具体措施

(一)加强工作联动。各地人力社保、卫生、安监、工会等有关部门和组织要建立工伤预防联动工作机制,定期召开联席会议,通报各自工作进展,分析工伤事故动态,研究并落实应对措施,开展联合检查督促等活动,推动工伤预防工作深入开展。

(二)实行浮动费率。按照工伤保险费率政策规定,各地要制定完善费率浮动办法,把用人单位工伤保险支缴率、工伤发生率、和谐劳动关系示范单位创建、安全生产标准化建设等相关指标纳入费率考核体系,及时调整用人单位缴费费率,运用经济杠杆引导用人单位加强工伤预防工作。

(三)加大执法力度。重点加强事故伤害和职业病危害数量多、工伤职工人数多、职工伤残程度高等用人单位的安全生产和职业卫生执法监管力度,依法依规对安全生产事故和违法行为进行处罚,深化落实安全生产诚信机制的制约措施,促使用人单位加强自我约束。

(四)提高服务水平。加大对用人单位开展"双爱"活动、安全生产标准化建设、职业病危害因素检测评价和职业健康检查等工作的指导力度;积极开展"安康杯"竞赛等活动,提高职工自我保护意识和自我防范能力;强化用人单位逐步建立自主完整、运行有效的安全卫生管理体系。

(五)强化法律责任。用人单位要做到安全投入到位、安全培训到位、基础管理到位、应急救援到位;教育职工遵守安全生产规章制度和操作流程,善尽责任与义务,共同营造安全卫生的生产经营环境。用人单位主要负责人应当全面承担本单位的安全生产和职业病防治责任,设置机构落实人员,确保工伤预防工作有序开展。

(六)加强经费保障。各有关部门和用人单位要保障工伤预防专项工作经费。严格按《工伤保险条例》规定和国务院社会保险行政部门会同国务院财政、卫生、安监等部门规定的具体办法,落实工伤预防专项费用。全国工伤预防试点的城市,可以按规定从工伤保险基金列支工伤预防所需费用。

(七)营造良好氛围。充分发挥主流媒体作用,深入宣传安全生产法律法规和职业卫生防治知识,大力推广工伤预防工作先进典型,对存在严重安全生产和职业卫生隐患等问题的用人单位坚决予以曝光,积极营造工伤预防的正能量。

各地各有关部门要高度重视,把工伤预防摆到重要位置,加强组织领导,密切沟通配合,各司其职、各负其责,形成工作合力。各地人力社保部门要切实履行组织协调职能,根据本意见要求结合实际制定具体工作方案,确保各项措施落实到位,促使工伤预防工作稳步推进,取得实效。

浙江省人力资源和社会保障厅
浙江省卫生和计划生育委员会
浙江省安全生产监督管理局
浙江省总工会
2014 年 1 月 3 日

浙江省人力资源和社会保障厅关于印发浙江省人事考试考务工作规程的通知

浙人社发〔2014〕15 号

各市、县(市、区)人力资源和社会保障局,省直有关单位:

经研究,我们对《浙江省人事考试考务工作规程(试行)》(浙人社发〔2011〕79 号)进行了修订,现将修订后的《浙江省人事考试考务工作规程》印发给你们,请遵照执行。

浙江省人力资源和社会保障厅
2014 年 1 月 15 日

浙江省人事考试考务工作规程

第一章 总 则

第一条 为加强全省人事考试考务工作管理,确保人事考试安全、有序进行,根据国家有关规定,制定本规程。

第二条 本规程所称人事考试,是指公务员录用考试、专业技术人员资格考试和事业单位公开招聘人员考试。

第三条 人事考试坚持公开、公平、公正,考试与培训分离的原则,实行属地管理。

第四条 各级考试主管部门负责考试工作的综合管理和监督,各级考试机构负责考试考务管理和组织实施。

本规程所称考试主管部门,是指人力资源和社会保障部门、公务员主管部门、有关行政部门以及法律法规授权的行业协会或学会等。考试机构是指经授权或委托负责实施人事考试考务工作的单位。

第五条 各级考试主管部门和考试机构要加强与有关职能部门的沟通协调,共同做好人事考试工作。

第六条 各地考试机构应当根据本地人事考试工作实际,建立人事考试工作考核制度,对本地人事考试考务工作进行考核。

第七条 各级考试主管部门、考试机构,考试工作人员、应试人员必须遵守本规程。

第二章 考前管理

第八条 各级考试机构应当根据考试工作计划,制发考务文件,制定考试实施方案,明确各环节任务、程序、责任和要求。

第九条 各级考试机构应当对可能发生的

187

突发事件制定相应的应急预案。

第十条 考试主管部门或考试机构应当通过互联网等方式及时向社会公告考试的报名时间、报考条件、考试科目、报名方式、收费标准等有关事项。

第十一条 各级考试机构应当根据报名工作规则,认真做好考试报名的组织工作。

对设有报考条件的考试,相关部门和单位应当严格掌握报考条件,认真审核应试人员提交的报名信息和材料。

第十二条 考试报名期间,各级考试机构应当采取电话、网络等多种方式,为应试人员提供咨询服务。

第十三条 报名工作结束后,相关考试机构应当及时进行数据统计和核查工作,并根据报名确认情况和考点考场设置规则,统筹安排考点和考场,及时制发准考证。

第十四条 各级考试机构应当严格按照考试有关规定设置考点。因特殊情况,需在规定以外城市设立考点的,须由考试机构提出,经同级考试主管部门报上级考试主管部门按管理权限审批。

第十五条 试题应当按照考试大纲或考试主管部门的要求命制,体现科学性与公平性的统一。除征题环节外,命题必须采取集中统一的形式,并在安全、封闭的场所进行。

相关考试机构应当建立命题工作规范、命题人员管理以及试题质量保障和分析评估制度。

第十六条 各级考试机构根据报名确认情况,使用规定的考试信息管理系统预订试卷,试卷预订单经核对无误后,按规定的时间和标准上报。

第十七条 试卷运送、交接、保管、分发等工作按试卷管理规定进行,确保各个环节的安全。

第十八条 考试机构在考前要根据本规程的有关规定,对考试工作人员进行培训,明确考务工作的任务、职责、程序和要求。

第十九条 考试实施前,考试机构须对考试的组织管理、考场布置、试卷保管等工作进行认真检查,发现问题及时纠正。

第三章 考试实施

第二十条 各级考试机构应当严格按照考试计划和方案实施考试。按照考试规定和要求,加强考务管理,确保考试安全顺利进行。

第二十一条 考试工作人员必须自觉遵守考试规定和纪律,严格工作程序,认真履行职责,相互配合,共同做好考试工作。

第二十二条 应试人员必须自觉遵守考场规则,诚信参加考试。

第二十三条 考试期间,各级考试机构要安排专人值班,设立考试值班电话,确保通信畅通,及时解决考试实施过程中出现的问题。

第二十四条 各级考试机构应当采取有效措施,严肃考风考纪。必要时可以在考试场所设置、使用防作弊设备,可以使用安全检查设备对应试人员携带的物品进行必要的检查。对发现的违纪违规行为,必须立即制止、严肃处理。

第二十五条 在考试实施过程中,如发现试卷失泄密、群体性作弊、数据丢失等突发事件,当地考试机构要及时启动应急预案,采取有效措施控制事态扩大,并立即将有关情况报告同级考试主管部门和上级考试机构。

第二十六条 因不可抗力等特殊情况导致考试不能如期进行的,由考试机构提出调整方案和意见,报考试主管部门按管理权限批准后,方可采取相应措施。

第四章 考后管理

第二十七条 考试结束后,各级考试机构应当按照规定及时如数回收试卷。

第二十八条 考试机构应当按照职责分工

和评卷工作规则及时组织试卷评阅,并组织有关人员对评卷工作进行检查验收。

第二十九条 考试成绩经核实无误后,由考试主管部门或考试机构予以公布。其他单位和个人未经批准不得以任何方式公布或披露考试成绩。

第三十条 考试成绩公布后,应试人员如对考试成绩有疑问,要求查对的,相关考试机构应当按照成绩查对规定,为应试人员提供成绩查对服务。

第三十一条 对于经检查发现或举报反映的违反考务工作规程和考场纪律等问题,考试机构应当认真核查,按规定予以处理。

第三十二条 考试主管部门按照管理权限,对发生泄露试题、违反考场纪律以及其他严重影响公平、公正的考试,区别不同情况,分别予以责令纠正或者宣布无效。

第三十三条 对于国家或省统一印制的资格考试合格(资格)证书,考试主管部门和考试机构应当按照职责分工负责证书的管理和制作,并按规定及时发放给持证人本人。

第五章 信息管理

第三十四条 考试信息实行计算机管理。省级考试机构应当建立全省考试信息管理系统和网络。

第三十五条 各级考试机构应当制定考试信息使用管理的办法,配备必要的设备和专业技术人员,保证考试信息管理系统安全运行。考试信息管理人员须经培训合格后持证上岗。

第三十六条 考试信息包括报考、报名、考点考场设置、准考证号编排、考试成绩和应试人员违纪违规信息等。

第三十七条 各级考试机构应当严格按照规定的程序、信息项目、代码和要求,认真采集和处理考试信息,确保各项考试信息的准确和完整。

第三十八条 省、市考试机构应当建立人事考试信息数据库、考试违纪违规数据库,并保证其安全可靠。

采用网络报名的考试,考试信息系统管理人员应当每天进行数据分析和备份。

第三十九条 按要求应当下发或上报的考试信息,相关考试机构必须按照规定的时间和标准,及时下发或报送。

第四十条 各级考试机构应当按照人事考试的密级规定对考试信息、工作记录、计算机数据盘的保管、传递采取安全保密措施。任何单位和个人不得散布、泄露考试信息。

第四十一条 省、市考试机构必须对考试信息数据进行容灾或不同介质备份,妥善保存。

第六章 保密管理

第四十二条 各级人事考试主管部门或考试机构应当根据原人事部、国家保密局《人事工作中国家秘密及其密级具体范围的规定》(人办发〔1989〕8号)、《人事工作中国家秘密及其密级具体范围的补充规定》(人办发〔1992〕1号)和《浙江省人事考试工作中国家秘密和确定密级规定》确定各类考试试题、试卷、标准(参考)答案、评分标准等材料的密级。

第四十三条 各级考试机构应当依照《保守国家秘密法》的有关规定建立健全安全保密制度,并采取切实有效措施,确保试题、试卷、标准(参考)答案、评分标准、答卷、考试成绩和应试人员报考信息等资料的安全。

第四十四条 考试主管部门和考试机构应当按照保密规定和要求,加强对参与试题试卷命制、试卷管理、评卷等涉密人员的保密和警示教育,签订保密责任书,并进行严格的监督、检查。

第四十五条 考试工作人员或与其有夫妻关系、直系血亲关系、三代以内旁系血亲以及近姻亲关系的人员参加考试时,考试工作人员对该项考试工作应当主动申请回避。

第四十六条 对违反保密规定的人员,依照《保守国家秘密法》等有关规定进行处理。

第七章 附 则

第四十七条 由各级人事考试机构组织实施的其他考试,可参照本规定执行。

第四十八条 本规程由浙江省人力资源和社会保障厅负责解释。

第四十九条 本规程自印发之日起施行。原制定的浙江省人事考试工作的相关制度、规定与本规程不一致的,以本规程为准。

附件:1. 浙江省人事考试报名工作规则

2. 浙江省人事考试考点考场设置规则

3. 浙江省人事考试考场规则

4. 浙江省人事考试命题工作规则

5. 浙江省人事考试评卷工作规则

6. 浙江省人事考试工作人员职责规定

7. 浙江省人事考试工作中国家秘密和确定密级规定

8. 浙江省人事考试试卷管理规定

9. 浙江省人事考试成绩查对规定

10. 浙江省人事考试应试人员违纪违规行为处理规定

附件 1

浙江省人事考试报名工作规则

一、人事考试报名工作由各级考试机构组织实施,实行考试属地管理、信息公开、方便报考的原则。

二、除特殊情况外,人事考试报名应当采取网络报名、网络交费确认的方式进行。

三、考试主管部门或考试机构应当在报名开始7天前,向社会公布考试公告或考务文件,内容包括:报名时间、报考条件、考试时间、考试科目、报名程序、收费标准、成绩查询等考试信息。

四、考试报名时间一般不少于3天。报名期间,考试机构应当提供电话、网络等咨询服务。

五、资格考试的报考条件审查工作,由省、市考试主管部门负责实施;公务员录用、事业单位公开招聘人员等考试的报考条件审查工作,由招录(聘)单位负责实施。考试机构受主管部门委托,配合做好报考条件审查工作。

六、负责考试报考条件审查工作的部门和单位应当严格掌握报考条件,认真审查应试人员提供的报考材料。

七、考试机构应当对网络报名的考试数据每天进行备份,妥善保管通过报考条件审查的报考材料。任何单位和个人不得散布、泄露应试人员个人信息。

八、各级考试机构应当及时分析和处理考试信息,对于应下发或上报的考试信息,必须按照规定的时间和标准及时下发或报送。

九、应试人员未按规定时间进行报名、报考条件审查、交费确认的,视为放弃考试报名。

附件 2

浙江省人事考试考点考场设置规则

一、各级考试机构应当根据有关规定和考试报名情况设置考点。中央机关公务员录用考试和全国专业技术人员资格考试,考点原则上设置在省会城市;全省各级机关公务员录用考试和省级专业技术人员资格考试,考点可设置在设区的市和义乌市;事业单位公开招聘人员等考试,考点的设置由考试主管部门确定。

因特殊情况,需在规定以外城市设置考点的,应当按管理权限报批。

二、考点应当设在高考、中考定点学校,大、中专院校或经考试机构认定的场所。考试机构应当与考点学校签订委托协议书,明确考试的任务和责任。

三、考点应当在显著位置张挂"××考试××考点"横幅,张贴考场规则、应试人员违纪违规行为处理规定、考场分布图、考风考纪警示标语等。

四、考点设主考1名。主考由考试主管部门、考试机构有关负责人或考点学校负责人担任。考点要安排必要的引导、保卫、医务等人员。

五、考点设考务办公室,并配备必要的2B铅笔、墨水笔、橡皮等工作用品以及相关防作弊设备。

六、考场要安排在明亮、通风、环境安静的教室。阶梯教室不得用作考场。考场入口处要标明考试名称、考场号和准考证号起止号。

七、考场按科目设置,遇有特殊情况可设置混合考场。每个考场按 30 人或 25 人的标准设置,座位须单人单桌、间隔排列。每个考场设监考 2 名,考场外设流动监考若干名。

附件 3

浙江省人事考试考场规则

一、应试人员在考试开始前 30 分钟,凭本人准考证和有效身份证件(居民身份证、护照或公安部门出具带照片的身份证明)进入考场,二证缺一不可,入场后对号入座并将准考证及身份证件放在桌面右上角。

二、除考试另有规定外,应试人员只准携带本人准考证、身份证、黑色墨水笔、2B 铅笔、橡皮、卷(削)笔刀参加考试。严禁将手机、资料、提包等物品带至座位。

三、考试开始 30 分钟后不得进入考场,考试开始 60 分钟后才能交卷退场(公务员录用考试不得提前退场)。退场后不得再次进入考场。

四、应试人员必须按规定的座位参加考试,未经监考人员允许不得离开座位。

五、考试开始前和考试结束后不得答卷。

六、必须用黑色墨水笔书写姓名、准考证号和作答主观题,用 2B 铅笔填涂答题卡上相关的信息点及作答客观题。不得在答题卡(纸)和准考证上作任何标记。

七、应试人员不得要求监考人员解释试题,如遇试卷分发错误、缺损、错装、字迹不清等问题,应举手询问。

八、考场内必须保持安静,禁止吸烟,不得相互借用文具、传递资料,严禁交头接耳、窥视他人试题答案或交换试卷和答题卡(纸)。

九、考试期间,任何人不得将试卷内容和答题信息传出考场。

十、考试结束信号发出后,立即停止答题并将试卷翻放,经监考人员收卷签字后,方可离场。严禁将试卷、答题卡(纸)及草稿纸带出考场。

十一、应试人员必须遵守本考场规则,服从监考人员的管理。否则,按考试违纪违规行为处理。

附件 4

浙江省人事考试命题工作规则

一、命题工作应当坚持科学、公平原则,做到严谨、规范,且符合保密相关规定。

二、命题机构应当制订具体的命题工作方案,报命题工作主管领导审定后组织实施。

三、按照考试大纲或考试主管部门的要求命制试题,把握难易程度和区分度,确保试题的信度和效度。

四、命题工作人员应当具有高度的责任感、原则性和保密意识,并具备命题所需的知识和工作能力。

五、命题工作人员应当签订命题保密责任书,认真履行保密义务。

六、除征题环节外,命题必须在安全、封闭的场所进行。命题期间,命题工作人员不得与外界联系,确因特殊情况需与外界联系时,须经批准并有 2 人以上在场。命题工作人员的身份、工作地点对外保密。

七、命制试题应当具有创新性,严禁抄袭,避免雷同。试题应当避免可能引起民族、宗教、性别歧视等内容,同时避免观点错误、提法陈旧、容易产生歧义等问题。

八、命制的试题,应经审题、查重校验后,报命题工作主管领导审定。

九、命制试题的同时,应当制定试题标准(参考)答案和评分标准。

十、命题工作中,命题的相关资料、计算机和存储介质按规定使用,由专人保管。

十一、命题工作结束后,命题资料、存储介

质按照保密法的有关规定,妥善保管。其他不需保存的试题草稿、校对稿等相关资料应按规定监督销毁。

十二、试卷必须在国家统一考试试卷定点印制单位或符合保密规定的场所印制。

十三、命题工作人员与应试人员有夫妻关系、直系血亲关系、三代以内旁系血亲以及近姻亲关系的,应当主动申请回避。

十四、命题工作人员不得参加与命题有关的培训、咨询及辅导等活动。

十五、命题工作人员违反有关保密规定和工作纪律的,按有关规定严肃处理,直至追究法律责任。

附件 5

浙江省人事考试评卷工作规则

一、评卷前,应当设立评卷工作领导小组,负责评卷的组织管理。评卷领导小组可根据工作需要设评卷、保管、质检等若干组。

二、评卷工作必须严格执行统一制定的试卷标准(参考)答案和评分标准,任何人不得擅自更改。如有异议,应由评卷领导小组报命题工作主管领导处理。

三、评卷人员应当具有认真负责的工作态度,并具备相应专业知识和业务能力。

四、评卷人员应当签订评卷保密责任书,认真履行保密义务。

五、评卷工作应选择在环境良好、外界干扰少的场所进行。评卷场所要设立试卷保管室,并配值班人员 2 名,无关人员不得入内。

六、评卷前,应当对评卷人员进行业务培训。评卷人员在准确理解试题、标准(参考)答案和评分标准的基础上,经过试评并统一标准后,方可进行正式评卷。

七、评卷人员应当遵守评卷工作纪律。不得泄漏评卷情况,不得涂改答卷内容,不得将标准(参考)答案、评分标准、试卷和答题卡(纸)带出评卷场所。

八、在评卷中,发现异常试卷,应当填写异常试卷登记表,由评卷领导小组按规定认定和处理。

九、评卷机构应当与为评卷提供技术支持和服务的公司签订评卷服务协议,明确任务、责任和要求。

十、评卷人员与应试人员有夫妻关系、直系血亲关系、三代以内旁系血亲以及近姻亲关系的,应当主动申请回避。

十一、纸质试卷人工评阅要求:

(一)评卷应按题目分为若干小组,采取流水作业方式进行,专人评专题,严禁一人评阅全卷。

(二)评卷采用给分制,各题均应使用红色

钢笔或圆珠笔标记采分点得分。每评完一大题,应在该题得分栏内记入得分,并签名。记分和签名必须清楚。

(三)全卷评完合分时,应对各题型得分进行复核,确认无误后,将各题型得分填入卷首相应栏内,合计各题型得分,按实际分数填入"总分"栏内,并在"合分人"栏内签名。

(四)合分后,应由复核人对总分进行复核,复核无误后,在"复核人"栏内签名。

(五)应当做好抽卷复查工作,如发现有错评、漏评或计分错误的答卷,应立即更正。

(六)在评卷中,发现记分等错误,更正时应由更正人和评卷组长2人签字。

(七)评卷中不得揭封、撬看应试人员姓名和考号。如发现有倒装、密封不严等特殊情况,应及时报告,不得擅自处理。

十二、客观题读卡评卷要求:

(一)读卡前,应当做好系统软硬件安装、测试和计算机病毒检查工作。评卷软件经试运行后,方可正式读卡、评分。

(二)读卡时必须2人一组,采用初阅和异机复核或复核交换的方式进行。初阅和复核人员相互监督。

(三)要指定专人发放和回收答题卡。答题卡袋拆封后,应当认真清点答题卡数,核实缺考和违纪违规人数是否与考场情况记录单相符,并将考场情况记录单按有无违纪违规记录分类,分别按序保存。读卡后要将答题卡放回原袋。

(四)不得擅自更改答题卡信息,确需更改的,须经评卷负责人批准,在监督下更改并做好记录。处理异常答题卡需复印或复制的,复印或复制的答题卡与原卡一并装袋保存。

(五)对录入评卷系统的标准(参考)答案、评分标准信息和读入的信息应当进行认真校对检查,确保准确无误。

(六)评卷人员每天应做好工作记录和数据异机备份,并按规定保管。读卡、评分数据的存储介质必须加密,分别由2人保管。

十三、主观题网络评卷要求:

(一)评卷采用"双评"模式,专人评专题,严禁一人评全卷。

(二)评卷前,应当对扫描设备、服务器以及评卷人员使用的电脑终端进行病毒检查、调试,并使之正常运行。

(三)要指定专人发放和回收答题卡。按科目拆封答题卡袋,认真清点答题卡数,核实缺考和违纪违规人数是否与考场情况记录单相符,并将考场情况记录单按有无违纪违规记录分类,分别按序保存。

(四)答题卡扫描,应当有2名以上工作人员同时在场。

(五)以考场为单位扫描答题卡,扫描后放回原袋。扫描图像应当加密存储。

(六)扫描过程中,若发现答题卡填写的姓名、准考证号与应试人员信息不符等异常情况时,应通过软件解决,并如实记录有关情况。

(七)扫描结束后,应当对扫描的信息、图像质量等进行检查,核实考场情况记录单和扫描数据库的缺考、违纪违规行为信息是否相符,保证缺考和违纪违规行为信息的完整、准确。

(八)评卷中,应当随时检查评卷质量,对评卷误差较大的评卷人员及时调整;实时统计掌握评卷有关信息,控制评卷质量和进度。

(九)答题卡的扫描数据和评卷中产生的数据应当及时备份,确保数据的安全。

(十)评卷期间应配备必要的专门技术人员,保障网络、硬件设备和评卷系统的正常运行。

(十一)评卷结束前,应当对评卷结果进行检查复核,保证成绩准确无误。

附件 6

浙江省人事考试工作人员职责规定

主考人员职责

一、领导并负责所在考点考试的全面工作。确定考点工作人员和监考人员,明确分工,落实考试工作制度和岗位职责。

二、考前组织考点工作人员和监考人员进行考务操作培训,学习、掌握有关考试的规定和考务工作要求,并严格按规定的程序实施。

三、检查考场布置等考前准备工作,主持接收、发送、保管试卷。

四、掌握考试时间,明确考试开始和结束指令的方式和有关要求。汇总、报告考点考试工作情况。

五、批准调剂或替换缺损、错装等有质量问题的试卷或答题卡,并与考场监考人员在《考场情况记录单》上注明原因、签字。

六、组织考点工作人员和监考人员做好试卷发放、回收和密封工作,防止错发试卷,漏装、错装题本、答题卡(纸)和《考场情况记录单》。出现题本、答题卡(纸)和《考场情况记录单》缺失要立即督促监考人员找回。检查、验收试卷的袋数和密封情况,并指定专人保管,及时把试卷押送到指定地点。

七、督促考点工作人员和监考人员认真履行职责,对违反纪律的人员及时予以撤换。

八、按规定处理违纪违规行为和考试期间发生的问题,发现重大问题,应立即报告。

九、主考人员玩忽职守,违反考试工作纪律的,按考试工作人员违纪违规行为处理。

巡视人员职责

一、巡视人员由考试主管部门和上级考试机构选派,负责检查监督所巡视地区的考试工作。

二、巡视人员应当认真学习和掌握考试的有关规定,并督促所巡视地区严格执行。

三、巡视人员应当于考试前一天到达巡视地区,对所巡视地区考试的组织管理、考场布置、试卷保管、交接和考试实施等环节进行检查,对不符合规定的问题及时指出、纠正。

四、考试期间必须佩带巡视标志,重点巡回检查各考场考试纪律执行和监考人员履行职责情况。对不负责任、监考不严的监考人员或其他工作人员,应当场批评指正,情节严重的报告主考处理。

五、巡视中如发现应试人员替考、作弊、将手机等规定以外物品带至座位等违纪违规行为,应通知监考人员当场制止,并如实记录,按规定处理。

六、对考试中出现的重大问题,应协助主考及时处理,并向考试主管部门和上级考试机构报告。

七、当主考对考试中发生的问题处理不当时,巡视人员可根据有关规定提出意见或建议,并向上级报告。

八、考试结束后,听取应试、监考人员对考试组织管理、考试纪律,以及试卷质量等方面的意见和反映。

九、巡视工作结束后,及时将巡视情况书面向考试主管部门和考试机构汇报。

十、巡视人员玩忽职守、违反考试工作纪律的,按考试工作人员违纪违规行为处理。

考务办人员职责

一、考前要认真学习、掌握有关考试的规定和考务工作要求,服从主考的领导,严格按规定的程序操作。

二、根据主考的安排,做好试卷运送、保管、发放和回收工作。试卷发放时,要逐一核对监考人员的身份,做到试卷发放井然有序,防止错发。

三、考试期间佩带工作牌证到考场巡回检查,重点检查监考人员履行职责和考场考试纪律执行情况。对不负责任、监考不严的监考人员,应当场批评指正,情节严重的及时报告主考处理。如发现应试人员有替考、作弊、将手机等规定以外物品带至座位等违纪违规行为的,应当场制止,并通知监考人员如实记录,按有关规定处理。

四、协助主考及时处理考试中出现的问题。当主考作出的处理决定不符合有关规定时,应及时提醒,建议主考纠正。若主考作出的决定可能影响考试正常进行的,可直接向上级报告。

五、考试结束后,负责试卷题本、答题卡(纸)的清点,确认无误后签名并装袋。要防止漏装、错装题本、答题卡(纸)和《考场情况记录单》。出现题本、答题卡(纸)和《考场情况记录单》缺失,要立即报告主考并督促监考人员及时找回。协助主考检查试卷袋总数和密封情况,及时把试卷押送到指定地点。

六、考务办工作人员玩忽职守,违反考试工作纪律的,按考试工作人员违纪违规行为处理。

值班人员职责

一、严格执行人事考试有关工作纪律和保密规定,认真履行值班职责。

二、必须熟悉考务工作的有关规定,掌握考试业务和具体操作要求。

三、值班时间从考试前一天19时起至末场考试结束后1小时止。值班期间,要确保值班电话畅通。

四、值班人员应当认真填写值班记录,并履行交接班手续。

五、遇重大问题或上级下达重要指示时,值班人员必须立即向主管领导报告,并听候处理意见。

六、值班人员玩忽职守、违反考试工作纪律的,按考试工作人员违纪违规行为处理。

监考人员职责

一、在考点主考的领导下,严格按照《考场规则》的规定,做好本考场的监考工作,确保考试工作的顺利进行。

二、必须佩带监考标志,严格按《监考人员工作程序》进行操作,认真做好本考场试卷的领取、启封、发放和回收工作,确保试卷题本、答题卡(纸)如数回收。严禁任何人将题本、答题卡(纸)及草稿纸带出考场。

三、认真宣读《考场规则》,提醒应试人员不得将手机、资料、提包等规定以外物品带至座位。

四、每场考试开始前,应将考试时间、科目、考场号及注意事项等分别写于黑板上。

五、认真检查和核对本考场应试人员的准考证、身份证件和座位号,如有疑问应立即报告主考予以处理。

六、严禁无佩戴监考、巡视、主考等考试工作牌证的人员进入考场。

七、统计本考场参考、缺考人数,保管好缺考或多余的试卷题本及答题卡(纸),并按要求填写《考场情况记录单》、试卷题本袋和答题卡(纸)袋封面内容。

八、不得宣读试题,对试题内容不得作任何解释。

九、严格考场管理,在考场内来回巡视,发现应试人员有违纪违规行为苗头时,应及时予以警告,发生违纪违规行为时,应当立即制止,并将违纪违规等情况如实记入《考场情况记录单》,由两位监考人员签字认定,同时告知违纪违规人员并要求其在违纪情况记录签字栏内签名确认,应试人员拒签的,应注明"拒签"。问题严重的,应及时向主考报告。

十、遵守考试工作纪律。不得擅离岗位;不得在考场内使用手机、戴耳机、进食、吸烟、打瞌睡、阅读书报和闲谈;不得摘抄、拍摄、作答试题或将试卷及其信息传出考场;不得擅自提前启封试卷;不得擅自提前或者拖延考试时间。

十一、发现应试人员发病或其他情况不能

坚持考试时,应及时报告,妥善处理。

十二、与应试人员有夫妻关系、直系血亲关系、三代以内旁系血亲以及近姻亲关系的,应当主动申请回避。

十三、玩忽职守,参与或协助应试人员作弊,违反考试工作纪律的,按考试工作人员违纪违规行为处理。

附件 7

浙江省人事考试工作中
国家秘密和确定密级规定

为了规范人事考试工作中的定密工作,根据原人事部、国家保密局有关规定,商省保密局同意,制定本规定。

一、人事考试工作中产生的国家秘密事项,由人事考试主管部门或考试机构按照下列规定确定密级和标明密级:

(一)机密级事项

1. 全省各类统一考试在启用前的试题、试卷(包括备用卷)、标准(参考)答案及评分标准;

2. 设区的市级各类统一考试,或跨县(市、区)各类统一考试在启用前的试题、试卷(包括备用卷)、标准(参考)答案及评分标准。

(二)秘密级事项

1. 全省各类统一考试试题、试卷启用前的命题细目表;

2. 县级各类统一考试在启用前的试题、试卷(包括备用卷)、标准(参考)答案和评分标准;

3. 设区的市级以上各类统一考试命题工作及其人员的有关情况;

4. 尚未公布的设区的市级以上,或跨县(市、区)各类统一考试成绩、统计数据和分析资料。

5. 公务员录用考试结束后的试题,参考答案或评分标准,已评阅完的答卷,尚未公布的考试成绩和合格标准。

二、不属于国家秘密的应试人员个人信息、县级各类统一考试命题工作及其人员的有关情况、全省统一考试在考试后按规定不应公开的试题等资料,应作为工作秘密管理,未经批准不得擅自扩散。

附件 8

浙江省人事考试试卷管理规定

为加强人事考试试卷管理,确保考试试卷安全,根据《保守国家秘密法》等有关规定,制定本规定。

一、试卷的运送和交接

(一)试卷(含试卷题本、答题卡、答题纸)必须派责任心和保密意识强的人员专车押运,押运人员不得少于2人。

（二）试卷运输过程中，押运人员要做到人不离卷。严禁无关人员搭乘运卷车，途中不得经停办理其他事项。

（三）试卷交接前，应当查验领卷人的介绍信函和身份证件。试卷交接双方均不得少于2人。

（四）试卷交接中，交接双方要对试卷袋的种类、数量进行清点核对，并对包装和密封情况进行检查，确认无误后由双方在试卷交接单上签字。如发现问题，应立即上报。

二、试卷的保管和分发

（一）试卷必须存放在符合安全保密规定的库房。

（二）存放试卷的库房必须实行24小时监控和2人以上专人值班，任何人未经允许不得进入试卷库。

（三）进出试卷库房，须经考试机构主管领导批准，且应2人以上，并做好进出记录。

（四）任何人在考试前不得启封试卷。特殊情况需启封备用试卷的，必须按管理权限报批。

（五）考前试卷在各市保存时间不得超过3天，考后试卷不得超过2天。考点领取试卷的时间为考前2小时，考场监考人员领取试卷的时间为考前40分钟。

三、试卷的回收和销毁

（一）考试结束后，在规定的时间内将全部试卷（含备用卷）派专人专车送交评阅试卷的部门或机构。按规定办理交接手续。

（二）考后试卷的保管、评阅、复查工作按有关规定执行。

（三）试卷评阅完毕后，由评卷的部门或机构负责集中保存，考试成绩公布6个月后进行监督销毁。

附件9

浙江省人事考试成绩查对规定

为了维护应试人员利益，确保人事考试公平公正，根据考试工作实际，制定本规定。

一、成绩查对的范围

成绩查对可以查纸质试卷人工评阅中有无漏评及计分、合分误差，不查主观题评卷宽严；除零分、缺考和违纪违规等特殊情况外，不查客观题读卡评卷和主观题网络评卷的试卷。

二、成绩查对的时间、程序

（一）考试成绩公布后，应试人员如果对纸质试卷人工评阅成绩有疑问，可申请成绩查对。

由国家或省统一组织的专业技术人员资格考试，成绩公布后30天内，其他人事考试，成绩公布后7天内接受应试人员成绩查对申请。

（二）应试人员在申请成绩查对时，需提供本人身份证、准考证原件和复印件以及成绩查对申请书。参加国家或省统一组织考试的到省级考试机构，参加其他人事考试的到评卷的机构提出成绩查对申请。

（三）成绩查对申请受理后，属于国家统一组织的考试转报国家相关部门查对。其他人事考试由评卷机构2名工作人员负责查对，并对查对的卷面成绩进行如实登记。

（四）查对中发现成绩差误或其他方面的问题，应当指定专人进行复查。

三、成绩更正和信息反馈

如果成绩有误须更正的，应当报评卷机构领导审定，并立即对相关人事考试成绩信息库进行更正。

由国家统一组织的考试,省考试机构接到国家相关部门成绩查对的结果后及时通知应试人员本人;其他人事考试,在评卷的机构受理成绩查对申请后 7 天内,将成绩查对的结果通知应试人员本人。

四、成绩查对的纪律

成绩查对工作是对评卷、合分工作的补充,查对工作人员要严格按章行事,严肃纪律,杜绝不正之风的干扰。对查卷工作中弄虚作假、违反考试规定的,要严肃处理。

附件 10

浙江省人事考试应试人员
违纪违规行为处理规定

为了严肃考试纪律,确保人事考试公平公正,根据人力资源和社会保障部有关规定,结合我省实际,制定本规定。

一、专业技术人员资格考试,应试人员发生违纪违规行为的,按人力资源和社会保障部制定的《专业技术人员资格考试违纪违规行为处理规定》进行处理。

二、公务员录用考试,应试人员发生违纪违规行为的,按人力资源和社会保障部制定的《公务员录用考试违纪违规行为处理办法》进行处理。

三、由人力资源和社会保障部门组织的其他人事考试,按以下规定进行处理。

(一)在考试过程中有下列行为之一的,给予当次该科目考试成绩无效处理:

1. 将手机、资料等规定以外的物品带至座位;

2. 未用规定的纸、笔作答的;

3. 在试卷、答题卡(纸)上填写不符合本人情况信息的;

4. 未在规定座位参加考试或未经监考人员允许擅自离开座位或考场的;

5. 在答题卡(纸)和准考证上作特殊标记的;

6. 在桌椅、文具、肢体上或其他处所,书写有关信息的;

7. 违反规定翻阅参考资料的;

8. 在考试信号发出前答卷,或考试结束信号发出后继续答卷的;

9. 故意损坏试卷、答题卡(纸),或将试卷、答题卡(纸)、草稿纸带出考场的;

10. 其他一般违纪违规行为。

(二)在考试过程中有下列行为之一的,责令离开考场,并给予当次全部科目考试成绩无效的处理:

1. 抄袭、协助抄袭的;

2. 互相传递试卷、答题卡(纸)、草稿纸等的;

3. 使用禁止自带的通讯设备或具有计算、存储功能电子设备的;

4. 其他严重违纪违规行为。

(三)在考试过程中有下列行为之一的,责令离开考场,并给予当次全部科目考试成绩无效和 2 年内不得参加相应考试的处理:

1. 持假证件参加考试的;

2. 让他人冒名顶替或代替他人参加考试的;

3. 利用通讯工具、电子用品或者其他技术手段接听、接收或发送考试信息的;

4. 与工作人员串通作弊或参与有组织作弊的;

5. 其他情节特别严重、影响恶劣的违纪违规行为。

（四）恶意注册报名信息，扰乱报名秩序的；伪造、涂改证件或以其他不正当手段获取考试资格行为的，给予当次全部科目考试成绩无效和 2 年内不得参加相应考试的处理。

四、对本规定所列违纪违规行为并给予相应处理的人员，考试机构可向其所在单位通报、向社会公布其相关信息。

五、不服从监考人员管理，无理取闹，威胁、辱骂、诬陷他人，扰乱考场秩序，影响他人考试的，交公安部门处理。

六、本规定 2 年内不得参加考试的期限，自发生违纪违规行为之日起，按周年计算。

浙江省人力资源和社会保障厅
浙江省公安厅 浙江省财政厅
浙江省卫生和计划生育委员会
浙江省地方税务局 浙江省工商行政管理局
关于进一步加强流动人口就业管理
服务工作的通知

浙人社发〔2014〕26 号

各市、县（市、区）人力社保局、公安局、财政局、人口计生委（局）、地税局、工商局：

为贯彻落实省委办公厅、省政府办公厅有关文件精神，优化我省人力资源结构，促进经济结构调整和产业转型升级，现就进一步加强我省流动人口就业管理服务工作，提出如下意见：

一、加强流动人口用工管理

（一）加强流动人口就业失业登记。用人单位招用流动人口，必须严格按照就业失业登记的有关规定，进行就业登记。探索家政服务人员、医院护工、个体工商户、近郊务农人员及其他灵活就业人员的就业失业登记工作。将经过就业登记并参加社会保险作为用人单位、流动人口及灵活就业人员合法稳定就业的认定标准，未经认定的，不得享受相关就业扶持政策。

（二）规范用工行为。用人单位招用流动人口必须签订劳动合同；若未依法签订劳动合同，应当承担相应法律责任。自用工之日起一个月内，经用人单位书面通知后，流动人口不订立劳动合同的，用人单位应当书面通知其终止劳动关系。同时，用人单位要向公安机关申报流动人口基本情况信息、向所在地的乡（镇）人民政府或街道办事处报送流动人口的计划生育信息，督促被招用人员按规定办理居住登记，对无婚育证明的成年育龄妇女要督促其按规定补办婚育证明。

（三）提高职工工资收入。大力开展工资集体协商，适时适度调整最低工资标准。加强监督检查，及时查处用人单位利用计件工资或通过加班加点规避最低工资标准等行为。督促用人单位在效益增加、劳动生产率提高的基础上提高职工收入水平。

二、完善落实就业准入制度

（四）推行技术工种持证上岗制度。分类建立并严格执行技术工种持证上岗制度，着力推进关系公共安全、人身健康、生命财产安全等领域的技术工种资格认证工作，积极推行先培训、后上岗的岗前培训制度，重点做好建筑、矿山、餐饮、海洋捕捞等特殊岗位的就业准入和上岗培训。各级公共就业人才服务机构要优先为具有职业资格证书的人员提供职业介绍服务。各地要将流动人口职业资格情况列为居住证积分管理的重要内容。

（五）加强持证上岗制度执行情况检查。将技术工种持证上岗制度执行情况作为劳动保障书面审查和劳动用工专项检查的重要内容，重点检查关系人民群众生命安全和卫生健康工种的持证上岗情况。逐步扩大技术工种持证上岗制度检查的地区、行业和工种范围。对违规使用无证人员的用人单位,依法责令限期改正或予以行政处罚。加大对各类假冒职业资格证书违法行为的查处和打击力度。

三、规范流动人口参加社会保险

(六)强化社会保险扩面征缴。加大社会保险扩面力度,用人单位应当依法为职工办理各项社会保险,依法缴纳社会保险费,切实履行社会保险费代扣代缴义务。流动人口应按《社会保险法》有关规定参加社会保险。着力规范个体工商户参保行为,个体工商户应按规定办理社会保险登记并参保缴费。用人单位未依法为职工缴纳社会保险费的,职工可以解除劳动合同。与用人单位形成劳动关系的职工,本人不愿意缴纳社会保险费的,用人单位应当解除或终止与职工的劳动关系。各地要加强征缴工作,依法征收社会保险费,夯实缴费基数,杜绝漏缴或少缴社会保险费现象。

四、加大高技能人才培养和引进力度

(七)建立政府购买高技能人才培训成果制度。按照政府和用人单位共同负担的原则,建立高技能人才培训补贴制度。对参加技师、高级技师培训,并获得相应职业资格证书的,政府可按规定给予一定的培训补贴,补贴资金从促进就业资金中列支。对列入当地紧缺工种目录的高技能人才,培训补贴标准可适当提高。各地要进一步完善政府购买培训成果机制,通过竞争择优方式选择承接政府购买服务的社会力量,并确保具备条件的社会力量平等参与竞争。

(八)加大高技能人才引进政策扶持力度。结合我省重点产业和重点工程项目,大力引进国内外具有技术攻关、技术革新等重大成果的高技能人才。对引进省外技师、高级技师等高技能人才的用人单位,在履行就业登记手续后,当地政府可给予用人单位一定的就业补助,补助资金从促进就业资金中列支。对本地区紧缺、企业急需的非本地户籍的技师、高级技师,各大中城市应参照人才引进工作的有关规定,在子女入学、住房、落户等各方面享受同等待遇。

五、加大劳动力省内余缺调剂力度

(九)实施劳动力省内余缺调剂工程。深入开展校企对接、培训外包、订单式培训,建立稳定有质量的劳务输入渠道。落实高校毕业生到非公有制中小企业就业、基层就业和从事现代农业等就业扶持政策,着力缓解就业结构性矛盾。加快推动劳动力省内余缺调剂工作,强化农村劳动力转移培训,有序推进欠发达地区农村富余劳动力跨地区转移就业,对当年新招用欠发达地区农村劳动力、签订1年以上劳动合同并依法缴纳社会保险费的发达地区用人单位,给予一定标准的就业补助,具体办法由各地自行制定,所需资金从当地促进就业资金中列支。

六、加强管理服务和执法检查

(十)提高流动人口就业管理服务能力。大力推进基层就业服务平台建设,开展就业信息化建设,做好就业失业登记、社会保险参保与居住证管理信息的对接,实现人力社保与公安、地税、工商、财政等部门的信息联网共享。强化企业用工监测,及时发布企业用工信息、人力资源供求分析报告、紧缺工种工资指导价位,引导流动人口有序流动。开发微博、微信等就业服务平台,为新生代流动人口求职和提升技能提供便利。

(十一)开展流动人口就业情况专项检查。各级人力社保部门要会同相关部门定期开展流

动人口就业管理服务、劳动合同签订、工资支付、技能培训、持证上岗、社会保险参保等情况的专项检查,重点检查流动人口相对集中的制造、建筑、批发零售和服务等行业,着力优化用工环境。

(十二)加强劳动保障监察执法力度。依法取缔非法职业中介组织,加强对企业用工行为的监察力度。对非法用工、不签订劳动合同、不缴纳社会保险费、拖欠劳动者工资等违法行为,依法责令用人单位限期改正,情节严重或拒不改正的,依法实施行政处理或行政处罚。

各地各有关部门要把加强流动人口就业管理服务作为当前就业工作的重点,确保各项政策措施落实到位。要充分发挥就业创业工作联席会议协调机制的作用,按照本通知要求,研究制订实施方案并认真抓好落实。对政策执行中遇到的新情况、新问题,要及时报告。

本通知自公布之日起 30 日后施行。

浙江省人力资源和社会保障厅

浙江省公安厅

浙江省财政厅

浙江省卫生和计划生育委员会

浙江省地方税务局

浙江省工商行政管理局

2014 年 1 月 23 日

浙江省人力资源和社会保障厅关于调整盐酸埃克替尼片（凯美纳）基本医疗保险支付范围等有关事项的通知

浙人社发〔2014〕34号

各市、县（市、区）人力资源和社会保障局，嘉兴市社会保障事务局：

经专家组评估，《关于盐酸埃克替尼片（凯美纳）纳入基本医疗保险支付范围的通知》（浙人社发〔2013〕57号）实施近一年来，总体反映良好。根据专家组建议意见，结合我省基本医疗保险基金运行实际，决定将盐酸埃克替尼片（凯美纳）继续纳入我省基本医疗保险支付范围，并对原文件中限定支付范围等事项作适当调整。现将调整后有关事项通知如下：

一、限定支付范围

用于治疗既往接受过至少一个化疗方案失败后的局部晚期或转移性非小细胞肺癌。

二、支付比例和限额

按基本医疗保险乙类药品的有关规定执行，个人自理比例为20%。基本医疗保险基金单日支付药品费用不超过394元，总费用不超过6万元（含个人支付部分）。累计期限不超过5个月（每月按30天计）。

三、处方外配服务

基本医疗保险基金支付期间，患者在连续服药1个月后，仍符合服药条件的，允许持医院提供的外配处方到当地医保经办机构指定的定点药店购药，费用按规定（特殊）病种结算。

四、赠药条件

基本医疗保险基金支付期满后，患者需继续使用该药品且符合服药条件的，药品生产企业须免费按医保支付期限内同等正常用量向患者提供后续药品，直至患者疾病进展，或出现不能耐受的严重不良反应。

五、协议签订

由省级医疗保险服务中心与药品生产企业签订协议，明确双方责任、权利和义务，并通知全省医保经办机构执行。

六、加强监管

各地要按照本通知的规定，将盐酸埃克替尼片（凯美纳）纳入当地基本医疗保险用药范围，确保患者得到及时治疗。各地医保经办机构要加强管理，定期向省级医疗保险服务中心报送该药品费用支出相关数据；加大对企业赠药环节的监管，协助患者办理后续赠药相关手续，提高服务质量，把利民的好事办好。

七、本通知于2014年2月6日起执行，浙人社发〔2013〕57号与本通知规定不一致的，以本通知为准。

浙江省人力资源和社会保障厅

2014年1月28日

浙江省人力资源和社会保障厅 浙江省卫生和计划生育委员会关于印发浙江省基本医疗保险协议医师管理暂行办法的通知

浙人社发〔2014〕43号

各市、县(市、区)人力社保局、卫生局,嘉兴市社会保障事务局:

根据《国务院关于印发"十二五"期间深化医药卫生体制改革规划暨实施方案的通知》(国发〔2012〕11号)、《国务院办公厅关于印发深化医药卫生体制改革2013年主要工作安排的通知》(国办发〔2013〕80号)关于"逐步将医保对医疗机构医疗服务的监管延伸到医务人员医疗服务行为的监管"的总体要求,结合我省实际,我们制定了《浙江省基本医疗保险协议医师管理暂行办法》,现印发给你们,请认真贯彻执行。

浙江省人力资源和社会保障厅

浙江省卫生和计划生育委员会

2014年2月21日

浙江省基本医疗保险协议医师管理暂行办法

第一章 总 则

第一条 为了加强基本医疗保险定点协议管理,规范定点医疗机构医疗服务行为,切实维护参保人员的合法权益,根据《中华人民共和国社会保险法》、《中华人民共和国执业医师法》等法律、法规的规定,结合本省实际,制定本办法。

第二条 本办法所称基本医疗保险协议医师(以下简称医保医师)是指具有执业医师或执业助理医师资格,在定点医疗机构注册执业,并与医疗保险经办机构签订服务协议的医师。

第三条 县级以上人力社保行政部门和卫生行政部门按各自管理对象主管本行政区域内的医保医师工作。省级医疗保险经办机构负责全省医保医师的综合管理工作。其他各级医疗保险经办机构具体负责本统筹地区医保医师的管理工作。

定点医疗机构受医疗保险经办机构的委托,承担本单位医保医师的具体管理工作。

第二章　签订协议

第四条　医保医师应当熟悉基本医疗保险法律法规和相关政策,掌握医疗保险用药、诊疗项目、服务设施范围和待遇支付标准等规定,严格遵守《中华人民共和国执业医师法》,有良好的职业道德和声誉。

第五条　定点医疗机构具有执业资格的在岗医师,向所在定点医疗机构申请签订医保医师协议。定点医疗机构根据第四条的要求,将符合条件的医师名单报当地医疗保险经办机构,申请取得医疗保险服务编码。

新录用的医师,应当参加所在统筹地区医疗保险经办机构统一组织的医疗保险政策业务培训,经考试合格后取得服务编码。

第六条　取得服务编码的医师,由当地医疗保险经办机构委托定点医疗机构法人代表与其签订服务协议。

第七条　经卫生行政部门许可多点执业的医师,应当向执业的所有定点医疗机构提出申请,分别与执业地医疗保险经办机构签订服务协议。

第八条　医保医师与定点医疗机构解除聘用关系的,所在定点医疗机构应当及时到当地医疗保险经办机构办理服务编码注销手续,解除医保医师服务协议。

第三章　管理与考核

第九条　医保医师医疗服务要求:

(一)严格履行医疗保险服务协议;

(二)施诊时应核验参保人员的医疗保险证历本和社会保障卡(居民健康卡),确保人、证、卡相符;查看既往就诊记录,避免重复诊疗;规范书写门诊、住院病历和处方等医疗记录,确保医疗记录清晰、完整,且与发生费用相符;

(三)坚持因病施治的原则,合理检查、合理治疗、合理用药。不降低服务质量,不诱导过度医疗;

(四)坚持首诊负责制和双向转诊制,不得推诿、拒收病人,不得以各种借口使参保人员提前或延迟出院。

第十条　定点医疗机构应当制定本单位医保医师管理办法。定期对医保医师进行医疗保险政策培训,每年不少于 2 次,每次不少于 2 课时。

第十一条　各统筹区医疗保险经办机构应当建立医保医师档案信息库。省级医疗保险经办机构应当建立全省医保医师档案信息库,与各统筹地区医保医师档案信息库对接,实行网络化、动态化管理。

各级医疗保险经办机构应当建立医保医师诚信档案,对考核、违规处理等相关情况记录在案,接受其他医疗保险经办机构和定点医疗机构的查询。

第十二条　定点医疗机构应当将本单位医保医师信息录入 HIS 系统,费用结算时按要求将相关信息传送至医疗保险经办机构进行匹配。不得将未建立或中止医保医师协议关系的医师处方和医嘱纳入医疗保险结算。

第十三条　对医保医师的医疗服务实行积分累计考核制度,对医保医师的违规行为进行扣分。具体扣分标准及相应的处理办法由省级医疗保险经办机构负责制定。

第十四条　医保医师有以下情形的,医保经办机构应中止或解除其服务协议;情节严重的,可注销其医疗保险服务编码:

(一)被卫生行政主管部门吊销医师执业证书的;

(二)严重违反医保政策相关规定的;

(三)注销注册、收回医师执业证书的;

(四)医保经办机构定期考核不合格的;

(五)卫生行政主管部门医师定期考核不合格,责令暂停执业活动期限内的;

（六）被定点医疗机构停止处方权的；

（七）其他应当终止医保医师服务协议的情形。

第十五条 中止服务协议的,待中止期满,经考核合格后恢复履行服务协议；解除服务协议的,本协议签订期内不再签订服务协议；注销服务编码的,解除服务协议,医疗保险经办机构按管理权限分别报当地行政主管部门和省级医疗保险经办机构备案,本省医疗保险经办机构五年内不得与其签订医保医师协议。

第十六条 医保医师管理纳入定点医疗机构服务协议管理和年度考核范围。定点医疗机构被中止或解除定点服务协议的,该医疗机构的医保医师所签订的服务协议同时中止或解除。

医保医师为医疗保险参保人员提供医疗服务所发生的医疗费用,按照基本医疗保险规定结算。中止服务协议的医保医师和非医保医师提供医疗服务产生的相关费用,医疗保险基金不予支付(急诊、急救除外)。

第十七条 医疗保险经办机构对医保医师考核扣分的,应当书面告知本人及其所在定点医疗机构；医保经办机构做出中止、解除医保医师服务协议或注销服务编码,应当提前15个工作日书面告知本人及其所在定点医疗机构。

第四章 监督与奖励

第十八条 医疗保险经办机构要充分发挥社会监督作用,通过设立意见箱、监督投诉电话、网站调查、发放调查问卷等监督措施,及时掌握医保医师为参保人员服务的情况。定点医疗机构应当向社会公开监督方式,接受医疗保险参保人员和社会各界的监督。

第十九条 定点医疗机构应当把医保医师执行医疗保险政策、履行服务协议、提供医疗服务的质量及参保人员评价满意度等情况,与其年度考核、工资待遇、职务职称晋升等挂钩。

第二十条 各地应当建立优秀医保医师激励机制。通过开展年度优秀医保医师评选活动,对执行医疗保险政策到位、医疗服务好、群众满意度高的医保医师给予表彰和奖励。

第五章 附 则

第二十一条 全省异地就医联网结算医保医师纳入就医地统筹地区统一管理。

第二十二条 本办法由省人力资源和社会保障厅、省卫生和计划生育委员会负责解释。

第二十三条 本办法自发布之日起施行。

浙江省人力资源和社会保障厅 浙江省财政厅关于 2014 年调整企业退休人员基本养老金的通知

浙人社发〔2014〕45 号

各市、县（市、区）人力资源和社会保障局、财政局，嘉兴市社会保障事务局，省级各单位：

为保障企业退休人员基本生活，共享社会发展成果，根据《人力资源和社会保障部财政部关于 2014 年调整企业退休人员基本养老金的通知》（人社部发〔2014〕7 号）精神，经省政府同意，决定适当调整企业退休人员基本养老金。现将有关事项通知如下，请遵照执行。

一、调整范围和对象

全省企业（包括行业单位）中，凡于 2013 年 12 月 31 日前已按规定办理退休的人员和按国发〔1978〕104 号、浙劳险〔1993〕185 号、浙政〔1997〕15 号、浙政发〔2006〕48 号等文件规定办理退职的人员，可按本通知规定调整基本养老金。

二、调整水平和调整办法

2014 年企业退休（退职）人员基本养老金调整继续采取普遍调整和适当倾斜相结合的办法，在普遍调整基本养老金的基础上，对企业高龄退休人员适当提高调整水平。具体调整办法如下：

（一）普遍调整退休（退职）人员基本养老金。

普遍调整基本养老金，实行"双挂钩"办法。具体由两部分组成：

第一部分，退休人员按月人均 120 元的额度，根据 2012 年各市在岗职工平均工资水平、经济社会发展水平和平均养老金水平确定调整标准。具体调整标准如下：杭州市 123 元，宁波市 123 元，温州市 119 元，湖州市 119 元，嘉兴市 119 元，绍兴市 119 元，金华市 119 元，衢州市 115 元，舟山市 119 元，台州市 119 元，丽水市 115 元。

在省社会保险事业管理中心参保的企业退休人员按 123 元标准执行。

退职人员全省统一按每人每月 100 元标准调整。

第二部分，退休（退职）人员按本人缴费年限（含视同缴费年限，下同）长短确定调整标准。具体标准为：缴费年限每满 1 年（不满 1 年按 1 年计算），月基本养老金增加 5 元。

（二）适当提高部分退休（退职）人员基本养老金

在普遍调整的基础上，对下列退休（退职）人员再适当增发基本养老金：

1. 1953 年 12 月 31 日前参加工作的退休（退职）人员，缴费年限满 30 年及以上的，每人每月增发 70 元；缴费年限满 20 年不满 30 年的，每人每月增发 60 元；缴费年限不满 20 年的，每人每月增发 50 元。

1953 年 12 月 31 日前参加工作的退休（退职）人员，是指 1953 年 12 月 31 日前参加革命工作或按国家和省规定计算连续工龄的起点时间在 1953 年 12 月 31 日前的退休（退职）人员。

2. 2013 年 12 月 31 日前，男年满 70 周岁、女年满 65 周岁及以上的退休（退职）人员，每人每月增发 30 元。

同时符合上述增发基本养老金条件的，可以重复享受。

三、有关人员的待遇处理

（一）企业退休军转干部调整基本养老金后，其基本养老金水平低于当地此次调整后的基本养老金平均水平的，按照浙委办〔2004〕30 号文件规定，予以补足。

（二）企业退休的劳动模范和省先进生产（工作）者调整基本养老金后，其基本养老金水平低于当地此次调整后的企业退休人员基本养老金平均水平的，按照浙政办发〔2007〕88 号文件规定，予以补足。

劳动模范是指获得省及省以上劳动模范称号和按规定享受省及省以上劳动模范和先进工作者待遇的个人；省先进生产（工作）者是指 1956 年至 1964 年获得省先进生产（工作）者称号的个人。

（三）退休的原工商业者（含从原工商业者中区分出来的小商小贩、小手工业者、小业主）调整基本养老金后，其基本养老金水平低于当地此次调整后的企业退休人员基本养老金平均水平的，按浙劳社老〔2002〕150 号文件规定，予以补足。

上述（一）、（二）、（三）类人员调整基本养老金时，如当地此次调整后的基本养老金平均水平低于 2013 年的，按 2013 年水平确定。

（四）执行"低门槛准入、低标准享受"养老保险办法的退休（退职）人员，按本人退休（退职）时计发基本养老金所确定的缴费系数，乘以调整额（含特调部分）确定基本养老金调整水平。

（五）2013 年 12 月 31 日前因工致残，完全丧失劳动能力，退出生产岗位按月享受定期伤残津贴的职工，按本通知办法增加伤残津贴。如增加金额低于当地此次企业退休人员基本养老金调整平均额度的，可按平均额度予以补足。工伤退休人员基本养老金增加金额低于当地此次企业退休人员基本养老金调整平均额度的，也可按平均额度予以补足。

（六）企业离休人员、符合原劳动人事部劳人险〔1983〕3 号文件规定退休的建国前参加革命工作的老工人以及企业退休的"两航起义"人员，不列入本次调整范围。

四、资金来源

企业退休（退职）人员调整基本养老金所需资金，参加基本养老保险社会统筹的，从统筹基金中列支；未参加社会统筹的，从原渠道列支。工伤职工调整伤残津贴所需资金，按原渠道列支。

五、执行时间

本次调整基本养老金从 2014 年 1 月 1 日起执行，执行中的具体问题，由省人力资源和社会保障厅负责解释。

调整企业退休人员基本养老金水平，体现了党中央、国务院和省委、省政府对广大退休人员的关怀。各地各部门应高度重视，加强领导，精心组织实施，确保在 2014 年 3 月底前将增加的基本养老金发放到位。

浙江省人力资源和社会保障厅

浙江省财政厅

2014 年 3 月 6 日

浙江省人力资源和社会保障厅 浙江省财政厅 关于调整企业职工死亡后遗属生活困难 补助费等标准的通知

浙人社发〔2014〕53 号

各市、县(市、区)人力资源和社会保障局、财政局,嘉兴市社会保障事务局,省级各单位:

为保障国有企业职工死亡后其供养遗属、因工死亡职工供养亲属和计划外长期临时工的基本生活,使他们的生活水平随着经济发展有所提高,经省政府同意,决定适当调整国有企业职工(含离退休人员)死亡后其供养的直系亲属生活困难补助费等标准。现将有关事项通知如下:

一、调整国有企业死亡职工遗属生活困难补助费标准

(一)国有企业离休人员死亡后,凡 1937年 7 月 6 日前参加革命工作的,其生前供养的配偶的生活困难补助费由每人每月 1400 元调整为每人每月 1610 元;抗战时期参加革命工作的,其生前供养的配偶的生活困难补助费由每人每月 1180 元调整为每人每月 1360 元;解放战争时期参加革命工作的,其生前供养的父母、配偶的生活困难补助费由每人每月 1070 元调整为每人每月 1230 元。

(二)国有企业职工(含退休人员)因病或非因工死亡后,其符合供养条件的直系亲属生活困难补助费标准为:系非农业人口的,由每人每月 680 元调整为每人每月 770 元;系农业人口的,由每人每月 570 元调整为每人每月640 元。

城镇集体所有制企业职工死亡后其供养的直系亲属生活困难补助费标准是否调整,由各市、县(市、区)根据实际情况研究确定。

二、调整因工死亡职工供养亲属抚恤金标准

全省企业(包括行业单位)、事业单位、民间非营利组织(不含依照或者参照公务员制度管理的事业单位、社会团体)、个体工商户及其雇工中,在 2013 年 12 月 31 日前已按浙劳险〔1999〕333 号文件、国务院令第 375 号和第586 号规定,享受因工死亡职工供养亲属抚恤金的人员,每人每月增加 110 元。调整后,每名因工死亡职工的月供养亲属抚恤金总额不得超过统筹地 2013 年度在岗职工月平均工资。

三、调整计划外长期临时工晚年生活补助费标准

凡根据浙劳人险〔84〕218 号、〔84〕财企879 号、省总工字〔1984〕50 号文件规定,领取晚年生活补助费的计划外长期临时工,其生活补助费标准由每人每月 710 元提高到 790 元。

四、资金来源

本次调整生活困难补助费等标准所需经费,按原渠道列支。

五、执行时间

本次调整生活困难补助费等标准自 2014 年 1 月 1 日起执行。

浙江省人力资源和社会保障厅

浙江省财政厅

2014 年 3 月 24 日

浙江省人力资源和社会保障厅等10部门
关于进一步鼓励和支持家政服务业
发展的若干意见

浙人社发〔2014〕64号

各市、县(市、区)人民政府,省级有关单位:

《浙江省人民政府办公厅关于加快发展家庭服务业的实施意见》(浙政办发〔2011〕132号)印发以来,各地、各部门将发展家政服务业作为促就业、惠民生、扩内需和调结构的重要途径,在促进家政服务业发展方面做了大量工作,取得了一定成效,行业规模不断扩大,服务领域更加广阔,服务质量明显提高。但行业发展仍面临着制度不健全、市场较混乱、企业规模小、人员素质低、权益保障难等发展障碍和瓶颈制约。为进一步鼓励和支持我省家政服务业快速健康发展,经省政府同意,现提出以下意见:

一、加强统筹规划。各地要根据国民经济社会发展"十二五"规划目标要求,结合实际,科学制订家庭服务业发展规划与年度计划,进一步明确发展目标、发展重点、主要任务及保障措施。并对规划提出的重大任务与重点领域工作的完成情况进行制度化、规范化的检查评估,确保规划提出的各项任务落到实处。

二、着力培育家政服务示范企业。各地商务部门要会同财政等有关部门,加大对家政服务品牌企业培育力度,积极开展家政服务试点城市建设,支持家政企业连锁化、信息化、标准化项目建设。根据"十二五"期末培育100家家庭服务行业示范企业的目标要求,各地要重点培育一批发展前景好、管理规范、实力强的家政服务行业示范企业,并给予相应的政策扶持。

鼓励有条件的家政服务企业兼并重组,做大做强,对其在合并、分立、兼并等企业重组过程中发生转让企业产权涉及的不动产、土地使用权转移行为,不征收营业税。

三、加快品牌创建和标准化建设。引导家政服务企业积极注册商标,支持家政服务重点企业参评服务业品牌,对被新认定为中国驰名商标等国家级知名品牌的,由省工业转型升级专项资金给予奖励。

鼓励家政服务企业和行业协会参与国家标准、行业标准、地方标准或规范制修订工作。围绕家政服务、养老服务、社区服务等领域开展服务业标准化试点示范项目建设,制定并推广实施家政服务业标准体系。对暂不具备制定标准规范条件的,积极开展服务承诺、服务公约等行业自律制度建设。省服务业引导资金对特别重要的家政服务业标准化试点示范项目给予适当补助。对承担国家级或省级服务业标准化试点示范项目、主导制定国家标准或省级地方标准的单位,给予适当的资金补助。

四、进一步规范劳动关系。积极发展员工制家政服务企业,重点引导和督促家政服务企业与员工签订劳动合同,执行家政服务劳动标准,进一步规范家政服务业劳动用工行为。家政服务企业还应当与家庭签订家政服务协议,明确企业、员工和家庭三方权利与义务。完善家政服务业薪酬制度,严格执行最低工资标准,及时发布行业工资指导价位。引导和鼓励企业或行业协会建立工会组织，积极推行和开展工资集体协商制度。加强劳动用工监察，及时调处劳资矛盾，切实维护员工的合法权益。

五、用足用好税收政策。对符合条件的家政服务企业，按照《财政部国家税务总局关于员工制家政服务免征营业税的通知》（财税〔2011〕51号）规定，落实员工制家政服务营业税政策。进一步落实国家扶持小微企业相关税收优惠政策，对符合条件的小型微利家政服务企业，按照《财政部国家税务总局关于小型微利企业所得税优惠政策有关问题的通知》（财税〔2011〕117号）、《财政部国家税务总局关于暂免征收部分小微企业增值税和营业税的通知》（财税〔2013〕52号）和《国家税务总局关于暂免征收部分小微企业增值税和营业税有关问题的公告》（国家税务总局2013年第49号）规定，给予相应的扶持。

六、完善投融资政策。各级政府要清理整合资金，优化支出，支持家政服务业发展。调整优化省级有关专项资金支持重点，根据发展家政服务业工作需要，加大对家政服务业的支持力度。按照《关于做好当前就业工作促进企业转型升级的意见》（浙人社发〔2012〕317号）规定，积极利用财政贴息、小微企业贷款等扶持方式，加大对家政服务业的有效信贷投入。金融机构要创新服务产品和服务方式，拓宽信贷抵押担保物范围，支持家政服务业信贷需求。加强家政服务业信用体系建设，增强对信贷资金和民间资本的吸引力，培育和扶持家政服务机构和企业发展。

七、鼓励城乡劳动者从事家政服务业。农村富余劳动力、城乡就业困难人员和中职、高校毕业生等从事家政服务业就业、创业的，公共就业服务机构按规定免费提供职业指导和介绍、开业指导、创业培训、小额担保贷款、人事劳动档案保管等"一条龙"服务，并加强跟踪指导和

帮扶。

各地应积极开发社区养老护理、病患陪护等家政服务类公益性就业岗位。城乡就业困难人员在家政服务类公益性岗位就业并按规定缴纳社会保险费的，可按《浙江省促进就业资金管理办法》（浙财社〔2011〕80号）享受社会保险补贴、岗位补贴。补贴期限，除对距法定退休年龄不足5年的就业困难人员可延长到退休以外，其他人员最长不超过3年。

鼓励引导中职、高校毕业生从事家政服务业。有条件的地区对毕业年度内中职、高校毕业生到家政服务业中小企业就业、签订1年以上劳动合同、缴纳社会保险费且其工资相对偏低的，每年可给予个人一定标准的就业补助，补助期限最长不超过2年，所需资金从促进就业资金中列支。具体补助办法，由各地自行制定。

八、强化职业技能培训，加大专业人才培养力度。整合各方资源，逐步建立专业学历教育、实用技术培训、职业技能鉴定相结合的家政服务从业人员教育培训体系。各市应创新家政服务人才教育培训方式，充分发挥院校和就业训练中心以及社会办职业培训机构等各类职业培训平台作用，组织开展家政服务业职业培训，力争使家政服务业从业人员都能得到职业技能培训。依托院校与家政服务机构建立家政服务实训基地。支持有条件的院校开设家政服务类和护理类专业，培养家政服务类和护理类专业人才。大力加强护理和养老服务专业技术培训，按照国家职业标准开展职业资格考评工作，对经培训鉴定合格的，颁发相应职业资格证书。

支持开展家政服务职业技能培训和鉴定。具备培训办班资格或办学条件的院校、社会各类培训机构，按照一定的方式和程序经审定后，开展家政职业技能培训的，按照《浙江省财政厅浙江省人力资源和社会保障厅关于进一步加强职业培训补贴资金使用管理等问题的通知》（浙财社〔2012〕326号）规定给予培训补贴。

落实职业技能鉴定政策,鼓励从业人员参加职业技能鉴定或专项能力考核。对通过初次职业技能鉴定并取得职业资格证书或专项职业能力证书的,按规定给予一次性职业技能鉴定补贴。

积极开展家政服务人员培训,各地商务部门要会同财政部门按照《关于印发浙江省"家政服务工程"实施方案的通知》(浙商务联发〔2009〕49号)要求,确定培训机构,加强验收考核,扶持家政人员就业,提高服务水平。

加强家政服务专业人才培养,实施家政服务业高端人才和职业经理人培育计划。

开展家政服务人员岗位技能比赛,对优胜者按规定给予表彰。

九、创新保险扶持政策。进一步支持员工制家政服务企业发展,继续落实《关于对员工制家政服务企业实行社会保险补贴有关问题的通知》(浙人社发〔2012〕86号)有关扶持政策,员工制家政服务企业社会保险补贴政策认定期限延长至2017年底。

严格落实《工伤保险条例》有关规定,对家政服务员在两个或两个以上用人单位同时就业的,各用人单位应当分别为家政服务员缴纳工伤保险费,加强对家政服务员的工伤权益保障。

鼓励家政服务企业投保商业责任保险。有条件的地方可采取市场运作和政府补贴相结合的模式,由家政服务企业、服务人员和财政补贴共同承担保费,推行家政服务员职业责任保险。保障家政服务员、家政服务企业、家政服务消费者合法权益,防范和化解家政服务社会风险。具有承保能力的保险公司应积极承保职业责任保险。具体保费分摊、财政补贴期限和比例由各地根据实际情况自行确定。

十、做好本意见贯彻落实工作。本意见自发布之日起实施。各地、各部门要认真抓好本意见的贯彻落实工作,结合实际,抓紧制定具体实施细则。

浙江省人力资源和社会保障厅

浙江省发展和改革委员会

浙江省教育厅

浙江省民政厅

浙江省财政厅

浙江省商务厅

浙江省地方税务局

浙江省质量技术监督局

中国人民银行杭州中心支行

中国保险监督管理委员会浙江监管局

2014年4月3日

浙江省人力资源和社会保障厅关于调整基本医疗保险部分医疗服务项目的通知

浙人社发〔2014〕70号

各市、县（市、区）人力资源和社会保障局，嘉兴市社会保障事务局，各定点医疗机构：

为进一步完善基本医疗保险制度，切实减轻参保人员负担，根据《关于印发浙江省城镇职工基本医疗保险诊疗项目管理暂行办法的通知》（浙劳社险〔2000〕49号）和《关于印发浙江省基本医疗保险医疗服务项目目录的通知》（浙劳社医〔2005〕172号）精神，经研究，决定对基本医疗保险部分医疗服务项目进行调整。现将有关事项通知如下：

一、新增的医疗服务项目和医用材料，列入基本医疗保险支付范围。备注中的"加收"项目，请按公布的《基本医疗保险医疗服务项目电子版》（详见"浙江省人力资源和社会保障网"www.zjhrss.gov.cn）规定执行。限定支付范围作调整的医疗服务项目，基本医疗保险按新的限定支付范围执行。

二、各统筹地区的人力社保部门要切实做好基本医疗保险部分医疗服务项目的调整工作，及时更新医保信息系统，确保参保人员医疗费用按时结算。

三、本通知自2014年6月1日起执行。

附件：1. 调整基本医疗保险部分医疗服务项目表
    2. 调整部分医用材料项目表

浙江省人力资源和社会保障厅
2014年4月23日

附件 1

调整基本医疗保险部分医疗服务项目表

序号	编码	项目名称	项目内涵	备注	甲乙分类	自理比例	限定支付范围	修订说明
1	120100901	高危压疮防范护理	对卧床、截瘫、便失禁、坐轮椅病人及大手术后、营养不良、病危、意识不清等病人进行压疮风险评分评估,根据评估结果采取对应预防措施:(一)使用减压工具(二)避免局部刺激(三)促进血液循环、(四)改善机体营养		甲		限截瘫、便失禁、大手术后、病危、病重、意识不清病人。	新增
2	220302001	颅内段血管彩色多普勒超声			乙	10%—15%		调整限定支付范围
3	220302008	左肾静脉"胡桃夹"综合征检查			乙	10%—15%		调整限定支付范围
4	240300015	适形调强放射治疗(IMRT)	指治疗射线从照射标向着和肿瘤外形一致,而且肿瘤内和肿瘤表面的受照剂量保持一致,达到杀灭肿瘤的同时不伤及肿瘤周围正常组织的目的。含:跟踪定位和三维立体定向照射。调强放疗必须经剂量验证系统验证并提供剂量验证单。	适形每疗程最高不超过2万元,调强每疗程最高不超过3万元	乙	30%—40%	限靶区周边有重要正常器官需要保护,使用常规放射方法会引起放疗并发症而不能使用常规照射方法的不规则形状恶性肿瘤,包括中枢神经系统,头须部、胸部、腹部,四肢的原发性或转移性恶性肿瘤。	新增
5	240300008	伽马刀治疗			乙	30%—40%	限以下适应症之一:1. 颅内直径＜5cm的功能区原发性肿瘤:A. 手术难以切除或有手术禁忌;B. 经普通放疗后残存。C. 孤立单发的不能手术的颅内转移灶;D. 病灶≤4个。2. 病灶直径≤5cm的各种体部恶性肿瘤,且不能手术或有手术禁忌。3. 体部各种恶性肿瘤经普通放疗后直径≤3cm的残留灶或复发性单发病灶。	调整限定支付范围

续 表

序号	编码	项目名称	项目内涵	备注	甲乙分类	自理比例	限定支付范围	修订说明
6	310208001	胰岛素泵持续皮下注射胰岛素			甲		限以下适应证之一的住院病人：1. T1DM患者和需要强化治疗的T2DM患者；2. 需要短期胰岛素治疗控制高血糖的T2DM患者；3. 糖尿病患者高血糖者的围手术期血糖控制；4. 应激性高血糖患者的血糖控制；5. 妊娠糖尿病或糖尿病合并妊娠者。	调整限定支付范围
7	310401904	耳石复位治疗	用于眩晕治疗。让受试者戴上红外摄像眼罩平卧于测试床上，不断变换体位，先行位置试验。依据位置试验的结果确定耳石症的诊断，明确受累半规管的位置和侧别，根据诊断结果进行耳石手法复位，如为垂直半规管良性阵发性位置性眩晕（BPPV）。适用Epley手法复位法，水平半规管BPPV采用翻滚复位法，如多个不同半规管同时受累，则选用综合耳石复位法。治疗中，可能出现恶心呕吐等不同程度走神经兴奋反应。复位过程中通过红外成像系统观察眼震情况判断耳石复位情况。		甲		每周不超过2次。	新增
8	310604001	睡眠呼吸监测	含心电、脑电、肌电、眼动、呼吸监测和血氧饱和度测定等各项监护费	不得少于6小时，少于6小时不得另行收费；不得另行收取护理费、床位费	甲		限睡眠呼吸窘迫综合征检查。	调整限定支付范围
9	310701021	24小时动态血压监测			甲		顽固性高血压或单日血压波动超过40mmHg。	新增
10	310800007	术中自体血回输	指术中使用专用机器自体血回输，含药品及回输管路等一次性消耗材料，含术中自体血回收。	手工法按40元/200ml 计价，单纯术中自体血回收按600元/例计价	甲			调整限定支付范围

续　表

序号	编码	项目名称	项目内涵	备注	甲乙分类	自理比例	限定支付范围	修订说明
11	310607001	高压氧舱治疗	含治疗压力为2个大气压以上,舱内吸氧用面罩,头罩,安全防护措施,舱内医护人员监护和指导;不含舱内心电,呼吸监护和药物雾化吸入等		乙	10%—20%	限严重缺氧性疾病,严重脑外伤,突发性耳聋,放射性脑病,特殊气体中毒或潜水病。	调整限定支付范围
12	310800005	血细胞分离单采术		以4000ml为基数,每增减循环量1000ml加收300元	乙	20%—30%	限多发性骨髓瘤,急慢性白血病外周血白细胞大于等于50G/L,真性红细胞增多症,原发性血小板增多症。	调整限定支付范围
13	311201064	乳管镜检查	含活检;包括疏通,扩张,冲洗		甲			新增
14	320500007	冠状血管内超声检查术(IVUS,包括冠状血管内压力导丝测定术)	含术前的靶血管造影		乙	10%—20%		新增
15	330606010	唇裂损修复术	不含岛状组织瓣切取移转术		甲			新增
16	330606011	单侧不完全唇裂修复术	含唇裂修复,初期鼻畸形矫治,唇功能性修复,唇正中裂修复	双侧加收200元	甲			新增
17	330606012	单侧完全唇裂修复术	含唇裂修复,初期鼻畸形矫治,唇功能性修复,唇正中裂修复;不含犁骨瓣修复术	双侧加收200元	甲			新增
18	331501057	人工椎间盘植入术			甲			新增
19	331504008	股骨头坏死病灶刮除植骨术(包括带血管蒂,肌蒂植骨术)			甲		限股骨头坏死Ⅱ—Ⅳ期病变。	调整限定支付范围
20	331512014	马蹄内翻足松解术(包括前前路和后路以及马蹄内翻足外固定矫正术)			甲			新增
21	340100024	气压治疗(包括肢体气压治疗,肢体正负压治疗)			甲		限肩手综合征,骨科术后引起的肢体水肿,淋巴性水肿,深静脉血栓预防。	调整限定支付范围

附件 2

调整部分医用材料项目表

分类编码	编号	材料名称	适用医疗服务项目	备注	自理比例	修订说明
CQ	331517820	手部人工关节及配件	331517004	单项累计不超过 3 万元		新增

浙江省人力资源和社会保障厅关于印发《浙江省省级专业技术人员继续教育基地建设管理办法(试行)》的通知

浙人社发〔2014〕76号

各市和义乌市人力资源社会保障局,省直、中央部属在浙有关单位:

为推进全省专业技术人员继续教育工作,加强继续教育载体建设,按照《浙江省专业技术人才知识更新工程(2013—2020)实施方案》(浙人社发〔2013〕127号)要求,我们研究制定

了《浙江省省级专业技术人员继续教育基地建设管理办法(试行)》。现印发给你们,请遵照执行。

浙江省人力资源和社会保障厅

2014年5月13日

浙江省省级专业技术人员继续教育基地建设管理办法(试行)

第一条 为推进全省专业技术人员继续教育工作,加强继续教育基地建设管理,根据国家有关规定和《浙江省专业技术人员继续教育规定》(省政府令第157号),制定本办法。

第二条 省级专业技术人员继续教育基地(以下简称"省级继续教育基地")是全省专业技术人员接受继续教育、进行知识更新的重要载体,是全省重要行业、重点产业高层次人才提升业务素质和创新能力的重要平台。

第三条 省级继续教育基地按照"示范引领、特色鲜明、注重实效、动态调整"的原则,根据全省重要行业和重点产业发展需要,实行分批建设和分级管理。

第四条 省人力社保部门是省级继续教育基地的综合管理部门,负责省级继续教育基地的设立、调整和撤销,制定有关政策规划,监督指导基地运行管理。设区市人力社保部门、省直行业(产业)主管部门是所推荐省级继续教育基地的管理部门,负责基地的运行管理。

第五条 获准设立省级继续教育基地的高等(高职)院校、科研院所、企业和其他施教机构是基地建设单位,负责建立健全基地管理机构,配备专门人员,制定基地运行管理办法,承担基地运行管理具体工作。

第六条 申请设立省级继续教育基地的单位,应在本行业(产业)具有一定影响力,并具

备以下基本条件：

（一）具有专门的培训场所以及与所承担培训任务相适应的教学设备，具备远程教育条件，能够满足一定规模网络培训要求。实践性强的领域，还需具有实训场所或实训合作单位。

（二）具有一支相对稳定的、理论水平较高、实践经验丰富，且在业内具有较高公认度的专（兼）职师资队伍。

（三）具有健全的管理机构、管理制度和专职管理队伍。管理制度包括教学组织管理、学员考核管理、培训登记管理、经费管理、后勤保障，以及培训效果考核评估、跟踪反馈等。

（四）围绕浙江经济发展重点产业和社会发展重要行业，具备每年组织培训不少于1000名专业技术人才的能力。

（五）具有继续教育资源开发的师资、场地和技术条件，具备每年围绕本专业、本领域开发1个专业课程资源的能力。

第七条　设立省级继续教育基地，根据省人力社保部门统一部署，由建设单位自愿提出申请，管理部门审核推荐，经省人力社保部门组织认定后公布。

第八条　省级继续教育基地要严格执行继续教育相关政策法规，主动配合管理部门，结合产业和行业发展需求，研究制定基地培训规划。

第九条　省级继续教育基地实行年度计划审核备案制，年初将年度计划报送管理部门审核和省人力社保部门备案，未经审核备案的内容，不得以省级继续教育基地的名义开展。

第十条　省级继续教育基地应以培训产业（行业）高层次、急需紧缺和骨干专业技术人员人才为重点，主动承担管理部门委托的继续教育公共服务，主动拓展社会化继续教育业务。

第十一条　省级继续教育基地实行评估制度，每三年开展一次评估。对评估不合格的，责令限期整改，对整改不力的，撤销省级基地资格。

第十二条　对违反年度计划审核备案制度及有关规定，出现乱办班、乱收费、乱发证现象的，撤销省级基地资格，并依法追究其单位领导和当事人责任。

第十三条　省人力社保部门在安排年度省级专业技术人员高研班项目时，向省级继续教育基地予以重点倾斜，提升基地品牌，积极推荐申报国家级继续教育基地。我省直接获批建立的国家级继续教育基地可享受省级继续教育基地各项政策。

第十四条　省级继续教育基地建设单位要安排一定的经费用于基地基础建设和日常工作。省级继续教育基地管理部门要加大对基地的经费投入，在政策制定、项目分配、资源整合方面予以支持。

第十五条　支持省级继续教育基地承办各级各类继续教育项目和活动。省人力社保部门组织开发的继续教育教材、课件、网站等优质培训资源，优先提供给基地内部使用。

第十六条　省级继续教育基地提供继续教育服务时，可按照有关规定适当收取培训费用，但不得擅自提高收费标准，收取的费用优先用于保障基地建设发展。

第十七条　专业技术人员在省级继续教育基地参加培训情况，可按有关规定计入继续教育学时。鼓励全省各类专家参与省级继续教育基地的人才培训工作，对表现突出、成效明显的，在其本人参加继续教育、评聘专业技术职务、纳入重大人才工程等方面给予倾斜。

第十八条　本办法自印发之日起施行，由省人力资源和社会保障厅负责解释。

浙江省人力资源和社会保障厅关于印发浙江省医保医师协议管理实施细则的通知

浙人社发〔2014〕79号

各市、县(市、区)人力资源和社会保障局、嘉兴市社会保障事务局:

根据《浙江省基本医疗保险协议医师管理暂行办法》(浙人社发〔2014〕43号),我们制定了《浙江省医保医师协议管理实施细则》,现印发给你们,请认真贯彻执行。执行中遇有问题,请及时与我厅联系。

浙江省人力资源和社会保障厅

2014年5月20日

浙江省医保医师协议管理实施细则

为贯彻实施《浙江省基本医疗保险协议医师管理暂行办法》(浙人社发〔2014〕43号)(以下简称《暂行办法》),结合我省医疗保险管理工作实际,制定本实施细则。

一、医保医师服务编码

医保医师服务编码实行一人一码,由医疗保险经办机构编制。符合条件的定点医疗机构医师,可经所在定点医疗机构初审后,向当地医疗保险经办机构提出签订医保医师服务协议申请。医疗保险经办机构根据《暂行办法》规定对医师申请进行审核,审核通过的,编制服务编码。

新录用的或被注销服务编码的医师,应当参加统筹区医疗保险经办机构或所在定点医疗机构组织的医疗保险政策业务培训,经考试合格后申请取得或恢复服务编码。

浙江省医保医师服务编码由大写英文字母"YB"和医师资格证书编码组成。

定点医疗机构负责将本机构所属医保医师与其服务编码的对应关系录入医院HIS系统,并在医疗费用结算时按医疗保险经办机构要求上传相关信息数据,与经办机构医保医师诚信档案库进行匹配。匹配失败的,相关医疗费用医疗保险基金不予联网结算。

二、医保医师服务协议

《医保医师服务协议》文本由医疗保险经办机构负责制订。服务协议应明确双方的责任、权利和义务。对医保医师的医疗服务行为实行积分制管理,累计扣分达到一定分值的,医疗保险经办机构可中止或解除《医保医师服务协议》。

医疗保险经办机构负责将《医保医师服务协议》文本(一式两份)统一交与定点医疗机构,委托定点医疗机构法人代表与医师办理签订协议事宜。协议样式由省级医疗保险经办机构制定(附件1)。

经卫生计生行政部门批准可多点执业的医师,由执业的每家定点医疗机构分别向执业地医疗保险经办机构提出申请,申请时应提供卫生计生行政部门的审批材料。医疗保险经办机构可通过省医保医师信息档案库查询核实,按执业地统筹区不同可分别签订服务协议。

参加省内进修、对口支援、技术协作等项目的医师,服务期限在一年内的,由接收医院向当地医疗保险经办机构申报,医疗保险经办机构通过省医保医师信息档案库,对该医师服务编码进行核实并录入,不再重新签订《医保医师服务协议》。期间发生违规行为的,按该医师与原执业地医疗保险经办机构签订的服务协议规定进行处理。

医保医师服务协议期限与其所属定点医疗机构服务协议期限一致。定点医疗机构服务协议中止或解除的,医保医师服务协议同时中止或解除。医保医师服务协议签订期内没有发生解除协议情形的,且医师本人未提出解除协议申请的,协议期满自动延签下一个协议周期。

医保医师服务协议中止或解除的,医疗保险经办机构应将医保医师服务编码封锁或注销,该医师为参保人员提供医疗服务产生的相关医疗费用,医疗保险基金不予支付(急诊、急救除外)。

三、积分管理

医疗保险经办机构对医保医师实行积分累计考核管理,每个自然年度初始分值为12分。医保医师有违规行为的,扣除相应的分值。扣分在自然年度内累加计算,每年度末扣分清零。

医保医师与多家医疗保险经办机构签订服务协议的,初始分值不变,扣分累加计算。跨统筹区多点执业的医保医师累计扣分达到12分的,由省级医疗保险经办机构通知相关地区经办机构按规定作出处理。

(一)扣分办法

1. 医保医师有下列违规行为之一的,每次计扣12分:

(1)被卫生计生行政主管部门吊销医师、助理医师或乡村医生执业证书,或被注销注册、收回执业证书的;

(2)经卫生计生行政部门检查考核不合格,被暂停执业活动的;

(3)因违规被定点医疗机构停止处方权的;

(4)通过编造医疗文书、出具虚假医疗证明、办理虚假住院等方式,骗取医疗保险基金的;

(5)为参保人员提供虚假证明材料,串通他人虚开门诊、住院票据套取医疗保险基金的;

(6)被举报查实存在以医谋私,获取非法利益,严重侵害参保人员权益的;

(7)故意曲解医保政策和管理规定,挑动参保人员集体上访,造成恶劣影响的;

(8)经医疗保险经办机构定期考核不合格的;

(9)其他严重违反医疗保险管理规定,危害参保人员利益或造成医疗保险基金重大损失的行为。

2. 医保医师有下列违规行为之一的,每次计扣6分:

(1)故意不核实患者身份,导致冒名住院造成医疗保险基金损失的;

(2)故意为参保人员串换医疗保险药品、医疗服务项目,造成医疗保险基金损失的;

(3)故意夸大、掩盖医疗事实,造成医疗保险基金较大损失的;

（4）为参保人员提供医疗服务过程中，出现医疗责任事故造成参保人严重伤害的；

（5）其他违反医疗保险规定，造成医疗保险基金较大损失的行为。

3．医保医师有下列违规行为之一的，每次计扣2分：

（1）将服务编码转借给被中止、解除或未签订服务协议的医师开具医保处方的；

（2）冒用其他医保医师服务编码开具医保处方的；

（3）医疗收费与病历记录、医疗操作不符的；

（4）故意分解检查、治疗、处方和收费等造成医保基金损失的；

（5）不因病施治，过度医疗造成医保基金损失的；

（6）其他违反医疗保险规定，造成医保基金损失的行为。

4．医保医师有下列违规行为之一的，每次计扣1分：

（1）未按规定核验就诊人员身份，导致冒名门诊就医的；

（2）不按规定查看既往就诊记录、记载门诊病历，导致重复配药、重复检查的；

（3）违反医疗保险药品配药量、限制使用条件规定，或无充分理由超药品使用说明书范围用药的；

（4）不执行门诊处方外配制度，拒绝为参保病人开具外配处方的；

（5）使用需参保人员自费的药品、医疗服务项目或医用材料等，未履行告知义务被参保人员投诉的；

（6）拒不配合医疗保险经办机构相关监督检查的；

（7）不坚持首诊负责制和双向转诊制，推诿、拒收参保病人，以各种借口使参保人员提前或延迟出院的；

（8）让住院参保人员带医疗检查或治疗项目出院的；

（9）不按规定参加经办机构或定点医疗机构举办的医疗保险业务培训；

（10）违反医疗保险有关规定的其他情形。

（二）扣分处理

医疗保险经办机构对违规医保医师作出扣分处理的，应书面告知本人及所在定点医疗机构。一个自然年度内医保医师累计扣分达到6分的，统筹区医疗保险经办机构应会同定点医疗机构对相关医师进行约谈，并做好约谈记录；累计扣分达到9—11分的，医疗保险经办机构可中止执行《医保医师服务协议》1—3个月；累计扣分达到12分的或连续三年违规扣分达到9分以上的，医疗保险经办机构应与医保医师解除《医保医师服务协议》；情节严重的，可注销医保医师服务编码。

因违规中止《医保医师服务协议》的医师，如需恢复履行《医保医师服务协议》的，应当在中止期满前10个工作日内向医疗保险经办机构提交恢复履行《医保医师服务协议》的申请书及整改报告，并附上所在定点医疗机构的意见。医疗保险经办机构应在收到上述材料后10个工作日内按规定程序作出是否同意恢复履行《医保医师服务协议》的决定。医师在规定时间内不提出恢复履行《医保医师服务协议》申请的，中止期限自动延长，直至协议期满解除。

医保医师因违规被解除《医保医师服务协议》的，医疗保险经办机构自解除协议之日起一年内不再接受该医师重新签订《医保医师服务协议》的申请。

医保医师因违规被注销医保医师服务编码的，医疗保险经办机构应解除《医保医师服务协议》，将有关情况报当地行政主管部门，并逐级上报至省级医疗保险经办机构，由省级医疗保险经办机构统一报送省人力社保厅备案。本省医疗保险经办机构五年内不得与其签订《医保医师服务协议》。

四、档案管理

医保医师实行信息档案库和诚信档案库管理,同时建立定点医疗机构信息库。

信息档案库和全省定点医疗机构信息库由省级医疗保险经办机构统一建立,并向各市级医疗保险经办机构开放接口,供各市自动录入上报、信息查询等(格式样表见附件2、3)。医疗保险经办机构与统筹区外医疗机构签订定点协议的,不纳入本统筹区定点医疗机构信息库统计范围。

诚信档案库(格式样表见附件4)和统筹区定点医疗机构信息库由各统筹区医疗保险经办机构按统一格式分别建立,由市级医疗保险经办机构汇总后依托现有异地就医联网结算网络同步对接到省医保医师信息档案库、全省定点医疗机构信息库。已完成市级统筹和数据大集中改造的地区,诚信档案库和统筹区定点医疗机构信息库可由市级医疗保险经办机构统一建立和管理。

各级医疗保险经办机构需指定专人负责医保医师管理工作,掌握医保医师履行协议情况,按规定程序处理医保医师违规行为,及时将相关信息录入诚信档案库并上报上级医疗保险经办机构。重大案件需书面专报。

各定点医疗机构应加强对医保医师的培训和管理,及时准确地上传、维护医保医师相关信息,确保医保医师诚信档案库数据准确、有效。

五、其他

(一)医保医师对医疗保险经办机构作出的处理决定存在异议的,可在接到书面通知后10个工作日内通过所在单位向医疗保险经办机构提出书面异议。医疗保险经办机构应认真对待,必要时组织专家合议后作出决定。

(二)社会保险行政部门、医疗保险经办机构工作人员违反医疗保险协议医师管理有关规定,滥用职权、徇私舞弊的,依法给予行政处分;构成犯罪的,依法追究刑事责任。

(三)全省异地就医联网结算定点医疗机构医保医师纳入就医地统筹地区统一管理,违规扣分累加计算。

(四)本实施细则自发布之日起实施。

附件:1.《浙江省医保医师服务协议》样本

2. 浙江省医保医师信息档案库格式样表

3. 浙江省医疗保险定点医疗机构信息库格式样表

4. 浙江省医保医师诚信档案库格式样表

附件1

乙方（医保医师）服务编码＿＿＿＿＿＿＿　　　　协议编号＿＿＿＿＿＿

浙江省医保医师服务协议
（样本）

甲方：＊＊＊医疗保险经办机构（以下简称甲方）

乙方：　　＊＊＊　　（以下简称乙方）

为切实维护参保人员的合法权益，有效规范定点医疗机构医师的医疗服务行为，明确甲乙双方的权利义务，根据《浙江省人力资源和社会保障厅浙江省卫生和计划生育委员会关于印发浙江省基本医疗保险协议医师管理暂行办法》（浙人社发〔2014〕43号）、《浙江省医保医师协议管理实施细则》（浙人社发〔2014〕79号）等文件精神，双方就医疗保险医疗服务相关事宜达成以下协议：

第一条　甲乙双方应严格遵守国家、省以及本统筹区基本医疗保险各项政策规定。

第二条　甲乙双方应利用各自的工作平台，向参保人员宣传基本医疗保险政策，敦促参保人员自觉遵守医疗保险有关规定。甲乙双方有权向对方提出合理化建议。

第三条　甲方应根据医疗保险有关规定，及时向乙方所在单位提供医疗保险政策、文件和相关规定，并委托医疗机构对乙方进行宣传、培训。

第四条　乙方应参加甲方组织或委托乙方单位组织的各种医疗保险业务培训。

第五条　甲方应建立医疗保险协议医师诚信档案库，及时录入乙方的相关信息和诚信记录。

第六条　乙方应向所在单位提供正确的医疗保险协议医师相关信息，由所在单位报送至甲方录入信息系统；甲方应按规定程序及时将医保医师服务编码通过乙方单位告知乙方，乙方应妥善保管。

第七条　乙方应为甲方参保人员提供合理、必要的医疗服务；在费用结算时按甲方要求上传医保医师服务编码等相关信息供甲方校验。

第八条　甲方对乙方违规行为进行扣分等处理时应按规定履行告知义务；乙方对甲方的处理意见有异议的，可通过所在单位书面向甲方提出；甲方应认真对待，必要时组织相关专家合议后作出决定。

第九条　甲方对乙方在协议年度内的医疗服务行为实行积分累计考核制度。具体扣分办法和扣分处理按相关文件规定执行。

第十条　甲乙双方如需解除本协议的，须提前15个工作日通知对方；对乙方正在诊治的参保人员，乙方应会同乙方单位妥善安置。

第十一条　甲方可委托乙方所在单位的法定代表人与乙方签订本协议，并协助甲方做好对乙方在协议有效期内的管理、培训和考核等工作。

第十二条　本协议未尽事宜，甲乙双方可以签订附加协议，效力与本协议相同。本协议一式两份，甲乙双方各执一份，具有同等效力。

第十三条　本协议有效期与乙方单位定点服务协议一致，自　年　月　日至　年　月　日止。乙方在协议有效期内没有被解除协议情形且本人未提出解除协议申请的，本协议期满自动延签下一个协议周期。

甲方：　　　　　　乙方：

　　年　月　日　　　　年　月　日

乙方单位法定代表人（委托签约人）：

　　　　　　　　年　月　日

附件2

浙江省医保医师信息档案库
（格式样表）

序号	第一执业定点医疗机构代码	第一执业定点医疗机构名称	医保医师服务编码	姓名	性别	身份证号码	医师级别(1,2,3)	行政职务(1,2)	职称(1,2,3,4,5)	执业范围(1,2,3…22)	执业科别(1,2,3…72)	医师资格证书编码	医师执业证书编码	执业定点医疗机构名称 一 二 三 …	签订协议经办机构 一 二 三 …	移动电话(发送短信用)	累计扣分	协议状态(0有效、1中止、2解除)	备注
	1	2	3	4	5	6	7	8	9	10	11	12	13	14	15	16	17	18	19
1																			
2																			
3																			
…																			

填报说明

1. 医师级别：1 执业医师，2 助理医师，3 其他
2. 行政职务：1 单位负责人，2 科室负责人
3. 职称：1 主任医师，2 副主任医师，3 主治医师，4 医师，5 医士及其他
4. 执业范围：1 内科专业，2 外科专业，3 妇产科专业，4 儿科专业，5 眼耳鼻咽喉科专业，6 皮肤病与性病专业，7 精神卫生专业，8 职业病专业，9 医学影像和放射治疗专业，10 医学检验、病理专业，11 全科医学专业，12 急救医学专业，13 康复医学专业，14 预防保健专业，15 特种医学与军事医学专业，16 计划生育技术服务专业，17 中医专业，18 中西医结合专业，19 民族医学专业，20 口腔科专业，21 公共卫生类别专业，22 省级以上卫生行政部门规定的其他专业。
5. 执业科别：与执业范围建立对应关系，在执业范围基础上细化到具体科室。
6. 执业地点：执业地点按次序填写
7. 签订协议经办机构：与医疗机构同一个统筹区的经办机构放第一位

附件3

浙江省医疗保险定点医疗机构信息库
（格式样表）

填报单位名称：

序号	定点医疗机构 名称(1)	定点医疗机构 编码(2)	地址(3)	联系人	联系电话(4)	邮政编码(5)	核定床位数(6)	等级(7)	医疗机构等级 a.三级甲等(8)	b.三级(9)	c.二级及以下(10)	d.未定级(11)	e.社区(12)	所有制类型 f.公立(13)	g.民营(14)	h.营利(15)	i.非营利(16)	类别 j.综合(17)	k.中医(18)	l.专科(19)	m.是否联网结算(20)	备注 签订协议经办机构
汇总	—	—	—		—	—	—	—	0	0	0	0	0	0	0	0	0	0	0	0	0	（一）
1	浙江大学医学院附属第一医院	330000101001	杭州市庆春路79号	徐林珍	057187236639	310003	2500	三级甲等	1					1				1			1	杭州市医疗保险服务管理局
2																						
3																						
……																						

填报说明

1. 定点医疗机构统计仅限本统筹区范围，统筹区外定点医疗机构不作统计。
2. 经办机构：定点医疗机构名称请填写全称。
3. 定点医疗机构编码填写全省地就医定点医疗机构编码，尚未异地定点的按异地定点编码规则（4位地区号＋00＋10＋4位编码）由各地自行编制并作为以后异地定点时使用。
4. 定点医疗机构等级：指由卫生行政部门确定的级别（一、二、三级）和由医疗机构评审委员会评定的等次（甲、乙、丙等），按X级X等，无等级分类填写。k.l相应位置填写数字1，作为汇总统计用。
5. 公立医疗机构：指经济类型为国有和集体的医疗机构。
6. 民营医疗机构：指经济类型为国有和集体以外的医疗机构，包括联营、股份合作、私营、台港澳投资和外国投资等医疗机构。
7. 营利性医疗机构：指医疗服务所得收益可用于投资者经济回报的弥补性医疗机构。政府不举办营利性医疗机构。
8. 非营利性医疗机构：指为社会公众利益服务而设立运营的医疗机构，不以营利为目的，其收入用于弥补医疗服务成本。

附件4

浙江省医保医师诚信档案库
（格式样表）

序号	第一执业定点医疗机构代码	第一执业定点医疗机构名称	医保医师服务编码	姓名	性别	身份证号码	医师级别（1、2、3）	行政职务（1、2）	职称（1、2、3、4、5）	执业范围（1、2、3…22）	执业科别（1、2、3…72）	医师资格证书编码	医师执业证书编码	执业定点医疗机构名称 （一）（二）（三）	签订协议经办机构	移动电话（发送短信用）	违规类别	违规行为描述	单次扣分	累计扣分	协议状态（0 有效、1 中止、2 解除）	备注
	1	2	3	4	5	6	7	8	9	10	11	12	13	14	15	16	17	18	19	20	21	22
1																						
2																						
3																						
…																						

填报说明：同附件2

229

浙江省人力资源和社会保障厅关于印发
《浙江省重复领取城乡养老保险待遇
业务处理规程（试行）》的通知

浙人社发〔2014〕87号

各市、县（市、区）人力资源和社会保障局：

为进一步规范我省重复领取城乡养老保险待遇处理工作，依据《社会保险法》、《中华人民共和国刑法》有关规定，以及《人力资源社会保障部办公厅关于做好重复领取城乡养老保险待遇核查工作的通知》（人社厅发〔2014〕34号）文件精神，结合我省实际，特制定《浙江省重复领取城乡养老保险待遇业务处理规程（试行）》（以下简称《规程》），现印发给你们，并就有关事项通知如下：

做好重复领取城乡养老保险待遇处理工作是实现基金精确管理的必然要求，也是维护社保基金安全完整、增强社保基金支撑能力的必要措施。各级人力社保部门一定要高度重视，认真细致做好各项工作，做到事前有布置、事中有检查、事后有考评，确保工作出成效。

各级社保经办机构要严格按照《关于进一步做好城乡居民社会养老保险待遇重复领取比对核查工作的通知》（浙社保〔2013〕27号）要求，主动做好数据比对核查，对疑似重复领取城乡养老保险待遇的参保人逐个排查，详细记录；对情况属实的要纠错、清理，按规定及时终止待遇并追回多领的养老保险待遇；对开展过程中发现的存在问题和疑难要及时总结、反馈，确保工作有序开展。同时，建立数据核查比对联系人制度，进一步明确职责，落实到人。各地人力社保系统基金监管、劳动监察、信息等部门要积极配合，协同解决相关困难和问题，共同构建我省重复领取城乡养老保险待遇处理工作的长效机制。

浙江省人力资源和社会保障厅
2014年5月29日

浙江省重复领取城乡养老保险待遇
业务处理规程（试行）

第一章 总 则

第一条 为维护我省养老保险基金安全完整，提升经办管理服务水平，规范和统一我省重复领取城乡养老保险待遇业务操作程序，根据《社会保险法》、《中华人民共和国刑法》有关规定和《人力资源社会保障部办公厅关于做好重复领取城乡养老保险待遇核查工作的通知》（人社厅发〔2014〕34号）、《浙江省人力资源和社会保障厅关于对重复领取养老金重复缴社保费疑点信息进行核查的通知》（浙人社发〔2012〕238号）等文件规定，制定本规程。

第二条　重复领取城乡养老保险待遇处理业务由各级社会保险经办机构具体经办，各级社会保险基金监督部门、养老保险行政部门和信息部门协助办理。

各级社会保险基金监督部门负责重复领取城乡养老保险待遇疑点信息督查工作；养老保险部门负责相关政策把关；社保经办机构负责信息核查、待遇停发、保险关系清理、个人账户清退、重复领取待遇追回；信息部门负责技术支持。

第二章　疑点信息核查

第三条　各级社保经办机构、社会保险基金监督部门、信息部门定期协同开展数据比对，及时发现本辖区疑似重复领取养老保险待遇信息。

社保经办机构或社会保险基金监督部门通过数据比对发现疑似重复领取养老保险待遇信息，应及时向下一级社保经办机构或社会保险基金监督部门通报，传送《疑似重复领取养老保险待遇信息表》（附件1）。

第四条　各级社保经办机构应定期开展养老保险待遇领取人员的资格认证工作，公布举报监督电话，及时受理举报，并对举报进行处理。

第五条　对参保人员疑似同时领取城乡居民基本养老保险和职工基本养老保险待遇的，由城乡居民基本养老保险待遇领取地社保经办机构负责信息核查；

对参保人员疑似同时在不同地区领取城乡居民基本养老保险待遇的，按照户籍地管理、首次领取地待遇优先的原则，确定其保留待遇领取地，由非保留待遇领取地的社保经办机构负责信息核查。

第三章　重复待遇认定

第六条　社保经办机构应主动与疑似重复领取城乡养老保险待遇的参保人员（以下简称疑似重复领取人）联系，在5个工作日内向疑似重复领取人下达《疑似重复领取城乡养老保险待遇告知书》（附件2），核实信息。

第七条　疑似重复领取人不予确认信息的，社保经办机构应向同时为参保人员支付养老保险待遇的社保经办机构发送《疑似重复领取城乡养老保险待遇信息协查函》（附件3，以下简称《协查函》）提请协查。

第八条　收到《协查函》的社保经办机构应给予配合，认真核实、填报有关信息后，在15个工作日内将《协查函》寄回。

第九条　经核查，确认属于重复领取城乡养老保险待遇人员（以下简称"重复领取人"）的，社保经办机构应及时核定需清退的待遇金额，出具《重复领取城乡养老保险待遇处理通知书》（附件4，以下简称《通知书》），通知重复领取人办理清退手续，并停发待遇。

第四章　重复待遇处理

第十条　重复领取城乡居民基本养老保险待遇的，社保经办机构应保留首次发放待遇时间较早的待遇，清退首次发放时间较晚的待遇。

重复领取城乡居民基本养老保险和职工基本养老保险待遇的，社保经办机构应保留职工基本养老保险待遇，清退城乡居民基本养老保险待遇。

第十一条　重复领取人退回重复领取的养老保险待遇后，社保经办机构应将其个人账户余额退还本人，并终止其养老保险关系。

第十二条　经对疑点信息核实，确认重复

领取人符合相关政策允许重复领取其他养老保险待遇的,社保经办机构应及时恢复并补发暂停期间的养老保险待遇。

第十三条　重复领取人不愿退回重复领取的养老保险待遇的,社保经办机构可从其个人账户余额中抵扣,抵扣后的个人账户余额退还本人。

第十四条　重复领取人个人账户余额不足抵扣的,社保经办机构可向重复领取城乡养老保险待遇的另一方社保经办机构发送《重复领取城乡养老保险待遇协助抵扣通知单》(附件5,以下简称《通知单》),请求其协助抵扣。办理协助抵扣手续的社保经办机构应及时按《通知单》要求办理相关基金划转手续,并反馈回执。

第十五条　重复领取的养老保险待遇追回后,社保经办机构财务部门可将业务部门出具的《通知书》、重复待遇追回凭据等材料作为会计核算的原始凭证,做好账务登记工作。

第十六条　社保经办机构在具体经办重复领取城乡养老保险待遇业务时,发现有骗取社会保险待遇情况的,应及时填写《社会保险待遇案件移交书》(附件6),将案件移交同级劳动监察部门依法查处。对符合全国人大常委会关于《中华人民共和国刑法》第二百六十六条的解释,以欺诈、伪造证明材料或其他手段骗取社会保险待遇的,应及时报公安司法机关立案查处。

第五章　附　则

第十七条　本规程由浙江省人力资源和社会保障厅负责解释。

第十八条　本规程自印发之日起实施。

附件:1.《疑似重复领取城乡养老保险待遇信息表》

　　　2.《疑似重复领取城乡养老保险待遇告知书》

　　　3.《疑似重复领取城乡养老保险待遇信息协查函》

　　　4.《重复领取养老城乡保险待遇处理通知书》

　　　5.《重复领取养老城乡保险待遇协助抵扣通知单》

　　　6.《社会保险待遇案件移交书》

附件1

疑似重复领取养老保险待遇人员信息表

数据期别：

查询地信息							协查地信息							备注
险种类别	社保经办机构名称	行政区划	姓名	居民身份号码	首次领取待遇时间	养老保险待遇金额	待遇发放状态	险种类别	社保经办机构名称	行政区划	姓名	居民身份号码	首次领取待遇时间	养老保险待遇金额	待遇发放状态
—	—	—	—	—	—	—	—	—	—	—	—	—	—	—	—
—	—	—	—	—	—	—	—	—	—	—	—	—	—	—	—
—	—	—	—	—	—	—	—	—	—	—	—	—	—	—	—
—	—	—	—	—	—	—	—	—	—	—	—	—	—	—	—
—	—	—	—	—	—	—	—	—	—	—	—	—	—	—	—

填表说明：

1．险种类别：分别填写职工基本养老保险或城乡居民基本养老保险。

2．待遇发放状态：按正常发放、暂停发放、终止发放分类（终止发放指当月非死亡终止）；

3．养老保险待遇金额：指当月实际发给待遇领取人员的养老金（不含补发）。

233

附件 **2**

疑似重复领取城乡养老保险待遇
告知书

编号：

_____您好：

有信息反映，您在领取本地（□职工基本养老保险　□城乡城乡居民基本养老保险）养老金的同时，也在异地_____领取（□职工基本养老保险　□城乡城乡居民基本养老保险）养老金。我们将按规定开展信息核查，相关事项告知如下：

一、请核对有关信息是否属实：

社保经办机构名称	姓名	居民身份证号	险种类别	月养老金金额	养老金启领时间	联系电话

二、请在收到此告知书 15 天内，携带本人身份证、居民户口簿原件到我处办理信息认定。

三、因特殊原因委托他人办理的，需同时携带委托与被委托人的身份证、居民户口簿原件，并出具委托书。

四、信息核查期间养老金暂时停止发放。

五、联系人：联系电话。

特此告知。

社会保险经办机构（盖章）

年　月　日

附件 3

疑似重复领取城乡养老保险待遇
信息协查函

编号：

_____社会保险经办机构：

现将我辖区疑似重复领取养老保险待遇的人员信息发送给你们，请协助核实相关情况，并在原表中确认后，按下列地址寄回。联系地址：_____，邮政编码_____。

（单位盖章）

年　月　日

序号	本辖区领取养老保险待遇信息					疑似在贵辖区领取养老保险信息							
	险种类别	居民身份号码	姓名	首次领取待遇时间	月养老金金额	险种类别	居民身份号码	姓名	首次领取待遇时间	月养老金金额	待遇状态	是否属实	需更正的信息
1	—	—	—	—	—	—	—	—	—	—	—	—	—
2	—	—	—	—	—	—	—	—	—	—	—	—	—
3	—	—	—	—	—	—	—	—	—	—	—	—	—

制表人：_____　联系电话：_____　传真：_____　电子邮箱：_____。

附件4

重复领取城乡养老保险待遇
处理通知书

编号：

_____同志：

经核查确认，您已重复领取养老保险待遇。请于____年____月____日前到_____办理社会保险关系清理、重复待遇退回等手续。

附基本信息：

姓名	居民身份证号	险种类别	个人账户余额	重复领取起止时间	重复领取月数（月）	合计重复领取金额（元）
—	—	□职工基本养老保险 □城乡居民基本养老保险	—	—	—	—

经办人：　　　　联系电话：

社会保险经办机构（盖章）

年　月　日

附件 5

重复领取城乡养老保险待遇
协助抵扣通知单

编号：

_____（社会保险经办机构）：

经核查,你处领取(□职工基本养老保险　□城乡城乡居民基本养老保险)待遇人员_____,同时在我处重复领取(□职工基本养老保险　□城乡城乡居民基本养老保险)待遇。按照有关规定,请你单位予以协助抵扣,并将协助抵扣金额划转我处。

参保人员基本信息

个人编号		姓名		居民身份证号		
重复领取起止时间		重复领取月数		重复领取养老金金额		已退回金额
委托协助抵扣金额	小写：￥_____元　大写：_____					

社会保险经办机构信息

社保经办机构名称		开户名	
地址		银行账号	
邮政编码		行政区划代码	开户银行	
备注		开户银行行号	

经办人(签章)：　联系电话：　社会保险经办机构(章)：(年月日)
注：本通知单一式两联,一联发给协助抵扣的社会保险经办机构,一联留存。

重复领取城乡养老保险待遇协助抵扣回执

原个人编号		姓名		居民身份证号		
已划转金额	小写：￥_____元　大写：_____					
付款人户名		付款人账号	
付款人开户行		付款时间	

经办人(签章)：　联系电话：　社会保险经办机构(章)：(　年　月　日)

附件6

社会保险待遇案件移交书

编号：

_____劳动保障监察部门：

　　兹有养老保险待遇领取人_____，身份证号：_____，因_____之事，现将案件移交你处，并提供信息如下，请予处理。

姓　　名		身份证号	
待遇启领时间		户籍地	
联系电话		居住地址	

领取养老金信息

序　号	领取时间	领取金额	备　　注
1			
2			
3			
4			
…			
…			
合计			

经办人：　　　　　　联系电话：

社会保险经办机构（盖章）

年　月　日

浙江省人力资源和社会保障厅 浙江省财政厅 转发人力资源社会保障部 财政部关于印发 《城乡养老保险制度衔接暂行办法》的通知

浙人社发〔2014〕93号

各市、县(市、区)人力资源和社会保障局、财政局,嘉兴市社会保障事务局:

经省政府同意,现将《人力资源社会保障部 财政部关于印发〈城乡养老保险制度衔接暂行办法〉的通知》(人社部发〔2014〕17号)转发给你们,并结合我省实际提出如下意见,请一并贯彻执行。

一、关于延长缴费

参加职工基本养老保险、城乡居民基本养老保险两项制度人员(以下简称两项制度参保人员),达到职工基本养老保险法定退休年龄后,职工基本养老保险缴费年限不足15年的,可先申请按当地个体劳动者缴费标准延长缴费至满15年,再申请办理从城乡居民基本养老保险转入职工基本养老保险的衔接手续。

二、关于制度衔接

(一)两项制度参保人员达到职工基本养老保险法定退休年龄后,职工基本养老保险缴费年限不足15年的,不愿延长缴费,也不申请从职工基本养老保险转入城乡居民基本养老保险的人员,可按《实施〈中华人民共和国社会保险法〉若干规定》(人社部第13号令)和《浙江省职工基本养老保险条例》规定申请终止职工基本养老保险关系,其个人账户储存额一次性支付给本人,并按缴费年限(包括视同缴费年限)每满一年发给一个月的本人指数化月平均缴费工资。

(二)两项制度参保人员达到职工基本养老保险法定退休年龄后,职工基本养老保险缴费年限满15年(含延长缴费至15年),不申请从城乡居民基本养老保险转入职工基本养老保险的,其城乡居民基本养老保险个人账户中个人缴费、集体补助、实际缴费年限财政缴费补贴资金及其利息一次性支付给本人,同时终止城乡居民基本养老保险关系;申请从城乡居民基本养老保险转入职工基本养老保险的,其城乡居民基本养老保险个人账户中个人缴费、集体补助、实际缴费年限财政缴费补贴资金及其利息并入职工基本养老保险个人账户。

三、关于待遇领取

(一)两项制度参保人员需办理城乡养老保险制度衔接手续的,社保经办机构应先按照《国务院办公厅关于转发人力资源社会保障部 财政部城镇企业职工基本养老保险关系转移接续暂行办法的通知》(国办发〔2009〕66号)和《浙江省人力资源和社会保障厅关于省内流动就业参保人员延长缴费问题的复函》(浙人社函〔2014〕3号)等有关规定,确定职工基本养老保险待遇领取地,由职工基本养老保险待遇领取地负责归集参保人员职工基本养老保险关系。

（二）两项制度参保人员因申请办理城乡养老保险制度衔接手续未及时核发基本养老保险待遇的，职工基本养老保险待遇从符合《浙江省职工基本养老保险条例》规定领取职工基本养老保险待遇条件的次月起按月发放；城乡居民基本养老保险待遇从符合城乡居民基本养老保险待遇领取条件的次月起按月发放。

（三）两项制度参保人员达到职工基本养老保险法定退休年龄，因职工基本养老保险缴费年限不足 15 年申请延长缴费，且在延长缴费期间年满 60 周岁符合城乡居民基本养老保险待遇领取条件的，可按月享受参保地的基础养老金，待其延长缴费至满 15 年，按《浙江省职工基本养老保险条例》规定按月领取职工基本养老保险待遇，不再享受城乡居民基本养老保险基础养老金。

浙江省人力资源和社会保障厅

浙江省财政厅

2014 年 6 月 18 日

浙江省人力资源和社会保障厅 浙江省国家税务局 浙江省地方税务局关于调整企业夏季 高温津贴标准的通知

浙人社发〔2014〕94号

各市、县（市、区）人力资源和社会保障局、国家税务局、地方税务局，省直各单位：

为加强高温天气作业劳动保护工作，切实保护劳动者生命安全和健康等各项权益，确保炎夏季节高温条件下经济建设和企业生产经营活动的正常进行，根据国家有关文件规定，决定适当提高职工夏季高温津贴（即夏季防暑降温清凉饮料费）发放标准，现就有关事项通知如下：

一、调整企业高温津贴发放标准。

高温作业工人每人每月225元；非高温作业工人每人每月180元；一般工作人员每人每月145元。发放时间为4个月（6月、7月、8月、9月）。企业安排劳动者在35℃以上高温天气从事室外露天作业以及不能采取有效措施将工作场所温度降低到33℃以下的，应当向劳动者发放高温津贴。

二、严格执行高温条件下的劳动禁忌标准。

各单位要采取切实有效措施，做好高温天气作业的劳动保护工作。日最高气温达到40℃以上，应停止当日室外露天作业；日最高气温达到37℃以上、40℃以下时，企业全天安排劳动者室外露天作业时间累计不得超过6小时，连续作业时间不得超过国家规定（即：重劳动、中等劳动、轻劳动分别为20、30、40分钟），且在气温最高时段3小时内不得安排室外露天作业；日最高气温达到35℃以上、37℃以下时，企业应当采取换班轮休等方式，缩短劳动者连续作业时间，并且不得安排室外露天作业劳动者加班。企业不得安排怀孕女职工和未成年工在35℃以上的高温天气期间从事室外露天作业及温度在33℃以上的工作场所作业，确保劳动者身体健康和生命安全。

各单位要建立健全防暑降温工作制度，采用良好的隔热、通风、降温措施，积极改善作业场所的工作条件；要为劳动者提供足够的、符合卫生标准的防暑降温饮料及必需的药品。

三、各级人力社保部门要加强对防暑降温工作的监督检查。

重点检查职工工作时间、高温津贴支付、女职工和未成年工保护等情况，督促企业坚持以人为本，制定和落实夏季防暑降温各项措施，保障劳动者的合法权益与身心健康。同时，要把夏季防暑降温工作作为推进"双爱"活动的重要举措，会同相关部门积极开展"送清凉送健康"等活动，以实际行动践行对职工的关爱。

四、执行时间

本次调整高温津贴标准自 2014 年 6 月 1 日起执行。

浙江省人力资源和社会保障厅

浙江省国家税务局

浙江省地方税务局

2014 年 6 月 23 日

浙江省人力资源和社会保障厅关于2014年
企业退休人员基本养老金计发办法
有关问题的通知

浙人社发〔2014〕98号

各市、县(市、区)人力资源和社会保障局,嘉兴市社会保障事务局:

为妥善解决2014年新办理企业退休(退职)手续的人员(以下简称2014年企业退休人员)基本养老金计发办法有关问题,根据《浙江省人民政府关于完善企业职工基本养老保险制度的通知》(浙政发〔2006〕48号)、《浙江省人力资源和社会保障厅浙江省财政厅关于进一步做好清理规范企业退休人员待遇项目工作的通知》(浙人社发〔2011〕22号)、《浙江省人力资源和社会保障厅关于完善企业退休人员基本养老金计发办法有关问题的通知》(浙人社发〔2011〕146号)等文件规定,现就有关问题通知如下:

一、关于过渡性调节金问题

(一)为合理衔接新老退休(退职)人员基本养老金水平,2014年企业退休人员基本养老金在按浙政发〔2006〕48号、浙人社发〔2011〕22号等文件规定计发的基础上,继续另加过渡性调节金。

(二)根据浙人社发〔2011〕146号文件规定,过渡性调节金根据在岗职工平均工资增长、退休人员缴费年限、平均缴费工资指数等因素确定,用公式表示为:

过渡性调节金 = 基准调节金 + 本人平均缴费工资指数 × 缴费年限 × 调节系数。

2014年,全省基准调节金确定为270元,调节系数确定为3。

(三)按《浙江省人民政府办公厅转发省劳动和社会保障厅关于完善职工基本养老保险"低门槛准入低标准享受"办法意见的通知》(浙政办发〔2003〕59号)规定,按"低门槛准入、低标准享受"办法参保的退休(退职)人员,其本人平均缴费工资指数应乘以缴费系数后确定。

二、关于最低基本养老金问题

(一)2014年企业退休人员中,凡符合《浙江省职工基本养老保险条例》第三十七条规定条件的,可发给最低基本养老金。

(二)2014年最低基本养老金计发口径为:按规定计发的基本养老金低于当地2013年度月平均基本养老金百分之六十的,由待遇领取地社保经办机构按照当地2013年度月平均基本养老金的百分之六十予以补足。如当地2014年最低基本养老金低于2013年最低基本养老金水平的,按2013年当地最低基本养老金水平予以补足。2013年月平均基本养老金按当地2013年度基本养老金月平均支出总额除以2013年参加企业基本养老保险平均离退休(退职)人数确定。

三、工作要求

各地要严格按照浙政发〔2006〕48 号、浙人社发〔2011〕22 号、浙人社发〔2011〕146 号等文件规定及本通知精神,加强领导,严肃纪律,积极稳妥做好 2014 年企业退休人员基本养老金计发工作,切实维护好企业退休(退职)人员的切身利益。

浙江省人力资源和社会保障厅

2014 年 7 月 10 日

浙江省人力资源和社会保障厅关于印发《浙江省高级经济师资格评价条件》的通知

浙人社发〔2014〕99号

各市、县（市、区）人力资源和社会保障局，省级有关单位：

根据我省经济和社会发展的实际，我们对《浙江省高级经济师资格评价条件（试行）》进行了修订。现印发给你们，请遵照执行。执行中遇到的问题请及时反映，以便不断修改完善。

联系人：汪小洲，电话：0571－87052534。

浙江省人力资源和社会保障厅
2014年7月9日

浙江省高级经济师资格评价条件

第一章 总 则

第一条 为适应我省经济社会发展对专业技术人员队伍建设的要求，客观公正地评价从事经济工作的专业技术人员的能力和水平，使经济专业技术资格评价工作制度化、规范化、科学化，根据《经济专业职务试行条例》和专业技术资格评审的有关政策规定，结合我省实际，制定本评价条件。

第二条 本评价条件适用于从事经济咨询研究、经济管理决策和经济管理实务等专业岗位工作的在职在岗专业技术人员。

第三条 按照本评价条件评审通过并获得高级经济师资格者，表明其具有相应的专业技术和学术水平，是聘任高级经济师职务的重要

依据。

第二章 基本条件

第四条 申报人应遵纪守法、有良好职业道德和敬业精神，热爱本职工作，履行岗位职责，积极为社会主义市场经济建设服务。

第五条 学历（学位）、资历条件。现聘任在经济师岗位上，并具备下列条件之一者，可申报高级经济师资格：

（一）获得博士学位，取得经济师资格后，担任经济师职务2年以上；

（二）获得硕士学位，取得经济师资格后，担任经济师职务4年以上；

（三）大学本科毕业或大学普通班毕业，取得经济师资格后，担任经济师职务5年以上。

先取得经济师资格,后取得规定学历者,取得规定学历前后的经济师资格年限可合并计算。

经济师资格含可以聘任经济师职务的相关执业(职业)资格。

担任其他高级专业技术职务1年以上,因工作岗位变动,现实际从事经济工作的,须转评高级经济师资格;或因实际工作岗位需要,担任其他高级专业技术职务1年以上,符合申报条件的,可兼评高级经济师资格。

第六条 破格申报条件:

(一)不具备第五条规定的学历(学位)、资历条件的人员,但具备下列5项条件中的3项以上者,可以破格申报高级经济师资格。破格申报一般只允许单破,即破学历或破资历,对资历条件的破格,提前时间一般不超过1年。

1.设区市以上有突出贡献的中青年专家,或被列为设区市以上政府人才培养工程的培养对象,或被授予设区市以上劳动模范、先进工作者称号,或荣获政府授予的省(部)级以上荣誉称号者,或所主持的单位被授予省(部)以上先进集体称号;

2.主持管理企业(或大型项目)主要经济业务工作,并取得显著的经济效益。近3年年均销售收入1000万元以上或年均缴税在100万元以上的盈利企业(项目)。

3.省、部三等及以上或设区市(厅)级一等科技进步奖,经济或其他社会科学研究成果项目政府奖励的主要贡献者;

4.作为主要作者,正式出版过1本经济研究、经济技术或经济管理等方面的专著或译著,或编写过大、中专教材,并为主编、副主编及主要撰稿者;

5.独立或作为第一撰写人在国家专业性学术会议上交流(收入出版的论文集)或在公开发行的报刊杂志上发表过3篇以上有较高水平的经济专业论文。

(二)虽未取得经济师资格,但具备以下条件者,可以破格直接申报高级经济师资格。

1.一定规模企业的董事长、总经理,或40周岁以上的副董事长、副总经理,已在本企业任上述职务3年以上。

2.所在企业达到以下条件:

(1)建筑工程企业(盈利企业):具有工程施工总承包二级及以上资质,净资产5000万元以上,近3年年均工程结算收入1.5亿元以上,外向度(省外建筑业产值占其总产值的比例,下同)50%以上;或具有工程专业承包一级资质,净资产2500万元以上,近3年年均工程结算收入7000万元以上,外向度40%以上;或具有工程监理(或招标代理、或造价咨询)甲级资质,净资产500万元以上,近3年年均营业收入2500万元以上。

(2)房地产企业:具有房地产开发企业二级及以上资质,近3年房屋建筑竣工面积累计25万平方米以上,且近3年商品房销售额累计25亿元以上的盈利企业。

(3)交通建设工程企业:具有二级及以上总承包资质,3000万元以上的企业注册资本金,近3年年均营业收入3亿元以上的盈利企业。

(4)矿产企业:近3年年均生产总值在5000万元以上的盈利企业。企业注册资本金:金属类、萤石类和地热类矿山1000万元以上;建筑石料类矿山2000万元以上;石灰石类矿山3000万元以上。近3年年均开采量:金属类、萤石类矿山企业5万立方米以上;地热类矿山企业30万吨以上;石灰石类矿山企业100万吨以上;建筑石料类矿山企业200万吨以上。

(5)金融企业(盈利企业):法人金融机构(包括银行类、证券期货类、保险类法人机构);或上年末存贷款余额分别达到10亿(含)以上的银行类分支机构,上年证券期货交易量达到全省证券期货营业部平均交易量水平(含)以上的证券期货公司分支机构,上年产险保费收入达 2000 万(含)以上和寿险保费收入达 1 亿元(含)以上的保险公司分支机构。

(6)其他类企业:近 3 年年均销售收入 5000 万元以上、净资产收益率在 6% 以上;或近 3 年年均缴税在 500 万元以上的盈利企业;或近 2 年内本企业销售收入进入全省本行业(大类)前 10 位。

3. 具备以下条件中的 3 项:

(1)善于运用现代先进的专业技术、经济管理知识及手段,研究和解决企业经营管理中的难题,并取得显著的经济效益或社会效益;

(2)省(部)级三等、设区市(厅)级二等及以上科技进步奖等相应政府奖励项目的主要贡献者,或被评为省(部)级以上优秀企业家、优秀厂长(经理),或获得设区市(厅)级以上劳动模范、先进工作者、有突出贡献中青年科技人员、优秀专业技术人员、优秀拔尖人才,或获得设区市(厅)级相关荣誉称号 2 项以上;

(3)获得博士学位从事经济专业工作满 2 年,获得硕士学位从事经济专业工作满 7 年,大学本科学历从事经济专业工作满 10 年,大学专科学历从事经济专业工作满 20 年,不具备上述学历的人员从事经济专业工作满 25 年;

(4)正式出版过经济专业方面的专著,或在公开发行的报刊杂志上发表不少于 2 篇具有较高研究价值的经济管理文章。

第七条 其他条件。

(一)申报人员须参加省统一组织的高级经济师人机对话测评或专家面试答辩,主要考察应试人员经济专业理论知识及经营管理工作能力。人机对话测评和面试答辩成绩作为评价的重要依据之一。

(二)外语、计算机应用能力要求:

1. 40 周岁以下的申报对象,须取得全国职称外语等级考试 B 级合格成绩或达到省合格标准。40 周岁以上申报对象的外语水平不作为申报高级经济师资格的必备条件,只作为专家评审的依据之一。符合外语免试条件的按有关规定执行。

2. 45 周岁以下的申报对象须按规定提供全国计算机应用能力考试合格证书(4 个模块)或符合相应免试条件。

(三)年度考核要求:申报对象近 3 年年度考核为合格(或称职)以上,破格申报对象须有 1 年以上年度考核为优秀。

(四)继续教育要求:任职期间参加相关继续教育培训,并达到规定学时(学分)。

第三章　评审条件

第八条 申报者除具备第二章规定的基本条件外,还须按经济咨询研究、经济管理决策、经济管理实务分类,达到相应评审条件。

第九条 从事经济咨询研究人员的工作业绩、能力和专业理论水平要求:

(一)专业工作业绩。任现职期间,具备下列条件之一:

1. 承担或作为主要人员参与过经济领域内 1 项以上省(部)级或 2 项以上设区市(厅)级重点研究项目,写出有较高学术水平的研究报告并通过相应部门的验收;

2. 获省(部)级三等奖以上奖项 1 项,或设区市(厅)级一等奖 1 项,或设区市(厅)级二等奖 2 项奖励;

3. 获得设区市级以上"有突出贡献的中青年专家"、"先进工作者"、"劳动模范"或相同级别的荣誉称号;

4. 提出的经营管理或经济技术建议被省(部)级有关部门采纳,对科技进步、专业技术发展或提高管理水平、经济效益具有重大促进作用;

5. 主持或作为主要人员参与总价值 5000 万元以上经济项目的咨询和可行性研究,经实践证明取得较好的经济效益和社会效益。

（二）专业理论水平。全面、系统地掌握与本专业经济有关的基础理论知识，对从事的专业方向有比较系统深入的研究，熟悉本专业的国内外研究现状和发展趋势，并具备下列条件之一者：

1. 为解决重大经济问题而撰写有较高水平的专项调查报告、经济分析报告或重大项目的立项研究报告等 2 篇以上；

2. 独立或作为第一撰写人在省（部）级以上专业性学术会议上交流（收入出版的论文集）或在公开发行的报刊杂志上发表过 3 篇以上有较高学术水平的经济专业论文；

3. 正式出版过经济专业论著、译作或编写过大、中专教材，并为主编、副主编及主要撰稿者。

（三）专业工作能力。任现职期间，具备下列条件中的 2 项：

1. 曾主持或作为主要人员完成设区市（厅）级经济理论研究、重大经济改革方案的编制；

2. 曾主持或作为主要人员完成本行业相关的重要政策文件起草、重要科研成果和项目验收等工作；

3. 作为主要人员参与制定的经济政策、法规或重大经济发展规划和项目，对本地区的经济发展起到了较大的促进作用；

4. 能够组织、指导中级经济专业人员的学习和工作，并使其业务能力获得提高，在业界有一定影响。

第十条　从事经济管理决策人员的工作业绩、能力和专业理论水平要求：

（一）专业工作业绩。任现职期间，具备下列条件之一：

1. 主持大、中型企业的经营管理工作期间，为大、中型企业大幅度提高经营管理水平和决策水平作出主要贡献，连续 3 年以上取得显著的经济效益，或为企业的扭亏增盈作出突出贡献；

2. 获得设区市（厅）级以上"有突出贡献的中青年专家"、"劳动模范"、"优秀企业家"、"优秀厂长"或相同级别的荣誉称号；

3. 主持企业的经营管理工作，主要经济指标和创新投入连续 3 年来达到省内同行先进水平；

4. 担任事业单位经济方面主要负责人后，在加强事业单位经济管理，创造经济效益、社会效益方面做出了突出贡献。

5. 主持或作为主要人员参与设区市（厅）级以上重点项目的筹建、投产等全过程工作，投产后达到设计指标。

（二）专业理论水平。全面、系统地掌握与经济管理有关的基础理论知识，对从事的经济管理专业方向有比较系统深入的研究，熟悉本行业经济管理国内外研究现状和发展趋势，并具备下列条件之一者：

1. 为解决重大经济问题而撰写有较高水平的专项调查报告、经济分析报告或重大项目的立项研究报告等 2 篇以上；

2. 独立或作为第一撰写人在省（部）级以上专业性学术会议上交流（收入出版的论文集）或在公开发行的报刊杂志上发表过 2 篇及以上具有较高学术水平的经济专业论文；

3. 作为主要作者，正式出版过 1 部经济管理或经济技术等方面的专著或译著。

（三）专业工作能力。任现职期间，具备下列条件中的 2 项：

1. 具有较强的经济分析、综合、判断、总结和组织协调与管理能力，主持或作为主要人员参与大、中型企业的经营管理活动 3 年以上；

2. 主持或作为主要人员参与 2 项设区市（厅）级以上基础设施建设、技术改造等项目方案的组织和实施，经实践证明取得良好的社会效益和经济效益；

3. 主持企业的经营管理工作，主要经济指

标近 3 年名列设区市同行业企业前三名;

4. 从事经济管理工作 10 年以上,为部门(单位)全面提高经济管理水平做出显著贡献,并取得较好的经济效益;

5. 具有较强的开拓能力,经济管理工作有创新,或在引进、消化、吸收和推广新技术、新理论、新方法中取得较好成果。

第十一条 从事经济管理实务人员的工作业绩、能力和专业理论水平要求:

(一)专业工作业绩。任现职期间,具备下列条件之一:

1. 主持或作为主要人员参与设区市(厅)级以上重点行业规划、政策规章的制定,经主管部门批准付诸实践,取得显著的经济效益和社会效益;

2. 主持或作为主要人员参与设区市(厅)级以上重点技术改造项目或基础设施建设项目的可行性评估、技术鉴定和全程筹建与管理,投入使用后达到预期目标;

3. 获得市级以上"有突出贡献的中青年专家"、"先进工作者"、"劳动模范"、"青年岗位能手"、"巾帼英雄",或相同级别的荣誉称号;

4. 对本单位、本行业改革有独到见解,提出有较高价值的建议,对改进本单位(部门)工作,大幅度提高效益做出重要贡献,或对行业的经济活动有重大的指导作用,产生显著的经济效益和社会效益;

5. 负责过难度较大经济管理项目实施(包括制定管理标准、规范办法等),高新技术项目推广、应用,专利申报和推广应用,取得良好的社会或经济效益。

(二)专业理论水平。全面、系统地掌握与本专业经济岗位有关的基础理论知识,对从事的经济专业方向有比较系统深入的研究,熟练掌握和运用与本专业有关的现行法规、标准和规范,熟悉国家有关的法律、法规和经济政策,并具备下列条件之一者:

1. 为解决本行业经济重要实际问题,撰写有较高水平的专项调查报告、经济分析报告或重大项目的立项研究报告等 2 篇以上;

2. 结合工作,撰写过 3 篇以上高新技术应用、推广或专利申请和实施的论证方案、专项报告,获得实际效果的;

3. 作为主要人员编写或修订公开出版发行的经济技术或经济管理等方面的规范、规程、标准或教材、技术手册;或作为主要作者正式出版过 1 本经济管理或经济技术等方面的专著或译著;

4. 独立或作为第一撰写人在省(部)级及以上专业性学术会议上交流(收入出版的论文集)或在公开发行的报刊杂志上发表过 2 篇及以上具有较高学术水平的经济专业论文。

(三)专业工作能力。任现职期间,具备下列条件中的 2 项:

1. 作为主要人员承担或指导过经济领域内一项以上大型项目的经济活动,并取得显著经济效益,在本地区、本行业处于先进水平;

2. 作为主要人员参与过本地区、本部门、本行业重点经济情况与问题的调研工作,提出的建议或方案,对加强和改善生产、经营管理具有较强的实用价值;

3. 曾主持或作为主要人员参与本地区、本行业的重要经济政策、法规文件的起草,重大经济发展规划和项目的制定,重大成果的审查和项目验收等工作;

4. 具有组织、指导较大范围业务活动的能力。善于运用先进科研成果、技术手段分析和解决经济活动中较为复杂的问题;

5. 从事经济实务工作 20 年以上,为单位(部门)提高经济管理水平做出显著贡献,并取得较好的经济效益;

6. 能够组织、指导中级经济专业人员的学习和工作,并使业务能力获得提高,在业界有一定影响。

第四章 附 则

第十二条 本评价条件为省高级经济师资格评审委员会对申报人员进行综合评价的重要依据,评审委员会在对申报材料充分审议的基础上,以投票表决的方式产生评审结果。

第十三条 本评价条件中,从事经济咨询研究人员是指从事各类专业经济咨询和发展规划、可行性研究编制等人员。从事经济管理决策人员是指企业董事长、总经理、副董事长、副总经理,人员编制数在100人以上的事业单位主管经济管理工作的副职以上人员。从事经济管理实务人员是指除上述两类人员外的实际从事经济业务、经济管理的主办人员。

第十四条 申报对象的申报材料(主要包括申报者的姓名、简历、工作单位、经济专业工作年限、行政职务、专业技术资格、所聘专业技术职务、专业技术水平、工作能力和工作业绩等情况)应在本单位进行为期7天的公示,公示无异议后按规定程序报送;经省高级经济师资格评审委员会评审通过的人员,由省人力资源和社会保障厅在厅门户网站上公示7天。

第十五条 本评价条件中涉及的专业工作能力、工作业绩、科研成果、论文论著等均指受聘经济师职务后所取得或要求的。直接申报对象以近5年的专业水平、工作能力和工作业绩为依据。申报者需提供表彰、奖励、通报、推广、规模企业等有效的相关证明材料。

第十六条 申报参加高级经济师资格评审的人员,有下列情况之一者,取消评审资格。已通过评审的人员,由发证机关收回其高级经济师资格证书,并从次年起3年内不得再申报高级经济师资格评审:

(一)伪造、变造证件、证明的;

(二)提交虚假申报材料的;

(三)有违纪违法行为,仍在处理、处分、处罚阶段的;

(四)任现职后曾有严重违纪违法行为,在申报材料上瞒报的;

(五)有其他严重违反评审规定行为的。

第十七条 有关词语或概念的特定解释:

(一)可以聘任经济师职务的相关执业(职业)资格是指注册税务师、注册资产评估师、房地产估价师、国际商务师、企业法律顾问、房地产经纪人、价格鉴证师、管理咨询师、招标采购师、物业管理师、造价工程师、注册安全工程师、土地登记代理人、广告师等。

(二)"主持"是指担任单位、项目、规划、调研、评估鉴定、政策文件制定、方案制定等负责人;"主要人员"是指排名前3位的人员;"主要作者"是指书稿撰写内容达20%以上、论文第一、二作者;集体荣誉只限于单位负责人和分管副职,个人荣誉以奖励证书或公布文件为准;省、市行业排名,以行业主管部门证明为准;"以上"均含本级,"年"均为周年。

(三)公开发行的杂志是指具有国际标准刊号"ISSN"、国内统一刊号"CN"和省人力社保厅指定的部分具有省内准印证号"浙内准字"的期刊。

(四)"设区市"包括义乌市。

第十八条 本评价条件由浙江省人力资源和社会保障厅负责解释。

第十九条 本评价条件自发布之日起开始施行,原《浙江省高级经济师资格评价条件(试行)》(浙人社发〔2009〕45号)同时废止。

浙江省人力资源和社会保障厅办公室
2014年7月14日印发

浙江省人力资源和社会保障厅关于下放和调整部分人力资源社会保障行政审批及其他行政权力的通知

浙人社发〔2014〕106号

各市、县（市、区）人力资源和社会保障局，嘉兴市社会保障事务局，厅、公务员局机关各处室，省外国专家局，厅直属各单位：

为深入推进简政放权，加快职能转变，根据浙江省人民政府办公厅《关于公布全省行政许可事项目录的通知》（浙政办发〔2014〕34号），结合全省推进权力清单制度要求，经研究，决定下放、调整部分人力资源社会保障行政审批及其他行政权力。现就有关问题通知如下：

一、下放管理层级

设立人才中介服务机构审批、职业介绍机构资格认定、举办民办职业技能培训机构审批、劳务派遣经营许可、特殊工时制度审批等5项行政审批事项，原省级执行的内容（除对省级机关事业单位、省部属国有企业的特殊工时制度审批以外）及相关行政处罚权，按照属地原则，由市、县（市、区）人力社保部门执行。

二、下放审批权限

（一）将原已委托设区市执行的"外国人入境就业许可"进一步委托下放各县（市、区）人力社保部门执行。

1. 委托权限

办理与外国人入境就业许可相关的"外国人就业许可证书核发"、"外国人就业证核发"、"外国人就业证年检"、"外国人就业证延期"、"外国人就业证注销"等审批和管理工作。

2. 被委托单位须具备的条件

（1）具备专设场地或窗口。

（2）配备专职人员，且专职工作人员需具备一定外语沟通能力，实行考试上岗制度，专职工作人员须经统一培训考试合格后方可上岗。

（3）能按照"纸质档案保存3年"、"电子档案永久保存"的要求，做好外国人就业档案的整理和保管工作。做到人员和档案、纸质和电子一一对应，分类科学，查询便捷。

3. 委托下放程序

（1）申报。具备条件的县（市、区）向所在市人力社保局提出申报，各市人力社保局对申报地是否具备条件进行审查，暂不具备条件的县（市、区），暂由所在市人力社保局代办。各市汇总所辖各县（市、区）申报信息，统一报省就业局。

（2）备案。省厅确定被委托单位名单，并在浙江省人力资源和社会保障网（www. zjhrss. gov. cn）公布。所在市人力社保局对受委托县（市、区）人员开展业务培训，并组织统一考试。受委托单位应及时将经办单位窗口地址、经办人和负责人信息分别报所在市人力社保局和省就业局备案。经备案的，由省就业局为其开通"外国人和台港澳人员在浙就业管理信息系统"用户账号。自备案之日起，可办理"外国人入境就业许可"事项。

（二）将"设立技工学校审批"委托舟山市

人力社保局执行。

受托单位舟山市人力社保局可受理本辖区范围内的技工学校设立申请,并按照《中华人民共和国职业教育法》《浙江省中等职业技术教育条例》《浙江省人力资源和社会保障厅关于规范技工院校设立审批工作的通知》(浙人社发〔2013〕222号)等法律、法规、政策规定的条件、标准和程序办理。

(三)印章刻制和证书申领。

被委托单位办理"外国人入境就业许可"和"设立技工学校审批"事项,所需印章统一使用按《浙江省人力资源和社会保障厅关于明确部分委托办理行政许可事项具体操作办法的通知》(浙人社发〔2014〕56号)要求刻制的"浙江省人力资源和社会保障厅行政许可专用章(第XX号)",所需钢印在当地公安部门证章制作定点单位自行刻制(钢印样式和编码与浙人社发〔2014〕56号文件中"浙江省人力资源和社会保障厅行政许可专用章"一致)。

办理"外国人入境就业许可"所需《外国人就业许可证书》《外国人就业证》,向所在市申领。

三、转变管理方式

(一)"国家职业资格证书核发"不再作为行政许可进行管理。

(二)人才市场中介组织(职业介绍机构)从业人员培训交由社会组织自律管理。

四、划转行政处罚和行政强制职能

将省级原分别由厅人才开发和市场处、省社会保险事业管理中心实施的行政处罚、行政强制职权统一划归省劳动保障监察总队行使。

五、工作要求

(一)各地要积极做好放权事项的落实和衔接工作,明确经办窗口、经办人和负责人,加强规范管理,提高工作质量和效率。严格按照"谁审批、谁负责"的原则,依据法律、法规、规章规定和委托权限行使职能,对省级放权事项的执行情况建立事中事后监管制度,及时发现存在的问题并向省厅报告。

(二)厅有关处室(单位)要加强放权事项的指导、监督和服务,适时开展工作检查,确保权限下放到位、工作顺利进行。各市要加强对所辖县(市、区)的工作指导和监督检查,要对各县(市、区)办理"外国人入境就业许可"事项情况通过"外国人和台港澳人员在浙就业管理信息系统"进行实时复查。

(三)具备条件、拟接受委托开展"外国人入境就业许可"的县(市、区)请于8月11日前向所在市人力社保局申报,并提交申报表(附件1)。省厅和市局将根据此表信息进行备案,如需变更相关信息应及时告知省厅和市局。各市人力社保局于8月25日前完成审查,并向省就业局汇总上报所辖各县(市、区)申报信息。

附件:1. 各市、县(市、区)被委托单位申报表

2. 外国人入境就业许可办理流程图

3. 外国人在浙就业行政许可申请表

4. 外国人在浙就业登记表

浙江省人力资源和社会保障厅

2014年7月28日

附件 1

各市、县(市、区)被委托单位申报表

接受委托	申报单位(盖章)				
	申报日期				
	经办人信息		姓　名	职　务	联系电话
	负责人信息				
	窗口地址				
由市代办	申请由____市人力社保局代办"外国人入境就业许可"行政审批事项,本单位具备条件后再提出被委托申请。				

附件 2

外国人入境就业许可办理流程图

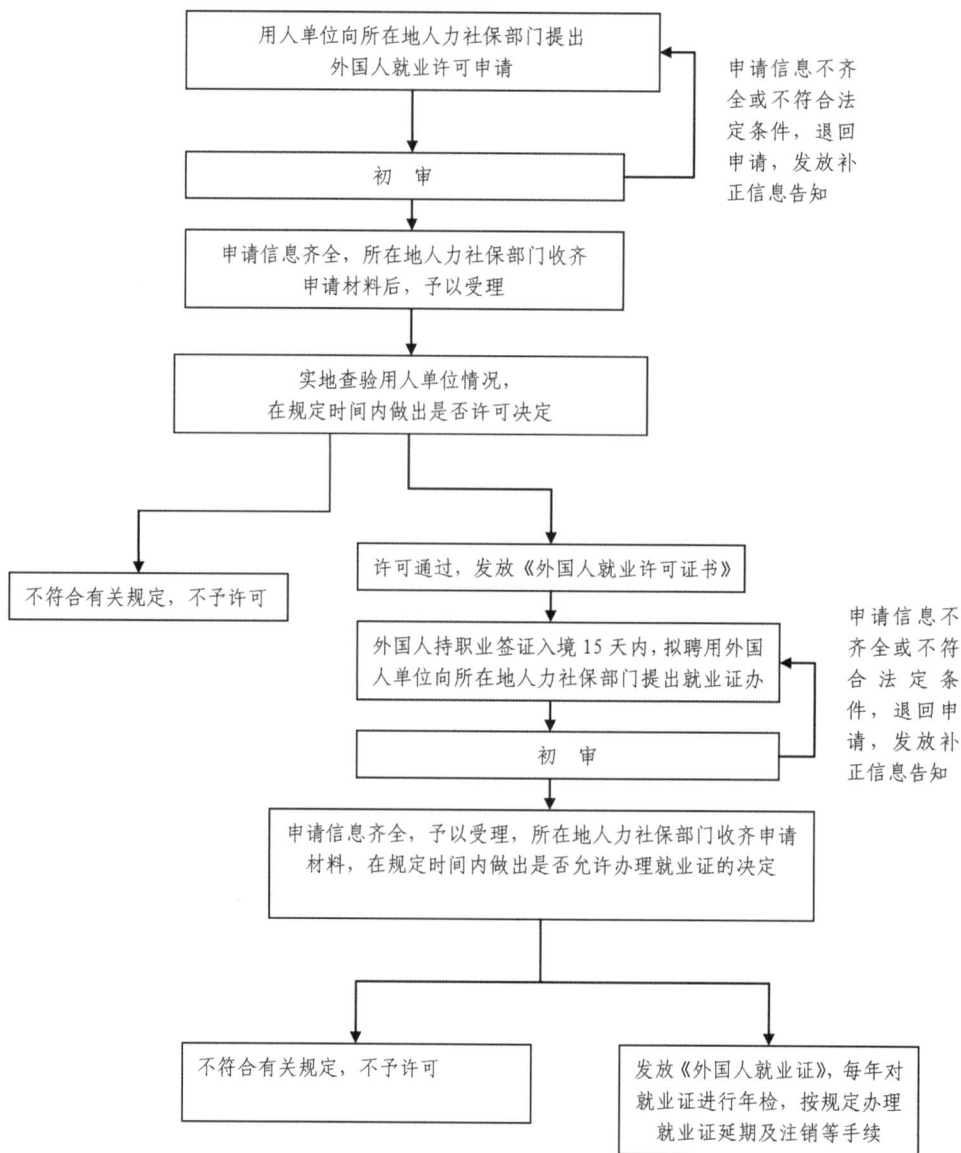

```
┌─────────────────────────────┐
│ 用人单位向所在地人力社保部门提出 │◄──┐   申请信息不齐
│     外国人就业许可申请        │   │   全或不符合法
└──────────────┬──────────────┘   │   定条件,退回
               │                   │   申请,发放补
┌──────────────┴──────────────┐   │   正信息告知
│           初  审             │───┘
└──────────────┬──────────────┘
┌──────────────┴──────────────┐
│ 申请信息齐全,所在地人力社保部门收齐 │
│     申请材料后,予以受理      │
└──────────────┬──────────────┘
┌──────────────┴──────────────┐
│     实地查验用人单位情况,      │
│  在规定时间内做出是否许可决定   │
└──────┬───────────────┬──────┘
       │               │
┌──────┴──────┐ ┌──────┴────────────────┐
│ 不符合有关规定,│ │ 许可通过,发放《外国人就业许可证书》│
│   不予许可    │ └──────┬────────────────┘
└─────────────┘        │
           ┌───────────┴──────────────┐      申请信息不
           │ 外国人持职业签证入境15天内,拟聘用外国 │◄──┐  齐全或不符
           │ 人单位向所在地人力社保部门提出就业证办 │   │  合法定条
           └───────────┬──────────────┘   │  件,退回申
           ┌───────────┴──────────────┐   │  请,发放补
           │          初  审           │───┘  正信息告知
           └───────────┬──────────────┘
           ┌───────────┴──────────────┐
           │ 申请信息齐全,予以受理,所在地人力社保部门收齐申请 │
           │ 材料,在规定时间内做出是否允许办理就业证的决定 │
           └──────┬──────────────┬────┘
                  │              │
        ┌─────────┴──────┐ ┌─────┴──────────────┐
        │ 不符合有关规定,不予许可 │ │ 发放《外国人就业证》,每年对 │
        └────────────────┘ │ 就业证进行年检,按规定办理 │
                            │ 就业证延期及注销等手续 │
                            └────────────────────┘
```

备注:

申办《外国人就业许可证书》需提供材料:1．依据企业性质提供相关材料(复印件)。内资企业:营业执照副本、组织机构代码证副本、章程;外资企业:营业执照副本、组织机构代码证副本、企业批准证书、章程;中外合资企业:营业执照副本、组织机构代码证副本、企业批准证书、中外合资合同、章程;企业分支机构:营业执照副本、组织机构代码证副本;2．拟聘用外国人的申请报告和意向书(说明聘用原因,注明聘用期限、岗位、职务、工资等)并加盖公章;3．拟聘用外国人的履历证明(含教育经历及完整工作经历,外文件附上翻译件);4．外国人任职的相关资格证明(学历证书、从事专业技术岗位的提供技术技能证书,外文件附上翻译件加盖公章)。5．《外国人在浙就业行政许可申请表》1 份;6．拟聘用的外国人的有效护照(复印件);7．2 寸证件照片 1 张;8．由国籍国或常驻国出具无犯罪记录证明。

申办《外国人就业证》需提供材料:1．劳动合同;2．本人的有效护照及有效的工作签证复印件;3．出入境检验检疫部门出具的拟聘用外国人的健康证明复印件;4．《外国人在浙就业登记表》1 份;5．2 寸证件照片 2 张;6．宾馆出具的境外人员临时住宿登记表加盖宾馆公章或当地公安派出所出具的临时户口申报证明原件及复印件并加盖公章;7．《外国人就业许可证书》原件及复印件。

附件 3

就业许可证书编号：＿＿＿＿＿＿

Employment License No.：

外国人在浙就业行政许可申请表

The Employment Application Form for Foreigner in Zhejiang

姓名 Name	中文名： Name in Chinese：			照　片 Recent photo
	外文名： Name in native language：			
国籍： Nationality：	性别： Sex：		婚姻状况： Marital status：	
出生日期和地点： Date and place of birth：				
学历： Educational background：	技术等级： Professional Qualification：		是否懂汉语： Knowing Chinese：	
是否有在中国工作的经历： Working experience in China：				
护照种类： Passport type：	护照编号： Passport No.：		有效期限至：　年　月　日 Date of expiry：　yr　mth　day	
聘用单位全称： Full name of employer：				
聘用单位地址： Registration address of employer：			邮编： Post code	
组织机构代码： Organization code of employer：	单位联系人： Contact（Referee）：		电话： Tel：	
受聘职务： Duties：	拟聘用期限：　年　月　日 Expiry date of the labor contract：　yr　mth　day			

聘用单位： Name of Employer： （盖章）	行业主管部门意见： Opinion of Competent Authority： 签字（盖章）
县级人力资源社会保障部门初审意见： Opinion of County Human Resources and Social Security Department： 签字（盖章）	发证机关审核意见： Opinion of Issuing Authority： 签字（盖章）
就业许可证书有效期限至： Employment License No valid until：	年　　月　　日 yr　mth　day

浙江省人力资源和社会保障厅制
Department of Human Resources and Social Security of Zhejiang Province

填表说明

一、本表一式三份用中文填写，外国人姓名按护照填写。

二、无行业主管部门的单位，表中"行业主管部门意见"栏可不签署意见。

三、县级人力资源社会保障部门直接进行审批的，表中"县级人力资源社会保障部门初审意见"栏不签署意见。

四、本表复印无效。

Notice

1．This form should be filled in Chinese with Fountain pen（English name must be in accordance with the passport）.

2．Needn't fill in "Opinion of Competent Authority" if the employer doesn't have any Competent Authority.

3．Needn't fill in "Opinion of County Human Resources and Social Security Department" if the County Human Resources and Social Security Department directly for approval.

4．Photocopy of the form is invalid.

附件4

就业许可证书编号：_____
Employment License No.：

就业证编号：_____
Employment Permit No.：

外国人在浙就业登记表
The Employment Registration Form for Foreigner in Zhejiang

姓名 Name	中文名： Name in Chinese：	照 片 Recent photo
	外文名： Name in native language：	

国籍： Nationality：	性别： Sex：	婚姻状况： Marital status：	

出生日期和地点：
Date and place of birth：

学历： Educational background：	技术等级： Professional Qualification：	是否懂汉语： Knowing Chinese：

护照种类： Passport type：	护照编号： Passport No.：	有效期限至： 年 月 日 Date of expiry： yr mth day
签证种类： Visa type：	签证号码： Visa No：	有效期限至： 年 月 日 Date of expiry： yr mth day

聘用单位全称：
Full name of employer：

聘用单位地址： Registration address of employer：	邮编： Post code

组织机构代码： Organization code of employer：	单位联系人： Contact（Referee）：	电话： Tel：

受聘职务： Duties：	拟聘用期限： 年 月 日 Expiry date of the labor contract： yr mth day

现在中国的住址： Present address in China：	电话： Tel：

257

聘用单位： Name of Employer： （盖章） （Seal） 年　月　日 yr　mth　day	承办部门审核意见： Opinion of Municipal Human Resources and Social Security Department： 签字（盖章） （Seal） 年　月　日 yr　mth　day
就业证首次签发有效期至：　年　月　日 The first issue of employment permit valid until：　yr　mth　day	就业证注销日期：　年　月　日 The date of cancellation of Employment Permit：　yr　mth　day

浙江省人力资源和社会保障厅制

Department of Human Resources and Social Security of Zhejiang Province

浙江省人力资源和社会保障厅
关于进一步改革完善高级专业技术
资格评审管理工作的意见

浙人社发〔2014〕113号

各市和义乌市人力资源和社会保障局,省直各单位、中央部属在浙有关单位:

根据中央和省委、省政府全面深化改革的精神,结合我省实际,现就进一步改革完善高级专业技术资格评审管理工作提出如下意见。

一、转变职能,进一步下放高评委评审权限

按照转变职能、简政放权的要求,切实把工作重点由微观管理向宏观管理、由重审批向重监管转变,更加注重分类评价,更加注重业绩导向,努力建立人才评价和使用相统一,分类科学、公平规范、业内认可、监管有力的专业技术资格评价机制,促进专业技术人员队伍建设。

(一)按照职称评审与岗位聘用相结合的要求,逐步下放高校、省级大型医院、省属科研院所职称评审权。以岗位管理为基础,淡化资格、强化聘任,探索建立单位自主评聘,与人事管理、绩效分配制度相衔接,符合行业特点的职称制度,逐步形成能上能下的用人机制,促进单位自我管理、自我约束、自我发展。事业单位要逐步实行评聘结合的办法,在核定的岗位结构比例内开展专业技术职务聘任工作。

(二)探索建立以行业为主的分类评价体系,对具备条件的地区和单位将根据行业优势逐步下放高评委评审权限。

(三)从2014年起,各高评委专家库的组建、执行评审委员会的抽取和评审对象资格审查等工作由各高评委办公室具体负责承担。

二、分类完善评价标准,突出重业绩重能力的激励导向

(一)加快制定分类评价标准。省行业主管部门和高评委办公室要根据行业和专业特点,分类细化体现行业特色、专业特点的专业技术资格评价标准,做到客观、量化、可操作,评价标准制定工作要在2015年底前全面完成。已经出台评价标准的,要根据本意见要求和行业发展需要及时组织修订完善。在制定和完善过程中,应邀请相关专家,并要有制定国家、行业或地方标准的成员单位参与,要充分调查研究和广泛征求意见,尤其要听取生产、科研一线专业技术人员的意见。凡未按本意见要求制定完善评价标准的,将严格控制其评审通过率。

(二)坚持正确的激励导向。评价标准要遵循各类人才成长规律,充分体现专业特点,适应行业发展要求,要注重对重点领域和重点学科、新兴产业创新型人才的评价,注重对爱岗敬业、扎根基层、服务一线人才的评价。要强化科技成果的转化,激励专业技术人员把论文写在田野里,写在车间里,写在流水线上,真正形成评价与使用相结合,重业绩、重能力的激励导向,切实解决当前存在的评价与使用"两张皮"现象,充分调动广大专业技术人员在创新驱动、转型升级中的积极性和创造性。

（三）建立量化考核评价体系。要坚持定性与定量相结合，注重量化考核指标设计，加大评价刚性比重，减少主观人为因素。量化考核评价要充分考虑专业特点，全面反映能力、水平、业绩、贡献等方面的要求，为科学评价提供可靠依据。各高评委办公室要在2017年前建立量化考核评价体系。

（四）改革完善破格申报条件。破格条件的设置，要破除论资排辈，不唯学历、资历、论文，强化贡献和能力水平，增加业绩的权重，突出学术技术创新和运用理论解决实际问题能力，激励优秀人才脱颖而出。

三、改进评审管理办法，努力提高评审工作的社会公信力

（一）规范设置高评委。今后不再设立综合性的高评委，对需下放权限新组建高评委的，将根据本行业或本地区队伍情况、专业优势、专家库组建条件及评审数量等进行综合评估后予以确定。对现有高评委尤其是工程系列高评委，将逐步按照细分专业的原则，根据相关行业专业技术人才队伍结构和事业发展需要适时加以调整。

要发挥行业组织作用，逐步探索建立政府宏观指导下的社会化评价机制。

（二）完善专家库的组建。高评委办公室要按有关规定组建高评委专家库，入库专家应具有相应的学术、技术背景，并具有权威性、代表性和公正性。没有相应专业技术职务的行政领导和已办理退休手续人员不再列入专家库。专家库应每3年调整一次，每次调整人数应在三分之一以上。组建和调整专家库后应报省人力社保厅备案。

高评委在召开评审会议前一周内，由高评委办公室在本单位纪检监察部门的监督下，从专家库中随机抽取专家组成当年度执行评审委员会，确因工作需要可推荐1名相关行政领导担任副主任委员参加评审工作。

（三）强化程序管理。增加评前公示程序，高评委办公室应在评审前，将评审对象基本情况和资格审查情况以适当方式进行公示，评前公示时间一般不少于5个工作日。对公示中反映的问题要认真核查，及时处理。各高评委在召开评审会议之前，应向省人力社保厅报告资格审查、评前公示和执行评审委员会的抽取等评审工作准备情况，由省人力社保厅出具书面意见后召开评审会议。设在地市的高评委参照上述办法，向当地人力社保部门报告评审工作准备情况后报省人力社保厅备案。评审结果经公示无异议的由省人力社保厅与省行业主管部门联合发文公布。

各高评委办公室要加强评审工作信息化建设，全面推广使用"浙江省高级专业技术资格申报与管理服务平台"，进一步提高评审效率，减少评审成本。有条件的高评委办公室可根据行业特点，积极开发符合本行业人才评价需要的申报评审管理信息系统。

（四）创新评价方式。各高评委要不断创新专业技术人才评价的方式方法，增强评价工作的针对性和科学性，根据不同类型专业技术人员的特点，积极引入业绩量化、面试答辩、人机对话、成果展示、考评结合等多种评价方式。

（五）建立评委培训考核制度。每年高评委召开评审会前，应对评委开展培训，使每位评委掌握评价标准、评审方法、评审程序等政策规定。要逐步实行评委会专家投票实名制，建立评委工作业绩档案，每次评审后高评委办公室要对评委在评审期间的表现进行考核并作为续任候选评委的依据，实行末位淘汰制，凡其投票结果与评审结果出入较大的将不再列入专家库。

四、健全监督约束机制，维护评审工作的公平公正性

（一）建立复审制度。从2014年起每年抽取若干高评委，由复审委员会或者委托其他相关高评委对其执行评价标准情况和评审结果进行复审，复审工作由省人力社保厅、省行业主管部门共同组织实施，有关纪检监察部门同志和行风监督员参与监督。凡违反评审程序和规定，或随意降低评价标准，导致投诉较多、争议较大，或评审结果和复审结果有较大出入的，将视情取消相关评审结果，并给予警告，责令整改。经整改仍无明显改善的，将暂停其评审权。

下一级评委会要坚持标准条件，切实履行推荐职责，把好推荐质量关，做到宁缺毋滥。对不按规定要求、标准或程序推荐，或任意推荐明显不符合条件的，将视情给予全省通报批评，并责令整改。

（二）严肃评审工作纪律。高评委成员及相关工作人员应严格遵守评审工作纪律，严格评审程序，认真履行职责，对评审工作内容、评议情况和未公开的评审结果予以保密，不得有徇私、放宽标准条件或其他有碍公正评审的行为，高评委办公室所在单位纪检监察部门要加强对评审工作的监督，对违反评审工作纪律或利用职权徇私舞弊的，应追究其责任，并视情予以处理。

（三）建立资格评审诚信制度。要建立专业技术资格评审诚信档案，对在申报评审过程中投机取巧、弄虚作假、违纪违规的申报对象，要按评审有关规定做出相应处理，相关信息要记录在案，并作为今后申报评审的参考依据。

深化职称制度改革是一项艰巨而复杂的任务，各地各部门要充分认识改革的重要性，统一思想，抓好落实，及时总结经验，妥善处理矛盾和问题，确保改革的顺利推进。

各设区市可参照本意见制定中初级专业技术资格评审管理工作实施办法。

凡过去文件规定与本意见不一致的，以本意见为准。

本意见自 2014 年 8 月 5 日实施。

浙江省人力资源和社会保障厅
2014 年 8 月 5 日

浙江省人力资源和社会保障厅转发人力资源社会保障部办公厅《关于进一步做好企业年金方案备案工作的意见》的通知

浙人社发〔2014〕117号

各市、县(市、区)人力资源和社会保障局,嘉兴市社会保障事务局:

现将人社部办公厅《关于进一步做好企业年金方案备案工作的意见》(人社厅发〔2014〕60号)转发给你们,并结合本省实际提出如下意见,请一并贯彻执行。

一、关于企业年金方案备案地

在我省的中央所属大型企业向人社部备案,总部在我省的跨省用人单位(不含中央所属大型企业)、在杭省属企业向省人力社保厅备案;省内其他企业向县级以上人力社保行政部门备案,其中省内跨地区用人单位在总部所在地县级以上人力社保行政部门备案。

二、关于企业年金方案审核要点

(一)参加职工人数。企业年金方案中应明确参加职工人数以及占本单位职工总数比例,如参加职工人数比例不足60%的,应由用人单位作出说明。

(二)权益归属。用人单位缴费划入职工个人账户部分的归属期和归属比例,仍按省人力社保厅《关于进一步规范企业年金方案备案工作的指导意见》(浙人社发〔2011〕161号)规定执行。

三、关于企业年金方案备案办理时限

各级人力社保行政部门应在受理企业年金方案备案申请之日起10个工作日内作出答复。各级社保经办机构应在接到用人单位申请出具缴费证明之日起5个工作日内,按照规范的样式出具基本养老保险缴费证明。

四、鼓励发展中小企业人才集合年金计划试点工作

职工基本养老保险工作基础较好的市(县),经省人力社保厅同意后,可先行开展中小企业人才集合年金试点工作,更好发挥人才服务创新驱动发展的引领作用。

五、切实加大企业年金备案工作监督和指导力度

(一)加强监督管理。各地要切实加强对企业年金方案备案的监督管理,不定期检查用人单位执行国家和我省企业年金政策的有关情况。对企业年金运行中的违规行为,要及时予以纠正;对情节严重的,要会同有关监管部门依法查处,并及时向上级部门报告。

(二)加强业务指导。各市要加强对所属县(市)的业务指导,及时掌握本地区企业年金方案备案工作情况,遇到新情况、新问题,要及时向省人力社保厅汇报,并于每年1月15日前将上年度工作情况报送省人力社保厅养老保险处。

(三)加强政策宣传。各级人力社保行政

部门要充分认识发展企业年金的重要意义,将发展企业年金作为"企业关爱职工、职工热爱企业"活动的重要内容来抓,切实加强政策宣传,主动提供咨询服务,为发展企业年金营造良好的社会氛围。

浙江省人力资源和社会保障厅

2014 年 8 月 13 日

人力资源社会保障部办公厅关于进一步做好企业年金方案备案工作的意见

人社厅发〔2014〕60 号

各省、自治区、直辖市及新疆生产建设兵团人力资源社会保障厅(局):

为贯彻落实党的十八届三中全会决定关于加快发展企业年金、构建多层次社会保障体系的要求,推动用人单位按照国家有关规定建立企业年金,解决目前企业年金方案备案工作中存在的格式不统一、重点内容审核要求不一致、缴费证明出具不规范等问题,不断提高企业年金方案备案工作效率和管理水平,现就进一步做好企业年金方案备案工作提出以下意见:

一、统一企业年金方案范本

针对用人单位建立企业年金计划、下属单位加入集团公司企业年金计划等两种情形,分别实施统一的企业年金方案范本(附件 1)和企业年金方案实施细则范本(附件 2)。各地要指导用人单位按照统一的范本制定企业年金方案(实施细则)。范本的主要内容包括:参加人员、资金筹集与分配、账户管理、权益归属、基金管理、待遇计发和支付方式、方案的调整和终止、组织管理和监督。

用人单位企业年金方案(实施细则)重要条款发生变更的,要修订企业年金方案(实施细则)并重新备案。重要条款变更主要是指用人单位名称、职工参加条件、缴费及分配、权益归属、待遇领取方式等内容发生变化。

二、规范企业年金方案备案材料

各地要指导用人单位按照企业年金备案所需材料(附件 3)的要求准备相应的备案材料,并按照规定的期限进行备案。企业年金备案所需材料,是根据用人单位建立企业年金计划、下属单位加入集团公司企业年金计划、企业年金方案(实施细则)重要条款变更、终止企业年金计划等四种情形,分别提出的具体内容要求。

三、明确企业年金方案备案地

各地要按照以下要求确定用人单位企业年金方案的备案地:中央所属大型企业在人力资源社会保障部备案,其他跨省(自治区、直辖市)用人单位在总部所在地省级人力资源社会保障部门备案,省(自治区、直辖市)内跨地区用人单位在总部所在地地市级以上人力资源社会保障部门备案。

用人单位为集团公司的,其下属单位加入集团公司企业年金计划、企业年金方案(实施细则)重要条款变更等,由集团公司在原备案地人力资源社会保障部门备案。

四、把握企业年金方案审核要点

（一）参加人数。参加企业年金职工人数以及占本单位职工总数的比例，比例偏低的应由用人单位作出说明；集团公司下属单位可分批参加集团公司企业年金计划。

（二）用人单位和个人缴费。用人单位和个人的缴费基数及缴费比例；暂停缴费、恢复缴费和补缴的规定；用人单位建立企业年金的时间，不应早于参加企业职工基本养老保险的时间。

（三）用人单位缴费的分配。用人单位缴费划入职工个人账户的分配办法，用人单位可适当向关键岗位和优秀人才等倾斜，但差距不宜过大；企业账户余额的分配方式，应经过集体协商。

（四）待遇的归属和领取。用人单位缴费划入职工个人账户的部分完全归属职工个人的归属期；企业年金的领取条件和方式。

（五）方案调整和终止。企业年金方案（实施细则）调整或终止的规定；对终止的程序、企业账户未归属权益分配、个人账户转移和保留等事宜的规定。

五、规范出具基本养老保险缴费证明

各级社会保险经办机构应在接到用人单位申请出具缴费证明之日起 10 个工作日内，按照规范的样式（附件 5）出具基本养老保险缴费证明；要及时公开经办人姓名、联系方式、受理时间等信息，方便用人单位办理基本养老保险缴费证明。

跨地区用人单位建立企业年金的，其下属单位基本养老保险缴费证明由参保缴费地的社会保险经办机构分别出具。

六、加大企业年金方案备案工作指导力度

各地要高度重视，切实把规范企业年金方案备案工作作为促进企业年金健康发展的重要内容来抓，增强工作的主动性和针对性，加强沟通协调；要通过各类媒体或网络平台等解读企业年金政策，普及建立企业年金的方法和程序，使广大用人单位及其职工了解相关政策和办理流程，引导符合条件的用人单位逐步建立企业年金；要改进工作作风，组织业务培训，不断提高各级管理和经办人员的业务水平；要充分运用网络等形式开展企业年金方案备案工作，鼓励创新工作方式；要结合本地区实际，强化逐级指导，明确要求，落实责任，共同做好企业年金方案备案工作。

七、建立健全企业年金方案备案工作廉政风险防控机制

各地要按照《社会保险工作人员纪律规定》（人社部发〔2012〕99 号）要求，建立企业年金方案备案工作风险防控机制，针对企业年金方案备案过程中的风险点，制定有效措施，明确相关责任，杜绝腐败行为。同时，加强廉政教育，做好廉政风险防控工作，树立社会保险工作人员良好形象。

各地要及时掌握本地区企业年金方案备案工作情况，遇到新情况、新问题，要加强研究分析，及时沟通汇报，并于每年 1 月 31 日前将上年度工作情况报送人力资源社会保障部养老保险司。

附件：1.（××单位）企业年金方案（范本）

2.（××单位）企业年金方案实施细则（范本）

3. 企业年金方案备案所需材料

4.（××单位）企业年金方案基本情况简表（样式）

5. 基本养老保险参保缴费证明（样式）

人力资源社会保障部办公厅

2014 年 5 月 16 日

附件 **1**

（××单位）企业年金方案

（范本）

（××单位并盖章）

企业首席代表　　　　　　　　　职工首席代表

　签章：　　　　　　　　　　　　　签章：

　日期：　　　　　　　　　　　　　日期：

目　录

释　义

企业年金：指已参加企业职工基本养老保险的单位及其职工，为更好保障职工退休后的生活而建立的补充养老保险制度。

委托人：指建立企业年金计划的单位及其职工。

受益人：参加企业年金计划的职工及其他享有企业年金计划受益权的自然人。

受托人：指受托管理本单位企业年金基金的符合国家规定的法人受托机构或企业年金理事会。

账户管理人：指接受受托人委托管理企业年金基金账户的专业机构。

托管人：指接受受托人委托保管企业年金基金财产的商业银行。

投资管理人：指接受受托人委托投资管理企业年金基金财产的专业机构。

个人账户：指以职工个人名义开立的账户，用于记录分配给职工个人的单位缴费、职工个人缴费及其投资收益。

企业账户：指以单位名义开立的账户，用于记录暂时未分配至职工个人账户的单位缴费及其投资收益。

第一章 总 则

第一条 为保障和提高职工退休后的待遇水平,调动职工的劳动积极性,建立人才长效激励机制,增强单位的凝聚力,促进单位健康持续发展,根据《中华人民共和国劳动法》(中华人民共和国主席令第28号)、《集体合同规定》(劳动和社会保障部令第22号)、《企业年金试行办法》(劳动和社会保障部令第20号)、《企业年金基金管理办法》(人力资源和社会保障部令第11号)、＿＿＿＿＿＿＿＿＿＿等法律、法规及政策,××单位决定建立企业年金计划(以下简称本计划),并结合实际情况,制定企业年金方案(以下简称本方案)。

第二条 建立企业年金遵循的原则:

(一)有利于单位发展。通过建立企业年金增强单位的凝聚力和吸引力,激励职工长期稳定地工作,促进单位与职工共同发展;

(二)公平与效率相结合。企业年金应覆盖大多数职工,对不同类别的职工可以在单位缴费分配上区别对待,但差距不宜过大,在体现公平、普惠的同时兼顾效率;

(三)自愿平等协商。单位及其职工通过集体协商确定建立企业年金并制定企业年金方案,职工自愿选择是否参加;

(四)保障安全、适度收益。企业年金基金的管理严格按照国家有关规定执行,按照规定的投资范围进行投资运作,在保障安全的前提下获取适度收益;

(五)适时调整原则。企业年金发展水平应与单位的经营状况相适应,在符合国家相关规定的前提下,根据单位经营状况的变化适时调整企业年金方案。

第三条 单位建立企业年金的基本条件[①]

(一)依法参加企业职工基本养老保险并履行缴费义务;

(二)单位与工会或者职工代表通过集体协商确定建立企业年金;

(三)其他条件:＿＿＿＿＿＿＿＿＿＿＿＿＿＿＿＿＿。

第四条 实施范围[②]

本方案适用于××单位所属＿＿＿＿＿＿单位(以下统称本单位)。

第二章 参加人员

第五条 职工参加本方案的条件[③]。

(一)依法参加企业职工基本养老保险并履行缴费义务;

(二)其他条件:＿＿＿＿＿＿＿＿＿＿＿＿＿＿＿＿。

第六条 职工参加本方案的程序

符合上述参加条件的职工填写《职工参加企业年金申请表》(附件①),经本单位审核通过后参

---

① 集团公司可根据自身情况增加下属单位建立企业年金需要满足的其他条件。

② 集团公司企业年金方案可适用于所有或部分下属单位,非集团型企业可删除本条。

③ 参加企业年金职工人数原则上应占本单位职工总数的大多数,集团公司下属单位可分批参加集团企业年金计划。参加计划职工比例偏低的应书面说明原因。

加本方案。在本方案实施后加入本单位的新职工,可在满足上述参加条件的(□本月、□次月)起参加本方案。

第七条 职工退出本方案的条件

(一)职工与本单位终止或解除劳动合同;

(二)职工达到本方案规定的企业年金待遇领取条件;

(三)其他:＿＿＿＿＿＿＿＿＿＿＿＿＿＿＿＿＿＿。

第八条 职工退出本方案的程序

职工达到上述退出条件后自动退出本方案,单位停止其企业年金缴费,按照本方案第十八条处理其个人账户或按照本方案第二十九条支付企业年金待遇。

第九条 职工的权利和义务

(一)职工的权利

1.职工对个人账户信息拥有知情权;

2.在满足本方案规定的权益归属条件后,职工对个人账户中已经归属的权益拥有所有权;

3.在满足本方案规定的领取条件后,职工享有领取企业年金待遇的权利;

4.由于个人原因,职工可以申请暂停缴费;暂停缴费后,职工可根据个人情况申请恢复缴费。

(二)职工的义务

1.授权本单位根据本方案规定从职工工资中代扣代缴个人缴费;

2.授权本单位和本计划管理机构按国家有关规定代扣代缴个人所得税;

3.授权××单位①选择受托人并签订受托管理合同;

4.授权本单位代表职工对企业年金计划进行管理监督;

5.当个人基本信息发生变动时,须在七个工作日之内向本单位提供变动情况。

第三章　资金筹集与分配

第十条 企业年金所需费用由单位和职工共同承担。单位缴费的列支渠道按照国家有关规定执行;职工个人缴费由单位从职工工资中代扣代缴。

第十一条 单位缴费及分配②

单位缴费按方式＿＿＿缴纳:

方式1:单位缴费为职工个人缴费基数的＿＿＿%,职工个人(□月、□季度、□年度)缴费基数为＿＿＿＿＿＿＿＿＿。单位缴费总额为单位为参加计划职工缴费的合计金额;

方式2:单位年缴费总额为上年度工资总额的＿＿＿%,按照职工个人缴费基数全额、等比例分配至职工个人账户,职工个人(□月、□季度、□年度)缴费基数为＿＿＿＿＿＿＿＿＿;

方式3:单位年缴费总额为上年度工资总额的＿＿＿%,按照职工个人缴费基数的＿＿＿%分配至职工个人账户,职工个人(□月、□季度、□年度)缴费基数为＿＿＿＿＿＿＿＿＿,剩余部分记入

---

① 代表职工与受托人签订受托管理合同的单位。

② 内容包括但不限于单位缴费总额、当期划入职工个人账户的比例、企业账户留存比例。如果设置补偿机制,还需明确补偿缴费留存比例、补偿缴费分配办法、补偿缴费划入职工个人账户的方式。

企业账户,用于对本计划建立时临近退休职工的补偿性缴费。补偿范围为：＿＿＿＿＿＿＿＿＿，补偿缴费分配办法为：＿＿＿＿＿＿，补偿缴费划入职工个人账户的方式为：＿＿＿＿＿＿＿。补偿结束后,单位应根据实际情况调整单位缴费分配办法,履行本方案第三十三条规定程序后实施;

方式4：单位年缴费总额为上年度工资总额的＿＿％,按照职工个人缴费基数的＿＿％分配至职工个人账户,职工个人(□月、□季度、□年度)缴费基数为＿＿＿＿＿＿＿＿,剩余部分记入企业账户;

方式5①：单位年缴费总额不超过上年度工资总额的＿＿％。下属单位可根据实际情况,在实施细则中明确具体缴费比例及分配办法;

方式6：（其他方式）＿＿＿＿＿＿＿＿＿。

第十二条 企业账户余额的分配办法可通过集体协商另行制定,并经民主程序审议通过后实施,但不得用于抵缴未来年度单位缴费。

第十三条 个人缴费②

个人缴费按方式＿＿缴纳：

方式1：职工个人缴费为职工个人缴费基数的＿＿％;

方式2：职工个人缴费为单位为其缴费的＿＿％;

方式3：（其他方式）＿＿＿＿＿＿＿＿＿。

第十四条 单位按(□月、□季度、□年度)将全部缴费款项按时、足额汇至托管人开立的企业年金基金受托财产托管专户。

第十五条 企业年金缴费的暂停、恢复和补缴

（一）单位出现亏损、停业等特殊情况无法履行缴费义务时,可暂停缴费,职工同时暂停缴费;单位情况好转后恢复缴费,职工同时恢复缴费。因单位原因暂停缴费的,恢复缴费后单位可以视经济情况予以补缴,职工个人(□补缴□不补缴)暂停缴费期间个人缴费。补缴年限不得超过实际暂停缴费年限;

（二）职工个人可以申请暂停或恢复缴费。申请暂停缴费的条件是＿＿＿＿＿＿,恢复缴费的条件是＿＿＿＿＿＿,同时填写《职工暂停（恢复）缴费企业年金申请表》（附件②）,并经本单位确认后执行。个人暂停缴费期间,单位缴费也相应暂停,个人账户继续在本计划中管理;个人恢复缴费时单位缴费也同时恢复;不弥补暂停缴费期间的单位和个人缴费。

第四章 账户管理

第十六条 本计划实行完全积累制度,采用个人账户方式进行管理,为参加职工开立个人账户,同时建立企业账户用于记录暂未分配至个人账户的单位缴费及其投资收益。

---

① 集团公司企业年金方案中,单位缴费比例可以为范围,单位缴费分配办法也可仅作原则性要求,由各下属单位在实施细则中明确具体比例和单位缴费分配办法,但每年缴费不得超过上年度职工工资总额的十二分之一。

② 集团公司企业年金方案中,个人缴费比例可以为范围,由各下属单位在实施细则中明确具体比例。

第十七条　个人账户下设单位缴费子账户和个人缴费子账户,分别记录单位缴费分配给职工个人的部分及其投资收益、职工个人缴费及其投资收益。

第十八条　个人账户的转移和保留

职工与本单位终止、解除劳动合同的,其个人账户转移或保留。

(一)职工与本单位终止、解除劳动合同,新就业单位已建立企业年金或职业年金的,其个人账户应当转入新就业单位的企业年金计划或职业年金计划管理;

(二)职工与本单位终止、解除劳动合同,未就业、新就业单位没有建立企业年金或职业年金的,其个人账户按方式____处理:

方式1:转入本计划法人受托机构发起的集合计划设置的保留账户统一管理。保留账户的账户管理费从职工个人账户中扣除;

方式2:作为保留账户在本计划中继续管理。保留账户的账户管理费(□由本单位负担、□从职工个人账户中扣除);

方式3:(理事会受托管理的企业年金计划)转入由本单位与职工协商选定的法人受托机构发起的集合计划设置的保留账户统一管理。保留账户的账户管理费从职工个人账户中扣除;

方式4:(其他方式)____。

(三)在集团公司①内部调动新单位未实行企业年金制度的,其个人账户作为保留账户由原单位继续管理。保留账户的账户管理费(□由原单位负担、□从职工个人账户中扣除)。

第十九条　满足下列条件之一时,个人账户注销:

(一)职工领取完其个人账户资金;

(二)职工身故,其个人账户余额由指定受益人或法定继承人全部领取完毕;

(三)个人账户转移至新单位的企业年金计划或职业年金计划。

第五章　权益归属

第二十条　职工个人缴费部分及其投资运营收益全部归属职工个人。

第二十一条　单位缴费部分权益归属规则②

单位缴费划入个人账户部分形成的权益,按以下规则归属于职工个人,未归属于职工个人的部分,划入企业账户。

---

①　非集团公司和将内部调动视同外部调动的集团公司删除本款。

②　集团公司可对归属条件、归属比例、最长归属期等权益归属规则中的要素进行原则性规定,具体归属规则由下属单位在实施细则中确定。

权益归属核算时点	N		归属比例
职工与本单位终止、解除劳动合同	N < ____ 年		× × %
	____ 年 ≤ N < ____ 年		× × %
	…		…
	N ≥ ____ 年		× × %
退休或在职身故	————		× × %
（其他特殊情况）①	————		× × %
备注： 1. N 是指在 ____ （本单位的工作年限、参加本方案的年限）②。 2.（其他需要说明的事项）_____。			

第二十二条 补偿缴费归属规则③

补偿缴费按照方式____归属。

方式 1：职工退休前归属比例为 0%，退休后 100% 归属；

方式 2：与单位正常缴费归属规则一致；

方式 3：（其他方式）_____。

第六章　基金管理

第二十三条 企业年金基金由单位缴费、职工个人缴费和投资收益组成。

第二十四 条本计划采取（□理事会受托、□法人受托）管理模式。本方案所归集的企业年金基金由××单位④委托受托人进行受托管理并签署企业年金基金受托管理合同。由企业年金基金受托人委托具备企业年金管理资格的托管人、账户管理人、投资管理人提供统一的相关服务。

第二十五 条企业年金基金的投资收益，根据企业年金基金单位净值，按周或者日足额分别记入个人账户和企业账户。

第二十六 条企业年金基金管理运营的所需费用，按照国家有关法律法规及企业年金基金管理合同中的相关条款确定。其中正常账户的账户管理费由本单位缴纳，保留账户管理费按本细则第十八条规定执行，退休职工个人账户的账户管理费由（□个人、□单位）负担，其他费用由本单位和个人共同承担，从企业年金基金中扣除。

第二十七条 企业年金基金实行专户管理，与委托人、受托人、账户管理人、投资管理人和托管人的自有资产或其他资产分开管理，分别记账，不得挪作他用。

---

① 用人单位可列明其他特殊情况的归属比例，例如由于用人单位原因解除劳动合同或劳动合同不续签造成职工离职时，归属比例为 100%；集团公司内部调动时，归属比例为 100%。

② 用人单位可以自行确定个人账户中单位缴费累计权益的归属条件，例如在本单位的工作年限、参加本方案的年限或其他条件。

③ 未设置补偿缴费的用人单位，删除本条。

④ 代表职工与受托人签订受托管理合同的单位。

第七章　待遇计发和支付方式

第二十八条　本方案参加职工符合下列条件之一时,可以享受本方案规定的企业年金待遇:

(一)达到国家规定的退休年龄;

(二)未达到国家规定退休年龄时,经劳动能力鉴定委员会鉴定,因病(残)完全丧失劳动能力办理病退;

(三)退休前身故;

(四)出国(境)定居。

第二十九条　企业年金的支付方式

职工达到本方案第二十八条规定的企业年金待遇领取条件后,可根据个人账户余额、个人所得税税负等情况选择一次性或分期领取企业年金待遇。

第三十条　受益人的指定和修改

职工参加本方案时,应在申请表中以书面形式指定受益人作为本人身故后企业年金个人账户已归属权益的继承人。本方案参加人可以提出书面申请修改指定受益人。

第八章　方案的调整和终止

第三十一条　本单位有权根据国家政策法规和实际情况的变化,经集体协商对本方案进行调整。

第三十二条　出现下列情况之一,可对本方案进行调整:

(一)国家相关政策法规发生重大变化;

(二)单位的经营状况出现重大变化;

(三)其他:_____。

第三十三条　调整本方案的程序

(一)本单位企业年金经办部门提出企业年金方案调整方案;

(二)调整方案经集体协商讨论通过;

(三)报送人力资源和社会保障部门备案[①];

(四)通知方案参加职工及受托人。

第三十四条　出现下列情况之一时,本方案可以终止:

(　)本单位发生依法解散、被依法撤销或者被依法宣告破产等情况;

(二)国家有关政策法规发生重大变化,导致本方案无法继续实施;

(三)其他:_____。

第三十五条　终止本方案的程序

(一)制定终止企业年金计划方案。方案内容应包括终止原因、企业账户和个人账户处理办法等;

---

①　中央所属大型企业在人力资源社会保障部备案,其他跨省用人单位在总部所在地省级人力资源社会保障部门备案,省内跨地区用人单位在总部所在地地市级以上人力资源社会保障部门备案。

（二）经集体协商讨论通过；

（三）报送人力资源和社会保障部门备案；

（四）由受托人组织清算组对企业年金基金财产进行清算，对所有个人账户权益进行全部归属，并按照集体协商讨论通过的处理办法进行企业账户未归属权益分配；

（五）对所有个人账户进行保留或者转移。如果方案参加职工未能提出转移书面申请，作保留处理。保留后的账户管理费从个人账户中扣除；

（六）通知本方案参加职工及受托人。

第九章　组织管理和监督

第三十六条　本单位的企业年金基金管理接受人力资源社会保障部门等国家相关部门的监督检查。本单位依照国家相关法律、法规对受托人进行监督。

第三十七条　在接受国家相关部门监督的基础上，由本单位的纪检、工会和审计部门对本企业年金计划的运作管理进行内部监督。

第十章　附　则

第三十八条　本方案自××年×月×日起开始实施。

第三十九条　因订立或者履行企业年金方案发生争议的，根据《集体合同规定》处理。

第四十条　因履行企业年金基金管理合同发生争议的，可以通过调解和民事诉讼处理。

第四十一条　本方案涉及的相关财税问题，按照国家相关规定执行。

第四十二条　本单位拥有对本方案的最终解释权。

附件①:

职工参加企业年金申请表

申请人姓名	
申请人身份证号码	
受益人姓名	
受益人身份证号码	

参加企业年金的申请

本人已参加基本养老保险并履行缴费义务;

本人已认真阅读并同意接受《××单位企业年金方案》;

本人经慎重考虑,自愿申请(□加入、□不加入)××单位企业年金计划,并愿意承担由此带来的一切投资风险;

本人承诺遵守××单位企业年金方案的有关规定,并授权××单位:

1. 从本人工资中代扣代缴职工个人缴费;

2. 按照国家有关税收政策代扣代缴个人所得税。

申请人:
年　月　日

单位 意见	经审核,该职工符合参加企业年金的条件,同意其参加企业年金计划。 签字(盖章): 年　月　日

附件②：

职工暂停（恢复）企业年金缴费申请表

申请人姓名	
身份证号码	

暂停企业年金缴费的申请

本人经慎重考虑，自愿申请暂停企业年金缴费，并愿意承担由此带来的损失。暂停缴费期间为：

□ ＿＿年＿＿月＿＿日至＿＿年＿＿月＿＿日；

□ 至本人申请恢复缴费为止；

□ 至退出本企业年金计划为止。

申请人：
年　　月　　日

恢复企业年金缴费的申请

本人申请自＿＿年＿＿月＿＿日起恢复企业年金缴费。

申请人：
年　　月　　日

单位意见	经审核，同意该职工暂停企业年金缴费。 <div align="right">签字（盖章）： 年　　月　　日</div>
	经审核，同意该职工恢复企业年金缴费。 <div align="right">签字（盖章）： 年　　月　　日</div>

附件 **2**

<u>（××单位）</u>企业年金方案实施细则

（范本）

<u>（××单位并盖章）</u>

企业首席代表　　　　　　　　　职工首席代表

签章：　　　　　　　　　　　　　签章：

日　期：　　　　　　　　　　　　日　期：

目　　录

释　义

企业年金：指已参加企业职工基本养老保险的单位及其职工，为更好保障职工退休后的生活而建立的补充养老保险制度。

委托人：指建立企业年金的单位及其职工。

受益人：参加企业年金计划的职工及其他享有企业年金计划受益权的自然人。

受托人：指受托管理本单位企业年金基金的符合国家规定的法人受托机构或企业年金理事会。

账户管理人：指接受受托人委托管理企业年金基金账户的专业机构。

托管人：指接受受托人委托保管企业年金基金财产的商业银行。

投资管理人：指接受受托人委托投资管理企业年金基金财产的专业机构。

个人账户：指以职工个人名义开立的账户，用于记录分配给职工个人的单位缴费、职工个人缴费及其投资收益。

企业账户：指以单位名义开立的账户，用于记录暂时未分配至职工个人账户的单位缴费及其投资收益。

第一章 总 则

第一条 为保障和提高职工退休后的待遇水平,调动职工的劳动积极性,建立人才长效激励机制,增强单位的凝聚力,促进单位健康持续发展,根据《中华人民共和国劳动法》(中华人民共和国主席令第 28 号)、《集体合同规定》(劳动和社会保障部令第 22 号)、《企业年金试行办法》(劳动和社会保障部令第 20 号)、《企业年金基金管理办法》(人力资源和社会保障部令第 11 号)、_____
_____等法律、法规及政策,××单位(以下简称本单位)决定参加××单位①企业年金计划(以下简称本计划),在《××单位企业年金方案》框架下,结合实际情况,制定本单位企业年金方案实施细则(以下简称本细则)。

第二条 建立企业年金遵循的原则:

(一)有利于单位发展。通过建立企业年金增强单位的凝聚力和吸引力,激励职工长期稳定地工作,促进单位与职工共同发展;

(二)公平与效率相结合。企业年金应覆盖大多数职工,对不同类别的职工可以在单位缴费分配上区别对待,但差距不宜过大,在体现公平、普惠的同时兼顾效率;

(三)自愿平等协商。单位及其职工通过集体协商确定建立企业年金并制定企业年金方案,职工自愿选择是否参加;

(四)保障安全、适度收益。企业年金基金的管理严格按照国家有关规定执行,按照规定的投资范围进行投资运作,在保障安全的前提下获取适度收益;

(五)适时调整原则。企业年金发展水平应与单位的经营状况相适应,在符合国家相关规定的前提下,根据单位经营状况的变化适时调整企业年金方案。

第三条 单位建立企业年金的基本条件

(一)依法参加企业职工基本养老保险并履行缴费义务;

(二)单位与工会或者职工代表通过集体协商确定建立企业年金;

其他条件:_____。

第四条 实施范围②

本细则适用于××单位下属_____单位(以下统称本单位)。

第二章 参加人员

第五条 符合以下条件的职工,可参加本细则③。

(一)按规定参加基本养老保险并履行缴费义务;

(二)其他条件:_____。

---

① 指代表职工与受托人签订受托管理合同的单位。

② 集团公司所属集团公司的企业年金方案实施细则可适用于所有或部分下属单位,非集团公司可删除本条。

③ 参加企业年金职工人数原则上应占本单位职工总数的大多数,集团公司下属单位可分批参加集团企业年金计划。参加计划职工比例偏低的应书面说明原因。

第六条　职工参加本细则的程序

符合上述参加条件的职工填写《职工参加企业年金申请表》（附件①），经本单位审核通过后参加本细则。在本细则实施后加入本单位的新职工，可在满足上述参加条件的（□本月、□次月）起参加本细则。

第七条　职工退出本细则的条件

（一）职工与本单位终止或解除劳动合同；

（二）职工达到本细则规定的企业年金待遇领取条件；

（三）其他：＿＿＿＿＿＿＿＿＿＿＿＿＿＿＿＿＿＿＿。

第八条　职工退出本细则的程序

职工达到上述退出条件后自动退出本细则，单位停止其企业年金缴费，按照本细则第十八条处理其个人账户或按照本细则第二十九条支付企业年金待遇。

第九条　职工的权利和义务

（一）职工的权利

1．职工对个人账户信息拥有知情权；

2．在满足本细则规定的权益归属条件后，职工对个人账户中已经归属的权益拥有所有权；

3．在满足本细则规定的领取条件后，职工享有领取企业年金待遇的权利；

4．由于个人原因，职工可以申请暂停缴费；暂停缴费后，职工可根据个人情况申请恢复缴费。

（二）职工的义务

1．授权本单位根据本细则规定从职工工资中代扣代缴个人缴费；

2．授权本单位和本计划管理机构按国家有关规定代扣代缴个人所得税；

3．授权××单位①选择受托人并签订受托管理合同；

4．授权本单位代表职工对企业年金基金进行管理监督；

5．当个人基本信息发生变动时，须在七个工作日之内向本单位提供变动情况。

第三章　资金筹集与分配

第十条　企业年金缴费由单位和职工共同承担。单位缴费的列支渠道按照国家有关规定执行；职工个人缴费由单位从职工工资中代扣代缴。

第十一条　单位缴费及分配②

单位缴费按方式＿＿＿缴纳：

方式1：单位缴费为职工个人缴费基数的＿＿＿％，职工个人（□月、□季度、□年度）缴费基数为＿＿＿＿＿＿＿＿＿＿＿＿。单位缴费总额为单位为参加计划职工缴费的合计金额；

方式2：单位缴费总额每年为上年度工资总额的＿＿＿％，按照职工个人缴费基数全额分配至职

---

①　指代表职工与受托人签订受托管理合同的单位。

②　内容包括但不限于单位缴费总额、当期划入职工个人账户的比例、企业账户留存比例。如果设置补偿机制，还需明确补偿缴费留存比例、补偿缴费分配办法、补偿缴费划入职工个人账户的方式。其中单位缴费比例必须为确定的数值，不得以范围代替。

工个人账户,职工个人(□月、□季度、□年度)缴费基数为＿＿＿＿＿＿＿＿＿＿＿;

方式3:单位缴费总额每年为上年度工资总额的＿＿＿%,按照职工个人缴费基数的＿＿＿%分配至职工个人账户,职工个人(□月、□季度、□年度)缴费基数为＿＿＿＿＿＿＿＿＿＿,剩余部分记入企业账户,用于对计划建立时临近退休职工的补偿性缴费。补偿范围为:＿＿＿＿＿＿＿＿＿,补偿缴费分配办法为:＿＿＿＿＿＿＿＿＿,补偿缴费划入职工个人账户的方式为:＿＿＿＿＿＿＿＿＿。补偿结束后,单位应根据实际情况调整单位缴费分配办法,履行本细则第三十三条规定程序后实施;

方式4:单位缴费总额每年为上年度工资总额的＿＿＿%,按照职工个人缴费基数的＿＿＿%分配至职工个人账户,职工个人(□月、□季度、□年度)缴费基数为＿＿＿＿＿＿＿＿＿＿,剩余部分记入企业账户;

方式5:(其他方式)＿＿＿＿＿＿＿＿＿＿＿＿＿。

第十二条 企业账户余额的分配办法可通过集体协商另行制定,并经民主程序审议通过后实施,但不得用于抵缴未来年度单位缴费。

第十三条 个人缴费

个人缴费按方式＿＿＿缴纳:

方式1:职工个人缴费为职工个人缴费基数的＿＿＿%;

方式2:职工个人缴费为单位为其缴费的＿＿＿%;

方式3:(其他方式)＿＿＿＿＿＿＿＿＿＿＿＿＿。

第十四条 单位按(□月、□季度、□年度)将全部缴费款项按时、足额汇至托管人开立的企业年金基金受托财产托管专户。

第十五条 企业年金缴费的暂停、恢复和补缴

(一)单位出现亏损、停业等特殊情况无法履行缴费义务时,可暂停缴费,职工同时暂停缴费;单位情况好转后恢复缴费,职工同时恢复缴费。因单位原因暂停缴费的,恢复缴费后单位可以视经济情况予以补缴,职工个人(□补缴□不补缴)暂停缴费期间个人缴费。补缴年限不得超过实际暂停缴费年限;

(二)职工个人可以申请暂停或恢复缴费。申请暂停缴费的条件是＿＿＿＿＿＿＿,恢复缴费的条件是＿＿＿＿＿＿＿,同时填写《职工暂停(恢复)缴费企业年金申请表》(附件②),并经本单位确认后执行。个人暂停缴费期间,单位缴费也相应暂停,个人账户继续在本计划中管理;个人恢复缴费时单位缴费也同时恢复;不弥补暂停缴费期间的单位和个人缴费。

第四章 账户管理

第十六条 本企业年金基金实行完全积累制度,采用个人账户方式进行管理,为参加职工开立个人账户,同时建立企业账户用于记录暂未分配至个人账户的单位缴费及其投资收益。

第十七条 个人账户下设单位缴费子账户和个人缴费子账户,分别记录单位缴费分配给职工个人的部分及其投资收益、职工个人缴费及其投资收益。

第十八条 个人账户的转移和保留

职工与本单位终止、解除劳动合同的,其个人账户转移或保留。

(一)职工与本单位终止、解除劳动合同,新就业单位已建立企业年金或职业年金的,其个人账户应当转入新就业单位的企业年金计划或职业年金计划管理;

(二)职工与本单位终止、解除劳动合同,未就业、新就业单位没有建立企业年金或职业年金

的,其个人账户按方式____处理:

方式1:转入本计划法人受托机构发起的集合计划设置的保留账户统一管理。保留账户的账户管理费从职工个人账户中扣除;

方式2:作为保留账户在本计划中继续管理。保留账户的账户管理费(□由本单位负担、□从职工个人账户中扣除);

方式3:(理事会受托管理的企业年金计划)转入由本单位与职工协商选定的法人受托机构发起的集合计划设置的保留账户统一管理。保留账户的账户管理费从职工个人账户中扣除;

方式4:(其他方式)_____。

(三)在集团公司①内部调动新单位未实行企业年金制度的,其个人账户作为保留账户由原单位继续管理。保留账户的账户管理费(□由原单位负担、□从职工个人账户中扣除)。

第十九条 满足下列条件之一时,个人账户注销:

(一)职工领取完其个人账户资金;

(二)职工身故,其个人账户余额由指定受益人或法定继承人全部领取完毕;

(三)个人账户转移至新单位的企业年金计划或职业年金计划。

第五章　权益归属

第二十条 职工个人缴费部分及其投资运营收益全部归属职工个人。

第二十一条 单位缴费部分权益归属规则②

单位缴费划入个人账户部分形成的权益,按以下规则归属于职工个人,未归属于职工个人的部分,划入企业账户。

权益归属核算时点	N	归属比例
职工与本单位终止、解除劳动合同	N<____年	××%
	____年≤N<____年	××%
	…	…
	N≥____年	××%
退休或在职身故	____	××%
(其他特殊情况)③	____	××%
备注: 1.N是指在____(本单位的工作年限、参加本方案的年限)④。 2.(其他需要说明的事项)_____。		

---

①　非集团公司和将内部调动视同外部调动的集团公司删除本款。

②　应按照集团公司企业年金方案要求确定具体归属规则。

③　用人单位可列明其他特殊情况的归属比例,例如由于用人单位原因解除劳动合同或劳动合同不续签造成职工离职时,归属比例为100%;集团公司内部调动时,归属比例为100%。

④　用人单位可以自行确定个人账户中单位缴费累计权益的归属条件,例如在本单位的工作年限、参加本细则的年限或其他条件。

第二十二条 补偿缴费归属规则①

补偿缴费按照方式＿＿＿归属。

方式1：职工退休前归属比例为0%,退休后100%归属;

方式2：与单位正常缴费归属规则一致;

方式3：（其他方式）＿＿＿＿＿＿＿＿＿＿。

<h3 align="center">第六章 基金管理</h3>

第二十三条 企业年金基金由单位缴费、职工个人缴费和投资收益组成。

第二十四条 本企业年金基金采取(□理事会受托、□法人受托)管理模式。本细则所归集的企业年金基金由××单位②委托受托人进行受托管理并签署企业年金基金受托管理合同。由企业年金基金受托人委托具备企业年金管理资格的托管人、账户管理人、投资管理人提供统一的相关服务。

第二十五条 企业年金基金的投资收益,根据企业年金基金单位净值,按周或者日足额分别记入个人账户和企业账户。

第二十六条 企业年金基金管理运营所需费用,按照国家有关法律法规及企业年金基金管理合同中的相关条款确定,其中正常账户的账户管理费由本单位缴纳,保留账户管理费按本细则第十八条规定执行,退休职工个人账户的账户管理费由(□个人、□单位)负担,其他费用由本单位和个人共同承担,从企业年金基金中扣除。

第二十七条 企业年金基金实行专户管理,与委托人、受托人、账户管理人、投资管理人和托管人的自有资产或其他资产分开管理,分别记账,不得挪作他用。

<h3 align="center">第七章 待遇计发和支付方式</h3>

第二十八条 本细则参加职工符合下列条件之一时,可以享受本细则的企业年金待遇:

（一）达到国家规定的退休年龄;

（二）未达到国家规定退休年龄时,经劳动能力鉴定委员会鉴定,因病(残)完全丧失劳动能力办理病退;

（三）退休前身故;

（四）出国(境)定居。

第二十九条 企业年金的支付方式

职工达到本细则第二十八条规定企业年金待遇领取条件后,可根据个人账户余额、个人所得税税负等情况选择一次性或分期领取企业年金待遇。

第三十条 受益人的指定和修改

职工参加本细则时,应在申请表中以书面形式指定受益人作为本人死亡后企业年金个人账户已归属权益的继承人。本细则参加人可以随时提出撤回或修改指定受益人的书面申请。

---

① 未设置补偿缴费的用人单位,删除本条。

② 代表职工与受托人签订受托管理合同的单位。

第八章　细则的调整和终止

第三十一条　本单位有权根据国家政策法规和实际情况的变化,经集体协商对本细则进行调整。

第三十二条　出现下列情况之一,可对本细则进行调整:

(一)国家相关政策法规发生重大变化;

(二)单位的经营状况出现重大变化;

(三)其他:_____。

第三十三条　调整本细则的程序

(一)本单位企业年金经办部门提出对本细则的调整方案并报××集团公司核准;

(二)调整方案经集体协商讨论通过;

(三)由××集团公司向人力资源和社会保障部门备案;

(四)通知细则参加职工及受托人;

(五)每次调整后,调整前的细则所规定的单位和细则参加职工应履行的义务如果还未履行完毕,单位和细则参加职工应履行完毕该义务后再适用调整后的新细则。

第三十四条　出现下列情况之一时,本细则终止:

(一)本单位发生依法解散、被依法撤销或者被依法宣告破产等情况;

(二)国家有关政策法规发生重大变化,导致本方案无法继续实施;

(三)其他:_____。

第三十五条　终止本细则的程序

(一)本单位向××集团公司提出终止本细则申请,并对企业账户中未归属权益提出处理办法,报××集团公司核准;

(二)经集体协商讨论通过;

(三)由××集团公司报人力资源和社会保障部门备案;

(四)由受托人组织清算组对企业年金基金财产进行清算,对所有个人账户权益进行全部归属,并按照集体协商讨论通过的处理办法进行企业账户未归属权益分配;

(五)对所有个人账户进行保留或者转移。如果细则参加职工未能提出转移书面申请,作保留处理,账户管理费从个人账户中扣除;

(六)通知本细则参加职工及受托人。

第九章　组织管理和监督

第三十六条　本单位的企业年金基金管理接受人力资源社会保障部门等国家相关部门的监督检查。本单位依照国家相关法律、法规对受托人进行监督。

第三十七条　在接受国家相关部门监督的基础上,由本单位的纪检、工会和审计部门对本企业年金基金的运作管理进行内部监督。

第十章　附　则

第三十八条　本细则自××年×月×日起开始实施。

第三十九条 因订立或者履行企业年金方案实施细则发生争议的,根据《集体合同规定》处理。

第四十条 因履行企业年金基金管理合同发生争议的,可以通过调解和民事诉讼处理。

第四十一条 本细则涉及的相关财税问题,按照国家相关规定执行。

第四十二条 本单位拥有对本细则的最终解释权。

附件①：

职工参加企业年金申请表

申请人姓名	
申请人身份证号码	
受益人姓名	
受益人身份证号码	

参加企业年金的申请

本人已参加基本养老保险并履行缴费义务；

本人已认真阅读并同意接受《××单位企业年金方案实施细则》；

本人经慎重考虑，自愿申请（□加入、□不加入）××集团公司企业年金计划，并愿意承担由此带来的一切投资风险；

本人承诺遵守××单位企业年金方案实施细则的有关规定，并授权××单位：

1. 从本人工资中代扣代缴职工个人缴费；
2. 按照国家有关税收政策代扣代缴个人所得税。

申请人：

年　　月　　日

单位 意见	经审核，该职工符合参加企业年金的条件，同意其参加企业年金计划。 签字（盖章）： 年　　月　　日

附件②：

职工暂停（恢复）企业年金缴费申请表

申请人姓名	
身份证号码	

暂停企业年金缴费的申请

本人经慎重考虑,自愿申请暂停企业年金缴费,并愿意承担由此带来的损失。暂停缴费期间为：

□ ＿＿年＿＿月＿＿日至＿＿年＿＿月＿＿日；

□ 至本人申请恢复缴费为止；

□ 至退出本企业年金计划为止。

申请人：

年　　月　　日

恢复企业年金缴费的申请

本人申请自＿＿年＿＿月＿＿日起恢复企业年金缴费。

申请人：

年　　月　　日

单位意见	经审核,同意该职工暂停企业年金缴费。 签字（盖章）： 年　　月　　日
	经审核,同意该职工恢复企业年金缴费。 签字（盖章）： 年　　月　　日

附件 **3**

企业年金方案备案所需材料

情　　形	所需材料
用人单位建立企业年金计划	备案函、企业年金方案(实施细则)、基本情况简表(附件4)、重点情况说明、职工(代表)大会决议、职工基本养老保险缴费证明
下属单位加入集团公司企业年金计划	备案函、企业年金方案实施细则、基本情况简表、重点情况说明、职工(代表)大会决议、职工基本养老保险缴费证明
企业年金方案(实施细则)重要条款变更	备案函、调整后的企业年金方案(实施细则)、调整对照说明、职工(代表)大会决议
终止企业年金计划	备案函、终止企业年金计划方案、职工(代表)大会决议
备注	1.方案正本、副本各1份,电子版1份; 2.重点情况说明包括单位基本情况、重要条款说明、方案与范本不一致情况的说明。

附件4

(××单位)企业年金方案基本情况简表(样式)

单位联系人:　　　　办公电话:　　　　手机:

受托人联系人:　　　　办公电话:　　　　手机:

集团单位名称(盖章)、性质,从事行业	集团所有下属单位个数	集团总人数	在职、离退休人数	参加计划人数,覆盖率	集团方案批复时间	方案复函号	已领待遇人数

序号	已报备下属单位名称	有无方案调整事项(列出)		是否报备	复函时间	复函号

序号	本次报备下属单位名称	所属地	集体协商形式	参加人数,覆盖率	决议时间	拟实施方案日期

序号	未建立年金下属单位名称	未建立原因

附件 5

基本养老保险参保缴费证明（样式）

经核实，（××单位）于××年××月××日在我单位进行社会保险登记，该单位参保缴费情况如下：

编号：

单位：人、万元（小数点后保留两位）

项 目	应参保职工	实际参保职工	实际缴费人数	缴费工资总额		费率（%）		应缴费额		实际缴费额		历年欠费额
				单位	个人	单位	个人	单位	个人	单位	个人	
	1	2	3	4	5	6	7	8	9	10	11	12
上年度												
本年1至 月												

注：1. 应参保职工、实际参保和缴费人数为该企业上年末及证明开具日上月末的人数；
　　2. 缴费工资总额、应缴费额、应缴费额和实际缴费额为该单位上年度及本年度年初至证明开具日上月末止的累计数额；
　　3. 历年欠费额为该企业自参加基本养老保险之日起至证明开具日上月末止的累计欠费额。

经办人签章：

联系电话：

社保经办单位负责人签章：

（社保经办机构公章）

年　　月　　日

浙江省人力资源和社会保障厅关于印发《浙江省"全民参保登记计划"工作实施方案》的通知

浙人社发〔2014〕128 号

各市、县(市、区)人力资源和社会保障局,嘉兴市社会保障事务局:

根据人社部《关于实施"全民参保登记计划"的通知》(人社部发〔2014〕40 号)和人社部办公厅《关于确定浙江等 50 个地区作为全民参保登记计划试点单位的通知》(人社厅发〔2014〕80 号)等文件要求,研究制定了《浙江省"全民参保登记计划"工作实施方案》,现印

发给你们,请认真贯彻执行。执行中遇有问题,请及时向浙江省"全民参保登记计划"工作领导小组办公室(省社会保险事业管理中心)报告。

浙江省人力资源和社会保障厅
2014 年 8 月 25 日

浙江省"全民参保登记计划"工作实施方案

为确保我省"全民参保登记计划"工作平稳、有序实施,特制定本实施方案。

一、实施"全民参保登记计划"工作的重要意义

"全民参保登记计划"工作是以社会保险法等法律法规为依据,以社会保险全覆盖为目标,通过信息比对、入户调查、数据集中管理和动态更新等措施,对各类群体参加社会保险情况进行记录、核查和规范管理,从而推进城乡居民全面、持续参加社会保险的专项行动。

近年来,在省委、省政府的高度重视下,在

各地人力社保部门的共同努力下,我省已初步建成统筹城乡、覆盖全民的社会保障制度。但部分城乡居民仍未依法纳入社会保险覆盖范围、参保资源底数不清、重复参保和中断缴费现象并存等问题,亟需在完善社会保障体系的进程中抓紧解决。

我省在全国率先开展"全民参保登记计划"工作,是贯彻落实党的十八大和十八届三中全会精神的重大改革举措,有利于加快实现我省社会保险全覆盖目标,加快建立更加公平可持续的社会保障制度;是贯彻落实省委十三届五次全会精神、加快"建设美丽浙江、创造美

好生活"的必然要求,有利于适应我省新型城市化进程和社会流动性特征,更好地维护广大参保人员转移接续社保关系的合法权益,促进人力资源合理流动;有利于加强基本公共服务,创新社会管理,避免和减少重复参保、重复补贴、重复领取待遇,提高公共资源使用效率。

二、"全民参保登记计划"工作的目标任务

我省开展"全民参保登记计划"工作的总体目标是:通过对法律法规和政策规定范围内个人参加社会保险情况进行登记核查和规范管理,建立浙江省社会保险基础数据库和全民参保登记信息管理系统,制定登记信息数据动态管理机制,实现本省户籍符合参保条件人员应保尽保。参保登记的最终成果是,建立以全省乃至全国统一的社会保障号码为每个人唯一参保标识的、全面覆盖的社会保险基础数据库,并实时更新,可进行全省、全国联网比对,可准确查阅已参保人员和未参保人员的信息,为实现全民参保提供科学决策依据。2014 年底全省全民参保登记率达到 50%,2015 年底完成调查登记工作,2016 年建立登记信息数据动态管理机制。具体任务是:

(一)按照全省统一的标准,以目前覆盖人数最多的养老保险、医疗保险为基础,整合城乡各项社会保险参保信息,进行筛查比对、数据整理、入户调查工作,确保参保登记(核对)信息的规范和准确。

(二)建立全省全民参保登记(核对)指标体系,制定全省统一的登记(核对)指标项和数据技术标准。

(三)建立浙江省社会保险基础数据库,开发全省统一的全民参保登记信息管理系统,实现全省各类社会保险已参保和未参保人员信息登记(核对)的动态管理,并适应分级管理需求。

(四)做好与发改、经信、公安、民政、财政、

卫生计生和法院等相关业务系统的对接,实现部门间信息共享。

三、全民参保登记(核对)的办法

(一)关于全民参保登记(核对)的对象和内容。全民参保登记(核对)的对象是本省户籍人员。入户登记(核对)的内容为本省户籍人员的基本信息、就业状况、社会保险参保现状等(见附件 1)。

(二)关于全民参保登记(核对)工作的具体步骤。全民参保登记(核对)工作,采取上下结合、先进行数据比对、再进行登记(核对)的递进方法。首先是对已有的信息,社保经办机构经过清理比对后直接确认;其次是对缺失错误的信息,通过基层平台补录改正,完成确认;最后是重点入户调查确认。建立全面、完整、准确的社会保险基础数据库,形成每个人唯一的社保标识,并实现全省联网和动态更新。具体步骤如下:

1. 确定登记(核对)指标项,制定基础数据标准。根据社会保险业务指标,结合业务数据实际情况,确定全省全民参保登记(核对)指标项,制定基础数据标准。

2. 建立"浙江省社会保险基础数据库"。通过协调公安、经信等部门,采集全省户籍人员基础信息,并按属地核准户籍人员数,为填写《浙江省全民参保登记个人信息登记(核对)表》提供基础信息,逐步建立"浙江省社会保险基础数据库"。

3. 各市按照全省统一的登记(核对)指标项及数据标准对业务数据进行处理。通过与"浙江省社会保险基础数据库"的数据交换取得本市及所辖各统筹区户籍人口数据,与当地社保业务系统进行比对,比对结果由市汇总后上传到省级数据库;省里将各地养老、医疗保险未参保人员信息与其他地区上传的参保信息比对,产生省内异地参保人员信息,并与人社部交

换联网数据进行比对产生在省外参保人员信息,一并下发各市,由各市明确未参保人员名册并生成需要入户登记(核对)的人员信息。

4. 发放未参保人员信息表,进行入户登记(核对)。各县(市、区)与当地公安部门协商取得登记(核对)所需的户号和详细户口所在地址(村、社区)等信息。将需要入户登记(核对)的人员导出,统一表单发放到基层,由乡镇(街道)、村(社区)编制花名册,按照《浙江省全民参保登记个人信息登记(核对)表》的指标项,入户逐个登记(核对),填写登记(核对)表,并由乡镇(街道)、村(社区)做好调查数据的录入和整理。

5. 形成社会保险基础数据库和动态管理机制。乡镇(街道)、村(社区)按照《全民参保登记表》(基本样式见附件2)要求,录入调查、登记(核对)信息,社保机构对录入的信息进行审核把关。建立完整的"浙江省社会保险基础数据库",并通过系统自动更新、人工动态调查录入等手段全面实行动态管理。乡镇(街道)、村(社区)对本辖区登记(核对)信息数据采集后,实行动态维护。登记对象因死亡、户籍迁移或参保情况变化等需变更登记信息的,应按照申报、审核等规定程序及时变更,形成实时动态数据库。

(三)关于省与市的职责分工。根据上述登记(核对)模式,省与市的职责如下:

省厅职责:确定全民参保登记(核对)指标项,制定基础数据标准和内容,建设"浙江省社会保险基础数据库"和"全民参保信息登记管理系统";协助各地将待登记(核对)人员信息与人社部全国数据进行比对,以确定需要入户登记(核对)人员信息;制定参保信息登记管理系统的动态管理机制。

各市职责:完成所辖各统筹区业务库数据的整理和比对工作,并以市为单位汇总;完成与"浙江省社会保险基础数据库"的数据交换;发

放未参保人员信息表,组织指导所辖各统筹区与当地公安部门协商取得有关信息,开展入户登记(核对),并将信息录入到"全民参保信息登记管理系统";组织实施全民参保信息的动态管理,做好数据和信息的日常维护工作。

(四)关于实施步骤。计划用三年时间(2014年—2016年)完成,分5个实施阶段:

1. 制定方案阶段(2014年8月底前),各地成立全民参保登记工作领导小组,制定具体实施方案(包括登记工作具体操作办法)。

2. 信息系统建设阶段(2014年9月底前),做好信息系统的招标和建设,对现有参保数据与公安户籍信息进行比对整理。

3. 全面推开阶段(2014年12月底前),全面推开登记(核对)工作的信息采集和录入核对工作,登记率达到50%。

4. 完成登记任务阶段(2015年底前)。

5. 建立登记信息数据动态管理机制阶段(2016年底前)。

四、工作要求

(一)加强组织领导。省厅成立"全民参保登记计划"工作领导小组,由吴顺江厅长任组长,刘国富、蔡国春副厅长任副组长,成员由相关业务处室(单位)主要负责人组成,办公室设在省社保中心,由程振开同志兼任办公室主任。各地要相应建立"全民参保登记计划"工作领导小组,办公室原则上设在当地社保经办机构,形成主要领导亲自抓、分管领导具体抓、社保经办机构和业务部门以及信息部门分工负责的工作格局,抓紧制定当地"全民参保登记计划"工作实施方案,做到任务、措施、人员、经费、设备"五到位"。各市、县(市、区)的实施方案请于9月上旬分别报省、市"全民参保登记计划"工作领导小组办公室备案。各地要统筹安排工作力量,加强社保经办机构与信息化管理、就业、劳动关系、劳动监察、农民工工作等机构的协同

配合,狠抓落实,确保"全民参保登记计划"工作有序推进并取得预期成效。

(二)加强部门协调。各级人力社保部门要在当地党委、政府的领导和支持下,加强与有关部门的沟通协调,增进共识,大力保障调查登记工作中所需的人力财力,积极推动部门间信息资源共享,为全民参保登记夯实工作基础。

(三)加强督促检查。根据全省"全民参保登记计划"工作进度,适时组织开展督查工作,建立工作调度机制,通报各地推进情况。各市要切实负起责任,对所属县(市、区)及时进行督查,确保本地区"全民参保登记计划"工作如期开展、按时完成。

(四)加强业务培训和宣传工作。省里将组织举办全省全民参保登记业务和信息培训班,对各市、县(市、区)从事此项工作人员进行业务培训,统一解读全民参保登记范围和对象、调查指标含义、口径和系统建设等内容。各市、县(市、区)要根据省里下发的业务培训资料,对所属乡镇(街道)、村(社区)工作人员进行培训。各级人力社保部门要有针对性地制定宣传计划,通过新闻媒体、组织召开会议、印发宣传手册、深入基层宣讲等形式开展广泛宣传,凝聚社会共识,提升全民参保意识,营造良好氛围。

附件:1.浙江省全民参保登记个人信息登记(核对)表(略)
　　　2.全民参保登记表(略)

浙江省人力资源和社会保障厅关于印发浙江省技能人才自主评价办法（试行）的通知

浙人社发〔2014〕131 号

各市、县（市、区）人力资源和社会保障局，省级有关单位：

为进一步推进我省技能人才队伍建设，加快完善职业技能鉴定体系，深化企业（行业）技能人才自主评价工作，根据《关于加强企业技能人才队伍建设的意见》（国办发〔2012〕34号）、《浙江省人民政府关于印发浙江省人才发展"十二五"规划的通知》（浙政发〔2011〕97号）、《浙江省人民政府办公厅转发省人力社保

厅省财政厅省国资委关于加强企业技能人才队伍建设实施意见的通知》（浙政办发〔2013〕4号）等文件精神，我们制定了《浙江省技能人才自主评价办法（试行）》，现印发给你们，请认真贯彻执行。

浙江省人力资源和社会保障厅
2014 年 8 月 28 日

浙江省技能人才自主评价办法（试行）

第一章 总 则

第一条 为加快完善职业技能鉴定体系，深化企业（行业）技能人才自主评价工作，切实解决技能人才评价与生产实践结合不够紧密、企业（行业）在技能人才培养中主体作用发挥不够充分等问题，根据《关于加强企业技能人才队伍建设的意见》（国办发〔2012〕34 号）、《浙江省人民政府关于印发浙江省人才发展"十二五"规划的通知》（浙政发〔2011〕97 号）、《浙江省人民政府办公厅转发省人力社保厅省财政厅省国资委关于加强企业技能人才队伍建

设实施意见的通知》（浙政办发〔2013〕4 号）等文件精神及国家和省有关规定，制定本办法。

第二条 本办法所指技能人才自主评价是指在国家职业标准的统一框架基础上，由企业或行业协会（学会）结合生产服务实际，对本企业（行业）职工执行操作规程、解决生产问题、完成工作任务和技术攻关的能力状况进行自主考核鉴定，确定技能水平并报相关部门认定后，按规定核发相应国家职业资格证书的评价方法。

第三条 技能人才自主评价要坚持"国家职业标准与生产岗位实际要求相衔接、操作技

能考核与工作业绩评定相联系、企业评价与社会认可相结合、属地管理与行业指导相协调、培训考核与使用待遇相挂钩"的原则,依据国家职业(行业)标准及有关规定,结合企业实际,采用贴近生产需要、贴近岗位要求的考核方式,对职工技能水平进行客观、科学、公正的评价。

第四条 技能人才自主评价工作按属地管理原则,由各级人力社保部门及所属职业技能鉴定机构指导监管。在杭省部属企业(行业)由省人力社保厅及所属职业技能鉴定机构指导监管。

第二章 资格条件

第五条 企业开展技能人才自主评价工作应具备以下条件:

(一)依法经营、按章纳税、管理规范,已建立技能人才培养、评价、使用和激励相互衔接的工作机制,有切实可行的奖惩措施;

(二)按规定提取和使用职工教育经费,能够为评价工作提供相应的经费保障;

(三)设有负责职工培训和考核的部门,有相应的工作人员;

(四)能提供与考评职业(工种)相适应的考核场地与设施设备等。

第六条 开展技能人才自主评价的行业协会(学会)需经人力社保部门同意并应具备以下基本条件:

(一)具有独立的法人资格,在我省登记且在本区域范围内具有较强行业影响力;

(二)能提供与评价职业(工种)相适应的培训考核场地和设施设备等;

(三)有职业培训工作经验,具备开展技能人才评价所需的专家队伍。

第七条 技能人才自主评价的职业(工种)范围:

(一)列入《中华人民共和国职业分类大典》的技能类职业(工种);

(二)尚未列入《中华人民共和国职业分类大典》,但属我省产业所需的职业(工种),由省人力社保厅组织开发职业技能标准并发布的;

(三)全国、全省统考职业按有关规定执行。

第八条 参加企业自主评价的人员原则上应为本企业在职职工,在我省行业中有领军地位的大型企业可将本行业同类企业在职职工纳入本企业自主评价范围。

第九条 参加行业自主评价的单位应建立技能人才培养、使用和激励相互衔接的工作机制,有切实可行的工资制度和奖惩措施。参评人员应为本行业协会(学会)成员单位的在职职工,且需经所在用人单位同意。

第十条 参评人员所申报的职业(工种)应与本人实际岗位一致。初级工和中级工的职业资格申报条件由企业(行业)自主确定;高级工及以上的职业资格申报条件仍按《浙江省劳动和社会保障厅关于进一步完善高技能人才评价工作的若干意见》(浙劳社培〔2006〕122号)文件规定执行;特别优秀的参评人员在申报高级工职业资格时可适当放宽条件,但其从事本职业工种的时间不得少于8年,破格申报名单须报所在地职业技能鉴定机构认可。

第十一条 一般企业可实施高级工(三级)及以下的职业资格等级鉴定;大中型企业可实施高级技师(一级)及以下的职业资格等级鉴定。行业协会(学会)实施评价的职业资格等级,由所在地人力社保部门根据不同行业协会(学会)的实际情况确定。

第三章 实施程序

第十二条 企业或行业协会(学会)(以下统称为"评价实施单位")开展自主评价前要先填写《技能人才自主评价计划表》(见附件1),并制定《技能人才自主评价实施方案》(模版见附件2),实施方案应包括评价形式、等级、鉴定内容、评价安排、评价组织等内容。

企业开展自主评价的,其《技能人才自主评价计划表》和《技能人才自主评价实施方案》,须报所在地职业技能鉴定机构同意后实施。

行业协会(学会)开展自主评价的、大型企业要将本行业同类企业纳入本企业自主评价范围的,其《技能人才自主评价计划表》和《技能人才自主评价实施方案》,须经所在地职业技能鉴定机构同意,报同级人力社保部门确认后组织实施。

第十三条 实施自主评价应符合以下程序:

(一)成立机构。成立自主评价考核委员会,下设专门考评组,考评组承担自主评价的具体工作。考评组由若干考评员组成,考评员从实施单位和外部机构具有资格的人员中选拔担任,其中来自外部机构的考评员不得少于总人数的三分之一。考评员资格由当地职业技能鉴定机构确认。

(二)制定标准。考评组根据国家职业标准或行业技术标准和企业操作要求,组织专家制定本企业(行业)开展自主评价职业(工种)的标准。企业制定自主评价职业(工种)标准,可参照《企业技能人才评价标准化体系工作方案》(浙人社发〔2012〕14号)执行。

(三)组织实施。根据实施方案公布实施计划、组织报名、审核资料、结果公示等组织管理工作。

参加考评的职工根据相应岗位进行报名,其中行业协会(学会)应将组织任务分发至各成员企业,并将参评职工的信息汇总。

(四)考核鉴定。考核鉴定可采取理论考试与实际操作相结合的办法,也可采取工作业绩评定、现场作业评定、模拟仿真操作评定、产品抽样评定、典型工件加工评定、组织专家答辩等办法。评价实施单位可自行组织专家建立题库,考题可按1+X形式组成(1为企业行业题

库,X为国家或省题库)。其中评价实施单位自主命题的试题比例原则上不得超过国家或省题库中试题的70%。对于尚未建立国家或省试题库的职业(工种),评价实施单位自主命题的试题库应报当地职业技能鉴定机构认可。

(五)结果公示。自主评价的结果应当予以公示。经公示无异议的,由自主评价考核委员会予以确认。

(六)证书办理。评价实施单位在评价结束后15日内将评价结果报所在地职业技能鉴定机构,并填写《技能人才自主评价结果汇总表》(见附件3)。各级职业技能鉴定机构据此按规定为其办理相应的国家职业资格证书核发手续。

(七)档案管理。企业(行业)实施自主评价的过程材料和参评个人材料要及时整理归档,要编制案卷类目,确保归档文件材料完整、准确、系统。自主评价档案要合理分类并妥善保管。

第十四条 为确保技能人才自主评价的质量,企业(行业)自主评价要按照建设一支橄榄型技能人才队伍的要求,适当控制不同职业资格等级人员的结构比例,其中当年新增的高级技师人数一般不得超过上年新增技师人数的20%。

第四章 保障与激励

第十五条 各级人力社保部门要高度重视技能人才自主评价工作,将其纳入高技能人才培养和就业服务体系建设总体规划。根据本地产业结构实际和职业技能鉴定的基础条件,加强调研,分类指导,稳步推进自主评价工作。

第十六条 各级职业技能鉴定机构要加强自主评价的服务和督查工作,指导企业(行业)制定符合自身实际的评价工作方案,建立健全专家库和考评员队伍,加快开发符合我省产业发展需要的职业(工种)标准,培育技师协会等

服务机构,为企业(行业)提供相关国家职业标准、试题、专家、技术和咨询服务等支持。定期向社会公布高技能人才公共实训基地名单,协调各类实训基地为开展自主评价的企业(行业)提供培训和鉴定所需的设备设施场地。

第十七条　各地要加大资金投入,用于高技能人才的专项资金和促进就业资金应重点向自主评价工作倾斜。对符合培训补贴条件的企业(行业),政府要给予技能培训补贴。各级职业技能鉴定机构对自主评价的职业技能鉴定费用要给予减免。有条件的市县应协调相关部门设立技能人才自主评价专项资金。

第十八条　企业(行业)应充分发挥主体作用,建立健全自主评价长效机制。企业可根据生产工作需要,灵活安排参评对象开展岗位技能培训,可采取校企合作等手段,将评价工作与职工培训制度有机结合,有效提升职工的综合素质和技能水平。要按规定足额提取职工教育经费,保障自主评价工作开展。建立技能岗位津贴等科学合理的薪酬制度,切实提高技能人才福利待遇。有条件的企业可建立企业年金和补充医疗保险制度,对技能人才予以适当倾斜。

第十九条　对自主评价工作机制健全、成效显著的企业或行业,符合条件的,各级人力社保部门可授予社会化鉴定相应资质。

第五章　监督与检查

第二十条　各级人力社保部门及所属职业技能鉴定机构要加强统筹管理,对评价过程和评价质量进行监督检查。

第二十一条　各级职业技能鉴定机构要加强事中、事后检查,对自主评价工作流程、资金落实、评价质量等情况进行检查评估,对未按要求报备工作方案、未按本办法规定的评价要求实施评价或评价质量不符合要求的企业或行业,其评价结果不予认可,严重的取消其自主评价资格。探索建立定期评估与日常检查相结合的制度,采取查阅评价记录、派遣督导员及抽考等方式,对企业(行业)自主评价的质量、社会公信力等进行评估,定期向社会公布管理规范、质量好、信誉高的单位。

第二十二条　人力社保部门及所属职业技能鉴定机构工作人员违规操作、弄虚作假、徇私舞弊、玩忽职守的,依法给予处分;构成犯罪的,依法追究刑事责任。

第六章　附　则

第二十三条　中型及以上企业划分标准依据《国家统计局关于印发统计上大中小微型企业划分办法的通知》(国统〔2011〕字75号)执行。

第二十四条　企业职工教育经费按照财政部等部门《关于印发〈关于企业职工教育经费提取与使用管理的意见〉的通知》(财建〔2006〕317号)执行。

第二十五条　行业特有工种的行业主管部门要积极创造条件,将评价工作逐步移交给行业协会(学会)。行业协会(学会)对行业特有工种实施自主评价的,参照本办法执行。

第二十六条　本办法由省人力社保厅负责解释。

第二十七条　本办法自2014年9月28日起执行。

附件:1. 技能人才自主评价计划表

2. 技能人才自主评价实施方案(模版)

3. 技能人才自主评价结果汇总表

4. 技能人才自主评价合格人员花名册

附件1

技能人才自主评价计划表

单位名称			法人代表			
通讯地址			邮政编码			
单位性质	国有 外资 民营 其他		单位类型		大型 中型	
上年度资产总额(万元)			上年度企业职工工资总额(万元)			
上年度销售总额(万元)			上年度企业职工教育经费(万元)		提取数额	
					用于技能人才培养数	
	姓名	职务/职称	联系电话(传真)	电子信箱		
主管领导						
联系人						
单位简介、技能人才培养使用情况	(可另附页)					
拟开展评价的职业(工种)、等级	(可另附页)					
申报单位意见	经办人: 负责人: 单位盖章: 年 月 日					
职业技能鉴定机构意见	经办人: 负责人: 单位盖章: 年 月 日					
人力社保行政部门意见	经办人: 负责人: 单位盖章: 年 月 日					

注：企业(行业)各分别按要求填列并报送。

附件 2

技能人才自主评价实施方案(模版)

一、评价职业(工种)名称、标准,评价等级、人数等情况

二、评价方式、时间、地点安排(含理论、技能、业绩评审等)

三、评价场地、设施、设备情况

四、公示安排

(一)公示内容

1．技能人才月度岗位工资(津贴)等薪酬激励政策;

2．申报条件(含破格);

3．评价结果;

4．其他需要公示的内容。

(二)公示时间、地点

五、组织机构

(一)自主评价考核委员会

主任:

成员:

(二)考评组

——职业(工种)

组长:

成员:

六、其他

附件 3

技能人才自主评价结果汇总表

填报单位（章）：　　　　　　　　　　　　　　　　　　填报日期：　　年　　月　　日

评价时间		申报人数			
鉴定人数		合格人数			
评价工种	等级及合格人数				
	初级	中级	高级	技师	高级技师	小计
合计						
所在地职业技能鉴定机构意见						

备注：1. 本表一式二份，报送单位、职业技能鉴定机构分别留存。
　　　2. 本表附《技能人才自主评价合格人员花名册》（见附件 4）

附件 4

技能人才自主评价合格人员花名册

填报单位（章）：

序号	姓名	性别	出生年月	身份证号码	学历	专业工龄	申报职业	评价等级	技能成绩	理论成绩	业绩评审成绩

浙江省人力资源和社会保障厅关于
将人事考试中违纪违规考生信息
纳入人事考试信用体系的通知

浙人社发〔2014〕140号

各市和义乌市人力资源和社会保障局:

为营造良好的诚信考试环境,根据《浙江省公共信用信息指导目录(2014版)》(浙信发〔2014〕2号)要求,经研究决定,从2014年10月开始,在浙江信用网公布人事考试中违纪违规考生信息。现将有关事项通知如下:

一、纳入人事考试不诚信行为的范围

(一)公务员录用考试:《公务员录用考试违纪违规行为处理办法(试行)》第六条第(五)项、第七条、第八条规定的违纪违规行为(详见附件1)。

(二)专业技术人员资格考试:《专业技术人员资格考试违纪违规行为处理规定》第六条第(七)项、第七条规定的违纪违规行为(同上)。

(三)其他人事考试:《浙江省人事考试应试人员违纪违规行为处理规定》第三条第(一)项第7点、第9点,第(二)项,第(三)项,第(四)项规定的违纪违规行为(同上)。

二、处理程序

在各市设考点的考试,各市人事考试办公室须在考试结束后2个工作日内,将考试违纪违规行为处理意见(附件2)和考场情况记录单扫描件电子版上报省人事考试办公室,省人事考试办公室统一审核后于5个工作日内在浙江省人事考试网的"诚信记录"栏目公布拟处理意见。应试人员自拟处理意见公布之日起5个工作日内无陈述和申辩的,各地须在10个工作日内寄送《考试违纪违规行为处理决定书》,把纳入诚信体系的人事考试违纪考生信息(附件3)上报省人事考试办公室,由浙江省信用中心统一在浙江信用网公布。应试人员在5个工作日内提出陈述和申辩的,按相应规定的程序办理。

三、工作要求

各地要高度重视人事考试信用体系的建设,严格按照《公务员录用考试违纪违规行为处理办法(试行)》、《专业技术人员资格考试违纪违规行为处理规定》、《浙江省人事考试应试人员违纪违规行为处理规定》相关规定,严肃处理违纪违规行为,做到合理合规,准确无误。如有疑问,请及时联系省人事考试办公室。

电话:0571 - 88395086,邮箱:17668594@qq.com。

附件:1. 人事考试中违纪违规行为的具体范围
2. 考试违纪违规行为处理意见表
3. 人事考试违纪信息(纳入信用体系)

浙江省人力资源和社会保障厅办公室
2014年9月30日

附件 1

人事考试中违纪违规行为的具体范围

一、公务员录用考试

《公务员录用考试违纪违规行为处理办法（试行）》：

第六条第（五）项：故意损毁试卷、答题纸、答题卡，或者将试卷、答题纸、答题卡带出考场的。

第七条第（一）至（四）项：

（一）抄袭、协助抄袭的；

（二）持假证件参加考试的；

（三）使用禁止自带的通讯设备或者具有计算、存储功能电子设备的；

（四）其他严重违纪违规行为。

第八条第（一）至（三）项：

（一）经查实认定为串通作弊或者有组织作弊的；

（二）由他人替考或者冒名顶替他人参加考试的；

（三）其他情节特别严重、影响恶劣的违纪违规行为。

二、专业技术人员资格考试

《专业技术人员资格考试违纪违规行为处理规定》：

第六条第（七）项：违反规定翻阅参考资料的。

第七条第（一）至（九）项：

（一）抄袭、协助他人抄袭试题答案或者与考试内容相关资料的；

（二）互相传递试卷、答题纸、答题卡、草稿纸等的；

（三）故意损坏试卷、答题纸、答题卡，或者将试卷、答题纸、答题卡带出考场的；

（四）伪造、涂改证件、证明，或者以其他不正当手段获取考试资格的；

（五）让他人冒名顶替参加考试的；

（六）本人离开考场后，在考试结束前，传播考试试题及答案的；

（七）与考试工作人员串通作弊或者参与有组织作弊的；

（八）利用通讯工具、电子用品或者其他技术手段接收、发送与考试相关信息的；

（九）其他严重违纪违规行为。

三、其他人事考试

《浙江省人事考试应试人员违纪违规行为处理规定》：

第三条第（一）项第 7 点：违反规定翻阅参考资料的。

第 9 点：故意损坏试卷、答题卡（纸），或将试卷、答题卡（纸）、草稿纸带出考场的；

第（二）项第 1 至 4 点：

1. 抄袭、协助抄袭的；

2. 互相传递试卷、答题卡（纸）、草稿纸等的；

3. 使用禁止自带的通讯设备或具有计算、存储功能电子设备的；

4. 其他严重违纪违规行为。

第（三）项第 1 至 5 点：

1. 持假证件参加考试的；

2. 让他人冒名顶替或代替他人参加考试的；

3. 利用通讯工具、电子用品或者其他技术手段接听、接收或发送考试信息的；

4. 与工作人员串通作弊或参与有组织作弊的；

5．其他情节特别严重、影响恶劣的违纪违规行为。

第(四)项：恶意注册报名信息，扰乱报名秩序的;伪造、涂改证件或以其他不正当手段获取考试资格行为的。

附件2

考试违纪违规行为处理意见表

单位名称(盖章)　　　　　　　　　　　　　　　　　　　　　　　　　日期：

编号	姓名	身份证号	准考证号	工作单位	考试名称	违纪违规行为	处理意见

附件3

人事考试违纪信息(纳入信用体系)

单位名称(盖章)　　　　　　　　　　　　　　　　　　　　　　　　　日期：

编号	姓名	身份证号	准考证号	工作单位	考试名称	违纪行为	处理意见	决定时间	文号

浙江省人力资源和社会保障厅关于印发
浙江省技工院校省级专业（学科）带头人评选
管理办法（试行）等规定的通知

浙人社发〔2014〕142 号

各市和义乌市人力资源和社会保障局,各技工院校：

为加强我省技工院校专业（学科）带头人、督导员队伍建设,推进技工院校改革和内涵发展,我们制定了《浙江省技工院校省级专业（学科）带头人评选管理办法（试行）》和《浙江省技

工院校省级督导员评选管理办法（试行）》,现印发给你们,请认真贯彻执行。

浙江省人力资源和社会保障厅
2014 年 10 月 8 日

浙江省技工院校省级专业（学科）带头人
评选管理办法（试行）

第一章　总　则

第一条　为加强我省技工院校教师队伍建设和专业（学科）建设,推动教育教学改革,提高教学质量,结合我省实际,制定本办法。

第二条　技工院校专业（学科）带头人是技工教育教学、教科研工作的领头人,是技工院校专业（学科）建设的中坚力量,是深化技工院校改革发展的重要依靠者。

第三条　评选分专业和公共学科两类,专业学科名称以全国技工院校专业目录为准,公共学科为德育、语文、数学、物理、化学、英语、体育等公共基础课。

评选的对象和范围为我省技工院校从事教学、教研和管理工作的在职教师。

第四条　评选坚持公开、公平、公正的原则,坚持师德、能力和业绩并重的原则。

第二章　评选条件

第五条　评选对象基本条件

（一）坚持党的基本路线,全面贯彻党的教育方针,热爱技工教育事业。治学严谨,业务精湛,师德高尚。

（二）在本专业岗位连续从事教学工作 8 年以上。

（三）本科以上学历,具有高级职称（含高

级技师)以上的专业技术职务(或职业资格)。

(四)能任满一届(三年)。

(五)校级或市级专业(学科)带头人、骨干教师。

第六条 评选对象能力和业绩条件

(一)专业知识扎实,理论功底深厚,教学思想先进,教学经验丰富,学术思想活跃,熟悉本专业(学科)的现状及发展趋势。

(二)承担示范课、精品课、公开课教学任务。在专业(学科)建设、教学改革和技术技能人才培养等方面发挥带头作用,教学效果得到学生及家长的广泛好评,专业技能水平在技工院校本专业(学科)领域具有一定知名度。

(三)近五年教学工作量达到规定的要求:专任教师教学周课时原则上不少于10课时,系部负责人原则上不少于4课时,专职教研和管理人员原则上不少于2课时。

(四)专业技能强,教学业绩优秀,教科研成果突出,并具备下列业绩成果条件之一:

1.在技能竞赛中获省部级(部级、省级,下同)以上二等奖、厅局级(部司局级、省厅级、地市级,下同)一等奖,或者所指导的学生或团体获省部级以上二等奖、厅局级一等奖。

2.在教学成果、教研成果、教材成果、课程建设等评选活动中获省部级以上二等奖、厅局级一等奖,本人为主要完成者(完成者排名中居前两名,下同)。

3.近五年内在国内外刊物上发表本专业(学科)有一定学术价值的论文3篇及以上(其中国家核心刊物1篇以上),本人为第一作者;或正式出版发行本专业(学科)的专著、译著、教材、教学参考书,质量较高,且主要由本人完成。

4.科研成果获省部级以上二等奖、厅局级一等奖,本人为主要完成者;参加企业科研开发、技术革新等工作项目,并取得显著成效,本人是主要完成者。

第七条 推荐名额条件

(一)专业学科推荐名额:开设的专业在校生总数在500人以上的,每校可推荐1—2名专业带头人;300人以上或省级品牌专业的可推荐1名专业带头人。

(二)公共学科推荐名额:德育、语文、体育学科教学在校生总数在1000人以上,数学、英语、物理、化学学科教学在校生总数在600人以上的,每校可推荐1名学科带头人。

第三章 评选程序

第八条 各技工院校根据评选条件组织选拔,推荐相关专业(学科)带头人报设区市人力社保部门审核初评。省属技工院校按属地管理原则参加申报评选。

第九条 各设区市人力社保部门根据评选条件对各技工院校推荐的人选进行审核、评议,确定推荐人选报送省职业技能教学研究所。

第十条 省人力社保厅组建评审委员会进行综合评审。通过评审的教师名单在省人力社保厅网站公示,公示期7天,评选结果由省人力社保厅公布。

第四章 考核管理

第十一条 省级专业(学科)带头人每三年评选一次,三年期满,称号和有关待遇即自行终止,须重新申请评定。

第十二条 省级专业(学科)带头人实行考核管理制。年度考核由专业(学科)带头人所在院校代为实施。考核的主要内容如下:

(一)能够充分发挥专业(学科)带头人的作用,承担专业(学科)建设任务,承担培养两名以上中青年教师成为教学骨干的指导任务,并能带动专业(学科)梯队整体发展。

(二)坚持每学年讲授一门以上本专业(学科)课程,承担5课时以上示范课或公开课,优质完成教学任务。

(三)坚持发挥教科研骨干作用,三年内获

省市级课题研究（通过结题或省市级二等奖以上）、教材编写（一部以上，主编）、论文发表（一篇以上，第一作者）、省级技能竞赛（二等奖以上）、指导学生在省级以上竞赛中获奖（二等奖以上）等各类教学、教研成果达三项以上。

第十三条　省级专业（学科）带头人年度考核不合格、退休或调离本专业教师工作岗位的，称号和有关待遇即自行终止。

第五章　待　遇

第十四条　各技工院校应结合实际制定专业（学科）带头人管理实施细则。每学年应向

本校省级专业（学科）带头人提供适当的教科研和培训专项经费；对两次以上被评为省级专业（学科）带头人的教师，可另行增加奖励。

第十五条　省级专业（学科）带头人，可优先参与省市组织的各级教学教研、学术交流、职称评审、教学督导、培训考察等活动。

第六章　附　则

第十六条　本办法由省人力社保厅负责解释。

第十七条　本办法自发布之日起施行。

浙江省技工院校省级督导员评选管理办法（试行）

第一章　总　则

第一条　为加强我省技工院校教育督导工作，完善省级督导员评选管理机制，促进技工院校教育质量提高和内涵发展，根据国家教育法、职业教育法和技工学校教育督导评估有关规定，结合我省实际，制定本办法。

第二条　省级督导员是对技工院校的建设评估、教学教研、实习实习、专业建设、课程改革、教育管理等工作进行全面监督、检查和指导，为学校有关教学政策、规定、措施的制定和教学质量目标实现提供参谋和指导的人员。

第三条　技工院校省级督导员评选遵循公开、公平、公正原则。

第二章　评选条件

第四条　省级督导员应符合以下基本条件：

（一）坚持党的基本路线，全面贯彻党的教育方针，热爱技工教育事业，坚持原则、办事公正、作风正派、实事求是、乐于奉献、责任心强，有较高威信。

（二）熟悉国家和省职业教育、职业技能培训有关法律、法规、规章规定和政策制度，具有较高的政策法律水平和工作能力。

（三）精通本专业的基础理论和专业知识，熟悉一体化课程体系建设和一体化课程教学；在技工教育理论研究或实践上有新的突破，在省内外有较大影响力；熟悉技能人才培养的规律和要求，在产教融合、校企合作、工学结合等方面有一定研究；熟悉技工院校行政管理工作，在全省同行中有较高的知名度。

（四）具有大学本科以上学历、高级职称或高级技师以上职业资格，从事教育工作15年以上且有5年以上技工院校管理工作经历的省级

重点以上技工院校在职人员或专门从事技工教育研究的在职专业技术人员。

（五）身体健康，能合理安排时间投入教育督导工作。

第三章　评选程序

第五条　省级督导员由各技工院校推荐，经设区市人力社保部门审核评议后，将人员名单及有关材料报送省职业技能教学研究所。省属技工院校按属地管理原则参加评选。

第六条　省人力社保部门对各设区市推荐的人选进行复审复核，通过复审复核的省级督导员名单在省人力社保厅网站上公示，公示期7天。评选结果由省人力社保厅公布。

第四章　督导工作主要内容

第七条　督导工作包括下列内容：

（一）学校贯彻执行国家法律、法规和方针、政策的情况。

（二）学校执行国家办学标准、工作条例及管理制度的情况。

（三）学校基础设施、办学条件、专业建设、文化建设、教学管理、学生管理、职业规划指导及毕业生就业等情况。

（四）学校教师上岗资格、职业道德和相关待遇落实情况。

（五）学生德、智、技、体、美等全面发展的教育教学实施情况。

（六）产教融合、校企合作、工学结合、学生实训实习情况。

（七）学校承担劳动预备制培训任务和开展社会职业技能培训情况。

（八）学校教研活动开展情况、一体化课程教学改革实施情况。

第五章　职权职责

第八条　省级督导员具有下列职权：

（一）对技工院校建设情况进行评估。

（二）列席被督导技工院校的有关会议。

（三）要求被督导技工院校提供有关文件资料并汇报工作。

（四）对被督导技工院校进行现场调查和师生访谈。

（五）到学生实习单位、用人单位听取了解对学校实习生、毕业生的评价意见。

第九条　省级督导员履行下列职责：

（一）对照督导内容和要求，客观公正、实事求是地对被督导技工院校提出意见建议。

（二）对被督导技工院校或有关人员存在弄虚作假、不报实情行为的，及时指出并责令改正。

（三）探究、总结和推广优秀的教育督导经验和教学管理经验。

（四）对技工院校建设与技工教育管理工作中重大问题进行调查研究，反映情况，提出意见建议。

第六章　管　理

第十条　省级督导员由省人力社保部门实行聘任管理，并按照省人力社保部门的要求开展工作。

第十一条　省级督导员每三年推荐评选一次，三年期满后称号自行终止。

第十二条　省级督导员利用职权谋取私利或滥用职权的，视其情节给予通报批评或建议学校及主管部门给予处分，并撤销其省级督导员称号。

第七章　附　则

第十三条　本办法由省人力社保厅负责解释。

第十四条　本办法自发布之日起施行。

浙江省人力资源和社会保障厅关于印发浙江省技工院校教师继续教育管理办法的通知

浙人社发〔2014〕144 号

各有关市、县(市、区)人力资源和社会保障局,各技工院校:

　　为切实加强技工院校建设,提升技工院校教师队伍素质,经商省教育厅同意,我厅制订了《浙江省技工院校教师继续教育管理办法》,现印发给你们,请认真贯彻执行。

浙江省人力资源和社会保障厅
2014 年 10 月 14 日

浙江省技工院校教师继续教育管理办法

第一章　总　则

　　第一条　为进一步加强高技能人才队伍建设,不断提高我省技工院校教师的能力素质,根据《中华人民共和国教师法》、《浙江省专业技术人员继续教育规定》、《人力资源和社会保障部关于大力推进技工院校改革发展的意见》(人社部发〔2010〕57 号)等有关规定,制定本办法。

　　第二条　本办法所称技工院校教师继续教育,是指为技工院校在职专任教师和校长(含副校长),提高职业道德、专业知识、专业技能和教学能力而组织和举办的非学历培训。

　　第三条　参加继续教育是技工院校教师的权利和义务,组织技工院校教师继续教育是人力社保行政部门和技工院校应尽的责任。

　　第四条　技工院校教师继续教育应坚持和贯彻以教师为本的原则,实行集中培训、校本培训、多元化工学结合项目等形式的有机结合。继续教育由人力社保行政部门统筹规划,学校统一管理,教师自主选择,培训机构按规定申报培训项目,依法有序、科学合理地进行组织和开展。

第二章　继续教育安排和选择

　　第五条　技工院校教师继续教育每 5 年为一个周期。在职教师在周期内参加继续教育时间应累计不少于 360 学时。教师周期内继续教育时间,可以集中使用,也可分散使用,但每年参加继续教育时间一般不低于 24 学时,周期内至少参加一次不少于 90 学时的集中培训。

　　第六条　集中培训和校本培训主要包括职

业素养提升综合培训、师德培训、一体化课程师资培训等。多元化工学结合项目主要包括教师参与校企工学结合或半工半读教学改革、参加技能大师"师带徒"项目、参与企业大型技术革新项目。

新录用的、教龄在一年以内的新任教师，在试用期内必须参加以教师职业道德、教育教学能力、学生管理能力训练为主的培训，非师范院校毕业的新任教师必须参加教育学、心理学和职业素养的培训；专业课新任教师同时要参加生产实习教学或一体化课程教学的培训和相关专业（工种）实操技能训练。新任教师在试用期内参加的培训需不少于180学时，其中实践培训不少于60学时。新任教师在试用期内接受规定培训的学时数，按有关规定计算继续教育培训学时数。

新任校长到岗一年内须参加300学时的任职资格培训，其中集中培训不少于90学时。新任校长任职资格培训的学时数，按有关规定计算继续教育培训学时数。

教师在接受与其从事的专业相关的学历教育期间，按有关规定计算继续教育学时。

第七条 人力社保行政部门应从技工院校职业能力建设出发，制定教师继续教育5年规划和年度继续教育计划，并认真组织实施。

学校应从提高办学水平，全面提升教师综合素质和执教能力出发，制定教师继续教育5年规划和年度继续教育计划，并根据教学安排需要，以及继续教育经费情况、教师继续教育申请，统筹安排教师参加继续教育。

教师应根据学校继续教育要求，制定个人专业发展5年规划和年度专业发展继续教育计划。在此基础上，结合教学与专业发展的需要，根据培训机构提供的培训课程、形式和时间，选择培训项目，并在学校作出新学期教学安排前，向学校提出参加继续教育申请。

第三章　培训机构和培训项目

第八条 技工院校教师继续教育机构为经人力社保行政部门认定的技工教师进修学校、技工院校、高校、其他培训机构、大师工作室以及具备大型技术革新能力的行业或企业等。技工院校教师参加各级教育行政部门认定资质的教师培训机构所开展的各类培训，培训时数均列入教师周期内继续教育学时数。

第九条 经人力社保行政部门认定的培训机构，应通过竞争获得培训项目，并由人力社保部门给予适当补助。

人力社保行政部门应在每年上半年及时公布政府全额、部分承担或不承担培训费用的项目，充分调动社会培训资源，积极采取政府购买培训成果的方式，有效保障技工院校教师继续教育的顺利实施。对政府承担费用的培训项目，应加强经费监督和管理。

第四章　经费保障

第十条 各地各学校应多渠道筹集技工院校教师继续教育经费。各技工院校要按照不少于学校年度日常公用经费总额10%的比例，提取教师培训经费。

继续教育经费应专款专用，不得挪作他用。学校用于教师培训的资金应每年公布一次，自觉接受教师监督。

鼓励社会和个人资助教师培训工作。

第十一条 教师经学校批准参加继续教育培训，凭培训结业证书报销有关培训费用。报销标准由各技工院校自行规定。超出标准以外部分，由教师个人承担。

第五章　组织管理与考核

第十二条 技工院校教师继续教育由省人力社保厅统一筹划，各级人力社保行政部门分级管理。继续教育实行证书管理制度，证书由省人力社保厅统一印制,在全省技工院校范围使用。

省人力社保厅建立教师继续教育培训网络管理平台,及时收集、管理和使用相关信息,各培训机构以及技工院校应认真做好教师培训时数等相关数据信息的录入工作。

第十三条 加强教师培训条件建设,各级人力社保行政部门要将教师培训机构建设纳入当地高技能人才队伍建设发展规划,统筹整合现有的培训教育资源,加强师资队伍建设和培训课程资源建设。

第十四条 技工院校校(院)长是教师继续教育工作的第一责任人。学校要建立以校本培训为基础的教师继续教育发展制度,明确教师培训发展目标和要求,加强对教师参加继续教育的指导组织和检查考核,适时对教师继续教育培训进行评估,提出个性化改进意见。

技工院校开展教师继续教育情况列入学校提升办学层次和评优奖励的评审和考核指标。

第十五条 技工院校应将教师参加培训情况列入教师年度绩效考核指标,并将考核结果作为教师聘用、聘任、晋级、评优、奖励的必要条件。

技工院校教师在培训周期内按规定参加继续教育获得的学时,作为教师职业资格证书定期注册的依据之一。

第十六条 建立健全技工院校教师继续教育统计管理制度。统计的内容和办法由省人力社保厅统一规划设置,设区市人力社保行政部门负责组织实施,并做好综合统计和分析。学校要加强教师继续教育档案及信息化建设,落实专人及时登记教师参加继续教育情况,教师继续教育档案长久保存。

第十七条 省人力社保厅将根据工作需要、教师及社会反映,不定期组织专家,对培训机构实施继续教育项目情况进行抽查。重点抽查培训项目设置是否合理,培训行为是否合法合规,培训宣传是否真实可靠,培训承诺是否真正落实,培训目标是否如期实现等,并公布抽查结果。对培训存在严重问题的机构及项目,实行黄牌警告,限期整改,并实行再检查。若再检查仍无明显改进的,依程序取消该培训项目或取消该培训机构培训资格。

第六章 附 则

第十八条 浙江省内职业技能培训机构教师和校长的继续教育培训参照本办法执行。

第十九条 本办法由省人力社保厅负责解释。

第二十条 本办法自2014年11月8日起施行。

浙江省人力资源和社会保障厅等 3 部门关于 2014 年对部分工业企业临时性下浮 社会保险费缴费比例的通知

浙人社发〔2014〕146 号

各市、县（市、区）人力资源和社会保障局、财政局、地税局，嘉兴市社会保障事务局：

目前，我省经济持续稳中向好的基础还不稳固，部分工业企业转型升级压力较大。为进一步加大部分工业企业政策扶持力度，促进我省实体经济持续健康发展，在确保社会保险待遇按时足额支付、社会保险基金正常运行的前提下，经省政府同意，2014 年对部分工业企业临时性下浮社会保险费缴费比例（包括基本养老保险、基本医疗保险、工伤保险、失业保险、生育保险）。现就有关事项通知如下：

一、社会保险费缴费比例临时性下浮的对象

本次社会保险费缴费比例临时性下浮的对象是符合产业结构调整方向、依法参保缴费、成长性较好的部分工业企业。

享受政策企业的具体条件及范围，由省人力社保厅会同省财政厅、省地税局报省政府批准同意后确定。

二、社会保险费缴费比例下浮标准

本次社会保险费缴费比例临时性下浮的幅度相当于符合享受政策条件的企业社会保险单位缴费部分 2 个月的额度。采用全省集中减征的方法，统一在 2014 年 11 月份、12 月份操作。

企业职工仍按规定缴纳社会保险费，个人缴费部分不予减征。

三、相关政策和业务操作的衔接处理

（一）集中减征月份，企业参保职工按政策规定应享受的各项社会保险待遇不受影响；基本养老保险、基本医疗保险、失业保险缴费年限连续计算。

（二）集中减征月份基本养老保险个人账户按个人缴费额据实记录；基本医疗保险实行统账结合的，个人账户中应由企业缴费划入部分仍按规定标准从结余基金中划入。

（三）集中减征月份社会保险费的申报、核定、征缴程序不变，仍按现行办法操作。

（四）因集中减征造成社会保险基金当期收支的缺口，先由当地历年结余予以弥补，不足部分由当地财政统筹解决。

四、工作要求

各级政府和各有关部门要从贯彻落实创新驱动发展战略、助推企业转型升级的要求出发，充分认识此次对部分工业企业临时性下浮社会保险费缴费比例的重大意义，切实加强领导，精心组织实施，确保政策落实到位。

各市人力社保部门会同当地财政、地税等部门，于 2015 年 1 月底前将政策落实情况报省人力社保厅、省财政厅、省地税局。各地人力社保、财政、地税等部门和业务经办机构要各司其职,各负其责,加强协调,形成合力,确保此项政策公开、透明、有序实施到位。各地在实施过程中出现的新情况、新问题,要及时向省人力社保厅、省财政厅、省地税局报告。

浙江省人力资源和社会保障厅

浙江省财政厅

浙江省地方税务局

2014 年 11 月 3 日

浙江省人力资源和社会保障厅关于印发《浙江省城乡居民基本养老保险经办规程》的通知

浙人社发〔2014〕148 号

各市、县(市、区)人力资源和社会保障局、嘉兴市社会保障事务局：

为进一步完善城乡居民基本养老保险的经办实施工作,根据《关于建立统一的城乡居民基本养老保险制度的意见》(国发〔2014〕8号)、《关于印发城乡居民基本养老保险经办规程的通知》(人社部发〔2014〕23 号)和《关于进一步完善城乡居民基本养老保险制度的意见》(浙政发〔2014〕28 号)等文件,结合我省实际,特制定《浙江省城乡居民基本养老保险经办规程》,现印发给你们,并就有关事项通知如下：

城乡居民基本养老保险经办规程对于规范经办行为、提高管理服务水平具有重要意义。各级社保经办机构要准确把握经办规程的各项规定和要求,认真执行各项业务环节的具体操作程序和标准,保证经办管理服务工作有章可循；要积极争取有关部门的支持,落实城乡居民基本养老保险经办管理服务必要的工作条件；要切实做好对经办人员特别是基层平台工作人员的培训工作,不断提高政策和业务经办水平。

在具体经办过程中,遇有问题,请与我们联系。联系人：省社保中心王晓波,联系电话：0571－85113876。

浙江省人力资源和社会保障厅
2014 年 10 月 28 日

浙江省城乡居民基本养老保险经办规程

第一章　总　则

第一条　为确保我省城乡居民基本养老保险(以下简称城乡居民养老保险)经办管理服务工作的顺利实施,规范和统一业务操作程序,根据《关于建立统一的城乡居民基本养老保险制度的意见》(国发〔2014〕8号)、《关于印发城乡居民基本养老保险经办规程的通知》(人社部发〔2014〕23 号)和《关于进一步完善城乡居民基本养老保险制度的意见》(浙政发〔2014〕28 号),制定本规程。

第二条　城乡居民养老保险业务由市、县(市、区)社会保险经办机构、乡镇(街道)劳动保障事务所(站)等(以下简称乡镇(街道)事务所)具体经办,行政村、社区(居)委员会协办人员(以下简称村(居)协办员)协助办理,实行属地化管理。

城乡居民养老保险经办工作包括参保登记、保险费收缴、基金申拨、个人账户管理、待遇支付、保险关系注销、保险关系转移接续、基金管理、档案管理、统计管理、待遇领取资格核查(即资格认证)、内控稽核、宣传咨询、举报受理等环节。

第三条 省级社保经办机构负责组织指导和监督考核本地区各级社保经办机构开展城乡居民养老保险经办管理服务工作;市级社保经办机构可依据本规程制定本地区城乡居民养老保险业务经办管理具体办法;制定本地区城乡居民养老保险内控和稽核制度,并组织开展内控和稽核工作;规范、督导保险费收缴、养老金发放和社会化管理服务工作;编制、汇总、上报本级城乡居民养老保险基金预决算、财务和统计报表;参与城乡居民养老保险信息化建设和管理工作,负责城乡居民养老保险个人权益记录管理和数据应用分析工作;负责本地区全民登记管理;组织开展人员培训等工作。

县级社保经办机构负责城乡居民养老保险的参保登记和保险费收缴、基金申请和管理、个人账户建立与管理、待遇核定和支付、保险关系转移接续和注销、待遇领取资格核对、制发卡证、内控稽核、档案管理、个人权益记录管理、数据应用分析以及咨询、查询和举报受理,编制、上报本级城乡居民养老保险基金预决算、财务和统计报表,并对乡镇(街道)事务所的业务经办工作进行指导和监督考核(直接经办城乡居民养老保险业务的市级社保经办机构参照执行,下同)。

乡镇(街道)事务所负责参保资源的调查和管理,对参保人员的参保资格、基本信息、缴费信息、待遇领取资格及关系转移资格等进行初审,将有关信息录入信息系统,并负责受理咨询、查询和举报、政策宣传、情况公示等工作。

村(居)协办员具体负责城乡居民养老保险参保登记、缴费档次选定与变更、待遇领取、保险关系转移接续和注销等业务环节所需材料的收集与上报,负责向参保人员发放有关材料,提醒参保人员按时缴费,通知参保人员办理补缴和待遇领取手续,并协助做好政策宣传与解释、待遇领取资格核查、摸底调查、居民基本信息采集、情况公示等工作。

已实现专网连接到行政村、社区的地区,可以考虑将部分业务权限下放,以提高经办服务效率。

第四条 城乡居民养老保险原则上在一个基金管理层级单独设立一个财政专户、一个收入户、一个支出户,单独记账,独立核算,纳入社会保障基金财政专户,实行收支两条线管理,专款专用,任何单位和个人不得挤占、挪用基金,基金结余按国家有关规定实现保值增值。

第五条 鼓励有条件的地区创新工作方式,采取网上服务大厅等信息化手段开展经办管理服务工作。对重度残疾等行动不便的参保人员,乡镇(街道)事务所可会同村(居)协办员为其提供上门服务。

第二章 参保登记

第六条 符合我省城乡居民养老保险参保条件的居民,需携带户口簿和居民身份证原件及复印件(重度残疾、低保对象等困难群体应同时提供相关证明材料原件和复印件),到户籍所在地村(居)委会提出参保申请,选择缴费档次,填写《城乡居民基本养老保险参保登记表》(附表1,以下简称《参保表》)。若本人无法填写,可由他人代填,但须本人签字或留指纹确认。

第七条 村(居)协办员负责检查登记人员的相关材料是否齐全,告知其持有效身份证明到合作金融机构(以下简称金融机构)签订城乡居民养老保险费代扣代缴协议,由金融机构制发用于缴纳保险费或领取待遇的银行存折或银行卡(以下简称银行存折(卡))。鼓励有条件的地区使用社会保障卡,逐步取代银行存折(卡)。

村(居)协办员在符合条件的《参保表》上签字、加盖村、社区(居)委会公章,并将《参保表》、户口簿和居民身份证复印件以及其他相关材料,按规定时限报乡镇(街道)事务所。

第八条 乡镇(街道)事务所负责对登记人员的相关材料进行初审,将参保登记信息录入城乡居民养老保险信息系统,在《参保表》上签字、盖章,并按规定时限将《参保表》、户口簿和居民身份证复印件以及其他相关材料报县级社保经办机构。

第九条 县级社保经办机构应对登记人员的相关信息进行复核,可与公安、民政、卫生计生、职工基本养老保险等信息库进行信息比对,复核无误后,通过信息系统对登记信息进行确认,在《参保表》上签字、盖章,并及时将有关材料归档备案。

第十条 参保人员姓名、性别、居民身份证号码、缴费档次、银行账号、特殊参保群体类型等信息发生变更时,应及时携带身份证及相关证件、材料的原件和复印件到村(居)委会申请办理变更登记手续,填写《城乡居民基本养老保险信息变更登记表》(附表2,以下简称《变更表》)。村(居)协办员按规定时限将相关材料及《变更表》报乡镇(街道)事务所。

乡镇(街道)事务所初审无误后,将变更信息及时录入信息系统,在《变更表》上签字、盖章,并按规定时限将相关材料及《变更表》报县级社保经办机构。其中,参保人员姓名、居民身份证号码等发生变更时,村(居)协办员应提醒参保人员及时到金融机构重新签订代扣代缴协议。

县级社保经办机构复核无误后,对信息系统中的变更登记信息进行确认,在《变更表》上签字,盖章,并将有关材料归档备案。

第三章 保险费收缴

第十一条 城乡居民养老保险费实行按年度(自然年度)缴纳,县级社保经办机构结合本地实际确定集中缴费期,根据参保人员选定的缴费档次进行保费收缴。对于在集中缴费期内未能完成缴费的参保人员,应指导其及时办理缴费手续。

城乡居民养老保险个人缴费实行银行预存代扣制,由县级社保经办机构委托金融机构办理养老保险费扣缴业务。

参保人员自主选择缴费档次,确定缴费金额,于当地规定的缴费期内,将当年的养老保险费足额存入银行存折(卡)。参保人员若需调整缴费金额,应在进行当年缴费前办理缴费档次变更登记手续;当年未变更缴费档次的,县级社保经办机构按参保人员上年度选定的缴费档次进行扣款;当年已经完成缴费后变更的缴费档次将在下一年度扣款时生效。对于达到领取待遇年龄的参保人员,到龄当年可以缴纳本年度的养老保险费。

第十二条 县级社保经办机构通过城乡居民养老保险信息系统定期生成扣款明细信息,并将信息传递至金融机构。金融机构根据县级社保经办机构提供的扣款明细信息从参保人员银行账户上足额划扣养老保险费(不足额不扣款),在扣款后的3个工作日内将养老保险费转入收入户,并将扣款结果信息和资金到账凭证反馈至县级社保经办机构。有条件的地区可通过金融机构与城乡居民养老保险信息系统接口实时传输扣款明细信息。

县级社保经办机构应及时核对扣款明细信息与实际到账金额是否一致,核对无误后,将扣款金额记入个人账户。

县级社保经办机构应及时提示乡镇（街道）事务所将未缴费人员名单反馈给村（居）协办员，村（居）协办员负责对参保人员进行缴费提醒。

县级社保经办机构每年年底前应通过信息系统生成下一年度到达待遇领取年龄人员名单，交由乡镇（街道）事务所和村（居）协办员开展到龄人员身份确认、缴费提醒等工作。

有条件的地区也可采取由参保人员直接到金融机构进行选档的方式，开展本地区的保费收缴工作。

第十三条　村（居）集体和其他社会经济组织、公益慈善组织、个人对参保人员缴费给予补助或资助的，应按规定时限向乡镇（街道）事务所提交《城乡居民基本养老保险补助/资助申报表》（附表3，以下简称《补助申报表》），并签字、盖章。

乡镇（街道）事务所初审无误后，将《补助申报表》录入信息系统，并在《补助申报表》上签字、盖章，按规定时限将《补助申报表》报县级社保经办机构。

县级社保经办机构复核无误后，打印《城乡居民基本养老保险补助/资助缴费通知单》（附表4），通过乡镇（街道）事务所发放给村（居）集体或相关组织（个人），通知其在规定时限内将补助或资助金额存入县级社保经办机构在金融机构开设的收入户。金融机构在收到款项的3个工作日内，将资金到账凭证反馈至县级社保经办机构。

县级社保经办机构收到到账凭证后，应及时将到账凭证与信息系统中的补助（资助）明细信息进行核对，核对无误后，对信息进行确认，将补助（资助）金额记入参保人员个人账户，从当月开始计息。

第十四条　我省城乡居民社会养老保险制度实施时，距待遇领取年龄不足15年的参保人员，应按规定逐年缴费，也允许补缴，累计缴费年限不超过15年。

补缴养老保险费的参保人员应填写《城乡居民基本养老保险费补缴申请表》（附表5，以下简称《补缴表》），将需补缴的保险费存入银行存折（卡）。村（居）协办员应在规定时限内将《补缴表》报至乡镇（街道）事务所。

乡镇（街道）事务所应对参保人员的补缴资格进行审核，审核无误后，将补缴信息录入信息系统，按规定时限将有关材料报县级社保经办机构。县级社保经办机构复核无误后，通过信息系统生成补缴扣款明细清单，传递至金融机构。金融机构根据本规程第十二条第一款的有关规定进行扣款和信息反馈。

县级社保经办机构应按照本规程第十二条第二款的有关规定进行到账信息核对，核对无误后，为参保人员记录个人账户。补缴部分政府不给予缴费补贴。

第十五条　对于暂不具备通过金融机构进行养老保险费扣缴条件的地区，可暂由县级社保经办机构、乡镇（街道）事务所会同金融机构进行收费，并为参保人员开具财政部门统一印制的社会保险费专用收据。

第四章　个人账户管理

第十六条　县级社保经办机构应为每位参保人员建立个人账户。个人账户用于记录个人缴费、集体补助（资助）、政府补贴、利息。参保人员缴纳的养老保险费作为"个人缴费"记入；村（居）委会、集体和其他社会经济组织、公益慈善组织、个人对参保人员缴纳养老保险费的补助或资助作为"集体补助（资助）"记入；地方各级财政对参保人员的缴费补助以及对重度残疾人等困难群体代缴的保费以"政府补贴"名义记入。个人账户记录项目应包括：个人基本信息、缴费信息、养老金支付信息、个人账户储存额信息、转移接续信息、终止注销信息等。

第十七条　参保人员个人缴费额到账后，

县级社保经办机构应将个人缴费额和政府对个人缴费的补贴同时记入个人账户。政府对个人缴费的补贴未按时到账产生的利息差,由地方政府补足。个人缴费、集体补助(资助)按到账时间记账,从当月开始计息。

第十八条　每年的 1 月 1 日至 12 月 31 日为一个结息年度,社保经办机构应于一个结息年度结束后对上年度的个人账户储存额进行结息。记账利率由省人力资源和社会保障厅统一公布。

第十九条　城乡居民养老保险基金存入各商业银行的活期存款按 3 个月整存整取定期存款利率计息,执行优惠利率。各地也可采取更加有利于维护参保人员权益的其他计息办法。

第二十条　县级社保经办机构应积极探索有效方式,将个人账户记账、储存额等相关信息提供给参保人员,参保人员也可直接到县级社保经办机构、乡镇(街道)事务所打印《城乡居民基本养老保险个人账户明细表》(附表6),了解个人账户记账信息。有条件的地区可通过政府网站、手机短信、电子邮件或邮寄信函等方式将参保人员个人账户中关于个人权益的内容告知本人。

第二十一条　参保人员对个人账户记录有异议的,可凭相关证明材料向社保经办机构提出核查申请。社保经办机构应及时受理并进行核实。经审核,确需调整的,应由县级社保经办机构及时处理并将更改的信息录入信息系统。信息系统应保留处理前的记录,同时,县级社保经办机构应及时将处理结果告知参保人员。

第二十二条　个人账户储存额只用于个人账户养老金支付、转移接续和保险关系注销处理。参保人员因死亡、注销国内户籍或退出城乡居民养老保险等原因注销保险关系的,个人账户余额中个人缴费、集体补助和实际缴费年限财政缴费补贴资金及其利息可一次性领取或继承。

第五章　待遇支付

第二十三条　具有本省户籍,年满 60 周岁、累计缴费满 15 年,未享受国家机关、事业单位、社会团体离休、退休、退职待遇和职工基本养老保险待遇的城乡居民养老保险参保人员,可以按月领取养老待遇,从其符合条件的次月起开始享受城乡居民养老保险待遇。

第二十四条　乡镇(街道)事务所按月通过信息系统查询生成下月到达领取待遇年龄参保人员的《城乡居民基本养老保险待遇领取通知表》(附表 7,以下简称《通知表》),并交村(居)委会公示,村(居)协办员通知参保人员办理领取养老金手续或补缴手续。

第二十五条　参保人员应携带户口簿、居民身份证原件和复印件,到户口所在地村(居)委会办理待遇领取手续。村(居)协办员负责检查参保人员提供的材料是否齐全,于规定时限内将相关材料一并报乡镇(街道)事务所。

第二十六条　乡镇(街道)事务所应审核参保人员的年龄、缴费等情况,于规定时限内将符合待遇领取条件人员的相关材料报县级社保经办机构。

第二十七条　县级社保经办机构应对有关材料进行复核,确认其享受城乡居民养老保险待遇领取资格,并按规定进行数据比对后,为参保人员核定城乡居民养老保险待遇,生成《城乡居民基本养老保险待遇核定表》(附表8),并交参保人签字或留指纹确认。对不符合待遇领取条件的参保人员,县级社保经办机构应通过乡镇(街道)事务所和村(居)协办员告知其原因。

城乡居民养老保险待遇实行社会化发放。县级社保经办机构应根据城乡居民养老保险待遇、个人账户资金支付等情况,通过信息系统生成《城乡居民基本养老保险基金支付申拨表》(附表 9),送县级财政部门申请资金,由县级财政部门负责将城乡居民养老保险基金划转到支出户。

县级社保经办机构应在规定的养老金发放日前3个工作日内足额将发放资金从支出户划拨至金融机构，并将待遇支付明细信息提供给金融机构。

金融机构应根据待遇支付明细信息及时将支付金额划入待遇领取人员银行账户，并向县级社保经办机构反馈资金支付情况明细和支付回执凭证。有条件的地区可通过金融机构与城乡居民养老保险信息系统接口实时传输资金支付情况明细。

县级社保经办机构应对金融机构反馈的资金支付情况明细和支付回执凭证进行核对，核对无误后，在信息系统中进行支付确认处理，相应扣减待遇领取人员的个人账户记账额。发放不成功的，县级社保经办机构应及时会同金融机构查找原因，及时解决。

第二十八条　我省城乡居民社会养老保险制度实施时已年满60周岁，未享受国家机关、事业单位、社会团体离休、退休、退职待遇和职工基本养老保险待遇的本省户籍城乡居民，不用缴费，按本规程第二十五条规定办理待遇领取手续，按月领取城乡居民养老保险基础养老金。

第二十九条　待遇领取人员对待遇领取标准有异议的，可提出重新核定申请。县级社保经办机构经核定确需调整的，应及时修改信息系统记录，并将结果书面反馈待遇领取人员。

第三十条　待遇领取人员在领取养老金期间服刑的，从服刑的次月起县级社保经办机构停止为其发放养老金。待服刑期满后，由本人提出待遇领取申请，经村（居）、乡镇（街道）审核上报，社保经办机构于其服刑期满后的次月为其继续发放养老金，停发期间的待遇不予补发。

第三十一条　待遇领取人员死亡的，县级社保经办机构从其死亡次月起停止发放养老金。村（居）协办员应每月将死亡人员名单通过乡镇（街道）事务所上报县级社保经办机构。县级社保经办机构对死亡人员先进行待遇暂停发放处理，待相关材料齐全后再进行养老保险关系注销。

县级社保经办机构应积极协调公安、民政、卫生计生等相关部门开展数据比对或共享，主动发现参保人员死亡信息，及时进行养老保险关系注销。

待遇领取人员死亡后被冒领的养老金应按照规定予以追回。追回后，县级社保经办机构方可办理个人账户一次性处理和丧葬补助费的支付手续。

第三十二条　县级社保经办机构应当每年开展城乡居民养老保险待遇领取人员资格核查工作，对未通过待遇领取资格核查的，县级社保经办机构应对其进行暂停发放处理，待其补办有关手续后，从暂停发放之月起续发养老保险待遇。

第六章　注销登记

第三十三条　参保人员出现以下情形之一的，应终止城乡居民养老保险关系，办理注销登记手续。

（一）死亡；

（二）取得他国国籍或注销国内户籍；

（三）保险关系跨省、市、县（市、区）转移；

（四）按月享受国家机关、事业单位、社会团体离休、退休、退职待遇和职工基本养老保险待遇；

（五）年满60周岁、不符合城乡居民养老保险待遇领取条件、且不愿补缴或不愿衔接到其他基本养老保险制度。

第三十四条　参保人员死亡的，村（居）协办员应通知死亡人员家属填写《城乡居民基本养老保险注销登记表》（附表10，以下简称《注销表》），及时办理注销登记手续。办理注销登记手续需提供以下材料：

（一）医院出具的参保人员死亡证明，或民政部门出具的火化证明，或公安部门出具的户籍注销证明；人员失踪宣告死亡的，应提供司法部门出具的宣告死亡证明；

（二）指定受益人或法定继承人的户口簿、居民身份证原件和复印件，能够确定其继承权的法律文书、公证文书或公安机关及乡镇（街道）、村（居）委会等部门出具的有关证明材料等；

（三）参保人员个人账户余额无法通过原银行账户支取的，指定受益人或法定继承人还需提供指定金融机构的其他账户信息。

第三十五条　参保人员取得他国国籍或注销国内户籍的，应提供他国户籍证明或公安部门注销户籍材料，填写《注销表》。

第三十六条　参保人员已享受职工基本养老保险等其他社会养老保障待遇的，应提供本人户口簿、居民身份证原件和复印件，以及其他社会养老保险待遇领取证明材料，填写《注销表》。

第三十七条　村（居）协办员应按规定时限将《注销表》及有关证明材料报乡镇（街道）事务所。乡镇（街道）事务所初审无误后，将注销登记信息录入信息系统，并按规定时限将上述材料报县级社保经办机构。

县级社保经办机构复核无误后，结算其个人账户资金余额，打印《城乡居民基本养老保险注销待遇结算表》（附表11），按照本规程第二十七条有关规定，将个人账户资金余额支付给参保人员或指定受益人、法定继承人，参保人员死亡的，还可享受死亡当月当地基础养老金标准20个月的一次性丧葬补助费，同时终止参保人员的城乡居民养老保险关系。

第七章　关系转移接续

第三十八条　参保人员在缴费期间提出城乡居民养老保险关系转移的，社保经办机构应按规定为其办理转移手续。转出地县级社保经办机构将其个人账户储存额一次性转入新参保地县级社保经办机构，并终止参保人员的城乡居民养老保险关系。

第三十九条　参保人员办理转移手续时，须持户籍关系转移证明以及居民身份证、户口簿原件和复印件等材料，到转入地村（居）委会提出申请，填写《参保表》和《城乡居民基本养老保险关系转入申请表》（附表12，以下简称《转入表》）。村（居）协办员负责检查其提供的材料是否齐全，并按规定时限将《参保表》和《转入表》及有关材料报乡镇（街道）事务所。转入地乡镇（街道）事务所审核无误后，按规定时限将《参保表》和《转入表》及有关材料报县级社保经办机构。转入地县级社保经办机构复核无误后，按规定时限向转出地县级社保经办机构寄送《城乡居民基本养老保险关系转入接收函》（附表13，以下简称《接收函》）。

第四十条　转出地县级社保经办机构接到《接收函》后，对申请转移人员相关信息进行核实，符合转移规定的，应及时通过信息系统为参保人员办理转移手续，打印《城乡居民基本养老保险关系转出审批表》（附表14，以下简称《转出表》），并按照第二十七条有关规定，按月通过金融机构将参保人员个人账户储存额一次性划拨至转入地县级社保经办机构指定的银行账户，并将《转出表》寄送至转入地县级社保经办机构。

第四十一条　转入地县级社保经办机构收到《转出表》，确认转入的个人账户储存额足额到账后，将参保、转移信息录入信息系统，并通过乡镇（街道）事务所或村（居）委会告知转入人员。已经在转出地完成当年度缴费的人员，在转入地不再缴纳当年保险费，重复缴费部分应予清退。

第四十二条　参保人员已经按规定领取城

乡居民养老保险待遇,户籍发生迁移的,其养老保险关系不转移,继续在原参保地领取待遇。待遇领取资格核查工作由原参保地社保经办机构负责,户籍迁入地社保经办机构协助完成。

第四十三条 参保人员在城乡居民养老保险和职工基本养老保险跨制度转移的,按《转发人力资源社会保障部财政部关于印发〈城乡养老保险制度衔接暂行办法〉的通知》(浙人社发〔2014〕93号)规定办理。

参保人员已参加原农村社会养老保险(以下简称老农保)、未满60周岁且未领取养老金的,填写《老农保与城乡居民基本养老保险关系衔接表》(附表15),选择并入城乡居民养老保险或退出老农保。

第八章　基金管理

第四十四条 各级社保经办机构应按照《关于印发〈新型农村社会养老保险基金会计核算暂行办法〉的通知》(财会〔2011〕3号)和《关于印发浙江省城乡居民社会养老保险基金财务管理暂行办法的通知》(浙财社〔2011〕357号)的规定,加强城乡居民养老保险基金管理。

第四十五条 各级社保经办机构负责城乡居民养老保险基金的财务管理和会计核算,内设财务管理部门或相应专业工作岗位,配备专职会计和出纳。财务人员应具有会计专业资格,持证上岗。

第四十六条 城乡居民养老保险基金收入户、支出户、财政专户应在市、县级人力资源社会保障部门、财政部门共同认定的金融机构开设。收入户用于归集城乡居民养老保险基金,暂存该账户的利息收入及其他收入,除向财政专户划转基金外,不得发生其他支付业务,实行月末零余额管理。支出户用于支付和转出城乡居民养老保险基金,除接收财政专户拨入的基金及该账户的利息收入外,不得发生其他收入业务。支出户应预留1到2个月的周转资金,

确保城乡居民养老保险待遇按时足额发放。

第四十七条 每年第四季度,社保经办机构应按基金管理层级编制下一年度城乡居民养老保险基金预算草案,经同级人力资源社会保障部门复核汇总、财政部门审核后,由财政部门和人力资源社会保障部门联合报本级人民政府审批,并报上一级财政部门和人力资源社会保障部门。

各级社保经办机构应按照规定时限报送每季度的预算执行情况和分析报告。

县级社保经办机构编制及调整基金预算的情况,应及时报上级社保经办机构。

第四十八条 每年年初,县级社保经办机构应根据当地城乡居民养老保险实际参保人数和缴费补贴标准、60周岁以上待遇领取人数、养老金待遇水平、个人账户资金支付情况、地方财政资金到位情况等信息,按《关于申请拨付城乡居民社会养老保险补助资金有关问题的补充通知》(浙财社〔2012〕41号)规定,及时做好财政补助资金的结算和申请。县级社保经办机构应协调县级财政部门及时将财政补助资金划拨至财政专户,相关单据提交社保经办机构记账。县级社保经办机构应按月与财政部门、金融机构对账,确保补助金额准确无误、及时足额下拨。

第四十九条 年度终了后,社保经办机构应按基金管理层级进行基金决算,根据规定的表式、时间和要求编制年度基金财务报告,并在下一年度第一季度内经同级人力资源社会保障部门复核汇总、财政部门审核后,由财政部门和人力资源社会保障部门联合报本地人民政府审批,批准后的年度基金财务报告同时作为基金决算报告。

第九章　统计管理

第五十条 各级社保经办机构要设置统计工作岗位,明确工作人员职责,开展常规统计和

专项统计调查等工作,按规定上报统计信息,及时准确提供统计信息服务。

第五十一条　各级社保经办机构、乡镇(街道)事务所要按照统计报表制度,完成统计数据的采集和报表的编制、审核、汇总、上报等工作。统计报表要做到内容完整、数据准确、上报及时。

第五十二条　各级社保经办机构和乡镇(街道)事务所应定期整理、统计各类业务数据,建立统计台账,实现数据来源的可追溯查询。

第五十三条　统计工作人员应做好城乡居民养老保险统计数据定期和专项分析工作,形成运行分析报告,用于经办管理服务的评估与决策。

第十章　档案管理

第五十四条　城乡居民养老保险业务档案管理应按照《社会保险业务档案管理规定(试行)》进行科学分类,确定保管期限;按照村(居)协办员负责收集、乡镇(街道)事务所负责整理和初审、县级社保经办机构负责审核和保管的模式,形成"统一领导、分级负责、集中保存"的管理机制,确保业务档案有效保管、安全完整。

第五十五条　县级社保经办机构应配备专门的管理人员和必要的设施、场所,确保业务档案的安全,并根据需要配备适应档案现代化管理要求的技术设备。

第五十六条　县级社保经办机构应按《社会保险业务档案管理规定(试行)》要求,对城乡居民养老保险业务档案进行档案利用、鉴定和销毁,对永久和长期保管的业务档案,应定期向同级档案管理部门移交。

有条件的地区应将城乡居民养老保险业务档案转换为电子档案等其他载体形式一并保存。

第十一章　稽核与内控

第五十七条　各级社保经办机构应按照《社会保险稽核办法》、《社会保险经办机构内部控制暂行办法》(劳社部发〔2007〕2 号)和《关于印发〈浙江省城乡居民社会养老保险经办风险防范和控制暂行办法〉的通知》(浙人社发〔2010〕318 号)等要求,认真开展城乡居民养老保险稽核和内控。

第五十八条　上级社保经办机构对下级社保经办机构的各项业务经办活动、基金收支行为等内控管理制度的执行情况进行指导、督促和考评。

第五十九条　各级社保经办机构应重点稽核城乡居民养老保险的参保资格、待遇领取资格、财政补助资金到位、重复享受待遇等情况,认真核查虚报、冒领养老金情况和欺诈行为。对于重复领取城乡养老保险待遇的,按《关于印发〈浙江省重复领取城乡养老保险待遇业务处理规程(试行)〉的通知》(浙人社发〔2014〕87 号)规定处理。

第六十条　各级社保经办机构要按照内控制度要求,合理设置工作岗位,建立岗位之间、业务环节之间相互监督、相互制衡机制,明确岗位职责,建立责任追究制度,做到业务、财务分离,经办、复核岗位分离。稽核时应对各项业务的办理情况和基金管理、使用情况进行日常检查,督促各个岗位人员严格履行经办程序,准确、完整记录各类信息,并按照档案管理要求进行归档。

第十二章　咨询、公示及举报受理

第六十一条　各级社保经办机构应采取各种通俗易懂、灵活多样的方式,有针对性地向城乡居民宣传城乡居民养老保险政策及业务办理流程。

第六十二条　各级社保经办机构和乡镇

（街道）事务所要积极开展城乡居民养老保险政策咨询服务活动。实行首问负责制，及时受理咨询。对无法当场解答的问题，经办人员应将咨询人姓名、咨询内容及联系方式等记录在案，尽快答复。

第六十三条　各级社保经办机构应建立举报奖励制度，所需资金列入同级财政预算。县级社保经办机构每年应会同乡镇（街道）事务所和村（居）协办员在行政村、社区范围内对参保人员待遇领取资格进行公示，公示期不少于10天。各级社保经办机构应公布举报和监督电话，受理群众举报。

第十三章　附　则

第六十四条　本规程由浙江省人力资源和社会保障厅负责解释。

第六十五条　本规程从印发之日起实施。

附表：

1. 城乡居民基本养老保险参保登记表
2. 城乡居民基本养老保险信息变更登记表
3. 城乡居民基本养老保险补助/资助申报表
4. 城乡居民基本养老保险补助/资助缴费通知单
5. 城乡居民基本养老保险费补缴申请表
6. 城乡居民基本养老保险个人账户明细表
7. 城乡居民基本养老保险待遇领取通知表
8. 城乡居民基本养老保险待遇核定表
9. 城乡居民基本养老保险基金支付申拨表
10. 城乡居民基本养老保险注销登记表
11. 城乡居民基本养老保险注销待遇结算表
12. 城乡居民基本养老保险关系转入申请表
13. 城乡居民基本养老保险关系转入接收函
14. 城乡居民基本养老保险关系转出审批表
15. 老农保与城乡居民基本养老保险关系衔接表

附表1

城乡居民基本养老保险参保登记表

所属村(居)委会：

姓　名		性　别		民　族	
出生日期	年　　月		联系电话		
公民身份号码					
户籍所在地址					
居住地址			邮编		
户籍性质	□农业　□非农业				
个人缴费额	□100元　□200元　□300元　□400元　□500元　□600元　□700元　□800元　□900元 □1000元　□1500元　□2000元　□其他____元　□个人不缴费				

特殊参保群体：□低保对象　□重症残疾　□其他(　　)

参保人声明： 　　以上填写内容正确无误。 参保人：　　　　　　　　年　　月　　日	村(居)委会申报意见： 经办人：　　　　　　　　年　　月　　日
乡镇(街道)事务所审核意见： 审核人：　　　　　　　　年　　月　　日	县(市、区)社保经办机构复核意见： 复核人：　　　　　　　　年　　月　　日

填表说明： 1. 本表由参保人员填写,若本人无法填写,可由他人代填,但须本人签字或留指纹确认。选择性项目,请在"□"内打"√"。2. 第二代居民身份证(正反面)、户口簿首页及本人页附后,已办理了社会保障卡的,需提供复印件;特殊参保群体参保登记,需提供特殊群体人员相关证明材料原件、复印件。3. 制度实施时年满60周岁、未享受城镇职工基本养老保险待遇的城乡居民填写此表时,选择"个人不缴费"。4. 本表一式三份,参保人员、乡镇(街道)事务所和县级社保经办机构各留存一份。

附表 2

城乡居民基本养老保险信息变更登记表

填报单位(村、居):

序号	姓名	公民身份号码	变更项目名称	变更前	变更后	备注	本人确认

填表人: 审核人:

村(居)委会(盖章):   年   月   日   乡镇(街道)(盖章):   年   月   日

填表说明:若参保人"公民身份号码"和"姓名"发生变更,"公民身份号码"和"姓名"栏应填写变更前的"公民身份号码"和"姓名"。本表由县级社保经办机构留存。

附表3

城乡居民基本养老保险补助/资助申报表

序号	姓名	性别	公民身份号码	补助（资助）金额	备注

填表人：　　　　　　　　　　　　　　　　　　　　　　审核人：
村（居）委会（盖章）：　　　年　月　日　　　　　　乡镇（街道）（盖章）：　　　　　年　月　日
填表说明：本表由县级社保经办机构留存。

附表 4

城乡居民基本养老保险补助/资助缴费通知单

单据号：		补助(资助)单位：		补助(资助)金额：	
收款方式：		补助(资助)对象：			
银行账号：					
账户名：					
开户行：					

经办人：　　　年　　月　　日　　　　　　　　　　　　　　　　社保经办机构(盖章)：

附表 5

城乡居民基本养老保险费补缴申请表

所属村（居）委会：

姓　名		性　别		出生日期	
公民身份号码					
联系电话					
户籍所在地址					
现居住地址					
参保时间		年　月	补缴方式		□一次性补缴　□中断补缴

补缴年度	补缴标准	补缴总额
年至　　年	元/年	元
年至　　年	元/年	元
年至　　年	元/年	元

申请人声明： 　　以上填写内容正确无误。 　　　　　　　　　申请人：　　年　月	村（居）委会申报意见： 　　　　　　　　　经办人：　　年　月　日
乡镇（街道）事务所审核意见： 　　　　　　　　　审核人：　　年　月	县（市、区）社保经办机构复核意见： 　　　　　　　　　复核人：　　年　月　日

填表说明：本表一式三份，参保人员、乡镇（街道）事务所和县级社保经办机构各留存一份。

附表6

城乡居民基本养老保险个人账户明细表

单位：元

姓　名		性　别		参保日期	
公民身份号码				累计缴费年限	
户籍地址				联系电话	
现居住地址				邮政编码	
参保状态					

年度	合计	个人账户累计储存额							合计	个人账户养老金支出			年末个人账户	
		个人缴费本金	个人缴费利息	集体补助本金	集体补助利息	政府补贴本金	政府补贴利息	其他		个人缴费	集体补助	政府补贴	累计储存额	其中：个人缴费与集体补助部分

制表人：　　　　　　　　　审核人：　　　　　　　　　审批人：

制表单位（盖章）：　　　　　　　　　年　月　日

331

附表7

城乡居民基本养老保险待遇领取通知表

所属村（居）：

序号	姓名	公民身份证号码	出生年月	实际缴费年限	享受待遇应补缴的年限	可自愿选择的补缴年限	到龄日期	是否复退军人	户籍性质	居住地址	联系电话

制表日期：　　年　　月　　日

附表8

城乡居民基本养老保险待遇核定表

所属村(居)委会:

<table>
<tr><td rowspan="9">基本信息</td><td colspan="2">姓　名</td><td></td><td colspan="2">性　别</td><td></td><td colspan="2">民　族</td><td></td></tr>
<tr><td colspan="2">公民身份号码</td><td></td><td colspan="2">出生年月</td><td></td><td colspan="2">户籍性质</td><td></td></tr>
<tr><td colspan="2">户籍所在地</td><td colspan="4"></td><td colspan="2">邮政编码</td><td></td></tr>
<tr><td colspan="2">居住地址</td><td colspan="4"></td><td colspan="2">联系电话</td><td></td></tr>
<tr><td colspan="2" rowspan="2">累计缴费年限</td><td>实际缴费年限</td><td>复退军人军龄</td><td>222号文件规定工种工作年限</td><td>老农保折算年限</td><td colspan="2">职工基本养老保险转入年限</td><td>与其他社会保障衔接年限</td></tr>
<tr><td></td><td></td><td></td><td></td><td colspan="2"></td><td></td></tr>
<tr><td colspan="2" rowspan="3">个人账户全部储存额</td><td colspan="7">其　中</td></tr>
<tr><td rowspan="2">个人缴费总额</td><td>其　中</td><td rowspan="2">政府补贴总额</td><td colspan="2">其　中</td><td rowspan="2">集体补助(资助)总额</td></tr>
<tr><td>其他基本养老保险转入个人账户</td><td>实际缴费年限财政缴费补贴</td><td>军龄或222号文件工作年限账户化额度</td></tr>
<tr><td rowspan="8">月养老金计发</td><td colspan="2">基础养老金</td><td colspan="6">当地人民政府规定的基础养老金标准。</td><td></td></tr>
<tr><td colspan="2">缴费年限养老金</td><td colspan="6">缴费年限达到15年的,缴费年限养老金30元;第16年及以上部分,按5元/年计发。</td><td></td></tr>
<tr><td colspan="2">个人账户养老金</td><td colspan="6">个人账户全部储存除以139(与职工基本养老保险个人账户养老金计发系数相同)。</td><td></td></tr>
<tr><td colspan="2">复退军人优待养老金</td><td colspan="6">复员退休军人每人每月加发40元。</td><td></td></tr>
<tr><td colspan="2">高龄补贴</td><td colspan="6">年满80周岁的高龄老人,每月给予不低于30元的高龄补贴。</td><td></td></tr>
<tr><td colspan="2">其他</td><td colspan="6"></td><td></td></tr>
<tr><td colspan="3">合计养老金标准(元/月)</td><td colspan="6"></td></tr>
<tr><td colspan="9"></td></tr>
<tr><td colspan="3">领取人意见</td><td colspan="7">关于只能领取一份基本养老保险待遇的规定本人已知悉,本人未同时领取国家机关、事业单位、社会团体退休、退职和职工基本养老保险待遇。

　　　　　　　　　　　　　签字:　　　　年　月　日</td></tr>
<tr><td colspan="10">　　　　经核定,该同志养老金每月按　　　元标准,从　　年　月起发放。
　　　　社会保险部门审批意见(盖章):

　　　　　　　　　　　　　　　　　　　　　　　　　年　月　日</td></tr>
</table>

填表说明:本表一式两份,社保经办机构和参保人员各留存一份。

附表9

城乡居民基本养老保险基金支付申拨表

填报单位(章):   单位:人、元

	财政局: 年 月,城乡居民基本养老保险基金共需支付 元(详见城乡居民基本养老保险基金应支明细),请审核后拨入以下支出账户:

开户名	
银行名称	
银行账号	

城乡居民基本养老保险基金应支明细

社保经办机构名称	按月领取基础养老金支出		按月领取缴费年限养老金支出		按月领取个人账户养老金支出		一次性领取个人账户资金余额支出		转移支出		丧葬费支出		人数合计	金额合计
	领取人数	支出金额	领取人数	支出金额	领取人数	支出金额	领取人数	支出金额	转移人数	支出金额	支出人数	支出金额		
小计														

业务部门意见: 业务部门负责人: 年 月 日	财务部门意见: 财务部门负责人: 年 月 日	单位领导审批意见: 审批人: 年 月 日

制表人: 制表日期: 年 月 日

填表说明:本表一式三份,县级社保经办机构业务、财务及县财政部门各留存一份。

附表 10

城乡居民基本养老保险注销登记表

所属村(居)委会:

参保人姓名		
公民身份号码		
注销原因	死亡( )	
	取得他国国籍或注销国内户籍( )	
	保险关系跨省、市、县(市、区)转移( )	
	符合按月享受国家机关、事业单位、社会团体离休、退休、退职待遇和职工基本养老保险待遇( )	
	年满60周岁、不符合城乡居民养老保险待遇领取条件、且不愿补缴或不愿衔接到其他基本养老保险制度( )	

以下为指定受益人或法定继承人情况				
姓 名		性 别	出生日期	
与参保人员关系				
公民身份号码				
联系电话				
户籍所在地址				
居住地址				

申请人声明: 　　以上填写内容正确无误。 　　申请人:　　　　年　月　日	村(居)委会申报意见: 　　经办人:　　　　年　月　日
乡镇(街道)审核意见: 　　审核人:　　　　年　月　日	县(市、区)复核意见: 　　复核人:　　　　年　月　日

填表说明:本表由参保人员或其指定受益人或法定继承人填写,若本人或其指定受益人或法定继承人无法填写,可由他人代填,但须本人签字、签章或留指纹确认。填写"注销原因"一栏时,请在相关选项后的( )内打"√"。本表一式三份,申请人、乡镇(街道)事务所和县级社保经办机构各留存一份。

附表11

城乡居民基本养老保险注销待遇结算表

所属村(居)委会：

参保人姓名		性　别		民　族	
公民身份号码			出生日期		

个人账户记录情况						
个人账户全部储存额余额（含利息）		其　中				
				其　中		
	个人缴费总额	其　中	政府补贴总额	其　中		集体补助(资助)总额
		其他社会养老保险转入个人账户		实际缴费年限财政缴费补贴	军龄或222号文件工作年限账户化额度	

按规定可一次性领取的待遇	
一次性领取的个人账户余额	
一次性丧葬补助费	
其他金额	
合计领取金额	大写：
领取人确认。签字： 　　　　　　年　月　日	社保经办机构确认支付。(盖章)： 　　　　　　年　月　日

填表说明：本表一式两份。一次性待遇支付类型有：1.参保人死亡；2.取得他国国籍或注销国内户籍；3.保险关系跨省、市、县(市、区)转移；4.符合按月享受国家机关、事业单位、社会团体离休、退休、退职待遇和职工基本养老保险待遇；5.年满60周岁、不符合城乡居民养老保险待遇领取条件、且不愿补缴或不愿衔接到其他基本养老保险制度。

附表 12

城乡居民基本养老保险关系转入申请表

姓　名		性　别		出生年月	
公民身份号码		户籍性质		参保时间	
户籍地址				联系电话	
居住地址				邮政编码	
户籍迁出地		户籍迁入地			
转出地村(居)委会		转入地村(居)委会			
转出地县级社保经办机构		转入地县级社保经办机构			

填表人：　　　　　　　　　　　　　　　　　审核人：

村(居)委会(盖章)：　　　　　年　月　日　　乡镇(街道)(盖章)：　　　　　年　月　日

填表说明：此表由参保人填写,若本人无法填写,可由他人代填,但须本人签字或留指纹确认。

附表 13

城乡居民基本养老保险关系转入接收函

_____:

经审核,同意将_____的养老保险关系转入我县(区、市),请予办理相关手续:

姓名:		公民身份号码:	
性别:		原户籍地址:	

转入地城乡居民基本养老保险基金账户:

账户名:

开户行:

账　号:

特此函告。

地址:

邮编:

联系电话:

单位名称(章):

年　　月　　日

经办人:　　　　　　　　　　　　制表日期:

填表说明:此表一式两份,转入地、转出地县级社保经办机构各留存一份。

附表 14

城乡居民基本养老保险关系转出审批表

姓　名		性别		出生日期		
公民身份号码		户籍性质		参保时间		
户籍地址				联系电话		
居住地址				邮政编码		
转出地村(居)委会				转入地村(居)委会		
转出地社保经办机构				转入地社保经办机构		
缴费起始时间	缴费终止时间	实际缴费年限		军龄	222号文件规定工种原在岗工作时间	222号文件规定工种名称

历年个人账户明细(元)

年　份	个人缴费	集体补助	政府补贴	利息	至本年末个人账户累计储存额	备　注

个人账户转移金额	
其他转移金额	
累计转移金额	

转出地社保经办机构意见:
　　经审核,该参保人员符合城乡居民基本养老保险转移条件,同意其从即日起转出城乡居民基本养老保险关系和个人账户储存额。

转出地社保经办机构(盖章):

经办人:　　　　联系电话:　　　　制表日期:

填表说明:此表由转出地县级经办机构通过信息系统打印生成。一式两份,转入地、转出地县级社保经办机构各留存一份。

附表 15

老农保与城乡居民基本养老保险关系衔接表

所属村(居)委会：

姓　　名		性别		民族	
公民身份号码				出生日期	
户籍性质		□农业　□非农业		联系电话	
家庭住址					
老农保参保时间				累计投保金额	
老农保关系处理方式选择					
□转移。将老农保并入城乡居民基本养老保险,终止老农保关系。			□退保。一次性退还老农保保费,终止老农保关系。		
关于老农保的两种处理办法本人已知悉。以上选择(□转移　　□退保)的处理方式,是经本人考虑后的自愿选择。 　　　　　　　　签字：　　　　　　　　　　　　　　　　　　　　　年　　月　　日					
村(居)委意见： 　　　　　　　(盖章)　年　月　日			乡镇(街道)事务所审核意见： 　　　　　　　　(盖章)　年　月　日		
社保经办机构处理意见	经核定,老农保转入城乡居民基本养老保险,保费　　　元并入个人账户、折算缴费年限　　　年。终止老农保关系。				
	经核定,老农保退保,保费本金　　　元,利息　　　元,合计一次性支付　　　元。终止老农保关系。				
	社保经办机构(盖章)　年　月　日				

填表说明：1. 本表由参保人员填写,若本人无法填写,可由他人代填,但须本人签字、签章或留指纹确认。选择性项目,请在"□"内打"√"。2. 本表一式三份,参保人员、乡镇(街道)事务所和县级社保经办机构各留存一份。

浙江省人力资源和社会保障厅 浙江省财政厅
关于开展省级大病保险工作的通知

浙人社发〔2014〕165 号

省级各有关单位：

为进一步减轻省级基本医疗保险参保人员罹患大病的医疗费用负担，有效提高大病医疗保障水平，按照《浙江省人民政府办公厅关于开展城乡居民大病保险工作的实施意见》（浙政办发〔2012〕150 号）和《浙江省人民政府办公厅关于加快建立和完善大病保险制度有关问题的通知》（浙政办发〔2014〕122 号）规定，现就开展省级大病保险工作有关事项通知如下：

一、保障对象

（一）参加省级职工基本医疗保险人员；

（二）参加省级子女统筹医疗人员；

（三）参加省级医保的离休干部无固定收入的配偶（或遗孀）。

二、资金筹集

省级大病保险年筹资标准为每人 25 元。其中，省级职工基本医疗保险参保人员大病保险筹资金额的 70% 从省级职工基本医疗保险统筹基金中一次性划拨，剩余 30% 从个人账户中一次性划拨；子女统筹参保人员大病保险筹资金额的 70% 从子女统筹基金中划拨，剩余 30% 从职工个人账户中一次性划拨；离休干部无固定收入配偶（或遗孀）所需的大病保险资金从离休干部医药费保障经费中一次性划转。以上资金筹集时间均为每年 1 月份。年度中参加省级大病保险的，按上述规定筹集大病保险

费。根据大病保险基金运行情况，适时调整筹资标准。

三、保障待遇

一个结算年度（自然年度，下同）内，省级大病保险设一个起付标准，起付标准参照上一年度全省城乡居民人均收入水平确定。大病保险年度最高补偿封顶线为起付标准的 15 倍。原则上每三年调整一次。2015 年起付标准确定为 3 万元。

在一个结算年度内，省级参保人员发生的住院和规定病种门诊中按规定需由个人支付的自理、自付费用，以及使用浙江省大病保险特殊用药的费用，两项合计超过大病保险起付标准的，全部作为合规费用纳入大病保险报销范围。

大病保险起付标准以上的合规费用，由大病保险基金和个人分担。大病保险基金实行分段报销：高于起付标准且低于起付标准 5 倍（含）部分，报销比例为 60%；高于起付标准 5 倍且低于起付标准 10 倍（含）部分，报销比例为 70%；高于起付标准 10 倍以上部分，报销比例为 80%。

年度中参加省级大病保险的，其大病保险待遇起始时间与基本医疗保险待遇起始时间一致。

四、基金管理

建立省级大病保险基金，实行收支两条线和财政专户管理，单独建账，专款专用。

五、经办服务

省级大病保险由省级医疗保险服务中心组织实施,负责大病保险基金的筹集、管理和支付各项工作。省级医疗保险服务中心不得从大病保险基金中提取任何费用,所需工作经费由省财政予以保障。

省级参保人员在定点医疗机构和相关药店发生符合大病保险支付范围的费用,由参保人员与定点医疗机构和相关药店直接刷卡结算;应由个人支付的医疗费用,由定点医疗机构和相关药店直接向参保人员收取。

省级参保人员在外地发生符合大病保险规定的医疗费用,按基本医疗保险报销相关程序到省级医疗保险服务中心报销。

六、政策衔接

为确保制度有序衔接,根据浙政办发〔2014〕122号文件精神,省级大病保险制度建立后,原省级重大疾病医疗补助政策不再执行,取消省级单位职工基本医疗保险统筹基金最高支付限额,超过最高支付限额的医疗费用按原统筹基金共付段最高一档执行。参保人员个人不再缴纳省级重大疾病医疗补助经费,原重大疾病医疗补助结余资金并入大病保险基金。本通知执行后,省财政补贴重大疾病医疗补助资金以及从单位缴费中提取计入重大疾病医疗补助资金的渠道不变,筹集的资金纳入省级基本医疗保险统筹基金。

本通知从 2015 年 1 月 1 日起施行。

浙江省人力资源和社会保障厅

浙江省财政厅

2014 年 12 月 30 日

浙江省人力资源和社会保障厅 浙江省财政厅 关于企业职工基本养老保险参保人员 因病或非因工死亡丧葬补助金 和抚恤金有关问题的通知

浙人社发〔2013〕244 号

各市、县(市、区)人力资源和社会保障局、财政局,嘉兴市社会保障事务局,省级各单位:

按照《中华人民共和国社会保险法》规定,现就参加企业职工基本养老保险的个人,因病或非因工死亡后丧葬补助金、抚恤金有关问题通知如下:

一、自 2011 年 7 月 1 日起,参加企业职工基本养老保险的个人(含未达到法定退休年龄的参保人员和退休、退职人员,以下简称参保人员)因病或非因工死亡后,其遗属可以领取丧葬补助金和抚恤金。

二、丧葬补助金标准统一为 4000 元。抚恤金标准按死亡的参保人员缴费年限(含视同缴费年限)确定,不满 1 年的发给 2000 元;1 年(含)至 15 年(含)的统一为 10000 元;超过 15 年的,在发给 10000 元的基础上,每满 1 年(不满 1 年按 1 年计算)增发 1000 元,最多增发 15000 元。

三、丧葬补助金和抚恤金所需资金,从基本养老保险基金中列支。

四、2011 年 7 月 1 日至 2013 年 12 月 31 日期间因病或非因工死亡的参保人员,其遗属按《浙江省劳动和社会保障厅浙江省财政厅关于调整企业职工死亡丧葬补助费和遗属生活困难补助费标准的通知》(浙劳社老〔2004〕224 号)、《浙江省劳动和社会保障厅浙江省财政厅关于调整企业职工和企业退休人员因病或非因工死亡后一次性抚恤费标准的通知》(浙劳社老〔2006〕175 号)规定的标准领取丧葬补助金和抚恤金,所需资金从基本养老保险基金中列支。

五、事业单位转企改制后参加企业职工基本养老保险的,改制前已退休人员(含提前退休人员,下同)因病或非因工死亡后,其遗属按照上述规定领取丧葬补助金和抚恤金,如低于事业单位标准的,其差额部分由改制后企业在原提留的经费中予以补足。

六、本通知自 2014 年 1 月 1 日起执行。国家出台新规定时,按其规定执行。

浙江省人力资源和社会保障厅

浙江省财政厅

2013 年 12 月 31 日

浙江省人民政府关于进一步完善城乡
居民基本养老保险制度的意见

浙政发〔2014〕28 号

各市、县（市、区）人民政府，省政府直属各单位：

根据《国务院关于建立统一的城乡居民基本养老保险制度的意见》（国发〔2014〕8 号）精神，现将我省"城乡居民社会养老保险"更名为"城乡居民基本养老保险"，并就进一步完善城乡居民基本养老保险制度提出如下意见：

一、总体要求

（一）指导思想。以邓小平理论、"三个代表"重要思想、科学发展观为指导，按照全覆盖、保基本、有弹性、可持续的基本原则，以增强公平性、适应流动性、保证可持续性为重点，进一步完善我省城乡居民基本养老保险制度，充分发挥城乡居民基本养老保险在保障人民生活、调节收入分配、促进经济社会协调发展中的重要作用。

（二）基本原则。坚持覆盖城乡、惠及全民，实现人人享有基本养老保障；坚持政府主导和城乡居民个人参保相结合、社会统筹与个人账户相结合，引导城乡居民积极参保；坚持积极稳妥推进，筹资标准和待遇标准与经济社会发展水平及各方面承受能力相适应，健全基础养老金正常调整机制；坚持权利与义务相对应，个人（家庭）、集体、政府合理分担责任，完善长缴多得、多缴多得激励机制。

（三）主要目标。到 2017 年，全面建成公平、统一、规范的城乡居民基本养老保险制度，实现与职工基本养老保险相衔接，与社会救助、社会福利、社会优抚等其他社会保障政策相配套，社会养老和家庭养老的作用得到充分发挥，参保城乡居民的老年基本生活得到更好保障。

二、参保范围

具有本省户籍，年满 16 周岁（不含在校学生），非国家机关、事业单位、社会团体工作人员及不属于职工基本养老保险制度覆盖范围的城乡居民，可以在户籍地参加城乡居民基本养老保险。

三、基金筹集

城乡居民基本养老保险基金由个人缴费、集体补助和政府补贴构成。

（一）个人缴费。参加城乡居民基本养老保险的人员应按规定缴纳养老保险费。缴费标准目前设定为每年 100 元、200 元、300 元、400元、500 元、600 元、700 元、800 元、900 元、1000元、1500 元、2000 元 12 个档次，各地可根据当地实际适当调整缴费档次，最高缴费档次标准原则上不超过当地个体劳动者参加职工基本养老保险的年缴费额。省政府依据城乡居民收入增长等情况适时调整缴费档次。参保人自主选择档次缴费，多缴多得。

（二）集体补助。有条件的村集体经济组织应当对参保人缴费给予补助，补助标准由村民委员会召开村民会议民主确定，鼓励有条件的社区将集体补助纳入社区公益事业资金筹集范围。鼓励其他社会经济组织、公益慈善组织、个人为参保人缴费提供资助。补助、资助金额不超过当地设定的最高缴费档次标准。

（三）政府补贴。社会统筹基金由财政提供，主要用于支付基础养老金、参保人个人缴费补贴、缴费年限养老金和丧葬补助费等。省财政按照省定基础养老金标准，对两类一至六档地区分别给予100%、90%、80%、60%、40%、20%的补助。国家补助标准超过省财政补助标准的地区，省财政按国家补助标准给予补助。

参保人所在市、县（市、区）财政对参保人缴费给予补贴，补贴标准不低于每人每年30元，对选择较高档次标准缴费的，适当增加补贴金额，其中，对选择500元以上档次标准缴费的，补贴标准不低于每人每年80元。对重度残疾人、低保对象等困难群体缴费，按当地最低档次缴费标准给予部分或全部补贴。缴费补贴的具体办法及标准由市、县（市、区）政府确定。

四、个人账户

国家为每个城乡居民基本养老保险参保人建立终身记录的养老保险个人账户。个人缴费，集体补助及其他社会经济组织、公益慈善组织、个人对参保人的缴费资助，市、县（市、区）政府对参保人的缴费补贴，全部记入个人账户。个人账户储存额按国家和省有关规定计息。参保人死亡，个人账户中个人缴费、集体补助和实际缴费年限财政缴费补贴资金余额及其利息可依法继承。

五、待遇标准和领取条件

（一）待遇标准。城乡居民基本养老保险待遇由基础养老金、个人账户养老金和缴费年限养老金三部分组成，支付终身。

全省基础养老金标准目前定为每人每月100元，省政府根据经济社会发展等情况适时作出调整。市、县（市、区）基础养老金标准可在全省标准基础上适当提高。

个人账户养老金月计发标准为个人账户全部储存额除以139（与现行企业职工基本养老保险个人账户养老金计发系数相同）。

缴费年限养老金月计发标准根据长缴多得的原则，按缴费年限分段累加计发：缴费年限为15年的，其月缴费年限养老金为30元；缴费年限为16年以上的，其月缴费年限养老金在30元的基础上，从第16年起，缴费年限每增加1年，增发5元。

城乡居民基本养老保险参保人员，死亡时可享受一次性丧葬补助费。一次性丧葬补助费标准为参保人死亡当月当地基础养老金标准的20个月金额。

参加城乡居民基本养老保险的复员退伍军人养老金计发办法和高龄老人补贴等按原规定执行。

（二）领取条件。具有本省户籍，年满60周岁、累计缴费满15年，未享受国家机关、事业单位、社会团体离休、退休、退职待遇和职工基本养老保险待遇的城乡居民基本养老保险参保人员，可以按月领取养老待遇。

我省城乡居民社会养老保险制度实施时，已年满60周岁、未享受国家机关、事业单位、社会团体离休、退休、退职待遇和职工基本养老保险待遇的本省户籍城乡居民，不用缴费，可以继续按月领取城乡居民基本养老保险基础养老金；距领取年龄不足15年的，应逐年缴费，也允许补缴，累计缴费年限不超过15年；距领取年龄15年以上的，应按年缴费，累计缴费不少于15年。补缴部分政府不给予缴费补贴。本意见下发前，已参加城乡居民社会养老保险的人员，其待遇领取可按原规定执行。

城乡居民基本养老保险待遇领取人员死亡，从次月起停止支付其养老金。社会保险经办机构应每年对城乡居民基本养老保险待遇领取人员进行核对;村(居)民委员会要协助社会保险经办机构开展工作,在行政村(社区)范围内对参保人待遇领取资格进行公示,并与职工基本养老保险待遇等领取记录进行比对,确保不重、不漏、不错。

六、转移接续与制度衔接

(一)转移接续。城乡居民基本养老保险的参保人,在参保缴费期间因户籍迁移需要跨统筹地区转移养老保险关系的,可在迁入地申请转移养老保险关系,一次性转移个人账户全部储存额,并按迁入地规定继续参保缴费,缴费年限累计计算;已按规定领取养老待遇的,无论户籍是否迁移,其养老保险关系不转移。

(二)与职工基本养老保险制度的衔接。城乡居民基本养老保险与职工基本养老保险的衔接按国家和省相关规定执行。

(三)与原农村社会养老保险制度的衔接。我省城乡居民社会养老保险制度实施时,凡已参加了原农村社会养老保险(以下简称老农保)、年满60周岁且已领取老农保养老金的城乡居民基本养老保险参保人,其老农保养老金和城乡居民基本养老保险基础养老金合并享受,老农保个人账户余额并入城乡居民基本养老保险个人账户,待遇不再重新计算;对已参加老农保、未满60周岁且未领取养老金的城乡居民基本养老保险参保人,应将老农保个人账户储存额按我省城乡居民社会养老保险制度实施当年当地的平均缴费额折算缴费年限(折算的最长缴费年限不超过15年)并继续参保缴费,其老农保个人账户全部储存额并入城乡居民基本养老保险个人账户,并按城乡居民基本养老保险规定计发待遇。

未参加城乡居民基本养老保险和职工基本养老保险的老农保参保人,其老农保个人账户储存额退还给本人,并终止老农保参保关系。已参加职工基本养老保险的老农保参保人可按职工基本养老保险的相关规定将老农保参保关系转入职工基本养老保险。

各地要加快推进老农保和城乡居民基本养老保险的衔接并轨,认真做好资料整理、基金合并、管理服务等工作。

(四)与其他保障待遇的衔接。符合享受城乡居民基本养老保险待遇条件的人员,如符合被征地农民基本生活保障、水库移民后期扶持政策和精减职工、计划外长期临时工、遗属生活补助等待遇条件,可同时叠加享受;与最低生活保障、计划生育家庭奖励扶助、社会优抚、农村"五保"和城镇"三无"人员供养的待遇衔接按相关规定执行。城乡居民基本养老保险参保人员如同时符合享受其他丧葬待遇条件的,其丧葬待遇按就高不就低的原则确定,不重复享受。

有条件的地方要积极探索城乡居民基本养老保险与被征地农民基本生活保障的衔接并轨办法。

七、基金管理和监督

城乡居民基本养老保险费由当地社会保险经办机构负责征收,也可以由当地政府委托有关机构征收。城乡居民基本养老保险待遇发放,由当地社会保险经办机构负责。进一步完善城乡居民基本养老保险基金财务会计制度。城乡居民基本养老保险基金以市、县(市、区)为单位,纳入同级社会保障基金财政专户,实行收支两条线管理,单独记账、核算,专款专用,任何单位和个人均不得挤占挪用、虚报冒领。加强城乡居民基本养老保险基金保值增值工作,优化银行存款结构,提高基金收益水平。

各级人力社保部门要会同有关部门认真履行监管职责,进一步健全内控制度和基金稽核监督制度,对基金的筹集、上解、划拨、发放、存储、管理等进行监控和检查,并按规定披露相关信息,自觉接受社会监督。各级财政、监察、审计部门按各自职责,对基金的收支、管理和投资运营情况实施监督。对虚报冒领、挤占挪用、贪污浪费等违法违纪行为,有关部门按国家有关法律法规予以严肃处理。要积极探索有村(居)民代表参加的社会监督的有效方式,做到基金公开透明,制度在阳光下运行。

八、经办管理服务与信息化建设

各级政府要切实加强城乡居民基本养老保险经办能力建设,进一步整合现有公共服务资源和社会保险经办管理资源,充实基层经办力量,强化精确管理,便捷服务。要注重运用现代管理方式和政府购买服务方式,降低行政成本,提高工作效率。要加强城乡居民基本养老保险工作人员专业培训,不断提高公共服务水平。社会保险经办机构要认真记录参保人缴费和领取待遇情况,建立参保档案,按规定长期妥善保存。各级政府要为经办机构提供必要的工作场所、设施设备、经费保障。乡镇、街道劳动保障所(站)要配备专职人员,村、社区要落实代办员。城乡居民基本养老保险工作经费纳入同级财政预算,不得从城乡居民基本养老保险基金中开支。基层财政确有困难的地区,省市级财政可给予适当补助。

各地要进一步完善城乡居民基本养老保险信息系统,纳入"金保工程"建设,并与其他公民信息管理系统实现信息资源共享;要将信息网络向基层延伸,实现省、市、县、乡镇(街道)、行政村(社区)实时联网;要大力推行全国统一的社会保障卡,方便参保人缴费、领取待遇和查询本人参保信息。

九、组织领导

各级政府要充分认识进一步完善城乡居民基本养老保险制度的重要性,将其列入当地经济社会发展规划和年度目标管理考核体系,切实加强组织领导;要优化财政支出结构,加大财政投入,为城乡居民基本养老保险制度建设提供必要的财力保障。各级人力社保部门要切实履行主管部门职责,会同有关部门做好城乡居民基本养老保险工作的统筹规划和政策制订、统一管理、综合协调、监督检查工作。

各地、各有关部门要认真做好城乡居民基本养老保险政策宣传工作,全面准确地宣传解读政策,正确把握舆论导向,深入基层开展宣传活动,引导城乡居民踊跃参保、持续缴费、增加积累。

各市、县(市、区)政府要根据本意见,结合本地实际情况,修订完善当地的具体实施办法,并报省人力社保厅备案。

本意见自公布之日起实施,已有规定与本意见不一致的,按本意见执行。

浙江省人民政府
2014 年 7 月 11 日

浙江省人民政府办公厅关于进一步促进普通高等学校毕业生就业创业的意见

浙政办发〔2014〕107号

各市、县（市、区）人民政府，省政府直属各单位：

为进一步做好普通高等学校毕业生（以下简称高校毕业生）就业创业工作，根据《国务院办公厅关于做好2014年全国普通高等学校毕业生就业创业工作的通知》（国办发〔2014〕22号）等文件精神，经省政府同意，现提出如下意见：

一、拓宽高校毕业生就业渠道

1. 大力开发就业岗位。加快发展研发设计、现代物流、融资租赁、检验检测等生产性服务业和各类生活性服务业，着力提高服务业从业人员比重。充分挖掘基层公共管理服务、社会组织等领域的就业潜力，通过政府购买服务等方式，大力开发基层公共管理和社会服务岗位，积极吸纳高校毕业生就业。国有企业要在现有招聘需求的基础上，合理扩大招收规模，力争招收高校毕业生人数高于往年。

2. 鼓励企业吸纳就业。对商贸企业、服务型企业、劳动就业服务企业中的加工型企业和街道社区具有加工性质的企业实体，在新增加的岗位中，当年新招用登记失业1年以上且持《就业失业登记证》（注明"企业吸纳税收政策"）的高校毕业生，与其签订1年以上期限劳动合同并依法缴纳社会保险费的，在3年内按实际招用人数定额依次扣减营业税、城镇维护建设税、教育费附加、地方教育附加和企业所得

税，定额标准为每人每年5200元。政策执行期限为2014年1月1日至2016年12月31日。

小微企业招用毕业2年以内高校毕业生达到企业现有在职职工总数20%以上（超过100人的企业达10%以上），与之签订1年以上劳动合同并依法缴纳社会保险费的，可按每人不超过20万元的标准发放小额担保贷款，贷款总额不超过300万元，贷款期限不超过3年，其中，对入驻科技孵化器的小微企业实行全额贴息，对其他企业实行50%贴息。

小微企业新招用毕业2年以内高校毕业生、签订1年以上劳动合同并依法缴纳社会保险费的，按企业为其实际缴纳的基本养老保险、基本医疗保险和失业保险费用给予1年的社会保险补贴，政策执行期限截至2015年年底。企业新招用毕业年度高校毕业生（毕业年度指毕业当年1月1日至12月31日，下同），在6个月内开展岗前培训的，按规定给予企业培训补贴，其中小微企业培训补贴标准可按现行标准上浮20%。

小微企业新招用毕业年度高校毕业生，签订1年以上劳动合同、依法缴纳社会保险费且工资收入低于当地上年度全社会单位在岗职工平均工资的，在劳动合同期限内给予个人每年不低于2000元的就业补助，补助期限不超过3年。

3. 引导高校毕业生到基层就业。落实应征入伍服义务兵役高校毕业生、到中西部地区

和艰苦边远地区基层单位就业高校毕业生的学费补偿和助学贷款代偿政策。

对到社会团体、基金会、民办非企业单位就业的高校毕业生，公共就业人才服务机构要协助办理落户和人事档案管理手续，在专业技术职称评定方面享受与国有企事业单位同类人员同等待遇。

高校毕业生到乡镇基层单位或欠发达地区县级以下基层单位从事专业技术工作，申报相应职称时，免予职称外语考试和计算机应用能力考试。

4. 支持高校毕业生灵活就业。毕业年度离校未就业高校毕业生实现灵活就业，在公共就业人才服务机构办理实名登记并依法缴纳社会保险费的，给予不超过其实际缴纳社会保险费三分之二的社会保险补贴，补贴期限不超过3年。

二、扶持高校毕业生创业

5. 简化工商注册登记。降低创业准入门槛，优化创业环境。推行注册资本认缴登记制，提供工商注册便利。各地可根据实际适当放宽高校毕业生住所（经营场所）的登记条件。

6. 落实税收减免政策。严格落实国家和省政府各项税收优惠政策，对符合财政部等3部委《关于继续实施支持和促进重点群体创业就业有关税收政策的通知》（财税〔2014〕39号）规定，持《就业失业登记证》（注明："自主创业税收政策"或附《高校毕业生自主创业证》）的毕业年度高校毕业生从事个体经营的，在3年内按每户每年9600元为限额，依次扣减其当年实际应缴纳的营业税、城市维护建设税、教育费附加、地方教育附加和个人所得税。政策执行期限为2014年1月1日至2016年12月31日。

7. 加大资金扶持力度。在校大学生及毕业3年以内高校毕业生创业自筹资金不足，且创业项目为我省当年产业导向目录中非禁止、非限制发展类的，可在创业地按规定享受不超过30万元的小额担保贷款，并实行全额贴息，贴息期限不超过3年；对合伙经营的，可适当提高贷款额度。

在校大学生及毕业3年以内高校毕业生在我省从事个体经营或创办企业并带动3人以上就业、依法缴纳社会保险费1年以上的，给予每年2000元的带动就业补助，补助期限不超过3年。

8. 鼓励网络创业。将促进网络创业作为创业带动就业的重要抓手，进一步加大工作力度，营造良好氛围。在校大学生及毕业3年以内高校毕业生从事电子商务经营并通过网上交易平台实名注册认证的，经当地人力社保部门、财政部门认定，可按规定享受小额担保贷款和贴息政策，其中，按规定办理就业登记和依法缴纳社会保险费的，给予5000元的一次性创业补助。

9. 加快创业平台建设。鼓励各地以政府购买服务等方式，征集适合大学生的优秀创业项目，组织大学生创业论坛、创业项目推介、创业成果展示、创业大赛等活动，建立全省创业项目库和创业导师库。规范大学生创业基地（创业园）建设，健全大学生创业基地（创业园）分级管理制度。

创新高校毕业生小额担保贷款工作机制，加大贷款帮扶力度。将小额担保贷款工作情况以及贷款回收情况纳入公共就业服务机构和信用社区（村）的工作考核范围，各地财政在安排经费时统筹考虑，对工作绩效明显的可给予适当奖励。金融机构按规定开展小额担保贷款业务的，由当地财政给予贷款本金0.5%的手续费补助；担保机构开展小额贷款担保业务的，由当地财政给予不超过贷款本金1%的担保费。

10. 加强创业服务。健全创业服务体系，完善创业服务制度。加强创业理论研究，探索发布高校毕业生创业指数。实施创业引领计划,鼓励创业服务机构为高校毕业生创业开展政策咨询、信息服务、项目开发、风险评估、开业指导、融资服务、跟踪扶持等"一条龙"服务。政府可通过购买服务方式,对创业服务机构提供创业公共服务给予补贴。

11. 强化创业教育培训。高校要广泛开展创新创业教育,将创业教育课程纳入学分管理。各地要依托公共实训基地、就业(人才)培训中心和学校认定一批创业培训定点机构。在校大学生和高校毕业生在定点培训机构参加创业培训的,可按规定享受创业培训补贴。

三、加强高校毕业生就业服务和就业援助

12. 实施就业服务专项行动。各地、各有关部门要建立完善离校未就业高校毕业生实名信息数据库,实施离校未就业高校毕业生就业促进计划,组织开展高校毕业生就业服务月、就业服务周等专项活动,为每位实名登记未就业高校毕业生至少推荐 3 个以上岗位,力争使每一名有就业意愿的未就业高校毕业生在毕业半年内都能实现就业或参加到就业准备活动中。

13. 完善就业见习制度。加强就业见习基地建设,规范就业见习管理。见习期间,当地政府和见习单位给予见习人员不低于当地最低工资标准的生活补助,其中政府补助不低于50%。对被评为省级见习基地的,各地可适当提高政府补助比例。高校毕业生见习期间参加职业培训的,可享受培训补贴。高校毕业生参加实习、见习、志愿服务等经历可作为求职的实践经历。

14. 简化落户和档案管理手续。毕业当年落实就业岗位的高校毕业生,凭户口迁移证、《普通高等学校毕业证书》《全国普通高等学校毕业生就业报到证》、与用人单位签订的《就业协议书》或劳动(聘用)合同等材料,可以向就业地公安派出所直接申报户口迁入登记。高校

毕业生到小微企业就业、自主创业的,其档案可由当地市、县一级的公共就业人才服务机构免费保管。办理高校毕业生档案转递手续,转正定级表、调整改派手续不再作为接收审核档案的必备材料。

15. 深化校企合作。坚持以就业为导向,深化职业教育改革,推动产教融合、工学结合,大力培养转型升级所需的高技能人才。充分发挥市场机制作用,引导社会各界特别是行业龙头企业积极参与校企合作,鼓励企业发挥品牌资源优势,建立产学研结合的实训基地。加强校企合作协调机构建设,搭建信息服务平台,实现教育实践与生产过程的有机衔接。各地要支持开展校企合作专项活动和实训基地建设。

16. 加强就业援助。回原籍应届困难家庭高校毕业生和就业困难高校毕业生进行失业登记的,有条件的地方可给予不超过 6 个月的临时生活补贴,具体标准由各地制订。给予低保家庭、孤儿、残疾人等毕业年度高校毕业生一次性求职补贴,从 2015 年起,补贴标准提高到每人 1500 元。

四、促进高校毕业生公平就业

17. 消除各种就业歧视。用人单位招聘不得设置民族、种族、性别、残疾、宗教信仰等歧视性条件,不得将院校、户籍作为限制性条件。机关事业单位、国有企业要带头招录残疾高校毕业生。

18. 规范国有企业招录工作。国有企业招聘应届高校毕业生,除涉密等特殊岗位外,要实行公开招聘,招聘信息要在政府网站公开发布,报名时间不少于 7 天;招聘过程中企业负责人和具体负责组织招聘的人员要实行亲属回避;对拟聘人员应予以公示,公示期不少于 7 天。

19. 加大劳动监察执法力度。加强对人力资源服务机构的监管,严厉打击非法职业中介和虚假招聘,规范用人单位招工用工行为。对

用人单位招用高校毕业生不签订劳动合同、不按时足额缴纳社会保险费、不按时支付工资等违法行为，要及时予以查处，切实维护高校毕业生的合法权益。

五、完善高校毕业生就业工作机制

20．加强监测分析。各级公共就业人才服务机构要加强对高校毕业生就业失业情况的跟踪监测，实施就业状况调查，及时发布就业调查报告。扩大用工监测范围，规范用工监测管理，推进省级用工监测示范点建设，加大对用工监测工作支持力度。

21．加强部门协作。各级政府要把高校毕业生就业工作列入政绩考核内容，切实加大就业专项资金投入，确保政策落到实处。充分发挥各级就业创业工作联席会议的协调作用，督促相关部门开发更多适合高校毕业生的就业岗位。加强高校毕业生离校前后的信息衔接和服务对接，每年8月底前，教育部门要将当年离校未就业高校毕业生数据移交人力社保部门；每年12月底前，民政部门要将低保家庭、孤儿高校毕业生数据，残联要将残疾高校毕业生数据，工商部门要将高校毕业生当年新创立个体私营企业及带动就业的数据，移交人力社保部门。

22．加强宣传引导。各地、各有关部门要深入宣传促进高校毕业生就业创业的政策措施和先进典型，引导高校毕业生树立正确的就业观和择业观，增强用人单位的人才意识和依法用人观念，进一步营造全社会参与支持高校毕业生就业创业的良好氛围，力争高校毕业生就业和创业比例均有所提高。

本意见中的高校毕业生是指全日制普通高等学校专科以上毕业生，经过学历认证的留学回国高校毕业生以及取得高级职业资格证书的高级技工学校、技师学院毕业生同等享受高校毕业生就业创业政策。困难家庭高校毕业生是指城镇零就业家庭、城乡低保家庭、低保边缘家庭、父母亲患重大疾病造成家庭经济特别困难、家庭遭遇重大变故、孤儿及烈士子女等高校毕业生。就业困难高校毕业生是指登记失业6个月以上高校毕业生和残疾高校毕业生。就业见习是指离校未就业高校毕业生根据本人意愿，到经人力社保部门认定的见习基地进行一定期限的实践训练，提升就业能力的就业准备活动。

各地、各有关部门要严格按照本意见精神，抓紧制订具体实施办法，切实抓好贯彻落实。已有规定与本意见不一致的，按本意见执行。

浙江省人民政府办公厅
2014年9月9日

浙江省人民政府办公厅关于加快建立和完善大病保险制度有关问题的通知

浙政办发〔2014〕122号

各市、县（市、区）人民政府，省政府直属各单位：

为深入贯彻省委十三届四次全会关于进一步完善医疗保险制度的要求，切实提高人民群众的基本医疗保障水平，在前期开展城乡居民大病保险试点工作的基础上，进一步完善大病保险制度建设，加快实现制度全覆盖。经省政府同意，现就加快建立和完善大病保险制度有关问题通知如下：

一、参保范围

将参加城镇职工基本医疗保险、城镇（城乡）居民基本医疗保险和新型农村合作医疗制度的参保人员统一纳入大病保险制度范围。

二、统筹层次

大病保险实行市级统筹，以设区市为单位统一组织实施，实行统一政策体系、统一筹资标准、统一待遇水平，基金实行统收统支。目前暂不具备条件的地区，可以县（市、区）为单位进行过渡，到2017年底前全面实现市级统筹。

三、筹资机制

按照公平、可持续的原则，建立政府、单位、个人合理分担的多渠道筹资机制，所需资金暂按政府或单位70%、个人30%的比例，年初一次性从职工基本医疗保险、城镇（城乡）居民基本医疗保险和新型农村合作医疗基金中整体划拨，其中职工个人缴费部分从个人账户中划转，没有建立个人账户的由参保人员个人缴纳。政府、单位、个人的总筹资标准原则上为人均25元，具体由各设区市人民政府确定。大病保险基金实行专账管理、独立核算。

四、待遇水平

大病保险按照自然年度进行结算，参保人员在一个结算年度内发生的、经基本医疗保险报销后超过起付标准的合规医疗费用，纳入大病保险支付范围。大病保险的起付标准参照各设区市上一年度城乡居民人均收入水平确定，最高补偿限额按起付标准的10—15倍设定，支付比例不低于50%，费用越高支付比例越高。

大病保险统一执行浙江省基本医疗保险药品、医疗服务项目和医疗服务设施目录。对部分大病治疗必需且疗效明确的高值药品，通过谈判逐步纳入大病保险支付范围，具体方案和目录由省人力社保厅会同有关部门制订。

五、经办管理

鼓励委托商业保险公司承办大病保险，委托商业保险公司承办的地区要以设区市为单位进行统一招标。进一步加强大病保险招标管理，规范大病保险招标行为，具体招标管理指引由省人力社保厅会同有关部门制订。加大对承办大病保险商业保险公司的日常监督，建立完善以绩效和参保人员满意度为主要内容的考核制度。进一步完善医疗费用即时结报制度,尽快实现基本医疗保险、大病保险、医疗救助"一站式"结算。

六、政策衔接

按照构建基本医保为主体、大病保险为延伸、医疗救助为托底、社会慈善和商业保险为补充的医疗保障体系的要求,加强制度整合衔接,尤其要做好大病保险制度与职工重大疾病医疗补助、新农合重特大疾病救助制度的整合,实现制度的平稳衔接。鼓励有条件的参保人员参加各类商业健康保险。

七、组织领导

各地要切实加强对大病保险工作的组织领导,按照收支平衡的原则,科学测算,合理确定具体筹资标准、起付线和封顶线,并于2014年底前制订出台具体的实施方案,报省人力社保厅备案。各级人力社保部门要切实履行牵头部门职责,会同有关部门认真做好政策制订、组织协调、指导监督等工作;财政部门要做好财政专户资金拨付和对大病保险开展财政监督等工作;卫生计生部门要加强对医疗机构、医疗服务行为的监管;保险监管部门要加强对商业保险公司承办行为和服务质量的监管;社会保险经办机构要做好大病保险会计记账、财务核算和协议执行情况监督等工作。

浙江省人民政府办公厅

2014 年 10 月 28 日

浙江省人力资源和社会保障厅发文目录

2014 年浙江省人力资源和社会保障厅发文目录

1 月

本月厅发文目录：

1 月 2 日	浙人社发〔2014〕1 号	转发人力资源社会保障部 全国总工会 全国妇联关于开展 2014 年春风行动的通知
1 月 7 日	浙人社发〔2014〕2 号	浙江省人力资源和社会保障厅 浙江省公安厅 浙江省公务员局关于印发 2013 年从武警部队反恐分队拟退役士兵等人员中录用公安机关人民警察人员名单的通知
1 月 7 日	浙人社发〔2014〕3 号	浙江省人力资源和社会保障厅关于公布 2013 年度统计和通信资格考试合格人员名单的通知
1 月 7 日	浙人社发〔2014〕4 号	浙江省人力资源和社会保障厅 浙江省卫生和计划生育委员会 浙江省安全生产监督管理局 浙江省总工会关于加强工伤预防工作的意见
1 月 7 日	浙人社发〔2014〕5 号	浙江省人力资源和社会保障厅 浙江省财政厅 中国人民银行杭州中心支行 浙江省地方税务局关于实施新一轮基本养老保险省级调剂工作有关问题的通知
1 月 7 日	浙人社发〔2014〕6 号	浙江省人力资源和社会保障厅 浙江省财政厅关于企业退休人员社区综合补贴资金列支渠道有关问题的通知
1 月 10 日	浙人社发〔2014〕7 号	浙江省人力资源和社会保障厅关于确认龙佳韵等 72 人具有高级专业技术资格的通知
1 月 10 日	浙人社发〔2014〕8 号	浙江省人力资源和社会保障厅关于徐建才等 675 人具有高级经济师、高级国际商务师资格的通知
1 月 10 日	浙人社发〔2014〕9 号	浙江省人力资源和社会保障厅关于白小虎等 47 人具有高级专业技术资格的通知
1 月 14 日	浙人社发〔2014〕10 号	浙江省人力资源和社会保障厅 浙江省归国华侨联合会关于公布我省荣获全国侨联系统先进集体和先进工作者名单的通知
1 月 14 日	浙人社发〔2014〕11 号	中共浙江省委组织部 浙江省人力资源和社会保障厅 浙江省公务员局关于印发浙江省各级机关 2014 年考试录用公务员工作实施方案的通知
1 月 14 日	浙人社发〔2014〕12 号	中共浙江省委组织部 浙江省人力资源和社会保障厅 浙江省公务员局关于印发浙江省各级机关 2014 年考试录用紧缺职位公务员工作实施方案的通知
1 月 15 日	浙人社发〔2014〕13 号	浙江省人力资源和社会保障厅 浙江省工商行政管理局关于公布我省荣获全国工商行政管理系统先进集体和先进工作者名单的通知
1 月 20 日	浙人社发〔2014〕14 号	中共浙江省委组织部 浙江省人力资源和社会保障厅关于公布我省荣获第八届全国"人民满意的公务员"和"人民满意的公务员集体"名单的通知
1 月 20 日	浙人社发〔2014〕15 号	浙江省人力资源和社会保障厅关于印发浙江省人事考试考务工作规程的通知
1 月 21 日	浙人社发〔2014〕16 号	浙江省人力资源和社会保障厅 浙江省住房和城乡建设厅关于全国住房城乡建设系统劳动模范享受省部级先进工作者和劳动模范待遇的通知

1月21日	浙人社发〔2014〕17号	浙江省人力资源和社会保障厅　浙江省物价局关于公布我省荣获全国价格工作先进集体和先进工作者名单的通知
1月21日	浙人社发〔2014〕18号	浙江省人力资源和社会保障厅　浙江省统计局关于2013年度高级统计师资格考评结合考试合格标准及人员名单的通知
1月21日	浙人社发〔2014〕19号	浙江省人力社保厅关于公布2013年度房地产估价师、房地产经纪人、注册测绘师和出版资格考试合格人员名单的通知
1月22日	浙人社发〔2014〕20号	浙江省人力资源和社会保障厅关于调整省级单位职工基本医疗保险外地就医政策的通知
1月22日	浙人社发〔2014〕21号	浙江省人力资源和社会保障厅关于王妙娟等129位同志具有技工院校教师高级专业技术资格的通知
1月22日	浙人社发〔2014〕22号	浙江省人力资源和社会保障厅关于发布2013年度企业职工基本养老保险和城乡居民社会养老保险个人账户记账利率的通知
1月26日	浙人社发〔2014〕23号	浙江省人力资源和社会保障厅关于2013年度劳动保障监察工作目标管理完成情况的通报
1月27日	浙人社发〔2014〕24号	浙江省人力资源和社会保障厅关于公布2013年度审计中初级、国际商务、招标师资格考试合格人员名单的通知
1月27日	浙人社发〔2014〕25号	浙江省人力资源和社会保障厅　浙江省住房和城乡建设厅关于公布2013年度房地产经纪人协理从业资格考试合格人员名单的通知
1月27日	浙人社发〔2014〕26号	浙江省人力资源和社会保障厅等6部门关于进一步加强流动人口就业管理服务工作的通知
1月27日	浙人社发〔2014〕27号	浙江省人力资源和社会保障厅　浙江省国家税务局　浙江省地方税务局关于明确注册税务师执业资格考试报考条件审查工作职责分工的通知
1月27日	浙人社发〔2014〕28号	浙江省人力资源和社会保障厅　浙江省档案局关于公布2013年度档案系列初、中级专业技术资格考试合格人员名单的通知
1月27日	浙人社发〔2014〕29号	浙江省人力资源和社会保障厅　浙江省审计厅关于2013年度高级审计师资格考评结合考试合格标准及人员名单的通知
1月27日	浙人社发〔2014〕30号	浙江省人力资源和社会保障厅　浙江省经济和信息化委员会关于公布2013年度工业设计职业资格考试合格人员名单的通知
1月28日	浙人社发〔2014〕31号	关于印发熊建平和吴顺江同志在全省人力资源社会保障工作电视电话会议上的讲话及2014年全省人力资源社会保障工作要点与重点推进改革任务的通知
1月28日	浙人社发〔2014〕32号	浙江省人力资源和社会保障厅　浙江省保密局关于公布我省荣获全国保密工作先进集体和先进工作者名单的通知
1月28日	浙人社发〔2014〕33号	浙江省人力资源和社会保障厅关于2013年度先进处室（单位）评选及工作人员年度考核情况的通报
1月28日	浙人社发〔2014〕34号	浙江省人力资源和社会保障厅关于调整盐酸埃克替尼片（凯美纳）纳入基本医疗保险支付范围等有关问题的通知
1月28日	浙人社发〔2014〕35号	浙江省人力资源和社会保障厅　浙江省住房和城乡建设厅关于公布2013年度房地产经纪人协理从业资格考试合格人员名单的通知
1月29日	浙人社发〔2014〕36号	浙江省人力资源和社会保障厅关于公布2013年度浙江省引进国外智力成果示范推广基地名单的通知

2 月

本月厅发文目录：

2 月 10 日	浙人社发〔2014〕37 号	浙江省人力资源和社会保障厅 浙江省食品药品监督管理局关于公布 2013 年度药学、医疗器械专业中初级专业技术资格考试合格人员名单的通知
2 月 10 日	浙人社发〔2014〕38 号	中共浙江省委组织部 浙江省人力资源和社会保障厅 浙江省人民政府外事办公室关于 2014 年度浙江省赴欧洲开展引才活动的通知
2 月 13 日	浙人社发〔2014〕39 号	转发人力资源社会保障部办公厅 教育部办公厅关于进一步做好离校未就业高校毕业生就业管理和服务工作的通知
2 月 18 日	浙人社发〔2014〕40 号	浙江省人力资源和社会保障厅 浙江省国家税务局 浙江省地方税务局关于公布我省荣获全国税务系统先进集体和先进工作者名单的通知
2 月 21 日	浙人社发〔2014〕41 号	浙江省人力资源和社会保障厅关于公布 2013 年度经济、造价工程师和下半年翻译资格考试合格人员名单的通知

3 月

本月厅发文目录：

3 月 3 日	浙人社发〔2014〕42 号	浙江省人力资源和社会保障厅 浙江省教育厅 浙江省财政厅关于做好 2014 年高校毕业生求职补贴发放工作的通知
3 月 3 日	浙人社发〔2014〕43 号	浙江省人力资源和社会保障厅 浙江省卫生和计划生育委员会关于印发浙江省基本医疗保险协议医师管理暂行办法的通知
3 月 4 日	浙人社发〔2014〕44 号	浙江省人力资源和社会保障厅关于公布 2013 年度一级建造师、企业法律顾问、执业药师和注册城市规划师资格考试合格人员名单的通知
3 月 7 日	浙人社发〔2014〕45 号	浙江省人力资源和社会保障厅 浙江省财政厅关于 2014 年调整企业退休人员基本养老金的通知
3 月 7 日	浙人社发〔2014〕46 号	浙江省人力资源和社会保障厅 浙江省财政厅关于企业退休高工基本养老金待遇有关问题的通知
3 月 10 日	浙人社发〔2014〕47 号	浙江省人力资源和社会保障厅关于印发全省人力资源社会保障系统窗口单位改进作风专项行动工作方案的通知
3 月 17 日	浙人社发〔2014〕48 号	浙江省人力资源和社会保障厅关于公布 2013 年下半年计算机技术与软件专业技术资格（水平）考试合格人员名单的通知
3 月 19 日	浙人社发〔2014〕49 号	浙江省人力资源和社会保障厅 浙江省教育厅关于举办浙江省职业院（校）数控技能大赛暨全国数控技能大赛（第 43 届世界技能大赛选拔赛）浙江省选拔赛的通知
3 月 20 日	浙人社发〔2014〕50 号	浙江省人力资源和社会保障厅关于印发 2014 年重点调研课题和专项调研计划的通知
3 月 20 日	浙人社发〔2014〕51 号	浙江省人力资源和社会保障厅关于下达 2014 年全省人力资源社会保障工作目标任务和通报 2013 年目标任务完成情况的通知

3 月 24 日	浙人社发〔2014〕52 号	浙江省人力资源和社会保障厅关于公布 2013 年度勘察设计注册工程师执业资格考试合格人员名单的通知
3 月 25 日	浙人社发〔2014〕53 号	浙江省人力资源和社会保障厅 浙江省财政厅关于调整企业职工死亡后生活困难补助费等标准的通知
3 月 25 日	浙人社发〔2014〕54 号	浙江省人力资源和社会保障厅等 4 部门关于贯彻落实省构建和谐劳动关系工作领导小组"双爱"活动推进计划的实施意见
3 月 25 日	浙人社发〔2014〕55 号	浙江省人力资源和社会保障厅 浙江省残疾人联合会关于徐利祥等 22 人取得医疗按摩师专业技术资格的通知
3 月 27 日	浙人社发〔2014〕56 号	浙江省人力资源和社会保障厅关于明确部分委托办理行政许可事项具体操作办法的通知
3 月 27 日	浙人社发〔2014〕57 号	浙江省人力资源和社会保障厅 浙江省财政厅关于调整机关事业单位工作人员死亡后遗属生活困难补助费等标准的通知
3 月 27 日	浙人社发〔2014〕58 号	中共浙江省委组织部等 3 部门关于调整精减退职人员生活困难补助费标准的通知
3 月 28 日	浙人社发〔2014〕59 号	中共浙江省委组织部 浙江省人力资源和社会保障厅关于开展事业单位公开招聘进人备案制试点工作的通知
3 月 31 日	浙人社发〔2014〕60 号	浙江省人力资源和社会保障厅关于 2013 年度信访工作目标管理完成情况的通报

4 月

本月厅发文目录：

4 月 3 日	浙人社发〔2014〕61 号	浙江省人力资源和社会保障厅 浙江省档案局关于 2013 年度全省人力资源和社会保障系统通过档案工作目标管理省级认定情况的通报
4 月 3 日	浙人社发〔2014〕62 号	中共浙江省委组织部 浙江省人力资源和社会保障厅 浙江省公务员局关于公布 2014 年全省各级机关考试录用公务员笔试合格分数线的通知
4 月 9 日	浙人社发〔2014〕63 号	浙江省人力资源和社会保障厅关于开展 2014 年享受政府特殊津贴人员选拔推荐工作的通知
4 月 10 日	浙人社发〔2014〕64 号	浙江省人力资源和社会保障厅等 10 部门关于进一步鼓励和支持家政服务业发展的若干意见
4 月 11 日	浙人社发〔2014〕65 号	浙江省人力资源和社会保障厅 浙江省经济和信息化委员会 浙江省冶金有色行业协会关于公布我省荣获全国有色金属行业先进集体和劳动模范名单的通知
4 月 11 日	浙人社发〔2014〕66 号	浙江省人力资源和社会保障厅 浙江省经济和信息化委员会 浙江省机械工业联合会关于公布我省荣获全国机械工业先进集体劳动模范和先进工作者名单的通知
4 月 15 日	浙人社发〔2014〕67 号	浙江省人力资源和社会保障厅关于确认汤晓风等 126 人具有高级职称（专业技术资格）的通知
4 月 17 日	浙人社发〔2014〕68 号	浙江省人力资源和社会保障厅 共青团浙江省委员会 浙江省妇女联合会 浙江省残疾人联合会 浙江省工商业联合会 浙江日报报业集团关于开展"333 就业服务月"活动的通知

4月21日	浙人社发〔2014〕69号	浙江省人力资源和社会保障厅关于举办2014年中国技能大赛——第43届世界技能大赛浙江省选拔赛的通知
4月23日	浙人社发〔2014〕70号	浙江省人力资源和社会保障厅关于调整基本医疗保险部分医疗服务项目的通知
4月23日	浙人社发〔2014〕71号	浙江省人力资源和社会保障厅 浙江省财政厅 浙江省卫计委关于进一步完善基层医疗卫生事业单位绩效工资的指导意见
4月28日	浙人社发〔2014〕72号	浙江省人力资源和社会保障厅关于开展2014年度人力社保系统平安建设工作的通知
4月30日	浙人社发〔2014〕73号	浙江省人力资源和社会保障厅 浙江省卫生和计划生育委员会关于公布2013年度中级卫生专业技术资格考试省定合格人员名单的通知

5月

本月厅发文目录：

5月9日	浙人社发〔2014〕74号	浙江省人民检察院 浙江省人力资源和社会保障厅关于公布我省荣获全国"模范检察院"和全国"模范检察官"名单的通知
5月13日	浙人社发〔2014〕75号	浙江省人力资源和社会保障厅 浙江省经济和信息化委员会 浙江省环境保护厅关于印发《浙江省环境保护专业工程师和高级工程师资格评价条件(试行)》的通知
5月14日	浙人社发〔2014〕76号	浙江省人力资源和社会保障厅关于印发《浙江省省级专业技术人员继续教育基地建设管理办法(试行)》的通知
5月15日	浙人社发〔2014〕77号	浙江省人力资源和社会保障厅关于开展2013年劳动保障书面审查和社会保险登记验证及稽核工作的通知
5月19日	浙人社发〔2014〕78号	浙江省人力资源和社会保障厅 浙江省档案局关于公布2013年度档案副研究馆员资格评价业务考试合格人员名单的通知
5月23日	浙人社发〔2014〕79号	浙江省人力资源和社会保障厅关于印发浙江省医保医师协议管理实施细则的通知
5月23日	浙人社发〔2014〕80号	浙江省人力资源和社会保障厅等7部门关于印发浙江省集中开展医疗保险反欺诈"亮剑"专项行动方案的通知
5月23日	浙人社发〔2014〕81号	浙江省人力资源和社会保障厅关于表彰2013年度全省人力资源社会保障系统优秀调研成果的通报
5月23日	浙人社发〔2014〕82号	浙江省人力资源和社会保障厅关于印发《浙江省人力资源和社会保障厅会议活动管理办法(试行)》的通知
5月27日	浙人社发〔2014〕83号	浙江省人力资源和社会保障厅 浙江省财政厅 浙江省地方税务局关于印发《浙江省基本养老保险工作目标考核办法(试行)》的通知
5月29日	浙人社发〔2014〕84号	浙江省人力资源和社会保障厅 浙江省发展和改革委员会转发人力资源社会保障部和国家发展改革委关于印发招标师职业资格制度暂行规定和招标师职业资格考试实施办法的通知
5月30日	浙人社发〔2014〕85号	浙江省人力资源和社会保障厅 浙江省财政厅关于推进阳光医保监管平台建设的通知

2015 ZheJiang RenLi ZiYuan He SheHui BaoZhang NianJian
浙江人力资源和社会保障年鉴

6月

本月厅发文目录：

6月5日	浙人社发〔2014〕86号	浙江省人力资源和社会保障厅 浙江省财政厅关于省直机关工作人员特殊困难补助有关问题的通知
6月9日	浙人社发〔2014〕87号	浙江省人力资源和社会保障厅关于印发《浙江省重复领取城乡养老保险待遇业务处理规程（试行）》的通知
6月9日	浙人社发〔2014〕88号	浙江省人力资源和社会保障厅关于公布2014年度全国职称外语等级考试合格标准及有关事宜的通知
6月9日	浙人社发〔2014〕89号	浙江省人力资源和社会保障厅关于印发2014年度高级专业技术资格评审计划的通知
6月12日	浙人社发〔2014〕90号	浙江省人力资源和社会保障厅 浙江省残疾人联合会关于公布我省荣获全国自强模范和全国残联系统先进工作者名单的通知
6月17日	浙人社发〔2014〕91号	关于印发浙江省人力资源和社会保障厅事业单位财务管理办法的通知
6月18日	浙人社发〔2014〕92号	浙江省人力资源和社会保障厅关于公布2014年浙江省人力资源和社会保障科学研究课题立项名单的通知
6月27日	浙人社发〔2014〕93号	浙江省人力资源和社会保障厅 浙江省财政厅转发人力资源社会保障部财政部关于印发《城乡养老保险制度衔接暂行办法》的通知

7月

本月厅发文目录：

7月2日	浙人社发〔2014〕94号	浙江省人力资源和社会保障厅 浙江省国家税务局浙江省地方税务局关于调整企业夏季高温津贴标准的通知
7月7日	浙人社发〔2014〕95号	浙江省人力资源和社会保障厅关于公布浙江省第二批省级高校毕业生就业见习示范基地名单的通知
7月8日	浙人社发〔2014〕96号	浙江省人力资源和社会保障厅 浙江省军区政治部关于贯彻落实《浙江省军人随军家属就业安置实施办法》的通知
7月14日	浙人社发〔2014〕97号	中共浙江省委组织部等3部门关于2014年度浙江省赴美国等地开展引才活动的通知
7月14日	浙人社发〔2014〕98号	浙江省人力资源和社会保障厅关于2014年企业退休人员基本养老金计发办法有关问题的通知
7月14日	浙人社发〔2014〕99号	浙江省人力资源和社会保障厅关于印发《浙江省高级经济师资格评价条件》的通知
7月15日	浙人社发〔2014〕100号	中共浙江省委组织部 浙江省人力资源和社会保障厅 浙江省公务员局关于进一步加强省直机关公务员网络学习培训的通知
7月18日	浙人社发〔2014〕101号	浙江省人力资源和社会保障厅等3部门关于下达2014年度基本养老保险主要工作目标的通知

7月21日	浙人社发〔2014〕102号	浙江省人力资源和社会保障厅关于公布2014年度浙江省博士后科研项目择优资助人员名单的通知
7月21日	浙人社发〔2014〕103号	浙江省人力资源和社会保障厅关于表彰2014年度浙江省优秀博士后人员名单的通知
7月21日	浙人社发〔2014〕104号	浙江省人力资源和社会保障厅关于公布2014年浙江省"钱江人才计划"C、D类项目择优资助人员名单的通知
7月24日	浙人社发〔2014〕105号	浙江省人力资源和社会保障厅 浙江省财政厅关于调整在杭部分离休干部"两费"保障经费筹资标准的通知
7月28日	浙人社发〔2014〕106号	浙江省人力资源和社会保障厅关于下放和调整部分人力资源社会保障行政审批及其他行政权力的通知
7月28日	浙人社发〔2014〕107号	浙江省人力资源和社会保障厅 浙江省公安厅 浙江省公务员局关于印发部分公安机关2014年考试录用特警工作实施方案的通知
7月28日	浙人社发〔2014〕108号	浙江省人力资源和社会保障厅 浙江省公安厅关于公布2014年度公安机关刑事科学技术和技术侦察队伍专业技术职位考试合格人员名单的通知
7月28日	浙人社发〔2014〕109号	浙江省人力资源和社会保障厅关于做好2014年度高级经济师资格申报工作的通知
7月30日	浙人社发〔2014〕110号	浙江省人力资源和社会保障厅关于省级基本医疗保险定点医疗机构中药饮片使用违规处理情况的通报

8 月

本月厅发文目录：

8月1日	浙人社发〔2014〕111号	浙江省人力资源和社会保障厅 中国银监会浙江监管局转发人力资源社会保障部中国银行业监督管理委员会关于印发银行业专业人员职业资格制度暂行规定和银行业专业人员初级职业资格考试实施办法的通知
8月4日	浙人社发〔2014〕112号	浙江省人力资源和社会保障厅 浙江省科学技术厅关于鼓励高校青年博士教师到企业从事博士后研究工作的意见
8月5日	浙人社发〔2014〕113号	浙江省人力资源和社会保障厅关于进一步改革完善高级专业技术资格评审管理工作的意见
8月11日	浙人社发〔2014〕114号	中共浙江省委组织部 中共浙江省直属机关工作委员会 浙江省人力资源和社会保障厅 浙江省公务员局关于省直机关推行日志式管理加强公务员平时考核工作的通知
8月12日	浙人社发〔2014〕115号	浙江省人力资源和社会保障厅关于公布2014年度留学人员创业启动支持计划和科技活动项目择优资助入选项目名单的通知
8月13日	浙人社发〔2014〕116号	浙江省人力资源和社会保障厅关于公布第三批复合西药的通知
8月14日	浙人社发〔2014〕117号	浙江省人力资源和社会保障厅关于转发人力资源社会保障部办公厅《关于进一步做好企业年金方案备案工作的意见》的通知
8月19日	浙人社发〔2014〕118号	浙江省人力资源和社会保障厅 浙江省经济和信息化委员会 浙江省冶金有色行业协会关于公布我省荣获全国钢铁工业先进集体和劳动模范名单的通知
8月19日	浙人社发〔2014〕119号	浙江省人力资源和社会保障厅 浙江省供销合作社联合社关于公布我省荣获全国供销合作社系统先进集体名单的通知

续　表

8 月 19 日	浙人社发〔2014〕120 号	关于印发《浙江省人力资源和社会保障厅关于建设"浙江人社"政务微博、微信发布平台的实施方案》的通知
8 月 21 日	浙人社发〔2014〕121 号	浙江省人力资源和社会保障厅关于公布 2014 年度职业技能鉴定教材与题库开发项目的通知
8 月 22 日	浙人社发〔2014〕122 号	中共浙江省委组织部　浙江省人力资源和社会保障厅关于组团赴省外开展引才活动的通知
8 月 22 日	浙人社发〔2014〕123 号	浙江省人力资源和社会保障厅　浙江省财政厅关于公布 2014 年浙江省高技能人才公共实训基地建设项目的通知
8 月 25 日	浙人社发〔2014〕124 号	浙江省人力资源和社会保障厅关于公布 2014 年上半年计算机技术与软件专业技术资格（水平）考试合格人员名单的通知
8 月 25 日	浙人社发〔2014〕125 号	浙江省人力资源和社会保障厅关于公布 2014 年度监理工程师、注册咨询工程师（投资）、投资建设项目管理师和翻译（上半年）资格考试合格人员名单的通知
8 月 25 日	浙人社发〔2014〕126 号	浙江省人力资源和社会保障厅　浙江省农业厅　浙江省海洋与渔业局关于开展 2014 年农业技术推广研究员任职资格评审推荐工作的通知
8 月 25 日	浙人社发〔2014〕127 号	浙江省人力资源和社会保障厅关于印发《浙江省技工院校学生学籍管理规定（试行）》等规定的通知
8 月 25 日	浙人社发〔2014〕128 号	浙江省人力资源和社会保障厅关于印发《浙江省"全民参保登记计划"工作实施方案》的通知
8 月 29 日	浙人社发〔2014〕129 号	中共浙江省委政法委员会　中共浙江省委组织部　浙江省人力资源和社会保障厅　浙江省教育厅　浙江省公安厅　浙江省司法厅　浙江省公务员局关于印发浙江省公安和司法行政系统 2014 年招录人民警察（司法助理员）学员试点工作实施方案的通知

9 月

本月厅发文目录：

9 月 2 日	浙人社发〔2014〕130 号	浙江省人力资源和社会保障厅转发人力资源社会保障部关于进一步加强基本医疗保险医疗服务监管的意见的通知
9 月 9 日	浙人社发〔2014〕131 号	浙江省人力资源和社会保障厅关于印发浙江省技能人才自主评价办法（试行）的通知
9 月 10 日	浙人社发〔2014〕132 号	浙江省人力资源和社会保障厅　浙江省财政厅关于公布第四批浙江省技能大师工作室名单和浙江省技能大师工作室考核评估结果的通知
9 月 16 日	浙人社发〔2014〕133 号	中共浙江省委组织部　浙江省人力资源和社会保障厅　浙江省公务员局关于组织编报 2015 年全省各级机关考试录用公务员需求计划的通知
9 月 16 日	浙人社发〔2014〕134 号	中共浙江省委组织部　浙江省人力资源和社会保障厅　浙江省公务员局关于组织编报 2015 年全省各级机关考试录用紧缺职位公务员需求计划的通知
9 月 16 日	浙人社发〔2014〕135 号	浙江省人力资源和社会保障厅关于表扬 2014 年度全省人力资源社会保障宣传工作先进单位和先进个人的通报
9 月 16 日	浙人社发〔2014〕136 号	浙江省人力资源和社会保障厅　浙江省财政厅　浙江省教育厅关于建立农村特岗教师津贴的通知

9月18日	浙人社发〔2014〕137号	浙江省人力资源和社会保障厅关于2013年度基本养老保险省级调剂金补助和2014年度预拨补助的通知
9月22日	浙人社发〔2014〕138号	浙江省人力资源和社会保障厅　浙江省教育厅关于公布我省荣获全国教育系统先进集体和全国模范教师、全国教育系统先进工作者名单的通知
9月23日	浙人社发〔2014〕139号	浙江省人力资源和社会保障厅关于授予董进等20位残疾人"浙江省技术能手"荣誉称号的通知

10 月

本月厅发文目录：

10月13日	浙人社发〔2014〕140号	关于将人事考试中违纪违规考生信息纳入人事考试信用体系的通知
10月13日	浙人社发〔2014〕141号	中共浙江省委组织部　浙江省人力资源和社会保障厅关于公布浙江省事业单位专业技术二级岗位聘任人选名单的通知
10月15日	浙人社发〔2014〕142号	浙江省人力资源和社会保障厅关于印发《浙江省技工院校省级专业（学科）带头人评选管理办法（试行）》等规定的通知
10月27日	浙人社发〔2014〕143号	浙江省人力资源和社会保障厅关于印发《浙江省社会保险记录查询使用管理办法（试行）》的通知
10月27日	浙人社发〔2014〕144号	浙江省人力资源和社会保障厅关于印发《浙江省技工院校教师继续教育管理办法》的通知
10月27日	浙人社发〔2014〕145号	浙江省人力资源和社会保障厅等4部门关于印发2014年从武警浙江省总队反恐分队拟退役士兵中考试录用公安机关人民警察工作实施方案的通知
10月31日	浙人社发〔2014〕146号	浙江省人力资源和社会保障厅等3部门关于2014年对部分工业企业临时性下浮社会保险费缴费比例的通知

11 月

本月厅发文目录：

11月4日	浙人社发〔2014〕147号	浙江省人力资源和社会保障厅等10部门关于印发浙江省大学生创业引领计划实施方案（2014—2017年）的通知
11月10日	浙人社发〔2014〕148号	浙江省人力资源和社会保障厅关于印发《浙江省城乡居民基本养老保险经办规程》的通知
11月14日	浙人社发〔2014〕149号	中共浙江省委组织部　浙江省人力资源和社会保障厅　浙江省公务员局关于修订《浙江省公务员录用考察工作细则（试行）》有关条款的通知
11月20日	浙人社发〔2014〕150号	浙江省人力资源和社会保障厅等8部门关于公布2014年度浙江省151人才工程培养人员名单的通知
11月26日	浙人社发〔2014〕151号	浙江省人力资源和社会保障厅　浙江省物价局关于公布第四批复合西药的通知

12 月

本月厅发文目录：

12 月 8 日	浙人社发〔2014〕152 号	浙江省人力资源和社会保障厅 浙江省安全生产监督管理局关于表彰全省安全生产监管系统先进集体和先进工作者的决定
12 月 8 日	浙人社发〔2014〕153 号	浙江省人力资源和社会保障厅 中共浙江省委党史研究室关于表彰全省党史工作先进集体和先进工作者的决定
12 月 12 日	浙人社发〔2014〕154 号	浙江省人力资源和社会保障厅 浙江省教育厅关于进一步加强中小学校专业技术岗位结构比例管理和调控的通知
12 月 11 日	浙人社发〔2014〕155 号	浙江省人力资源和社会保障厅 浙江省红十字会关于表彰全省红十字会系统先进集体和先进工作者的决定
12 月 11 日	浙人社发〔2014〕156 号	浙江省人力资源和社会保障厅 浙江省卫生和计划生育委员会关于确定 2014 年度中级卫生专业技术资格考试省定合格标准及有关问题的通知
12 月 22 日	浙人社发〔2014〕157 号	浙江省人力资源和社会保障厅关于公布 2014 年度浙江省引进高技能人才资助单位名单的通知
12 月 22 日	浙人社发〔2014〕158 号	浙江省人力资源和社会保障厅关于将人工耳蜗纳入基本医疗保险支付范围的通知
12 月 23 日	浙人社发〔2014〕159 号	浙江省人力资源和社会保障厅 浙江省审计厅关于表彰全省审计机关先进集体和先进工作者的决定
12 月 26 日	浙人社发〔2014〕160 号	浙江省人力资源和社会保障厅 浙江省财政厅关于调整退休干部职工管理服务工作活动经费标准的通知
12 月 29 日	浙人社发〔2014〕161 号	浙江省人力资源和社会保障厅转发人力资源社会保障部关于国有企业招聘应届高校毕业生信息公开的意见的通知
12 月 29 日	浙人社发〔2014〕162 号	浙江省人力资源和社会保障厅关于进一步明确人力社保工作中定密事项的通知
12 月 30 日	浙人社发〔2014〕163 号	浙江省人力资源和社会保障厅等 4 部门关于印发《省直事业单位绩效工资发放情况专项检查制度》的通知
12 月 31 日	浙人社发〔2014〕164 号	浙江省人力资源和社会保障厅等 5 部门关于转发《中共中央组织部人力资源和社会保障部等 5 部门关于进一步加强流动人员人事档案管理服务工作的通知》的意见
12 月 31 日	浙人社发〔2014〕165 号	浙江省人力资源和社会保障厅 浙江省财政厅关于关于开展省级大病保险工作的通知
12 月 31 日	浙人社发〔2014〕166 号	浙江省人力资源和社会保障厅 浙江省财政厅关于进一步做好中小学教师待遇保障工作有关问题的通知

主要统计资料

一、综　合

浙江省主要经济指标

项　目	单　位	2014 年	比上年增减（%）
一、总人口	万人	4859.18	0.67
非农业人口	万人	1580.07	2.24
二、城镇登记失业率	%	2.96	− 0.05
三、全社会从业人员数	万人	3714.15	0.15
1. 城镇从业人员	万人	2232.77	6.06
其中：国有经济单位	万人	215.28	1.08
城镇集体经济单位	万人	20.25	− 9.07
其他各种经济类型单位	万人	867.14	3.68
城镇个体私营	万人	1130.1	9.34
2. 农村从业人员（含农村个体）	万人	1509.91	7.09
四、农村劳动力转移就业技能培训	万人	19.82	− 16.39
培训后转移就业率	%	90.22	10.22
五、生产总值	亿元	40173.03	6.93
其中：第一产业	亿元	1777.18	− 0.42
第二产业	亿元	19175.06	3.95
第三产业	亿元	19220.79	10.86
人均生产总值	元／人	73002	6.63
六、财政总收入	亿元	7521.7	8.88
地方财政收入	亿元	4122.02	8.56
地方财政支出	亿元	5159.57	9.07
七、社会消费品零售总额	亿元	17835.34	17.14
八、城镇居民人均可支配收入	元	40393	6.72
九、农村居民人均可支配收入	元	19373	20.28
十、居民消费价格指数	%	102.1	− 0.2

全省基层劳动保障机构情况

单位：个、人

项目	个数	建立劳动保障工作机构个数	劳动保障工作人员数	有编制的工作人员	获得职业资格人员	大专以上学历人员	女性
街道	436	436	2328	1195	1257	2017	1270
乡镇	903	903	3572	2059	1692	3020	1664

项目	个数	配备劳动保障工作人员的社区、村个数	劳动保障工作人员数	专职工作人员	获得职业资格人员	大专以上学历人员	女性
社区	3300	3294	5182	3641	3057	4031	3706
行政村	27149	27078	28774	8403	8858	8967	10157

二、就业和失业

全省劳动力供给情况

单位：万人

				分项合计	
一、新成长劳动力	（一）增加项合计	当年满16周岁的人口	705804	744226	1479430
		中等职业学校毕业生	201041		
		高中毕业生	299057		
		高校本、专科毕业生	257643		
		硕士毕业生	14170		
		博士毕业生	1715		
	（二）扣除项合计	高中和中等职业学校招生	419253	735204	
		高校本、专科招生	296901		
		硕士研究生招生	16712		
		博士生招生	2338		
二、下岗失业人员	上年结转			349342	766911
	本年新增			417569	
三、复员、转业军人		20157			20157
合　计					1531294

全省按三次产业分布的全社会从业人员情况

	2013 年		2014 年	
	绝对数（万人）	构成（%）	绝对数（万人）	构成（%）
第一产业	506.95	13.67	501.73	13.51
第二产业	1853.43	49.97	1846.32	49.71
第三产业	1348.35	36.36	1366.09	36.78

全省下岗失业人员再就业情况

单位：万人

项　　目	2013 年	2014 年
城镇新增就业人数	104.34	107.43
城镇登记失业人员	34.93	33.14
城镇登记失业人员就业人数	44.31	40.93
下岗失业人员再就业人数	44.45	41.82
就业困难人员	16.08	13.83

全省再就业资金使用情况

单位：亿元

使用总额	扶持公共就业服务经费	职业培训补贴	职业介绍补贴	社会保险补贴	岗位补贴	小额担保贷款贴息	技能鉴定补贴	见习补贴	其他
17.02	1.41	1.38	0.05	7.64	2.36	0.14	0.09	0.39	3.57

三、技工学校和就业培训

全省技工学校情况

项　目		2013 年	2014 年	增减（%）
学校数（所）	合　计	64	71	10.94
学生数（人）	在校学生数	118587	121196	2.20
	招　生　数	37351	39893	6.81
	其中：农业户口	28679	26297	−8.31
	毕业生数	27273	33376	22.38
教职工人数（人）	总　计	8877	10059	13.32
	其　中 　理论教师	4587	5471	19.27
	实习教师	1734	1958	12.92
	其　他	3160	3359	6.30
兼职教师（人）		974	1083	11.19

全省就业培训情况

项　目	就业训练中心	民办职业培训	技工学校培训
一、职业培训机构数（个）	54	816	71
二、在职教职工人数（人）	378	7019	10059
其中：教师	168	4154	7429
兼职教师	654	3948	1083
三、经费来源（万元）	5537	19083	—
四、培训人数（人）	137031	403254	279065
其中：女性	61872	188415	63702
五、结业人数（人）	121861	357449	209425
其中：初级	42206	145334	66689
中级	13486	57701	24110
高级（含技师、高级技师）	26488	48701	29446
六、就业人数（人）	54377	163319	32741

四、监察和仲裁

全省劳动保障监察工作情况

项　　目	2013 年	2014 年
检查单位数	200015	175531
涉及劳动者(万人)	507.85	526.08
劳动保障监察投诉结案数(件)	24687	24681
结案率(%)	100	100
追发劳动者工资(万元)	138443	178543
涉及人数(万人)	17.18	20.8
清退风险抵押金(万元)	22.23	35.84
涉及人数(万人)	0.24	0.36
追缴社会保险费(万元)	301.64	1707
涉及人数(万人)	0.87	2.82
清退童工(人)	786	699

全省劳动争议仲裁机构受理、处理案件情况

项　　　目			2013 年	2014 年
一、案件受理情况	（一）受理案件数(件)		50374	47421
	其中	国有企业	1169	666
		集体企业	596	81
		港澳台及外资企业	1540	1507
		民营企业	44468	41937
		其他	1451	2480
	（二）案件涉及人数(人)		85286	84890
二、案件处理情况	结案件数(件)		50065	46670
	其中	单位胜诉(件)	4861	4431
		劳动者胜诉(件)	15595	16833
		双方部分胜诉(件)	27778	20739

五、社会保障

全省社会保险基本情况

项　　目	职工养老	其中：企业	失业保险	职工医保	工伤保险	生育保险
一、参保总人数（万人）	2548.01	2442.55	1210.13	1900.05	1899.41	1248.94
其中：在职职工	2079.22	2002.39	1210.13	1575.97	1899.41	1248.94
二、基金收支情况						
三、基金收支情况（亿元）　1. 当年基金收入	1701.58	1556.98	114.63	608.13	48.96	31.45
2. 当年基金支出	1298.87	1166.66	55.31	448.63	41.13	26.69
3. 当年基金结余	402.71	390.33	59.32	159.51	7.84	4.77
4. 基金滚存结余	2712.19	2631.58	343.15	876.03	65.03	31.33

六、各市资料

各市年末总户数和总人口数

单位：人

地　区	总户数（户）	总人口数（人）	按性别分		按农业和非农业分	
			男性	女性	农业人口	非农业人口
合　　计	16304936	48591771	24586866	24004905	32791128	15800643
杭州市	2223450	7157576	3572639	3584937	3114871	4042705
宁波市	2240741	5837767	2905164	2932603	3660483	2177284
温州市	2299094	8136930	4222645	3914285	6373156	1763774
湖州市	859817	2637845	1308901	1328944	1689446	948399
嘉兴市	1049618	3481377	1715234	1766143	1871554	1609823
绍兴市	1614768	4430358	2216175	2214183	2790310	1640048

地　区	总户数（户）	总人口数（人）	按性别分		按农业和非农业分	
			男性	女性	农业人口	非农业人口
金华市	1837947	4750728	2424154	2326574	3651384	1099344
衢州市	902201	2556727	1310902	1245825	2002738	553989
舟山市	367281	974892	482758	492134	605847	369045
台州市	1908514	5971047	3058768	2912279	4829723	1141324
丽水市	1001505	2656524	1369526	1286998	2201616	454908

注：本表数据来源为省公安厅。

各市社会保险参保人数

单位：万人

地区	基本养老保险	其中：企业	城镇职工医疗保险	失业保险	工伤保险	生育保险	城乡居民社会		被征地农民
							养老保险	其中：农村	
合计	2548	2442.55	1900.05	1210.13	1899.41	1248.94	1342.13	1243.48	465.65
杭州市	559.48	535.17	469.4	331.83	406.65	309.23	103.86	98.99	63.79
宁波市	542.23	542.13	368.54	243.39	291.09	252.25	124.76	119.25	89.94
温州市	285.97	261.61	158.27	108.09	237.05	97.48	220.44	188.21	62.27
湖州市	127.39	119.15	104.05	61.62	75.53	60.28	64.9	60.11	24.67
嘉兴市	231.53	221.22	192.58	110.78	161.56	134.76	72.77	68.67	40.79
绍兴市	235.18	226.4	185.66	116.54	197.82	133.2	118.69	106.71	51.42
金华市	174.27	165.31	133.57	74.99	154.44	80.05	152.11	146.33	47.33
衢州市	70.02	64.71	56.53	24.7	36.74	26.93	106.78	100.04	19.61
舟山市	42.49	40.41	36.48	21.09	29.35	19.7	31.17	28.65	14.54
台州市	181.2	175.22	136.21	95.95	228.63	85.7	246.05	229.02	37.76
丽水市	55.1	48.08	36.97	21.16	42.63	22.12	100.62	97.5	13.53

各市人力资源市场
工资指导价位

全省各市、县最低工资标准

单位：元

地区	市、县	最低月工资标准	最低小时工资标准
杭州	市区	1650	13.5
	富阳	1470	12
	临安、桐庐、建德、淳安	1350	10.9
宁波	市区	1650	13.5
	慈溪、余姚、杭州湾新区	1470	12
	象山、奉化、宁海	1350	10.9
温州	市区	1650	13.5
	乐清、瑞安	1470	12
	永嘉、洞头、平阳、苍南、文成、泰顺	1350	10.9
嘉兴	市区、所属县	1470	12
湖州	市区	1470	12
	德清、安吉、长兴	1350	10.9
绍兴	市区、所属县	1470	12
金华	市区、义乌、东阳、永康	1470	12
	兰溪、浦江、武义	1350	10.9
	磐安	1220	9.8
衢州	市区、所属县	1350	10.9
台州	市区、临海、温岭、玉环	1470	12
	天台、仙居、三门	1350	10.9
舟山	市区、所属县	1470	12
丽水	市本级、莲都区、青田、缙云	1350	10.9
	龙泉、云和、庆元、遂昌、松阳、景宁	1220	9.8

杭州市人力资源市场工资指导价位

杭州市样本企业分布情况表

类 型		企业	百分比
全部企业		2525	100.00
行业分布	农、林、牧、渔业	13	0.51
	采矿业	5	0.20
	制造业	1133	44.87
	电力、热力、燃气及水生产和供应业	24	0.95
	建筑业	184	7.29
	批发和零售业	352	13.94
	交通运输、仓储和邮政业	52	2.06
	住宿和餐饮业	157	6.22
	信息传输、软件和信息技术服务业	124	4.91
	金融业	24	0.95
	房地产业	45	1.78
	租赁和商务服务业	72	2.85
	科学研究和技术服务业	36	1.43
	水利、环境和公共设施管理业	10	0.40
	居民服务、修理和其他服务业	204	8.08
	教育	16	0.63
	卫生、社会保障和社会福利业	32	1.27
	文化、体育和娱乐业	42	1.66
合 计		2525	100.00
规模分布	大型企业	159	6.30
	中型企业	628	24.87
	小型企业	1415	56.04
	微型企业	251	9.94
	未填写	72	2.85
合 计		2525	100.00
登记注册类型分布	国有	90	3.56
	集体	22	0.87
	股份合作	14	0.55

续　表

类　型		企　业	百分比
登记注册 类型分布	联营企业	2	0.08
	有限责任公司	1573	62.30
	股份有限公司	117	4.63
	私营企业	354	14.02
	其他企业	38	1.50
	合资经营企业（港或澳、台资）	59	2.34
	合作经营企业（港或澳、台资）	2	0.08
	港、澳、台商独资经营企业	53	2.10
	港、澳、台商投资股份有限公司	8	0.32
	中外合资经营企业	83	3.29
	外资企业	108	4.28
	外商投资股份有限公司	2	0.08
合　计		2525	100.00
企业用工 人数分组	1—20 人	316	12.51
	20—50 人	751	29.74
	50—500 人	1281	50.73
	500 人以上	177	7.02
合　计		2525	100.00
			100.00

杭州市劳动者样本分布情况表

类　型		员　工	百分比	有效合计
全　部		234676		234676
性　别	男	138155	58.87	234676
	女	96521	41.13	
年　龄	18—25 岁	35787	15.25	234676
	26—35 岁	93053	39.65	
	36—45 岁	67959	28.96	
	46—55 岁	31651	13.49	
	56 岁及以上	6095	2.60	
	其他	131	0.06	
工　龄	1—5 年	124146	52.90	234676
	6—10 年	55353	23.59	
	11—15 年	22961	9.78	

续　表

类　型		员　工	百分比	有效合计
工　龄	16—20 年	11820	5.04	234676
	21 年及以上	20396	8.69	
学　历	研究生(含博士、硕士)	3976	1.69	234676
	大学本科	35714	15.22	
	大学专科	45393	19.34	
	高中、中专或技校	68691	29.27	
	初中及以下学历	80902	34.47	
职　业	单位负责人	28014	11.94	234676
	专业技术人员	43945	18.73	
	办事人员	31429	13.39	
	商业、服务业人员	39326	16.76	
	农林牧渔水利业生产工人	258	0.11	
	生产运输工人	91704	39.08	
职业等级	高级技师	389	0.30	131288
	技师	725	0.55	
	高级技能	2325	1.77	
	中级技能	5688	4.33	
	初级技能	15357	11.70	
	没有取得资格证书	106804	81.35	
专业技术职称	高级职称	1436	3.27	43945
	中级职称	5848	13.31	
	初级职称	14351	32.66	
	没有取得专业技术职称	22310	50.77	
职业技能等级	高级管理岗	3697	6.22	59443
	一级部门管理岗	10648	17.91	
	二级部门管理岗	8877	14.93	
	其他管理岗	36221	60.93	
用工形式	合同制度用工	229611	97.84	234676
	劳务派遣用工	5065	2.16	
劳动合同类型	固定期限	201521	85.87	234676
	无固定期限	27157	11.57	
	以完成一定工作任务为期限	933	0.40	
	其他	5065	2.16	
入会情况	是	169194	72.10	234676
	否	65482	27.90	

杭州市分工种企业工资价位

单位：元

序号	工　种	高位数	中位数	低位数
1	企业董事	575640	104937	24896
2	企业经理	570930	105784	26801
3	企业职能部门经理或主管	307486	79869	25091
4	生产经营经理	283357	85808	30700
5	财务经理	291476	70560	24276
6	行政、人事经理	286118	65604	24837
7	人事经理	358734	78114	26770
8	销售和营销经理	258615	82648	25538
9	广告和公关经理	225952	67933	26398
10	采购经理	305865	73124	26498
11	计算机服务经理	373886	102215	30462
12	研究和开发经理	447703	101990	31771
13	餐厅、客房经理	120455	61386	29338
14	客房经理	119817	51180	25676
15	其他企业负责人	465914	79061	26825
16	其他企业管理人员	272454	60439	23489
17	经济学研究人员	198419	99928	28621
18	物理学研究人员	127800	62912	21438
19	化学研究人员	216666	73684	29477
20	生物科学研究人员	153660	53780	26000
21	医学研究人员	56611	23949	19900
22	体育研究人员	125400	59822	33130
23	地质勘探工程技术人员	129172	69757	21600
24	大地测量工程技术人员	44400	39092	36603
25	工程测量工程技术人员	95996	43034	24012
26	其他石油工程技术人员	71060	50235	32400
27	化工实验工程技术人员	174163	60603	30111
28	化工设计工程技术人员	222905	72680	29731
29	化工生产工程技术人员	166341	73535	29845
30	其他化工工程技术人员	309260	92598	38456
31	机械设计工程技术人员	149248	62523	25313
32	机械制造工程技术人员	165480	58365	28329
33	仪器仪表工程技术人员	152124	79817	34086
34	设备工程技术人员	148387	70516	32137

续　表

序号	工　种	高位数	中位数	低位数
35	医学设备管理师	59171	50090	41450
36	其他机械工程技术人员	213271	83961	31604
37	电子材料工程技术人员	56640	50766	33644
38	电子元器件工程技术人员	151981	60720	25449
39	电子仪器与测量工程技术人员	121290	40790	25622
40	其他电子工程技术人员	129647	50078	23349
41	通信工程技术人员	269697	68681	23570
42	计算机硬件技术人员	142612	65853	30984
43	计算机软件技术人员	174889	79061	25720
44	计算机网络技术人员	111997	43936	20766
45	计算机系统分析技术人员	139241	28742	20520
46	计算机网络管理员	142352	56797	22277
47	计算机程序设计员	149780	52743	21656
48	多媒体作品制作员	107595	51623	32541
49	其他计算机与应用工程技术人员	164496	72360	24567
50	电机与电器工程技术人员	169947	69789	24912
51	电力拖动与自动控制工程技术人员	132235	44331	25236
52	电线电缆与电工材料工程技术人员	62400	40287	25360
53	照明设计师	70000	43539	27541
54	其他电气工程技术人员	162854	64935	24685
55	发电工程技术人员	109198	65818	49864
56	供用电工程技术人员	132421	60622	24695
57	其他电力工程技术人员	165679	52907	26388
58	其他广播电影电视工程技术人员	411812	231062	58108
59	汽车运用工程技术人员	88959	56140	28683
60	其他交通工程技术人员	167517	101944	56155
61	城镇规划设计工程技术人员	351100	36585	24200
62	建筑设计工程技术人员	891970	66020	20184
63	土木建筑工程技术人员	166807	51685	21916
64	风景园林工程技术人员	84043	29639	19859
65	水利水电建筑工程技术人员	181844	57013	27188
66	景观设计师	114378	31362	24703
67	无机非金属新材料工程技术人员	60000	49333	37204
68	其他建材工程技术人员	122967	53322	24765
69	花艺环境设计师	26400	24428	24060
70	水资源工程技术人员	53267	39962	23540

序号	工　种	高位数	中位数	低位数
71	纺纱工程技术人员	72336	51454	24060
72	织造工程技术人员	100399	47258	26884
73	染整工程技术人员	89530	50822	30267
74	其他纺织工程技术人员	99009	53422	25486
75	其他食品工程技术人员	142619	73853	26238
76	环境污染治理工程技术人员	145945	52565	29050
77	其他环境保护工程技术人员	185595	76238	20335
78	标准化工程技术人员	113274	66406	27387
79	计量工程技术人员	115755	55141	27360
80	质量工程技术人员	164590	65949	31120
81	普通工业工程技术人员	110838	49871	20753
82	质量管理与可靠性控制工程技术人员	99315	45531	24538
83	营销工程技术人员	165515	71425	24724
84	企业培训师	128388	64795	39058
85	项目管理师	185118	67882	20151
86	企业信息管理师	86838	48727	20875
87	物流师	194327	67550	38100
88	商务策划师	116683	51645	31200
89	会展策划师	89742	53080	37838
90	其他管理（工业）工程技术人员	193360	93998	32851
91	其他工程技术人员	151877	52192	21798
92	植物保护技术人员	69810	37741	24030
93	园艺技术人员	50100	40481	22200
94	兽药技术人员	92066	56172	36550
95	其他农业技术人员	74700	43035	22490
96	外科医师	242700	110147	70200
97	妇产科医师	162500	86517	36927
98	口腔科医师	199228	112446	26120
99	全科医师	104901	78922	67560
100	其他西医医师	99866	59344	20640
101	西药剂师	77246	44461	23922
102	中药药师	74964	40744	21734
103	其他药剂人员	72128	45192	20497
104	临床检验技师	67623	42552	33304
105	门诊护士	70363	41645	24565
106	手术室护士	45100	34065	27600

续　表

序号	工　种	高位数	中位数	低位数
107	其他护理人员	50586	35008	22143
108	经济计划人员	130242	63598	31541
109	调查分析师	148284	45573	27469
110	其他统计人员	93327	40560	24445
111	出纳	96809	40787	22307
112	资产评估人员	214476	36904	25020
113	会计	134432	50612	22849
114	其他会计人员	118325	46960	23884
115	审计人员	149947	45598	22462
116	报关员	94706	58211	28343
117	对外经贸业务员	179325	53402	25593
118	其他国际商务人员	101822	45221	20052
119	房地产开发业务人员	238151	54105	20826
120	不动产销售员	125995	29800	20037
121	其他房地产开发业务人员	152885	77165	27895
122	其他经济业务人员	134018	58508	24313
123	银行储蓄员	34586	25310	19900
124	其他银行业务人员	182314	138585	37661
125	保险推销员	473017	104937	20785
126	保险理赔员	185338	74446	25253
127	其他保险业务人员	259042	91727	35631
128	证券投资顾问	156000	79220	36000
129	其他证券业务人员	921067	170515	43386
130	其他金融业务人员	208759	77492	31054
131	中学教师	104263	52370	25483
132	小学教师	52022	26701	22250
133	幼儿教师	47919	37764	29987
134	舞蹈演员	42420	39107	35040
135	美工师	51000	39110	34016
136	其他美术专业人员	75000	41733	25200
137	陈列展览设计人员	61140	40102	28800
138	广告设计师（原名：广告设计人员）	68291	29248	20424
139	模具设计师	127675	62650	25170
140	家具设计师	41700	31983	31980
141	其他工艺美术专业人员	68053	50976	27930
142	其他文学艺术工作人员	59570	37139	24048

序号	工　种	高位数	中位数	低位数
143	文字记者	105300	67267	36000
144	摄影记者	72265	45917	33075
145	其他记者	79600	44764	31120
146	文字编辑	97874	44199	19900
147	美术编辑	68965	31048	24000
148	网络编辑员	61536	36388	27732
149	其他编辑	81934	35646	22170
150	节目主持人	152854	86633	40720
151	日语翻译	93569	63409	37486
152	图书资料业务人员	108375	32635	24900
153	档案业务人员	335808	72771	39258
154	其他专业技术人员	158419	42664	21817
155	行政业务办公人员	121067	39404	21056
156	行政执法人员	212304	41788	23293
157	其他行政业务人员	262664	56405	24469
158	秘书	117249	43948	20751
159	公关员	93207	38709	20614
160	收发员	63706	32833	21951
161	打字员	70039	34291	19960
162	计算机操作员	71830	37347	23985
163	制图员	81337	41263	26125
164	文员	81335	35536	20448
165	其他行政事务人员	184123	54261	22877
166	其他行政办公人员	108072	40694	20902
167	保安员	59328	32210	20947
168	其他治安保卫人员	76789	37876	22491
169	建（构）筑物消防员	58727	35875	27600
170	其他消防人员	79253	39940	28892
171	其他安全保卫和消防人员	94383	38451	20818
172	邮政投递员	33582	22132	20235
173	电信业务营业员	74278	51231	29318
174	话务员	40203	24816	21125
175	其他电信业务人员	105157	52394	24600
176	用户通信终端维修员	83127	48847	37471
177	其他办事人员和有关人员	135945	40129	20558
178	营业员	81755	32163	20893

序号	工　　种	高位数	中位数	低位数
179	收银员	51187	32493	19966
180	其他营业人员	121490	46016	20279
181	营销师（原名：推销员）	152872	53465	21488
182	出版物发行员	69982	41754	23760
183	其他推销、展销人员	183832	64293	24362
184	采购员	119512	47456	23239
185	收购员	117031	54498	22662
186	中药购销员	66674	53192	27740
187	其他采购人员	162187	55354	23057
188	商品监督员	57019	36118	26222
189	市场管理员	56439	37772	23177
190	其他商品监督和市场管理人员	87207	55171	22620
191	粮油购销员	223810	72697	35150
192	保管员	86578	37509	20200
193	理货员	67211	35532	22460
194	粮油保管员	75057	46045	24060
195	仓管员	82993	40044	22806
196	其他保管人员	147685	51356	24057
197	商品护运员	66843	41739	25741
198	医药商品储运员	53392	42954	26751
199	其他储运人员	108488	49725	20334
200	其他仓储人员	82930	37602	20231
201	中式面点师	59891	36587	20857
202	其他中餐烹饪人员	72075	35958	22511
203	西式烹调师	78008	37584	20339
204	西式面点师	93757	33610	20637
205	营养配餐员	33582	31784	28029
206	餐厅服务员	74312	31351	20224
207	餐具清洗保管员	49000	28714	20498
208	厨政管理师	102747	42172	20857
209	前厅服务员	58016	31015	20369
210	客房服务员	50530	29246	19837
211	旅店服务员	71478	32882	20188
212	导游	41802	22292	20512
213	公共游览场所服务员	69457	32656	20977
214	展览讲解员	44748	30443	24086

续 表

序号	工 种	高位数	中位数	低位数
215	园林植物保护工	32141	27031	27006
216	康乐服务员	55227	33687	22408
217	游泳救生员	44400	33121	26108
218	球童	24000	23575	23300
219	其他健身和娱乐场所服务人员	39545	27925	22715
220	汽车运输调度员	52095	43941	25728
221	公路收费及监控员	54325	46136	35305
222	船舶业务员	44769	41219	39528
223	其他水上运输服务人员	58691	47141	30737
224	其他运输服务人员	82970	48533	25284
225	医疗临床辅助服务员	48524	34772	24000
226	药房辅助员	42592	31782	21785
227	科技咨询师	152621	82737	54945
228	社会工作者	30000	30000	30000
229	房地产经纪人	45000	36155	24052
230	物业管理员	66121	32393	21007
231	其他物业管理人员	44904	28500	19995
232	供水生产工	57451	39405	26865
233	生活燃料供应工	74360	47886	35434
234	燃气具安装维修工	88329	70634	37233
235	其他供水、供热及生活燃料供应服务人员	86394	46783	20233
236	美容师	36464	34897	29213
237	其他摄影服务人员	23778	20422	19830
238	眼镜验光员	30209	24310	20375
239	其他验光配镜人员	25822	22166	20134
240	洗衣师	77873	29087	22467
241	家用电器产品维修工	131714	61681	37601
242	其他日用机电产品维修人员	77845	45728	19840
243	办公设备维修工	95357	39219	19823
244	其他办公设备维修人员	114226	52148	26550
245	保育员	21600	21154	18259
246	养老护理员	97204	35266	21640
247	垃圾清运工	42687	33690	22714
248	保洁员	47875	25666	20530
249	其他环境卫生人员	89937	29529	19891
250	劳动保障协理员	30000	30000	30000

续　表

序号	工　种	高位数	中位数	低位数
251	呼叫服务员	81264	53333	35962
252	客户服务管理师	308402	60025	26982
253	礼仪主持人	66426	50125	37832
254	电子商务师	141303	49056	20464
255	花卉园艺师	30220	25195	20520
256	林木种苗工	157043	69658	37706
257	其他畜牧业生产人员	83710	44058	28630
258	工程测量员（原名：工程测量工）	84306	50054	21845
259	钻孔机司机	115099	57621	48641
260	支护工	61084	44565	40418
261	矿山提升机操作工	37781	33274	30382
262	矿井机车运输工	37913	35240	31990
263	火工品管理工	41147	34147	25100
264	矿物开采辅助工	42293	33032	28113
265	其他矿物开采人员	165298	98712	66630
266	筛选破碎工	50126	41032	28790
267	浮选工	39472	36410	29172
268	磨矿工	51473	45627	36978
269	动力配煤工	45760	40982	38833
270	其他矿物处理人员	152979	40691	29696
271	其他勘测及矿物开采人员	76996	64313	40294
272	其他炼铁人员	48000	41750	28000
273	金属轧制工	102525	43976	30124
274	酸洗工	64795	45031	33007
275	金属材涂层工	72008	42191	30514
276	金属材热处理工	58659	46674	34712
277	焊管工	73006	45239	31954
278	其他金属轧制人员	44945	32793	24341
279	冶炼风机工	54473	39283	26133
280	化工原料准备工	141753	45670	29382
281	压缩机工	67019	51123	32098
282	制冷工	80486	45650	35915
283	蒸发工	66789	44937	34088
284	蒸馏工	65664	43889	27843
285	萃取工	66181	45450	42788
286	干燥工	56901	43956	32216

序号	工　种	高位数	中位数	低位数
287	结晶工	51939	41294	33989
288	防腐蚀工	216000	38195	32400
289	化工工艺试验工	104348	47546	31223
290	化工总控工	70931	53495	31196
291	其他化工产品生产通用工艺人员	83128	50484	35399
292	煤制气工	71638	55995	46132
293	煤气变压吸附制氢工	73849	56761	46543
294	合成氨生产工	78202	49245	37710
295	复合磷肥生产工	50567	34373	20148
296	硝酸生产工	71879	48277	39989
297	无机化学反应工	51474	36749	24217
298	工业气体液化工	35247	24995	20364
299	其他无机化工产品生产人员	95145	52929	36367
300	其他基本有机化工产品生产人员	68458	44914	36719
301	其他合成树脂生产人员	71864	51776	40140
302	丁苯橡胶生产工	46045	41169	35840
303	化纤聚合工	108677	61665	36818
304	湿纺原液制造工	44912	38090	35080
305	纺丝工	60161	40062	33240
306	化纤后处理工	49512	36646	30187
307	化纤纺丝精密组件工	53510	38092	30453
308	其他化学纤维生产人员	66219	44011	32189
309	有机合成工	71982	55398	36252
310	催化剂制造工	89236	56563	44139
311	涂料合成树脂工	57211	54681	49974
312	制漆配色调制工	79087	51492	34581
313	其他精细化工产品生产人员	64646	48576	32903
314	树脂基复合材料工	103615	63835	35421
315	化妆品配制工	94462	62306	24600
316	其他日用化学品生产人员	55934	27184	24600
317	车工	96016	45361	23304
318	铣工	199512	47256	26854
319	刨插工	114089	46031	23231
320	磨工	125790	50608	28612
321	钻床工	76507	43273	22174
322	组合机床操作工	78641	50028	26971

续　表

序号	工　种	高位数	中位数	低位数
323	加工中心操作工	132770	48013	25004
324	制齿工	74009	51306	33406
325	拉床工	68337	46335	32200
326	锯床工	60648	42940	27758
327	其他机械冷加工人员	72818	42332	22709
328	铸造工	78283	53261	26347
329	锻造工	82957	54442	34045
330	冲压工	73340	45570	30081
331	焊工	93298	55262	28143
332	金属热处理工	80297	48590	34961
333	粉末冶金制造工	73484	56004	37801
334	电切削工	57039	43772	19820
335	其他特种加工设备操作人员	99462	54920	23167
336	冷作钣金工	94285	56414	27340
337	镀层工	85778	40256	28773
338	涂装工	95694	50777	25774
339	其他工件表面处理加工人员	75082	34080	20745
340	磨料制造工	66900	36160	28497
341	磨具制造工	114143	58533	21928
342	其他航天器件加工成型人员	106279	60348	38347
343	仪器仪表元件制造工	58702	32800	25060
344	汽车饰件制造工	67503	44767	20767
345	基础件装配工	176943	43082	24823
346	部件装配工	76243	38675	23443
347	装配钳工	84181	44545	23097
348	工具钳工	83681	51494	25866
349	数控机床装调维修工	113374	63732	36723
350	工程机械装配调试工	112410	54315	28571
351	汽轮机装配工	62203	51246	44990
352	锅炉设备装配工	66726	50468	37524
353	电机装配工	87469	59308	38907
354	其他动力设备装配人员	89016	49681	22200
355	线圈绕制工	51029	36814	25500
356	电线电缆制造工	85036	40951	20026
357	其他电气元件及设备装配人员	61886	43055	25217
358	电子专用设备装调工	70827	41524	20445

续　表

序号	工　种	高位数	中位数	低位数
359	其他电子专用设备装配调试人员	87122	29360	19914
360	仪器仪表元器件装调工	68513	32615	20964
361	电子仪器仪表装配工	43644	31103	24332
362	光电仪器仪表装调工	34628	28757	20367
363	工业自动化仪器仪表与装置装配工	66995	45360	20183
364	电工仪器仪表装配工	58452	49328	26736
365	其他仪器仪表装配人员	60894	39008	21747
366	自行车、电动自行车装配工（原名：助动车、自行车装配工）	45634	35196	26369
367	其他运输车辆装配人员	49602	35257	25481
368	医疗器械装配工	76920	44418	24597
369	其他医疗器械装配及假肢与矫形器制作人员	40800	24060	24060
370	空调机装配工	70379	40933	21230
371	电冰箱、电冰柜制造装配工	64920	42099	31783
372	洗衣机制造装配工	57069	39837	32901
373	小型家用电器装配工	39480	36818	27739
374	其他日用机械电器制造装配人员	93311	44875	28629
375	工具五金制作工	49685	37223	27878
376	其他五金制品制作装配人员	54204	35716	27024
377	船体制造工	47952	39424	34280
378	其他机电产品装配人员	83115	51732	30803
379	机修钳工	88576	52944	31129
380	汽车修理工	85281	41280	22298
381	汽车生产线操作调整工	54920	41080	25970
382	工程机械修理工	96362	55148	29395
383	其他机械设备维修人员	122625	50618	27995
384	工业自动化仪器仪表与装置修理工	78223	57612	31421
385	电工仪器仪表修理工	89531	46302	31087
386	其他仪器仪表修理人员	119250	51007	35661
387	设备点检员	68231	49510	25704
388	电力工程内线安装工	44200	37304	25000
389	其他电力设备安装人员	56457	38995	22202
390	水轮发电机值班员	73023	63337	39631
391	锅炉运行值班员	67207	47218	38520
392	汽轮机运行值班员	125912	51104	37830
393	电气值班员	69524	46921	26968
394	其他发电运行值班人员	146209	120940	41409

续　表

序号	工　种	高位数	中位数	低位数
395	其他输电、配电、变电设备值班人员	80464	45979	24447
396	锅炉本体设备检修工	56000	41097	23000
397	变电设备安装工	128947	48725	21809
398	变配电室值班电工	59219	37747	26023
399	维修电工	90191	51216	27549
400	其他电力设备安装、运行、检修及供电人员	72571	46611	19923
401	电子真空镀膜工	47505	38087	31037
402	半导体芯片制造工	76779	50102	30260
403	其他电子器件制造人员	99640	47191	22935
404	电阻器制造工	72415	57303	36198
405	电声器件制造工	48604	23469	19899
406	接插件制造工	33900	31489	21834
407	太阳电池制造工	66534	49767	37033
408	锂离子蓄电池制造工	56044	47855	29740
409	无线电设备机械装校工	39850	32539	23053
410	其他电子设备装配调试人员	68019	37211	23129
411	其他电子元器件与电子设备制造、装调维修人员	47702	28897	22093
412	橡胶制品配料工	77008	36307	22901
413	橡胶炼胶工	90444	59538	41808
414	橡胶半成品制造工	85904	58974	42758
415	橡胶成型工	89975	62446	36206
416	橡胶硫化工	92760	61071	23798
417	其他橡胶制品生产人员	80313	50030	24227
418	塑料制品配料工	61673	44405	31734
419	其他塑料制品加工人员	60368	34017	22453
420	其他橡胶和塑料制品生产人员	65537	46370	29797
421	开清棉工	60154	41913	31124
422	纤维梳理工	52044	34454	29175
423	并条工	85348	32617	29337
424	粗纱工	40941	36479	30403
425	细纱工	46821	39635	32849
426	筒并摇工	54769	37548	25451
427	捻线工	54622	37977	25741
428	制线工	48148	36851	19994
429	缫丝工	52471	37822	23453
430	其他纺纱人员	60296	36591	23125

续　表

序号	工　种	高位数	中位数	低位数
431	浆纱工	68351	43824	27206
432	穿经工	62296	40693	27021
433	织布工	61687	38784	25412
434	织物验修工	54730	36915	25571
435	其他织造人员	52668	36190	24576
436	经编工	62220	44330	24631
437	其他针织人员	50049	33785	20217
438	坯布检查处理工	57558	40559	28441
439	印染烧毛工	63866	47360	38170
440	印染洗涤工	65176	45859	27731
441	印染烘干工	59545	44854	34831
442	印染丝光工	55939	43545	33797
443	印染定型工	61763	43600	28487
444	印花工	65468	49120	31870
445	印染雕刻制版工	54808	39670	31994
446	印染后整理工	62546	43407	28278
447	印染成品定等装潢工	58800	48084	29699
448	工艺染织制作工	58144	42041	31191
449	其他印染人员	66516	42430	27009
450	其他纺织、针织、印染人员	64064	37326	23953
451	裁剪工	61608	37353	19887
452	缝纫工	62748	39319	23056
453	裁缝工	56772	33189	22779
454	其他裁剪缝纫人员	66601	41663	25307
455	皮革加工工	65536	38856	29769
456	毛皮加工工	65298	33879	21945
457	扣皮工	71185	54188	27566
458	缝纫制品充填处理工	55215	39495	27424
459	其他缝纫制品再加工人员	53507	35128	22991
460	糖果制造工	64551	46548	37321
461	乳品加工工	129543	52194	38819
462	冷食品制作工	76373	51171	36748
463	饮料制作工	112650	62214	43080
464	其他酿酒工	45000	41500	38000
465	食用调料制作工	80614	41820	19960
466	其他食品添加剂及调味品制作人员	38039	28057	19972

序号	工　种	高位数	中位数	低位数
467	烘焙工（原名：糕点、面包烘焙工）	48600	36000	22800
468	米面主食制作工	42300	33520	21600
469	豆制品制作工	71827	48466	31489
470	其他粮油食品制作工	113793	97060	77750
471	熟肉制品加工工	59042	41663	33478
472	其他肉、蛋食品加工人员	39360	31328	27480
473	其他粮油、食品、饮料及饲料生产加工人员	97501	45884	25729
474	其他烟草及其制品加工人员	102825	83794	74760
475	化学合成制药工	61964	44628	38684
476	生化药品制造工	139883	39636	27594
477	疫苗制品工	68379	43831	25783
478	基因工程产品工	52107	42739	35677
479	其他生物技术制药（品）人员	80473	36559	20450
480	药物制剂工	60657	45460	27649
481	其他药物制剂人员	48230	27117	20400
482	中药炮制与配制工	53752	49507	33990
483	中药液体制剂工	51086	42976	27994
484	中药固体制剂工	53881	37252	22189
485	其他中药制药人员	55784	45410	32400
486	其他药品生产制造人员	56850	38162	24366
487	制材工	65033	55542	31960
488	其他木材加工人员	55376	36889	21588
489	手工木工	67829	42515	24137
490	机械木工	59500	47052	27000
491	其他木材制品制作人员	52859	33903	25403
492	其他木材加工、人造板生产及木材制品制作人员	93906	40152	20141
493	制浆备料工	44966	37802	28130
494	制浆设备操作工	41377	35320	30191
495	制浆废液回收利用工	42894	36985	27506
496	其他制浆人员	43164	29564	25110
497	造纸工	61468	39180	23003
498	其他造纸人员	49248	38869	26456
499	瓦楞纸箱制作工	56788	35535	23926
500	纸盒制作工	48267	29676	20022
501	其他纸制品制作人员	109637	47951	19957
502	其他制浆、造纸和纸制品生产加工人员	100567	39917	21045

序号	工　种	高位数	中位数	低位数
503	其他墙体屋面材料生产人员	53407	40000	38103
504	其他建筑防水密封材料生产人员	57044	44334	27908
505	其他非金属矿及其制品生产加工人员	47520	34092	21898
506	其他建筑材料生产加工人员	83245	44656	27237
507	玻璃加工工	66000	34723	22522
508	玻璃钢制品工	55320	45911	31762
509	石英玻璃制品加工工	94718	66546	33986
510	陶瓷烧成工	86839	59692	30113
511	其他玻璃、陶瓷、搪瓷及其制品生产加工人员	56647	35189	21885
512	平版制版工	54106	35236	22594
513	印前制作员	50929	35344	22045
514	其他印前制作人员	73657	42494	29274
515	平版印刷工	83069	39408	23543
516	柔性版印刷工（原名：凸版印刷工）	60000	28543	20550
517	凹版印刷工	120000	45736	26400
518	其他印刷操作人员	92714	44022	22085
519	装订工	61848	30363	19961
520	印品整饰工	38732	29978	19906
521	其他印后制作人员	61214	37415	22595
522	其他印刷人员	95970	39212	21680
523	其他金属工艺品制作人员	56628	33463	24650
524	其他美术品制作人员	61776	43800	28098
525	绘图仪器制作工	47254	37157	31083
526	钢琴及键盘乐器制作工	79417	52991	41069
527	民族拉弦、弹拨乐器制作工	59782	49514	41227
528	砌筑工	46723	37433	31793
529	混凝土工	48647	37708	27402
530	其他混凝土配制及制品加工人员	66673	39272	26024
531	架子工	66644	44652	36397
532	防水工	63419	46135	21600
533	装饰装修工	52836	34839	21000
534	室内成套设施装饰工	35105	31222	26200
535	筑路机械操作工	141620	76894	54573
536	其他筑路、养护、维修人员	68083	35899	24535
537	电气设备安装工	105400	42663	19993
538	管工	59997	35640	30568

续表

序号	工　种	高位数	中位数	低位数
539	其他工程设备安装人员	62199	35737	25169
540	汽车驾驶员	82119	49572	22651
541	机动车驾驶教练员	49092	41812	21395
542	起重装卸机械操作工	81917	45637	22029
543	起重工	69808	46719	26350
544	叉车司机	71094	50618	32473
545	其他起重装卸操作及有关人员	127220	64123	29282
546	其他运输设备操作人员	73066	41933	20608
547	固体废物处理工	66621	42336	29099
548	废水处理工	63589	42281	27683
549	除尘设备运行工	52201	45116	39820
550	化学检验工	105779	44354	27437
551	材料物理性能检验工	83596	43076	27825
552	无损检测员	89528	45120	24769
553	产品可靠性能检验工	56351	41090	26536
554	食品检验工	145340	89441	39112
555	纺织纤维检验工	56452	34678	23191
556	针纺织品检验工	72452	43203	29732
557	服装鞋帽检验工	55174	39647	22858
558	木材及家具检验工	46610	36664	25957
559	包装材料检验工	134764	42787	28293
560	药物检验工	87540	42453	31315
561	五金制品检验工	52366	34151	24142
562	机械产品检验工	72616	44877	27391
563	医疗器械检验工	89638	38445	23362
564	照明电器检验工	59475	39775	24513
565	通信设备检验工	48475	41168	31442
566	电子器件检验工	67062	37636	25168
567	其他检验人员	80494	44338	25575
568	航天器材料性能测试试验工	83675	58845	40007
569	专用计量器具计量工	113696	51057	25558
570	其他计量人员	70329	37346	23437
571	其他检验、计量人员	85758	41418	22745
572	包装人员	67202	36225	20100
573	混泥土泵工	92728	56061	26045
574	简单体力劳动人员	62552	34719	20677

续　表

序号	工　种	高位数	中位数	低位数
575	道路与桥梁工程技术人员	176849	83380	32064
576	其他建筑工程技术人员	134015	43762	21806
577	园林绿化工程技术人员	68401	41776	29204
578	其他水利工程技术人员	106886	52015	24133
579	纺织面料设计师	113896	61805	25665
580	环境监测工程技术人员	78472	40185	22807
581	安全防范设计评估师	117046	50611	22600
582	其他标准化、计量、质量工程技术人员	132264	67099	25323
583	生产组织与管理工程技术人员	116075	60036	27074
584	企业人力资源管理师（原名人力资源开发与管理工程技术人员）	150639	67099	36945
585	品牌管理师	174959	47264	20641
586	内科医师	138524	88697	42213
587	中医内科医师	162500	68943	30026
588	病房护士	75208	51055	30350
589	其他卫生专业技术人员	153030	54431	19798
590	医药商品购销员	92957	28872	20637
591	商品储运员	72117	40028	25037
592	中式烹调师	73107	37697	19869
593	其他西餐烹饪人员	56771	35322	23600
594	其他餐厅服务人员	50202	32300	19917
595	其他饭店服务人员	62660	32321	20560
596	其他旅游及公共游览场所服务人员	90407	33710	18000
597	汽车客运服务员	68561	39810	21427
598	其他公路道路运输服务人员	51435	28677	23231
599	其他医疗卫生辅助服务人员	58936	31148	23337
600	其他社会中介服务人员	130929	49398	23627
601	锅炉操作工	75635	42465	29318
602	聚乙烯生产工	61998	42787	30336
603	其他合成橡胶生产人员	89068	54458	30196
604	纺丝凝固浴液配制工	41842	38649	35612
605	研磨分散工	55946	52481	45615
606	化工添加剂制造工	30473	29228	27252
607	牙膏制造工	21000	21000	21000
608	镗工	83249	52429	27847
609	抛磨光工	57064	39214	30626

续　表

序号	工　种	高位数	中位数	低位数
610	剪切工	82355	49273	28873
611	其他机械热加工人员	100317	54602	22786
612	其他冷作钣金加工人员	75276	39086	26722
613	其他磨料磨具制造加工人员	76370	49050	35646
614	电焊条、焊丝制造工(原名:电焊条制造工)	81813	39041	20232
615	其他基础件、部件装配人员	72972	35681	20017
616	其他机械设备装配人员	76306	44228	26856
617	其他电力设备检修人员	76849	45445	24432
618	其他生活生产电力设备安装、操作、修理人员	78659	44648	35097
619	半导体分立器件、集成电路装调工	52409	44758	36462
620	其他电子元件制造人员	55345	31340	24185
621	电子设备装接工	34538	24933	20562
622	其他电子产品维修人员	62124	36275	24966
623	废胶再生工	61712	52586	41821
624	塑料制品成型制作工	59555	38869	27264
625	其他纤维预处理人员	60969	43925	30394
626	整经工	61077	40119	26932
627	横机工	55000	46409	28966
628	煮炼漂工	55272	43043	29059
629	纺织针织染色工	68988	51694	33712
630	印染染化料配制工	64387	47966	34163
631	缝纫品整型工	60917	43912	26819
632	其他皮革、毛皮加工人员	48227	41872	30730
633	其他裁剪缝纫和皮革、毛皮制品加工制作人员(原名:其他裁剪缝纫和毛皮革制作工)	39958	30814	25168
634	其他乳品、冷食品及罐头、饮料制作人员	67649	44292	37694
635	其他土石方施工人员	58607	30101	20087
636	钢筋工	56637	39297	35499
637	其他装饰装修人员	57224	35023	24994
638	机械设备安装工	126397	50049	26631
639	中小型施工机械操作工	77644	32735	20000
640	其他公(道)路运输机械设备操作及有关人员	85857	44152	25671
641	其他海洋环境调查与监测人员	55029	41529	29728
642	材料成分检验工	71540	36099	25154
643	产品安全性能检验工	82171	54217	29312
644	印染工艺检验工	75920	35393	26486

序号	工　种	高位数	中位数	低位数
645	中药检验工	50695	41161	34034
646	电器产品检验工	83059	53922	33810
647	仪器仪表检验工	73683	50880	27388
648	长度计量工	57816	42215	26410

杭州市分国民经济行业企业工资价位

单位：元

序号	行　业	高位数	中位数	低位数
1	一、农、林、牧、渔业	350399	55823	23648
2	1. 农业	441921	63276	23027
3	2. 林业	186858	68989	34703
4	3. 畜牧业	109571	56872	28966
5	4. 农、林、牧、渔服务业	110700	38356	25215
6	二、采矿业	137857	51241	29548
7	1. 有色金属矿采选业	98526	40430	20080
8	2. 非金属矿采选业	143514	52139	35615
9	三、制造业	139120	45920	22873
10	1. 农副食品加工业	48546	30297	22941
11	2. 食品制造业	236286	65645	27100
12	3. 酒、饮料和精制茶制造业	199261	74607	41803
13	4. 纺织业	82445	39682	24164
14	5. 纺织服装、服饰业	67599	36348	20885
15	6. 皮革、毛皮、羽毛及其制品和制鞋业	75653	35433	22205
16	7. 木材加工和木、竹、藤、棕、草制品业	74235	36771	21687
17	8. 家具制造业	113257	44708	27143
18	9. 造纸和纸制品业	133378	44639	21980
19	10. 印刷和记录媒介复制业	126704	41225	22412
20	11. 文教、工美、体育和娱乐用品制造业	112440	53619	35987
21	12. 化学原料和化学制品制造业	186554	55172	28836
22	13. 医药制造业	165106	46954	22946
23	14. 化学纤维制造业	77926	39377	27156
24	15. 橡胶和塑料制品业	106098	52366	25264

续　表

序号	行　业	高位数	中位数	低位数
25	16. 非金属矿物制品业	74195	41727	24103
26	17. 黑色金属冶炼和压延加工业	110227	45826	27203
27	18. 有色金属冶炼和压延加工业	72282	35541	22988
28	19. 金属制品业	146426	44304	23328
29	20. 通用设备制造业	118186	47336	22465
30	21. 专用设备制造业	206530	54078	22260
31	22. 汽车制造业	150134	47563	21678
32	23. 铁路、船舶、航空航天和其他运输设备制造业	66983	34363	22583
33	24. 电气机械和器材制造业	138745	50411	23523
34	25. 计算机、通信和其他电子设备制造业	186901	54154	25076
35	26. 仪器仪表制造业	155981	57049	23889
36	27. 其他制造业	120639	42702	21858
37	28. 废弃资源综合利用业	82755	42304	23336
38	29. 金属制品、机械和设备修理业	140516	50002	28025
39	四、电力、热力、燃气及水生产和供应业	197921	59184	21659
40	1. 电力、热力生产和供应业	202804	55810	20667
41	2. 燃气生产和供应业	196566	74199	28982
42	3. 水的生产和供应业	138865	50760	27091
43	五、建筑业	255864	45245	21384
44	1. 房屋建筑业	182395	52489	22596
45	2. 土木工程建筑业	215259	60268	20503
46	3. 建筑安装业	86312	38903	20430
47	4. 建筑装饰和其他建筑业	374720	39380	21653
48	六、批发和零售业	167168	43604	20684
49	1. 批发业	199268	44081	20120
50	2. 零售业	153491	43408	20513
51	七、交通运输、仓储和邮政业	101587	43993	20900
52	1. 道路运输业	89745	44890	20677
53	2. 航空运输业	41280	26215	25200
54	3. 装卸搬运和运输代理业	134439	45533	22948
55	4. 仓储业	143237	43257	20788
56	5. 邮政业	68968	33257	31200
57	八、住宿和餐饮业	92924	34121	20798
58	1. 住宿业	86275	32481	20643
59	2. 餐饮业	101312	36458	22173

续　表

序号	行　业	高位数	中位数	低位数
60	九、信息传输、软件和信息技术服务业	221009	70693	23253
61	1．电信、广播电视和卫星传输服务	323078	96117	25321
62	2．互联网和相关服务	256396	112340	24974
63	3．软件和信息技术服务业	154778	50705	22889
64	十、金融业	755150	126319	25643
65	1．货币金融服务	539685	307951	119952
66	2．资本市场服务	1275129	225093	45270
67	3．保险业	369283	89527	35920
68	4．其他金融业	422133	73967	22570
69	十一、房地产业	285854	77714	20087
70	十二、赁和商务服务业	150606	42133	20497
71	1．租赁业	160838	47106	23159
72	2．商务服务业	148165	40998	20990
73	十三、科学研究和技术服务业	169729	52898	23466
74	1．研究和试验发展	144084	52437	23025
75	2．专业技术服务业	181568	55770	24453
76	3．科技推广和应用服务业	108116	35354	22624
77	十四、水利环境和公共设施管理业	222267	60003	26613
78	1．水利管理业	97339	51450	32477
79	2．生态保护和环境治理业	235963	62858	26305
80	十五、居民服务、修理和其他服务业	109816	33408	20091
81	1．居民服务业	101103	32557	20034
82	2．机动车、电子产品和日用产品修理业	101865	35435	22161
83	3．其他服务业	111427	33348	20834
84	十六、教育	95202	35171	20693
85	十七、卫生和社会工作	99994	36631	20622
86	1．卫生	96386	34939	20247
87	2．社会工作	113057	43522	20415
88	十八、文化、体育和娱乐业	198934	39622	23320
89	1．新闻出版业	79752	43099	23653
90	2．广播、电视、电影和影视录音制作业	395556	63936	24904
91	3．文化艺术业	95730	40514	23512
92	4．体育	55652	29586	21602
93	5．娱乐业	45528	27889	22543

杭州市分登记注册类型企业工资价位

单位：元

序号	企业登记注册类型	高位数	中位数	低位数
1	国有	328193	58130	24019
2	集体	67868	28739	20034
3	股份合作	110407	34012	20770
4	联营企业	139780	36153	21859
5	有限责任公司	160149	42343	20363
6	股份有限公司	195884	53231	24710
7	私营企业	126324	41266	20652
8	其他企业	156453	46697	21891
9	合资经营企业（港或澳、台资）	115993	43160	24753
10	合作经营企业（港或澳、台资）	238553	51685	30594
11	港、澳、台商独资经营企业	109330	43988	23857
12	港、澳、台商投资股份有限公司	82434	38562	21356
13	中外合资经营企业	163965	51851	24864
14	外资企业	197580	54856	25035
15	外商投资股份有限公司	173399	43894	24935

杭州市分专业技术等级企业工资价位

单位：元

序号	专业技术等级	高位数	中位数	低位数
1	高级管理岗	620495	110620	25427
2	一级部门管理岗	346592	78688	25364
3	二级部门管理岗	239294	63042	21798
4	其他管理岗	156931	45556	20775
5	高级职称	512716	84301	22705
6	中级职称	317521	67851	23549
7	初级职称	177202	51583	22095
8	没有取得专业技术职务	147518	48035	22084
9	高级技师	110301	56427	28498
10	技师	108487	53158	28130
11	高级技能	104373	48709	28128
12	中级技能	94256	42930	25872
13	初级技能	90419	41545	21908
14	没有取得资格证书	87590	39396	20810

杭州市分工种分学历企业工资价位

单位：元

序号	工　种	硕　士		
		高位数	中位数	低位数
1	企业董事	974227	195684	55643
2	企业经理	967172	192127	41253
3	企业职能部门经理或主管	605393	157391	38379
4	生产经营经理	530500	151161	45233
5	财务经理	501064	198715	54555
6	行政、人事经理	368310	111605	37970
7	人事经理	446236	140845	37050
8	销售和营销经理	806922	141567	44939
9	采购经理	860623	252942	57600
10	研究和开发经理	587249	137371	40975
11	其他企业负责人	566218	266850	50597
12	其他企业管理人员	551433	178887	38121
13	化学研究人员	223645	125703	38888
14	生物科学研究人员	335387	63417	30850
15	化工实验工程技术人员	181639	85290	53935
16	化工设计工程技术人员	242211	99989	32000
17	化工生产工程技术人员	232462	109538	30200
18	其他化工工程技术人员	410000	145881	80000
19	机械设计工程技术人员	161201	78259	42734
20	机械制造工程技术人员	208393	72693	41301
21	仪器仪表工程技术人员	153376	99500	64914
22	电子元器件工程技术人员	153557	67261	31920
23	通信工程技术人员	339202	142052	38579
24	计算机硬件技术人员	239299	103874	55405
25	计算机软件技术人员	193123	118468	31314
26	计算机程序设计员	144000	54743	38452
27	其他计算机与应用工程技术人员	181960	129304	43221
28	其他电气工程技术人员	193283	98764	31826
29	供用电工程技术人员	153333	74264	20640
30	建筑设计工程技术人员	701711	496188	29320
31	土木建筑工程技术人员	202000	64308	24000
32	其他建筑工程技术人员	215133	75841	28800
33	其他食品工程技术人员	107896	67959	49007

续　表

序号	工　种	硕　士		
		高位数	中位数	低位数
34	环境污染治理工程技术人员	210520	53880	29050
35	其他标准化、计量、质量工程技术人员	135064	74961	20829
36	其他管理（工业）工程技术人员	211929	135449	61911
37	其他工程技术人员	310872	86314	28675
38	其他农业技术人员	73200	69317	66000
39	口腔科医师	205414	138652	76302
40	会计	163966	89783	40074
41	对外经贸业务员	201949	48581	32400
42	其他经济业务人员	156807	37884	32325
43	其他银行业务人员	166692	137901	93350
44	其他证券业务人员	501636	241487	49849
45	其他金融业务人员	228001	120933	55414
46	其他专业技术人员	278489	122004	24014
47	行政业务办公人员	441910	72506	21984
48	其他行政业务人员	866755	145513	47557
49	文员	270000	49806	20660
50	其他行政事务人员	305924	130652	30489
51	其他行政办公人员	302302	103388	32133
52	其他办事人员和有关人员	498673	132924	28478
53	营销师（原名：推销员）	187327	64238	24330
54	其他推销、展销人员	185630	95215	37100
55	餐厅服务员	57063	29479	24056
56	电子商务师	130261	70977	22380
57	其他机械热加工人员	51133	42158	34997
58	洗衣机制造装配工	55625	40282	32078
59	塑料制品成型制作工	70447	52398	47217
60	简单体力劳动人员	113588	47261	20067

杭州市分工种分学历企业工资价位

单位：元

序号	工　种	本　科		
		高位数	中位数	低位数
1	企业董事	634074	115441	44600
2	企业经理	623631	134040	38163
3	企业职能部门经理或主管	386501	103555	35336

序号	工 种	本 科		
		高位数	中位数	低位数
4	生产经营经理	374979	118572	35036
5	财务经理	379053	85894	34410
6	行政、人事经理	358688	72504	34176
7	人事经理	327159	99264	33343
8	销售和营销经理	300861	96194	28973
9	广告和公关经理	236628	70826	28549
10	采购经理	344492	90684	27487
11	计算机服务经理	337917	113337	25913
12	研究和开发经理	442470	103070	25145
13	餐厅、客房经理	203160	66350	25492
14	其他企业负责人	481997	111026	24591
15	其他企业管理人员	398331	83105	23831
16	经济学研究人员	202891	108367	20397
17	物理学研究人员	127800	68138	21438
18	化学研究人员	164366	54876	28223
19	生物科学研究人员	129227	51971	23853
20	医学研究人员	63375	30062	20445
21	体育研究人员	125400	58163	30259
22	工程测量工程技术人员	123200	56475	24000
23	其他石油工程技术人员	72046	52042	37000
24	化工实验工程技术人员	187842	71866	32263
25	化工设计工程技术人员	226691	84333	30200
26	化工生产工程技术人员	179755	74794	29906
27	其他化工工程技术人员	345028	84090	35206
28	机械设计工程技术人员	157645	67041	26606
29	机械制造工程技术人员	167253	63864	29328
30	仪器仪表工程技术人员	148572	74638	41266
31	设备工程技术人员	166256	76915	39729
32	其他机械工程技术人员	241726	102701	40599
33	电子元器件工程技术人员	153088	67966	23677
34	其他电子工程技术人员	154490	56308	23770
35	通信工程技术人员	299517	84434	23862
36	计算机硬件技术人员	137084	67352	33416
37	计算机软件技术人员	172123	76766	25953

续 表

序号	工 种	本 科		
		高位数	中位数	低位数
38	计算机网络技术人员	121130	47786	20075
39	计算机网络管理员	161512	65786	21596
40	计算机程序设计员	159927	56114	21739
41	多媒体作品制作员	109350	56105	34342
42	其他计算机与应用工程技术人员	168964	76654	24565
43	电机与电器工程技术人员	172201	74871	26417
44	电力拖动与自动控制工程技术人员	154013	41048	27339
45	其他电气工程技术人员	171142	72394	27750
46	供用电工程技术人员	153198	69089	25443
47	其他电力工程技术人员	172121	65543	35067
48	其他广播电影电视工程技术人员	417935	214784	93280
49	其他交通工程技术人员	163595	104147	62160
50	建筑设计工程技术人员	501809	62031	20372
51	土木建筑工程技术人员	172835	60008	22764
52	风景园林工程技术人员	102231	32296	21915
53	道路与桥梁工程技术人员	186033	88931	31700
54	水利水电建筑工程技术人员	190800	51970	26113
55	景观设计师	104890	31883	27878
56	其他建筑工程技术人员	165242	56469	23419
57	无机非金属新材料工程技术人员	60000	51000	34407
58	其他建材工程技术人员	150000	77268	30000
59	花艺环境设计师	26400	24566	24060
60	其他水利工程技术人员	115751	64574	28074
61	织造工程技术人员	121367	68347	21983
62	染整工程技术人员	84380	58005	36055
63	纺织面料设计师	143688	71002	24052
64	其他食品工程技术人员	150463	73068	31697
65	环境监测工程技术人员	78472	39614	24000
66	环境污染治理工程技术人员	95844	53989	29180
67	其他环境保护工程技术人员	177138	84274	20420
68	安全防范设计评估师	96195	58973	21600
69	标准化工程技术人员	115970	60608	29512
70	计量工程技术人员	93921	56703	28954
71	质量工程技术人员	173011	77626	39879

序号	工 种	本 科		
		高位数	中位数	低位数
72	其他标准化、计量、质量工程技术人员	139514	74684	27214
73	普通工业工程技术人员	121577	67481	38259
74	生产组织与管理工程技术人员	125779	68720	29612
75	质量管理与可靠性控制工程技术人员	102526	48350	22943
76	营销工程技术人员	185801	75011	24599
77	企业人力资源管理师（原名人力资源开发与管理工程技术人员）	161178	69128	36640
78	企业培训师	91003	66273	43298
79	项目管理师	198068	68279	20575
80	商务策划师	94959	47730	33600
81	会展策划师	96316	53491	33000
82	品牌管理师	224178	56213	20769
83	其他管理（工业）工程技术人员	192736	103090	40059
84	其他工程技术人员	188639	63817	24070
85	兽药技术人员	85302	54250	46170
86	内科医师	118368	90567	28639
87	外科医师	242700	109809	69100
88	妇产科医师	162500	77096	36653
89	口腔科医师	197038	103040	26120
90	全科医师	104294	77544	68574
91	西药剂师	79827	49955	25413
92	中药药师	119068	50112	28606
93	其他卫生专业技术人员	200000	71143	29100
94	经济计划人员	122520	68167	36536
95	调查分析师	76070	42865	30313
96	其他统计人员	181653	58478	26382
97	出纳	129242	49939	23355
98	会计	158372	57897	24293
99	其他会计人员	151248	54793	24840
100	审计人员	160293	46801	22671
101	报关员	85522	60821	30299
102	对外经贸业务员	150524	54558	25314
103	其他国际商务人员	112520	48162	20972
104	房地产开发业务人员	214756	53090	30608
105	不动产销售员	159478	40684	27653

续　表

序号	工　种	本　科		
		高位数	中位数	低位数
106	其他房地产开发业务人员	159328	73299	29816
107	其他经济业务人员	143527	71674	25040
108	银行储蓄员	35140	30551	20800
109	其他银行业务人员	197398	151505	90865
110	保险推销员	820450	91893	22000
111	保险理赔员	245167	100384	28920
112	其他保险业务人员	266397	107316	43071
113	证券投资顾问	156000	82356	36000
114	其他证券业务人员	607644	152626	41551
115	其他金融业务人员	228949	79671	35417
116	中学教师	108608	55042	25687
117	小学教师	71243	26934	22250
118	幼儿教师	43293	37801	35922
119	其他美术专业人员	60000	44285	27600
120	广告设计师（原名：广告设计人员）	53476	32127	20260
121	其他文学艺术工作人员	60000	40708	24048
122	文字记者	105300	66603	36000
123	摄影记者	78175	44807	32400
124	其他记者	79600	44764	31120
125	文字编辑	102940	48355	19892
126	美术编辑	53510	30251	24000
127	网络编辑员	66506	37611	26368
128	其他编辑	53557	30951	22684
129	日语翻译	93510	64563	39141
130	档案业务人员	209029	73199	40716
131	其他专业技术人员	222156	61115	21481
132	行政业务办公人员	144664	44944	21566
133	行政执法人员	226767	41285	26640
134	其他行政业务人员	316635	72512	26676
135	秘书	122527	51253	22747
136	公关员	114570	44336	28660
137	收发员	69960	35400	20640
138	计算机操作员	93908	45863	25250
139	制图员	87686	48828	26215

序号	工 种	本 科		
		高位数	中位数	低位数
140	文员	114815	39398	14916
141	其他行政事务人员	232905	86480	26822
142	其他行政办公人员	132458	48040	28902
143	保安员	171761	63148	26450
144	其他安全保卫和消防人员	237729	81194	25600
145	其他办事人员和有关人员	209107	57007	20908
146	营业员	113433	45551	22246
147	收银员	75222	39899	26865
148	其他营业人员	189816	59410	22886
149	营销师(原名：推销员)	172633	55313	22098
150	其他推销、展销人员	193149	73086	27715
151	采购员	144418	61208	27038
152	其他采购人员	187234	78991	26272
153	医药商品购销员	179739	51169	21575
154	保管员	111496	54959	28135
155	仓管员	89086	49309	23829
156	其他保管人员	185222	63132	28536
157	其他储运人员	99906	69391	29439
158	其他仓储人员	92995	47631	24588
159	餐厅服务员	167540	51750	25936
160	前厅服务员	75481	38009	21844
161	客房服务员	65900	39895	21600
162	其他饭店服务人员	113915	50241	23115
163	导游	31204	21318	20567
164	公共游览场所服务员	78000	56700	27678
165	其他旅游及公共游览场所服务人员	111088	44723	28000
166	其他健身和娱乐场所服务人员	33378	29565	24060
167	其他社会中介服务人员	130661	53512	24922
168	物业管理员	107335	46119	27314
169	呼叫服务员	72735	55412	38722
170	客户服务管理师	340764	63006	32520
171	电子商务师	149297	69571	26250
172	其他畜牧业生产人员	63835	50263	40507
173	焊管工	65000	48400	35000

续　表

序号	工　种	本　科		
		高位数	中位数	低位数
174	其他化工产品生产通用工艺人员	106358	51724	29329
175	车工	113400	50624	35998
176	加工中心操作工	548160	45878	27641
177	其他机械冷加工人员	95201	51003	43375
178	铸造工	83762	69236	48629
179	锻造工	85572	68514	53828
180	其他机械热加工人员	177609	82651	52068
181	电焊条、焊丝制造工（原名：电焊条制造工）	210577	49733	32992
182	部件装配工	58065	28353	24540
183	其他基础件、部件装配人员	65486	27479	23791
184	装配钳工	156290	33831	22752
185	其他机械设备装配人员	106534	57802	42840
186	电线电缆制造工	141203	59845	25968
187	机修钳工	113298	84626	40959
188	汽车修理工	95626	55364	26107
189	其他机械设备维修人员	162226	80568	27757
190	其他发电运行值班人员	154114	125330	109660
191	其他生活生产电力设备安装、操作、修理人员	103504	66401	33600
192	其他电子器件制造人员	130406	78416	23786
193	其他电子产品维修人员	54100	38650	25200
194	其他印染人员	82544	48245	30084
195	其他纺织、针织、印染人员	100327	42066	28384
196	裁缝工	77112	37486	22076
197	其他粮油、食品、饮料及饲料生产加工人员	184662	119548	72638
198	其他生物技术制药（品）人员	81267	48150	27648
199	药物制剂工	51585	43467	28909
200	其他纸制品制作人员	106456	90624	67681
201	其他工程设备安装人员	55751	37069	25259
202	汽车驾驶员	85724	43669	20520
203	化学检验工	142099	69742	33453
204	食品检验工	150625	97724	50276
205	药物检验工	60154	45054	33934
206	机械产品检验工	83368	49583	39646
207	其他检验人员	214518	59491	30250

序号	工　种	本　科		
		高位数	中位数	低位数
208	其他检验、计量人员	89769	45077	22214
209	包装人员	173077	54967	23992
210	混凝土泵工	105675	78035	56140
211	简单体力劳动人员	109208	42332	27357

杭州市分工种分学历企业工资价位

单位：元

序号	工　种	大　专		
		高位数	中位数	低位数
1	企业董事	462709	100923	38422
2	企业经理	413634	90583	36549
3	企业职能部门经理或主管	229032	71676	36227
4	生产经营经理	254769	87347	35335
5	财务经理	226848	64007	32283
6	行政、人事经理	259145	63462	31884
7	人事经理	192628	57593	31791
8	销售和营销经理	234874	76637	30284
9	广告和公关经理	190172	63047	29133
10	采购经理	307920	70620	27847
11	计算机服务经理	191367	87924	27068
12	研究和开发经理	235058	85539	26860
13	餐厅、客房经理	101203	62563	24716
14	客房经理	107980	56912	24276
15	其他企业负责人	297298	72570	23182
16	其他企业管理人员	217759	61288	23309
17	经济学研究人员	172961	93520	20820
18	生物科学研究人员	97960	53126	30358
19	医学研究人员	53295	21540	19800
20	工程测量工程技术人员	88690	43443	24120
21	化工实验工程技术人员	97428	47882	29121
22	化工设计工程技术人员	164442	47478	27620
23	化工生产工程技术人员	137387	68471	29624
24	其他化工工程技术人员	295000	112668	49187

413

序号	工　种	大　专		
		高位数	中位数	低位数
25	机械设计工程技术人员	145038	57134	26599
26	机械制造工程技术人员	150713	56078	29716
27	仪器仪表工程技术人员	158633	64733	28043
28	设备工程技术人员	134455	73908	34241
29	医学设备管理师	56218	47453	41450
30	其他机械工程技术人员	191400	83643	34862
31	电子材料工程技术人员	54342	43640	31200
32	电子元器件工程技术人员	161593	56314	31836
33	其他电子工程技术人员	134172	48777	23969
34	通信工程技术人员	123082	41801	23531
35	计算机硬件技术人员	104627	58605	28701
36	计算机软件技术人员	161887	69025	24913
37	计算机网络技术人员	99717	39897	21678
38	计算机网络管理员	103267	50028	22696
39	计算机程序设计员	128172	47041	20464
40	多媒体作品制作员	105840	47683	26400
41	其他计算机与应用工程技术人员	123579	52004	24111
42	电机与电器工程技术人员	187757	69727	25314
43	电力拖动与自动控制工程技术人员	66400	50357	20924
44	其他电气工程技术人员	148142	50845	21461
45	供用电工程技术人员	107592	58823	29468
46	其他电力工程技术人员	209827	87066	30000
47	其他广播电影电视工程技术人员	403579	284673	94688
48	汽车运用工程技术人员	77704	54519	29204
49	其他交通工程技术人员	156145	94359	62834
50	建筑设计工程技术人员	180341	36092	21306
51	土木建筑工程技术人员	159810	49862	21826
52	风景园林工程技术人员	65135	26063	20549
53	道路与桥梁工程技术人员	145339	78391	32024
54	水利水电建筑工程技术人员	144610	64256	30000
55	景观设计师	67400	28983	24300
56	其他建筑工程技术人员	125330	42900	22321
57	其他建材工程技术人员	99046	44144	24060
58	园林绿化工程技术人员	70727	41423	34200

续　表

序号	工　种	大　专		
		高位数	中位数	低位数
59	水资源工程技术人员	51600	36454	23430
60	其他水利工程技术人员	85392	46986	22178
61	织造工程技术人员	97040	50466	34800
62	纺织面料设计师	104000	58172	28883
63	其他纺织工程技术人员	102270	60469	31079
64	其他食品工程技术人员	126251	84578	31636
65	环境污染治理工程技术人员	179521	77321	29050
66	其他环境保护工程技术人员	156719	54179	27640
67	安全防范设计评估师	118069	42636	23200
68	标准化工程技术人员	82928	48945	24931
69	计量工程技术人员	161802	58221	30170
70	质量工程技术人员	145415	59134	27096
71	其他标准化、计量、质量工程技术人员	140415	61964	26941
72	普通工业工程技术人员	159776	69200	31824
73	生产组织与管理工程技术人员	126675	52609	28852
74	质量管理与可靠性控制工程技术人员	91907	45648	26585
75	营销工程技术人员	116923	64246	23566
76	企业人力资源管理师（原名人力资源开发与管理工程技术人员）	134389	62499	41301
77	项目管理师	133761	58846	28847
78	其他管理（工业）工程技术人员	193008	97359	36501
79	其他工程技术人员	131126	53220	21941
80	园艺技术人员	52200	40460	28000
81	兽药技术人员	67776	54324	20040
82	其他农业技术人员	82000	51362	22844
83	妇产科医师	162500	87619	37200
84	西药剂师	86145	48410	25485
85	中药药师	73499	38712	21475
86	病房护士	74244	55598	32650
87	门诊护士	70207	39310	22962
88	其他护理人员	49335	36568	25000
89	经济计划人员	138996	61868	32751
90	调查分析师	121507	56924	25650
91	其他统计人员	86142	43177	25291
92	出纳	85812	39264	22481

续　表

序号	工　　种	大　专		
		高位数	中位数	低位数
93	会计	113275	47147	22536
94	其他会计人员	87957	43454	23440
95	审计人员	134453	40358	22117
96	报关员	106097	56273	26574
97	对外经贸业务员	250358	54183	26872
98	其他国际商务人员	94841	43261	26436
99	不动产销售员	92880	24717	20373
100	其他经济业务人员	126852	55976	24929
101	银行储蓄员	26703	23725	20450
102	保险推销员	248836	114208	31156
103	保险理赔员	125922	59485	26760
104	其他保险业务人员	238559	78566	35825
105	其他证券业务人员	537240	121017	41160
106	其他金融业务人员	153970	55351	28614
107	幼儿教师	47709	37675	29449
108	广告设计师（原名：广告设计人员）	73600	25948	20052
109	文字编辑	57360	37306	22502
110	网络编辑员	52324	34501	31941
111	其他编辑	103284	43468	24000
112	图书资料业务人员	54752	27242	24900
113	档案业务人员	262587	78727	37800
114	其他专业技术人员	131363	43731	20928
115	行政业务办公人员	110317	35083	21438
116	其他行政业务人员	128587	50306	24404
117	秘书	117143	38338	19544
118	公关员	73867	30154	24750
119	收发员	78997	35539	21640
120	打字员	76935	39204	22640
121	计算机操作员	58037	37166	22674
122	制图员	77059	37719	26328
123	文员	67409	36331	27347
124	其他行政事务人员	97752	41930	22939
125	其他行政办公人员	103822	41420	20144
126	保安员	70488	40202	23068

续 表

序号	工 种	大 专		
		高位数	中位数	低位数
127	其他治安保卫人员	80760	54735	25623
128	其他安全保卫和消防人员	127137	48874	26475
129	电信业务营业员	76025	54255	30398
130	话务员	35820	24370	23200
131	其他办事人员和有关人员	114771	41383	20274
132	营业员	118189	43956	21560
133	收银员	53597	32898	20639
134	其他营业人员	153789	52850	22021
135	营销师(原名：推销员)	152265	52220	20503
136	其他推销、展销人员	183010	65127	24660
137	采购员	103015	47284	23129
138	其他采购人员	133008	52526	21117
139	其他商品监督和市场管理人员	96026	49827	22640
140	医药商品购销员	93913	33080	21158
141	保管员	84148	42616	22424
142	理货员	83182	49276	25010
143	仓管员	98402	46981	25012
144	其他保管人员	215782	62443	27579
145	商品储运员	58630	38547	24500
146	其他储运人员	136939	68569	26771
147	其他仓储人员	117712	40181	23349
148	中式烹调师	63829	40197	23542
149	西式烹调师	73500	33313	20338
150	餐厅服务员	121511	44664	21422
151	其他餐厅服务人员	54333	36032	24694
152	前厅服务员	68775	32072	22120
153	客房服务员	82604	34665	22894
154	旅店服务员	79334	43136	20513
155	其他饭店服务人员	74699	37060	21528
156	导游	43981	22860	20877
157	公共游览场所服务员	68800	33715	23100
158	其他旅游及公共游览场所服务人员	84795	31594	20800
159	其他健身和娱乐场所服务人员	38912	28806	22855
160	汽车运输调度员	51941	44535	23226

续　表

序号	工　种	大　专		
		高位数	中位数	低位数
161	公路收费及监控员	54353	47687	43577
162	其他公路道路运输服务人员	31670	27585	24433
163	其他水上运输服务人员	59492	47909	29364
164	其他运输服务人员	82702	42096	27150
165	医疗临床辅助服务员	47800	34333	24000
166	其他医疗卫生辅助服务人员	50025	30907	23920
167	社会工作者	30000	30000	30000
168	房地产经纪人	43800	35388	24052
169	其他社会中介服务人员	112421	43438	24465
170	物业管理员	87876	38149	22052
171	其他物业管理人员	91835	38189	24078
172	美容师	35993	35406	29800
173	其他办公设备维修人员	123395	65229	34800
174	保洁员	88849	27989	20640
175	呼叫服务员	85534	54051	38323
176	客户服务管理师	343280	79614	38240
177	电子商务师	140340	47802	20033
178	林木种苗工	159548	70526	34703
179	其他畜牧业生产人员	107000	52005	30000
180	金属轧制工	390000	43952	35000
181	酸洗工	60000	46375	38000
182	焊管工	85000	44700	35200
183	化工原料准备工	80762	55404	43468
184	压缩机工	67409	51365	42719
185	制冷工	79672	50240	41142
186	化工工艺试验工	73012	52483	31875
187	化工总控工	71116	59357	43348
188	其他化工产品生产通用工艺人员	72319	49101	36940
189	煤制气工	71638	54881	46132
190	其他基本有机化工产品生产人员	74350	48933	40640
191	丁苯橡胶生产工	46050	42778	40840
192	其他精细化工产品生产人员	64830	48153	29943
193	树脂基复合材料工	82758	48974	33457
194	车工	100142	57786	35082

续　表

序号	工　种	大　专		
		高位数	中位数	低位数
195	铣工	87553	41039	31644
196	磨工	191588	49638	29608
197	镗工	90927	63796	41521
198	组合机床操作工	76606	56070	26800
199	加工中心操作工	201949	53483	33366
200	制齿工	81935	52352	30931
201	其他机械冷加工人员	92634	50819	24559
202	铸造工	73146	64829	43985
203	锻造工	76280	63266	47902
204	冲压工	98698	63765	43454
205	焊工	97230	60558	31423
206	金属热处理工	74455	48368	43935
207	其他机械热加工人员	92102	65956	39234
208	磨具制造工	86024	50959	28987
209	其他航天器件加工成型人员	109767	61599	31134
210	电焊条、焊丝制造工（原名：电焊条制造工）	162975	47270	28890
211	基础件装配工	548160	161295	30709
212	部件装配工	68467	32471	24540
213	其他基础件、部件装配人员	81407	41248	24540
214	装配钳工	92356	44664	24540
215	其他机械设备装配人员	83220	49708	35582
216	汽轮机装配工	54750	50132	43347
217	电线电缆制造工	104578	51445	27456
218	其他电气元件及设备装配人员	55982	42735	27652
219	电子专用设备装调工	66452	40584	23028
220	其他电子专用设备装配调试人员	42000	30984	19914
221	工业自动化仪器仪表与装置装配工	72228	53287	26052
222	电工仪器仪表装配工	59633	52007	27144
223	其他仪器仪表装配人员	68533	47990	25725
224	医疗器械装配工	88285	48989	23823
225	其他日用机械电器制造装配人员	158357	74378	28286
226	其他机电产品装配人员	84495	48413	29176
227	机修钳工	92892	58060	33713
228	汽车修理工	78082	38957	24232

序号	工 种	大 专		
		高位数	中位数	低位数
229	工程机械修理工	87798	59158	39182
230	其他机械设备维修人员	149434	61699	29182
231	电工仪器仪表修理工	98000	49880	40265
232	设备点检员	68051	48828	34777
233	其他电力设备安装人员	60539	32174	21555
234	锅炉运行值班员	66246	51535	42870
235	电气值班员	71250	59652	40081
236	其他发电运行值班人员	146584	121104	57116
237	其他电力设备检修人员	80256	56321	26502
238	维修电工	94205	58655	35730
239	其他生活生产电力设备安装、操作、修理人员	82128	49539	39234
240	其他电力设备安装、运行、检修及供电人员	77772	43696	28918
241	电子真空镀膜工	43250	37051	36540
242	半导体芯片制造工	70507	43023	24383
243	其他电子器件制造人员	107027	59091	30659
244	其他电子元件制造人员	38771	35532	31290
245	其他电子设备装配调试人员	82603	54782	28853
246	其他电子产品维修人员	73450	46286	30216
247	其他电子元器件与电子设备制造、装调维修人员	50127	24000	23752
248	橡胶半成品制造工	111929	65325	48698
249	橡胶成型工	106708	63372	27164
250	其他橡胶制品生产人员	85817	67192	38013
251	塑料制品成型制作工	62382	41251	34800
252	其他橡胶和塑料制品生产人员	72155	49866	35970
253	其他纺纱人员	133481	38312	21326
254	整经工	41487	35276	26127
255	浆纱工	65427	46257	29794
256	穿经工	58263	40397	26514
257	织布工	45608	34830	25266
258	织物验修工	62953	37180	31011
259	其他织造人员	53319	40276	33344
260	其他针织人员	36820	34384	20739
261	坯布检查处理工	44703	35130	26329
262	纺织针织染色工	68362	55914	41900

续　表

序号	工　种	大　专		
		高位数	中位数	低位数
263	印染后整理工	49616	45128	39333
264	印染染化料配制工	66898	45405	39188
265	工艺染织制作工	59588	42826	32226
266	其他印染人员	73780	47253	29623
267	其他纺织、针织、印染人员	81215	39044	28492
268	缝纫工	80075	45171	25326
269	乳品加工工	97319	54623	37000
270	冷食品制作工	70465	49706	37530
271	其他粮油食品制作工	115926	97943	74741
272	其他粮油、食品、饮料及饲料生产加工人员	178080	63247	45295
273	疫苗制品工	57936	42319	31296
274	其他生物技术制药（品）人员	83279	44265	20640
275	药物制剂工	61231	47611	31203
276	其他药品生产制造人员	53995	40414	23604
277	其他纸制品制作人员	120044	83269	49246
278	印前制作员	51804	37126	23699
279	其他印刷操作人员	131693	66222	28541
280	其他印后制作人员	74510	45260	29028
281	其他印刷人员	55089	39086	24000
281	钢琴及键盘乐器制作工	89550	59800	33940
282	其他土石方施工人员	31252	30585	28570
283	其他筑路、养护、维修人员	57168	37319	25876
284	机械设备安装工	149880	79397	25200
285	其他工程设备安装人员	63272	36658	25018
286	汽车驾驶员	89658	53437	30088
287	叉车司机	67536	46409	35884
288	其他运输设备操作人员	78000	38527	22260
289	化学检验工	102313	49369	31892
290	材料物理性能检验工	81174	46460	30760
291	无损检测员	86804	45311	29582
292	产品可靠性能检验工	52053	41879	26591
293	食品检验工	138448	82242	42460
294	针纺织品检验工	46505	37982	32927
295	药物检验工	117460	47088	30134

续 表

序号	工 种	大 专		
		高位数	中位数	低位数
296	机械产品检验工	77460	45327	30689
297	电器产品检验工	86955	46206	32597
298	仪器仪表检验工	55874	47353	28865
299	其他检验人员	93896	50150	29267
300	航天器材料性能测试试验工	80493	56365	41882
301	其他计量人员	74404	48481	19800
302	其他检验、计量人员	95725	42611	23531
303	包装人员	90331	39543	24621
304	混凝土泵工	97169	81886	65942
305	简单体力劳动人员	88837	39525	29107
306				

杭州市分工种分学历企业工资价位

单位：元

序号	工 种	高中、中专、技校		
		高位数	中位数	低位数
1	企业董事	366157	77018	38228
2	企业经理	249262	75074	35964
3	企业职能部门经理或主管	170673	66469	33247
4	生产经营经理	185331	67282	31272
5	财务经理	153378	57802	23441
6	行政、人事经理	125103	53312	22992
7	人事经理	276785	42018	22955
8	销售和营销经理	215377	79640	26417
9	采购经理	191847	67919	27305
10	计算机服务经理	145600	61034	27935
11	研究和开发经理	339017	78113	29450
12	餐厅、客房经理	107776	58884	26320
13	客房经理	94840	46233	24000
14	其他企业负责人	184684	56412	27123
15	其他企业管理人员	122688	50041	22358
16	医学研究人员	35191	18989	20023
17	化工实验工程技术人员	84169	43935	27348

续 表

序号	工 种	高中、中专、技校		
		高位数	中位数	低位数
18	化工生产工程技术人员	143743	82418	30200
19	其他化工工程技术人员	162150	84494	34296
20	机械设计工程技术人员	124296	54231	24540
21	机械制造工程技术人员	159630	62370	29184
22	仪器仪表工程技术人员	138715	58298	28329
23	设备工程技术人员	132877	58064	31007
24	其他机械工程技术人员	137520	65906	28192
25	电子材料工程技术人员	56684	51147	36261
26	电子元器件工程技术人员	71440	46849	25270
27	其他电子工程技术人员	96162	48511	24265
28	通信工程技术人员	67923	35467	21737
29	计算机硬件技术人员	91525	50482	27240
30	计算机软件技术人员	160056	51529	22612
31	计算机网络技术人员	71010	29504	21600
32	计算机网络管理员	72000	48657	24000
33	其他计算机与应用工程技术人员	85409	43074	24037
34	电机与电器工程技术人员	113027	53588	28415
35	其他电气工程技术人员	118444	51063	26907
36	供用电工程技术人员	82171	54114	35133
37	其他电力工程技术人员	106848	36001	23180
38	其他广播电影电视工程技术人员	408053	181271	21940
39	汽车运用工程技术人员	85932	54496	27053
40	建筑设计工程技术人员	126642	39571	23422
41	土木建筑工程技术人员	133626	36015	22496
42	风景园林工程技术人员	89689	33966	21640
43	其他建筑工程技术人员	81380	35036	21300
44	园林绿化工程技术人员	76432	44015	33320
45	其他水利工程技术人员	83467	50188	31101
46	织造工程技术人员	81979	42749	26960
47	染整工程技术人员	96005	55979	27961
48	其他纺织工程技术人员	97056	52954	25299
49	其他食品工程技术人员	219217	69968	24820
50	环境污染治理工程技术人员	68287	46609	29050
51	安全防范设计评估师	120984	58963	24000

续　表

序号	工　种	高中、中专、技校		
		高位数	中位数	低位数
52	标准化工程技术人员	128951	79153	24000
53	计量工程技术人员	113590	53155	22852
54	质量工程技术人员	147203	52799	30749
55	其他标准化、计量、质量工程技术人员	101933	53213	26843
56	普通工业工程技术人员	110563	50945	22117
57	生产组织与管理工程技术人员	97286	62559	26141
58	质量管理与可靠性控制工程技术人员	109171	45955	23689
59	营销工程技术人员	133417	67581	22800
60	其他管理（工业）工程技术人员	155758	50824	27852
61	其他工程技术人员	100366	46077	21230
62	植物保护技术人员	64571	36722	27600
63	兽药技术人员	76584	50335	36600
64	其他农业技术人员	31175	24812	21739
65	西药剂师	62860	37087	22203
66	中药药师	62367	39666	21354
67	其他药剂人员	72128	46448	21475
68	病房护士	74980	48097	29433
69	门诊护士	67864	42903	25216
70	其他护理人员	53920	36180	21667
71	经济计划人员	113095	58601	25118
72	其他统计人员	67527	38823	24439
73	出纳	81019	37688	21904
74	会计	104901	43357	21984
75	其他会计人员	102619	42714	24114
76	审计人员	192000	56598	22560
77	报关员	85415	55440	24000
78	对外经贸业务员	93172	50920	22793
79	其他国际商务人员	81270	37575	21640
80	不动产销售员	105280	30666	20122
81	其他经济业务人员	134708	55946	23686
82	其他保险业务人员	212850	97055	37559
83	舞蹈演员	42640	40016	37640
84	其他专业技术人员	84333	38418	22571
85	行政业务办公人员	105498	40757	21069

序号	工　种	高中、中专、技校		
		高位数	中位数	低位数
86	其他行政业务人员	121784	45149	23444
87	秘书	83937	37603	22834
88	收发员	65998	32360	25091
89	打字员	54908	32881	21600
90	计算机操作员	59589	34531	26260
91	制图员	65250	39945	26849
92	文员	70551	33513	23889
93	其他行政事务人员	94300	41870	21772
94	其他行政办公人员	81849	37348	20158
95	保安员	61605	33787	21068
96	其他治安保卫人员	72931	41091	22903
97	建(构)筑物消防员	58526	35155	27600
98	其他消防人员	92150	40482	28800
99	其他安全保卫和消防人员	92665	40860	23222
100	邮政投递员	58494	21722	21907
101	话务员	41804	26519	20412
102	用户通信终端维修员	89173	49349	37508
103	其他办事人员和有关人员	93582	38339	22858
104	营业员	80386	33536	20093
105	收银员	52042	32454	20612
106	其他营业人员	91297	43286	20028
107	营销师(原名：推销员)	137004	54242	22398
108	其他推销、展销人员	181672	59119	23445
109	采购员	109300	41011	22576
110	中药购销员	67333	55217	33593
111	其他采购人员	112590	44167	26960
112	市场管理员	48000	35943	28644
113	医药商品购销员	66506	25256	23838
114	保管员	88875	37318	20874
115	理货员	60430	36428	22718
116	仓管员	81276	40893	22891
117	其他保管人员	115072	49774	22673
118	商品储运员	68540	40276	23420
119	医药商品储运员	48503	41722	25854

续 表

序号	工 种	高中、中专、技校		
		高位数	中位数	低位数
120	其他储运人员	123789	55231	23409
121	其他仓储人员	81195	37907	22741
122	中式烹调师	78152	38005	21459
123	中式面点师	60127	35548	20885
124	其他中餐烹饪人员	78715	32692	21708
125	西式烹调师	82345	38806	20175
126	西式面点师	65524	31982	20679
127	其他西餐烹饪人员	58725	35662	24000
128	餐厅服务员	60674	31461	21929
129	餐具清洗保管员	84829	30246	20150
130	其他餐厅服务人员	48654	32440	20339
131	厨政管理师	94110	41878	22636
132	前厅服务员	51653	30495	21169
133	客房服务员	49644	30375	21826
134	旅店服务员	64825	32540	20165
135	其他饭店服务人员	59717	32332	20759
136	导游	35258	22533	20800
137	公共游览场所服务员	59055	32148	23182
138	其他旅游及公共游览场所服务人员	73418	30762	20174
139	康乐服务员	57903	34711	25649
140	游泳救生员	44400	28171	27000
141	其他健身和娱乐场所服务人员	39486	27545	22745
142	汽车客运服务员	65507	38465	21404
143	公路收费及监控员	53741	45364	32629
144	其他公路道路运输服务人员	47283	28702	23449
145	船舶业务员	41970	41069	39528
146	其他运输服务人员	88318	51413	25414
147	其他医疗卫生辅助服务人员	47136	31875	21200
148	房地产经纪人	47401	36922	24052
149	其他社会中介服务人员	95658	41508	21000
150	物业管理员	61635	33565	22352
151	其他物业管理人员	51569	30304	20482
152	锅炉操作工	85534	45925	26552
153	燃气具安装维修工	84930	69687	47890

序号	工　种	高中、中专、技校		
		高位数	中位数	低位数
154	美容师	36732	34569	29826
155	其他摄影服务人员	23470	20238	19810
156	眼镜验光员	29242	23837	20870
157	其他验光配镜人员	23824	22063	20382
158	家用电器产品维修工	119956	61437	37140
159	其他日用机电产品维修人员	76191	51255	32167
160	办公设备维修工	86225	39570	23330
161	其他办公设备维修人员	108852	50257	26400
162	保育员	21600	21600	20282
163	养老护理员	55572	30995	22707
164	保洁员	50011	28984	22811
165	其他环境卫生人员	75927	24272	23620
166	呼叫服务员	78656	45430	35287
167	电子商务师	62881	29875	20680
168	林木种苗工	179550	80131	40225
169	其他畜牧业生产人员	105000	48592	29785
170	筛选破碎工	49591	39580	28326
171	浮选工	39472	37767	32006
172	其他矿物处理人员	152492	41775	29145
173	金属轧制工	67723	45385	29623
174	酸洗工	70390	44976	34749
175	金属材涂层工	72008	42191	30514
176	焊管工	65027	44521	33520
177	其他金属轧制人员	36071	33879	32339
178	化工原料准备工	95937	44581	29116
179	制冷工	67589	42472	35421
180	化工工艺试验工	66943	51662	30000
181	化工总控工	68178	49371	37422
182	其他化工产品生产通用工艺人员	84082	50263	35337
183	合成氨生产工	81022	48166	38944
184	硝酸生产工	63196	44907	40124
185	其他无机化工产品生产人员	98138	61705	39953
186	其他基本有机化工产品生产人员	62187	42160	37000
187	聚乙烯生产工	65092	49608	28582

续　表

序号	工　种	高中、中专、技校		
		高位数	中位数	低位数
188	其他合成树脂生产人员	71864	51776	40140
189	丁苯橡胶生产工	46040	38865	37840
190	化纤聚合工	102982	63497	40082
191	纺丝工	88112	45715	35259
192	化纤后处理工	52044	40106	29624
193	纺丝凝固浴液配制工	41842	39006	36113
194	其他化学纤维生产人员	89182	47528	31021
195	有机合成工	78120	58291	34368
196	研磨分散工	56349	52895	50696
197	制漆配色调制工	84794	54365	39720
198	其他精细化工产品生产人员	63816	46904	31471
199	树脂基复合材料工	103664	66852	37610
200	化妆品配制工	100031	66832	53714
201	车工	121939	49688	29891
202	铣工	312505	49302	29382
203	刨插工	155200	65967	32882
204	磨工	133878	51514	34768
205	镗工	77652	52679	29895
206	钻床工	79223	45346	30123
207	组合机床操作工	85556	48396	28050
208	加工中心操作工	133002	48720	25201
209	制齿工	73444	50811	34340
210	抛磨光工	61938	37143	32537
211	锯床工	57732	45874	30523
212	其他机械冷加工人员	75063	47672	25529
213	铸造工	72532	48348	29942
214	锻造工	57872	41798	36987
215	冲压工	77027	48406	33694
216	剪切工	90510	50069	35131
217	焊工	95248	59166	29052
218	金属热处理工	90823	49688	40357
219	粉末冶金制造工	69066	56077	43043
220	其他机械热加工人员	98127	57147	27731
221	其他特种加工设备操作人员	102741	52207	27519

续　表

序号	工　种	高中、中专、技校		
		高位数	中位数	低位数
222	冷作钣金工	96109	60337	30157
223	其他冷作钣金加工人员	76228	41010	30230
224	涂装工	95033	58710	29666
225	其他工件表面处理加工人员	85000	46623	25089
226	磨具制造工	118421	63922	22765
227	其他磨料磨具制造加工人员	62482	47154	34559
228	其他航天器件加工成型人员	105714	73401	45104
229	电焊条、焊丝制造工（原名：电焊条制造工）	66691	40380	22942
230	仪器仪表元件制造工	95301	41761	25288
231	汽车饰件制造工	71001	41632	20640
232	基础件装配工	192029	45994	28523
233	部件装配工	77920	41372	23887
234	其他基础件、部件装配人员	75978	35472	20752
235	装配钳工	82297	45713	23067
236	工具钳工	79497	55555	34790
237	数控机床装调维修工	69892	56188	46035
238	工程机械装配调试工	98429	46165	22745
239	其他机械设备装配人员	68380	43543	25934
240	锅炉设备装配工	68089	50632	38170
241	电机装配工	86933	59402	40819
242	电线电缆制造工	75466	42857	23940
243	其他电气元件及设备装配人员	67461	45745	26883
244	电子专用设备装调工	73402	53583	21917
245	其他电子专用设备装配调试人员	159098	30433	19914
246	仪器仪表元器件装调工	61388	31294	20873
247	电子仪器仪表装配工	47624	27918	22445
248	光电仪器仪表装调工	34500	27425	21900
249	工业自动化仪器仪表与装置装配工	61484	41486	22475
250	其他仪器仪表装配人员	64844	40469	21920
251	其他运输车辆装配人员	50350	35876	24919
252	医疗器械装配工	79657	45550	24684
253	小型家用电器装配工	28452	28452	26709
254	其他日用机械电器制造装配人员	84858	43243	28632
255	其他五金制品制作装配人员	41205	33421	29256

续　表

序号	工　种	高中、中专、技校		
		高位数	中位数	低位数
256	其他机电产品装配人员	82807	52350	34840
257	机修钳工	84883	54065	32381
258	汽车修理工	83207	40847	20729
259	工程机械修理工	107676	54140	29340
260	其他机械设备维修人员	114075	51779	27429
261	工业自动化仪器仪表与装置修理工	77611	56232	29830
262	电工仪器仪表修理工	93482	46511	37000
263	其他仪器仪表修理人员	42240	40327	37543
264	设备点检员	61527	50043	29821
265	其他电力设备安装人员	63096	39298	19914
266	水轮发电机值班员	72961	65402	50657
267	锅炉运行值班员	64404	47182	39239
268	汽轮机运行值班员	69078	48371	37725
269	电气值班员	51068	42923	35432
270	其他发电运行值班人员	136458	112963	28293
271	其他输电、配电、变电设备值班人员	77618	47675	22680
272	其他电力设备检修人员	76375	45456	24770
273	变配电室值班电工	60732	38270	22921
274	维修电工	87643	50544	28144
275	其他生活生产电力设备安装、操作、修理人员	72874	43171	36522
276	其他电力设备安装、运行、检修及供电人员	67940	45078	19817
277	电子真空镀膜工	47860	38783	32113
278	半导体芯片制造工	77760	50583	34032
279	半导体分立器件、集成电路装调工	52798	47478	38982
280	其他电子器件制造人员	101237	54567	26490
281	电阻器制造工	72810	58488	46429
282	接插件制造工	33800	33700	29300
283	其他电子元件制造人员	63915	38758	24804
284	太阳电池制造工	64824	49296	38940
285	锂离子蓄电池制造工	57357	48129	29640
286	电子设备装接工	34680	25347	22094
287	其他电子设备装配调试人员	66339	36167	24794
288	其他电子产品维修人员	60022	33802	25554
289	其他电子元器件与电子设备制造、装调维修人员	46742	27091	22273

序号	工　种	高中、中专、技校		
		高位数	中位数	低位数
290	橡胶制品配料工	83781	59947	45998
291	橡胶炼胶工	97785	65653	48943
292	橡胶半成品制造工	88261	59681	44963
293	橡胶成型工	91756	62616	38424
294	橡胶硫化工	94908	65384	26054
295	废胶再生工	60951	50226	39470
296	其他橡胶制品生产人员	80798	54939	24629
297	塑料制品配料工	72457	45991	31700
298	塑料制品成型制作工	65781	41144	27862
299	其他塑料制品加工人员	63462	33403	23500
300	其他橡胶和塑料制品生产人员	66287	47075	32550
301	其他纤维预处理人员	62186	45471	30326
302	捻线工	57398	39219	26748
303	缫丝工	53741	41405	20400
304	其他纺纱人员	70587	37712	21456
305	整经工	66539	41768	24596
306	浆纱工	74673	48199	27631
307	穿经工	66426	46153	27302
308	织布工	69396	44539	23525
309	织物验修工	66537	37828	24160
310	其他织造人员	58212	38316	25919
311	经编工	66607	49215	39875
312	其他针织人员	52430	35319	20718
313	坯布检查处理工	58017	39343	23000
314	煮炼漂工	58793	43601	25560
315	印染烘干工	54302	45646	37681
316	印染定型工	69119	47601	35716
317	纺织针织染色工	67165	47657	27217
318	印花工	64471	48571	30141
319	印染后整理工	72686	46974	23561
320	印染染化料配制工	69944	49068	30308
321	工艺染织制作工	56121	43724	32781
322	其他印染人员	71077	45872	27032
323	其他纺织、针织、印染人员	65991	39645	26516

续 表

序号	工 种	高中、中专、技校		
		高位数	中位数	低位数
324	裁剪工	59931	37505	25404
325	缝纫工	63024	38257	21161
326	缝纫品整型工	63495	39887	26935
327	裁缝工	48655	31059	22546
328	其他裁剪缝纫人员	64162	36804	24081
329	其他皮革、毛皮加工人员	48868	43678	37273
330	其他缝纫制品再加工人员	54255	32012	26765
331	其他裁剪缝纫和皮革、毛皮制品加工制作人员（原名：其他裁剪缝纫和毛皮革制作工）	58516	31435	24578
332	糖果制造工	74851	47172	38427
333	乳品加工工	69855	48849	44000
334	冷食品制作工	82208	54472	42068
335	饮料制作工	103398	60582	42161
336	其他乳品、冷食品及罐头、饮料制作人员	67649	43266	37694
337	其他酿酒工	45000	41111	38000
338	食用调料制作工	49399	40573	21097
339	豆制品制作工	70476	49144	32952
340	其他粮油、食品、饮料及饲料生产加工人员	74267	47829	33090
341	其他烟草及其制品加工人员	113356	87955	77254
342	化学合成制药工	66255	47929	38810
343	生化药品制造工	63501	35716	26286
344	疫苗制品工	72897	42697	24993
345	其他生物技术制药（品）人员	83546	30681	21000
346	药物制剂工	61914	45622	28804
347	中药炮制与配制工	53985	49677	36812
348	中药液体制剂工	51330	45129	33696
349	其他中药制药人员	55784	46406	41518
350	其他药品生产制造人员	52921	39634	25004
351	其他木材加工人员	55000	40464	31000
352	其他木材制品制作人员	44952	34598	26207
353	其他木材加工、人造板生产及木材制品制作人员	78000	48612	22640
354	造纸工	69867	45487	28964
355	其他造纸人员	54495	40437	30000
356	瓦楞纸箱制作工	53296	34628	24112
357	纸盒制作工	49674	33318	23419

序号	工 种	高中、中专、技校		
		高位数	中位数	低位数
358	其他纸制品制作人员	92794	42489	20967
359	其他制浆、造纸和纸制品生产加工人员	90972	53281	26113
360	其他墙体屋面材料生产人员	70270	41996	34049
361	其他建筑防水密封材料生产人员	59381	41667	22750
362	其他非金属矿及其制品生产加工人员	58569	38850	28805
363	其他建筑材料生产加工人员	78011	46898	28923
364	石英玻璃制品加工工	92358	66046	33660
365	陶瓷烧成工	88420	58775	28364
366	其他玻璃、陶瓷、搪瓷及其制品生产加工人员	60350	39905	23850
367	平版制版工	55295	32854	23892
368	印前制作员	47569	33492	22250
369	其他印前制作人员	79024	46012	25200
370	平版印刷工	89093	43219	22715
371	柔性版印刷工（原名：凸版印刷工）	60000	29570	23000
372	其他印刷操作人员	95608	52823	22787
373	装订工	67088	30935	20083
374	印品整饰工	39371	30316	24107
375	其他印后制作人员	65911	38428	23023
376	其他印刷人员	95735	38456	21178
377	钢琴及键盘乐器制作工	78746	51088	39975
378	民族拉弦、弹拨乐器制作工	61694	49307	39945
379	其他土石方施工人员	34080	28316	20592
380	混凝土工	50028	36548	25307
381	钢筋工	68259	40001	35000
382	其他装饰装修人员	61860	34719	25151
383	其他筑路、养护、维修人员	99605	43479	24204
384	机械设备安装工	87665	42330	29429
385	电气设备安装工	68843	43823	22042
386	管工	62265	35112	29889
387	其他工程设备安装人员	63913	32766	26650
388	中小型施工机械操作工	75553	26365	23200
389	汽车驾驶员	85211	48660	21393

序号	工　种	高中、中专、技校		
		高位数	中位数	低位数
390	机动车驾驶教练员	48996	41753	21396
391	其他公(道)路运输机械设备操作及有关人员	97487	47571	31489
392	起重装卸机械操作工	74543	46820	23110
393	起重工	70389	58007	36229
394	叉车司机	73101	53716	34430
395	其他起重装卸操作及有关人员	123492	69495	34584
396	其他运输设备操作人员	80137	44432	20483
397	废水处理工	64157	41816	23300
398	化学检验工	77827	39899	26702
399	材料成分检验工	83266	33291	20620
400	材料物理性能检验工	93205	45999	34833
401	无损检测员	74645	55229	33488
402	产品可靠性能检验工	59038	45086	25880
403	食品检验工	134356	58273	24052
404	纺织纤维检验工	72413	41550	28456
405	针纺织品检验工	70857	44475	28110
406	印染工艺检验工	63367	38366	23823
407	服装鞋帽检验工	57793	39552	20876
408	包装材料检验工	130044	50263	35000
409	药物检验工	44588	38290	31227
410	五金制品检验工	53282	34402	24090
411	机械产品检验工	71235	46173	29188
412	医疗器械检验工	95194	42181	23530
413	电器产品检验工	84476	56057	34472
414	通信设备检验工	54240	41383	38383
415	电子器件检验工	50810	37766	24550
416	仪器仪表检验工	68576	49903	37694
417	其他检验人员	70189	45948	26554
418	其他计量人员	57548	33481	23960
419	其他检验、计量人员	82784	42734	23165
420	包装人员	76291	38628	20906
421	混泥土泵工	88286	59191	30863
422	简单体力劳动人员	65674	36824	20234

杭州市分工种分学历企业工资价位

单位：元

序号	工 种	初中及以下		
		高位数	中位数	低位数
1	企业董事	340266	64398	25294
2	企业经理	174747	66102	25519
3	企业职能部门经理或主管	161522	56560	23745
4	生产经营经理	185991	61801	30763
5	财务经理	218000	52188	21575
6	行政、人事经理	96976	47936	23120
7	人事经理	84000	58193	29440
8	销售和营销经理	201952	72303	22710
9	采购经理	118412	49825	23138
10	研究和开发经理	1529961	59599	30780
11	餐厅、客房经理	98624	64567	38247
12	其他企业负责人	489117	55926	29287
13	其他企业管理人员	106028	47940	25994
14	大地测量工程技术人员	40869	38736	36603
15	机械设计工程技术人员	69625	33934	24540
16	机械制造工程技术人员	85589	51513	25998
17	设备工程技术人员	59472	38972	22752
18	其他机械工程技术人员	82482	49354	23262
19	电子材料工程技术人员	56543	50805	38498
20	其他电子工程技术人员	85056	41475	20914
21	通信工程技术人员	110130	35042	20515
22	计算机软件技术人员	121895	28440	28440
23	其他电气工程技术人员	134153	47289	30400
24	汽车运用工程技术人员	98942	66954	44191
25	土木建筑工程技术人员	245824	41329	24000
26	其他建筑工程技术人员	67579	36124	20880
27	其他水利工程技术人员	48800	44447	30915
28	织造工程技术人员	50361	45557	40950
29	染整工程技术人员	60847	41252	28224
30	其他纺织工程技术人员	100088	49688	27600
31	其他食品工程技术人员	70572	34553	26400
32	环境污染治理工程技术人员	87812	45091	30928
33	标准化工程技术人员	109084	93942	35545

序号	工　种	初中及以下		
		高位数	中位数	低位数
34	其他标准化、计量、质量工程技术人员	113450	60257	24450
35	普通工业工程技术人员	71993	44038	20142
36	生产组织与管理工程技术人员	85622	59963	25020
37	其他管理（工业）工程技术人员	175655	63965	28800
38	其他工程技术人员	92991	36712	20191
39	植物保护技术人员	47700	29713	22860
40	其他护理人员	40070	31336	22500
41	经济计划人员	97971	58095	44674
42	其他统计人员	45894	32358	22978
43	出纳	62872	32685	20700
44	会计	86663	40365	23740
45	对外经贸业务员	83787	37316	27740
46	其他经济业务人员	94941	47592	24083
47	其他专业技术人员	67244	36166	21823
48	行政业务办公人员	81824	40250	20376
49	其他行政业务人员	110819	42710	21932
50	收发员	45550	31959	26200
51	文员	53425	28564	20565
52	其他行政事务人员	77575	38469	21114
53	其他行政办公人员	70250	34797	20665
54	保安员	52031	31012	20751
55	其他治安保卫人员	56758	33269	21477
56	其他消防人员	46537	37686	28938
57	其他安全保卫和消防人员	59667	33787	20017
58	邮政投递员	26584	22131	21168
59	其他办事人员和有关人员	71334	34733	22098
60	营业员	50141	27492	21981
61	收银员	45716	32260	21927
62	其他营业人员	63332	36854	22754
63	营销师（原名：推销员）	150110	47680	20868
64	其他推销、展销人员	99251	38343	22327
65	采购员	63374	37661	22491
66	其他采购人员	133874	50482	21770
67	市场管理员	52872	38576	25100

序号	工　种	初中及以下		
		高位数	中位数	低位数
68	医药商品购销员	58007	21419	20600
69	保管员	76473	34276	21188
70	理货员	58430	32486	21979
71	仓管员	73397	36063	22216
72	其他保管人员	99858	45018	24494
73	商品储运员	62822	39262	26520
74	商品护运员	56109	40520	29461
75	医药商品储运员	55073	43384	25648
76	其他储运人员	76596	42580	22061
77	其他仓储人员	67164	36100	21424
78	中式烹调师	66261	37042	20090
79	中式面点师	59647	36717	28899
80	其他中餐烹饪人员	68621	36999	23555
81	西式烹调师	64289	33788	21422
82	营养配餐员	32064	31764	28029
83	餐厅服务员	57387	28040	20635
84	餐具清洗保管员	42813	28449	20617
85	其他餐厅服务人员	50212	31989	20890
86	厨政管理师	83205	34723	20333
87	前厅服务员	41488	29785	20259
88	客房服务员	45792	28077	20605
89	旅店服务员	73383	28262	20476
90	其他饭店服务人员	49120	29970	20116
91	公共游览场所服务员	52200	29404	20800
92	园林植物保护工	32141	27031	27006
93	其他旅游及公共游览场所服务人员	75326	37189	21120
94	其他健身和娱乐场所服务人员	40380	27863	22351
95	汽车客运服务员	70552	43314	23096
96	其他公路道路运输服务人员	74199	35116	20307
97	其他运输服务人员	72417	48127	26450
98	药房辅助员	31824	31774	31464
99	其他医疗卫生辅助服务人员	62839	30996	23496
100	物业管理员	50721	28708	20272
101	其他物业管理人员	39249	27960	20214

序号	工　种	初中及以下		
		高位数	中位数	低位数
102	生活燃料供应工	74360	39483	35347
103	锅炉操作工	65707	40416	31814
104	燃气具安装维修工	93515	71309	35590
105	其他供水、供热及生活燃料供应服务人员	84853	36618	20000
106	美容师	35992	35066	27430
107	洗衣师	47901	27445	23200
108	家用电器产品维修工	143471	63528	38062
109	办公设备维修工	69782	38874	20547
110	保育员	23424	21305	20240
111	养老护理员	53316	36838	20331
112	垃圾清运工	42687	34289	22890
113	保洁员	46829	25376	20540
114	其他环境卫生人员	83752	31259	20565
115	电子商务师	52800	33192	20820
116	花卉园艺师	29520	25402	20520
117	林木种苗工	90750	59536	44373
118	其他畜牧业生产人员	63539	35038	27320
119	工程测量员（原名：工程测量工）	86923	55643	34450
120	钻孔机司机	115099	58012	48641
121	支护工	61084	44178	42668
122	矿山提升机操作工	37120	32714	30228
123	矿井机车运输工	37913	35256	32172
124	矿物开采辅助工	43362	34225	28610
125	筛选破碎工	50305	41834	28945
126	磨矿工	51715	46508	37091
127	其他矿物处理人员	146010	42803	31767
128	金属轧制工	55000	39756	29784
129	酸洗工	55000	43562	28369
130	金属材热处理工	58659	47402	34712
131	焊管工	76000	45451	29543
132	其他金属轧制人员	47715	32165	23000
133	冶炼风机工	51320	39340	26080
134	化工原料准备工	58329	44773	29272
135	制冷工	91588	45279	34661

续 表

序号	工 种	初中及以下		
		高位数	中位数	低位数
136	干燥工	57428	43449	32083
137	结晶工	52014	39706	33699
138	防腐蚀工	384000	37476	31200
139	化工工艺试验工	42106	38166	30127
140	化工总控工	50566	37120	24412
141	其他化工产品生产通用工艺人员	77430	50948	35395
142	合成氨生产工	76934	49742	36087
143	复合磷肥生产工	51182	35717	22962
144	硝酸生产工	74201	52687	40115
145	无机化学反应工	51474	36729	24217
146	工业气体液化工	35247	24643	20364
147	其他无机化工产品生产人员	78857	48532	34925
148	其他基本有机化工产品生产人员	69110	49539	36308
149	聚乙烯生产工	60005	39505	30495
150	其他合成橡胶生产人员	72488	53433	30196
151	湿纺原液制造工	43187	37977	35080
152	纺丝工	54152	39452	33185
153	化纤后处理工	49308	36352	30335
154	化纤纺丝精密组件工	54599	37834	30250
155	其他化学纤维生产人员	52267	43486	32578
156	有机合成工	68215	55074	37837
157	研磨分散工	55543	51243	44792
158	涂料合成树脂工	56150	54392	52710
159	制漆配色调制工	60100	51756	34651
160	其他精细化工产品生产人员	64283	49058	33591
161	树脂基复合材料工	110778	66965	51986
163	其他日用化学品生产人员	26255	24600	22600
164	车工	75231	40917	21665
165	铣工	120075	46532	25420
166	刨插工	79916	41377	21078
167	磨工	79036	49936	25859
168	镗工	72473	45554	26816
169	钻床工	75367	41837	21091
170	组合机床操作工	74922	50311	27043

续　表

序号	工　种	初中及以下		
		高位数	中位数	低位数
171	加工中心操作工	68162	42722	24072
172	制齿工	67302	52122	33783
173	抛磨光工	56414	39497	30387
174	拉床工	68337	40727	32000
175	锯床工	62386	41728	26088
176	其他机械冷加工人员	61688	35828	21510
177	铸造工	75954	49721	22306
178	锻造工	51650	41773	29803
179	冲压工	64491	43526	29058
180	剪切工	78757	46340	27025
181	焊工	92003	52643	27660
182	金属热处理工	73168	47453	32209
183	粉末冶金制造工	71457	54799	34995
184	其他机械热加工人员	83759	44514	22037
185	其他特种加工设备操作人员	95857	56782	22286
186	冷作钣金工	93190	54182	26013
187	其他冷作钣金加工人员	76920	35785	25291
188	镀层工	78187	40131	31944
189	涂装工	95568	48948	25700
190	其他工件表面处理加工人员	60220	30987	20250
191	磨料制造工	66900	36160	28497
192	磨具制造工	88124	46621	26024
193	其他磨料磨具制造加工人员	75259	49447	36936
194	其他航天器件加工成型人员	100822	56320	38930
195	电焊条、焊丝制造工(原名：电焊条制造工)	57379	36014	20272
196	仪器仪表元件制造工	46008	31139	25037
197	汽车饰件制造工	64335	46036	26598
198	基础件装配工	81520	40278	22143
199	部件装配工	77344	38969	22639
200	其他基础件、部件装配人员	64214	33452	22352
201	装配钳工	78064	43884	22659
202	数控机床装调维修工	68640	60798	35547
203	工程机械装配调试工	66165	43349	28753
204	其他机械设备装配人员	56413	39512	24597

续　表

序号	工　种	初中及以下		
		高位数	中位数	低位数
205	锅炉设备装配工	57957	47092	39375
206	线圈绕制工	50126	34425	25500
207	电线电缆制造工	63906	36996	18787
208	其他电气元件及设备装配人员	57001	41808	24126
209	电子专用设备装调工	50763	27483	22451
210	其他电子专用设备装配调试人员	61397	23037	20914
211	仪器仪表元器件装调工	54651	32007	21752
212	电子仪器仪表装配工	41121	31317	24940
213	光电仪器仪表装调工	34884	30969	26544
214	其他仪器仪表装配人员	52431	36525	21415
215	自行车、电动自行车装配工（原名：助动车、自行车装配工）	46276	36871	26430
216	医疗器械装配工	55764	42378	26934
217	其他医疗器械装配及假肢与矫形器制作人员	40800	24060	24060
218	空调机装配工	72226	40366	20859
219	小型家用电器装配工	39480	39480	36396
220	其他日用机械电器制造装配人员	86336	44742	28804
221	工具五金制作工	49610	37247	27712
222	其他五金制品制作装配人员	55198	36232	26279
223	其他机电产品装配人员	39616	27258	22206
224	机修钳工	87013	49165	29630
225	汽车修理工	84355	41680	23578
226	工程机械修理工	80686	53334	26000
227	其他机械设备维修人员	80157	44922	28770
228	电工仪器仪表修理工	64148	40933	24398
229	设备点检员	66020	47892	23370
230	其他电力设备安装人员	55525	41817	37133
231	水轮发电机值班员	73437	61977	36803
232	锅炉运行值班员	67184	43659	36031
233	其他电力设备检修人员	61949	37534	22870
234	变配电室值班电工	48554	36522	29473
235	维修电工	78999	46341	24638
236	其他生活生产电力设备安装、操作、修理人员	73936	41623	33478
237	其他电力设备安装、运行、检修及供电人员	79250	51343	31171
238	电子真空镀膜工	45701	37664	29364

续 表

序号	工 种	初中及以下		
		高位数	中位数	低位数
239	半导体芯片制造工	75976	49977	27253
240	其他电子器件制造人员	52110	29623	21816
241	电声器件制造工	48307	23588	20889
242	接插件制造工	33900	30446	21208
243	其他电子元件制造人员	52460	28997	24093
244	太阳电池制造工	61284	46145	33228
245	锂离子蓄电池制造工	52981	47831	39639
246	电子设备装接工	34536	24757	20421
247	其他电子设备装配调试人员	52025	31312	20381
248	其他电子产品维修人员	49011	32565	22445
249	其他电子元器件与电子设备制造、装调维修人员	44643	35424	21378
250	橡胶制品配料工	76107	34312	22768
251	橡胶炼胶工	80080	56374	37812
252	橡胶半成品制造工	81512	57659	39672
253	橡胶成型工	85071	61971	33237
254	橡胶硫化工	86543	56179	22534
255	废胶再生工	62472	54127	43187
256	其他橡胶制品生产人员	72007	43260	23677
257	塑料制品配料工	56199	44100	31947
258	塑料制品成型制作工	53602	38028	26872
259	其他塑料制品加工人员	58012	34045	22034
260	其他橡胶和塑料制品生产人员	62880	44789	27671
261	开清棉工	60154	42328	31124
262	纤维梳理工	52044	34454	29175
263	并条工	85348	32750	29337
264	粗纱工	40941	36479	30403
265	其他纤维预处理人员	47028	39342	30599
266	细纱工	46821	39745	33162
267	筒并摇工	52661	36739	24972
268	捻线工	54237	37867	25744
269	制线工	48148	36851	20994
270	缫丝工	45370	36442	24980
271	其他纺纱人员	54725	36246	24144
272	整经工	60509	41283	27967

续　表

序号	工　种	初中及以下		
		高位数	中位数	低位数
273	浆纱工	56379	41728	27971
274	穿经工	59560	39062	26787
275	织布工	59626	38188	25963
276	织物验修工	50891	36717	25562
277	其他织造人员	51038	35443	24114
278	经编工	60391	43071	24310
279	横机工	55000	46849	28966
280	其他针织人员	47754	33013	20968
281	坯布检查处理工	60000	43694	32184
282	印染烧毛工	59400	46599	37038
283	煮炼漂工	54121	42992	31387
284	印染洗涤工	66958	45130	27731
285	印染烘干工	59792	44605	34341
286	印染丝光工	51123	41983	33792
287	印染定型工	58047	42465	28077
288	纺织针织染色工	68902	52497	35430
289	印花工	65804	49070	32285
290	印染后整理工	59105	42401	29552
291	印染成品定等装潢工	57600	45952	28696
292	印染染化料配制工	57410	48333	36704
293	其他印染人员	63952	41396	26928
294	其他纺织、针织、印染人员	60855	36171	23242
295	裁剪工	62091	37444	20746
296	缝纫工	62387	39485	23407
297	缝纫品整型工	60381	44672	26970
298	裁缝工	49573	34258	23891
299	其他裁剪缝纫人员	66668	42471	25536
300	皮革加工工	66594	38737	29354
301	毛皮加工工	65628	35440	21845
302	扪皮工	71185	54188	27566
303	其他皮革、毛皮加工人员	46262	38382	30375
304	缝纫制品充填处理工	55215	39878	27691
305	其他缝纫制品再加工人员	52894	35633	22818
306	其他裁剪缝纫和皮革、毛皮制品加工制作人员（原名：其他裁剪缝纫和毛皮革制作工）	35268	30710	25301

续　表

序号	工　种	初中及以下		
		高位数	中位数	低位数
307	糖果制造工	62820	46418	36738
308	乳品加工工	150260	57092	41287
309	冷食品制作工	74792	50774	34602
310	饮料制作工	129557	61773	45536
311	食用调料制作工	83078	42439	20855
312	其他食品添加剂及调味品制作人员	38854	28029	20127
313	豆制品制作工	71927	48401	31342
314	熟肉制品加工工	51285	41236	33478
315	其他肉、蛋食品加工人员	42660	30780	25500
316	其他粮油、食品、饮料及饲料生产加工人员	55779	37243	24405
317	其他烟草及其制品加工人员	89454	82098	73145
318	化学合成制药工	54240	42109	40356
319	生化药品制造工	152672	40605	28504
320	疫苗制品工	69840	46556	21200
321	其他生物技术制药（品）人员	42626	29170	20450
322	药物制剂工	57361	41912	22941
323	其他药物制剂人员	46800	26406	20400
324	其他药品生产制造人员	60846	35923	24353
325	制材工	65033	55980	31960
326	其他木材加工人员	55775	36545	21308
327	手工木工	64360	41284	23921
328	机械木工	62000	47206	27000
329	其他木材制品制作人员	53662	33873	25257
330	其他木材加工、人造板生产及木材制品制作人员	87054	40253	20034
331	制浆备料工	46260	37420	28046
332	制浆设备操作工	41377	35320	30191
333	制浆废液回收利用工	42268	36457	27506
334	其他制浆人员	43129	29490	25110
335	造纸工	59010	38367	22600
336	其他造纸人员	48107	38625	25950
337	瓦楞纸箱制作工	58184	35905	23884
338	纸盒制作工	46214	28313	20593
339	其他纸制品制作人员	89285	35017	20236
340	其他制浆、造纸和纸制品生产加工人员	79043	35069	20484

续　表

序号	工　种	初中及以下		
		高位数	中位数	低位数
341	其他建筑防水密封材料生产人员	54497	45536	35369
342	其他非金属矿及其制品生产加工人员	42594	32584	21753
343	其他建筑材料生产加工人员	84758	43417	26988
344	玻璃钢制品工	55320	45911	31762
345	其他玻璃、陶瓷、搪瓷及其制品生产加工人员	50396	32947	20960
346	平版制版工	44928	34585	20000
347	印前制作员	53592	33429	21690
348	其他印前制作人员	66318	40908	29179
349	平版印刷工	73880	35796	24079
350	其他印刷操作人员	76958	41996	22193
351	装订工	59228	29934	20538
352	印品整饰工	38307	29871	20760
353	其他印后制作人员	57277	36739	22217
354	其他印刷人员	103235	40334	22034
355	其他金属工艺品制作人员	44185	33099	24650
356	其他美术品制作人员	62100	44436	33650
357	绘图仪器制作工	47254	37157	31083
358	钢琴及键盘乐器制作工	78565	53653	41939
359	民族拉弦、弹拨乐器制作工	59106	49538	41870
360	其他土石方施工人员	85596	38920	21900
361	砌筑工	42592	37420	34802
362	混凝土工	47664	38099	28750
363	其他混凝土配制及制品加工人员	79745	46262	27342
364	钢筋工	50213	39087	35582
365	架子工	64716	42005	39570
366	装饰装修工	51702	36162	21000
367	室内成套设施装饰工	35105	30966	26200
368	其他装饰装修人员	53701	36856	25484
369	其他筑路、养护、维修人员	56008	33388	24475
370	电气设备安装工	68188	43098	33962
371	管工	55418	35869	31020
372	中小型施工机械操作工	66536	47563	32920
373	汽车驾驶员	77716	49366	23860

续　表

序号	工　种	初中及以下		
		高位数	中位数	低位数
374	其他公（道）路运输机械设备操作及有关人员	73409	41606	23712
375	起重装卸机械操作工	80212	44626	21268
376	起重工	68829	42186	25755
377	叉车司机	68826	48661	31585
378	其他起重装卸操作及有关人员	110777	58652	28339
379	其他运输设备操作人员	67212	40744	20617
380	固体废物处理工	53779	36941	29423
381	废水处理工	60398	41723	30511
382	化学检验工	58159	36583	24366
383	材料成分检验工	46713	37660	28314
384	材料物理性能检验工	48649	34544	25028
385	无损检测员	47456	32441	22791
386	产品可靠性能检验工	43523	33568	28881
387	纺织纤维检验工	44153	32190	22936
388	针纺织品检验工	73324	43441	29830
389	印染工艺检验工	43482	34110	26867
390	服装鞋帽检验工	54109	39828	23883
391	木材及家具检验工	46610	36664	25957
392	包装材料检验工	47563	41092	27347
393	五金制品检验工	41807	33372	23692
394	机械产品检验工	68773	41749	25172
395	医疗器械检验工	42559	34908	23000
396	通信设备检验工	45593	40907	28749
397	电子器件检验工	47504	34526	27980
398	其他检验人员	66874	40420	23898
399	航天器材料性能测试试验工	81048	54259	38246
400	其他计量人员	60936	33646	23740
401	其他检验、计量人员	78572	38270	22476
402	包装人员	56607	35403	20063
403	混凝土泵工	83405	49570	23978
404	简单体力劳动人员	58321	33607	20441

杭州市分行业企业人工成本水平和构成

单位：元、%

行 业	企业平均人工成本	构 成							各项费用占人工成本比重（%）						
		从业人员劳动报酬	福利费用	教育经费	保险费用	劳动保护费用	住房费用	其他人工成本	从业人员劳动报酬	福利费用	教育经费	保险费用	劳动保护费用	住房费用	其他人工成本
总计	70673	48316	5002	629	7813	791	1733	6388	68.37	7.08	0.89	11.06	1.12	2.45	9.03
农、林、牧、渔业	111153	60796	5489	551	9821	225	1786	32486	54.70	4.94	0.50	8.84	0.20	1.61	29.21
农业	94967	43072	3169	360	6353	118	1206	40688	45.35	3.34	0.38	6.69	0.13	1.27	42.84
林业	238634	69057	4845	414	6061	178	95	157983	48.94	2.03	0.17	2.54	0.07	0.04	46.20
畜牧业	64909	49275	8145	1339	4480	620	1050	0	75.91	12.55	2.06	6.90	0.96	1.62	0.00
农、林、牧、渔服务业	122639	86645	7222	428	17767	174	3300	7103	70.65	5.89	0.35	14.49	0.14	2.69	5.79
采矿业	71582	45922	3798	506	11327	5201	1147	3681	64.15	5.31	0.71	15.82	7.27	1.60	5.14
有色金属矿采选业	66450	45525	2072	70	11098	323	0	7362	68.51	3.12	0.11	16.70	0.49	0.00	11.08
非金属矿采选业	76713	46319	5524	942	11556	10079	2294	0	60.38	7.20	1.23	15.06	13.14	2.99	0.00
制造业	63645	46737	4124	512	6629	772	1408	3464	73.43	6.48	0.80	10.42	1.21	2.21	5.44
农副食品加工业	41676	33787	2299	588	4108	476	124	295	81.07	5.52	1.41	9.86	1.14	0.30	0.71
食品制造业	66521	47926	4461	511	7349	594	2003	3676	72.05	6.71	0.77	11.05	0.89	3.01	5.53
酒、饮料和精制茶制造业	84514	68710	2863	281	9379	357	1943	981	81.30	3.39	0.33	11.10	0.42	2.30	1.16
纺织业	55504	43449	2973	256	5706	421	663	2037	78.28	5.36	0.46	10.28	0.76	1.19	3.67
纺织服装、服饰业	49211	39309	2150	544	4731	626	733	1118	79.88	4.37	1.11	9.61	1.27	1.49	2.27
皮革、毛皮、羽毛及其制品和制鞋业	46913	37220	1372	128	4804	445	223	2721	79.34	2.92	0.27	10.24	0.95	0.48	5.80
木材加工及木、竹、藤、棕、草制品业	48484	40049	2163	516	4218	741	304	494	82.60	4.46	1.06	8.70	1.53	0.63	1.02
家具制造业	80332	41840	1558	334	5477	711	433	29979	52.08	1.94	0.42	6.82	0.89	0.54	37.32
造纸及纸制品业	63368	48166	2906	259	5903	633	1365	4136	76.01	4.59	0.41	9.32	1.00	2.15	6.53
印刷业和记录媒介的复制	64659	45072	6827	639	6735	892	1621	2872	69.71	10.56	0.99	10.42	1.38	2.51	4.44
文教、工美、体育和娱乐用品制造业	59721	42076	3407	259	4804	275	2972	5928	70.45	5.70	0.43	8.04	0.46	4.98	9.93
化学原料及化学制品制造业	80777	59184	5529	372	10912	788	2221	1771	73.27	6.84	0.46	13.51	0.98	2.75	2.19
医药制造业	74652	50821	5497	505	9419	463	2041	5905	68.08	7.36	0.68	12.62	0.62	2.73	7.91
化学纤维制造业	61112	46341	4324	207	7326	250	1976	688	75.83	7.08	0.34	11.99	0.41	3.23	1.13
橡胶和塑料制品业	79244	55332	7778	364	9129	1353	1291	3997	69.82	9.82	0.46	11.52	1.71	1.63	5.04
非金属矿物制品业	50897	42146	1800	234	5165	812	478	261	82.81	3.54	0.46	10.15	1.60	0.94	0.51
黑色金属冶炼及压延加工业	43931	36029	1851	123	5087	255	523	63	82.01	4.21	0.28	11.58	0.58	1.19	0.14

续　表

行　业	企业平均人工成本	构　成							各项费用占人工成本比重(%)						
		从业人员劳动报酬	福利费用	教育经费	保险费用	劳动保护费用	住房费用	其他人工成本	从业人员劳动报酬	福利费用	教育经费	保险费用	劳动保护费用	住房费用	其他人工成本
有色金属冶炼及压延加工业	49944	38622	4254	187	4354	1137	583	807	77.33	8.52	0.37	8.72	2.28	1.17	1.62
金属制品业	55969	42538	3532	353	5613	607	448	2878	76.00	6.31	0.63	10.03	1.08	0.80	5.14
通用设备制造业	61409	45108	5792	716	6031	429	635	2698	73.46	9.43	1.17	9.82	0.70	1.03	4.39
专用设备制造业	65479	48150	4011	416	7853	446	1254	3350	73.54	6.13	0.64	11.99	0.68	1.92	5.12
汽车制造业	83891	60031	6673	630	9967	893	1543	4154	71.56	7.95	0.75	11.88	1.06	1.84	4.95
铁路、船舶、航空航天和其他运输设备制造	59300	45931	5617	268	5517	345	735	886	77.46	9.47	0.45	9.30	0.58	1.24	1.49
电气机械及器材制造业	82872	65411	4251	417	8716	904	1987	1185	78.93	5.13	0.50	10.52	1.09	2.40	1.43
计算机、通信和其他电子设备制造业	85243	61291	5793	649	6937	2453	1964	6156	71.90	6.80	0.76	8.14	2.88	2.30	7.22
仪器仪表制造业	57223	39397	4127	915	5886	510	917	5472	68.85	7.21	1.60	10.29	0.89	1.60	9.56
其他制造业	61763	43859	4275	753	6291	843	2411	3330	71.01	6.92	1.22	10.19	1.36	3.90	5.39
废弃资源综合利用业	58345	44298	2641	119	10155	1095	36	0	75.92	4.53	0.20	17.41	1.88	0.06	0.00
金属制品、机械和设备修理业	90199	68905	6412	699	8980	1491	1424	2289	76.39	7.11	0.77	9.96	1.65	1.58	2.54
电力、热力、燃气及水生产和供应业	97620	71803	7113	779	10846	956	3343	2780	73.55	7.29	0.80	11.11	0.98	3.42	2.85
电力、热力的生产和供应业	97214	74798	5012	568	10253	1026	2508	3049	76.94	5.16	0.58	10.55	1.06	2.58	3.14
燃气生产和供应业	112697	78692	13258	763	10883	761	4912	3429	69.83	11.76	0.68	9.66	0.68	4.36	3.04
水的生产和供应业	79550	47640	9427	1855	13764	871	5425	568	59.89	11.85	2.33	17.30	1.09	6.82	0.71
建筑业	111321	48719	6801	1021	6797	1500	1370	45112	63.76	6.11	0.92	6.11	1.35	1.23	20.52
房屋建筑业	145448	48220	8483	918	5791	1579	823	79633	53.15	5.83	0.63	3.98	1.09	0.57	24.75
土木工程建筑业	83762	48343	3424	606	10265	843	2526	17755	57.71	4.09	0.72	12.25	1.01	3.02	21.20
建筑安装业	130787	37381	3985	683	6594	1067	616	80461	58.58	3.05	0.52	5.04	0.82	0.47	31.52
建筑装饰和其他建筑业	94124	53161	7740	1276	6631	1756	1662	21899	56.48	8.22	1.36	7.04	1.87	1.77	23.27
批发和零售业	64334	46819	3721	481	9264	473	2139	1439	72.77	5.78	0.75	14.40	0.74	3.32	2.24
批发业	67555	49986	3872	430	10108	359	1771	1028	73.99	5.73	0.64	14.96	0.53	2.62	1.52
零售业	61253	43787	3577	529	8456	582	2490	1832	71.49	5.84	0.86	13.81	0.95	4.07	2.99
交通运输、仓储和邮政业	68698	46914	4247	622	10463	709	3712	2032	68.29	6.18	0.91	15.23	1.03	5.40	2.96
道路运输业	62614	42587	3325	749	9541	961	3623	1828	68.02	5.31	1.20	15.24	1.53	5.79	2.92
装卸搬运和运输代理业	82833	59610	6749	632	11945	337	3034	528	71.96	8.15	0.76	14.42	0.41	3.66	0.64
仓储业	87612	55987	5761	254	14583	344	5709	4975	63.90	6.58	0.29	16.64	0.39	6.52	5.68

续　表

行　业	企业平均人工成本	构　成							各项费用占人工成本比重（％）						
		从业人员劳动报酬	福利费用	教育经费	保险费用	劳动保护费用	住房费用	其他人工成本	从业人员劳动报酬	福利费用	教育经费	保险费用	劳动保护费用	住房费用	其他人工成本
邮政业	11181	8302	588	429	1349	381	132	0	74.25	5.26	3.84	12.07	3.41	1.18	0.00
住宿和餐饮业	53760	38772	4082	453	6525	590	757	2579	72.12	7.59	0.84	12.14	1.10	1.41	4.80
住宿业	52729	37490	4166	546	6276	646	761	2845	71.10	7.90	1.04	11.90	1.23	1.44	5.40
餐饮业	55905	41442	3908	260	7044	473	750	2027	74.13	6.99	0.47	12.60	0.85	1.34	3.63
信息传输、软件和信息技术服务业	83125	59559	4492	631	9577	542	2529	5794	71.65	5.40	0.76	11.52	0.65	3.04	6.97
电信、广播电视和卫星传输服务	49852	35425	3539	844	7771	1657	617	0	71.06	7.10	1.69	15.59	3.32	1.24	0.00
互联网和相关服务	80982	59337	4288	564	8876	673	1547	5697	73.27	5.30	0.70	10.96	0.83	1.91	7.03
软件和信息技术服务业	85011	60664	4574	635	9795	467	2808	6068	71.36	5.38	0.75	11.52	0.55	3.30	7.14
金融业	126780	83370	9375	2094	12027	2085	3941	13889	65.76	7.39	1.65	9.49	1.64	3.11	10.96
资本市场服务	120115	67126	29172	0	9483	7000	3966	3368	55.88	24.29	0.00	7.89	5.83	3.30	2.80
保险业	129142	97235	8598	1505	6692	3687	3928	7497	75.29	6.66	1.17	5.18	2.85	3.04	5.81
其他金融业	127078	81602	6568	2597	14061	836	3941	17474	64.21	5.17	2.04	11.06	0.66	3.10	13.75
房地产业	102073	77359	7179	724	11761	602	2965	1483	75.79	7.03	0.71	11.52	0.59	2.90	1.45
房地产业	102073	77359	7179	724	11761	602	2965	1483	75.79	7.03	0.71	11.52	0.59	2.90	1.45
租赁和商务服务业	72670	47436	10824	1586	9035	674	1738	1378	65.28	14.89	2.18	12.43	0.93	2.39	1.90
租赁业	98198	53430	25716	694	13407	1480	1168	2303	54.41	26.19	0.71	13.65	1.51	1.19	2.35
商务服务业	61807	44885	4487	1966	7175	331	1981	984	72.62	7.26	3.18	11.61	0.54	3.21	1.59
科学研究和技术服务业	99376	69240	7895	838	8019	526	2706	10152	69.67	7.94	0.84	8.07	0.53	2.72	10.22
研究与试验发展	45177	35356	1936	8	7395	0	56	426	78.26	4.29	0.02	16.37	0.00	0.12	0.94
专业技术服务业	107408	74798	9188	1014	8018	650	2808	10931	69.64	8.55	0.94	7.46	0.61	2.61	10.18
科技推广和应用服务业	83802	55752	3316	225	8488	54	3979	11987	66.53	3.96	0.27	10.13	0.06	4.75	14.30
水利、环境和公共设施管理业	120219	83053	12778	2332	14060	1692	3693	2611	69.08	10.63	1.94	11.70	1.41	3.07	2.17
水利管理业	75474	51566	3865	385	9810	154	3031	6663	68.32	5.12	0.51	13.00	0.20	4.02	8.83
生态保护和环境治理业	132678	96771	10006	2508	17283	587	4410	1112	72.94	7.54	1.89	13.03	0.44	3.32	0.84
公共设施管理业	122500	50000	50000	5000	0	12500	0	5000	40.82	40.82	4.08	0.00	10.20	0.00	4.08
居民服务、修理和其他服务业	67242	43284	4374	754	9732	828	1904	6367	64.37	6.50	1.12	14.47	1.23	2.83	9.47
居民服务业	62337	39435	3816	521	7734	867	808	9156	63.26	6.12	0.84	12.41	1.39	1.30	14.69
机动车、电子产品和日用产品修理业	61693	37838	7365	830	8364	2836	1772	2689	61.33	11.94	1.35	13.56	4.60	2.87	4.36
其他服务业	68187	44103	4225	774	10053	681	2037	6315	64.68	6.20	1.14	14.74	1.00	2.99	9.26

续 表

行 业	企业平均人工成本	构 成							各项费用占人工成本比重（%）						
		从业人员劳动报酬	福利费用	教育经费	保险费用	劳动保护费用	住房费用	其他人工成本	从业人员劳动报酬	福利费用	教育经费	保险费用	劳动保护费用	住房费用	其他人工成本
教育	55184	40655	3020	227	6375	230	994	3683	73.67	5.47	0.41	11.55	0.42	1.80	6.67
教育	55184	40655	3020	227	6375	230	994	3683	73.67	5.47	0.41	11.55	0.42	1.80	6.67
卫生和社会工作	103254	55298	28480	733	8131	859	2687	7066	53.56	27.58	0.71	7.87	0.83	2.60	6.84
卫生	87466	55860	7344	851	8367	513	3197	11334	63.86	8.40	0.97	9.57	0.59	3.66	12.96
社会工作	128250	54410	61945	547	7756	1406	1879	307	42.42	48.30	0.43	6.05	1.10	1.47	0.24
文化、体育和娱乐业	65148	48097	4095	515	7399	2055	2028	960	73.83	6.29	0.79	11.36	3.15	3.11	1.47
新闻出版业	93158	66688	4031	488	16413	772	3851	914	71.59	4.33	0.52	17.62	0.83	4.13	0.98
广播、电视、电影和影视录音制作业	87594	62584	7553	476	7266	6006	2307	1401	71.45	8.62	0.54	8.30	6.86	2.63	1.60
文化艺术业	52212	37403	3440	455	7071	550	2765	527	71.64	6.59	0.87	13.54	1.05	5.30	1.01
体育	44485	32581	1513	1446	5223	27	0	3694	73.24	3.40	3.25	11.74	0.06	0.00	8.30
娱乐业	54595	46598	1207	354	5691	378	211	155	85.35	2.21	0.65	10.42	0.69	0.39	0.28

杭州市分登记注册类型企业人工成本水平和构成

单位：元、%

登记注册类型	企业平均人工成本	构 成							各项费用占人工成本比重（%）						
		从业人员劳动报酬	福利费用	教育经费	保险费用	劳动保护费用	住房费用	其他人工成本	从业人员劳动报酬	福利费用	教育经费	保险费用	劳动保护费用	住房费用	其他人工成本
合计	70673	48316	5002	629	7813	791	1733	6388	68.37	7.08	0.89	11.06	1.12	2.45	9.04
内资企业	69680	47377	5034	618	7810	758	1684	6398	67.99	7.22	0.89	11.21	1.09	2.42	9.18
国有	117840	79357	6443	921	15158	1588	4673	9701	67.34	5.47	0.78	12.86	1.35	3.97	8.23
集体	119793	42217	53002	2562	16915	451	612	4035	35.24	44.24	2.14	14.12	0.38	0.51	3.37
股份合作	61176	45311	3827	533	6439	587	494	3985	74.07	6.26	0.87	10.53	0.96	0.81	6.51
联营企业	44007	35798	0	0	7400	0	809	0	81.35	0.00	0.00	16.82	0.00	1.84	0.00
有限责任公司	68616	46713	4515	595	7429	755	1678	6930	68.08	6.58	0.87	10.83	1.10	2.45	10.10
股份有限公司	86570	60991	5460	659	10329	902	2726	5504	70.45	6.31	0.76	11.93	1.04	3.15	6.36
私营企业	55271	39629	3233	491	6704	541	829	3844	71.70	5.85	0.89	12.13	0.98	1.50	6.96
其他企业	73962	46857	10642	871	6103	1030	1882	6577	63.35	14.39	1.18	8.25	1.39	2.54	8.89
港、澳、台商投资企业	72441	50047	4560	242	6299	1485	1453	8355	69.09	6.29	0.33	8.70	2.05	2.01	11.53
合资经营企业（港或澳、台资）	80400	53183	4183	282	5971	2582	1548	12651	66.15	5.20	0.35	7.43	3.21	1.93	15.74

登记注册类型	企业平均人工成本	构　成							各项费用占人工成本比重（%）						
		从业人员劳动报酬	福利费用	教育经费	保险费用	劳动保护费用	住房费用	其他人工成本	从业人员劳动报酬	福利费用	教育经费	保险费用	劳动保护费用	住房费用	其他人工成本
合作经营企业（港或澳、台资）	101817	70383	4052	121	10347	776	3345	12793	69.13	3.98	0.12	10.16	0.76	3.29	12.56
港、澳、台商独资经营企业	63968	45973	4932	213	6826	458	1175	4392	71.87	7.71	0.33	10.67	0.72	1.84	6.87
港、澳、台商投资股份有限公司	60095	47230	5088	173	4470	156	1943	1036	78.59	8.47	0.29	7.44	0.26	3.23	1.72
外商投资企业	81424	58448	4898	1007	8822	746	2509	4994	71.78	6.02	1.24	10.83	0.92	3.08	6.13
中外合资经营企业	74284	56220	4512	484	7133	451	1700	3784	75.68	6.07	0.65	9.60	0.61	2.29	5.09
外资企业	84364	58941	5102	1367	9829	878	3062	5185	69.86	6.05	1.62	11.65	1.04	3.63	6.15
外商投资股份有限公司	170695	107945	7450	200	14000	3900	1400	35800	63.24	4.36	0.12	8.20	2.28	0.82	20.97

杭州市分隶属关系劳动者平均工资报酬及构成

单位：元/年

隶属关系	劳动者平均工资报酬（元/年）	构　成			
		基本工资（类）	绩效奖金（类）	津补贴（类）	加班加点工资
全部	54351	32281	14642	4351	3076
中央	98440	43525	47847	6076	991
省	85495	46224	25988	12115	1166
地市	57092	29546	20103	4096	3346
县	50028	28775	13141	5075	3036
街道、镇、乡	40793	26983	8555	2406	2847
居民、村民委员会	32459	23078	4347	2317	2715
其他	51923	33390	11621	3632	3278

杭州市分隶属关系企业人工成本水平和构成

单位：元/年

隶属关系	企业人工成本总计（元/年）	构　成						
		从业人员劳动报酬	福利费用	教育经费	保险费用	劳动保护费用	住房费用	其他人工成本
全部	70673	48316	5002	629	7813	791	1733	6388
中央	139210	90965	9235	1727	14591	555	6074	16065
省	113554	65764	9960	1012	11361	1622	3319	20515

续　表

隶属关系	企业人工成本总计（元/年）	构　成						
		从业人员劳动报酬	福利费用	教育经费	保险费用	劳动保护费用	住房费用	其他人工成本
地市	69622	48039	4187	717	8621	682	1989	5388
县	72933	49067	4600	574	7912	1380	2945	6454
街道、镇、乡	62784	42011	6846	398	7077	595	1002	4856
居民、村民委员会	63644	42897	7361	681	6056	618	856	5174
其他	67041	47411	4316	604	7208	675	1341	5486

杭州市不同职业劳动者平均工资报酬及构成（到小类）

单位：元/年

职　业	平均工资报酬	构　成			
		基本工资（类）	绩效奖金（类）	津补贴（类）	加班加点工资
全　部	54351	32281	14642	4351	3076
单位负责人	97612	54276	33808	7788	1739
企业负责人	97612	54276	33808	7788	1739
企业董事	140853	84224	39210	15052	2365
企业经理	139370	82972	45529	8913	1955
企业职能部门经理或主管	97175	61067	27797	6669	1641
生产经营经理	101002	56316	32050	10495	2139
财务经理	87949	54957	24477	7133	1381
行政、人事经理	77566	48274	22041	6017	1233
人事经理	101342	62463	30832	6665	1381
销售和营销经理	94707	36803	51267	6035	601
广告和公关经理	79240	45525	24896	7935	882
采购经理	91929	47625	24523	18709	1071
计算机服务经理	121613	79336	36049	5543	683
研究和开发经理	124472	78140	32310	12856	1164
餐厅、客房经理	63606	42934	13537	3765	3369
客房经理	55755	39195	11485	3935	1138
其他企业负责人	110919	69086	30585	9364	1883
其他企业管理人员	75940	42302	24025	6834	2778
专业技术人员	64693	39272	16795	6461	2163
科学研究人员	56189	42599	9558	2968	1063

续　表

职　业	平均工资报酬	构　成			
		基本工资（类）	绩效奖金（类）	津补贴（类）	加班加点工资
哲学研究人员	145261	120261	25000	0	0
经济学研究人员	86627	66407	20077	143	0
法学研究人员	57776	32581	24013	1182	0
教育科学研究人员	42754	36754	0	6000	0
文学、艺术研究人员	30000	30000	0	0	0
图书馆学、情报学研究人员	50866	32800	16500	1566	0
管理科学研究人员	162924	63200	65866	27190	6666
物理学研究人员	61707	32694	27990	928	95
化学研究人员	81860	61163	11572	7075	2049
生物科学研究人员	59890	46054	7592	4425	1818
农业科学研究人员	23630	23630	0	0	0
医学研究人员	26598	23911	1669	713	303
其他科学研究人员	60635	38155	20063	1143	1271
工程技术人员	73448	44165	17664	8814	2804
地质勘探工程技术人员	85909	75385	8570	1954	0
测绘工程技术人员	45281	34073	6300	1605	3302
矿山工程技术人员	71628	46526	21408	3056	637
石油工程技术人员	53980	38747	11028	3560	643
冶金工程技术人员	54631	31808	13446	8199	1177
化工工程技术人员	84837	37581	36793	7815	2646
机械工程技术人员	74569	36932	16982	17840	2814
航天工程技术人员	26792	20802	5990	0	0
电子工程技术人员	54319	31967	3730	3245	15376
通信工程技术人员	85159	76452	5357	3131	216
计算机与应用工程技术人员	76379	56346	15948	3390	694
电气工程技术人员	70091	31660	27806	8643	1981
电力工程技术人员	63128	41491	8813	8825	3999
广播电影电视工程技术人员	203896	69850	109099	24172	773
交通工程技术人员	70892	26437	38056	4650	1748
民用航空工程技术人员	26400	22800	0	2760	840
铁路工程技术人员	30000	30000	0	0	0
建筑工程技术人员	84800	52031	16352	15986	430
建材工程技术人员	54425	35917	7316	8969	2222
林业工程技术人员	35749	24090	7397	4037	224

续　表

职　业	平均工资报酬	构　成			
		基本工资（类）	绩效奖金（类）	津补贴（类）	加班加点工资
水利工程技术人员	52892	19335	31893	1363	300
水产工程技术人员	33980	25200	3600	2592	2588
纺织工程技术人员	53983	32226	12938	2459	6358
食品工程技术人员	75466	40026	12868	16427	6144
地震工程技术人员	32688	15720	1200	1200	14568
环境保护工程技术人员	57734	36723	11958	7471	1581
安全工程技术人员	54518	30325	13200	7772	3219
标准化、计量、质量工程技术人员	69489	34123	24994	7418	2953
工业管理工程技术人员	69120	34874	26642	5673	1930
其他工程技术人员	59047	34605	18489	3857	2095
农业技术人员	46508	30405	10320	5164	617
土壤肥料技术人员	52435	36871	8714	6849	0
植物保护技术人员	39673	30076	5362	4233	0
园艺技术人员	39569	21642	11109	6458	358
作物遗传育种栽培技术人员	29225	29225	0	0	0
兽医兽药技术人员	57535	29872	18071	7700	1891
畜牧与草业技术人员	33002	33002	0	0	0
其他农业技术人员	44165	33144	7535	3395	90
经济业务人员	54873	31232	16069	6112	1459
经济计划人员	67026	26012	17785	22315	914
统计人员	44932	27614	10802	3828	2687
会计人员	52514	32154	14317	4759	1283
审计人员	53418	32397	15752	5016	251
国际商务人员	56898	29629	19264	7029	975
房地产业务人员	56172	36099	17028	2878	165
其他经济业务人员	63462	31782	21559	7864	2255
金融业务人员	124077	66854	51836	5143	243
银行业务人员	60936	31639	27822	956	517
保险业务人员	104030	59803	42524	1422	280
证券业务人员	204848	102208	92584	9820	234
其他金融业务人员	85651	53770	27080	4738	62
新闻出版文化工作者	50412	24242	18809	6787	572
记者	53802	15091	30662	8048	0
编辑	41055	22190	13504	5182	177

职　业	平均工资报酬	构　成			
		基本工资（类）	绩效奖金（类）	津补贴（类）	加班加点工资
校对员	34659	18000	11250	1800	3609
播音员及节目主持人	88325	17800	59166	11358	0
翻译	62236	34491	14603	10749	2393
图书资料与档案业务人员	68022	31865	27418	7713	1024
其他新闻出版、文化工作者	61960	25620	24600	11740	0
其他专业技术人员	52025	34427	13030	2815	1751
办事人员	47532	31283	10836	3432	1979
行政办公人员	50604	33701	11755	3589	1558
行政业务人员	50838	31902	13449	3914	1571
行政事务人员	53193	36832	11233	3603	1523
其他行政办公人员	45234	30327	10227	3075	1604
安全保卫和消防人员	35062	21191	6168	3291	4410
治安保卫人员	34180	20323	5896	3375	4584
消防人员	40179	26004	7869	2364	3941
其他安全保卫和消防人员	42201	28242	8354	2677	2927
邮政和电信业务人员	35589	16995	15381	2331	880
邮政业务人员	22792	5477	16370	578	365
电信业务人员	40196	27237	10364	2065	528
电信通信传输业务人员	51728	18513	24067	6405	2742
其他邮政电信业务人员	37263	19092	14980	3190	0
其他办事人员和有关人员	47633	31603	10995	3263	1770
商业、服务业人员	43332	25595	11962	3261	2513
购销人员	50716	28101	17459	3562	1593
营业人员	38319	26708	7513	2100	1997
推销、展销人员	67309	29413	32015	4756	1123
采购人员	53843	32190	11749	8097	1806
拍卖、典当及租赁业务人员	70149	35596	26877	4159	3516
废旧物资回收利用人员	33149	18011	7997	2402	4737
粮油管理人员	26865	17865	5000	4000	0
商品监督和市场管理员	41761	32522	4416	3529	1292
其他购销人员	35212	23452	10008	1690	60
仓储人员	43923	24976	10827	4016	4103
保管人员	43585	24824	10747	4095	3918
储运人员	49167	26674	13494	4698	4299

续　表

职　　业	平均工资报酬	构　成			
		基本工资（类）	绩效奖金（类）	津补贴（类）	加班加点工资
其他仓储人员	39551	23662	8384	3154	4351
餐饮服务人员	35231	23781	4798	2652	3997
中餐烹饪人员	38697	23627	7637	3338	4093
西餐烹饪人员	38825	28031	5048	3267	2478
调酒和茶艺人员	32779	20641	6038	3249	2849
营养配餐人员	30588	17645	715	7858	4369
餐厅服务员、厨工	33501	23409	3676	2329	4085
其他餐饮服务人员	45885	33487	7340	2249	2808
饭店、旅游及健身娱乐场所服务人员	32391	22786	5232	2173	2199
饭店服务人员	32144	22261	5088	2521	2272
旅游及公共游览场所服务员	34462	25967	6256	1136	1102
健身娱乐场所服务员	29100	19086	3770	1723	4521
其他饭店、旅游及健身娱乐场所服务人员	29520	17856	6240	5424	0
运输服务人员	39007	21832	11094	3400	2680
公路道路运输服务人员	34505	19458	9290	3560	2194
铁路客货运输服务人员	20400	15600	4800	0	0
航空运输服务人员	52195	27300	22090	2805	0
水上运输服务人员	45191	23683	18420	2364	722
其他运输服务人员	49938	27776	14808	3130	4223
医疗卫生辅助服务人员	33057	22321	6064	2943	1728
医疗卫生辅助服务人员	33057	22321	6064	2943	1728
社会服务和居民生活服务人员	33969	20462	6827	3173	3506
社会中介服务人员	52132	25715	23301	3116	0
物业管理人员	32270	19057	4795	3589	4827
供水供热人员、锅炉工	50922	25309	14717	7948	2946
美发美容人员	34732	16105	15499	1810	1316
摄影服务人员	18195	16677	1076	40	401
验光配镜人员	23190	17358	1196	0	4635
洗染、织补人员	32342	25573	1077	2047	3642
浴池服务人员	29092	18452	10640	0	0
日用机电产品维修人员	51552	20699	26229	4074	548
办公设备维修人员	47782	25601	16464	3452	2264
保育、家庭服务员	27646	21698	2710	2257	980
环境卫生人员	27934	19627	2694	2342	3269

续　表

职　　业	平均工资报酬	构　　成			
		基本工资（类）	绩效奖金（类）	津补贴（类）	加班加点工资
其他社会服务和居民生活服务人员	57925	30385	22129	3789	1621
其他商业、服务业人员	52862	40616	9660	2153	431
农林牧渔水利业生产工人	55317	35826	13746	4526	1217
种植业生产人员	41335	32525	4773	3535	501
大田农作物生产人员	94125	94015	0	109	0
园艺作物生产人员	30157	19265	5922	4338	631
其他种植业生产人员	26400	21600	2400	2400	0
林业生产及野生植物保护人员	74572	51407	15881	7283	0
营造林人员	74572	51407	15881	7283	0
畜牧业生产人员	46292	26137	15108	2565	2481
实验动物饲养人员	40159	26875	8200	1186	3897
动物疫病防治人员	51898	35276	8820	7281	521
其他畜牧业生产人员	46504	25616	15984	2438	2465
渔业生产人员	26778	19456	1947	4794	581
水产养殖人员	26661	19351	1763	5127	418
水产品加工人员	27840	20400	3600	1800	2040
水利设施管理养护人员	39212	22030	6855	3653	6673
农田灌排工程建设管理维护人员	30000	17640	6000	6360	0
水土保持作业人员	48424	26420	7710	947	13347
生产运输工人	43244	25415	10212	3071	4544
勘测及矿物开采工	46499	28550	10703	4846	2399
地质勘查人员	35758	20769	12457	1888	643
测绘人员	53718	36505	8277	4050	4884
矿物开采人员	46516	29570	9717	4898	2329
矿物处理人员	43887	23890	12524	5476	1995
钻井人员	48301	32645	9164	6491	0
其他勘测及矿物开采人员	63503	54110	5773	630	2988
金属冶炼轧制工	41991	36446	4131	466	947
炼铁人员	42668	34599	896	448	6724
炼钢人员	41283	41283	0	0	0
重有色金属冶炼人员	43332	43332	0	0	0
轻有色金属冶炼人员	35483	34300	683	500	0
金属轧制工	42064	38914	2313	199	636
铸铁管人员	56248	17676	34012	4560	0

续　表

职　业	平均工资报酬	构　成			
		基本工资（类）	绩效奖金（类）	津补贴（类）	加班加点工资
硬质合金生产人员	30654	30654	0	0	0
其他金属冶炼、轧制工	39487	12940	21747	2800	2000
化工产品生产人员	48712	23520	12079	5893	7217
化工产品生产通用工艺人员	51658	23181	16636	6145	5695
石油炼制生产人员	40678	17643	11055	11429	550
煤化工生产人员	53663	22602	6460	18283	6317
化学肥料生产人员	46540	19971	14844	7308	4416
无机化工产品生产人员	47475	28064	9313	5795	4302
基本有机化工产品生产人员	46440	21949	16417	4899	3173
合成树脂生产人员	51219	26795	1192	5376	17855
合成橡胶生产人员	50783	43898	2852	952	3079
化学纤维生产人员	40807	19760	8283	3678	9085
合成革生产人员	36840	17640	19200	0	0
精细化工产品生产人员	49590	21693	13212	8026	6658
信息记录材料生产人员	41705	23420	9702	6420	2162
复合材料加工人员	64428	34017	5809	10082	14518
日用化学品生产人员	30466	25291	2690	473	2011
其他化工产品生产人员	39622	14760	11577	9605	3680
机械制造加工人员	47414	27983	12416	2435	4578
机械冷加工工	46916	25683	14401	2377	4453
机械热加工人员	51157	30174	12829	2453	5699
特种加工设备操作人员	41963	31228	5269	1699	3765
冷作钣金加工人员	52743	37674	7725	3118	4225
工件表面处理加工人员	44466	31504	8553	2066	2342
磨料磨具制造加工人员	51284	22759	12439	6577	9508
航天器件加工成型人员	62823	21027	35464	4361	1969
其他机械制造加工人员	38875	28034	6144	1577	3119
机电产品装配工	44988	23879	12945	3214	4948
基础件、部件装配人员	40524	21907	11031	2783	4801
机械设备装配人员	47347	23765	17108	2378	4094
动力设备装配人员	58178	21406	15864	7057	13850
电气元件及设备装配工	42867	27352	12566	660	2289
电子专用设备装配调试人员	40865	18958	20513	909	484
仪器仪表装配人员	37920	22955	7737	3654	3572

续　表

职　业	平均工资报酬	构　成			
		基本工资（类）	绩效奖金（类）	津补贴（类）	加班加点工资
运输车辆装配工	36087	16920	15151	2632	1382
医疗器械装配及假肢与矫形器制作人员	43468	31141	7257	1784	3285
日用机械电器制造装配人员	44040	19638	12365	3026	9010
五金制品制作装配人员	37205	22261	10368	143	4431
船舶制造人员	40040	36956	3084	0	0
航空产品装配与调试人员	87826	31650	3609	25851	26717
其他机电产品装配人员	52760	25272	13186	7193	7108
机械设备修理人员	52158	27265	16112	4044	4736
机械设备维修人员	52230	26888	16403	4051	4887
仪器仪表修理工	52598	30769	13852	4976	2999
民用航空器维修人员	36857	36857	0	0	0
其他机械设备修理人员	48712	39105	6942	1657	1007
电力设备安装、运行、检修及供电人员	52455	25910	16695	5372	4477
电力设备安装人员	37850	23476	7351	2487	4534
发电运行值班人员	73861	32206	28182	7896	5576
输电、配电、变电设备值班人员	47733	19720	17672	3990	6349
电力设备检修人员	46438	28673	10841	3427	3496
供用电人员	44979	18104	20021	4975	1878
生产生活电力设备安装、操作、修理人员	50102	25310	15672	5285	3834
其他电力设备安装、运行、检修及供电人员	46718	21844	13964	5154	5755
电子元器件与设备制造、装配调试及维修人员	39250	21686	9278	3319	4965
电子器件制造人员	45768	22772	8799	4873	9322
电子元件制造人员	35077	26427	4140	2098	2411
电池制造人员	47785	22883	2822	8600	13479
电子设备装配调试人员	36611	15281	17817	2598	914
电子产品维修人员	37535	25441	8676	2534	883
其他电子元器件与电子设备制造、装调维修人员	30431	18736	10318	614	762
橡胶塑料制品生产人员	51305	23372	16797	4312	6823
橡胶制品生产人员	56041	23730	19814	4337	8159
塑料制品加工人员	39283	25582	7134	2938	3627
其他橡胶和塑料制品生产人员	46236	20420	15218	5364	5232
纺织、针织、印染人员	39830	25288	8683	1835	4023
纤维预处理人员	41424	30342	5540	687	4853
纺纱人员	37807	25857	5442	2614	3892

续　表

职　业	平均工资报酬	构　成			
		基本工资（类）	绩效奖金（类）	津补贴（类）	加班加点工资
织造人员	38607	25050	6559	2129	4867
针织人员	35509	25712	6559	711	2526
印染人员	44846	21119	17181	1594	4951
其他纺织、针织、印染人员	38653	28986	5306	1565	2794
裁剪缝纫和皮革、毛皮制品加工制作人员	39576	26555	6075	2554	4391
裁剪缝纫工	40104	26671	6554	2634	4243
鞋帽制作工	27600	27600	0	0	0
皮革、毛皮加工工	40983	25958	4400	3243	7382
缝纫制品再加工人员	36142	23908	3012	1574	7647
其他裁剪缝纫和毛皮革制作工	31166	27635	710	1439	1380
粮油、食品、饮料生产加工及饲料生产加工人员	49686	25797	8546	8362	6980
制糖和糖制品加工人员	46630	23138	3869	136	19486
乳品、冷冻食品及罐头、饮料制作人员	57758	23763	16068	8550	9376
酿酒人员	41500	23500	10000	3166	4833
食品添加剂及调味品制作人员	39601	31347	3472	743	4037
粮油食品制作人员	51726	23325	2384	24735	1282
屠宰加工人员	36130	25016	2686	5164	3263
肉、蛋食品加工人员	38030	28858	3108	1531	4532
其他粮油、食品、饮料及饲料生产加工人员	49048	27334	11447	3886	6380
烟草及其制品加工人员	84755	17640	62792	2548	1773
其他烟草及其制品加工人员	84755	17640	62792	2548	1773
药品生产人员	43079	22592	12731	3369	4384
合成药物制造人员	45781	23417	13549	3923	4891
生物技术制药人员	43386	22138	8968	5816	6462
药物制剂人员	43410	22069	17340	1021	2978
中药制药人员	46284	23172	18609	2696	1806
其他药品生产制造人员	38587	23113	10192	1451	3829
木材加工、人造板生产及木材制品制作人员	41011	36087	1881	1387	1654
木材加工制作人员	42434	38902	761	1541	1229
人造板生产人员	50536	36320	0	1216	13000
木材制品制作人员	38248	33205	1882	1360	1800
其他木材加工、人造板生产及木制品制作工	42950	37180	2845	1295	1628
制浆、造纸和纸制品生产加工人员	40904	26998	4971	2923	6010
制浆人员	32889	19400	5492	2112	5884

续 表

职 业	平均工资报酬	构 成			
		基本工资（类）	绩效奖金（类）	津补贴（类）	加班加点工资
造纸人员	39587	31168	3041	2457	2918
纸制品制作人员	42441	27079	5754	3194	6413
其他制浆、造纸和纸制品生产加工人员	44054	25769	5169	3405	9710
建筑材料生产加工人员	44135	34660	4533	2533	2408
水泥及水泥制品生产加工人员	35520	26328	1200	7992	0
墙体屋面材料生产人员	42664	20226	12603	8789	1044
装饰石材生产人员	38778	36057	2428	292	0
非金属矿及其制品生产加工人员	34215	19709	12944	756	804
其他建筑材料生产加工人员	46671	41399	1219	805	3247
玻璃、陶瓷、搪瓷及其制品生产加工人员	49273	19210	7337	15023	7701
玻璃熔制人员	40672	30092	6879	452	3247
玻璃纤维及制品生产人员	45353	29355	4806	3600	7591
石英玻璃制品加工人员	66115	15720	4848	33209	12337
陶瓷制品生产人员	59086	16071	3699	24559	14756
搪瓷制品生产人员	22062	16787	2875	2400	0
其他玻璃、陶瓷、搪瓷及其制品生产加工人员	35973	19463	15556	584	369
广播影视品制作、播放及文物保护作业人员	39114	24332	4260	8133	2388
影视制品制作人员	54500	22800	11060	20640	0
音像制品制作复制人员	43960	27320	0	16640	0
广播影视舞台设备安装调试及运行操作人员	28075	28075	0	0	0
电影放映人员	35569	17460	6413	352	11344
印刷人员	39900	23632	10152	2541	3573
印前处理人员	37890	22100	9158	2126	4504
印刷操作人员	44099	24973	12455	3236	3433
印后制作人员	35079	22197	7428	2443	3009
其他印刷人员	43111	25038	12023	1514	4536
工艺、美术品制作人员	39399	27000	8119	2069	2209
珠宝首饰加工制作人员	29600	9600	12000	7800	200
玩具制作人员	28817	28817	0	0	0
金属工艺品制作人员	34729	31742	698	41	2246
雕刻工艺品制作人员	35400	34000	791	608	0
美术品制作人员	44161	23455	14356	3613	2735
文化教育、体育用品制作人员	52665	29039	12539	7160	3925
文教用品制作人员	37540	33724	0	2367	1448

续　表

职　　业	平均工资报酬	构　　成			
		基本工资（类）	绩效奖金（类）	津补贴（类）	加班加点工资
乐器制作人员	53245	28859	13020	7344	4020
建筑和工程施工人员	39290	31508	4638	1449	1693
土石方施工人员	33318	27498	3071	2226	522
砌筑人员	37157	34794	68	65	2229
混凝土配置及制品加工人员	38324	35682	1067	144	1430
钢筋加工人员	39934	39420	0	129	383
施工架子搭设人员	44652	44458	193	0	0
工程防水工	38352	34541	504	299	3006
装饰、装修、油漆工	35214	28860	2176	2365	1811
筑路、养护、维修人员	42372	22950	14459	2485	2475
机械电气工程设备安装工、管工	41125	32817	4908	1651	1747
其他工程施工人员	35750	30006	4481	1206	56
运输设备操作人员及有关人员	48927	21519	18206	4322	4879
公(道)路运输机械设备操作及有关人员	48892	20355	19301	4539	4695
铁路、地铁运输设备操作及有关人员	52589	37315	13111	0	2162
水上运输设备操作及有关人员	78488	27898	41525	5156	3909
起重装卸机械操作及有关人员	51429	24244	17654	4222	5308
其他运输设备操作人员	42874	25406	9290	2603	5573
环境监测与废物处理人员	42897	20510	9060	6765	6561
环境监测人员	43610	26712	10386	5556	955
海洋环境调查与监测人员	39604	25756	4217	2121	7509
废物处理人员	43203	19807	9075	7459	6860
其他环境监测与废物处理人员	42187	20832	20855	0	499
检验、计量人员	46228	26796	11649	3433	4348
检验人员	46425	26943	11337	3540	4605
航天器检验测试人员	62478	23754	30518	6340	1864
计量人员	41360	24022	10521	3853	2963
其他检验、计量人员	43700	26705	11956	2084	2955
其他生产、运输设备操作人员及有关人员	36475	24519	6272	2037	3645
包装人员	38222	26034	5735	2607	3844
机泵操作人员	56732	36011	6734	1592	12393
简单体力劳动人员	35826	24041	6379	1923	3481

杭州市不同职业分性别、分学历劳动者平均工资报酬

单位：元/年

职 业	性 别		学 历				
	男	女	研究生（含博士、硕士）	大学本科	大学专科	高中、中专或技校	初中及以下学历
全 部	59832	46500	159960	84813	59225	46964	39293
单位负责人	103086	85076	210829	123500	87214	72353	62878
企业负责人	103086	85076	210829	123500	87214	72353	62878
企业董事	144642	118951	235489	158358	128578	87926	89612
企业经理	141714	131047	246748	167234	114987	91516	72259
企业职能部门经理或主管	99011	92858	184804	124789	82913	72757	63806
生产经营经理	103514	89365	175285	136218	100154	75186	72192
财务经理	107671	79400	213846	109245	75805	64499	64167
行政、人事经理	79590	76084	122948	84621	75564	57959	50531
人事经理	99297	102624	160228	124999	68464	60775	57966
销售和营销经理	96155	89525	195731	109873	87330	88262	80864
广告和公关经理	81025	77685	167303	81256	72510	51847	38403
采购经理	101010	69148	293108	108496	90608	76755	52889
计算机服务经理	120320	125808	331790	127910	92893	67843	0
研究和开发经理	129044	93793	146249	129094	95884	100454	176977
餐厅、客房经理	69583	58553	0	77122	62843	59441	65459
客房经理	74086	52481	0	89751	59241	48526	35425
其他企业负责人	118194	92756	299344	139192	90840	67897	86479
其他企业管理人员	81760	65717	206315	105235	73167	54540	51524
专业技术人员	70022	55696	152077	78104	55467	46690	41541
科学研究人员	66590	46660	98269	57873	40725	27150	43665
工程技术人员	74963	68543	166358	82348	59950	51946	48680
农业技术人员	47374	44948	70765	56357	47896	35270	30693
经济业务人员	64408	50999	68074	63318	51394	48285	43486
金融业务人员	143862	103405	210945	129970	67475	85085	65485
新闻出版文化工作者	48927	50981	41082	50521	50957	51333	61599
其他专业技术人员	57285	43677	127642	72921	50195	41342	37713
办事人员	49021	45963	143647	67740	44041	41144	35784
行政办公人员	56309	46537	135001	67301	42905	42170	39230
安全保卫和消防人员	35136	33847	106226	77533	46074	36780	32403

续　表

职　业	性　别		学　历				
	男	女	研究生 （含博士、 硕士）	大学 本科	大学 专科	高中、 中专或 技校	初中及 以下 学历
邮政和电信业务人员	37240	32995	0	48093	41192	42146	24344
其他办事人员和有关人员	49544	45685	159342	69029	46548	41726	36666
商业、服务业人员	49136	38090	58741	65922	53885	41007	32666
购销人员	59919	42581	87450	69342	60599	45883	32262
仓储人员	47108	39463	59392	60068	52992	43593	39624
餐饮服务人员	38661	32425	31894	60676	45870	35269	33143
饭店、旅游及健身娱乐场所服务人员	34523	31313	44340	43814	34677	31861	29623
运输服务人员	40094	35399	0	44256	34920	38198	44758
医疗卫生辅助服务人员	34814	31859	0	40792	32151	32215	32566
社会服务和居民生活服务人员	35940	32087	96331	58313	45671	35329	29090
其他商业、服务业人员	51279	53692	71867	70956	52234	29509	24351
农林牧渔水利业生产工人	58503	42993	132379	54960	66784	60598	41336
种植业生产人员	37891	76928	167737	55879	0	33385	28187
林业生产及野生植物保护人员	75279	58497	0	85453	75716	85090	61387
畜牧业生产人员	49713	40591	61664	50365	53724	49395	37710
渔业生产人员	27119	25983	0	0	0	0	26778
水利设施管理养护人员	39212	0	0	48424	30000	0	0
生产运输工人	46459	38176	65441	60479	51033	46086	40166
勘测及矿物开采工	48144	41704	0	59295	66953	44238	44967
金属冶炼轧制工	42698	40028	0	48266	52630	43230	38866
化工产品生产人员	50846	42464	145490	71223	51504	51440	45541
机械制造加工人员	49602	39283	49478	66005	57024	48703	44477
机电产品装配工	47732	40024	77070	52909	49111	48791	38411
机械设备修理人员	52455	42903	62059	76195	57702	51283	47893
电力设备安装、运行、检修及供电人员	53352	46273	57316	77255	62677	49999	46228
电子元器件与设备制造、装配调试及维修人员	40842	37877	0	53698	36379	42595	34051
橡胶塑料制品生产人员	55915	39508	53470	47482	59184	55535	46686
纺织、针织、印染人员	42644	37237	152850	46181	40549	41759	39133
裁剪缝纫和皮革、毛皮制品加工制作人员	41285	38699	0	38936	40597	38106	39867
粮油、食品、饮料生产加工机饲料生产加工人员	54933	43397	40516	92130	69280	51043	45405
烟草及其制品加工人员	84778	83558	0	0	83301	89502	81612
药品生产人员	44585	41345	52967	45204	43882	43652	41284

职 业	性 别		学 历				
	男	女	研究生（含博士、硕士）	大学本科	大学专科	高中、中专或技校	初中及以下学历
木材加工、人造板生产及木材制品制作人员	43291	34698	0	0	22266	44294	40634
制浆、造纸和纸制品生产加工人员	45151	34454	0	94737	81856	42888	36784
建筑材料生产加工人员	46452	34313	0	41605	40862	45815	43887
玻璃、陶瓷、搪瓷及其制品生产加工人员	54028	34425	0	0	60419	56888	38969
广播影视品制作、播放及文物保护作业人员	39766	37703	0	53200	55366	37641	26381
印刷人员	44283	34938	52587	42210	46166	41295	38579
工艺、美术品制作人员	41612	37776	80600	19320	41306	37789	39182
文化教育、体育用品制作人员	57072	51358	0	77644	58996	52080	52727
建筑和工程施工人员	40091	32251	50203	39683	44491	38899	38255
运输设备操作人员及有关人员	49298	46309	48320	50608	54357	48991	47993
环境监测与废物处理人员	43885	39337	0	44852	51363	41723	41607
检验、计量人员	51687	42640	70860	68273	50909	45870	40388
其他生产、运输设备操作人员及有关人员	38691	33512	59560	51984	43385	38638	35025

杭州市不同职业分年龄段劳动者平均工资报酬

单位：元/年

职 业	18—25 岁	26—35 岁	36—45 岁	46—55 岁	56 岁及以上
总 计	42900	58474	55648	52900	52385
单位负责人	53903	83978	112582	117302	115153
企业负责人	53903	83978	112582	117302	115153
企业董事	32870	94415	126812	154750	159727
企业经理	66534	103688	137806	167338	172743
企业职能部门经理或主管	63678	84634	117730	102606	89481
生产经营经理	55901	88095	107716	103656	122578
财务经理	36777	70978	97470	102307	94001
行政、人事经理	40780	66409	98273	81740	76213
人事经理	49601	80137	139814	131774	77503
销售和营销经理	56022	90467	120049	101664	100809
广告和公关经理	46143	70192	111619	166112	0
采购经理	49717	84192	106014	102048	62718

续 表

职 业	18—25 岁	26—35 岁	36—45 岁	46—55 岁	56 岁及以上
计算机服务经理	70742	111848	139121	335085	192447
研究和开发经理	43863	107485	140789	163625	155742
餐厅、客房经理	49508	64449	68793	49158	68415
客房经理	37311	61690	52676	61543	0
其他企业负责人	46862	89184	124288	130759	166516
其他企业管理人员	48170	71599	89498	80250	58882
专业技术人员	46518	71752	67032	61134	58100
科学研究人员	31619	59670	89201	58752	65795
工程技术人员	48941	79756	86483	71137	63417
农业技术人员	35635	54253	41320	40602	32520
经济业务人员	43670	55327	60015	61391	65907
金融业务人员	57473	135893	162263	147292	0
新闻出版文化工作者	41275	49169	70424	91881	57360
其他专业技术人员	44205	60795	44884	46140	45576
办事人员	40077	51899	48959	41816	38283
行政办公人员	37985	53285	55954	49052	43923
安全保卫和消防人员	36570	38532	34538	33050	31330
邮政和电信业务人员	37266	39934	31802	31946	53122
其他办事人员和有关人员	44685	52707	45459	41169	39496
商业、服务业人员	39202	49961	41011	36469	34438
购销人员	43666	56663	48273	40930	40082
仓储人员	38739	48928	43914	41325	36049
餐饮服务人员	33698	37837	34818	32838	35995
饭店、旅游及健身娱乐场所服务人员	32091	33965	31171	32026	32025
运输服务人员	32846	37750	41356	43735	40877
医疗卫生辅助服务人员	30212	34858	33865	33235	31933
社会服务和居民生活服务人员	34658	40423	32547	31486	30192
其他商业、服务业人员	45692	61348	38623	32018	22636
农林牧渔水利业生产工人	43734	63345	54080	54817	49167
种植业生产人员	26865	78802	30469	25764	38832
林业生产及野生植物保护人员	44450	77070	80461	87199	70067
畜牧业生产人员	44593	51985	47689	40774	37158
渔业生产人员	32700	28840	24908	26433	0

续　表

职　业	18—25 岁	26—35 岁	36—45 岁	46—55 岁	56 岁及以上
水利设施管理养护人员	0	0	39212	0	0
生产运输工人	42045	45288	43210	41032	39151
勘测及矿物开采工	44232	47463	44571	49933	37931
金属冶炼轧制工	44593	47781	43033	38444	32917
化工产品生产人员	47751	50037	49183	47202	45203
机械制造加工人员	45966	48926	48562	44150	39489
机电产品装配工	44395	45840	45472	42948	39608
机械设备修理人员	43630	55030	55036	51480	51147
电力设备安装、运行、检修及供电人员	49926	56699	54341	45569	48201
电子元器件与设备制造、装配调试及维修人员	39446	41776	35013	34421	32871
橡胶塑料制品生产人员	54405	55388	47797	41972	37048
纺织、针织、印染人员	39032	40889	39992	38464	38661
裁剪缝纫和皮革、毛皮制品加工制作人员	38361	40445	40161	37437	35663
粮油、食品、饮料生产加工及饲料生产加工人员	46092	50499	52085	46279	59714
烟草及其制品加工人员	80612	88398	88254	83184	80696
药品生产人员	40630	43719	42523	45901	45356
木材加工、人造板生产及木材制品制作人员	39291	44835	39728	42139	34398
制浆、造纸和纸制品生产加工人员	55110	51557	36962	36175	35265
建筑材料生产加工人员	38150	45953	46930	40475	37298
玻璃、陶瓷、搪瓷及其制品生产加工人员	53864	57802	43585	32923	32245
广播影视品制作、播放及文物保护作业人员	49100	42261	32036	36987	0
印刷人员	38707	40144	40353	39253	43109
工艺、美术品制作人员	42557	42606	38653	36890	29135
文化教育、体育用品制作人员	46335	52026	54656	59239	65428
建筑和工程施工人员	36360	37392	40844	41041	41367
运输设备操作人员及有关人员	44845	47758	49608	49295	49563
环境监测与废物处理人员	48744	40845	43468	40684	45249
检验、计量人员	43658	49394	44597	44566	47631
其他生产、运输设备操作人员及有关人员	35051	37767	37032	35273	32012

杭州市管理、技术、技能岗位分参加工作时间劳动者平均工资报酬

单位：元/年

参加工作时间 岗位等级	全部	1—5 年	6—10 年	11—15 年	16—20 年	21 年及以上
全 部	54351	46753	58409	65332	71325	67345
管理岗位级别	71161	53084	73372	88173	102557	101571
高级管理岗	149089	105020	105369	132173	174701	204210
一级部门管理岗	97561	71855	90809	101389	133744	126746
二级部门管理岗	76419	58640	76697	98667	107710	90080
其他管理岗	54160	47551	63359	66982	61831	52592
专业技术职称	64693	57572	70225	74286	74870	75876
高级职称	119987	70511	123101	152291	127846	136980
中级职称	88563	82904	89567	95807	89484	89558
初级职称	55306	51134	59838	61204	59012	59283
没有取得专业技术职务	60898	57713	68315	64201	62619	56980
职业技能等级	43294	41146	46545	46928	46988	43504
高级技师	59131	53389	56603	68201	66244	58397
技师	55404	52503	58646	56317	58896	54094
高级技能	48168	44751	48235	55606	53965	50735
中级技能	46160	43498	49384	50976	50880	45820
初级技能	45099	38533	44211	43640	60380	65095
没有取得资格证书	42247	40550	45724	45468	44266	40268

杭州市管理、技术、技能岗位劳动者平均工时、平均工资报酬及构成

单位：元/年

岗位等级	平均 周工时 （小时/周）	平均 工资 报酬	构 成			
			基本工资 （类）	绩效奖金 （类）	津补贴 （类）	加班加 点工资
全 部	43	54351	32281	14642	4351	3076
管理岗位级别	41	71161	42132	21675	5487	1866
高级管理岗	41	149089	83918	50139	13125	1906
一级部门管理岗	41	97561	58092	30244	7689	1534
二级部门管理岗	41	76419	45685	22438	6345	1950
其他管理岗	41	54160	32304	16065	3851	1939
专业技术职称	41	64693	39272	16795	6461	2163

续 表

岗位等级	平均周工时（小时/周）	平均工资报酬	构 成			
			基本工资（类）	绩效奖金（类）	津补贴（类）	加班加点工资
高级职称	40	119987	62919	37267	18587	1213
中级职称	40	88563	47442	27213	12928	979
初级职称	41	55306	31724	14012	6234	3335
没有取得专业技术职务	41	60898	40454	14531	4128	1783
职业技能等级	44	43294	25489	10743	3131	3929
高级技师	41	59131	28517	22985	4722	2906
技师	41	55404	24172	22699	4619	3913
高级技能	42	48168	23653	16858	3867	3789
中级技能	43	46160	25649	11427	4599	4482
初级技能	44	45099	28704	10081	2784	3529
没有取得资格证书	44	42247	25560	9979	2840	3866

杭州市不同学历分性别、分年龄劳动者平均工资报酬

单位：元/年

学历和性别	合计	18—25岁	26—35岁	36—45岁	46—55岁	56岁及以上
全 部	54351	42900	58474	55648	52900	52385
研究生（含博士、硕士）	159960	65324	141844	208942	234036	256653
大学本科	84813	51757	78250	128831	144211	152329
大学专科	59225	41935	56616	73265	87638	90732
高中、中专或技校	46964	41045	47881	48968	48607	49818
初中及以下学历	39293	38495	40380	39420	38394	38811
男	59832	45221	64454	64090	56958	52919
研究生（含博士、硕士）	174892	66623	156997	214535	239270	213538
大学本科	91959	53916	84339	136317	146303	160117
大学专科	65530	44899	62222	81484	89818	92549
高中、中专或技校	50951	43390	52666	54124	50522	50545
初中及以下学历	42507	39998	44208	43937	41080	39308
女	46500	39755	50227	45957	44039	46319
研究生（含博士、硕士）	132955	63672	118507	196163	206478	1377630
大学本科	73390	48717	69118	114766	137018	90627
大学专科	50410	38591	48960	61720	81820	67771
高中、中专或技校	40351	37495	40579	41347	42958	41094
初中及以下学历	35392	36415	36266	35526	33557	33253

杭州市分用工形式、参加工会情况和性别劳动者平均工时、平均工资报酬

单位：元/年

用工形式/ 参加工会情况/性别	平均 周工时 （小时/周）	平均 工资 报酬	构 成			
			基本工资 （类）	绩效工资 （类）	津补贴 （类）	加班加点 工资
总　计	43	54351	32281	14642	4351	3076
一、用工形式	43	54351	32281	14642	4351	3076
（一）劳动合同类型	43	54680	32539	14818	4386	2935
1.固定期限	43	51697	30945	13858	3968	2924
2.无固定期限	42	77367	44402	22288	7579	3096
3.以完成一定工作任务为期限	48	37195	30948	4185	1518	543
（二）劳务派遣工	44	39472	20570	6692	2733	9476
二、参加工会情况	43	54351	32281	14642	4351	3076
1. 工会会员	43	57735	32811	16667	4954	3302
2. 非工会会员	43	45580	30905	9394	2786	2493
三、性别	43	54351	32281	14642	4351	3076
1. 男	43	59832	34268	17170	4984	3408
2. 女	43	46500	29434	11021	3443	2601

杭州市分登记注册类型、企业规模劳动者平均工资报酬及构成

单位：元/年

登记注册类型/企业规模	平均 工资 报酬	构 成			
		基本工资 （类）	绩效工资 （类）	津补贴 （类）	加班加点 工资
总　计	54351	32281	14642	4351	3076
一、登记注册类型	54455	32343	14690	4348	3073
内资企业	53897	31870	15284	4239	2502
国有	79589	38526	33156	5050	2856
集体	31435	21567	6240	2667	959
股份合作	39503	28704	7329	2863	605
联营企业	44660	42883	379	901	496
有限责任公司	51470	32045	13405	3570	2448
股份有限公司	63909	33167	19714	8120	2907
私营企业	47831	28276	14573	2738	2243

续　表

登记注册类型/企业规模	平均工资报酬	构　成			
		基本工资（类）	绩效工资（类）	津补贴（类）	加班加点工资
其他企业	55738	26834	12861	11821	4220
港、澳、台商投资企业	48342	30271	10113	3649	4308
合资经营企业（港或澳、台资）	48626	29998	12156	3320	3150
合作经营企业（港或澳、台资）	68472	52283	16188	0	0
港、澳、台商独资经营企业	48438	29877	8599	4307	5653
港、澳、台商投资股份有限公司	41111	33387	1679	1462	4581
外商投资企业	62823	37073	14202	5604	5942
中外合资经营企业	60296	33082	17914	4173	5126
外资企业	65440	41055	10568	7038	6777
外商投资股份有限公司	37912	32396	2460	2826	230
二、企业规模	53689	31963	14264	4351	3109
1. 大型企业	66098	35118	21888	5817	3273
2. 中型企业	53607	32298	13374	4392	3542
3. 小型企业	44676	29270	9516	3281	2607
4. 微型企业	41684	29226	8006	2376	2075

浙江省、杭州市区和各县（市）历年最低工资标准一览表

单位：元

执行时间	月、小时工资	浙 江 省				杭州市区（含萧山、余杭）	各县（市）
1994.7.28	月工资	200				210	210
1995.10.1	月工资	230				245	245
1997.1.1	月工资	270		250	230	270	桐庐、淳安255、其余270
1999.7.1	月工资	380		350	320	380	桐庐、淳安350、其余380
2001.7.1	月工资	440	410	380	340	440	临安、建德、桐庐、淳安410 富阳440
2003.9.1	月工资	520	480	430	390	520	临安、建德、桐庐、淳安430 富阳520
	小时工资	4.7	4.3	3.9	3.5	4.7	临安、建德、桐庐、淳安3.9 富阳4.7
2004.10.1	月工资	620	560	510	440	620	临安、建德、桐庐、淳安510 富阳560
	小时工资	5.4	4.8	4.4	3.8	5.4	临安、建德、桐庐、淳安4.4 富阳4.8
2005.12.1	月工资	670	610	560	490	670	临安、建德、桐庐、淳安560 富阳610
	小时工资	5.7	5.2	4.8	4.2	5.7	临安、建德、桐庐、淳安4.8 富阳5.2
2006.9.1	月工资	750	670	620	520	750	临安、建德、桐庐、淳安620 富阳670
	小时工资	6.4	5.7	5.3	4.6	6.4	建德、临安、桐庐、淳安5.3 富阳5.7

续　表

执行时间	月、小时工资	浙　江　省				杭州市区 （含萧山、余杭）	各县（市）
2007.9.1	月工资	850	750	700	620	850	临安、建德、桐庐、淳安 700 富阳 750
	小时工资	7.2	6.4	6.0	5.3	7.2	临安、建德、桐庐、淳安 6.0 富阳 6.4
2008.9.1	月工资	960	850	780	690	960	临安、建德、桐庐、淳安 780 富阳 850
	小时工资	8.0	7.1	6.5	5.7	8.0	临安、建德、桐庐、淳安 6.5 富阳 7.1
2010.4.1	月工资	1100	980	900	800	1100	临安、建德、桐庐、淳安 900 富阳 980
	小时工资	9.0	8.0	7.3	6.5	9.0	临安、建德、桐庐、淳安 7.3 富阳 8.0
2011.4.1	月工资	1310	1160	1060	950	1310	临安、建德、桐庐、淳安 1060 富阳 1160
	小时工资	10.7	9.5	8.6	7.7	10.7	临安、建德、桐庐、淳安 8.6 富阳 9.5
2013.1.1	月工资	1470	1310	1200	1080	1470	临安、建德、桐庐、淳安 1200 富阳 1310
	小时工资	12	10.7	9.7	8.7	12	临安、建德、桐庐、淳安 9.7 富阳 10.7
2014.8.1	月工资	1650	1470	1350	1220	1650	
	小时工资	13.5	12	10.9	9.8	13.5	

浙江省、杭州市区历年职工平均工资一览表

单位：元

年　　度	浙江省	杭州市区
1991	2422	2708
1992	2884	3236
1993	3932	4220
1994	5597	6105
1995	6619	7149
1996	7413	7996
1997	8386	9108
1998	9259	10194
1999	10632	11673
2000	12414	14821
2001	15770	18205
2002	16367	19749
2003	17584	21314
2004	18689	22235
2005	20113	22645

年　　度	浙江省	杭州市区
2006	22070	23581
2007	24603	25489
2008	25918	27863
2009	27480	30480
2010	30650	34330
2011	35731	38837
2012	40087	42493
2013	44513	46831

宁波市人力资源市场工资指导价位

宁波市全日制就业人员工资指导价位

单位：元/年（人民币）

序号	职位名称	高位数	中位数	低位数	平均数
1	企业董事	446775	105788	50747	187364
2	企业经理	468024	116197	48090	209516
3	企业职能部门经理或主管	259388	76640	41892	142934
4	生产经营经理	270117	95569	45176	134748
5	财务经理	211994	76202	38946	109471
6	行政、人事经理	181763	66240	34856	96504
7	人事经理	269671	84186	38270	129144
8	销售和营销经理	195068	63000	33235	101810
9	广告和公关经理	142096	56969	29237	70545
10	采购经理	127293	54800	35989	67551
11	计算机服务经理	316467	92095	34932	150128
12	研究和开发经理	222243	86880	49160	118879
13	餐厅、客房经理	134649	82733	39880	91252
14	客房经理	124981	70710	25104	71323
15	其他企业负责人	215769	85339	35625	145308
16	其他企业管理人员	180730	52304	29925	80051
17	经济学研究人员	40067	35008	27170	34196
18	法学研究人员	52175	44930	36146	44765
19	医学研究人员	110046	53848	26463	61321
20	其他科学研究人员	117941	72074	34874	74391
21	地质勘探工程技术人员	338798	51237	25995	125423
22	测绘工程技术人员	62360	45719	38485	52679
23	冶金工程技术人员	127366	57206	46456	78089
24	化工工程技术人员	178459	103084	33431	104289
25	机械工程技术人员	137502	55987	36677	74737
26	电子工程技术人员	89314	63719	46627	68834

续　表

序号	职位名称	高位数	中位数	低位数	平均数
27	通信工程技术人员	107283	66012	40316	75339
28	计算机与应用工程技术人员	140944	68640	31844	76122
29	电气工程技术人员	151274	78918	38934	90727
30	电力工程技术人员	165444	43882	29401	69334
31	广播电影电视工程技术人员	126038	123283	116214	123783
32	交通工程技术人员	200551	109932	39628	106004
33	建筑工程技术人员	107404	53820	27953	71559
34	建材工程技术人员	80135	47992	24831	53069
35	林业工程技术人员	80766	45672	18540	46822
36	水利工程技术人员	93163	53000	46977	66016
37	水产工程技术人员	66604	50134	33754	51311
38	纺织工程技术人员	73113	37130	30561	47052
39	环境保护工程技术人员	162155	90000	43405	91379
40	安全工程技术人员	144549	109815	45170	102964
41	标准化、计量、质量工程技术人员	112272	49043	30783	58812
42	工业管理工程技术人员	162093	74011	37174	90898
43	其他工程技术人员	131692	50361	29567	69453
44	植物保护技术人员	32582	32582	23513	30128
45	园艺技术人员	78240	35400	29395	49220
46	船舶指挥和引航人员	381595	163849	97557	209259
47	其他飞机和船舶技术人员	130909	110371	39075	94383
48	经济计划人员	133903	60080	28030	77066
49	统计人员	107201	37975	27232	54170
50	会计人员	139391	48873	28500	67830
51	审计人员	137057	53109	29598	79114
52	国际商务人员	102945	45240	28758	55303
53	房地产业务人员	108362	63944	26618	61674
54	其他经济业务人员	165566	105776	36717	101793
55	银行业务人员	363918	155430	79611	200713
56	保险业务人员	470997	96913	44969	185399
57	记者	153746	114259	95085	116233
58	编辑	134116	69350	32300	77285
59	翻译	113155	49725	22090	61676
60	图书资料与档案业务人员	116110	62310	42052	79653
61	其他专业技术人员	97600	42000	29740	54789
62	行政业务人员	117407	58095	31008	71412

序号	职位名称	高位数	中位数	低位数	平均数
63	行政事务人员	85685	43960	25308	52218
64	其他行政办公人员	155017	49637	27880	96726
65	治安保卫人员	46155	27564	23622	35188
66	消防人员	107230	43050	28586	59700
67	其他安全保卫和消防人员	49202	31879	21005	36663
68	邮政业务人员	79261	46177	27741	46545
69	电信业务人员	45596	43522	26933	39851
70	电信通信传输业务人员	48682	33700	24137	36975
71	其他办事人员和有关人员	143738	40000	23199	59883
72	营业人员	51158	30000	25365	35731
73	推销、展销人员	87747	42002	21767	48900
74	采购人员	75235	40800	28902	49063
75	拍卖、典当及租赁业务人员	132383	83067	28094	79785
76	废旧物资回收利用人员	35618	32553	19005	29104
77	粮油管理人员	59400	53000	36248	50297
78	商品监督和市场管理员	143834	62957	37648	73088
79	其他购销人员	124491	53858	30978	70995
80	保管人员	79654	37079	24267	45632
81	储运人员	71157	39964	28353	48321
82	其他仓储人员	68000	43000	27612	44215
83	中餐烹饪人员	76218	41105	25201	48966
84	西餐烹饪人员	54588	37287	27453	44801
85	调酒和茶艺人员	43539	29054	23696	34281
86	营养配餐人员	67417	43000	37088	48597
87	餐厅服务员、厨工	47331	32053	19950	33349
88	其他餐饮服务人员	47728	27675	20464	35738
89	饭店服务人员	42559	31036	21660	32435
90	旅游及公共游览场所服务员	39420	22718	19666	26730
91	健身娱乐场所服务员	48585	24070	22591	29514
92	其他饭店、旅游及健身娱乐场所服务人员	39655	25608	22356	29959
93	公路道路运输服务人员	61457	48962	27833	46556
94	铁路客货运输服务人员	82734	73227	46102	71433
95	水上运输服务人员	124512	68189	29217	71937
96	其他运输服务人员	104411	88223	19898	69142
97	医疗卫生辅助服务人员	42888	23191	21661	30755
98	社会中介服务人员	57012	36875	28117	41886

序号	职位名称	高位数	中位数	低位数	平均数
99	物业管理人员	49808	31217	19003	31145
100	供水供热人员、锅炉工	106271	52196	37024	64412
101	洗染、织补人员	65063	33960	28726	41549
102	日用机电产品维修人员	62895	40000	30995	40553
103	办公设备维修人员	62550	31627	20797	36202
104	保育、家庭服务员	77665	69688	63350	73901
105	环境卫生人员	41946	26040	19376	28556
106	其他社会服务和居民生活服务人员	84141	50771	28373	53550
107	其他商业、服务业人员	50363	27640	19190	32353
108	大田农作物生产人员	58200	33000	28046	39641
109	园艺作物生产人员	93540	70724	23368	54393
110	其他畜牧业生产人员	49901	38689	30903	37259
111	水产养殖人员	49460	26602	25118	35001
112	水产品加工人员	37640	32747	19907	30516
113	农林专用机械操作人员	25221	20203	18540	21403
114	测绘人员	42677	31767	21888	36035
115	矿物处理人员	78255	67291	58029	68379
116	炼铁人员	82751	69836	51377	69156
117	炼钢人员	84135	58037	31880	57039
118	重有色金属冶炼人员	58792	42501	32323	45572
119	金属轧制工	98425	58788	34712	64958
120	其他金属冶炼、轧制工	75513	42644	35388	50074
121	化工产品生产通用工艺人员	171547	121349	34692	101470
122	石油炼制生产人员	168060	124613	96427	128616
123	基本有机化工产品生产人员	107190	78658	60475	81039
124	合成树脂生产人员	99680	83790	29965	70290
125	合成橡胶生产人员	58914	45462	35226	48598
126	化学纤维生产人员	42292	29694	23691	33150
127	精细化工产品生产人员	55541	47904	31933	51271
128	复合材料加工人员	57767	39533	29696	41504
129	其他化工产品生产人员	53676	39170	25958	38383
130	机械冷加工工	79684	44175	28505	47965
131	机械热加工人员	69715	43200	29383	45950
132	特种加工设备操作人员	117677	67619	40965	79517
133	冷作钣金加工人员	81663	44498	33033	52950
134	工件表面处理加工人员	64406	42360	28135	40414

续　表

序号	职位名称	高位数	中位数	低位数	平均数
135	磨料磨具制造加工人员	66594	41350	33782	45128
136	其他机械制造加工人员	53795	37487	25080	39792
137	基础件、部件装配人员	95118	41552	26190	49294
138	机械设备装配人员	93163	50380	27345	61215
139	动力设备装配人员	52774	42511	30266	47407
140	电气元件及设备装配工	66758	37349	22729	41006
141	电子专用设备装配调试人员	74135	43309	27601	48534
142	仪器仪表装配人员	53677	33650	26391	36578
143	运输车辆装配工	98126	37229	30163	45420
144	日用机械电器制造装配人员	49372	36506	25923	36888
145	五金制品制作装配人员	47528	35748	21608	37177
146	其他机电产品装配人员	56265	41180	34385	42501
147	机械设备维修人员	89983	51721	28578	55365
148	仪器仪表修理工	113401	83482	54069	85969
149	其他机械设备修理人员	64013	40687	28956	46810
150	电力设备安装人员	73594	50426	35899	53950
151	发电运行值班人员	161746	95682	48776	96442
152	输电、配电、变电设备值班人员	156949	124962	30166	106701
153	电力设备检修人员	145895	127993	41280	108885
154	供用电人员	132551	52599	34082	64003
155	生产生活电力设备安装、操作、修理人员	117126	54166	30444	67531
156	其他电力设备安装、运行、检修及供电人员	63565	58063	38036	56853
157	电子器件制造人员	55494	44152	24168	44315
158	电子元件制造人员	42722	32232	21361	32425
159	电池制造人员	44096	36624	23812	34724
160	电子设备装配调试人员	50343	33899	25499	36871
161	电子产品维修人员	60647	43179	28658	44757
162	其他电子元器件与电子设备制造、装调维修人员	167598	161462	24700	102508
163	橡胶制品生产人员	53036	36151	26627	44423
164	塑料制品加工人员	50083	37635	25195	39756
165	其他橡胶和塑料制品生产人员	57137	37470	23852	41345
166	纤维预处理人员	51355	31375	25744	39214
167	纺纱人员	48515	35840	29070	36019
168	织造人员	56760	38572	32461	49086
169	针织人员	52544	33857	19143	35389
170	印染人员	52686	37003	30099	40927

续　表

序号	职位名称	高位数	中位数	低位数	平均数
171	其他纺织、针织、印染人员	47682	34067	26643	35918
172	裁剪缝纫工	48711	35712	28700	40892
173	鞋帽制作工	44200	37000	28295	36533
174	皮革、毛皮加工工	78864	59847	50162	65144
175	缝纫制品再加工人员	58336	37021	24442	39075
176	其他裁剪缝纫和毛皮革制作工	57206	39135	25382	40647
177	粮油食品制作人员	49480	39408	34182	40368
178	其他粮油、食品、饮料及饲料生产加工人员	65394	26201	22746	33714
179	药物制剂人员	35455	31595	26345	33996
180	木材加工制作人员	41228	37945	25112	35825
181	木材制品制作人员	46667	33611	22181	35336
182	其他木材加工、人造板生产及木制品制作工	38839	30500	28500	32357
183	制浆人员	74604	54652	39096	55791
184	造纸人员	78607	47272	33601	51036
185	纸制品制作人员	49578	33827	25633	35881
186	其他制浆、造纸和纸制品生产加工人员	35896	30471	18540	26763
187	水泥及水泥制品生产加工人员	71617	46019	40850	53605
188	墙体屋面材料生产人员	60678	50472	45448	52601
189	其他建筑材料生产加工人员	62376	44253	23241	47987
190	陶瓷制品生产人员	39264	34410	23917	34625
191	其他玻璃、陶瓷、搪瓷及其制品生产加工人员	36000	36000	18540	28467
192	电影放映人员	76439	38366	34580	48226
193	印前处理人员	64997	44299	26589	42744
194	印刷操作人员	59106	48109	30626	47655
195	印后制作人员	44651	29182	21090	29640
196	其他印刷人员	52073	31000	22724	33802
197	玩具制作人员	37823	28198	26943	29026
198	美术品制作人员	37565	35413	25388	32981
199	其他工艺、美术品制作人员	70367	34320	24264	37545
200	文教用品制作人员	55892	43208	27829	43221
201	其他文化教育、体育用品制作人员	43066	34740	24710	32923
202	土石方施工人员	71638	43250	38991	55072
203	装饰、装修、油漆工	48665	43781	26600	36006
204	机械电气工程设备安装工、管工	65398	48865	36049	53501
205	其他工程施工人员	121903	62490	26890	70698
206	公（道）路运输机械设备操作及有关人员	77746	51099	31189	55511

续　表

序号	职位名称	高位数	中位数	低位数	平均数
207	铁路、地铁运输设备操作及有关人员	125068	92864	69159	83963
208	水上运输设备操作及有关人员	122613	77802	46907	83824
209	起重装卸机械操作及有关人员	129242	71390	35703	88594
210	其他运输设备操作人员	138012	51640	35259	62281
211	环境监测人员	88079	77253	45426	73422
212	废物处理人员	61975	37384	24852	41629
213	其他环境监测与废物处理人员	55165	38275	23226	40761
214	检验人员	63923	39330	28638	45929
215	计量人员	102718	53418	28306	61362
216	其他检验、计量人员	53000	36000	26600	38876
217	包装人员	51081	35000	24047	36734
218	机泵操作人员	111580	35453	19958	44978
219	简单体力劳动人员	52600	37815	23750	39842

宁波市不同国民经济行业工资指导价位

一、农、林、牧、渔业

单位：元/年（人民币）

序号	职位名称	高位数	中位数	低位数	平均数
1	企业经理	98229	63066	36222	67921
2	企业职能部门经理或主管	100496	78498	49727	60202
3	生产经营经理	95240	77600	71288	83067
4	财务经理	76998	62788	50459	63410
5	销售和营销经理	78780	64452	52402	61961
6	其他企业管理人员	78346	59600	42940	67342
7	统计人员	42440	31200	29640	35120
8	会计人员	64289	49472	27275	49440
9	其他专业技术人员	82764	43811	36147	48576
10	行政业务人员	47833	42516	34282	42560
11	行政事务人员	48667	39055	30780	39626
12	其他行政办公人员	51701	34685	28357	36348
13	其他办事人员和有关人员	77528	64000	34056	67891
14	营业人员	38753	26600	22876	29013
15	推销、展销人员	63495	54450	44505	54890
16	其他畜牧业生产人员	50975	38119	31292	39154

二、制造业

单位：元/年（人民币）

序号	职位名称	高位数	中位数	低位数	平均数
1	企业董事	443729	104590	51873	183150
2	企业经理	316428	100969	48340	144511
3	企业职能部门经理或主管	159728	72588	42170	94067
4	生产经营经理	297793	76555	42710	119418
5	财务经理	152435	65000	37806	83480
6	行政、人事经理	137729	58199	33136	75925
7	人事经理	140750	70133	34200	85126
8	销售和营销经理	144055	59232	32300	81716
9	广告和公关经理	87411	36350	29252	54106
10	采购经理	121605	55000	38097	67522
11	计算机服务经理	197120	81375	33319	105618
12	研究和开发经理	240601	96335	50338	130547
13	餐厅、客房经理	135310	39600	27940	60709
14	其他企业负责人	166707	62680	33250	94095
15	其他企业管理人员	140938	50010	30951	73387
16	医学研究人员	47403	33030	30501	36967
17	其他科学研究人员	117941	72074	34874	74391
18	测绘工程技术人员	61112	52000	37753	45766
19	冶金工程技术人员	130820	57210	48345	75721
20	化工工程技术人员	190251	105547	40852	106727
21	机械工程技术人员	126070	54978	34261	64904
22	电子工程技术人员	91013	66083	48178	67282
23	通信工程技术人员	274355	97198	19154	159621
24	计算机与应用工程技术人员	124126	60828	34730	70823
25	电气工程技术人员	147230	60916	34985	85990
26	电力工程技术人员	86895	46758	29025	51550
27	交通工程技术人员	93642	46119	29258	55936
28	建筑工程技术人员	163278	98964	31471	101541
29	建材工程技术人员	106821	61881	26600	66680
30	水利工程技术人员	125590	98305	69112	98793
31	纺织工程技术人员	72964	37544	30460	43420
32	环境保护工程技术人员	149700	91599	50919	93784
33	安全工程技术人员	155536	119199	46322	114694
34	标准化、计量、质量工程技术人员	119016	48652	31446	59079

序号	职位名称	高位数	中位数	低位数	平均数
35	工业管理工程技术人员	121964	66000	37174	77714
36	其他工程技术人员	101422	59186	32687	64583
37	植物保护技术人员	32582	32582	23513	30128
38	园艺技术人员	57840	33749	27503	39225
39	其他飞机和船舶技术人员	84000	51500	34523	59232
40	经济计划人员	117002	37798	29152	50591
41	统计人员	68747	36720	27127	40536
42	会计人员	79545	41280	27360	49712
43	审计人员	128648	47533	32433	61740
44	国际商务人员	89420	41760	28034	48433
45	其他经济业务人员	134603	80981	33303	76005
46	编辑	138444	120438	107147	120564
47	翻译	133707	53380	22699	69794
48	图书资料与档案业务人员	111642	75511	33875	70310
49	其他专业技术人员	66489	41200	26721	45552
50	行政业务人员	83475	45000	26600	52988
51	行政事务人员	73455	41050	29607	46099
52	其他行政办公人员	79628	40340	26773	46420
54	治安保卫人员	58312	31876	21431	37477
55	消防人员	120605	92468	31341	82389
56	其他安全保卫和消防人员	49452	32952	23033	36952
57	电信业务人员	42607	37172	25347	36318
58	其他办事人员和有关人员	142609	37580	22800	57825
59	营业人员	62137	36405	26397	41663
60	推销、展销人员	82595	41284	21658	47838
61	采购人员	73442	39892	30193	45981
62	废旧物资回收利用人员	58509	52653	41672	51991
63	粮油管理人员	67971	33600	31920	46330
64	商品监督和市场管理员	140636	73961	37807	79158
65	其他购销人员	95456	47396	22212	65288
66	保管人员	60073	35497	24501	41347
67	储运人员	59781	40015	28662	45237
68	其他仓储人员	51852	40800	25884	42158
69	中餐烹饪人员	92989	60540	27360	59522
70	餐厅服务员、厨工	44411	31000	19687	32222
71	其他餐饮服务人员	59867	33300	20854	38627

序号	职位名称	高位数	中位数	低位数	平均数
72	饭店服务人员	86870	54459	21331	51350
73	公路道路运输服务人员	62346	50079	29030	48183
74	其他运输服务人员	58877	33436	25920	38173
75	医疗卫生辅助服务人员	113440	47298	32224	62401
76	物业管理人员	65643	41744	27430	44623
77	供水供热人员、锅炉工	108402	71651	29770	70665
78	洗染、织补人员	64717	34728	28543	40859
79	日用机电产品维修人员	40476	40000	38000	40044
80	办公设备维修人员	68686	51622	32146	47132
81	环境卫生人员	40138	26151	19264	28022
82	其他社会服务和居民生活服务人员	41360	34131	25815	35651
83	其他商业、服务业人员	94504	34655	22458	45795
84	园艺作物生产人员	93540	70724	29400	71717
85	水产品加工人员	37640	33823	19029	26892
86	炼铁人员	82943	70002	52766	69551
87	炼钢人员	82889	58037	32523	58128
88	重有色金属冶炼人员	57802	43004	31319	44074
89	金属轧制工	98656	58045	34285	67952
90	其他金属冶炼、轧制工	73905	42644	35393	51077
91	化工产品生产通用工艺人员	171547	120202	44139	110867
92	石油炼制生产人员	168060	124613	96427	128616
93	基本有机化工产品生产人员	107190	78658	60475	81039
94	合成树脂生产人员	102393	85997	65187	86849
95	合成橡胶生产人员	58914	45462	35226	48598
96	化学纤维生产人员	43789	28861	24214	33219
97	精细化工产品生产人员	58019	47396	31933	51271
98	复合材料加工人员	57767	39533	29696	41504
99	其他化工产品生产人员	53651	39094	25937	38429
100	机械冷加工工	78602	43530	28500	47450
101	机械热加工人员	60307	43008	26842	45405
102	特种加工设备操作人员	63132	47871	34144	47501
103	冷作钣金加工人员	61252	43459	32960	45373
104	工件表面处理加工人员	65152	37716	28566	40918
105	磨料磨具制造加工人员	66516	41359	32570	45141
106	其他机械制造加工人员	54708	36148	24985	38459
107	基础件、部件装配人员	95095	41500	27621	49190

续 表

序号	职位名称	高位数	中位数	低位数	平均数
108	机械设备装配人员	93331	51277	27099	61789
109	动力设备装配人员	52170	42109	31166	41000
110	电气元件及设备装配工	66458	37181	22791	40586
111	电子专用设备装配调试人员	74568	53656	30400	50971
112	仪器仪表装配人员	53677	34596	26403	38152
113	运输车辆装配工	43586	33374	28746	36699
114	日用机械电器制造装配人员	49404	36603	25827	36940
115	五金制品制作装配人员	53516	39371	27012	37140
116	其他机电产品装配人员	54315	40965	33808	41904
117	机械设备维修人员	72984	44150	25961	47845
118	仪器仪表修理工	117427	83424	52664	85880
119	其他机械设备修理人员	62914	39300	30118	45400
120	电力设备安装人员	74717	56940	39958	58831
121	发电运行值班人员	152199	95848	59922	99686
122	输电、配电、变电设备值班人员	50817	32367	25148	36569
123	电力设备检修人员	69538	48277	31982	49087
124	供用电人员	41956	37851	30492	36308
125	生产生活电力设备安装、操作、修理人员	77012	43470	28781	51700
126	其他电力设备安装、运行、检修及供电人员	64675	57581	33614	56982
127	电子器件制造人员	53922	45064	39535	46479
128	电子元件制造人员	42212	32195	21086	32501
129	电池制造人员	44357	35709	23280	35412
130	电子设备装配调试人员	43784	33000	25151	35426
131	电子产品维修人员	56323	44235	29948	44633
132	其他电子元器件与电子设备制造、装调维修人员	169689	163894	24700	104842
133	橡胶制品生产人员	55772	34851	26490	37912
134	塑料制品加工人员	50051	37124	25175	39943
135	其他橡胶和塑料制品生产人员	59921	37055	23450	40113
136	纤维预处理人员	52366	31375	25509	38775
137	纺纱人员	48515	35840	28344	36019
138	织造人员	56912	40483	32365	49153
139	针织人员	53827	32846	19379	36072
140	印染人员	54157	37003	29793	40927
141	其他纺织、针织、印染人员	48991	33043	26708	36082
142	裁剪缝纫工	48411	35691	27755	39852
143	鞋帽制作工	44200	37000	28295	36533

续　表

序号	职位名称	高位数	中位数	低位数	平均数
144	皮革、毛皮加工工	77223	60997	50918	65126
145	缝纫制品再加工人员	58546	37136	24442	38456
146	其他裁剪缝纫和毛皮革制作工	46863	28720	19868	30779
147	其他粮油、食品、饮料及饲料生产加工人员	64068	25809	22424	33714
148	药物制剂人员	35727	30992	26345	33996
149	木材加工制作人员	41620	36000	25043	36002
150	木材制品制作人员	47424	33101	22640	35381
151	其他木材加工、人造板生产及木制品制作工	38488	30500	28500	31047
152	制浆人员	75223	56296	40834	56155
153	造纸人员	77989	48358	33176	51557
154	纸制品制作人员	51219	30156	25178	36143
155	其他制浆、造纸和纸制品生产加工人员	36350	29965	19814	26763
156	墙体屋面材料生产人员	60678	50472	45448	52601
157	陶瓷制品生产人员	39264	29784	23917	30354
158	其他玻璃、陶瓷、搪瓷及其制品生产加工人员	36000	36000	18540	28467
159	印前处理人员	66488	43841	26578	48197
160	印刷操作人员	59547	46557	28500	43727
161	印后制作人员	44465	28520	21090	29362
162	其他印刷人员	51297	30985	22572	33422
163	其他工艺、美术品制作人员	70367	34320	24264	37545
164	文教用品制作人员	55411	42480	28355	43297
165	其他文化教育、体育用品制作人员	43672	34431	24710	33221
166	装饰、装修、油漆工	49538	30000	26600	35426
167	机械电气工程设备安装工、管工	59459	42531	29156	45245
168	其他工程施工人员	66317	45600	25688	46220
169	公（道）路运输机械设备操作及有关人员	81780	45362	30791	52218
170	铁路、地铁运输设备操作及有关人员	126261	87784	72011	91480
171	起重装卸机械操作及有关人员	79752	41205	28363	46466
172	其他运输设备操作人员	57161	38267	27113	39724
173	环境监测人员	97224	79370	38446	69954
174	废物处理人员	63083	37931	30276	41463
175	其他环境监测与废物处理人员	55165	38275	23226	40761
176	检验人员	62212	39000	25538	44540
177	计量人员	80607	45194	27433	51665
178	其他检验、计量人员	46406	31012	26600	36074
179	包装人员	51504	35000	24200	36861
180	机泵操作人员	47509	31850	19958	34289
181	简单体力劳动人员	51388	36863	25774	37910

其中：汽车制造业

单位：元/年（人民币）

序号	职位名称	高位数	中位数	低位数	平均数
1	企业董事	448046	121000	49732	197669
2	企业经理	374682	105239	55988	190774
3	企业职能部门经理或主管	164606	86321	55204	104205
4	生产经营经理	191598	75056	50160	102118
5	财务经理	175047	71600	46992	96212
6	行政、人事经理	136049	63600	44080	77311
7	人事经理	149500	79972	26249	79284
8	销售和营销经理	144639	68075	45427	89516
9	采购经理	118219	59985	55000	68875
10	研究和开发经理	259648	99264	50443	219484
11	其他企业负责人	281761	78068	30493	131675
12	其他企业管理人员	128889	49663	33592	71461
13	其他科学研究人员	122071	59080	34690	69471
14	机械工程技术人员	149479	64994	44032	77620
15	计算机与应用工程技术人员	74730	73784	41500	62090
16	标准化、计量、质量工程技术人员	87895	52392	33595	57989
17	工业管理工程技术人员	121605	61190	34366	68734
18	其他工程技术人员	86097	73785	51175	72861
19	统计人员	80142	48933	39166	49279
20	会计人员	78450	50814	37774	54400
21	国际商务人员	95693	55775	53741	66177
22	翻译	135607	58332	25609	77292
23	其他专业技术人员	84667	55000	25793	57652
24	行政业务人员	100547	47000	31376	45186
25	行政事务人员	71813	38782	25198	44111
26	其他行政办公人员	60339	42177	24411	39960
27	治安保卫人员	51485	32000	20758	35560
28	其他安全保卫和消防人员	34124	32181	19076	28194
29	其他办事人员和有关人员	86667	42206	22800	47220
30	推销、展销人员	54833	32734	24700	38683
31	采购人员	87345	52156	38815	55283
32	其他购销人员	68291	46211	34960	59387
33	保管人员	70891	43482	26525	46733
34	储运人员	48428	36135	27927	40728

续　表

序号	职位名称	高位数	中位数	低位数	平均数
35	其他仓储人员	53900	53900	35165	47265
36	中餐烹饪人员	64581	45474	34098	46325
37	餐厅服务员、厨工	68406	31748	23818	36487
38	其他餐饮服务人员	34618	29200	24453	29615
39	环境卫生人员	38315	29580	19688	34753
40	机械冷加工工	59820	45640	31332	45507
41	机械热加工人员	65624	40000	27650	44591
42	特种加工设备操作人员	57385	50868	44968	49232
43	冷作钣金加工人员	42800	32960	29646	32483
44	工件表面处理加工人员	38313	30800	28217	30752
45	磨料磨具制造加工人员	59168	43381	38876	42955
46	其他机械制造加工人员	63165	36100	22297	40203
47	基础件、部件装配人员	91356	38316	35389	38507
48	机械设备装配人员	68065	48966	33383	49174
49	其他机电产品装配人员	64888	62280	34152	55514
50	机械设备维修人员	96961	48105	26906	52971
51	其他机械设备修理人员	63337	55633	52093	55748
52	电力设备检修人员	56841	46503	45325	47346
53	生产生活电力设备安装、操作、修理人员	80025	60674	28413	64224
54	塑料制品加工人员	50071	43630	36767	43697
55	裁剪缝纫工	61709	44112	41112	52872
56	公(道)路运输机械设备操作及有关人员	62038	38241	23569	50359
57	检验人员	56424	39959	26405	40620
58	计量人员	93881	52028	29241	59809
59	其他检验、计量人员	47456	32000	23750	32749
60	包装人员	47053	38000	29450	37776
61	机泵操作人员	36378	33069	26976	32631
62	简单体力劳动人员	56926	41571	30249	42830

三、电力、热力、燃气及水生产和供应业

单位：元/年（人民币）

序号	职位名称	高位数	中位数	低位数	平均数
1	企业董事	357617	357257	130565	265799
2	企业经理	602997	204053	74966	293333
3	企业职能部门经理或主管	242266	154698	76519	169233

续　表

序号	职位名称	高位数	中位数	低位数	平均数
4	生产经营经理	291920	199256	42473	170999
5	财务经理	164372	109721	39352	103219
6	其他企业管理人员	69060	64360	61841	65151
7	建筑工程技术人员	83285	47783	41643	60894
8	工业管理工程技术人员	171492	142805	133174	147672
9	其他工程技术人员	67043	56266	41929	55108
10	统计人员	76568	43766	41104	50053
11	会计人员	84632	46110	41654	57199
12	审计人员	127199	89410	77771	100395
13	其他专业技术人员	101438	50240	41017	60305
14	行政业务人员	72921	49558	47704	57688
15	行政事务人员	174195	47941	40611	85266
16	其他行政办公人员	71754	50955	37217	52925
17	其他办事人员和有关人员	76947	44870	24574	49029
18	发电运行值班人员	184350	123879	18839	99618
19	机械电气工程设备安装工、管工	58731	45295	41635	48550
20	检验人员	127158	120689	70635	104445

四、建筑业

单位：元/年（人民币）

序号	职位名称	高位数	中位数	低位数	平均数
1	企业董事	388898	101490	38532	165751
2	企业经理	587032	177410	61593	244497
3	企业职能部门经理或主管	222913	115963	42792	124051
4	生产经营经理	375095	133215	64839	187591
5	财务经理	201334	99600	39721	116310
6	行政、人事经理	205732	107069	52312	119236
7	人事经理	287909	141484	56042	171698
8	销售和营销经理	152853	53000	47500	85161
9	采购经理	299523	77272	40037	124322
10	其他企业负责人	197948	162440	39900	150051
11	其他企业管理人员	145103	98965	66460	108366
12	测绘工程技术人员	59463	46731	39818	53533

续 表

序号	职位名称	高位数	中位数	低位数	平均数
13	机械工程技术人员	203878	113176	67765	123253
14	计算机与应用工程技术人员	89430	81240	44053	74309
15	电力工程技术人员	74955	58414	43414	59317
16	建筑工程技术人员	120480	53630	26235	73319
17	建材工程技术人员	118860	55863	43718	67803
18	安全工程技术人员	98065	67596	41833	69556
19	标准化、计量、质量工程技术人员	86356	75073	60820	73353
20	其他工程技术人员	104027	39608	27253	54387
21	统计人员	77436	53350	31155	52807
22	会计人员	91694	56310	30114	59420
23	审计人员	84840	77640	65292	76593
24	其他经济业务人员	84254	56245	28747	56484
25	其他专业技术人员	75297	42000	19836	47180
26	行政业务人员	129296	82549	48678	90656
27	行政事务人员	73635	36000	20639	42031
28	其他行政办公人员	182607	120732	43724	125145
29	治安保卫人员	85446	47182	25427	49317
30	其他安全保卫和消防人员	45580	39600	34200	40300
31	其他办事人员和有关人员	71599	41000	26972	44710
32	保管人员	60647	38050	26547	38620
33	餐厅服务员、厨工	41000	30000	23768	31090
34	环境卫生人员	38700	29400	23142	30600
35	机械热加工人员	88670	57424	42583	64895
36	机械设备维修人员	74095	55813	38142	56419
37	电力设备检修人员	57539	44923	35822	46644
38	生产生活电力设备安装、操作、修理人员	73125	55018	42284	55462
39	水泥及水泥制品生产加工人员	47667	45000	40850	44960
40	其他建筑材料生产加工人员	54667	48000	36860	47712
41	土石方施工人员	54186	44767	39287	46704
42	装饰、装修、油漆工	50145	43274	19918	40998
43	其他工程施工人员	65758	48400	34203	49762
44	公(道)路运输机械设备操作及有关人员	71955	61623	35899	59468
45	简单体力劳动人员	54325	36722	34700	40516

五、批发和零售业

单位：元／年（人民币）

序号	职位名称	高位数	中位数	低位数	平均数
1	企业董事	795677	114000	48754	315168
2	企业经理	382017	125842	54061	197789
3	企业职能部门经理或主管	152383	53988	31295	76235
4	生产经营经理	100583	72480	32540	70560
5	财务经理	371141	90118	40286	138099
6	行政、人事经理	303812	72237	40522	130248
7	人事经理	156191	66770	36870	76029
8	销售和营销经理	193064	61320	39940	103006
9	广告和公关经理	146914	72410	51464	86643
10	采购经理	156337	64695	34747	77397
11	计算机服务经理	218964	111695	76393	144592
12	研究和开发经理	101460	75960	46261	74923
13	其他企业负责人	205394	57740	38004	93277
14	其他企业管理人员	103175	47367	35522	65243
15	机械工程技术人员	68329	45504	40096	49464
16	电子工程技术人员	59910	44157	32197	46481
17	计算机与应用工程技术人员	76986	30120	27173	42391
18	电力工程技术人员	40231	37878	28897	35967
19	建筑工程技术人员	128255	37176	32414	47834
20	工业管理工程技术人员	72720	47400	32669	51110
21	其他工程技术人员	98800	58200	39529	63945
22	统计人员	76534	39161	25014	74970
23	会计人员	84399	46961	26052	55695
24	审计人员	101222	74340	43428	72636
25	国际商务人员	157200	65022	38000	82299
26	其他经济业务人员	65631	42438	30800	46283
27	其他专业技术人员	77201	47603	34513	50912
28	行政业务人员	101165	46976	28500	75151
29	行政事务人员	67345	36800	26520	43882
30	其他行政办公人员	86258	48959	31296	59034
31	治安保卫人员	38282	30894	22948	31561

序号	职位名称	高位数	中位数	低位数	平均数
32	消防人员	39800	33781	24013	32403
33	其他安全保卫和消防人员	36390	29934	24237	29218
34	其他办事人员和有关人员	60997	42400	28579	44707
35	营业人员	44064	30695	23103	36261
36	推销、展销人员	81781	30785	20764	41370
37	采购人员	74085	45000	23692	47492
38	粮油管理人员	53800	46271	37377	47431
39	商品监督和市场管理员	104739	68353	39369	73770
40	其他购销人员	121057	88543	40166	89621
41	保管人员	46286	28807	22410	32285
42	储运人员	60770	36182	22532	43339
43	其他仓储人员	56292	42054	25194	43812
44	中餐烹饪人员	43919	29830	22225	31714
45	餐厅服务员、厨工	36660	25325	18540	26073
46	其他餐饮服务人员	24707	22040	20454	22816
47	公路道路运输服务人员	56205	30058	26219	37474
48	其他运输服务人员	37624	36200	34390	36556
49	环境卫生人员	35723	20113	19320	25717
50	其他商业、服务业人员	51061	28648	23792	36349
51	其他机械制造加工人员	49964	37800	32718	41551
52	机械设备维修人员	111842	50922	28947	59686
53	其他机械设备修理人员	86276	60578	28928	62052
54	生产生活电力设备安装、操作、修理人员	80193	35486	33676	44056
55	电子器件制造人员	45101	35833	28325	36319
56	裁剪缝纫工	36621	31663	24709	32251
57	其他裁剪缝纫和毛皮革制作工	48600	40037	25668	30155
58	公(道)路运输机械设备操作及有关人员	73168	65343	31008	58296
59	检验人员	60519	44682	28394	47171
60	计量人员	108178	82584	27902	74246
61	其他检验、计量人员	32895	29940	27816	30615
62	简单体力劳动人员	69074	48395	29536	53351

六、交通运输、仓储和邮政业

单位：元/年（人民币）

序号	职位名称	高位数	中位数	低位数	平均数
1	企业董事	671801	155599	75188	223799
2	企业经理	749758	189128	65305	287728
3	企业职能部门经理或主管	261864	165349	69274	159726
4	生产经营经理	214127	138312	85353	150097
5	财务经理	329521	121384	46301	154816
6	行政、人事经理	214897	119868	66410	138756
7	人事经理	369019	146368	56050	156838
8	销售和营销经理	238644	107401	41931	136621
9	采购经理	206545	37926	33251	63388
10	计算机服务经理	225949	163963	32150	141484
11	其他企业负责人	223081	126905	77942	156930
12	其他企业管理人员	425349	229771	73367	254397
13	机械工程技术人员	147510	118397	58622	119732
14	电子工程技术人员	140218	58650	40413	74683
15	通信工程技术人员	177727	118132	88917	120261
16	计算机与应用工程技术人员	147660	102178	59327	101503
17	电气工程技术人员	140890	109817	61131	111841
18	电力工程技术人员	121744	59365	36357	76092
19	交通工程技术人员	220529	120775	32698	116984
20	建筑工程技术人员	130322	85217	54253	89223
21	安全工程技术人员	115261	108331	85840	101106
22	标准化、计量、质量工程技术人员	114705	69600	44318	76743
23	工业管理工程技术人员	117148	106148	49075	99924
24	其他工程技术人员	179319	117112	70186	124409
25	经济计划人员	133678	105085	53712	100581
26	统计人员	123824	82509	49140	82442
27	会计人员	162383	82933	41289	98449
28	国际商务人员	118481	79880	19562	83881
29	其他经济业务人员	177619	110682	92873	117723
30	翻译	96594	78425	56110	77790
31	图书资料与档案业务人员	132784	114885	54316	111054
32	其他专业技术人员	211929	116240	60221	128234

序号	职位名称	高位数	中位数	低位数	平均数
33	行政业务人员	158797	71930	42961	90863
34	行政事务人员	110145	58485	27766	65268
35	其他行政办公人员	93206	57191	27894	59662
37	治安保卫人员	72023	38568	32072	49143
38	消防人员	108440	45730	42702	61278
39	其他安全保卫和消防人员	120149	79700	56614	82047
40	邮政业务人员	79247	62157	49605	64271
41	其他办事人员和有关人员	98959	46970	27833	57594
42	营业人员	82505	49213	41288	59104
43	推销、展销人员	89091	54780	20317	57163
44	采购人员	110717	77929	56505	84343
45	保管人员	108918	81905	40101	75352
46	储运人员	153550	111372	92107	109258
47	其他仓储人员	73884	46059	35568	52539
48	中餐烹饪人员	108392	72189	44061	75649
49	餐厅服务员、厨工	92029	85361	70082	84745
50	其他餐饮服务人员	87279	49613	40860	55794
51	公路道路运输服务人员	70034	49703	27833	46953
52	水上运输服务人员	104092	59663	29058	62347
53	其他运输服务人员	109956	93157	20554	76880
54	医疗卫生辅助服务人员	155300	105304	56930	110434
55	物业管理人员	91413	53013	40408	64589
56	供水供热人员、锅炉工	107943	96442	44489	90663
57	环境卫生人员	65881	47544	32317	53716
58	其他社会服务和居民生活服务人员	83508	48533	19409	48883
59	其他商业、服务业人员	80131	29254	19049	40409
60	机械冷加工工	116196	101976	75782	99875
61	机械热加工人员	122836	112597	74529	106941
62	特种加工设备操作人员	122186	111460	110665	111193
63	冷作钣金加工人员	110945	107881	105948	105600
64	其他机械制造加工人员	114415	113697	100032	114415
65	运输车辆装配工	120846	104133	85874	95801
66	机械设备维修人员	125517	62212	46030	69249

续　表

序号	职位名称	高位数	中位数	低位数	平均数
67	发电运行值班人员	120049	103870	46185	96039
68	输电、配电、变电设备值班人员	120929	108709	93671	111814
69	电力设备检修人员	116138	105821	57924	84560
70	生产生活电力设备安装、操作、修理人员	121039	108249	97354	101703
71	电子产品维修人员	59939	54882	49084	55407
72	橡胶制品生产人员	122346	110848	98677	111057
73	裁剪缝纫工	68226	45942	36981	48691
74	机械电气工程设备安装工、管工	113007	110341	96591	106216
75	公(道)路运输机械设备操作及有关人员	104547	63314	45360	64922
76	水上运输设备操作及有关人员	122613	77793	49170	85440
77	起重装卸机械操作及有关人员	130247	106332	44859	95920
78	其他运输设备操作人员	142667	57779	36495	74726
79	检验人员	94147	40644	31944	47795
80	计量人员	107179	96170	65771	94537
81	其他检验、计量人员	97338	73386	48645	72419
82	包装人员	75431	59600	56050	64056
83	机泵操作人员	117820	98136	53341	99688
84	简单体力劳动人员	116723	73349	32333	68161

七、住宿和餐饮业

单位：元/年（人民币）

序号	职位名称	高位数	中位数	低位数	平均数
1	企业董事	158400	138600	59850	122617
2	企业经理	183230	100841	48263	128109
3	企业职能部门经理或主管	193300	61200	38967	92575
4	生产经营经理	168557	52000	37924	71030
5	财务经理	208976	106352	55860	118432
6	行政、人事经理	125761	83709	57717	90809
7	人事经理	241309	88306	44029	109348
8	销售和营销经理	180406	72355	54002	101020
9	采购经理	149096	51800	41736	73010
10	计算机服务经理	137982	87504	67260	99479
11	餐厅、客房经理	140886	84568	39480	88678

续　表

序号	职位名称	高位数	中位数	低位数	平均数
12	客房经理	123686	69980	25104	70674
13	其他企业负责人	136260	64617	35335	70564
14	其他企业管理人员	150471	70615	36188	83983
15	机械工程技术人员	55000	55000	44782	51725
16	计算机与应用工程技术人员	58575	37597	33047	45581
17	电力工程技术人员	49008	34680	23039	34624
18	其他工程技术人员	49184	28492	24424	32410
19	统计人员	37655	29800	23364	30200
20	会计人员	48318	36841	26152	38214
21	审计人员	34125	28720	23845	27958
22	其他经济业务人员	29542	24600	21623	25505
23	其他专业技术人员	45957	36750	26337	35829
24	行政业务人员	125388	63304	48154	76824
25	行政事务人员	62507	35003	24960	42923
26	其他行政办公人员	40312	26769	22164	31186
27	治安保卫人员	36401	30000	21987	30258
28	消防人员	48081	30188	21625	32095
29	其他安全保卫和消防人员	40479	28145	20562	28961
30	电信业务人员	37144	24000	21888	28468
31	其他办事人员和有关人员	52956	27600	19802	33458
32	营业人员	36203	28920	24539	31672
33	推销、展销人员	75651	45820	25506	48736
34	采购人员	48052	36153	26435	38688
35	保管人员	34701	28200	21698	29714
36	中餐烹饪人员	62229	37000	25733	41726
37	西餐烹饪人员	58007	38130	25305	44725
38	调酒和茶艺人员	43539	36000	23696	34281
39	营养配餐人员	53400	43000	37019	44016
40	餐厅服务员、厨工	43921	32690	22626	33307
41	其他餐饮服务人员	34957	25200	22015	28005
42	饭店服务人员	42210	30083	21660	30808
43	旅游及公共游览场所服务员	30288	25120	23864	26640
44	健身娱乐场所服务员	45515	24407	22221	28808

续　表

序号	职位名称	高位数	中位数	低位数	平均数
45	其他饭店、旅游及健身娱乐场所服务人员	39655	25608	22356	29959
46	供水供热人员、锅炉工	33508	30967	27701	31143
47	洗染、织补人员	44932	24425	18540	28727
48	日用机电产品维修人员	65160	26002	24323	37402
49	办公设备维修人员	37445	35160	30142	35085
50	环境卫生人员	30582	23592	20267	24932
51	其他商业、服务业人员	33755	29431	22469	30378
52	日用机械电器制造装配人员	40886	39304	32658	38066
53	机械设备维修人员	50550	35645	33139	37822
54	生产生活电力设备安装、操作、修理人员	34400	33825	27952	33359
55	公(道)路运输机械设备操作及有关人员	49715	36000	27474	36512

八、信息传输、软件和信息技术服务业

单位：元/年（人民币）

序号	职位名称	高位数	中位数	低位数	平均数
1	企业董事	296151	234000	58140	189538
2	企业经理	194929	138391	53764	124097
3	企业职能部门经理或主管	82096	57623	42355	60935
4	生产经营经理	80925	69847	60668	70076
5	财务经理	89538	44450	28727	51886
6	行政、人事经理	65465	48358	43076	53343
7	销售和营销经理	87461	57841	22800	55413
8	计算机服务经理	42856	41501	38645	41287
9	研究和开发经理	55050	52597	40347	49286
10	其他企业负责人	105642	63562	35410	66373
11	其他企业管理人员	105388	80173	24092	77048
12	机械工程技术人员	77173	73356	59112	70731
13	通信工程技术人员	82344	58094	39539	64272
14	计算机与应用工程技术人员	90726	49021	34200	59198
15	建筑工程技术人员	74421	61480	40557	60993
16	会计人员	54027	27984	20300	34356
17	其他经济业务人员	47550	36166	28425	32218

续　表

序号	职位名称	高位数	中位数	低位数	平均数
18	其他专业技术人员	73800	29278	19038	38372
19	行政业务人员	44614	34472	26863	34390
20	行政事务人员	53702	40550	24778	39927
21	其他行政办公人员	93858	45600	36708	53697
22	其他办事人员和有关人员	44989	43396	40865	43755
23	推销、展销人员	70814	35295	21267	40756
24	采购人员	79700	45600	44581	55669
25	其他商业、服务业人员	35923	23640	20820	26677

九、金融业

单位：元/年（人民币）

序号	职位名称	高位数	中位数	低位数	平均数
1	企业经理	1472557	567823	277137	741636
2	企业职能部门经理或主管	984750	534351	150247	546752
3	生产经营经理	1232315	863480	296473	784014
4	财务经理	763234	541635	151165	469383
5	行政、人事经理	699268	262251	47326	363277
6	人事经理	649205	268621	193077	348893
7	销售和营销经理	398585	268923	169111	280153
8	其他企业负责人	1513334	714200	183830	725185
9	计算机与应用工程技术人员	281618	125061	34743	144676
10	建筑工程技术人员	148997	101442	43423	92068
11	会计人员	288780	145093	95074	188825
12	其他经济业务人员	159491	122962	47252	118116
13	银行业务人员	356244	162439	80043	198066
14	其他专业技术人员	133094	66877	29509	76760
15	行政业务人员	393416	147921	63756	190039
16	行政事务人员	256871	103572	42991	134780
17	其他行政办公人员	930724	258442	106961	422233
18	其他办事人员和有关人员	998109	544389	150070	551400

十、房地产业

单位：元/年（人民币）

序号	职位名称	高位数	中位数	低位数	平均数
1	企业董事	876866	836267	261526	473305
2	企业经理	883670	852418	213646	664935
3	企业职能部门经理或主管	482217	297051	56152	267558
4	生产经营经理	194648	163618	69048	147271
5	财务经理	360006	202530	58636	220094
6	行政、人事经理	357478	122270	63472	154735
7	人事经理	327640	225400	156794	253677
8	销售和营销经理	200801	144241	111914	151965
9	建筑工程技术人员	180892	102030	51245	109394
10	会计人员	356080	86293	46041	141439
11	行政业务人员	129223	45951	30458	59479
12	行政事务人员	122340	106723	30123	86036
13	其他行政办公人员	152754	39696	22440	79966
14	治安保卫人员	36015	33922	26734	33845
15	其他办事人员和有关人员	109595	76035	50758	79820

十一、租赁和商务服务业

单位：元/年（人民币）

序号	职位名称	高位数	中位数	低位数	平均数
1	企业董事	209750	84900	35338	107663
2	企业经理	161920	61126	56467	108899
3	企业职能部门经理或主管	96207	60000	50061	72900
4	生产经营经理	70364	70364	51262	64347
5	财务经理	89694	62535	52834	69431
6	行政、人事经理	103916	61440	37895	68472
7	销售和营销经理	78418	51705	41008	51096
8	采购经理	72400	39724	28614	48625
9	其他企业负责人	62041	30739	19930	38929
10	其他企业管理人员	39933	20026	19055	23773
11	机械工程技术人员	107477	53619	27463	59147
12	计算机与应用工程技术人员	62928	50050	33842	48752
13	电气工程技术人员	51644	50236	34251	44848

续 表

序号	职位名称	高位数	中位数	低位数	平均数
14	工业管理工程技术人员	43025	37250	30495	37125
15	其他工程技术人员	70375	44183	25290	44923
16	会计人员	52955	46401	26192	42462
17	其他专业技术人员	128572	56200	46926	68934
18	行政业务人员	61322	33585	27881	43052
19	行政事务人员	59991	39323	29502	48699
20	其他行政办公人员	52315	29972	26776	33204
21	治安保卫人员	27602	23968	22579	24386
22	其他办事人员和有关人员	66493	45150	24890	51717
23	营业人员	38004	27300	18540	27636
24	采购人员	44665	36781	25021	35844
25	保管人员	69594	49136	27211	51280
26	储运人员	23800	21532	20221	21126
27	中餐烹饪人员	56117	21137	18540	29400
28	公路道路运输服务人员	53331	45758	32848	45617
29	环境卫生人员	23772	23772	18540	22275
30	其他商业、服务业人员	58643	43660	33416	43682
31	其他工程施工人员	34994	20420	18758	23381
32	公(道)路运输机械设备操作及有关人员	23470	23198	20259	22616
33	简单体力劳动人员	65089	48346	39836	53115

十二、居民服务、修理和其他服务业

单位：元/年（人民币）

序号	职位名称	高位数	中位数	低位数	平均数
1	企业董事	153226	78000	42636	90018
2	企业经理	275271	102194	45646	127707
3	企业职能部门经理或主管	157878	63954	29850	79537
4	生产经营经理	159596	93545	35901	95963
5	财务经理	181008	78825	37801	105132
6	行政、人事经理	189497	88926	43736	96930
7	人事经理	83833	45729	18979	48416
8	销售和营销经理	415528	86825	38269	143655
9	采购经理	61217	53000	22120	44827

续　表

序号	职位名称	高位数	中位数	低位数	平均数
10	餐厅、客房经理	61921	36696	34861	46738
11	其他企业负责人	107396	51689	34208	58665
12	其他企业管理人员	120606	34503	29645	58047
13	测绘工程技术人员	49900	39000	34200	41571
14	化工工程技术人员	98600	85200	65835	86108
15	机械工程技术人员	112972	60815	38944	69150
16	计算机与应用工程技术人员	147394	69748	39477	84109
17	电力工程技术人员	36160	28507	24475	31473
18	建筑工程技术人员	72924	48200	25904	49409
19	建材工程技术人员	60091	38041	23845	40960
20	安全工程技术人员	90904	50416	41530	63144
21	其他工程技术人员	52620	42800	27874	46118
22	统计人员	61100	32900	25289	38909
23	会计人员	118931	55749	28110	68220
24	审计人员	102570	65890	43551	65706
25	国际商务人员	196582	67629	38138	96790
26	其他经济业务人员	76541	35659	30042	52766
27	其他专业技术人员	82163	55119	27715	55435
28	行政业务人员	70357	44000	24765	47239
29	行政事务人员	86536	40981	25297	49733
30	其他行政办公人员	69507	50935	26599	52523
31	治安保卫人员	42015	32264	22234	29795
32	其他办事人员和有关人员	51612	30025	18981	32654
33	营业人员	48429	31791	21751	33998
34	推销、展销人员	103793	67517	29781	76784
35	采购人员	54074	39439	23078	38888
36	拍卖、典当及租赁业务人员	48792	38584	25331	35884
37	保管人员	52000	36229	26257	40032
38	储运人员	46533	28400	23085	32738
39	中餐烹饪人员	45744	42232	30562	39073
40	餐厅服务员、厨工	36000	24505	19849	28052
41	其他餐饮服务人员	44292	27279	19421	29137
42	旅游及公共游览场所服务员	38669	30010	25884	28538

续　表

序号	职位名称	高位数	中位数	低位数	平均数
43	物业管理人员	44552	30698	20050	27797
44	办公设备维修人员	57924	47430	34818	48422
45	环境卫生人员	29073	23514	19591	24854
46	其他社会服务和居民生活服务人员	83503	68251	30400	59642
47	其他商业、服务业人员	46457	22869	18540	26616
48	机械冷加工工	106218	58876	46357	67697
49	机械热加工人员	63064	28750	25128	33773
50	基础件、部件装配人员	106155	60527	45768	66580
51	机械设备维修人员	56876	50000	32959	47428
52	电力设备检修人员	38306	37865	35423	36509
53	生产生活电力设备安装、操作、修理人员	82180	41301	33663	49106
54	电子元件制造人员	49319	43811	26608	41534
55	塑料制品加工人员	38350	32397	27104	33432
56	印刷操作人员	55336	40314	25508	40748
57	公（道）路运输机械设备操作及有关人员	73739	62685	21608	54608
58	其他运输设备操作人员	40781	33905	31251	33983
59	检验人员	52793	35482	27383	39767
60	其他检验、计量人员	104440	56234	29972	63661
61	包装人员	36124	28948	28108	29838
62	简单体力劳动人员	54408	34506	23676	36678

宁波市不同专业技术等级、不同登记注册类型和不同学历工资指导价位

一、分管理岗位、专业技术等级、职业技能等级工资指导价位

单位：元/年（人民币）

管理岗位/专业技术等级/职业技能等级	高位数	中位数	低位数	平均数
高级管理岗	420332	118331	45404	181039
一级部门管理岗	222774	97462	35991	114672
二级部门管理岗	190617	92406	23701	104338
其他管理岗	81755	58944	23818	52096
高级职称	308394	147161	39075	159487
中级职称	230522	112471	38207	130985
初级职称	136710	81715	33217	76895

续　表

管理岗位/专业技术等级/职业技能等级	高位数	中位数	低位数	平均数
没有取得专业技术职称	131358	80250	31447	73622
高级技师	196235	127060	54509	128957
技师	161424	126419	57561	107746
高级技能	135527	92142	64487	87077
中级技能	113495	61641	53454	64226
初级技能	66460	45055	39251	44761
没有取得资格证书	63651	42882	36865	42349

二、分登记注册类型工资指导价位

单位：元/年（人民币）

企业登记注册类型	高位数	中位数	低位数	平均数
国有	146904	60818	23040	76746
集体	83945	65034	20574	56109
股份合作	86287	46535	26842	54704
有限责任	95516	39714	24814	52008
股份有限公司	189565	71079	27304	105139
私营企业	69412	37402	22140	42847
其他企业	98835	43560	23074	54589
港、澳、台商投资企业	83796	49943	33113	54117
外商投资企业	77832	41952	28196	47739

三、分学历工资指导价位

单位：元/年（人民币）

学历	高位数	中位数	低位数	平均数
研究生	461077	122620	46764	204461
大学本科	231854	85886	34845	118888
大学专科	121886	64599	35240	70794
高中、中专和技校	87318	50570	33989	51885
初中及以下	76713	41518	27856	40730

温州市人力资源市场工资指导价位

温州市分工种工资指导价位

单位：元/人、年

序号	工 种	高位数	中位数	低位数
1	企业董事	253143	80400	39366
2	企业经理(厂长)	286700	88000	42178
3	党委书记	246663	92540	37993
4	工会主席	198702	76200	34768
5	生产或经营经理	187820	70585	32151
6	财务经理	155085	73200	29797
7	企业职能部门经理或主管	185828	71082	34114
8	行政经理	137042	65772	32893
9	人事经理	148117	62000	32680
10	销售和营销经理	160710	58000	23889
11	广告和公关经理	101394	65324	28907
12	采购经理	101505	52800	31652
13	研究和开发经理	127887	72600	36249
14	办公室主任	131702	59000	32239
15	物资管理部门经理	124112	66948	31998
16	建筑工程项目经理	123883	78000	37592
17	进出口业务部经理	247772	67943	31954
18	船长	204585	143333	70213
19	大副	146331	104475	42936
20	二副	110073	87316	37816
21	大管轮	134278	112096	35920
22	二管轮	110476	78953	34395
23	轮机长	148285	98721	38778
24	水手长	72517	59461	30248
25	保安部经理	102847	48000	28182
26	地质勘探工程技术人员	110174	54696	36000

续　表

序号	工　种	高位数	中位数	低位数
27	测绘工程技术人员	99444	41000	23925
28	矿山工程技术人员	62110	36800	30888
29	石油工程技术人员	71949	40590	23564
30	冶金工程技术人员	93823	48000	29750
31	化工工程技术人员	74707	38165	26087
32	医药工程技术人员	103081	41628	28598
33	机械工程技术人员	83623	43000	28688
34	机械设计工程技术人员	89483	41402	30595
35	机械制造工程技术人员	59456	44213	29761
36	仪器仪表工程技术人员	58600	40456	30251
37	设备工程技术人员	81602	46553	31243
38	其他机械工程技术人员	71984	39000	26000
39	电子工程技术人员	76103	43871	26543
40	电子材料工程技术人员	45200	32000	23100
41	电子元器件工程技术人员	72000	38400	28600
42	其他电子工程技术人员	64000	35000	25000
43	通信工程技术人员	118388	55761	28135
44	计算机与应用工程技术人员	123441	48523	31742
45	计算机硬件技术人员	75141	43175	28344
46	计算机软件技术人员	84819	45206	33023
47	计算机网络技术人员	109634	39920	24674
48	计算机系统分析技术人员	101122	50809	30491
49	电气工程技术人员	96717	44600	27572
50	电力工程技术人员	101837	64967	28608
51	交通工程技术人员	77946	48200	34221
52	汽车运用工程技术人员	46700	39500	27520
53	船舶运用工程技术人员	107579	85873	33428
54	建筑工程技术人员	101129	45625	22938
55	建材工程技术人员	98064	37400	22917
56	水利工程技术人员	95051	80000	55926
57	纺织工程技术人员	58240	40200	28500
58	食品工程技术人员	76447	45000	31000
59	环境保护工程技术人员	58193	32120	25405
60	安全工程技术人员	99427	60000	32096
61	标准化、计量、质量工程技术人员	70962	41512	28101
62	其他工程技术人员	101889	54494	28392

序号	工 种	高位数	中位数	低位数
63	飞机和船舶技术人员	86763	67560	38895
64	西医医师	123643	67152	40126
65	药剂人员	81820	62867	35566
66	医疗技术人员	84243	46982	35466
67	护理人员	75780	37740	30105
68	其他卫生专业技术人员	68963	35600	24728
69	经济计划人员	97749	46800	26018
70	统计人员	85571	38630	26955
71	会计人员	101064	42718	35425
72	出纳	87290	40800	27806
73	审计人员	113917	55000	31799
74	国际商务人员	92124	34512	21804
75	报关员	66179	44500	24639
76	房地产开发业务人员	97779	62016	32647
77	不动产销售员	51000	36000	22000
78	其他经济业务人员	91677	52278	27180
79	银行外汇管理员	145823	80487	60547
80	银行清算员	130105	82728	45026
81	银行信贷员	151159	102865	51174
82	银行国外业务员	115308	80100	63080
83	银行信用卡业务员	109198	74060	39058
84	银行储蓄员	131998	81521	48531
85	其他银行业务人员	177155	95876	45313
86	保险推销员	123803	50477	27266
87	保险理赔员	75534	40288	28866
88	其他保险业务人员	130411	61279	28458
89	证券投资顾问	70511	42268	28046
90	其他证券业务人员	120756	60558	31633
91	产品开发设计人员	96628	43000	28811
92	服装设计人员	78840	39000	25946
93	室内装饰设计人员	71015	46482	27273
94	广告设计人员	64700	38000	23598
95	鞋样设计人员	78576	45270	26523
96	文字记者	82000	58000	45000
97	文字编辑	81438	42400	35746
98	美术编辑	66000	39000	29180

序号	工　种	高位数	中位数	低位数
99	英语翻译	60000	43230	31800
100	图书资料与档案业务人员	107360	46000	23988
101	行政业务办公人员	108254	48946	26932
102	行政执法人员	79715	46839	33460
103	其他行政业务人员	86175	38000	23084
104	秘书	82632	38100	26121
105	收发员	81079	31200	24590
106	打字员	49429	30810	27105
107	计算机操作员	66437	36000	26463
108	制图员	58893	41691	37427
109	办公室文员	49455	34788	30550
110	劳资人员	109756	42448	23413
111	总务	91252	40000	23837
112	其他行政事务人员	86125	40985	22614
113	生产管理人员	116060	45458	28140
114	施工管理人员	87709	56560	30245
115	其他行政办公人员	102802	45816	23832
116	保安员	40530	32279	28262
117	金融守押员	61885	34040	26029
118	其他治安保卫人员	105698	41500	23813
119	消防人员	80724	38134	22580
120	邮政营业员	72391	49060	27800
121	邮件处理员	67111	46714	26500
122	投递员	72937	46012	28500
123	报刊发行员	66335	50142	26050
124	其他邮政业务人员	78846	58369	30500
125	电信业务营业员	108228	50680	24000
126	线务员	94764	49558	24000
127	话务员	68207	42820	24000
128	通信电力机务员	133648	108031	77307
129	市话测量员	105558	48000	24000
130	其他电信通信传输业务人员	132506	98307	76307
131	其他办事人员和有关人员	73571	34520	23740
132	营业员	36166	32318	26117
133	营销员	78445	36000	21656
134	收银员	38697	31408	27872

序号	工 种	高位数	中位数	低位数
135	其他营业人员	62731	33480	23105
136	推销员	77506	35683	27760
137	出版物发行员	47512	38625	20312
138	其他推销、展销人员	76500	35050	22516
139	采购员	62429	43940	36985
140	收购员	72168	35021	25032
141	其他采购人员	54327	36000	23150
142	租赁业务员	56004	41129	34255
143	废旧物资回收利用人员	35800	27872	20480
144	医药商品购销员	49600	35000	26000
145	仓库管理员	51301	36959	29072
146	保管员	83233	33000	25612
147	理货员	36881	30420	25727
148	商品养护员	42800	31000	24000
149	其他保管人员	53894	37800	23180
150	商品储运员	67621	33787	23730
151	其他储运人员	65456	33258	23223
152	导游	54325	29876	23166
153	康乐服务员	33572	26992	24368
154	其他健身和娱乐场所服务人员	30938	25100	21038
155	园林植物保护工	30000	25000	22000
156	汽车客运服务员	46120	35761	26132
157	汽车货运站务员	48274	40979	27476
158	汽车运输调度员	67514	40773	28529
159	公路收费及监控员	38500	28400	23200
160	其他公路道路运输服务人员	53993	31640	21714
161	车站客运服务员	47000	32000	26200
162	行包运输服务员	51962	32627	25138
163	航空运输地面服务员	102346	62624	30504
164	船舶业务员	84430	48172	36968
165	其他水上运输服务人员	84501	56243	36780
166	物业管理工	68642	37513	26681
167	供水生产工	51304	32590	23685
168	生活燃料供应工	48500	34000	24000
169	锅炉操作工	58568	43160	37830
170	其他供水、供热及生活燃料供应服务人员	68585	35364	25040

序号	工　种	高位数	中位数	低位数
171	眼镜验光员	32200	26500	22450
172	其他验光配镜人员	35200	31515	21044
173	家用电子产品维修工	36200	32100	22450
174	家用电器产品维修工	45210	33560	24100
175	钟表维修工	33000	28000	22300
176	其他日用机电产品维修人员	54491	29659	24292
177	办公设备维修工	52565	35400	25812
178	其他办公设备维修人员	51784	33760	25000
179	垃圾清运工	31542	22000	20000
180	保洁员	31434	27586	21570
181	其他环境卫生人员	39683	24331	19387
182	其他商业、服务业人员	43004	35000	21565
183	重有色金属冶炼人员	47020	37995	29845
184	金属轧制人员	49000	29028	24028
185	其他金属冶炼、轧制人员	42923	29641	23265
186	化工产品生产工	51000	24120	22000
187	车工	52273	42616	25818
188	铣工	51181	40187	28015
189	刨插工	50505	41940	21645
190	磨工	56895	41914	32331
191	镗工	60919	49712	29539
192	钻床工	43340	33425	27092
193	摇臂钻工	50000	31055	24000
194	加工中心操作工	53911	40291	25027
195	仪表车工	42742	37648	26260
196	制齿工	48500	42900	37700
197	抛磨光工	53164	36920	22269
198	拉床工	47563	34526	29198
199	锯床工	53846	41164	31256
200	铸造工	42182	35261	27215
201	锻造工	58652	41212	29564
202	冲压工	49338	34190	23894
203	剪切工	50375	42809	25535
204	焊工	54665	45500	28184
205	金属热处理工	48253	41590	29770
206	注塑工	38467	36867	28199

序号	工　种	高位数	中位数	低位数
207	吹膜工	59800	45628	32562
208	电切削工	45369	28965	23655
209	线切割工	48562	34258	26599
210	冷作钣金加工工	56975	38253	27569
211	镀层工	50336	31196	25462
212	涂装工	51300	34306	23536
213	基础件装配工	38222	27800	20191
214	部件装配工	42859	26205	22229
215	装配钳工	56235	36920	28156
216	工具钳工	58533	37522	29632
217	动力设备装配工	57000	36139	26588
218	电气元件及设备装配工	40016	30556	22552
219	电子专用设备装配调试工	38432	28759	22381
220	仪器仪表装配工	38850	32650	22676
221	运输车辆装配工	35800	29400	22300
222	空调机装配工	41200	26500	23100
223	剃须刀装搭工	31000	23500	21200
224	打火机装搭工	43379	40000	36200
225	眼镜装搭工	39000	26000	22800
226	五金制品制作装配人员	44305	30684	22736
227	机修钳工	55368	41000	28301
228	汽车修理工	86235	45600	23892
229	船舶修理工	72856	49016	38336
230	仪器仪表修理工	45954	35640	25871
231	锅炉设备安装工	49000	25000	22200
232	电力电缆安装工	75400	44200	25200
233	电力工程内线安装工	44000	27000	22300
234	送电.配电线路工	85200	48000	25000
235	变电站值班员	88612	68394	42981
236	专业电力设备检修工	109647	79917	35755
237	电气实验员	86941	65338	29340
238	用电监察员	95200	74500	47600
239	抄表核算收费员	71766	68376	50837
240	电能计量装置检修员	94500	75200	37500
241	继电保护工	93500	65400	36200
242	电气检修工	76320	47400	30000

续　表

序号	工　种	高位数	中位数	低位数
243	高压实验工	94000	58800	27200
244	装表接电工	98500	76000	25200
245	发电运行值班员	95400	75500	36800
246	常用电机检修工	62227	38005	29507
247	维修电工	74038	46808	35446
248	电子器件制造工	33200	25500	23200
249	电子元件制造工	39858	26854	23753
250	电池制造工	29000	26000	22000
251	橡胶制品生产工	36729	30708	23666
252	塑料制品加工工	40767	28956	21357
253	织造人员	48778	31615	25400
254	针织人员	45500	33500	25500
255	印染人员	58176	28659	24004
256	裁剪工	55317	40000	23760
257	缝纫工	56350	31320	23554
258	裁缝	55808	30000	23792
259	服装整烫工	43817	28600	22873
260	制鞋工	56689	34520	24518
261	鞋包工	39523	25632	21233
262	皮鞋成型工	40215	31720	25928
263	鞋底组合工	45720	29400	23898
264	鞋跟喷漆工	48000	43600	23350
265	撬摸工	41000	35000	27600
266	车包工	56320	30215	26223
267	复抓工	49600	30000	24000
268	复底工	45667	35798	23548
269	皮鞋制帮工	62486	36000	23310
270	皮鞋划裁工	55642	30929	23488
271	鞋楦定型工	44820	30000	22735
272	皮革加工工	59200	36800	24405
273	毛皮加工工	35400	27800	22700
274	酿酒工	54144	43257	37736
275	酱油酱类制作工	39800	30000	25600
276	食醋制作工	34500	25000	21000
277	味精制作工	55600	34200	29800
278	糕点装饰工	37400	27420	21400

续　表

序号	工　种	高位数	中位数	低位数
279	屠宰加工工	64500	37800	26400
280	药品生产制造工	47890	34120	22150
281	纤维板工	44520	33400	24500
282	手工木工	42100	30000	24200
283	纸制品制作工	40000	27500	21200
284	印刷操作工	52971	37200	22597
285	印后制作工	45800	29000	25000
286	文体用品乐器制作工	32119	30000	23006
287	自来水笔制作工	38500	29200	21230
288	圆珠笔制作工	36200	26500	22400
289	铅笔制作工	36450	28600	21800
290	制笔装搭工	35400	28500	23500
291	砌筑工	43565	32500	27115
292	混凝土工	43444	34500	27000
293	钢筋工	44827	29600	23377
294	架子工	34836	29500	24850
295	装饰、装修、油漆工	50594	36000	25912
296	机械电气工程设备安装工、管工	51461	40000	28919
297	电工	59236	34258	25963
298	木工	58301	42162	26156
299	预决算员	78056	49000	27672
300	汽车驾驶员	68972	43160	37609
301	公共汽车驾驶员	59528	47133	36189
302	长途客运驾驶员	61633	42976	27398
303	货运车驾驶员	60105	35800	27058
304	小车驾驶员	58249	32400	18396
305	船舶水手	90086	66763	39737
306	起重装卸机械驾驶员	93953	49066	29884
307	检验员	51419	32824	25129
308	计量员	61459	37416	25219
309	包装工	40382	31558	24926
310	简单体力劳动工	43748	31100	22187
311	普工	38909	34320	29484

温州市餐饮饭店业、美容美发业分工种工资指导价位

单位：元/人、年

序号	工　种	高位数	中位数	低位数
1	餐厅经理	82018	75540	32768
2	客房经理	81498	57600	35477
3	厨师长	83440	32997	23860
4	中式烹调师	54082	27600	18687
5	中式面点师	71908	40000	23002
6	西式烹调师	48600	34200	23360
7	西式面点师	46656	30000	22000
8	调酒师	44180	28680	23200
9	餐厅服务员	43159	25415	22798
10	餐具清洗保管员	42870	24000	18742
11	前厅服务员	38197	26000	18971
12	客房服务员	33874	25700	21831
13	餐厅领班	46200	29800	18396
14	前厅领班	42610	30780	21125
15	客房领班	38709	28600	22567
16	其他中式烹饪人员	48590	31200	19763
17	营养配餐员	32000	22000	19500
18	其他营养配餐人员	35000	24000	19500
19	其他餐厅服务人员	38068	23600	18396
20	其他餐饮服务人员	39335	22800	18396
21	其他饭店服务人员	37678	24000	18640
22	旅店服务员	36000	25000	19500
23	美容师	46000	36800	29000
24	美发师	58000	46000	37000

温州市分隶属关系工资指导价位

单位：元/人、年

隶属关系	高位数	中位数	低位数	平均数
中央	197149	61500	28555	72530
省（自治区、直辖市）	196084	73293	36855	67270
地区	135282	45497	22988	58771
县及县以下	94095	33000	21363	38690

温州市分登记注册类型工资指导价位

单位：元/人、年

企业登记注册类型	高位数	中位数	低位数	平均数
内资企业	146209	35500	23192	50444
国有企业	193375	56012	26027	75423
集体企业	82711	36496	22085	40548
股份合作企业	87144	41000	25806	48747
联营企业	55552	34000	23462	36003
有限责任公司	89083	33000	22287	44715
股份有限公司	205736	47000	24864	75108
私营企业	69496	31000	22537	35481
其他企业	137472	35616	20731	57199
港、澳、台商投资企业	89224	36506	23842	47576
外商投资企业	79682	35095	21863	43410

温州市分专业技术等级工资指导价位

单位：元/人、年

专业技术等级	高位数	中位数	低位数	平均数
初级工	70590	31800	21494	37432
中级工	89044	40000	24613	46964
高级工	100727	46960	25957	53844
技师	123141	50119	27665	57568
高级技师	140097	60955	29645	66918
其他人员	65769	32600	20983	37521
正高级专业技术职务	253556	85000	33483	117411
副高级专业技术职务	222579	75760	30759	99603
中级专业技术职务	201190	70655	29041	89494
初级专业技术职务	163466	58868	27105	73106
未评定技术职务人员	120905	43800	23290	61202

温州市分学历工资指导价位

单位：元/人、年

学　历	高位数	中位数	低位数	平均数
博士及以上	414493	117000	50361	165414
硕士	300216	95000	32440	113775
本科	225657	71613	27245	88041
大专	145834	47325	23022	60023
高中、中专、技校	94108	36791	21365	43810
初中及以下	69524	32739	20304	35491

温州市不同学历初次就业大中专毕业生工资指导价位

单位：元/人、月

学　历	高位数	中位数	低位数	平均数
硕士	7077	4700	3015	4718
本科	5018	3100	2134	3149
大专	4177	2500	1791	2717
高中、中专、技校	3562	2300	1610	2551

温州市初次就业大中专毕业生分工种工资指导价位

单位：元/人、月

序号	工　种	高位数	中位数	低位数	平均数
1	企业经理(厂长)	7000	4200	3500	4450
2	行政经理	4000	3000	2500	3100
3	采购经理	3800	3400	3000	3400
4	销售和营销经理	5000	3600	2000	3550
5	测绘工程技术人员	5000	3500	1500	3300
6	化工工程技术人员	4600	3500	2500	3750
7	医药工程技术人员	3300	2500	2100	2650
8	机械工程技术人员	5500	3500	1800	3550
9	机械设计工程技术人员	3300	3100	2800	3100
10	电子工程技术人员	3500	2400	1600	2500
11	计算机与应用工程技术人员	4000	3200	1800	3100
12	计算机网络技术人员	3500	3000	2300	2900

序号	工 种	高位数	中位数	低位数	平均数
13	汽车运用工程技术人员	4600	3800	3300	3900
14	建筑工程技术人员	5000	2800	1500	3000
15	食品工程技术人员	3200	2500	2200	2700
16	安全工程技术人员	4500	3500	2800	3600
17	其他工程技术人员	4700	2800	2200	3250
18	统计人员	3600	2500	2300	2600
19	会计人员	3700	2800	1900	2650
20	出纳	3500	2500	1900	2600
21	国际商务人员	3200	2200	1800	2300
22	其他经济业务人员	4000	3500	1800	3100
23	银行信贷员	6500	3100	1800	3600
24	银行储蓄员	5000	4000	2000	3700
25	其他银行业务人员	6500	4500	3500	4600
26	保险理赔人员	3300	3100	2800	3050
27	产品开发设计人员	3300	2800	2400	2800
28	服装设计人员	3400	2600	2000	2800
29	鞋样设计人员	4800	3500	2400	3550
30	行政业务办公人员	3500	2800	2200	2800
31	其他行政业务人员	3200	2500	2100	2650
32	秘书	4000	3200	2400	3200
33	制图员	3300	2000	1800	2200
34	办公室文员	3400	2500	1800	2550
35	劳资人员	3500	2700	1600	2650
36	其他行政事务人员	3100	2200	1800	2350
37	生产管理人员	4500	3500	2500	3500
38	其他行政办公人员	3600	2500	1800	2700
39	保安员	3500	2800	2400	2800
40	消防人员	3900	3600	3300	3700
41	营业员	2400	2000	1700	1950
42	营销员	3000	2500	2000	2500
43	收银员	3500	3000	2000	2800
44	其他营业人员	3200	2600	2100	2500
45	推销员	3600	2800	2400	2850
46	其他推销、展销人员	3800	3400	3100	3450

续　表

序号	工　种	高位数	中位数	低位数	平均数
47	采购员	3500	2500	2200	2600
48	仓库管理员	3200	2400	1700	2450
49	中式烹调师	4000	2100	1600	2500
50	其他中餐烹饪人员	4800	3800	1900	3800
51	西式面点师	3200	2800	1800	2600
52	餐厅服务员	2000	1900	1800	1900
53	前厅服务员	2500	1800	1600	1900
54	其他饭店服务人员	2000	1800	1600	1800
55	航空运输地面服务员	4000	3600	2600	3600
56	车工	4000	3000	2400	3000
57	部件装配工	3200	2900	2500	2900
58	汽车修理工	3500	2000	1500	2250
59	维修电工	3400	2800	2500	2950
60	印刷操作人员	2300	2100	1800	2100
61	电工	4000	2700	1700	2800
62	汽车驾驶员	4000	3500	3000	3500
63	检验员	3300	2800	2300	2800
64	简单体力劳动人员	3000	2500	1600	2500
65	普工	2700	2500	1800	2400

湖州市人力资源市场工资指导价位

2014 年度湖州市区企业部分职业（工种）人力资源市场工资指导价位表

单位：元

序号	工 种	高位数		中位数		低位数		平均数	
		年薪	月薪	年薪	月薪	年薪	月薪	年薪	月薪
第一大类 单位负责人员									
1	企业董事	341400	28450	80004	6667	30072	2506	105348	8779
2	企业经理（厂长）	363948	30329	80004	6667	27000	2250	94212	7851
3	生产或经营经理	199284	16607	60000	5000	23472	1956	72816	6068
4	财务经理	214296	17858	59832	4986	26448	2204	70272	5856
5	行政经理	411900	34325	54996	4583	31740	2645	79788	6649
6	人事经理	99996	8333	50172	4181	21612	1801	56604	4717
7	销售和营销经理	431736	35978	54996	4583	27852	2321	85908	7159
8	广告和公关经理	249996	20833	42504	3542	26004	2167	72852	6071
9	采购经理	125004	10417	54996	4583	28404	2367	60696	5058
10	研究和开发经理	375000	31250	60000	5000	31800	2650	105192	8766
11	餐厅经理	99996	8333	50004	4167	22800	1900	53460	4455
12	客房经理	63900	5325	43500	3625	33000	2750	46332	3861
13	工程项目经理	200004	16667	54996	4583	17640	1470	71088	5924
14	物业经理	120000	10000	66000	5500	45756	3813	69984	5832
第二大类 专业技术人员									
15	测绘工程技术人员	99996	8333	65004	5417	39996	3333	67500	5625
16	冶金工程技术人员	111996	9333	57504	4792	36000	3000	62160	5180
17	化工工程技术人员	125004	10417	50004	4167	30000	2500	53148	4429
18	医药工程技术人员	99996	8333	45000	3750	30000	2500	49224	4102
19	机械工程技术人员	92496	7708	47496	3958	27996	2333	50052	4171
20	机械设计工程技术人员	88752	7396	48000	4000	27000	2250	50484	4207
21	机械制造工程技术人员	66552	5546	39600	3300	27996	2333	42696	3558
22	仪器仪表工程技术人员	54000	4500	39996	3333	24000	2000	37140	3095
23	设备工程技术人员	99096	8258	57996	4833	29496	2458	56028	4669

517

续　表

序号	工　　种	高位数		中位数		低位数		平均数	
		年薪	月薪	年薪	月薪	年薪	月薪	年薪	月薪
24	其他机械工程技术人员	150000	12500	45504	3792	30000	2500	64956	5413
25	电子工程技术人员	150000	12500	50004	4167	24996	2083	67512	5626
26	电子材料工程技术人员	45000	3750	36840	3070	27996	2333	36660	3055
27	电子元器件工程技术人员	82404	6867	41196	3433	30900	2575	46344	3862
28	电子仪器与测量工程技术人员	82404	6867	41196	3433	29868	2489	45312	3776
29	其他电子工程技术人员	41196	3433	30900	2575	29868	2489	36048	3004
30	通信工程技术人员	38748	3229	32880	2740	24000	2000	32124	2677
31	计算机与应用工程技术人员	82404	6867	47376	3948	32964	2747	51324	4277
32	计算机硬件技术人员	99996	8333	54996	4583	30000	2500	60000	5000
33	计算机软件技术人员	129996	10833	39504	3292	20004	1667	51252	4271
34	计算机网络技术人员	54996	4583	42000	3500	21996	1833	40224	3352
35	计算机系统分析技术人员	82404	6867	46356	3863	36048	3004	56640	4720
36	其他计算机与应用工程技术人员	62796	5233	42000	3500	36396	3033	45840	3820
37	电气工程技术人员	86004	7167	44856	3738	32004	2667	49968	4164
38	电力工程技术人员	60000	5000	37296	3108	32604	2717	39000	3250
39	交通工程技术人员	87768	7314	56100	4675	30000	2500	48228	4019
40	汽车运用工程技术人员	50004	4167	39996	3333	30000	2500	39996	3333
41	船舶运用工程技术人员	50004	4167	45672	3806	39996	3333	45324	3777
42	建筑工程技术人员	150000	12500	61248	5104	38496	3208	67116	5593
43	建筑工程监理人员	80004	6667	51000	4250	36996	3083	54492	4541
44	建筑工程预决算员	200004	16667	62496	5208	35004	2917	73380	6115
45	建材工程技术人员	150000	12500	82500	6875	50004	4167	91248	7604
46	纺织工程技术人员	54996	4583	33396	2783	24996	2083	39012	3251
47	食品工程技术人员	107196	8933	43932	3661	30000	2500	56256	4688
48	环境保护工程技术人员	80004	6667	62496	5208	29004	2417	62496	5208
49	安全工程技术人员	80004	6667	53832	4486	27996	2333	52680	4390
50	标准化、计量、质量工程技术人员	154500	12875	48624	4052	23004	1917	55788	4649
51	电机与电器工程技术人员	75000	6250	50004	4167	50004	4167	54996	4583
52	园林绿化工程技术人员	61800	5150	36048	3004	30900	2575	41196	3433
53	广告设计人员	80004	6667	45000	3750	24996	2083	48000	4000
54	模具工程师	69996	5833	50004	4167	36000	3000	51828	4319
55	平面设计师	99996	8333	42000	3500	24996	2083	48420	4035
56	生产组织与管理工程技术人员	78504	6542	48504	4042	25200	2100	48636	4053
57	室内装饰设计人员	60000	5000	50004	4167	39996	3333	46992	3916
58	服装设计人员	120000	10000	49332	4111	30996	2583	56208	4684

续 表

序号	工 种	高位数		中位数		低位数		平均数	
		年薪	月薪	年薪	月薪	年薪	月薪	年薪	月薪
59	建筑工程设计员	99996	8333	70368	5864	60000	5000	70368	5864
60	经济计划人员	82404	6867	59736	4978	51504	4292	62976	5248
61	统计人员	66228	5519	35004	2917	20844	1737	38016	3168
62	会计人员	92628	7719	42504	3542	23316	1943	47172	3931
63	出纳	81396	6783	39996	3333	23568	1964	42420	3535
64	审计人员	72504	6042	39996	3333	24000	2000	42264	3522
65	国际商务人员	282504	23542	51000	4250	17640	1470	72084	6007
66	文字编辑	75936	6328	66948	5579	61800	5150	66948	5579
67	美术编辑	66948	5579	43260	3605	37080	3090	43260	3605
68	英语翻译	82404	6867	51504	4292	37080	3090	61800	5150
69	图书资料与档案业务人员	42804	3567	34104	2842	25440	2120	34104	2842
第三大类 办事员和有关人员									
70	秘书	120000	10000	42504	3542	22500	1875	49452	4121
71	公关员	69996	5833	35004	2917	33600	2800	39996	3333
72	收发员	39996	3333	25200	2100	18996	1583	27132	2261
73	打字员	45000	3750	30180	2515	17640	1470	29844	2487
74	计算机操作员	72000	6000	36360	3030	24996	2083	40416	3368
75	制图员	60000	5000	39000	3250	27000	2250	38700	3225
76	保安员	54360	4530	27996	2333	17640	1470	29400	2450
77	话务员	36000	3000	24000	2000	17640	1470	24372	2031
78	行政事务人员	196644	16387	36624	3052	21648	1804	47352	3946
第四大类 商业/服务业人员									
79	报关员	60000	5000	32496	2708	24000	2000	35592	2966
80	房地产开发业务人员	139056	11588	72096	6008	32016	2668	42660	3555
81	营业员	61248	5104	31500	2625	17640	1470	31656	2638
82	收银员	38820	3235	24996	2083	20004	1667	26352	2196
83	推销员	90000	7500	20832	1736	17640	1470	32316	2693
84	采购员	63336	5278	39504	3292	27132	2261	41256	3438
85	收购员	132000	11000	39996	3333	32004	2667	48000	4000
86	商场导购员	40356	3363	38004	3167	35004	2917	38184	3182
87	租赁业务员	51804	4317	47580	3965	43356	3613	47580	3965
88	废旧物资回收利用人员	44556	3713	39624	3302	35364	2947	39780	3315
89	医药商品购销员	50004	4167	36996	3083	27996	2333	37992	3166
90	保管员	136860	11405	27996	2333	19200	1600	38580	3215
91	理货员	50004	4167	25920	2160	20004	1667	31128	2594

续　表

序号	工　种	高位数		中位数		低位数		平均数	
		年薪	月薪	年薪	月薪	年薪	月薪	年薪	月薪
92	商品养护员	26004	2167	24948	2079	24000	2000	24972	2081
93	冷藏工	32052	2671	30324	2527	28788	2399	30384	2532
94	商品储运员	30900	2575	29244	2437	24720	2060	29232	2436
95	商品护运员	37080	3090	35016	2918	34608	2884	35568	2964
96	医药商品储运员	29004	2417	27552	2296	24000	2000	27024	2252
97	中式烹调师	60000	5000	36996	3083	24996	2083	40284	3357
98	中式面点师	48000	4000	28332	2361	21996	1833	32256	2688
99	西式烹调师	69600	5800	48600	4050	30000	2500	49200	4100
100	西式面点师	44352	3696	35928	2994	29604	2467	35928	2994
101	营养配餐员	25752	2146	19572	1631	17640	1470	20520	1710
102	餐厅服务员	51972	4331	30336	2528	17640	1470	31020	2585
103	餐具清洗保管员	39996	3333	27600	2300	20004	1667	29832	2486
104	前厅服务员	50004	4167	27252	2271	19500	1625	31020	2585
105	客房服务员	48048	4004	22500	1875	18000	1500	26940	2245
106	园林植物保护工	36048	3004	30900	2575	25752	2146	30900	2575
107	康乐服务员	30996	2583	25332	2111	21000	1750	25656	2138
108	汽车客运服务员	63864	5322	51024	4252	27816	2318	48420	4035
109	汽车运输调度员	65916	5493	49152	4096	37080	3090	48396	4033
110	车站客运服务员	63864	5322	51024	4252	27816	2318	48420	4035
111	行包运输服务员	61800	5150	49980	4165	35016	2918	49188	4099
112	车站货运员	53556	4463	47904	3992	30900	2575	45060	3755
113	锅炉操作工	39996	3333	35004	2917	24996	2083	33036	2753
114	洗衣师	33372	2781	28428	2369	25032	2086	28812	2401
115	染色师	61800	5150	51504	4292	41196	3433	51492	4291
116	家用电器产品维修工	120000	10000	60000	5000	39996	3333	64992	5416
117	办公设备维修工	39996	3333	24696	2058	24276	2023	27000	2250
118	垃圾清运工	39600	3300	26400	2200	24000	2000	29100	2425
119	保洁员	35004	2917	23496	1958	17796	1483	26064	2172
120	污水处理工	32004	2667	27996	2333	24000	2000	27732	2311
121	旅游服务人员	37080	3090	24108	2009	17640	1470	23556	1963
122	物业管理人员	66000	5500	38496	3208	24996	2083	40596	3383
123	饭店服务人员	29004	2417	26496	2208	21996	1833	25992	2166
124	保健按摩师	37896	3158	29844	2487	27192	2266	30060	2505
125	仓储人员	65328	5444	35172	2931	20268	1689	39540	3295
126	储运人员	45996	3833	34572	2881	21996	1833	33576	2798

续　表

序号	工　种	高位数		中位数		低位数		平均数	
		年薪	月薪	年薪	月薪	年薪	月薪	年薪	月薪
127	购销人员	69996	5833	50004	4167	24996	2083	50016	4168
128	水上运输服务人员	20604	1717	18540	1545	17640	1470	18276	1523
129	运输服务人员	42228	3519	41196	3433	36048	3004	40512	3376
130	水上运输设备操作及有关人员	76044	6337	61332	5111	57804	4817	64128	5344
131	物流从业员	57000	4750	38172	3181	30000	2500	42852	3571
132	公交司机	39996	3333	37500	3125	35004	2917	37500	3125
133	外贸人员	90000	7500	60000	5000	21804	1817	53052	4421
134	加油员	36048	3004	33480	2790	30900	2575	33468	2789
135	物流师	61980	5165	47664	3972	39996	3333	49320	4110
136	保险理赔员	39000	3250	29004	2417	17640	1470	27996	2333
第五大类　农、林、牧、渔、水利业生产人员									
137	花卉园艺工	36000	3000	30000	2500	24996	2083	32328	2694
138	家畜饲养人员	36048	3004	26784	2232	17640	1470	27804	2317
139	动物疫病防治人员	51504	4292	46356	3863	41196	3433	49440	4120
140	水产品加工人员	44028	3669	32400	2700	30000	2500	34704	2892
第六大类　生产、运输设备操作及有关人员									
141	炼铁人员	51504	4292	41196	3433	36048	3004	42480	3540
142	炼钢人员	80196	6683	55704	4642	36000	3000	56892	4741
143	金属轧制人员	97488	8124	44832	3736	39996	3333	53772	4481
144	铸铁管人员	35004	2917	30000	2500	24996	2083	30000	2500
145	化工产品生产工	35004	2917	33600	2800	24000	2000	31416	2618
146	车工	56004	4667	31404	2617	21120	1760	33264	2772
147	铣工	50004	4167	33996	2833	21000	1750	33984	2832
148	刨插工	50004	4167	38004	3167	29004	2417	39444	3287
149	磨工	50004	4167	40500	3375	21000	1750	36804	3067
150	镗工	50004	4167	45000	3750	26004	2167	42216	3518
151	钻床工	48000	4000	28500	2375	18996	1583	31164	2597
152	加工中心操作工	45000	3750	35004	2917	23004	1917	34020	2835
153	制齿工	30000	2500	25800	2150	25200	2100	25800	2150
154	抛磨光工	60000	5000	39000	3250	21996	1833	37404	3117
155	拉床工	51504	4292	36048	3004	20604	1717	36048	3004
156	锯床工	78000	6500	50004	4167	21996	1833	46668	3889
157	铸造工	61200	5100	46500	3875	24000	2000	43572	3631
158	锻造工	79980	6665	44004	3667	27504	2292	71352	5946
159	冲压工	46500	3875	32004	2667	17640	1470	31944	2662

续　表

序号	工　种	高位数		中位数		低位数		平均数	
		年薪	月薪	年薪	月薪	年薪	月薪	年薪	月薪
160	剪切工	48000	4000	33600	2800	23628	1969	34548	2879
161	焊工	75000	6250	48996	4083	26004	2167	47484	3957
162	金属热处理工	65004	5417	42804	3567	22800	1900	42168	3514
163	铆工	50004	4167	35004	2917	30504	2542	36000	3000
164	探伤工	45996	3833	41004	3417	32004	2667	39996	3333
165	冷作钣金加工工	50004	4167	44172	3681	30000	2500	42084	3507
166	镀层工	55620	4635	36048	3004	20604	1717	40824	3402
167	涂装工	84000	7000	39996	3333	27996	2333	49428	4119
168	数控机床工	61044	5087	36804	3067	21600	1800	36360	3030
169	基础件装配工	51996	4333	35004	2917	17640	1470	32904	2742
170	部件装配工	51996	4333	37500	3125	17640	1470	33936	2828
171	装配钳工	51996	4333	36000	3000	26004	2167	38304	3192
172	工具钳工	36048	3004	32460	2705	30900	2575	32460	2705
173	动力设备装配工	60000	5000	48000	4000	30000	2500	46500	3875
174	电气元件及设备装配工	69996	5833	41496	3458	39996	3333	48000	4000
175	运输车辆装配工	65004	5417	57252	4771	48000	4000	56868	4739
176	机修钳工	59004	4917	42000	3500	23304	1942	40512	3376
177	汽车修理工	48996	4083	44664	3722	39996	3333	44376	3698
178	仪器仪表修理工	28836	2403	24156	2013	21804	1817	25128	2094
179	锅炉设备安装工	69996	5833	57600	4800	42000	3500	58884	4907
180	电力工程内线安装工	54996	4583	54996	4583	38004	3167	48132	4011
181	专业电力设备检修工	54996	4583	54996	4583	39996	3333	48564	4047
182	常用电机检修工	42000	3500	33996	2833	28800	2400	35100	2925
183	维修电工	76548	6379	39000	3250	24180	2015	42180	3515
184	电子器件制造工	31932	2661	30180	2515	28428	2369	30168	2514
185	电子元件制造工	41196	3433	30180	2515	28428	2369	31920	2660
186	橡胶制品生产工	43884	3657	35364	2947	31644	2637	36552	3046
187	塑料制品加工工	60000	5000	42000	3500	24996	2083	45396	3783
188	纺纱人员	60000	5000	36396	3033	21600	1800	40764	3397
189	织造人员	65004	5417	38004	3167	20004	1667	39732	3311
190	针织人员	41496	3458	32292	2691	23328	1944	32820	2735
191	印染人员	50004	4167	34668	2889	26004	2167	35124	2927
192	裁剪工	60396	5033	45060	3755	30756	2563	46584	3882
193	缝纫工	60996	5083	39756	3313	24996	2083	43068	3589
194	裁缝	56652	4721	39660	3305	25752	2146	42912	3576

续　表

序号	工　种	高位数		中位数		低位数		平均数	
		年薪	月薪	年薪	月薪	年薪	月薪	年薪	月薪
195	制鞋工	75000	6250	65004	5417	23004	1917	52656	4388
196	皮革加工工	26004	2167	21996	1833	18000	1500	21996	1833
197	毛皮加工工	41196	3433	36600	3050	18180	1515	36588	3049
198	冷食品制作工	36048	3004	30648	2554	24720	2060	30636	2553
199	酿酒工	72000	6000	48000	4000	24000	2000	48000	4000
200	糕点、面包烘焙工	58800	4900	34416	2868	24108	2009	34404	2867
201	豆制品制作工	39144	3262	29220	2435	21636	1803	29220	2435
202	饲料生产加工工	46356	3863	35736	2978	25752	2146	35892	2991
203	药品生产制造工	50004	4167	35004	2917	24000	2000	36000	3000
204	制材工	54996	4583	42504	3542	30000	2500	42492	3541
205	纤维板工	65004	5417	54552	4546	45996	3833	55176	4598
206	手工木工	69996	5833	54996	4583	26004	2167	52488	4374
207	机械木工	69996	5833	39864	3322	18000	1500	39456	3288
208	水泥生产制造工	41004	3417	38496	3208	35004	2917	38244	3187
209	印前处理工	75996	6333	45996	3833	24996	2083	44076	3673
210	印刷操作工	78000	6500	50004	4167	24996	2083	45072	3756
211	印后制作工	69252	5771	48276	4023	26400	2200	47892	3991
212	土石方施工人员	49440	4120	37080	3090	25752	2146	36732	3061
213	砌筑工	65004	5417	60000	5000	54996	4583	60000	5000
214	混凝土工	60000	5000	54996	4583	50004	4167	54996	4583
215	钢筋工	65004	5417	60000	5000	54996	4583	60000	5000
216	架子工	60000	5000	54996	4583	50004	4167	54996	4583
217	防水工	60000	5000	54996	4583	50004	4167	54996	4583
218	装饰、装修、油漆工	58860	4905	29616	2468	18000	1500	32448	2704
219	机械电气工程设备安装工、管工	69996	5833	50004	4167	35004	2917	51660	4305
220	电工	71256	5938	21600	1800	18156	1513	32844	2737
221	木工	56004	4667	31836	2653	17640	1470	32700	2725
222	汽车驾驶员	67272	5606	39996	3333	19200	1600	43572	3631
223	起重装卸机械驾驶员	58440	4870	21600	1800	21216	1768	26772	2231
224	铲车驾驶员	67500	5625	42336	3528	17640	1470	41592	3466
225	检验员	62244	5187	37404	3117	20904	1742	37260	3105
226	计量员	69996	5833	39000	3250	23004	1917	41892	3491

续　表

序号	工　种	高位数		中位数		低位数		平均数	
		年薪	月薪	年薪	月薪	年薪	月薪	年薪	月薪
227	包装工	45660	3805	30000	2500	18000	1500	28512	2376
228	简单体力劳动工	66996	5583	24996	2083	17640	1470	29532	2461
229	粉笔制作工	43260	3605	37596	3133	30900	2575	37332	3111
230	车间普通操作工	46356	3863	38424	3202	28836	2403	38004	3167
231	冷辗工	50472	4206	41712	3476	36048	3004	42480	3540
232	叉车工	43260	3605	42228	3519	39144	3262	41712	3476
233	发泡工	31932	2661	25752	2146	18744	1562	25536	2128
234	硫化工	61800	5150	36312	3026	17640	1470	37644	3137
235	商标布制造工	39996	3333	35004	2917	30000	2500	34992	2916
236	商标布分切工	39996	3333	35004	2917	30000	2500	34992	2916
237	拉丝工	39996	3333	35004	2917	30000	2500	34992	2916
238	大烫工	60000	5000	50004	4167	39996	3333	49992	4166

2014 年度湖州市区企业职工分专业技术等级、技能等级和学历人力资源市场工资指导价位表

单位：元

项　目	序号	高位数		中位数		低位数		平均数	
		年薪	月薪	年薪	月薪	年薪	月薪	年薪	月薪
甲									
按专业技术等级分类：									
1.正高级专业技术职务	1	563340	46945	99996	8333	54000	4500	158376	13198
2.副高级专业技术职务	2	285252	23771	75000	6250	42492	3541	102348	8529
3.中级专业技术职务	3	305436	25453	75000	6250	34632	2886	90456	7538
4.初级专业技术职务	4	197460	16455	44124	3677	20604	1717	56664	4722
5.未评定技术职务人员	5	203472	16956	39000	3250	17640	1470	49164	4097
乙									
按技能等级分类：									
1.高级技师	1	312048	26004	78000	6500	45000	3750	97884	8157
2.技师	2	143700	11975	62760	5230	34164	2847	70128	5844
3.高级工	3	109992	9166	51000	4250	23328	1944	55296	4608
4.中级工	4	108492	9041	44496	3708	22992	1916	51000	4250
5.初级工	5	105708	8809	39996	3333	21372	1781	46980	3915
6.其他人员	6	81156	6763	36000	3000	17652	1471	39864	3322

项　目	序号	高位数		中位数		低位数		平均数	
		年薪	月薪	年薪	月薪	年薪	月薪	年薪	月薪
丙									
按学历分类：									
1.博士	1	199992	16666	143328	11944	99996	8333	146664	12222
2.硕士	2	313716	26143	99996	8333	49992	4166	147096	12258
3.本科	3	244824	20402	54696	4558	24804	2067	67104	5592
4.大专	4	122088	10174	48960	4080	21324	1777	51756	4313
5.高中、中专、技校	5	158616	13218	45000	3750	22020	1835	50124	4177
6.初中及以下	6	75036	6253	34992	2916	17640	1470	37632	3136

2014 年度吴兴区织里镇服装生产企业部分职业（工种）人力资源市场工资指导价位表

单位：元

序号	工　种	高位数		中位数		低位数		平均数	
		年薪	月薪	年薪	月薪	年薪	月薪	年薪	月薪
1	服装设计人员	93720	7810	91152	7596	88584	7382	91152	7596
2	服装裁剪工	69996	5833	59496	4958	49992	4166	59148	4929
3	服装缝纫工	63492	5291	50244	4187	38496	3208	50220	4185
4	服装包装工	49992	4166	39000	3250	30000	2500	40332	3361
5	服装检验工	51480	4290	47892	3991	41412	3451	46920	3910
6	收发工	45000	3750	39240	3270	30000	2500	38364	3197

嘉兴市人力资源市场工资指导价位

嘉兴市企业 2014 年部分职业(工种)人力资源市场工资指导价位

单位:元

序号	工 种	高价位	中价位	低价位
1	企业董事	206250	97800	49600
2	企业经理	183690	94510	48580
3	企业职能部门经理或主管	120430	98560	46920
4	生产经营经理	130330	82940	49880
5	财务经理	126480	79280	48850
6	行政、人事经理	123420	62780	48040
7	人事经理	135680	62920	48660
8	销售和营销经理	127950	72570	47750
9	采购经理	116630	60430	46450
10	计算机服务经理	178210	88660	45990
11	研究和开发经理	179660	114780	48570
12	餐厅、客房经理	114920	79640	46340
13	其他企业负责人	107230	73350	43320
14	其他企业管理人员	110680	67730	42080
15	化学研究人员	75080	52920	44760
16	化工实验工程技术人员	85440	74540	54660
17	化工设计工程技术人员	104300	74890	64190
18	化工生产工程技术人员	109570	81950	63870
19	其他化工工程技术人员	146320	93890	42590
20	机械设计工程技术人员	99290	64340	53220
21	机械制造工程技术人员	82960	63750	52280
22	仪器仪表工程技术人员	128300	64900	51730
23	设备工程技术人员	137790	78530	62140
24	其他机械工程技术人员	105200	66040	43950
25	电子元器件工程技术人员	86720	50770	42600
26	电子仪器与测量工程技术人员	86850	56300	43820
27	其他电子工程技术人员	130330	68830	43520
28	计算机硬件技术人员	100800	49440	41110

续 表

序号	工 种	高价位	中价位	低价位
29	计算机软件技术人员	110140	50720	42140
30	计算机网络管理员	124810	59600	53590
31	其他计算机与应用工程技术人员	92500	51070	43710
32	电力拖动与自动控制工程技术人员	85820	63280	54410
33	其他电气工程技术人员	79670	55790	51030
34	其他电力气工程技术人员	77470	58790	55030
35	土木建筑工程技术人员	98500	56440	51460
36	建材工程技术人员	79290	42700	40400
37	其他建筑工程技术人员	81720	49560	42000
38	水产养殖工程技术人员	69090	58910	53720
39	织造工程技术人员	68540	52020	41230
40	染整工程技术人员	80000	47720	39010
41	其他纺织工程技术人员	52470	38500	34980
42	质量工程技术人员	82350	55050	39740
43	其他标准化、计量、质量工程技术人员	62800	54710	41590
44	普通工业工程技术人员	152410	60960	34150
45	生产组织与管理工程技术人员	73480	63360	52920
46	质量管理与可靠性控制工程技术人员	83610	51660	48650
47	营销工程技术人员	78210	58060	46610
48	企业人力资源管理师	90970	59150	34220
49	物流师	86810	51600	37550
50	其他管理(工业)工程技术人员	84680	52020	35760
51	其他工程技术人员	115710	88030	49410
52	其他统计人员	77540	68930	44950
53	出纳	83160	67320	31730
54	会计	89730	73990	43580
55	其他会计人员	78250	65690	42790
56	报关员	89610	65160	50110
57	对外经贸业务员	100410	62700	54600
58	其他国际商务人员	82640	63600	43320
59	其他经济业务人员	55730	37640	31940
60	银行清算员	113510	102080	82590
61	银行信贷员	140060	88650	76600
62	银行储蓄员	96350	77850	40580
63	其他银行业务人员	85320	74660	44380
64	服装设计人员	104310	72440	45430

续　表

序号	工　种	高价位	中价位	低价位
65	日语翻译	104080	86510	75020
66	其他专业技术人员	56520	52920	41760
67	行政业务办公人员	100350	54980	46520
68	其他行政业务人员	58620	46580	40860
69	秘书	100350	71930	59320
70	收发员	45590	33280	25990
71	计算机操作员	51470	47790	44990
72	制图员	153360	86790	51380
73	文员	78030	46480	41620
74	其他行政办公人员	48620	42880	41760
75	其他行政事务人员	59150	36420	35470
76	保安员	45780	33680	24360
77	其他治安保卫人员	50050	48260	46460
78	其他安全保卫和消防人员	52920	51320	46680
79	邮政转运员	50930	50000	41890
80	邮政储汇业务员	92220	50350	43920
81	其他办事人员和有关人员	54480	31340	30990
82	营业员	36300	30690	27520
83	收银员	34600	29650	25780
84	其他营业人员	37900	31740	26590
85	营销师	93590	64080	59460
86	其他推销、展销人员	85980	57960	54880
87	采购员	73940	57210	47340
88	其他采购人员	63090	42530	39800
89	其他商品监督和市场管理人员	60100	43010	37500
90	医药商品购销员	96000	60430	32560
91	保管员	51110	49150	41380
92	理货员	47840	45750	40350
93	仓管员	45160	31580	24020
94	其他仓储人员	39150	36890	32850
95	中式烹调师	62400	45270	36160
96	其他中餐烹调人员	68400	46090	39230
97	西式烹调师	104740	56990	47130
98	餐厅服务员	35150	33560	31960
99	餐厅清洁保管员	34460	32010	30920
100	其他餐厅服务人员	34350	32020	30990

续　表

序号	工　种	高价位	中价位	低价位
101	厨政管理师	52690	39120	30180
102	前厅服务员	36200	30990	29880
103	客房服务员	40500	32380	26400
104	其他饭店服务人员	41150	30090	24350
105	导游	52870	43440	36580
106	公共游览场所服务员	36690	34330	29640
107	其他旅游及公共游览场所服务人员	52370	43150	29590
108	汽车客运服务员	45680	42330	40860
109	汽车运输调度员	51780	33840	25640
110	船舶业务员	41320	38810	26880
111	其他运输人员	59270	53960	37860
112	物业管理员	56780	33650	29960
113	其他物业管理员	54480	34980	29000
114	供水生产工	84150	69970	47640
115	供水供应工	64310	38820	35770
116	锅炉操作工	51440	39970	28850
117	其他供水、供热及生活燃料供应服务人员	77040	65420	53660
118	洗衣师	36540	32820	28860
119	其他办公设备维修人员	69030	48230	36000
120	垃圾清运工	47360	33560	30150
121	垃圾处理工	41160	35990	27650
122	保洁员	36720	31280	27390
123	其他环境卫生人员	41540	30150	28990
124	汽车驾驶员	63750	45620	41370
125	公交大客驾驶员	58200	48710	37620
126	公交中巴驾驶员	45650	39780	33000
127	长途大客驾驶员	77650	72490	51360
128	太阳能利用工	46320	38320	25320
129	其他炼钢人员	66000	49050	45670
130	多晶制取工	71290	54200	47520
131	轧制原料工	45800	42010	31420
132	金属轧制工	65930	50170	36480
133	酸洗工	66810	49880	37590
134	精整工	80360	49460	34290
135	金属材丝拉拔工	69250	50990	45110
136	铸轧工	50270	45950	44280

序号	工　　种	高价位	中价位	低价位
137	钢丝绳制造工	72700	53940	48410
138	其他金属轧制人员	42800	35540	24500
139	硬质合金精加工工	33390	30640	28010
140	制冷工	52630	41090	33280
141	化工总控工	72310	60050	46200
142	其他化工产品生产通用工艺人员	52850	40350	32400
143	燃料油生产工	88140	76980	44550
144	烧碱生产工	66390	61610	60270
145	无机化学反应工	66520	62640	59820
146	酚醛树脂生产工	49020	35590	29430
147	纺丝工	45320	36160	31320
148	化纤后处理工	87850	71710	61690
149	其他化学纤维生产人员	83390	70280	59190
150	有机合成工	42730	36360	26860
151	其他精细化工产品生产人员	75560	54530	44480
152	其他复合材料加工人员	45950	41980	31530
153	油墨制造工	42000	33000	24160
154	车工	59780	47160	36120
155	铣工	53920	40870	33560
156	磨工	46390	44770	43150
157	钻床工	53640	52300	32880
158	组合机床操作工	76760	49190	32680
159	加工中心操作工	82150	46220	30310
160	制齿工	65960	46350	29450
161	螺丝纹挤形工	71440	49590	33370
162	拉床工	50750	36820	25900
163	锯床工	53270	39230	32480
164	抛磨光工	66800	55520	44170
165	其他机械冷加工人员	63390	44530	32300
166	铸造工	67700	48440	27420
167	锻造工	64690	41020	29530
168	冲压工	56820	40930	27250
169	剪切工	59280	44660	37240
170	焊工	64580	48540	39850
171	金属热处理工	61200	47800	29140
172	其他机械热加工人员	80460	58880	46140

续　表

序号	工　种	高价位	中价位	低价位
173	电切削工	71920	35070	29880
174	其他特种加工设备操作人员	60000	42000	36340
175	冷作钣金工	50980	35560	27990
176	镀层工	59570	37660	30690
177	涂装工	54230	51110	47990
178	其他工件表面处理加工人员	46620	43510	40400
179	磨料制造工	64450	51490	33760
180	磨具制造工	59840	44810	32370
181	其他磨料磨具制造加工人员	69080	41950	32290
182	汽车饰件制造工	69450	56620	47760
183	基础件装配工	53550	38330	24320
184	部件装配工	65380	39530	26500
185	装配钳工	71080	47890	28530
186	数控机床装配维修工	74100	50230	39110
187	其他机械设备装配人员	69890	52020	34620
188	高低压电器装配工	54490	43650	34410
189	电线电缆制造工	58480	34620	29660
190	其他电气元件及设备装配人员	39490	34540	30120
191	其他电子专用设备装配调试人员	48630	39630	35720
192	电子仪器仪表装配工	45810	32760	26730
193	工业自动化仪器仪表与装置装配工	90620	51210	25800
194	电冰箱、电冰柜制造装配工	30700	25500	23650
195	小型家用电器装配工	38070	32280	29560
196	其他日用机械电器制造装配人员	42730	29840	27680
197	工具五金制作工	72750	72040	62000
198	日用五金制品制作工	59480	43110	36960
199	其他五金制品制作装配人员	47950	34080	26450
200	机修钳工	51760	43090	33980
201	汽车修理工	57680	50770	42590
202	工程机械修理工	66250	64030	61800
203	其他机械设备维修人员	78610	66110	48820
204	设备点检员	80550	73680	48650
205	染料值班员	68450	49240	36270
206	锅炉运行值班员	77530	69540	64350
207	汽轮机运行值班员	69570	68670	63760
208	电气值班员	74210	66520	60770

序号	工　种	高价位	中价位	低价位
209	电厂水处理值班员	81760	60140	54910
210	其他电力设备检修人员	95070	83550	61170
211	农网配电营业工	77350	65930	59970
212	维修电工	102660	77670	51410
213	其他生活生产电力设备安装、操作、维修人员	81920	66610	43160
214	其他电子器件制造人员	49960	41340	29490
215	接插件制造工	60660	42450	34630
216	其他电子元件制造人员	62850	35890	26990
217	碱性蓄电池制造工	40920	33590	28650
218	原电池制造工	50080	40090	36750
219	太阳能电池制造工	61210	43950	33510
220	其他电池制造人员	39430	35390	27330
221	电子精密机械装调工	67980	41560	27790
222	其他电子元件与电子设备制造、装配维修人员	106170	40000	30070
223	橡胶制品配料工	62010	55440	47280
224	橡胶炼胶工	76070	57250	47990
225	橡胶半成品制造工	80440	58470	49170
226	橡胶成型工	78010	56660	49670
227	橡胶硫化工	73630	55750	50600
228	其他橡胶制品生产人员	68110	54860	47580
229	细纱工	66650	44250	38880
230	筒并摇工	71950	48960	38040
231	其他纺纱人员	51130	41250	29610
232	其他橡胶制和塑料制品生产人员	48000	37200	23410
233	纤维染色工	57990	44930	29910
234	纤维梳理工	51390	41920	29820
235	并条工	48380	31750	29160
236	粗纱工	65770	37990	29420
237	其他纤维预处理人员	48660	37830	31770
238	捻线工	52320	30990	25680
239	制线工	42480	32540	24140
240	缫丝工	41380	35340	28890
241	浆纱工	59590	37200	28610
242	织物验修工	49030	34670	27890
243	其他织造人员	54330	44390	26690
244	纬编工	39550	32040	28150

序号	工　种	高价位	中价位	低价位
245	经编工	48830	39430	31150
246	横机工	39910	32500	29480
247	纺丝工（手工）	45320	36160	31320
248	织袜工	56520	42170	32540
249	化纤后处理工	87850	71710	61690
250	其他化学纤维生产人员	83890	70280	59190
251	化纤聚合工	85460	74740	59750
252	铸、钳针工	52680	45540	38390
253	坯布检查处理工	45730	36380	28210
254	煮炼漂工	55410	44010	34760
255	印染洗涤工	50470	40410	25110
256	印染烘干工	50990	41970	30270
257	印染定型工	45670	37730	30170
258	纺织针织染色工	56220	41310	34230
259	印花工	50010	40060	32450
260	印染后整理工	46450	38190	30020
261	印染染化料配制工	48910	36590	27820
262	工艺染织制作工	49320	42020	33530
263	其他印染人员	54630	37200	28840
264	其他纺织、针织、印染人员	50670	33650	28900
265	裁剪工	46910	38960	33530
266	缝纫工	43980	36810	29600
267	缝纫品整型工	42800	36110	29780
268	裁缝工	43970	36580	29920
269	其他裁剪缝纫人员	39160	31660	30780
270	制鞋工	61230	32190	25610
271	皮革加工工	59540	48340	43580
272	毛皮加工工	59980	49110	33750
273	扪皮工	74670	63410	47430
274	其他皮革、毛皮加工人员	61450	40960	33820
275	缝纫制品充填处理工	56150	46570	35490
276	其他缝纫制品再加工人员	45540	43380	34870
277	其他裁剪缝纫和毛皮革制作人员	61560	43380	34870
278	冷食品制作工	56170	46610	33350
279	黄酒酿造工	36700	33950	29460
280	其他食品添加剂及调味品制作人员	43680	32150	25810

续　表

序号	工　种	高价位	中价位	低价位
281	烘焙工	39780	33270	23640
282	猪屠宰加工工	47400	37200	24000
283	饲料原料清理上料工	56660	43970	33010
284	其他饲料生产加工人员	54970	43330	34420
285	化学合成制药工	43790	34680	30310
286	药物制剂工	44790	32980	30020
287	其他药品生产制造人员	34730	29730	25830
288	其他木材加工人员	83660	56140	36960
289	胶合板工	53450	44370	28030
290	手工木工	49950	34320	26400
291	机械木工	53750	39610	31960
292	其他木材制品制作人员	65160	50640	37100
293	制浆备料工	45040	32460	28960
294	制浆设备操作工	50620	34180	28920
295	其他制浆人员	37850	27650	25360
296	造纸工	47790	35020	30920
297	其他造纸人员	42000	29840	25000
298	瓦楞纸箱制作工	56280	38170	34320
299	其他纸制品制作人员	46580	37880	27480
300	其他制浆、造纸和纸制品生产加工人员	33140	29401	25920
301	水泥生产制造工	39840	29940	26450
302	水泥制品工	52960	41640	27680
303	水泥生产巡检工	36820	33250	27620
304	保温材料制造工	59200	48000	42000
305	玻璃溶熔化工	65600	49070	40610
306	玻璃加工工	53380	38300	30370
307	玻璃纤维制品工	51220	43210	37670
308	其他玻璃纤维及制品生产人员	45290	34580	27880
309	柔性版制版工	51000	49330	45310
310	凹版印刷工	58850	48070	31930
311	装订工	51190	39190	30000
312	其他印后制作人员	43670	38110	33670
313	其他印刷人员	40350	37450	30580
314	球拍、球网制作工	65650	44810	39040

续　表

序号	工　种	高价位	中价位	低价位
315	砌筑工	56780	46600	37210
316	混凝土工	56120	44980	36760
317	抹灰工	49850	41500	34980
318	木工	59340	45740	34050
319	油漆工	52840	43680	31850
320	起重装卸机械操作工	84390	70960	45500
321	起重工	46580	45580	44980
322	叉车司机	54790	41220	34200
323	其他古建筑结构施工工	43030	34890	27980
324	筑路、养护工	43510	37650	28990
325	其他起重装卸操作及有关人员	82040	79160	64010
326	车站调车作业员	51350	46430	32660
327	废水处理工	47210	40580	32450
328	化学检验工	49820	42970	33690
329	材料成分检验工	48570	43700	38710
330	材料物理性能检验工	60820	42230	30340
331	无损检测员	55860	48210	36730
332	产品可靠性能检验工	65270	43460	27450
333	纺织纤维检验工	48770	39060	33580
334	针纺织品检验工	45560	34330	25980
335	印染工艺检验工	48350	40150	30230
336	服装鞋帽检验工	52380	39510	26390
337	木材及家具检验工	56120	47650	40480
338	包装材料检验工	66020	65980	56600
339	五金制品检验工	55120	49300	42620
340	电器产品检验工	53230	31920	25400
341	照明电器检验工	66690	48030	36340
342	玻璃分析检验员	39850	32950	27740
343	其他检验人员	61590	56950	50980
344	包装人员	78810	60470	53790
345	其他计量人员	66820	38680	25140
346	其他检验、计量人员	52550	36610	25130
347	混凝土泵工	58100	44740	33230
348	简单体力劳动人员	48770	34020	28120

嘉兴市企业 2014 年不同专业技术等级工资指导价位

1. 分管理岗位、专业技术等级、职业技能等级工资指导价位

单位：元/人、年

序号	管理岗位/专业技术等级/职业技能等级	高价位	中价位	低价位
1	高级管理岗	183520	105000	76520
2	一级部门管理岗	153510	90320	58740
3	二级部门管理岗	134460	60760	43300
4	其他管理岗	96150	57760	36800
5	高级职称	159810	112920	86680
6	中级职称	131090	105170	71760
7	初级职称	101980	66620	42710
8	没有取得专业技术职称	83400	58750	31500
9	高级技师	157300	107500	87300
10	技师	135200	119740	86970
11	高级技能	121720	86180	46950
12	中级技能	114570	79890	47180
13	初级技能	90820	62860	43420
14	没有取得资格证书	71510	50780	31300

2. 分登记注册类型工资指导价位

单位：元/人、年

序号	企业登记注册类型	高价位	中价位	低价位
1	国有	71820	61350	48960
2	有限责任	90000	61130	31030
3	股份有限公司	93890	61960	50350
4	私营企业	73990	62460	41250
5	港、澳、台资商合资经营企业	74270	48000	30960
6	港、澳、台资商独资经营企业	95480	54360	38260
7	中外合资经营企业	104570	73760	58860
8	外商投资股份有限公司	95810	56700	34240

嘉兴市企业 2014 年 5 种不同学历人力资源市场工资指导价位

单位：元／人、年

序号	学 历	高价位	中价位	低价位
1	研究生	131600	85310	64320
2	大学本科	75620	52180	37350
3	大学专科	58120	45690	33750
4	高中、中专和技校	53340	42510	32760
5	初中及以下	44420	40960	31080

绍兴市人力资源市场工资指导价位

2013 年绍兴市职业（工种）工资指导价位

单位：元、人

序号	职 业	高位数	较高位数	中位数	较低位数	低位数
1	企业董事	686825	236516	177615	112140	58024
2	企业经理	415881	170597	133546	76673	52278
3	生产经营经理	271560	155433	121630	65648	44447
4	财务经理	228154	129284	99037	56949	48071
5	行政经理	217209	123807	98300	66731	52352
6	人事经理	199021	131039	83448	48598	47928
7	销售和营销经理	279984	133773	95955	55184	36643
8	广告和公关经理	117817	82083	74085	42972	36653
9	采购经理	129744	100365	86067	52008	38153
10	计算机服务经理	174804	131760	126841	65681	46166
11	研究和开发经理	361355	185416	121188	66102	38093
12	餐厅、客房经理	138540	111764	54543	42182	40725
13	客房经理	124111	109631	90005	78500	55173
14	其他企业负责人	135041	85043	63586	44612	31639
15	其他企业管理人员	149331	90658	67371	42972	28976
16	教育科学研究人员	150167	108750	95455	64520	61839
17	化学研究人员	108164	94635	74125	57600	43100
18	医学研究人员	101653	90637	80940	52301	44093
19	其他科学研究人员	139778	109770	61019	33050	32020
20	地质勘探工程技术人员	161414	140864	129559	84447	73936
21	测绘工程技术人员	112273	91613	69981	56949	36491
22	矿山工程技术人员	148518	121336	89520	52329	48368
23	冶金工程技术人员	211720	150295	90452	56675	48715
24	化工工程技术人员	101834	76181	60589	49896	40734
25	机械工程技术人员	161905	100327	75271	53946	44416
26	电子工程技术人员	95648	76290	71414	53344	37685

续　表

序号	职　业	高位数	较高位数	中位数	较低位数	低位数
27	通信工程技术人员	161526	111219	88879	58236	52677
28	计算机与应用工程技术人员	119145	92782	73901	54365	44215
29	电气工程技术人员	140339	119465	67002	60238	34776
30	电力工程技术人员	140594	94344	53061	45466	31019
31	交通工程技术人员	114786	84936	64910	55951	48806
32	建筑工程技术人员	131887	90965	74828	57722	49312
33	建材工程技术人员	114754	110656	92862	70075	69704
34	林业工程技术人员	122865	111450	93229	74032	59094
35	水利工程技术人员	163261	146367	118465	90912	68775
36	水产工程技术人员	108966	86651	66449	51469	39526
37	纺织工程技术人员	113087	77858	55183	41042	26026
38	食品工程技术人员	230011	133815	93890	60201	41328
39	环境保护工程技术人员	113852	99492	72571	60277	49812
40	安全工程技术人员	117424	84752	70007	47202	42255
41	标准化、计量、质量工程技术人员	88884	64212	56448	43046	38823
42	工业管理工程技术人员	124818	84210	57066	42768	37810
43	其他工程技术人员	112778	80264	55596	42447	29079
44	园艺技术人员	71639	66598	59429	50151	43581
45	经济计划人员	93343	70677	58473	47826	37072
46	统计人员	74188	55778	45753	37836	31292
47	会计人员	102319	69989	49920	38463	29488
48	审计人员	127281	95347	65138	53184	42709
49	国际商务人员	76739	64880	42196	38441	30547
50	房地产业务人员	84350	70812	43389	37896	32022
51	其他经济业务人员	105466	58667	43289	33326	29790
52	银行业务人员	290294	206021	145575	104737	77002
53	保险业务人员	194278	186456	179529	130142	88980
54	证券业务人员	227912	120168	69602	63270	54601
55	其他金融业务人员	146091	90492	74388	58768	54369
56	记者	90592	76029	66688	48603	39247
57	编辑	82229	69625	63594	51134	42629
58	翻译	103401	76452	67970	53543	45750
59	图书资料与档案业务人员	85395	70996	67881	57041	33272
60	其他新闻出版、文化工作人员	99828	91704	79364	74381	73002

续　表

序号	职　业	高位数	较高位数	中位数	较低位数	低位数
61	其他专业技术人员	91812	71869	51661	39660	27902
62	行政业务人员	118948	97014	46803	38475	32865
63	行政事务人员	76103	60626	45840	41320	30701
64	其他行政办公人员	88090	54545	41292	35403	30475
65	治安保卫人员	53221	36969	30988	29829	26680
66	消防人员	41271	33212	30964	30266	29023
67	其他安全保卫和消防人员	53844	47593	28729	26505	22334
68	电信业务人员	130094	108695	98077	90752	75064
69	邮政业务人员	113790	90213	53961	48521	42826
70	电信通信传输业务人员	149620	106298	58883	54048	48932
71	其他邮政电信业务人员	207076	140421	90125	63463	45797
72	购销人员	87300	60115	43053	36412	26797
73	营业人员	66138	46248	36074	33678	30392
74	推销、展销人员	159930	85946	62839	44401	31733
75	采购人员	89536	67549	46148	36295	30640
76	商品监督和市场管理员	81657	56255	47824	45821	41765
77	其他购销人员	120130	69219	48182	43907	42420
78	保管人员	64669	51135	39889	35605	30224
79	储运人员	72992	57296	41025	38120	31802
80	其他仓储人员	71079	62103	45148	39014	26813
81	中餐烹饪人员	66742	56797	42901	35644	24151
82	西餐烹饪人员	65999	59015	49134	30564	25621
83	餐厅服务员、厨工	55252	45533	35487	30580	24299
84	其他餐饮服务人员	48059	45663	32944	26246	22913
85	饭店服务人员	51230	40482	29575	25762	22182
86	旅游及公共游览场所服务员	74954	66818	50782	40096	29429
87	健身娱乐场所服务员	97910	76267	63493	55472	49228
88	其他饭店、旅游及健身娱乐场所服务人员	90997	74329	59125	51027	47442
89	公路道路运输服务人员	93369	58047	50170	39879	34651
90	铁路客货运输服务人员	76635	54307	52010	50466	48924
91	医疗卫生辅助服务人员	106427	59895	45141	40762	33705
92	物业管理人员	57403	49452	42880	40358	30230
93	供水供热人员、锅炉工	88903	74831	58601	47585	37720
94	摄影服务人员	48527	38726	36910	31396	29746

续　表

序号	职　　业	高位数	较高位数	中位数	较低位数	低位数
95	洗染、织补人员	41312	30302	27120	25537	21634
96	验光配镜人员	52713	48498	45044	36613	33157
97	浴池服务人员	47741	48779	36083	34138	29149
98	日用机电产品维修人员	67391	54161	42504	40877	35948
99	办公设备维修人员	55012	45319	42851	36728	31677
100	保育、家庭服务员	63659	54390	42370	37997	29433
101	环境卫生人员	49526	40595	23880	20686	17942
102	其他社会服务和居民生活服务人员	80916	51507	34893	23174	20914
103	园艺作物生产人员	68786	58126	42290	38046	31710
104	水土保持作业人员	53541	47869	42238	36785	27846
105	地质勘查人员	69029	66098	63650	58272	51557
106	矿物开采人员	80824	69605	63317	61536	58627
107	矿物处理人员	67599	64721	56253	54405	50556
108	炼铁人员	82956	57034	55653	52461	50755
109	炼钢人员	78465	54093	50889	46885	45439
110	金属轧制工	65022	56625	49007	46729	44879
111	其他金属冶炼、轧制工	63704	57620	49128	43593	38861
112	化工产品生产通用工艺人员	72631	60288	57442	53811	27522
113	基本有机化工产品生产人员	53151	48520	44381	42714	33347
114	合成树脂生产人员	77231	66859	59948	52692	36353
115	化学纤维生产人员	76356	54072	40931	39467	37255
116	精细化工产品生产人员	73772	62386	54309	51616	46051
117	信息记录材料生产人员	47405	46993	45530	42961	34554
118	炸药制造人员	64393	57949	51687	48155	40777
119	日用化学品生产人员	37899	36266	35995	36264	35172
120	其他化工产品生产人员	55740	54640	52600	51289	49980
121	机械冷加工工	80963	58614	47948	41579	28632
122	机械热加工人员	74274	56944	50651	39677	33902
123	特种加工设备操作人员	67920	60809	45172	41996	32346
124	冷作钣金加工人员	101290	96229	63542	58358	53172
125	工件表面处理加工人员	99294	69753	42588	37880	30844
126	磨料磨具制造加工人员	69711	59645	50238	47814	44037
127	其他机械制造加工人员	74437	55562	42329	36625	31064
128	基础件、部件装配人员	56933	50332	40261	36082	28424

序号	职　业	高位数	较高位数	中位数	较低位数	低位数
129	机械设备装配人员	84040	79930	50947	37749	30450
130	动力设备装配人员	64447	59532	53552	50551	42804
131	电气元件及设备装配工	69090	58349	35968	30227	28566
132	电子专用设备装配调试人员	55264	46553	43705	39243	29310
133	日用机械电器制造装配人员	76840	57838	45103	37644	29163
134	五金制品制作装配人员	60868	37115	28933	28285	27126
135	其他机电产品装配人员	67722	57777	50187	44433	36574
136	机械设备维修人员	78466	60493	45241	39134	29628
137	仪器仪表修理工	66676	63268	53172	49544	41071
138	其他机械设备修理人员	84232	69628	54694	48852	32149
139	电力设备安装人员	105859	100501	71352	51863	42647
140	发电运行值班人员	79978	64120	32676	31568	30463
141	输电、配电、变电设备值班人员	149303	125305	90155	81360	41604
142	电力设备检修人员	142207	110498	56139	47268	39347
143	供用电人员	154078	124051	50833	50238	34508
144	生产生活电力设备安装、操作、修理人员	111734	67335	53572	41893	30731
145	其他电力设备安装、运行、检修及供电人员	124389	84351	58935	44420	33717
146	电子器件制造人员	58803	45718	38000	32319	25632
147	电子元件制造人员	50824	42021	37764	31164	28101
148	电池制造人员	58696	49576	40078	37193	30643
149	电子设备装配调试人员	55145	51707	44724	45474	32506
150	电子产品维修人员	76718	73504	67304	58455	49622
151	其他电子元器件与电子设备制造、装调维修人员	91842	69608	35625	32480	31626
152	橡胶制品生产人员	63857	45861	39286	35994	30907
153	塑料制品加工人员	61489	43609	36593	32245	28678
154	其他橡胶和塑料制品生产人员	65915	46785	42854	24276	22655
155	纺纱人员	63903	53424	40643	36775	28101
156	织造人员	64852	44352	37321	30795	29005
157	针织人员	54777	51236	43637	39625	31934
158	印染人员	71633	54740	43637	37618	28758
159	其他纺织、针织、印染人员	65172	51109	38574	31243	27228
160	裁剪缝纫工	65973	47448	40923	37881	34154
161	皮革、毛皮加工工	55149	40612	37757	33041	26617
162	缝纫制品再加工人员	46525	41320	39082	34662	28565

序号	职　　业	高位数	较高位数	中位数	较低位数	低位数
163	其他裁剪缝纫和皮革、毛皮制品加工制作人员	46811	41181	36820	32581	29547
164	粮油生产加工人员	79373	75183	54646	42127	23741
165	粮油食品制作人员	66778	41742	32982	31632	29386
166	酿酒人员	61701	52110	47881	45178	38349
167	屠宰加工人员	68170	44101	30597	30899	30572
168	肉、蛋食品加工人员	44185	38962	29303	31143	30675
169	饲料生产加工人员	31650	31590	31560	31530	29706
170	其他烟草及其制品加工人员	99837	41420	36376	33471	26531
171	合成药物制造人员	86748	62089	52044	48440	46664
172	生物技术制药人员	70956	57289	47393	42839	40820
173	药物制剂人员	49000	44203	39812	36490	33597
174	中药制药人员	61588	60326	48690	44912	37926
175	其他药品生产制造人员	58387	48356	38850	35842	32512
176	木材加工制作人员	79884	65581	49013	40260	30661
177	木材制品制作人员	84527	67287	50286	42332	31965
178	其他木材加工、人造板生产及木材制品制作人员	86848	72657	68485	47039	41922
179	制浆人员	64180	60388	52998	48063	43138
180	纸制品制作人员	63716	55876	51407	43968	33750
181	其他制浆、造纸和纸制品生产加工人员	66118	56366	47557	42086	31542
182	水泥及水泥制品生产加工人员	66947	61142	47708	44684	42345
183	墙体屋面材料生产人员	72412	63344	52829	44693	43181
184	其他建筑材料生产加工人员	67628	56970	51655	42147	40007
185	陶瓷制品生产人员	66549	558416	45362	40997	31500
186	搪瓷制品生产人员	65967	55293	44710	39938	32054
187	印前处理人员	60164	44464	40105	29144	26259
188	印刷操作人员	84657	77122	50706	40569	31668
189	印后制作人员	68773	62186	47163	40564	28363
190	其他印刷人员	51112	35688	27878	22386	21021
191	漆器工艺品制作人员	51180	43668	41605	41054	36991
192	珠宝首饰加工制作人员	41905	38287	34085	32665	31374
193	其他工艺、美术品制作人员	82800	82643	82564	82486	82407
194	土石方施工人员	61467	60622	58208	54757	52616
195	砌筑人员	62547	60211	59047	54861	53640
196	混凝土配置及制品加工人员	61873	61006	59511	53888	53020

续　表

序号	职　业	高位数	较高位数	中位数	较低位数	低位数
197	钢筋加工人员	60109	59481	57418	54462	52215
198	施工架子搭设人员	64547	55504	47024	41942	43174
199	工程防水工	61295	59833	58267	54678	52755
200	装饰、装修、油漆工	60632	59721	57882	54455	53039
201	古建筑修建人员	118645	93094	90204	84024	75991
202	筑路、养护、维修人员	64165	59976	50474	42329	38345
203	机械电气工程设备安装工、管工	157743	125901	108200	101348	75326
204	其他工程施工人员	153152	97447	63053	61056	37273
205	公（道）路运输机械设备操作及有关人员	90764	62494	45110	42048	35465
206	铁路、地铁运输设备操作及有关人员	83601	81048	76188	72930	69678
207	起重装卸机械操作及有关人员	74737	54756	48176	43914	38469
208	其他运输设备操作人员	72325	54196	48497	42327	31315
209	环境监测人员	68675	64106	55176	48813	42462
210	废物处理人员	59632	52328	45476	34477	33574
211	其他环境监测与废物处理人员	47151	43589	36610	34681	32757
212	检验人员	67678	48872	41062	35431	29979
213	计量人员	62972	41799	35476	33438	30208
214	其他检验、计量人员	75315	71237	43115	39097	30018
215	包装人员	57356	42525	36112	29896	23055
216	机泵操作人员	81284	77205	63366	47382	34072
217	简单体力劳动人员	64396	43942	38763	35078	28658

2013 年绍兴市主要行业人工成本状况

单位：元

行　业	企业平均人工成本（元／人、年）	各项费用占人工成本比重（％）						
		从业人员劳动报酬	福利费用	教育经费	保险费用	劳动保护费用	住房费用	其他人工成本
总体状况	58682	76.9	5.88	0.66	10.16	1.23	1.6	3.58
农、林、牧、渔业	45355	89.06	2.16	0	8.58	0	0.2	0
采矿业	65646	71.69	5.95	0.32	7.87	0	8.31	5.86
制造业	54445	79.16	6.13	0.69	8.71	1.23	0.88	3.19
电力、热力、燃气及水生产和供应业	121331	67.03	6.31	0.58	14.86	1.36	6.5	3.37
建筑业	59667	78.61	4.7	1.24	8.99	2.21	0.64	3.61
批发和零售业	65984	70.16	3.33	0.23	14.5	1.11	2.3	8.37

行　　业	企业平均人工成本（元/人、年）	各项费用占人工成本比重（%）						
		从业人员劳动报酬	福利费用	教育经费	保险费用	劳动保护费用	住房费用	其他人工成本
交通运输、仓储和邮政业	61995	74.79	4.27	0.71	15.01	1.61	2.76	0.86
住宿和餐饮业	49546	76.22	4.68	0.63	13.8	1.43	1.63	1.62
信息传输、软件和信息技术服务业	97003	52.14	5.26	0.28	11.81	0.55	0.5	29.45
房地产业	113132	77.54	8.21	0.75	8.73	0.99	3.48	0.31
租赁和商务服务业	56681	82.83	4.69	0.12	11.17	0.52	0.42	0.26
居民服务、修理和其他服务业	63071	79.71	7.48	0.4	9.45	1.23	0.79	0.94

2013 年绍兴市制造业人工成本状况

单位：元

制造行业	企业平均人工成本（元/人、年）	各项费用占人工成本比重（%）						
		从业人员劳动报酬	福利费用	教育经费	保险费用	劳动保护费用	住房费用	其他人工成本
总体状况	54445	79.16	6.13	0.69	8.71	1.23	0.88	3.19
食品制造业	47974	72.19	7.29	2.99	14.84	1.35	1.33	0
纺织业	59005	78.07	5.21	0.48	6.94	0.76	0.95	7.59
纺织服装、服饰业	39107	83.1	4.38	0.36	8.09	0.89	0.79	2.39
皮革、毛皮、羽毛及其制品和制鞋业	31758	81.85	7.26	0.25	7.89	1.08	0	1.67
造纸及纸制品业	42351	87.51	3.22	0.69	7.53	0.76	0.25	0.04
印刷业和记录媒介的复制	56035	84.27	6.64	0.32	7.2	1.02	0.33	0.22
化学原料及化学制品制造业	72808	72.6	7.62	0.84	8.72	2.7	3.1	4.42
医药制造业	62518	64.94	5.71	1.08	20.46	0.78	1.34	5.69
化学纤维制造业	45674	86.29	7.54	0.05	4.64	1.47	0	0
橡胶和塑料制品业	57386	84.08	5.12	0.58	7.37	1.46	0.88	0.5
有色金属冶炼及压延加工业	52145	79.33	3.88	0.15	11.95	1.56	0.13	2.99
金属制品业	45792	76.62	3.97	0.81	6.28	0.56	0.41	11.35
通用设备制造业	49010	79.78	6.31	0.49	9.17	1.5	0.62	2.13
专用设备制造业	49897	76.66	6.03	1.32	10.14	1.21	0.7	3.94
电气机械及器材制造业	54187	85.37	2.61	0.32	10.66	0.35	0.06	0.63
计算机、通信和其他电子设备制造业	51661	71.87	14.82	1.66	7.82	2.05	0.51	1.27
其他制造业	53134	80.93	6.86	0.63	8.17	1.33	0.8	1.28
金属制品、机械和设备修理业	42394	80.22	3.08	0.3	8.85	0.67	0.47	6.41

金华市人力资源市场工资指导价位

金华市区企业 2014 年部分职业（工种）人力资源市场工资指导价位

单位：元/月

序号	职 业 名 称	高位数	中位数	低位数
1	企业经理（厂长）	16300	8070	2780
2	副经理（副厂长）	13180	6660	2450
3	生产或经营经理	7820	4760	2360
4	财务经理	7490	4660	2250
5	行政经理	6610	3680	2190
6	人事经理	6610	3670	2190
7	销售和营销经理	7820	4700	2230
8	广告和公关经理	5980	4840	2190
9	采购经理	5660	3360	2080
10	研究和开发经理	8440	4230	2600
11	餐厅经理	5220	2900	1990
12	客房经理	4904	2540	1970
13	保安部经理	4803	2750	1990
14	仓储部经理	5070	2750	2050
15	质管部经理	5720	3150	2050
16	物业经理	4950	2830	2050
17	化工工程技术人员	5660	3570	2050
18	医药工程技术人员	6600	4840	2160
19	机械工程技术人员	4900	3090	1880
20	设备工程技术人员	4950	3050	1880
21	仪器仪表工程技术人员	4030	2880	1800
22	电子工程技术人员	6020	3500	2050
23	电子元器件工程技术人员	6000	3370	1980
24	通信工程技术人员	8110	4030	2220
25	计算机与应用工程技术人员	6030	3240	2080
26	计算机硬件技术人员	6030	3640	2080

续　表

序号	职业名称	高位数	中位数	低位数
27	计算机软件技术人员	7220	3640	2190
28	计算机网络技术人员	4930	3240	1990
29	电气工程技术人员	6600	3720	1990
30	电力工程技术人员	6030	3680	1990
31	建筑工程技术人员	9670	4970	2470
32	安全工程技术人员	6500	3570	1940
33	纺织工程技术人员	5630	3350	2080
34	食品工程技术人员	4120	2540	1940
35	其他工程技术人员	6470	3620	1910
36	统计人员	3870	2310	1670
37	会计人员	4240	2750	1700
38	出纳	4140	2450	1710
39	房地产业务人员	4810	2860	1810
40	银行信贷员	7880	5570	2600
41	银行储蓄员	5980	3970	2220
42	金融守押员	5594	3780	2320
43	保险推销员	4930	3170	1940
44	保险理赔员	7470	4780	2310
45	其他保险业务人员	4850	2930	1800
46	行政业务办公人员	4720	2920	1800
47	人事劳资人员	4600	2930	1870
48	秘书	4630	3170	2010
49	收发员	2690	2100	1640
50	打字员	2690	2150	1640
51	治安保卫人员	2961	2310	1640
52	投递员	2780	2040	1790
53	报刊发行员	1940	1780	1640
54	邮件处理员	5890	4150	2030
55	计算机操作员	2930	2290	1640
56	话务员	4980	3270	2050
57	营业员	2317	1860	1640
58	收银员	2230	1870	1640
59	推销员	4170	2290	1710
60	采购员	3470	2310	1700
61	医药商品购销员	3880	2930	1880
62	保管员	2730	2040	1640

序号	职 业 名 称	高位数	中位数	低位数
63	理货员	2030	1900	1640
64	防损员	2270	1930	1700
65	保鲜员	1960	1790	1640
66	冷藏工	2660	2140	1640
67	其他保管人员	2550	1910	1640
68	商品储运员	2550	2130	1640
69	中式烹调师	5400	3180	1790
70	中式面点师	4450	2720	1700
71	西式烹调师	4670	2890	1790
72	西式面点师	4450	2470	1700
73	调酒师	3850	2760	1990
74	茶艺师	3470	2290	1750
75	其他调酒和茶艺人员	3880	3270	1640
76	餐厅服务员	2050	1780	1640
77	餐具清洗保管员	1840	1780	1640
78	前厅服务员	2330	1830	1640
79	客房服务员	2050	1780	1640
80	其他餐饮、旅店服务人员	2530	1870	1640
81	导游	3160	2560	1710
82	园林植物保护工	2310	1790	1640
83	花卉园艺工	2310	1800	1640
84	保健按摩师	3085	2330	1700
85	健身和娱乐场所服务人员	2400	1830	1640
86	汽车客运服务员	2600	2260	1700
87	车站客运服务员	2530	2150	1640
88	公交车驾驶员	3870	3170	1990
89	物业管理人员	2900	1900	1640
90	保育员	4020	3110	2250
91	家政服务人员	2600	2000	1800
92	锅炉操作工	2960	2230	1640
93	美容师	4450	2600	2000
94	美发师	3880	2330	1710
95	其他美容美发人员	3370	2010	1640
96	洗衣师	2800	2500	2000
97	摄影师	4420	2660	2200
98	冲印工	3450	2450	1760

序号	职业名称	高位数	中位数	低位数
99	眼镜验光员	2450	2140	1710
100	眼镜定配工	2120	2030	1700
101	家用电器产品维修工	2450	2430	1880
102	家用电子产品维修工	2480	2430	1860
103	办公设备维修人员	2240	2010	1700
104	垃圾清运工	2050	1800	1640
105	保洁员	2600	2200	2000
106	其他环境卫生人员	1960	1770	1640
107	勤杂工	2500	2200	2000
108	蔬菜加工工	2460	2020	1640
109	果类产品加工工	2500	2200	2000
110	金属轧制人员	2510	1960	1640
111	化工产品生产工	2680	1960	1640
112	车工	5200	3500	2500
113	铣工	3880	2560	1920
114	刨插工	3480	2330	1760
115	磨工	3480	2140	1800
116	镗工	3520	2280	1880
117	钻床工	3230	2330	1800
118	加工中心操作工	2900	2330	1800
119	制齿工	3020	2120	1760
120	抛磨光工	3300	2560	2010
121	拉床工	2940	2120	1800
122	锯床工	3090	2350	1800
123	铸造工	3470	2560	1920
124	锻造工	3220	2120	1920
125	冲压工	3530	2330	1920
126	剪切工	2900	2140	1860
127	焊工	5000	4000	3000
128	模具工	3810	2920	2070
129	金属热处理工	3050	2470	1780
130	电切削工	2640	2280	1760
131	冷作钣金加工工	2850	2220	1740
132	镀层工	2890	2260	1760
133	涂装工	2910	2230	1760
134	注塑工	3500	2800	2600

续 表

序号	职 业 名 称	高位数	中位数	低位数
135	绕线工	3100	2330	1790
136	行车工	3460	2260	1930
137	基础件装配工	3370	2210	1860
138	部件装配工	3500	2500	2200
139	装配钳工	3190	2330	1760
140	工具钳工	3420	2800	1920
141	动力设备装配工	3230	2670	2400
142	电子元件及设备装配工	3140	2690	1850
143	机修钳工	3470	2540	1920
144	汽车修理工	3480	2470	1810
145	仪器仪表修理工	2900	2120	1760
146	通讯交换设备调试工	3250	2230	1670
147	电力工程内线安装工	3420	2330	1920
148	专业电力设备检修工	3190	2450	1920
149	电工	4000	3000	2800
150	维修电工	3440	2560	1920
151	电子元件制造工	3090	2040	1760
152	印染人员	3810	2460	1930
153	电子计算机维修工	3190	2560	1810
154	橡胶塑料制品生产工	2620	2330	1670
155	针织人员	3500	3000	2300
156	织造人员	3840	2450	1810
157	整烫工	3970	2510	1760
158	挡车工	4000	3000	2300
159	裁剪工	2920	2190	1760
160	缝纫工	4000	3000	2500
161	乳品加工工	2590	2030	1640
162	冷食品制作工	2620	2070	1640
163	食品罐头加工工	2440	2050	1640
164	糕点面包烘焙工	2510	1970	1640
165	屠宰加工工	2440	1780	1660
166	肉蛋食品加工工	2030	1730	1640
167	饮料制作工	2320	1870	1640
168	火腿腌制工	2620	2270	1760
169	药品生产制造工	2800	2120	1760
170	木工	5000	4000	3000

序号	职 业 名 称	高位数	中位数	低位数
171	手工木工	3100	2100	1800
172	机械木工	3370	2340	1890
173	精细木工	4050	2920	2160
174	纸制品制作工	2230	1910	1640
175	水泥生产制造工	3270	2250	1760
176	水泥制品工	3480	2560	1790
177	印前处理工	2730	2140	1700
178	印刷操作工	3500	3000	2200
179	印后制作工	2550	2260	1700
180	建筑工程施工人员	7330	4880	2110
181	砌筑工	3710	2560	1940
182	混凝土工	3870	2560	1940
183	钢筋工	3870	2900	1980
184	架子工	4600	3090	2120
185	防水工	3430	2710	2070
186	管道工	3500	3000	2800
187	装饰、装修工	3870	3430	2090
188	建筑油漆工	4050	2900	2090
189	工程设备安装工	4240	3170	2420
190	电气设备安装工	4440	3360	2680
191	汽车驾驶员	4460	3500	3000
192	起重装卸机械驾驶员	3430	2680	1990
193	检验员	3030	2330	1780
194	计量员	3030	2260	1780
195	包装工	2640	2140	1640
196	简单体力劳动工	3000	2800	2400

衢州市人力资源市场工资指导价位

衢州市区企业 2014 年部分职业（工种）劳动力市场工资指导价位

单位：元／月

序号	职业（工种）	高位数	中位数	低位数
1	企业厂长（经理）	18500	9500	4800
2	企业副厂长（副经理）	10200	6000	4000
3	生产或经营经理	9000	4500	3580
4	财务经理	7500	4600	3500
5	人力资源经理	6800	4000	3000
6	行政经理	6800	4000	3000
7	销售和营销经理	8000	5000	3600
8	广告和公关经理	6000	4500	3000
9	采购经理	6800	4500	3100
10	研究和开发经理	6800	4000	3000
11	餐饮部经理	5200	4000	3000
12	客房部经理	4800	3500	2800
13	工程部经理	6200	4500	3200
14	保安部经理	4000	3200	2600
15	仓储部经理	3800	3000	2600
16	商品部经理	4000	3000	2600
17	物业经理	4000	3200	2700
18	机械工程技术人员	4000	3000	2350
19	冶金工程技术人员	4800	3500	3000
20	纺织工程技术人员	4200	3500	2800
21	化工工程技术人员	5200	3200	2600
22	化工设备工程技术人员	5500	4200	3200
23	质量工程技术人员	5500	3600	2800
24	环保工程技术人员	5500	3500	2600
25	医药工程技术人员	5400	3700	2800
26	交通工程技术人员	5650	3700	2600

续　表

序号	职业（工种）	高位数	中位数	低位数
27	建筑工程技术人员	5800	4400	3200
28	建筑工程监理人员	5500	3600	2500
29	电力工程技术人员	9000	5500	3800
30	水利工程技术人员	6500	4200	3000
31	测绘工程技术人员	8500	5400	3300
32	通讯工程技术人员	5800	3900	2800
33	仪器仪表工程技术人员	4860	3880	2900
34	计算机与应用工程技术人员	4800	3400	2800
35	计算机硬件技术人员	4700	3200	2600
36	计算机软件技术人员	4750	3500	2600
37	计算机网络技术人员	4900	3600	2700
38	计算机系统分析技术人员	4600	3600	2800
39	其他计算机与应用工程技术人员	4900	3400	2700
40	拍卖师	7000	5000	3200
41	律师	12000	5600	3800
42	文秘	4200	3300	2290
43	财务人员	4500	3400	2800
44	统计人员	3500	2880	2300
45	人事劳资人员	4000	3200	2600
46	商场柜组长	3650	2750	2300
47	商场营业员	3300	2600	2000
48	仓库保管	2650	2300	2000
49	物业管理人员	2800	2300	1900
50	典当业务员	3400	2700	2200
51	检验员	4750	3100	2200
52	计量员	3100	2450	1950
53	报关员	4000	2750	2000
54	话务员	3770	2500	1900
55	资产评估人员	5550	3880	2500
56	银行信贷员	6100	3960	2550
57	银行储蓄员	4620	3400	2170
58	其他银行业务人员	4660	3560	2150
59	保险推销员	5400	3720	1950
60	保险理赔员	4400	3300	1960
61	其他保险业务人员	4800	3370	1970
62	广告设计人员	4560	2980	1950

序号	职业（工种）	高位数	中位数	低位数
63	服装设计人员	4810	2680	1950
64	室内装饰设计人员	4300	2700	1900
65	理货员	2650	2150	1950
66	推销员	3660	2660	1950
67	收银员	3580	2150	1950
68	营销员	2760	2160	1880
69	保安员	2560	2160	1850
70	打字员	2300	2150	1850
71	收发员	2350	2150	1850
72	客房服务员	2350	1950	1750
73	前厅服务员	2550	2160	1980
74	健身娱乐场所服务员	2400	2140	1880
75	中式烹调师	6580	3300	2150
76	中式面点师	4400	2680	1960
77	西式烹调师	4350	2760	1960
78	西式面点师	4360	2650	1970
79	营养配餐员	3860	2860	2310
80	餐厅服务员	3380	2650	2150
81	点菜员	3050	2550	2080
82	餐具清洗保管员	2800	2500	2000
83	其他餐饮服务人员	2850	2260	1950
84	导游	4080	2750	2210
85	家政服务人员	5700	2750	2200
86	护理人员	3350	2170	1950
87	足浴按摩师	3600	2550	2100
88	洗衣师	2710	2200	1950
89	美容师	4060	2670	1970
90	美发师	4250	2660	2050
91	摄影师	4180	2910	2060
92	眼镜验光员	2700	2220	2000
93	眼镜定配工	2780	2250	2080
94	汽车驾驶员	4900	3580	2450
95	汽车客运服务员	2750	2380	2050
96	汽车修理工	4550	2950	2150
97	电工	3950	2860	2150
98	装卸工	3300	2800	2380

续　表

序号	职业（工种）	高位数	中位数	低位数
99	冷藏工	2980	2470	2060
100	酿酒工	3000	2450	2080
101	酱油酱类制作工	2700	2160	1950
102	味精制作工	2800	2160	1900
103	乳品加工工	2750	2350	2010
104	食品罐头加工工	2660	2350	2030
105	糕点面包烘焙工	3980	2550	2260
106	豆制品制作工	3200	2610	1980
107	腌腊肠类制品加工工	2740	2130	1900
108	屠宰加工工	2930	2250	2060
109	肉蛋食品加工工	2610	2260	1970
110	饲料生产加工工	2700	2320	2070
111	钻探工	3620	2760	2300
112	矿井开掘工	3800	2950	2370
113	井下采石工	2970	2660	2220
114	支护工	2560	2200	1960
115	矿运工	2680	2260	1980
116	井下作业工	2800	2270	2060
117	矿山提升机操作工	2710	2240	2020
118	井下辅助工	2530	2120	1900
119	井下地测工	2640	2250	1960
120	背断工	3660	2950	2390
121	采掘工	3560	3150	2510
122	倒矿工	3400	3050	2650
123	井下电工	3520	2870	2490
124	井下运输工	3550	3020	2560
125	信号工	3100	2480	2220
126	绞车工	3300	2550	2030
127	印刷设计制板工	3020	2180	1990
128	印刷操作工	2730	2130	1840
129	印后操作工	2720	2180	2020
130	打浆工	2860	2250	1950
131	和浆工	2490	2050	1890
132	造纸工	2600	2260	1950
133	洗杂工	2290	1900	1700
134	清卫工	2400	2050	1800

续　表

序号	职业（工种）	高位数	中位数	低位数
135	锅炉操作工	3230	2540	2200
136	复卷工	2590	2160	1950
137	复卷辅助工	2550	2150	1880
138	蒸煮工	2650	2180	1800
139	精选工	2200	1930	1800
140	看网工	2500	2080	1800
141	看毯工	2560	2030	1800
142	看汽工	2600	2080	1900
143	熬胶工	2650	2140	1880
144	卷纸工	2650	2180	1800
145	抄纸工	2700	2230	1950
146	熔纸工	2580	2130	1800
147	打包工	2450	1980	1850
148	仪表工	2550	2130	1880
149	金属冶炼工	3350	2450	2150
150	车工	3450	3100	2250
151	铣工	3600	3100	2100
152	刨插工	3560	2480	2000
153	磨工	3300	2330	2080
154	镗工	3100	2260	1950
155	钻床工	3160	2260	1950
156	数控人员	4500	2850	2250
157	制齿工	3350	2320	1900
158	加工中心操作工	2360	2320	2060
159	抛磨光工	3480	2550	1950
160	炼钢工	4010	3050	2160
161	铸造工	4320	3150	2540
162	铁合金冶炼工	3300	2440	2150
163	铸铁管人员	3510	2720	2260
164	金属扎制工	3350	2460	2160
165	发电工	2880	2260	2000
166	化工操作	2750	2360	2030
167	化工分析	3260	2480	2100
168	化工安全	3340	2480	2150
169	化工工艺	3360	2360	2050
170	化工产品生产工	2560	2250	2020

序号	职业（工种）	高位数	中位数	低位数
171	橡胶制品生产工	2800	2150	1900
172	塑料制品加工工	2730	2140	1900
173	炼塑工	2750	2200	1950
174	筛料工	2760	2150	1900
175	成型工	2600	2250	1900
176	制革配料工	2570	2150	1950
177	拉床工	2760	2250	1950
178	锯床工	3120	2250	1950
179	锻造工	2860	2210	1950
180	冲压工	3160	2280	1980
181	剪切工	3050	2260	2070
182	铆工	3460	2430	1960
183	普通车工	3070	2260	2000
184	浇铸工	3500	2430	2160
185	探伤工	3400	2250	1920
186	焊工	3760	3200	1960
187	金属热处理工	3200	2410	1750
188	冷作钣金加工工	3160	2280	1900
189	镀层工	2890	2150	1950
190	涂装工	3020	2230	2060
191	夹具工	2660	2200	1900
192	下钻工	2490	1980	1700
193	基础件装配工	2740	2350	1800
194	部件装配工	3300	2260	2030
195	动力设备装配工	3360	2670	2080
196	电子设备装配工	3150	2650	2040
197	机修钳工	3850	2660	1930
198	装配钳工	2950	2250	1850
199	工具钳工	3280	2450	2050
200	球磨工	2870	2140	1950
201	复合肥操作工	2770	2160	1960
202	行车工	3760	2650	2150
203	制酸工	2840	2640	2050
204	高配工	3070	2540	2060
205	原料工	2570	2180	1880
206	熔烧工	3770	2520	1900

续　表

序号	职业（工种）	高位数	中位数	低位数
207	水泥制品工	2930	2230	1950
208	化成工	2990	2230	1950
209	制革准备工	2960	2280	2000
210	制革整理工	2770	2120	1950
211	纺纱人员	2480	2150	1900
212	织造人员	2520	2150	1850
213	针织人员	2470	2100	1880
214	印染人员	2920	2150	1900
215	服装裁剪工	2740	2220	1800
216	服装缝纫工	2890	2200	1890
217	服装检验工	2540	2100	1850
218	泥工	3700	2570	2100
219	混凝土工	3180	2350	2060
220	手工木工	3500	2380	2000
221	机械木工	3370	2360	2080
222	精细木工	3410	2490	2120
223	架子工	3230	2370	2080
224	钢筋工	3180	2320	2000
225	油漆工	3750	2780	2200
226	管道工	2760	2270	1980
227	起重驾驶员	3210	2210	1930
228	搬运工	2900	2300	2000
229	包装工	2300	2000	1850
230	环境卫生人员	2220	1950	1700
231	垃圾清运工	2840	2190	1950
232	勤杂工	2200	1800	1600
233	简单体力劳动工	2200	1900	1700

舟山市人力资源市场工资指导价位

舟山市企业 2014 年部分职业（工种）人力资源市场工资指导价位调查表

单位：元/月

序号	工　种	高位数	中位数	低位数
1	企业董事	27366	8185	3360
2	企业经理（厂长）	25876	8300	3572
3	生产或经营经理	14715	5932	2862
4	财务经理	12645	5034	2678
5	行政经理	12668	4890	2700
6	人事经理	10168	4513	2633
7	销售和营销经理	13375	4889	2775
8	广告和公关经理	10800	4578	2600
9	采购经理	11580	4507	2500
10	研究和开发经理	15437	5250	2600
11	餐厅经理	6808	4005	2500
12	客房经理	5673	3598	2478
13	物业经理	6000	3856	2573
14	工程项目经理	17000	6586	3800
15	地质勘探工程技术人员	7000	4500	3100
16	测绘工程技术人员	7000	4600	3000
17	化工工程技术人员	9087	4035	2500
18	医药工程技术人员	6800	3500	2250
19	机械工程技术人员	7650	4370	2450
20	机械设计工程技术人员	7800	4480	2500
21	机械制造工程技术人员	7000	3858	2380
22	仪表仪器工程技术人员	6200	3698	2218
23	设备工程技术人员	6600	3805	2400
24	其他机械工程技术人员	6500	3500	2300
25	电子工程技术人员	7100	3500	2350
26	电子材料工程技术人员	5700	3208	2170

续　表

序号	工　种	高位数	中位数	低位数
27	电子元器件工程技术人员	6030	3170	2200
28	广播视听设备工程技术人员	5900	3208	2307
29	电子仪器与测量工程技术人员	5800	3233	2116
30	其他电子工程技术人员	5300	3000	2102
31	通信工程技术人员	7500	4670	2000
32	计算机与应用工程技术人员	6500	3700	2200
33	计算机硬件技术人员	6700	3572	2087
34	计算机软件技术人员	7250	3372	2105
35	计算机网络技术人员	6327	3180	2120
36	计算机系统分析技术人员	6608	3420	2430
37	其他计算机与应用工程技术人员	5300	3100	2100
38	电气工程技术人员	8070	4650	2500
39	电力工程技术人员	7685	4700	2510
40	邮政工程技术人员	6832	3756	2210
41	建筑工程技术人员	9500	4614	2575
42	建筑工程监理人员	7656	4158	2480
43	建材工程技术人员	7580	3984	2460
44	交通工程技术人员	7360	4037	2408
45	汽车运用工程技术人员	5350	3200	2200
46	船舶运用工程技术人员	6850	4630	2500
47	水上交通工程技术人员	7200	4536	2630
48	船舶检验工程技术人员	8562	4950	2550
49	其他交通工程技术人员	6200	3642	2050
50	纺织工程技术人员	5030	2900	2107
51	林业工程技术人员	4983	2806	2000
52	水利工程技术人员	6956	3783	2330
53	海洋工程技术人员	6500	3806	2408
54	环境保护工程技术人员	5547	3457	2230
55	食品工程技术人员	4800	3058	2010
56	水产工程技术人员	5250	3150	2200
57	安全工程技术人员	6630	3870	2382
58	标准化、计量、质量工程技术人员	7765	3658	2300
59	其他工程技术人员	5100	3300	2100
60	房地产开发业务人员	7508	3800	2100
61	经济业务人员	4510	3250	2080
62	统计人员	4480	2903	1998

续　表

序号	工　种	高位数	中位数	低位数
63	会计人员	7084	3380	2153
64	出纳	4310	2880	1930
65	资产评估人员	5730	3750	2200
66	审计人员	6080	3730	2250
67	国际商务人员	8700	4050	2200
68	报关员	5600	2880	2300
69	银行信贷员	7000	4900	3100
70	银行储蓄员	6050	4200	2810
71	银行信托业务员	7250	4850	3250
72	银行信用卡业务员	5780	4250	2750
73	其他银行业务人员	6630	4200	3050
74	保险业务人员	6380	3680	2150
75	保险推销员	8000	4000	2080
76	保险理赔员	5500	3700	2250
77	律师	23380	6960	3310
78	服装设计人员	6170	3770	2400
79	室内装饰设计人员	5800	3570	2460
80	广告设计人员	6527	4180	2350
81	行政业务办公人员	4953	3000	2100
82	秘书	5200	3300	2200
83	人事劳资人员	5190	3200	2100
84	公关员	5050	2900	2073
85	打字员	3783	2350	1903
86	计算机操作员	5032	2610	1984
87	制图员	4817	3019	2017
88	保安员	4113	2375	1558
89	邮件处理员	3750	2906	2250
90	邮政营业员	3550	2913	2210
91	报刊发行员	3550	2876	2137
92	投递员	3116	2270	1802
93	其他邮政业务人员	4105	2750	2290
94	电信业务营业员	4076	2650	1918
95	话务员	3500	2630	1761
96	线务员	4180	3275	2010
97	用户通信终端维修员	4150	2910	2230
98	其他电信业务人员	4277	3030	2010

序号	工　种	高位数	中位数	低位数
99	营业员	3900	2410	1780
100	收银员	3310	2350	1800
101	推销员	5600	2730	1810
102	采购员	5160	3010	1880
103	保管员	3763	2490	1773
104	理货员	3600	2410	1798
105	商品养护员	3000	2200	1800
106	保鲜员	2813	2259	1810
107	冷藏工	3800	2337	2050
108	商品储运员	2750	2208	2010
109	商品护运员	3100	2450	2100
110	中式烹调师	6700	3400	2100
111	中式面点师	5300	2870	2050
112	其他中式烹饪人员	5000	3150	2100
113	西式烹调师	5200	3100	2100
114	西式面点师	4500	2900	2070
115	其他西式烹饪人员	4870	2710	2000
116	调酒师	4050	2340	1850
117	茶艺师	3770	2280	1830
118	其他调酒、茶艺人员	3200	2130	1750
119	餐厅服务员	3570	2370	1760
120	餐具清洗保管员	2780	2053	1637
121	其他餐厅服务员	3230	2003	1700
122	前厅服务员	3510	2250	1750
123	客房服务员	3200	2130	1830
124	旅店服务员	2850	2100	1750
125	其他饭店服务人员	2700	2050	1700
126	导游	4170	2720	1900
127	保健按摩师	4200	2573	2168
128	家庭服务员	2870	2360	1710
129	保育员	3280	2260	1850
130	育婴师	8580	4110	3233
131	汽车客运服务员	3700	2610	1950
132	车站客运服务员	3500	2573	2008
133	汽车售票员	3600	2580	1760
134	汽车运输调度员	4700	3780	2260

续　表

序号	工　种	高位数	中位数	低位数
135	船舶业务员	6937	4208	2430
136	港口客运员	3930	3406	2180
137	港口码头管理员	4360	2850	1900
138	外轮理货员	3760	2793	2100
139	水上运输服务员	3806	2630	1953
140	物流师	8603	5433	2750
141	职业指导员	2800	2080	1750
142	社会中介服务人员	4080	2210	1830
143	物业管理工	3730	2280	1750
144	供水生产工	3120	2530	1910
145	供水供应工	3030	2480	1890
146	生活燃料供应工	2930	2380	1790
147	污水处理工	3180	2510	1993
148	锅炉操作工	4308	2853	2010
149	美容师	5613	2909	2000
150	美发师	6310	3273	2083
151	其他美发美容人员	5080	2730	1950
152	摄影师	4608	3283	2450
153	其他摄影服务人员	4470	2850	1930
154	眼镜验光员	3050	2193	1850
155	眼镜定配工	3210	2280	1858
156	洗衣师	2850	2300	1903
157	办公设备维修工	3410	2480	1858
158	家用电器产品维修工	3903	2750	1920
159	家用电子产品维修工	3990	2690	1880
160	盆景工	2750	2250	1810
161	花卉园艺工	2680	2200	1800
162	绿化工	2580	2000	1730
163	保洁员	2730	2038	1683
164	垃圾清运工	3228	2435	1729
165	其他环境卫生人员	2410	1933	1620
166	水产养殖人员	2858	2039	1708
167	水产品加工人员	3590	2436	1901
168	远洋捕捞人员	5903	4383	3500
169	氨机操作工	4279	2953	2030
170	化工产品生产工	4420	3088	2010

续　表

序号	工　种	高位数	中位数	低位数
171	车工	4920	3259	2000
172	铣工	5083	3198	1977
173	刨插工	4601	3083	2078
174	磨工	4598	3203	2135
175	镗工	4620	3300	2180
176	钻床工	4650	3188	2073
177	加工中心操作工	5000	3250	2070
178	制齿工	4053	2773	1920
179	抛磨光工	4850	3150	1933
180	拉床工	4867	2917	1980
181	锯床工	4687	3050	1930
182	铸造工	5023	3080	1950
183	锻造工	4970	3230	1950
184	冲压工	4500	2827	1880
185	剪切工	4570	2790	1950
186	焊工	5570	3509	2080
187	金属热处理工	4910	3009	2000
188	电切削工	4358	2998	1950
189	冷作钣金加工工	4630	3370	2198
190	镀层工	4570	2810	1950
191	涂装工	4988	3259	2108
192	基础件装配工	4750	2798	1920
193	部件装配工	4750	2750	1870
194	装配钳工	4908	2850	2078
195	工具钳工	4750	3250	2130
196	电气元件及设备装配工	4637	3180	1958
197	钳工	4577	2850	1978
198	机修钳工	5255	3370	1959
199	汽车修理工	5490	3750	1950
200	船舶修理工	6150	3980	2150
201	摩托车维修工	3580	2620	1780
202	仪器仪表修理工	4350	2702	1859
203	电力工程内线安装工	4772	2798	2388
204	专业电力设备检修工	6518	3998	2402
205	维修电工	5811	3012	1993
206	常用电机检修工	4330	2817	2150

序号	工 种	高位数	中位数	低位数
207	水电抄表工	2821	2198	1647
208	计算机修理工	5208	3253	2100
209	电子器件制造工	3998	2698	1900
210	电子元件制造工	3650	2650	1830
211	塑料制品加工工	3450	2310	1850
212	纺纱人员	3370	2445	1810
213	织造人员	3780	2500	1890
214	针织人员	3770	2400	1790
215	服装裁剪工	3780	2590	1830
216	服装缝纫工	3920	2610	1820
217	缝纫品整型工	3600	2300	1780
218	裁缝	4010	2798	2000
219	制鞋工	3280	2580	1800
220	酿酒工	3013	2480	1780
221	饮料制作工	2750	2183	1700
222	糕点、面包烘焙工	3140	2370	1750
223	糕点装饰工	3100	2308	1700
224	印前处理工	4998	3220	2000
225	印刷操作工	5030	3380	2000
226	印后制作工	4173	2780	1880
227	玩具制作工	2958	2190	1780
228	砌筑工	6198	4230	3050
229	木工	6293	4298	3180
230	混凝土工	5550	4180	3000
231	钢筋工	5980	4250	3050
232	架子工	5120	3850	3100
233	防水工	5150	3980	2880
234	电工	5018	3780	2280
235	装饰装修工	5408	3950	2390
236	建筑油漆工	5280	3910	2381
237	工程设备安装工、管工	5500	3900	2400
238	土石方施工人员	5450	3980	2250
239	土石方机械操作工	5980	4080	2560
240	建筑工程施工员	7500	4180	2660
241	建筑工程预决算员	8300	4350	2560
242	500 总吨以下船长	11500	9500	8500

序号	工　种	高位数	中位数	低位数
243	500 总吨以下大副	9500	8000	6500
244	500 总吨以下二副	8300	7000	5200
245	500 总吨以下三副	8200	6500	5000
246	500 总吨以下水手	5200	4700	4500
247	750kW 以下轮机长	11500	9000	8000
248	750kW 以下值轮	8000	7500	6500
249	500 总吨以上船长	37000	31000	29000
250	500 总吨以上大副	27000	25000	19000
251	500 总吨以上二副	12500	10000	8000
252	500 总吨以上三副	8000	7000	6500
253	500 总吨以上水手	5500	4800	4600
254	750kW 以上轮机长	28000	24000	19000
255	750kW 以上大管轮	24000	21000	17000
256	750kW 以上二管轮	11000	9000	7000
257	船舶甲板设备操作工	5530	2977	2180
258	船舶机舱设备操作工	5680	2950	2180
259	船体制造工	5870	3800	2280
260	船体装配工	5870	3800	2320
261	船舶涂装工	5320	3710	2360
262	船舶气割工	5470	3550	2200
263	船舶电焊工	5960	3900	2310
264	船舶冷作工	5420	3580	2410
265	船舶起重工	5000	3360	2380
266	船舶轮机装配工	5900	3880	2750
267	船舶钳工	5750	3786	2410
268	船舶管系工	5380	3666	2480
269	船舶电气装配工	5390	3620	2280
270	船舶电工	6080	3880	2480
271	船舶电气钳工	5340	3750	2380
272	船舶电器安装工	5180	3410	2320
273	船舶修理工	5880	3980	2450
274	船舶附件制造工	4520	3110	1980
275	船舶架子工	4310	3000	2200
276	港口系缆工	3000	2380	1880
277	港口机械操作工	3520	2700	1980
278	港口机械维修工	3700	2960	2050

续　表

序号	工　种	高位数	中位数	低位数
279	叉车司机	3910	2790	2000
280	门吊(门机)司机	4700	2980	2100
281	起重装卸机械驾驶员	5398	3100	2100
282	桥式起重机操作工	4510	2988	1980
283	货车驾驶员	4700	2980	2130
284	公交车驾驶员	5600	4650	3750
285	客车驾驶员	6600	4600	3600
286	汽车驾驶员	4800	2980	2280
287	油品储运调和操作工	3780	2510	2080
288	产品检验员	3800	2600	1900
289	产品计量员	3700	2570	1900
290	包装工	3480	2280	1850
291	简单体力劳动工	3650	2250	1470
292	家政服务钟点工	40元/小时	35元/小时	30元/小时

注：各单位如有其他职业(工种)，请在空白栏填写。

舟山市企业2014年不同学历毕业生初次就业工资指导价位调查表

单位：元/月

学　历	高位数	中位数	低位数
硕士	5982	3864	2511
本科	5021	2742	1956
大专	4338	2623	1815
高中、中专、技校	4122	2498	1677

注：本工资价位不分职业和工种。

台州市人力资源市场工资指导价位

台州市 2014 年部分职业（工种）劳动力市场工资指导价位

单位：元/月

序号	岗　位	高位数	中位数	低位数
1	企业高级管理人员	29442	13979	6257
2	厂长（经理）	16253	9261	4850
3	副厂长（经理）	14056	7463	4809
4	部门经理及管理人员	9231	5646	3727
5	生产或经营管理	9912	5625	3679
6	财务经理	11954	5534	3322
7	人事经理	10636	5167	3134
8	销售和营销经理	10787	6208	4128
9	广告和公关经理	6708	5726	3639
10	行政经理	9847	5434	3267
11	采购经理	9976	5476	2903
12	计算机服务经理	7408	5237	2582
13	研究和开发经理	10385	8035	2859
14	餐厅经理	6136	5341	3163
15	客房经理	5546	4157	2214
16	科学研究人员	8887	5626	3725
17	工程研究人员	9028	5658	2521
18	测绘工程师	6872	5727	3189
19	矿山工程技术人员	6794	5584	2856
20	化工工程师	7655	6209	3911
21	医药工程师	8471	5960	2745
22	机械工程师	9602	5834	3108
23	仪器仪表工程师	8250	6346	4167
24	计算机工程师	7312	5507	3539
25	系统分析员	5412	4379	2526
26	电器工程师	7477	6042	3435

序号	岗　　位	高位数	中位数	低位数
27	电力工程师	8342	7036	3756
28	交通工程技术人员	5537	5568	2854
29	建筑工程师	7852	5916	3910
30	建筑设计师	8631	8039	4794
31	经济计划人员	6782	5442	2532
32	经济业务人员	6925	5062	2454
33	统计师	7748	5352	2849
34	财会人员	6272	5464	2493
35	出纳	5249	4039	2255
36	会计	7454	4865	2464
37	对外经贸业务员	7166	4748	2588
38	报关员	6695	4089	2409
39	金融业务人员	5653	5085	3183
40	银行业务人员	7482	5626	2672
41	信贷业务人员	9208	6611	2854
42	保险业务员（按业务量计发）	10510	6719	2158
43	保险理赔员	6668	4852	2285
44	证券业务员	5879	5448	3197
45	工艺美术专业人员	5132	4045	2427
46	广告设计人员	9203	5628	2714
47	图书资料档案业务人员	4877	3497	1924
48	行政办公人员	7044	4752	2074
49	行政业务人员	6430	4559	2008
50	人事劳资业务人员	6257	4445	2168
51	行政事务人员	6783	4468	2544
52	秘书	4856	4198	2039
53	打字员	3650	2754	1805
54	安全保卫和消防人员	3977	3164	2031
55	治安保卫人员	4095	3014	2268
56	邮政业务人员	7124	4325	2509
57	电信业务人员	6835	4958	2621
58	话务员	3328	2632	1587
59	购销人员	7044	4625	2394
60	营业人员	3579	3548	1557
61	营业员	3778	3172	1634
62	收银员	4272	3313	1662

续　表

序号	岗　位	高位数	中位数	低位数
63	推销展销人员	6523	3888	2385
64	推销员	6476	3879	2449
65	出版物发行员	7481	4424	2214
66	采购人员	5747	3615	2439
67	市场管理员	4532	3544	2372
68	其他购销人员	5056	3402	2335
69	医药商品购销员	4272	3229	1952
70	仓储人员	3001	2701	2004
71	保管人员	3625	3027	1715
72	储运人员	4075	3410	2424
73	餐饮服务人员	3485	2923	1756
74	中餐烹饪人员	8863	4914	1847
75	餐厅服务员	3579	2597	1662
76	饭店服务人员	3220	2738	2015
77	前厅服务员	3325	2925	2049
78	客房服务员	3173	2846	1608
79	旅游游览场所服务员	2484	2048	1607
80	康乐服务员	3636	3245	1577
81	公路运输服务人员	4276	3339	1712
82	汽车客运服务人员	3230	2272	1634
83	运输服务人员	3113	2147	1624
84	医疗卫生辅助服务人员	4522	3172	2030
85	物业管理人员	3970	2857	1712
86	供水热及生活燃料人员	4129	2738	1714
87	锅炉操作工	4272	2861	2049
88	美容美发人员	6453	4018	2058
89	美发师	7609	4250	2716
90	办公设备维修人员	3834	2683	1712
91	家庭服务员	3038	2545	1685
92	环境卫生人员	2774	2268	1627
93	农副林特产品加工工	4108	2856	2074
94	矿物开采工	4239	2959	1607
95	矿物处理工	3871	2850	1556
96	金属轧制人员	4175	3268	2002
97	化工产品生产工	5095	3618	2212
98	机械制造加工工	4262	3927	2294

序号	岗 位	高位数	中位数	低位数
99	机械冷加工工	5038	3682	2427
100	车工	4921	3433	2126
101	铣工	5009	3588	2255
102	创插工	4025	3105	2000
103	磨工	4485	3705	2315
104	镗工	4248	3105	2062
105	钻床工	4268	3257	2028
106	加工中心操作工	4532	3365	2000
107	制齿工	3857	2941	2000
108	机械热加工工	3609	2664	2000
109	铸造工	4971	3142	2252
110	锻造工	4833	3473	2308
111	冲压工	4289	2877	2179
112	焊工	5387	3704	2316
113	金属热处理工	4653	3350	2152
114	特种加工设备操作工	4522	3230	2143
115	电切削工	4905	3360	2137
116	冷作饭金加工工	5036	3768	2158
117	工件表面处理加工工	3803	3046	2000
118	涂装工	4906	3277	2085
119	机电产品装配工	4730	3654	2104
120	机械设备装配工	5420	3566	2392
121	装配钳工	5037	3127	2103
122	工具钳工	5806	4162	2530
123	仪器仪表装配工	4995	3437	2000
124	运输车辆装配工	5305	3378	2000
125	机械设备维修工	5259	3691	2706
126	机修钳工	5108	3370	2000
127	汽车修理工	4844	3492	2130
128	仪器仪表修理工	4239	3213	2052
129	电力设备装运检修工	6818	4218	2525
130	电力设备安装工	7350	4223	2402
131	电力工程内线安装工	8780	4678	2735
132	专业电力设备检修工	10235	4801	3238
133	维修电工	5788	3076	2270
134	电子元器件制造装调工	4276	2936	1664

续 表

序号	岗 位	高位数	中位数	低位数
135	计算机维修工	6537	4196	2239
136	橡胶塑料制品生产人员	4522	3063	2078
137	纺织针织印染工	3809	2454	1524
138	裁剪缝纫毛皮革制作工	4512	2873	1923
139	药品生产制造工	4271	3506	2028
140	木材人造板生产制作工	3701	2859	1709
141	木工	4295	3100	2118
142	纸制品制作工	3521	2695	1923
143	工艺、美术制作工	4289	3341	1842
144	工程施工人员	5793	3894	2214
145	土石方施工人员	5412	3732	2237
146	砌筑工	4580	3150	2134
147	混凝土工	4234	3281	2224
148	钢筋工	4353	3573	2439
149	架子工	4289	3300	2052
150	装饰、装修工	6458	3762	2242
151	工程设备安装工	5024	3441	2059
152	管工	3901	3112	1652
153	驾驶员和运输设备操作工	5387	4284	2526
154	机动车驾驶员	6689	4126	2464
155	起重装卸机械操作工	5163	3828	2183
156	检验、计量人员	3626	2905	1964
157	检验员	4513	3506	2027
158	计量员	4146	3244	2209
159	生产运输简单体力工人	3618	2345	1702
160	包装工	3741	2482	1746
161	环境监测废物处理人员	4533	2829	2034
162	音响调音员	3605	2985	1765
163	制版印刷人员	3493	2745	1802
164	纺织工程师	4780	3682	2420
165	审计师	5773	4274	2854
166	通信工程师	6582	4523	3085
167	邮政工程师	6708	4806	3307
168	房地产业务人员	4528	3516	2187
169	美容师	6592	3752	2420
170	水产品加工工	3745	2984	1763

序号	岗　　位	高位数	中位数	低位数
171	土木建筑工程师	6719	4552	3250
172	林业工程师	5609	4396	2894
173	家具设计师	6325	4274	3113
174	环境保护工程师	7045	5406	3889
175	资产评估人员	7476	4350	2745
176	农业技术人员	5144	3895	2532
177	食品工程师	5753	4146	2744
178	房地产开发业务人员	4443	3454	2214
179	化妆师	6453	3762	2390
180	商品监督和市场管理员	3802	2936	1663
181	护理员	4275	3291	2158
182	社会和居民服务人员	3625	2816	2002
183	验光配镜人员	4530	3043	2137
184	修脚师	4334	3297	2180
185	保育、家庭服务员	4307	3430	2577
186	铁路运输服务人员	4026	3245	2108
187	社会中介服务人员	3508	2994	1887
188	摄影服务人员	4522	3633	2545
189	浴池服务人员	3066	2777	1706
190	保健按摩师	5021	3900	2237
191	电子工程师	9017	5614	3308
192	广播影视工程师	10288	6486	3356
193	生物工程技术人员	10579	6528	3374
194	记者	10489	6433	3742
195	编辑	10656	6536	3845
196	校对员	3978	3273	2044
197	播音员及节目主持人	4166	3000	1952
198	导游	4347	3150	1653
199	健身娱乐场所服务员	3007	2769	1771
200	摄影师	8220	5237	2533
201	服装设计人员	4795	3782	2710
202	室内装潢设计人员	5795	4082	2960
203	垃圾清运工	5297	4504	2166
204	保洁员	2619	2135	1641
205	抛磨光工	3394	2364	1741
206	糕点、面包烘焙工	4708	4031	1844

续　表

序号	岗　　位	高位数	中位数	低位数
207	水泥生产制造工	3413	2899	2041
208	地质勘探工程技术人员	6402	4029	2927
209	工程监理技术人员	5422	4029	2577
210	设备工程技术人员	5042	3761	2563
211	药剂人员	4754	3362	2505
212	不动产销售员	3363	2541	2046
213	律师	4923	3869	2770
214	行政执法人员	3630	2977	2035
215	收发员	2744	2277	1741
216	金融守押员	4339	3771	2985
217	电子计算机维修工	4125	3259	2115
218	冲印师	3388	2718	1741
219	眼镜定配工	4002	2692	2096
220	常用电机检修工	4134	3264	2465

丽水市人力资源市场工资指导价位

丽水市区企业 2014 年度部分职业（工种）劳动力市场工资指导价位

单位：元/年

序号	职 位	高位数	中位数	低位数
1	企业董事	248500	67200	30500
2	企业经理（厂长）	251320	66040	27800
3	生产或经营经理	136210	34250	22382
4	财务经理	132410	56130	30100
5	行政经理	196238	48959	24539
6	人事经理	117118	40600	34680
7	销售和营销经理	123050	45210	25644
8	广告和公关经理	43760	36980	24235
9	采购经理	63700	48850	30410
10	研究和开发经理	435120	60850	29246
11	餐厅经理	44500	36000	27150
12	客房经理	46985	32460	21600
13	地质勘探工程技术人员	125120	94782	73150
14	医药工程技术人员	44870	28100	22400
15	化工工程技术人员	91060	35640	29920
16	机械工程技术人员	109980	49080	22350
17	机械设计工程技术人员	54000	25280	21880
18	仪器仪表工程技术人员	40186	27880	20160
19	机械设备工程技术人员	85785	39600	22600
20	设备工程技术人员	45600	35260	17160
21	建筑工程技术人员	139880	44692	24360
22	电子元器件工程技术人员	42934	33250	20168
23	通信工程技术人员	114690	60242	30985
24	计算机与应用工程技术人员	62185	33472	26860
25	计算机软件技术人员	91992	44885	32480
26	计算机网络技术人员	51862	45342	22158
27	电器工程技术人员	95000	51218	36880
28	电力工程技术人员	121175	59956	40255

续　表

序号	职　位	高位数	中位数	低位数
29	邮政工程技术人员	81990	31058	23588
30	交通工程技术人员	114550	78200	52400
31	汽车运用工程技术人员	41690	29550	25980
32	水利工程技术人员	112990	48426	22210
33	建筑施工人员	69869	37780	29120
34	建材工程技术人员	72742	40158	25998
35	环境保护工程技术人员	35588	25994	17150
36	安全工程技术人员	109800	80946	26802
37	标准化、计量、质量工程技术人员	60384	35120	21346
38	农业技术人员	60350	31470	24230
39	西医医师	46080	30995	21890
40	中医医师	36860	31228	21080
41	经济计划人员	63586	38762	23100
42	统计人员	85978	30800	24000
43	会计人员	107880	30100	23950
44	出纳	58248	28200	19800
45	审计人员	76160	41609	31035
46	资产评估人员	35680	28990	24710
47	房地产开发业务人员	129810	77420	25260
48	不动产销售员	40210	32355	23796
49	保险推销员	48600	24560	22200
50	保险理赔员	50125	33528	20458
51	律师	132850	51980	25800
52	服装设计人员	100800	32780	21800
53	室内装饰设计人员	44200	25100	18120
54	广告设计人员	44620	29340	23145
55	图书资料与档案业务人员	40680	30762	22400
56	行政业务办公人员	68580	31600	23400
57	秘书	54000	42206	21200
58	收发员	32140	21140	18240
59	打字员	31400	24680	19800
60	办公室文员	51196	28452	18100
61	办公室主任	93857	40000	29000
62	计算机操作员	33100	22300	17145
63	制图员	33640	25990	16912
64	保安员	47100	25200	16200

续 表

序号	职 位	高位数	中位数	低位数
65	金融守押员	93880	40340	27025
66	邮政营业员	71880	40150	29800
67	话务员	54780	31230	20160
68	线务员	45980	35560	20340
69	销售员	39940	30580	21010
70	售后人员	38000	34800	30200
71	营业员	54780	28500	20760
72	收银员	46990	22992	18040
73	推销员	64080	30300	21070
74	采购员	46852	29388	21070
75	收购员	32769	24030	16800
76	保管员	42000	28850	19980
77	理货员	24250	18995	16620
78	商品护运员	26200	22200	18560
79	中式烹调师	58400	32580	21800
80	中式面点师	43880	30570	16258
81	餐厅服务员	32255	21730	18500
82	餐具清洗保管员	24100	20540	18500
83	前厅服务员	29650	23140	20060
84	客房服务员	28610	23200	19520
85	客户服务管理师	37100	27910	16200
86	导游	54210	39120	16200
87	盆景工	27020	19400	16200
88	汽车货运站务员	33870	24000	17800
89	汽车运输调度员	44300	30478	25270
90	车站客运服务员	34970	24980	19200
91	车站货物员	36700	23050	20600
92	生活燃料供应工	41500	22050	18330
93	物业管理工	43890	24350	16200
94	供水生产工	38560	32790	17960
95	锅炉操作工	43100	27930	19750
96	保洁员	62102	24325	16200
97	办公设备维修工	40820	32040	16800
98	花卉园艺工	28975	22610	16200
99	化工产品生产工	46980	33165	20960
100	化工分析员	33520	30120	26640

序号	职　位	高位数	中位数	低位数
101	数控车工	67050	42156	24010
102	车工	72116	40906	20906
103	铣工	61140	43850	22560
104	磨工	66780	44170	25164
105	钻床工	70594	41201	18000
106	镗工	33380	22520	16200
107	加工中心操作工	41096	30400	20000
108	抛磨光工	52410	28990	18400
109	拉床工	31300	21740	16200
110	铸造工	52040	32400	25170
111	冲压工	60510	29760	18000
112	剪切工	32882	28975	24320
113	模具工	49280	31870	26250
114	焊工	69670	38186	26860
115	金属热处理工	50120	36220	23952
116	冷作钣金加工工（钣金工）	48310	29990	17280
117	电切削工	34020	21860	17050
118	电器元件及设备装配工	54250	34980	24420
119	镀层工	34000	22000	17220
120	涂装工	52210	31800	19970
121	基础件装配工	38400	26100	18880
122	部件装配工	51853	37682	26000
123	制笔装配工	31758	26880	21052
124	钳工	45600	32986	22452
125	抛光人员	42000	35400	22440
126	机修	51000	30000	24000
127	汽车修理工	46025	31280	27100
128	电力工程内线安装工	61200	29570	23540
129	专业电力设备检修工	59980	24790	21850
130	常用电机检修工	57010	34050	22000
131	维修电工	45980	33720	20600
132	印染人员	67986	43055	26724
133	裁剪工	60880	29856	18620
134	缝纫工	40220	28840	16326
135	皮革加工工	32885	27380	21940
136	毛皮加工工	29530	24670	16680

序号	职　位	高位数	中位数	低位数
137	冷食品制作工	32100	25460	18860
138	糕点、面包烘焙工	42780	20560	16220
139	肉、蛋食品加工工	33750	25870	16890
140	营林工	35300	22000	16200
141	园木绿化工	30700	20800	16200
142	消毒员	30240	23070	16970
143	药剂员	36890	26355	19400
144	手工木工	42720	29980	22300
145	美容师	42780	32540	22770
146	美发师	55840	34750	20100
147	摄影师	53258	28230	20000
148	后期制作	31000	29000	24210
149	雕刻	112700	65300	20885
150	水泥制品工	28940	20780	16200
151	砌筑工	53200	31420	16350
152	混凝土工	52800	35470	16200
153	钢筋工	47947	34572	26251
154	拉丝	42640	34965	26780
155	架子工	47520	23680	19650
156	防水工	58570	26120	19890
157	装饰、装修、油漆工	72880	27640	21640
158	管工	48336	25504	20564
159	电工	47864	34828	22064
160	木工	78600	52756	41480
161	汽车驾驶员	51520	30820	22980
162	公交车驾驶员	57230	53540	45470
163	起重机械装卸驾驶员	65120	40990	19920
164	叉车工	54155	32040	22920
165	检验员	52000	32920	19050
166	计量员	47980	36450	22000
167	包装工	48500	32040	18693
168	生产管理员	43500	33520	29450
169	车间主任	60000	41238	23970
170	简单体力劳动工	38102	24492	16200
171	门卫	36440	21600	16200
172	月嫂	79000	56000	48000
173	陪护、护理人员	120 元/天	80 元/天	50 元/天

索　引

图书在版编目（CIP）数据

　　浙江人力资源和社会保障年鉴.2015 / 潘伟梁主编；
—杭州：浙江大学出版社，2015.12
　　ISBN 978-7-308-15456-7

　　Ⅰ.①浙… Ⅱ①潘…②浙… Ⅲ.①人力资源管理—
浙江省—2015—年鉴②社会保障—浙江省—2015—年鉴
Ⅳ.①F249.275.5-54②D632.1-54

　　中国版本图书馆 CIP 数据核字（2015）第 306610 号

浙江人力资源和社会保障年鉴 2015

《浙江人力资源和社会保障年鉴》编纂委员会　编
主　　编　潘伟梁

责任编辑　冯社宁
出版发行　浙江大学出版社
　　　　　（杭州市天目山路 148 号　邮政编码 310007）
　　　　　（网址：http://www.zjupress.com）
排　　版　杭州林智广告有限公司
印　　刷　浙江海虹彩色印务有限公司
开　　本　889mm×1194mm　1/16
印　　张　37
字　　数　980 千
彩　　插　13
版 印 次　2015 年 12 月第 1 版　2015 年 12 月第 1 次印刷
书　　号　ISBN 978-7-308-15456-7
定　　价　260.00 元